面向21世纪课程教材

 普通高等教育"九五"
国家级重点教材

 普通高等教育"十一五"
国家级规划教材

本书荣获2002年全国普通高等学校优秀教材一等奖

面向21世纪课程教材
Textbook Series for 21st Century

全国高等学校法学专业核心课程教材

经 济 法

（第五版）

Economic Law

（Fifth Edition）

主　　编　杨紫烜
副 主 编　肖乾刚　盛杰民
撰 稿 人　（以撰写章节先后为序）
　　　　　杨紫烜　王全兴　盛杰民
　　　　　张守文　程信和　周林彬
　　　　　肖江平　曾东红　徐　燕
　　　　　王守渝　张士元　肖乾刚

北京大学出版社
PEKING UNIVERSITY PRESS

图书在版编目(CIP)数据

经济法/杨紫 主编.—5版.—北京：北京大学出版社,2014.5
(面向21世纪课程教材)
ISBN 978-7-301-23802-8

Ⅰ.①经… Ⅱ.①杨… Ⅲ.①经济法-中国-高等学校-教材 Ⅳ.①D922.29

中国版本图书馆CIP数据核字(2014)第019493号

书　　名	经济法（第五版）
著作责任者	杨紫　主编
责任编辑	王　晶
标准书号	ISBN 978-7-301-23802-8
出版发行	北京大学出版社
地　　址	北京市海淀区成府路205号　100871
网　　址	http://www.pup.cn
电子信箱	law@pup.pku.edu.cn
新浪微博	@北京大学出版社　@北大出版社法律图书
电　　话	邮购部 62752015　发行部 62750672　编辑部 62752027
印刷者	三河市北燕印装有限公司
经销者	新华书店
	730毫米×980毫米　16开本　41.25印张　808千字
	1999年11月第1版　2006年1月第2版　2008年1月第3版
	2010年4月第4版　2014年5月第5版　2020年11月第10次印刷
定　　价	59.50元

未经许可，不得以任何方式复制或抄袭本书之部分或全部内容。
版权所有，侵权必究
举报电话：010-62752024　电子信箱：fd@pup.pku.edu.cn
图书如有印装质量问题，请与出版部联系，电话：010-62756370

重印说明

本书第五版于 2014 年 1 月定稿,5 月出版,因《广告法》《保险法》《税收征收管理法》《电力法》《邮政法》《铁路法》《烟草专卖法》《民用航空法》《畜牧法》《外资银行管理条例》《商业银行内部控制指引》等法律、法规做了修改,制定的法规有《政府采购法实施条例》。为及时反映这些变化,本书作者更新了资料,对相关内容做了增补调整。今后,我们也将不断吸收前沿信息,及时更新内容,努力提高出版质量。期待读者一如既往,继续赐教,以匡不逮。

作　者

2015 年 11 月

内 容 简 介

本书是面向21世纪课程教材,是普通高等教育"九五"国家级重点教材,是普通高等教育"十一五"国家级规划教材,也是全国高等学校法学专业核心课程教材的第五版。本教材分为3编31章,系统地论述了经济法学的基本理论,全面阐释了市场监管法、宏观调控法的制度、理论和实务问题。本教材注意吸纳国内外经济法学和相关学科的最新研究成果以及经济法制度建设的新鲜经验,注重开阔学生视野、提高学生的经济法理论水平和从事经济法实务的能力,从整体上反映了经济法的理论研究与教材编写的最新水平。

本教材既可以作为高等学校法学、经济学、管理学等专业学生学习经济法的教材,也可以作为国家机关、企事业单位人员从事法律、经济工作的参考书。

Abstract

The present book is one of the series textbooks geared to the 21st century. It is a national basic textbook for higher education in the Ninth-Five Year Plan, and the national planned textbook in the Eleventh-Five Year Plan of China. Besides, it is one of the fifth edition of the core textbooks for legal education in law schools of China.

This book is divided into 3 parts with 31 chapters. It gives a systematic explanations of the basic theories of economic law. It focuses on the following issues: law of market supervision, regime of macroeconomic regulations, theory and practice. The present book pays special attention to the new achievements in the field of economic law and other related fields and tries to learn the new experience of economic legal regime both in China and abroad. The main purpose of the book is to widen the knowledge scope of students, improve their theoretical level of economic law, and perfect their ability in economic law practice. From a general perspective, the book also shows a new level of researching and teaching in the field of economic law in China.

This book may serve as a textbook for law students, economy students, as well as those who study management in universities or colleges. It can also serve as a reference book for government officials, enterprises, and those involved in legal and economic issues.

作者简介
（以撰写章节先后为序）

杨紫烜 北京大学法学院教授、博士生导师，第九届全国人民代表大会代表、全国人大法律委员会委员，最高人民法院第一届特邀咨询员，北京市人民政府第七届专家顾问团顾问。代表性著作：《国家协调论》、《经济法》（主编）、《国际经济法新论——国际协调论》（主编）等。代表性论文：《以〈中华人民共和国宪法〉为依据制定和实施经济法》、《关于经济法的若干理论问题》、《论建立中国特色法律责任体系》等。

王全兴 上海财经大学经济法与社会法研究中心主任、教授、博士生导师，中国经济法学研究会副会长，中国社会法学研究会副会长，中国劳动法学研究会副会长，国家人力资源和社会保障部专家咨询委员会专家委员。代表性著作：《经济法基础理论专题研究》、《劳动法》、《企业国有资产法》（合著）等。代表性论文：《经济法学研究框架初探》、《论经济法与经济民主》、《市场化政府经济行为的法律规制》等。

盛杰民 北京大学法学院教授、博士生导师。代表性著作：《中国涉外经济法律制度》（主编）、《反不正当竞争法的理论与实务》（主编）、《经济法原理与实务》（二人合著）等。代表性论文：《竞争法在中国——现状及展望》、《多边化趋势——WTO〈政府采购协议〉与我国政府采购立法》、《经济法视野下的行政性垄断》等。

张守文 北京大学法学博士，北京大学法学院教授、博士生导师、院长，北京大学经济法研究所所长，中国经济法学研究会副会长兼秘书长。代表性著作：《经济法理论的重构》、《税法原理》、《财税法疏议》等。代表性论文：《论经济法的现代性》、《经济法学的基本假设》、《略论经济法上的调制行为》等。

程信和 中山大学法学院教授、博士生导师，中山大学法学研究所所长，中国经济法学研究会副会长，中国比较法学研究会副会长，中国国际经济贸易仲裁委员会仲裁员，广东省人大常委会立法顾问，广东省法学会民法经济法学研究会总干事。代表性著作：《经济法新论》、《经济法与政府经济管理》、《房地产法学》（主编）等。代表性论文：《论比较经济法在中国的创立和应用》、《论经济法在中国的创新》、《公共管理视角下的现代经济法》等。

周林彬 对外经济贸易大学法学博士,中山大学法学院教授、博士生导师,中国经济法学研究会常务理事,中国国际经济法学研究会常务理事。代表性著作:《法律经济学论纲——中国经济法律运行的经济分析》、《WTO规则与中国经济法理论创新》、《比较商法》(二人合著)等。代表性论文:《制度变迁与中国经济法的创新》、《论我国国家所有权立法及其模式选择》、《市场经济立法的成本效益分析》等。

肖江平 北京大学法学博士,清华大学管理科学与工程博士后,北京大学竞争法研究中心主任,中国经济法学研究会常务副秘书长,北京市经济法学研究会副会长。代表性著作:《中国经济法学史研究》、《经济法学理与案例分析》(主编)、《国外反垄断法汉译》(主编)等。代表性论文:《滥用市场支配地位认定中的"正当理由"》、《经济法定义的学术史考察》、《我国〈可再生能源促进法〉的制度设计》等。

曾东红 北京大学法学博士,中山大学法学院经济法研究所副所长、副教授。代表性著作:《票据法》、《市场经济运行的法律机制》(合著)等。代表性论文:《商业银行的公众责任——理论基础及其实现》、《传统涉外民事经济法律关系理论之修正》、《香港保险法制的发展趋向与"两地"保险法制的相互借鉴》等。

徐　燕 北京大学法学博士,美国耶鲁大学法学硕士,曾任北京大学法学院副教授、中国证监会上市公司监管部法规处处长,现任湘财证券总裁。代表性著作:《公司法原理》、《经济法学》(合著)、《经济法与国际经济法概论》(合著)等。代表性论文:《中国企业境外发行股票并上市的若干法律问题》、《内地企业在香港上市面对的法律问题》、《完善我国税收立法体制的思考》等。

王守渝 北京大学法学院教授。代表性著作:《宏观经济调控法律制度》(二人合著)、《会计法和审计法》(主编)、《经济法教程》(合著)等。代表性论文:《我国社会主义市场经济的特征、基本结构及其法律规范》、《审计法若干问题的探讨》、《社会主义市场经济与市场主体立法》等。

张士元 北方工业大学教授。代表性著作:《中国企业法律制度研究》(主编)、《公司法概论》(主编)、《企业法》(主编)等。代表性论文:《论经济法体系》、《论经济法主体的范畴与分类》、《论政府机构的经济职权与间接控制的法律调整》等。

肖乾刚　郑州大学法学院教授,全国考委法学专业委员会委员,教育部人文社会科学重点研究基地——武汉大学环境法研究所环境资源法学学术委员会副主任。代表性著作:《能源法》(二人合著)、《自然资源法》(二人合著)、《经济法律通论》(主编)等。代表性论文:《论中国实施可持续发展战略的整体进展及其法律保障》、《走向现代性:中国经济法学发展的历程与启示》等。

INTRODUCTION OF THE AUTHORS
(in order of Chapters)

Yang Zixuan Professor, School of Law, Peking University(PKU). Supervisor for Ph. D. candidates. Member of the 9th Session of the National People's Congress (NPC); Member of the Law Committee of the NPC; Special Advisor of the 1st Session of Supreme People's Court; Member of the 7th Session of the Expert Advisory Committee of the People's Government of Beijing.

Main published books: *National Harmonization*; *Economic Law* (chief editor); *A New Concept of International Economic Law—International Harmonization* (chief editor); and so on.

Main published articles: *To Formulate and Implement Economic Law Based on Constitution of the People's Republic of China*; *On Theoretical Issues of Economic Law*; *On establishing the Chinese Legal Responsibility System*; and so on.

Wang Quanxing Professor, Supervisor for Ph. D. candidates. Director of Economic Law and Social Law Research Center of Shanghai University of Finance and Economics; Vice Chairman of China Economic Law Studies Association; Vice Chairman of China Social Law Studies Association; Vice Chairman of China Labor Law Studies Association; Member of Consultant Expert Committee of Ministry of Human Resources and Social Security of P. R. China.

Main published books: *Subject Research on the Basic Theory of Economic Law*; *Labor Law*; *Law of State Assets of Enterprises* (co-author); and so on.

Main published Articles: *Elementary Study on the Research Structure of Economic Law*; *On Economic Law and Economic Democracy*; *Legally Regulating Governmental Economic Activities on the Market*; and so on.

Sheng Jiemin Professor, School of Law, Peking University. Supervisor for Ph. D. candidates.

Main published books: *Economic Law System Involving Foreign Elements in China* (chief editor); *The Theory and Practice of Anti-unfair Competition Act* (chief editor); *Principles and Practice of Economic Law* (co-author); and so on.

Main published articles: *Competition Law in China—Status Quo and Prospect*;

The Tendency to Multilateralism—on Government Purchase Agreement of WTO and Chinese Legislation of Government Purchase; *Administrative Monopolization in a Perspective of Economic Law*; and so on.

Zhang Shouwen Ph. D. in Laws of PKU. Professor, Dean of School of law, Peking University; Vice chairman and. Supervisor for Ph. D. candidates. Director of the Institute of Economic Law, Peking University; Vice chairman and Secretary-General of China Economic Law Studies Association.

Main published books: *Reformation of The Theory of Economic Law*; *Principles of Tax Law*; *Brief Comments on Finance and Tax Law*; and so on.

Main published articles: *The Modern Character of Economic Law*; *Basic Hypothesis of Economic Law*; *Brief Comment on Regulating Activities in Economic Law*; and so on.

Cheng Xinhe Professor of Law Department, Zhongshan University. Supervisor for Ph. D. candidates. Director of Law Institute of Zhongshan University; Vice Chairman of China Economic Law Studies Association; Vice Chairman of China Comparative Law Studies Association; Arbitrator of China International Economic and Trade Arbitration Committee; Legislative Counselor of Permanent People's Congress of Guangdong Province; General Secretary of Research Committee of Civil and Economic Law of Guangdong Law Society.

Main publication Books: *A New Introduction of Economic Law*; *Economic Law and Governments' Economy Regulation*; *Law of Real Estate* (chief editor); and so on.

Main publication articles: *The Establishment and Execution of Comparative Economic Law in China*; *Innovation of Economic Law in China*; *Modern Economic Law in a Public Management Perspective*; and so on.

Zhou Linbin Ph. D. in laws of University of International Business and Economics. Professor, School of Law, Zhongshan University. Supervisor for Ph. D. candidates. Standing Member of China Economic Law Studies Association. Standing Member of Research Committee of International Economic Law.

Main published books: *Outline of Legal Economy—Economic Analysis of Legal Economy Function in China*; *WTO Rules and Innovation of Theories of Economic Law in China*; *Comparative Commercial Law* (co-author); and so on.

Main published articles: *Regime Reformation and The Innovation of Economic*

Law in China; On State-ownership Legislation and Its Mode-Choosing in China; Cost-Benefit Analysis of Market Economy Legislation in China, and so on.

Xiao Jiangping Ph. D. in Laws of PKU. Post-doctor of Management and Engineering of Tsinghua University. Director of the Institute of Anti-unfair Competition Law, Peking University. Executive Vice Secretary General of China Economic Law Studies Association; Vice Chairman of Beijing Economic Law Studies Association.

Main published books: *Study on the History of Chinese Economic Law*; *Textbook of Theory and Case Analysis of Economic Law Cases* (chief editor); *Translation of Foreign Anti-trust Law* (chief editor); and so on.

Main published articles: *On Justification in Identification of Abusing Market Ascendancy*; *A Study on the Chinese Academic History Defined by Economic Law*; *The Regime Designed for Reproducible Energy Promoting Law in China*; and so on.

Zeng Donghong Ph. D. in Laws of PKU. Vice Director of Economic Law Research Center, School of Law, Zhongshan University. Associate Professor.

Main published books: *Legal Instrument Law*; *Legal System on the Function of Market Economy* (coauthor); and so on.

Main published articles: *Revision on the Theory of the Traditional Economic and Civil Legal Relationship Involving Foreign Elements*; *The Jurisprudential Analysis on the Insurance Interest Regime in China*; *The Development Tendency of Insurance Law System in Hongkong and the Learning From Each Other between Hongkong and the Mainland in This Field*; and so on.

Xu Yan Ph. D. in Laws of PKU. LLM in Yale University. Former Associate Professor of School of Law, Peking University. Served at Listed Company Supervision Department of China Securities Regulatory Commission, Now President of Xiangcai Securities Co. , Ltd.

Main published books: *The Principle of Company Law*; *The Law of Economy* (co-author); *An Introduction of Economic Law and International Economic Law* (co-author); and so on.

Main published articles: *Some Legal Issues in Floating and Listing Stocks Abroad by Chinese Enterprises*; *Legal Issues in Listing Stocks in Hongkong by Hinterland Enterprises*; *Contemplation on Perfection the Taxation Legislation System in China*, and so on.

Wang Shouyu   Professor, School of Law, Peking University.

Main published books: *Macro Control Law* (co-author); *Accounting Law and Audit Law* (chief editor); *Textbook of Economic Law* (co-author); and so on.

Main published articles: *Characters, Fundamental Structure and Legal Norms of Chinese Socialist Market Economy*; *On Issues of Audit Law*; *Socialist Market Economy and Legislation of Market Subjects*; and so on.

Zhang Shiyuan   Professor, North Industry University.

Main published books: *The Legal System of Chinese Enterprise* (chief editor); *An Introduction of Company Law* (chief editor); *Corporation Law* (chief editor); and so on.

Main published articles: *The Regime of Economic Law*; *On the Category and Classification of Subjects of Economic Law*; *On Legal Regulation of Governmental Economic Authorities and Indirect Controlling*; and so on.

Xiao Qiangang   Professor, School of Law, Zhengzhou University. Member of the Law Sub-committee of the National Exam Committee; Vice director of the Environmental and Resources Law Academy Committee of the Research Institute of Environmental Law (RIEL) of Wuhan University, one of the Key Research Institute of Humanities and Social Science in University approved by the Ministry of Education.

Main published books: *Energy Law* (co-author); *Natural Resources Law* (co-author); *General Introduction of Economic Law* (chief editor); and so on.

Main published articles: *General Progress of the Strategy of Sustainable Development of China and Its Judicial Guarantee*; *Making for Modernization: The History and Revelation of the Development of Chinese Economic Law*; and so on.

目 录

绪言 …………………………………………………………………… (1)
 一、经济法学的概念和地位 ………………………………………… (1)
 二、经济法学与经济法的关系 ……………………………………… (2)
 三、经济法学的产生和发展概述 …………………………………… (3)
 四、研究经济法的指导思想和方法 ………………………………… (4)

第一编　经济法总论

第一章　经济法的概念 …………………………………………… (9)
 第一节　经济法概念的语源 ………………………………………… (9)
 第二节　经济法的调整对象 ………………………………………… (10)
 第三节　经济法的定义 ……………………………………………… (19)

第二章　经济法的产生和发展 …………………………………… (24)
 第一节　经济法的产生 ……………………………………………… (24)
 第二节　经济法的发展 ……………………………………………… (27)

第三章　经济法的地位 …………………………………………… (40)
 第一节　经济法地位的概念 ………………………………………… (40)
 第二节　经济法是一个独立的法的部门 …………………………… (42)
 第三节　经济法与相关法的关系 …………………………………… (45)
 第四节　经济法的法域属性 ………………………………………… (51)

第四章　经济法的体系 …………………………………………… (56)
 第一节　经济法体系的概念 ………………………………………… (56)
 第二节　经济法体系的结构 ………………………………………… (61)

第五章　经济法的主体 …………………………………………… (73)
 第一节　经济法主体的概念 ………………………………………… (73)
 第二节　经济法主体的体系 ………………………………………… (74)
 第三节　经济法主体资格的取得 …………………………………… (77)
 第四节　经济法主体的权利(职权)和义务(职责) ………………… (80)

第六章 经济法的理念和基本原则 (89)
第一节 经济法的理念 (89)
第二节 经济法的基本原则 (93)

第七章 经济法的渊源和经济法的制定 (104)
第一节 经济法的渊源 (104)
第二节 经济法的制定 (108)

第八章 经济法的实施和经济法的责任制度 (115)
第一节 经济法的实施 (115)
第二节 经济法的责任制度 (121)

第二编 市场监管法

第九章 市场准入与市场退出法律制度 (127)
第一节 市场准入与退出法概述 (127)
第二节 市场准入法的主要内容 (133)
第三节 市场退出法的主要内容 (143)

第十章 竞争法律制度 (151)
第一节 竞争与竞争法概述 (151)
第二节 反垄断法 (156)
第三节 反不正当竞争法 (172)

第十一章 消费者权益保护法律制度 (180)
第一节 消费者权益保护法概述 (180)
第二节 消费者的权利与经营者的义务 (185)
第三节 消费者权益的国家保护与社会保护 (192)
第四节 权益争议的解决与法律责任的确定 (197)

第十二章 产品质量法律制度 (203)
第一节 产品质量法概述 (203)
第二节 产品质量监督管理制度 (209)
第三节 生产者、销售者的产品质量义务 (212)
第四节 违反产品质量法的法律责任 (213)

第十三章 广告法律制度 (220)
第一节 广告法概述 (220)
第二节 广告内容准则 (224)
第三节 广告活动 (231)

第四节　广告监管 ………………………………………… (237)
第十四章　电信市场监管法律制度 ………………………………… (242)
　　　第一节　电信市场监管法概述 …………………………… (242)
　　　第二节　电信市场的监管体制 …………………………… (245)
　　　第三节　电信市场的准入 ………………………………… (248)
　　　第四节　电信网络的接入与互联互通 …………………… (250)
　　　第五节　电信业务和服务质量监管 ……………………… (252)
　　　第六节　电信安全监管 …………………………………… (255)
　　　第七节　违反电信市场监管法的法律责任 ……………… (258)
第十五章　城市房地产管理法律制度 ……………………………… (261)
　　　第一节　城市房地产管理法概述 ………………………… (261)
　　　第二节　城市房地产的开发及其用地管理 ……………… (266)
　　　第三节　城市房地产交易管理 …………………………… (274)
　　　第四节　房地产权属登记管理 …………………………… (279)
　　　第五节　违反城市房地产管理法的法律责任 …………… (281)
第十六章　银行业监管法律制度 …………………………………… (283)
　　　第一节　银行业监管与银行业监管法概述 ……………… (283)
　　　第二节　对银行业金融机构的市场准入监管 …………… (291)
　　　第三节　对银行业金融机构的审慎监管 ………………… (295)
　　　第四节　对银行业金融机构的监管措施 ………………… (305)
　　　第五节　违反银行业监管法的法律责任 ………………… (313)
第十七章　证券监管法律制度 ……………………………………… (316)
　　　第一节　证券监管与证券监管法概述 …………………… (316)
　　　第二节　证券监管体制 …………………………………… (319)
　　　第三节　对证券发行的监管 ……………………………… (323)
　　　第四节　对证券交易的监管 ……………………………… (329)
　　　第五节　违反证券监管法的法律责任 …………………… (339)
第十八章　保险监管法律制度 ……………………………………… (342)
　　　第一节　保险监管与保险监管法概述 …………………… (342)
　　　第二节　对保险公司的监管 ……………………………… (346)
　　　第三节　对保险中介机构的监管 ………………………… (353)
　　　第四节　违反保险监管法的法律责任 …………………… (357)
第十九章　期货监管法律制度 ……………………………………… (360)
　　　第一节　期货监管与期货监管法概述 …………………… (360)

第二节　期货交易所 …………………………………… (368)
　　第三节　期货公司 ……………………………………… (370)
　　第四节　期货交易监管 ………………………………… (371)
　　第五节　期货交易违法行为的法律责任 ……………… (375)

第三编　宏观调控法

第二十章　计划法律制度 …………………………………… (381)
　　第一节　计划的概念和特征 …………………………… (381)
　　第二节　计划的内容和形式 …………………………… (382)
　　第三节　计划法的概念和计划立法 …………………… (383)
　　第四节　计划法的地位 ………………………………… (386)
　　第五节　计划法的基本制度 …………………………… (388)

第二十一章　固定资产投资法律制度 ……………………… (390)
　　第一节　固定资产投资法的概念和原则 ……………… (390)
　　第二节　关于投资主体的法律规定 …………………… (392)
　　第三节　关于投资资金管理的法律规定 ……………… (395)
　　第四节　关于投资项目建筑施工的法律规定 ………… (398)
　　第五节　关于投资程序和管理方式的法律规定 ……… (400)
　　第六节　违反固定资产投资法的法律责任 …………… (403)

第二十二章　产业法律制度 ………………………………… (406)
　　第一节　产业法概述 …………………………………… (406)
　　第二节　产业法的基本制度 …………………………… (411)

第二十三章　国有资产管理法律制度 ……………………… (422)
　　第一节　国有资产管理法概述 ………………………… (422)
　　第二节　国有资产管理法的基本制度 ………………… (426)
　　第三节　国有资产分类管理的法律制度 ……………… (434)

第二十四章　自然资源法律制度 …………………………… (440)
　　第一节　自然资源法概述 ……………………………… (440)
　　第二节　自然资源法的基本制度 ……………………… (446)
　　第三节　各种自然资源的主要法律制度 ……………… (455)

第二十五章　能源法律制度 ………………………………… (474)
　　第一节　能源法概述 …………………………………… (474)
　　第二节　节约能源法 …………………………………… (480)

第三节　煤炭法 …………………………………………… (488)
　　第四节　电力法 …………………………………………… (491)
　　第五节　可再生能源法 …………………………………… (495)

第二十六章　财政法律制度 ……………………………………… (500)
　　第一节　财政与财政法概述 ……………………………… (500)
　　第二节　预算法律制度 …………………………………… (504)
　　第三节　国债法律制度 …………………………………… (515)
　　第四节　财政支出法律制度 ……………………………… (518)

第二十七章　税收法律制度 ……………………………………… (526)
　　第一节　税收与税法概述 ………………………………… (526)
　　第二节　税收征纳实体法 ………………………………… (532)
　　第三节　税收征纳程序法 ………………………………… (542)
　　第四节　重复征税与税收逃避的防止 …………………… (549)
　　第五节　违反税法的法律责任 …………………………… (551)

第二十八章　中央银行法律制度 ………………………………… (553)
　　第一节　金融体制改革与中国人民银行立法 …………… (553)
　　第二节　中央银行法概述 ………………………………… (554)
　　第三节　中央银行的宏观调控和公共服务 ……………… (557)
　　第四节　违反中央银行法的法律责任 …………………… (562)

第二十九章　价格法律制度 ……………………………………… (564)
　　第一节　价格与价格法概述 ……………………………… (564)
　　第二节　价格法的基本制度 ……………………………… (566)
　　第三节　违反价格法的法律责任 ………………………… (572)

第三十章　会计和审计法律制度 ………………………………… (574)
　　第一节　会计法 …………………………………………… (574)
　　第二节　审计法 …………………………………………… (582)

第三十一章　对外贸易法律制度 ………………………………… (589)
　　第一节　对外贸易法概述 ………………………………… (589)
　　第二节　对外贸易法律关系 ……………………………… (593)
　　第三节　货物进出口与技术进出口管理 ………………… (597)
　　第四节　国际服务贸易 …………………………………… (603)
　　第五节　对外贸易秩序 …………………………………… (607)
　　第六节　对外贸易调查和救济 …………………………… (608)

第七节　对外贸易促进 ………………………………………… (612)
第八节　违反对外贸易法的法律责任 …………………………… (613)

词条索引 …………………………………………………………… (615)
第一版后记 …………………………………………………………… (621)
第二版后记 …………………………………………………………… (622)
第三版后记 …………………………………………………………… (626)
第四版后记 …………………………………………………………… (628)
第五版后记 …………………………………………………………… (630)

Contents

Preamble ·· (1)
    1. The concept and status of economic law ······················ (1)
    2. Relationship between economic jurisprudence and
       Economic Law ·· (2)
    3. The history and status of economic law ························· (3)
    4. Guiding ideology and methods of the study of economic law ······ (4)

PART ONE BASIC THEORY OF ECONOMIC LAW

Chapter 1 The Concept of Economic Law ··························· (9)
    Section 1 Etymology of the concept of economic law ·············· (9)
    Section 2 Regulated objects of economic law ······················ (10)
    Section 3 The definition of economic law ·························· (19)
Chapter 2 The Emergence and Development of Economic Law ······ (24)
    Section 1 The emergence of economic law ························· (24)
    Section 2 The development of economic law ······················ (27)
Chapter 3 The Status of Economic Law ··························· (40)
    Section 1 The meaning of the status of economic law ············· (40)
    Section 2 Economic law is an independent branch of law ········· (42)
    Section 3 Relationship between economic law and correlative laws ······ (45)
    Section 4 The categorial character of economic law ··············· (51)
Chapter 4 The System of Economic Law ··························· (56)
    Section 1 The meaning of the system of economic law ············ (56)
    Section 2 The structure of the system of economic law ··········· (61)
Chapter 5 Subjects in Economic Law ······························· (73)
    Section 1 The meaning of the subject in economic law ············ (73)
    Section 2 The system of subjects in economic law ················ (74)
    Section 3 Qualification of subjects in economic law ··············· (77)
    Section 4 Rights (or power) and obligations (or duties) of subject in

economic law .... (80)
Chapter 6　The Idea and Basic Principles of Economic Law .... (89)
　　Section 1　The idea of economic law .... (89)
　　Section 2　Basic principles of economic law .... (93)
Chapter 7　The Source and Enactment of Economic Law .... (104)
　　Section 1　The source of economic law .... (104)
　　Section 2　The enactment of economic law .... (108)
Chapter 8　The Enforcement of Economic Law and Responsibility System of Economic Law .... (115)
　　Section 1　The enforcement of economic law .... (115)
　　Section 2　The responsibility system of economic law .... (121)

PART TWO　MARKET REGULATION LAW

Chapter 9　Law on Market Access and Exit .... (127)
　　Section 1　The outline of law on market access and exit .... (127)
　　Section 2　Contents of law on market access .... (133)
　　Section 3　Contents of law on market exit .... (143)
Chapter 10　Competition Law .... (151)
　　Section 1　The outline of competition law .... (151)
　　Section 2　Anti-trust law .... (156)
　　Section 3　Law of anti-unfair competition .... (172)
Chapter 11　Consumer Protection Law .... (180)
　　Section 1　The outline of consumer protection law .... (180)
　　Section 2　Consumers' rights and proprietors' obligations .... (185)
　　Section 3　State and social protection of consumers' rights .... (192)
　　Section 4　Resolution of disputes on consumers' rights and the determination of legal liabilities .... (197)
Chapter 12　Product Quality Law .... (203)
　　Section 1　The outline of product quality law .... (203)
　　Section 2　Supervision on product quality .... (209)
　　Section 3　Manufacturers and sellers' obligation concerning product quality .... (212)
　　Section 4　Legal liabilities on violating product quality law .... (213)

Chapter 13 Advertisement Law ········· (220)
    Section 1 The outline of advertisement law ········· (220)
    Section 2 The rules on advertisement ········· (224)
    Section 3 Activities of advertisement ········· (231)
    Section 4 Supervision on advertisement ········· (237)
Chapter 14 Law on Telecommunications Market Regulation ········· (242)
    Section 1 The outline of law on telecommunications market regulation ········· (242)
    Section 2 The supervision system of telecommunications market ········· (245)
    Section 3 Telecommunications market access ········· (248)
    Section 4 Access of telecom internet, interconnection and intercommunication ········· (250)
    Section 5 Telecommunications service and service quality supervision ········· (252)
    Section 6 Telecommunications safety supervision ········· (255)
    Section 7 Legal liabilities on violating law on telecommunications market regulation ········· (258)
Chapter 15 Urban Realty Management Law ········· (261)
    Section 1 The outline of urban realty management ········· (261)
    Section 2 Management on urban realty exploiture and its land-using ········· (266)
    Section 3 Management on trade of urban realty ········· (274)
    Section 4 Management on register of realty rights ········· (279)
    Section 5 Legal liabilities on violating urban realty management law ········· (281)
Chapter 16 Legal Supervision on Banking ········· (283)
    Section 1 The outline of banking supervision and banking supervision law ········· (283)
    Section 2 Supervision on the market access of banking ········· (291)
    Section 3 Prudent supervision on banking financial institutions ········· (295)
    Section 4 Supervision measures on banking financial institutions ········· (305)
    Section 5 Legal liabilities on violating banking supervision law ········· (313)
Chapter 17 Legal Supervision on Securities ········· (316)
    Section 1 The outline of securities supervision and securities supervision law ········· (316)

Section 2　System of securities supervision ………………………（319）
Section 3　Supervision on securities issuing ……………………（323）
Section 4　Supervision on securities transaction ………………（329）
Section 5　Legal liabilities on violating securities supervision law ……（339）
Chapter 18　Legal Supervision on Insurance ………………………（342）
　　Section 1　The outline of insurance supervision and insurance
　　　　　　　supervision law ……………………………………（342）
　　Section 2　Supervision on insurance company …………………（346）
　　Section 3　Supervision on insurance agency ……………………（353）
　　Section 4　Legal liabilities on violating insurance supervision law ……（357）
Chapter 19　Legal Supervision on Futures Trade …………………（360）
　　Section 1　The outline of futures trade supervision and futures trade
　　　　　　　supervision law ……………………………………（360）
　　Section 2　Futures trade bourse …………………………………（368）
　　Section 3　Futures trade agencies ………………………………（370）
　　Section 4　Supervision on futures trade …………………………（371）
　　Section 5　Legal liabilities on violating the law of futures trade ………（375）

PART THREE　MACRO-CONTROL LAW

Chapter 20　Law on Planning …………………………………………（381）
　　Section 1　The concept and character of planning ………………（381）
　　Section 2　The form and content of planning ……………………（382）
　　Section 3　The concept of planning law and legislation of planning …（383）
　　Section 4　The status of planning law ……………………………（386）
　　Section 5　The basic legal system of planning …………………（388）
Chapter 21　Law on Fixed Assets Investment ………………………（390）
　　Section 1　The concept and principle of fixed assets investment
　　　　　　　law ……………………………………………………（390）
　　Section 2　Law on subjects of fixed assets investment …………（392）
　　Section 3　Law on charge management of fixed assets investment ……（395）
　　Section 4　Law on construction of investment projects …………（398）
　　Section 5　Law on investment procedures and management ……（400）
　　Section 6　Legal liabilities on violating fixed assets investment law …（403）

Chapter 22 Industry Law (406)
- Section 1 The outline of industry law (406)
- Section 2 Primary system of industry law (411)

Chapter 23 State-owned Property Administration Law (422)
- Section 1 The outline of state-owned property administration law (422)
- Section 2 Primary system of state-owned property administration law (426)
- Section 3 Legal system of administration of classified state-owned property (434)

Chapter 24 Natural Resources Administration Law (440)
- Section 1 The outline of natural resources administration law (440)
- Section 2 Primary system of natural resources administration law (446)
- Section 3 Main legal system of administration of various natural resources (455)

Chapter 25 Energy Resources Law (474)
- Section 1 The outline of energy resources law (474)
- Section 2 Energy conservation law (480)
- Section 3 Coal law (488)
- Section 4 Electric power law (491)
- Section 5 Renewable energy law (495)

Chapter 26 Public Finance Law (500)
- Section 1 The outline of public finance and public finance law (500)
- Section 2 Budget law (504)
- Section 3 Public debt law (515)
- Section 4 Financial expenditure law (518)

Chapter 27 Tax Law (526)
- Section 1 The outline of tax and tax law (526)
- Section 2 Substantive taxation law (532)
- Section 3 Procedural taxation law (542)
- Section 4 Laws to eliminate double taxation and tax avoidance (549)
- Section 5 Legal liabilities on violating tax law (551)

Chapter 28 Law on Central Bank (553)
- Section 1 Financial system reforms and legislation of the People's Bank of China (553)
- Section 2 The outline of central bank law (554)

Section 3	Macro-control and public service of central bank	(557)
Section 4	Legal liabilities on violating central bank law	(562)

Chapter 29　Pricing Law ······ (564)

Section 1	The outline of price and pricing law	(564)
Section 2	Primary system of pricing law	(566)
Section 3	Legal liabilities on violating pricing law	(572)

Chapter 30　Accounting Law and Audit Law ······ (574)

Section 1	Accounting law	(574)
Section 2	Audit law	(582)

Chapter 31　Foreign Trade Law ······ (589)

Section 1	The outline of foreign trade law	(589)
Section 2	Legal relationships of foreign trade	(593)
Section 3	Law of administration of merchandise and technology imports and exports	(597)
Section 4	Legal system of international service trade	(603)
Section 5	Legal provisions on foreign trade order	(607)
Section 6	Investigation and remedy of foreign trade	(608)
Section 7	Promoting foreign trade	(612)
Section 8	Legal liabilities on violating foreign trade law	(613)

Index ······ (615)
Proscript of the First Edition ······ (621)
Proscript of the Second Edition ······ (622)
Proscript of the Third Edition ······ (626)
Proscript of the Fourth Edition ······ (628)
Proscript of the Fifth Edition ······ (630)

绪　言

一、经济法学的概念和地位

（一）经济法学的概念

经济法学是研究经济法及其发展规律的法学学科。对此，可以从以下两方面进行分析：

第一，经济法学是一门法学学科。

法学是研究法及其发展规律的社会科学。所谓社会科学，是研究社会现象的学科。法学属于社会科学的范畴，是社会科学体系中的一门学科。它与政治学、经济学、军事学、社会学、文学、史学等同属于社会科学体系的其他学科，既有共性，又有个性。它们之间的本质区别，是各自研究的社会现象不同。法学是以法及其发展规律为研究对象的。

经济法学是一门法学学科。它与法理学、宪法学、行政法学、民法学、刑法学等同属于法学体系的其他学科，也是有共性，有个性。它们之间的本质区别，是各自研究对象的特殊性。

第二，经济法学以经济法及其发展规律为研究对象。

毛泽东同志指出："科学研究的区分，就是根据科学对象所具有的特殊的矛盾性。因此，对于某一现象的领域所特有的某一种矛盾的研究，就构成某一门科学的对象。"[①]可见，我们要在正确认识经济法学是一门法学学科的同时，必须明确它的研究对象所具有的特殊的矛盾性，从而搞清楚经济法学不同于法学的其他分支学科的特殊本质，将经济法学同法学的其他分支学科区分开来。

我们认为，经济法学的研究对象是经济法及其发展规律。这就是说，经济法学不仅研究经济法，而且研究经济法的发展规律；不仅研究经济法的现状，而且研究经济法的历史发展；不仅研究静态的经济法，而且研究动态的经济法。

（二）经济法学的地位

经济法学的地位，是指经济法学在法学体系中所处的位置。所谓法学体系，是由多层次的、门类齐全的法学分支学科组成的有机联系的统一整体。一般认为，可以根据不同的标准将法学分别划分为：国内法学和国际法学、理论法学和应用法学、独立学科和边缘学科、传统学科和新兴学科等等。

[①] 《毛泽东选集》第1卷，人民出版社1952年版，第297页。

那么,经济法学在法学体系中是一门什么样的学科呢?这可以从以下几方面来回答:

第一,经济法学是一门国内法学。

国内法学是相对于国际法学而言的。国际法学,是指研究国际法及其发展规律的法学学科。国内法学,是指研究国内法及其发展规律的法学学科。人们平时所说的经济法,实际上是相对于国际经济法而言的国内经济法。所以,研究经济法及其发展规律的法学学科,属于国内法学的范畴。

第二,经济法学是一门应用法学。

应用法学是相对于理论法学而言的。理论法学,是指研究法的共同问题和法发展的一般规律的法学学科。应用法学,是指研究多层次的各类法律制度及其发展规律的法学学科。经济法学同社会实践具有紧密联系,实用价值很大,因而是一门应用法学。当然,它也有自己的理论和理论价值。

第三,经济法学是一门独立学科。

独立学科是相对于边缘学科而言的。边缘学科,是指其研究对象跨越两个或两个以上独立学科的研究对象的学科。独立学科,是指具有特定研究对象的学科。作为经济法学研究对象的经济法及其发展规律,不仅具有一定的范围,而且同其他法学学科的研究对象是可以分开的。所以,经济法学是一门独立的法学学科。

第四,经济法学是一门新兴学科。

新兴学科是相对于传统学科而言的。传统学科,是指历史悠久的学科。新兴学科,是指新近兴起的学科。经济法学与民法学等传统学科相比,它问世的时间要晚得很多。经济法学是一门在现代社会应运而生的年轻学科,是一门新兴的法学学科;同时,它也是一门迅猛发展中的学科,具有广阔发展前景的学科。

第五,经济法学是一门重要学科。

判断一门学科是否重要?其重要程度如何?不决定于该学科和其他学科学者的主观愿望,而决定于它实际发挥作用的状况。在现代社会中,经济法学对于加强经济法制建设,维护社会经济秩序,推动经济社会发展,发挥着巨大作用。所以,经济法学是一门重要的法学学科。

二、经济法学与经济法的关系

搞清楚经济法学与经济法的关系,这是从事经济法的制度建设和经济法的理论研究必须首先要明确的一个基本问题。那种断言经济法是一门法律学科的观点,或者认为经济法是一个法律部门和一门法律学科的观点,都混淆了经济法与经济法学的界限,是不可取的。应该说:经济法是一个独立的法的部门,经济法学是一门独立的法学学科,它们之间既有联系,又有区别,不应混淆。

经济法学与经济法之间的联系主要表现在两个方面:一是没有经济法,就没有经济法学。经济法及其发展规律是经济法学的研究对象,如果没有经济法就不会有它的发展规律,没有经济法及其发展规律,就不存在经济法学的研究对象,而没有研究对象的学科是不存在的。二是经济法学的产生和发展,为经济法的进一步发展开辟了道路。对经济法及其发展规律研究的开展和深入,经济法学的产生和发展,有助于明确在国家协调的本国经济运行过程中需要制定、认可和修改完善哪些经济法律规范,应该采取哪些正确的立法对策,这样就可以使经济法律规范的数量不断增加,质量日益提高,从而推动经济法的发展。

经济法学与经济法之间的区别主要表现在以下三个方面:一是经济法是法的体系中的一个独立的法的部门;经济法学是法学体系中的一门独立的法学学科。二是经济法具有特定的调整对象;经济法学具有特定的研究对象。三是经济法是由国家制定或认可的,由国家强制力保证实施;经济法学是人们从事学术研究的产物,没有法律约束力。

三、经济法学的产生和发展概述

经济法学的产生,是指作为一门独立的法学学科——经济法学的形成。经济法学产生于20世纪20年代的德国。德国在第一次世界大战期间和战后,制定了《关于限制契约最高价格的通知》《煤炭经济法》《碳酸钾经济法》《防止滥用经济力法令》等不少有关经济法的规范性文件。这一新的法律现象,引起了德国法学界的广泛关注,并进行了研究,随着经济法研究和教学的开展,发表和出版了不少经济法论著,提出了一些有影响的经济法理论,逐步产生了经济法学。此后,经济法学在德国、法国、日本等资本主义国家以及苏联和东欧一些社会主义国家得到了发展。在外国经济法学发展的过程中,陆续形成了一些经济法学说。有些学说还具有相当大的影响,这在一定程度上反映了经济法研究的成就和经济法学发展的水平。应该说,经济法学在国外的发展取得了相当大的成绩。但是,发展的速度不快,存在的问题不少,特别是在经济法基本理论的研究方面还比较薄弱。

在中国,1979年以后,经济法立法逐步加强,制定了不少经济法的法律、法规;许多院校开设了经济法课程,不少院校陆续设置了经济法专业;随着经济法的教学和研究工作的逐步开展,发表和出版的经济法论著不断增加,于是产生了经济法学。中国的经济法学,产生得晚,发展得快。大家知道,历史上新的正确的东西,在开始的时候常常得不到多数人承认,只能在斗争中曲折地发展。但是,新生事物具有强大的生命力。年轻的中国社会主义经济法学在自己的发展过程中虽然遇到了种种阻力,但它却以任何原有法学学科无可比拟的速度向前发展着。实践表明,三十多年来中国法学领域革命性变革的一个突出成就,不仅在中国创立了一门独立的学科——经济法学,而且人们相当普遍地承认了经济法是一个独立而重要的法的部门,对经济法的许多重大理论问题和实际问题的研究正在日益深入。应该说,在中国不仅形成了多种经济法理论,而且已经形成了若干经济法学说。这些学说具有中国特色,其水平也并不比国外的经济法学说逊色。目前,从总体上来说,无论在发表和出版的经济法论著方面,还是在经济法研究的广度和深度方面,中国正在、甚至已经走到了世界的前列。同时也必须看到,虽然在经济法的研究方面已经取得了很大成绩,但是对经济法的一些基本问题还远没有形成共识,许多经济法的重大实际问题亟待深入研究,我们所面临的经济法的研究任务是光荣而艰巨的。

四、研究经济法的指导思想和方法

(一) 研究经济法的指导思想

具有正确的指导思想和科学的研究方法,对于深入开展经济法理论问题和实际问题的研究,发展经济法学,完善经济法制,至关重要。

马克思主义哲学,即辩证唯物主义和历史唯物主义,是关于自然、社会和人类思维的一般规律的科学,是科学的世界观和方法论的统一。研究经济法,必须以辩证唯物主义和历史唯物主义为指导思想和根本方法,决不能搞指导思想多元化。

以马克思主义哲学为指导研究经济法,必须坚持社会存在决定社会意识、社会意识反作用于社会存在的观点。作为法的组成部分的经济法属于上层建筑的范畴,它是由经济基础决定的;同时,它又反作用于经济基础。

以马克思主义哲学为指导研究经济法,必须坚持以普遍联系的观点、发展的观点和全面的观点看待经济法现象,不能孤立地、静止地、片面地看待经济法现象。同其他事物一样,经济法也是遵循着唯物辩证法关于事物发展的普遍规律——对立统一规律、质量互变规律、否定之否定规律——发展的。

以马克思主义哲学为指导研究经济法,必须坚持实事求是的科学态度。这要求我们,研究经济法应该做到主观和客观相统一、理论与实践相结合,一切从实际出发,具体问题具体分析,透过复杂的社会现象,揭示经济法的本质,找出经济法发展的规律,用以指导经济法的实践。

(二) 研究经济法的方法

研究经济法的科学方法要体现研究经济法的正确的指导思想;研究经济法的方法的创新不能离开研究经济法的指导思想。研究经济法需要采取下列多种方法:

第一,社会调查方法。

进行社会调查,这是坚持辩证唯物主义认识路线的必然要求。因为要做到实事求是必须了解"实事",要从实际出发必须了解实际情况。毛泽东同志指出:在社会领域"要了解情况,唯一的方法是向社会作调查"①。

第二,历史考察方法。

以历史唯物主义为指导研究经济法,必须运用历史考察的方法。人类社会的历史是一个有规律的发展过程。各种社会现象都有其产生和发展的历史。要科学地看待经济法问题,就应该对它的产生、发展情况进行历史考察。

第三,阶级分析方法。

阶级分析方法,是指在存在阶级和阶级斗争的历史条件下,对于社会现象要用阶级和阶级斗争的观点分析其所具有的阶级属性的方法。列宁指出:"马克思主义者不应当离开分析阶级关系的正确立场。"②进行阶级分析,是马克思主义者分析社会现象时必须运用的方法,也是研究经济法的一个基本方法。

第四,经济和社会效益分析方法。

运用经济和社会效益分析方法进行经济法研究,有助于经济资源与社会资源的优化配置,以尽可能低的经济与社会成本,取得尽可能高的经济与社会收益,实现经济法的立法、实施和经济法理论研究的经济和社会收益最大化。

第五,博弈分析方法。

运用博弈分析方法研究经济法,有助于经济法的立法者、实施者和研究者在经济法的立法、实施和经济法的理论研究过程中,分别选择最优策略,取得最佳支付。经济法立法的最佳支付,即经济法立法收益最大化,为经济法主体提供优质行为规范;经济法实施的最佳支付,即经济法实施收益最大化,以利于经济法宗旨的实现;经济法理论研究的最佳支付,即经济法理论研究收益最大化,推动经济法学的发展。

第六,系统分析方法。

系统是由两个以上相互依赖和相互作用的要素组成的、具有新质和相应功能的有机整体。系统分析方法,是指按照事物本身的系统性把对象放在系统的运行过程中来加以考察的方法。③ 运用系统分析方法研究经济法,就是要具体运用整体分析、结构分析、层次分析、动态分析等方法,着重对经济法现象的整体与部分、部分与部分、整体与外部环境之间的辩证关系进行考察。

第七,比较研究方法。

运用比较研究方法研究经济法,无论对于国内还是国外的经济法现象、历史上的还是现实的经济法现象,都应该认真研究,全面分析,区别对待:凡是有关国

---

① 《毛泽东选集》第3卷,人民出版社1991年版,第789页。
② 《列宁选集》第3卷,人民出版社1995年版,第27页。
③ 参见冯国瑞:《系统论、信息论、控制论与马克思主义认识论》,北京大学出版社1991年版,第184页。

家、地区的成果和经验,应该根据是否符合本国、本地区的情况和需要,决定要不要学习和借鉴;凡是有关国家、地区的教训,要引以为戒。总之,运用比较研究方法研究经济法,是要在明确各自的长处、短处及其原因的基础上,从实际出发,扬长补短。

第八,语义分析方法。

语义分析方法,是指通过对语词含义的分析,以明确概念所赋予语词的思想内容的方法。经济法的语词必须明确,对于明确的经济法的语词必须结合特定的语言环境,准确地把握它所表达的概念,以利于经济法的立法、实施和经济法理论研究的开展。

第一编 经济法总论

第一章 经济法的概念

第一节 经济法概念的语源

"经济法"这一概念,是18世纪法国空想共产主义的著名代表之一摩莱里(Morelly)在1755年出版的《自然法典》①一书中首先提出来的。该书第四篇"合乎自然意图的法制蓝本",被作者称为"法律草案",共12个部分,117条。其中,第二部分"分配法或经济法"有12条,主要就作者所设想的未来公有制社会的"自然产品或人工产品的分配"作出了规定。19世纪30—40年代法国空想共产主义的著名代表之一德萨米(Dezamy)在1842—1843年分册出版的《公有法典》②一书也使用了"经济法"这个概念,并且发展了摩莱里经济法思想。德萨米认为,最好的分配方式是按比例的平等。在《公有法典》一书的第二章"根本法"中,他明确表示赞成摩莱里的下列论断:人"本着自己的能力、知识、需要和特长参加共同劳动,并同时按照自己的全部需要来享用共同的产品,享受共同的快乐"。这里含有"各尽所能,按需分配"思想的萌芽。在该书第三章"分配法或经济法"中,德萨米进一步指出:"人在权利上是平等的,因而在事实上也应该平等。""这种真正的平等只有伴随公有制而实现。"

我们知道,法国空想共产主义是马克思主义的三个来源之一,具有重大的理论意义。摩莱里和德萨米的经济法思想虽然同空想共产主义的其他观点一样具有"空想"的属性,但是不能低估其理论意义。概念是发展变化的。在18世纪由摩莱里提出的"经济法"这一概念的含义,至今已经发生了重大变化。在当代,经济法明显地不能等同于产品分配法,但是它们又有着内在的联系。可以说,被当代人赋予新含义的经济法概念是对摩莱里和德萨米经济法思想的继承和重大发展。当代经济法学者认为,经济法是调整特定经济关系即物质利益关系的,其目的在于为各类经济法主体之间物质利益的分配提供法律保障。从这

---

① 《自然法典》是摩莱里最重要的一部著作。商务印书馆于1959年出版了由刘元慎、何清新根据俄译本译成中文的《自然法典》;1982年出版了由黄建华、姜亚洲根据1970年在巴黎出版的法文原著译成中文的《自然法典》,以后多次印刷。本书引文均出自该书1982年版。

② 《公有法典》是德萨米最重要的一部著作。1959年和1964年先后由三联书店和商务印书馆出版了根据俄文译本译成中文的《公有法典》;1982年商务印书馆又出版了由黄建华、姜亚洲根据1967年巴黎出版的法文原著译成中文的《公有法典》。关于该书的出版时间,有的说是1842年,有的说是1843年,也有的说是1842—1843年,参见商务印书馆1982年版《公有法典》第289、319、322页。本书引文均出自该书1982年版。

个意义上来说,经济法实质上就是分配法。

进入20世纪以来,德国学者莱特(Ritter)在1906年创刊的《世界经济年鉴》中首先使用了"经济法"这一概念,用来说明与世界经济有关的各种法规,但并不具有严格的学术意义。[①] 以后,不仅在许多国家的法学论著中,而且在有些国家颁布的法律中,先后使用了"经济法"这个概念。例如,日本经济法学者金泽良雄在《经济法概论》一书中提到,德国于1919年颁布了《煤炭经济法》《碳酸钾经济法》。又如,在1964年,捷克斯洛伐克颁布了《捷克斯洛伐克社会主义共和国经济法典》。

在我国,自从1979年以来,在全国人民代表大会的文件[②]和中共中央、国务院的文件[③]中,以及在第九届、第十届、第十一届全国人民代表大会常务委员会制定的五年立法规划中,都使用了"经济法"这一概念。与此同时,在我国的法学教材、专著、论文、工具书、资料中,广泛地使用了"经济法"这一概念。

"经济法"这一概念,不论在中国还是在外国,被越来越多的人所承认和使用绝不是偶然的。这表明,作为上层建筑组成部分的经济法的存在,已是客观事实。但是,在社会制度不同的国家,人们对于这一概念的理解各不相同;在社会制度相同的国家以至同一个国家,对"经济法"这一概念的理解也存在着不同的观点。

现在,摆在我们面前的任务,是要从实际出发,认真研究经济法的概念,以便准确了解和使用这一概念。这是发展经济法学的需要,是健全经济法制的需要,是实行依法治国、建设社会主义法治国家的需要。

第二节 经济法的调整对象

一、衡量经济法调整对象问题上的观点正确与否的标准只能是社会实践

要明确经济法的调整对象,必须以辩证唯物主义和历史唯物主义为指导,真正懂得经济法调整对象问题上的观点正确与否的衡量标准;否则,产生了不符合实际的观点,还往往以为自己的观点是有所谓"根据"的。

大家知道,经济法的调整对象问题,同民法、行政法、国际经济法等法的部门的调整对象问题具有密切的联系。国内外法学界对经济法、民法、行政法、国际

[①] 参见《中国大百科全书·法学》,中国大百科全书出版社1984年版,第328页;〔日〕金泽良雄著:《经济法概论》,满达人译,甘肃人民出版社1985年版,第2页。

[②] 《中华人民共和国第五届全国人民代表大会第二次会议文件》,人民出版社1979年版,第2、106页;《人民日报》1986年4月17日;《全国人民代表大会常务委员会公报》2001年第3号第243页,2002年第2号143页,2003年第2号197页。

[③] 《中华人民共和国国务院公报》1985年第36号,第1173页。

经济法的调整对象都存在着不同的看法。这些法的部门的调整对象究竟怎样界定？它们的调整对象的界限究竟怎么划分？这是经济法与民法、行政法、国际经济法的关系问题讨论中的核心问题。

那么，究竟如何来判断与经济法的调整对象有关的各种学术观点的是非呢？判断是非的标准当然不是看持不同观点的学者人数的多少[①]，不是看持不同观点的学者职称和职务的高低，不是看各种不同的观点哪一种符合国内外的传统说法，也不能以国内外的某些现行法律规定作为衡量各种法学观点正确与否的标准。

应该明确："真理的标准只能是社会的实践。实践的观点是辩证唯物论的认识论之第一的和基本的观点。"[②]衡量经济法调整对象问题上的观点正确与否的标准，只能是社会的实践。现阶段，在我国，最大量、最重要的实践是坚持"四项基本原则"和社会主义改革开放，是社会主义现代化建设。如果我们确定的中国社会主义经济法的调整对象，是体现坚持"四项基本原则"和社会主义改革开放的要求的，是体现社会主义现代化建设的要求的，那就是正确的；否则，就是不正确的。因此，应该根据坚持"四项基本原则"和社会主义改革开放的需要，根据社会主义现代化建设的需要，来确定我国社会主义经济法的调整对象。

二、经济法具有特定的调整对象

在中国法学界，除了很少一些学者根本不承认或者实际上不承认经济法的存在以外，都认为经济法具有特定的调整对象。那么，为什么说经济法有特定的调整对象呢？

首先，经济法的调整对象有一定的范围，而不是漫无边际的、捉摸不定的。不能认为经济法的调整对象是"综合的"，是"各式各样的社会经济关系"或者"各种经济关系"，甚至是"许多不同种类的社会关系"。把一些本来不属于经济法调整对象范围的经济关系甚至是其他社会关系也说成是经济法的调整对象，然后得出"经济法没有特定的调整对象"的结论，其前提和结论都是不真实的。

其次，经济法的调整对象同其他法的部门的调整对象是有区别的、可以分开的，而不是交叉的、重叠的。能否认为"一种社会关系不一定只由一个法的部门调整"呢？这要具体分析。应该说，对于一种范围广泛的社会关系，如经济关系，"不一定只由一个法的部门调整"有两种含义：如果指经济法、民法等法的部门各自调整不同部分的经济关系，这是正确的；如果指经济法与民法等法的部门

---

① 真理是不能决决的。多数人的观点不一定正确，少数人的观点不一定错误；反之，亦然。
② 《毛泽东选集》第1卷，人民出版社1991年版，第284页。

可以对经济关系实行交叉调整,那就不能说是正确的。对于一种特定的社会关系,如市场监管关系,说它"不一定只由一个法的部门调整",好像除了应该由经济法调整以外,同时还可以由民法或别的法的部门对它实行重叠调整,那是不可取的。总之,关于调整对象的"交叉论"与"重叠论"都是值得商榷的。因为这实际上否定了经济法、民法等具有特定的调整对象,并进而会导致否定经济法、民法等独立的部门法地位。经济法、民法等之所以是独立的法的部门,是以它们各自具有特定的调整对象为前提的,否定了它们的前提,也就否定了其结论。

三、经济法的调整对象是特定的经济关系

经济关系是通过物而形成的人与人之间的关系,简称物质的社会关系或物质利益关系。它同思想的社会关系或思想意志关系是整个社会关系的两大组成部分。列宁指出:马克思、恩格斯的基本思想"是把社会关系分成物质的社会关系和思想的社会关系","思想的社会关系是物质的社会关系的上层建筑"。①

经济法的调整对象是特定的经济关系,不是一切经济关系,更不是经济关系以外的其他社会关系。市场交易关系、财产赠与关系、财产继承关系等虽然是经济关系,但不属于经济法调整对象的范围;经济法律关系、人身关系等不是经济关系,更不属于经济法调整对象的范围。

经济法律关系为什么不能成为经济法的调整对象呢?我们认为,经济法律关系,是指根据经济法的规定发生的权利和义务关系。把经济法律关系、经济权利和义务关系或者其他权利和义务关系视为经济法的调整对象,都值得商榷。联系到一些权威性论著中断言民法调整民事法律关系,行政法调整行政法律关系,国际私法调整涉外民事法律关系,国际经济法调整国际经济法律关系,等等,似乎从法理学上讲,法是可以调整法律关系的。其实不然。法理学的常识告诉我们,法律关系不能成为法的调整对象。法律关系,是指根据法的规定发生的权利和义务关系。法律关系的发生以法的存在为前提,是先有法后有法律关系。如果认为法是调整法律关系的,这就等于说只有有了法律关系,才有法的调整对象,法才存在。因为世界上过去和现在没有、今后也不会存在没有调整对象的法。所以,按照上述学术观点,必然得出先有法律关系后有法的结论。而这是不符合实际的。还应该指出,经济法调整的特定经济关系同经济法律关系属于不同范畴的概念:前者是通过物而形成的人与人之间的关系,即物质利益关系,属于经济基础的范畴;后者是通过人们的意识而形成的人与人之间的关系,即思想意志关系,是前者在法律上的反映,属于上层建筑的范畴。有些学者之所以把经济法律关系说成是经济法的调整对象,

---

① 《列宁选集》第1卷,人民出版社1995年版,第19、47页。

正是因为他们把特定经济关系和经济法律关系等同起来,混淆了它们的原则界限,这是违反历史唯物主义基本原理的。

四、经济法调整的特定经济关系是在国家协调的本国经济运行过程中发生的经济关系

(一) 经济运行需要国家协调

1. 经济运行的概念

经济运行,就是生产和再生产过程。生产,亦称社会生产,是指人们结成一定的生产关系,运用劳动资料作用于劳动对象,创造物质资料以满足自己需要的活动。不断重复和更新的生产就是再生产。再生产包括生产(直接生产过程)、分配、交换、消费四个环节。① 正如马克思所指出的:"不管生产过程的社会形式怎样,它必须是连续不断的,或者说,必须周而复始地经过同样一些阶段。一个社会不能停止消费,同样,也不能停止生产。因此,每一个社会生产过程,从经常的联系和它不断更新来看,同时也是再生产过程。"②

2. 国家协调的概念

在现代汉语中,"协调"的含义有二:一是配合适宜;二是使配合适宜。前者是形容词,后者是动词。③

在"国家协调"这一概念中的"协调"二字,是"协调"的第二种含义。国家协调,是指国家运用法律的和非法律的手段,使经济运行符合客观规律的要求,推动国民经济的发展。这就是说:协调的主体是国家;协调的对象是经济运行;协调的方式是法律的和非法律的手段(其中,法律手段是主要的;在法律手段中,具有法律形式的经济手段是主要的);协调的目的是使经济运行符合客观规律的要求,推动国民经济的发展。经济运行具有自己的规律。人们不能创造、改变和消灭规律,但是可以发现、认识和利用规律。所以,国家不能随意左右经济运行,而只能因势利导,力求把经济运行协调到符合客观规律的轨道上来。使用"国家协调"这一概念,体现了国家行使经济管理的职能应该符合客观规律的要求,力求避免主观随意性。这就既充分肯定了"国家之手"在经济运行中的作用,又反映了对国家权力的必要限制。应该说,在讲到经济运行时,使用"国家协调"这一概念比较合适,而不宜使用"国家干预"经济运行、"国家管理"经济运行、"国家调控"经济运行或"国家调节"经济运行。

3. 国家协调的必要性和国家协调的发展变化

经济运行之所以需要国家协调,其根源在于:生产力决定生产关系,生产关

---

① 《经济大辞典》,上海辞书出版社1992年版,第434—435页。
② 《马克思恩格斯全集》第23卷,人民出版社1972年版,第621页。
③ 参见《现代汉语规范词典》,外语教学与研究出版社、语文出版社2004年版,第1440页。

系对于生产力具有反作用;经济基础决定上层建筑,上层建筑对于经济基础具有反作用。所以,国家要适应经济发展的需要,经济运行需要国家协调。国家对经济运行的协调,体现了国家管理经济的职能,体现了国家对经济活动的干预,体现了"国家之手"在经济运行中的作用。

历史的发展表明,无论是奴隶制国家、封建制国家、资本主义国家,还是社会主义国家,经济运行都不能没有国家协调。在资本主义国家,无论是在实行自由市场经济时期,还是实行现代市场经济时期,经济运行也都不能没有国家协调。在社会主义中国,不仅在建国以后实行计划经济体制的时期,在从计划经济体制向社会主义市场经济体制过渡的时期,而且在建立起社会主义市场经济体制以后的时期,经济的运行也都不能没有国家协调。为什么在实行市场经济的情况下经济运行也需要国家协调呢?因为市场对资源配置虽然起着基础性作用,但它并不是万能的,在经济运行中存在着"市场失效"或"市场失灵",市场调节具有自发性、滞后性和一定盲目性,这就决定了国家协调经济运行的必要性。实践证明,只有既强化市场机制的作用,又进行必要的国家协调,才能保证国民经济高效正常运行。

在看到国家协调必要性的同时,又要看到它是发展变化的。在不同的国家以及同一个国家的不同时期,国家对经济运行进行协调的广度和深度、内容和方式是不同的或不完全相同的。

(二) 在国家协调的本国经济运行过程中发生的经济关系应该由经济法调整

任何法都是调整一定社会关系的,但是都不调整法律关系,经济法也不例外。需要特别指出的是:经济法调整的社会关系是经济关系;这种经济关系是在经济运行过程中发生的;这种经济运行是本国经济运行;这种本国经济运行过程体现了国家协调。所以,经济法的调整对象,是在国家协调的本国经济运行过程中发生的经济关系。

上述经济关系由经济法调整,能够把经济法的调整对象与民法调整的民事关系、行政法调整的行政管理关系、国际经济法调整的国际经济协调关系以及其他法调整的其他社会关系区别开来,这就可以从根本上划清经济法与民法、行政法、国际经济法等法的部门的界限。同时,这种经济关系由经济法调整,能够体现经济法是国家协调本国经济运行之法,以实现经济法的基本功能,促进资源的优化配置,提高经济效益,推动经济社会协调发展。就中国而言,实现经济法的基本功能,有助于坚持社会主义道路,建立和完善社会主义市场经济体制,促进社会主义现代化建设,推动国民经济的平稳、较快发展,以及经济社会和人的全面发展。

事物都是发展变化的,经济关系也是这样。在历史发展的进程中,经济关系发展的总趋势是越来越复杂多样。作为经济法调整对象的经济关系,即在国家协调的本国经济运行过程中发生的经济关系,在古代和近现代有重大区别,在计划经济时期和市场经济时期也有显著不同。我们认为,在社会主义市场经济条件下,这种经济关系的表现形式应该包括市场监管关系和宏观调控关系。下面,对这两种经济关系的法律调整问题分别作一些论述:

第一,关于市场监管关系及其法律调整。

市场监管,是指法定的国家机关对市场准入与退出以及经营主体在其存续期间的运营进行的监督和管理。市场监管关系,即市场监督管理关系,是指在国家进行市场监督管理过程中发生的经济关系。

实行社会主义市场经济,要形成统一开放、竞争有序的现代市场体系。培育市场体系,充分发挥市场机制的作用,要求各种生产要素的自由流动,坚决打破条条块块的分割、封锁和垄断,不能允许市场交易行为扰乱市场经济秩序。这就需要国家协调,"加强市场监管,维护市场秩序"[①]。市场监管关系应该由经济法调整。这有助于完善市场规则,保护市场活动主体的合法权益,维护市场经济秩序,保障经济安全,实现市场功能,促进经济社会发展。

市场监管关系应该由经济法调整,这在经济法学界已经基本取得共识,虽然在提法上或者对一些问题的认识上还不完全一致。例如,需要国家干预论认为,经济法调整对象的具体范围包括"市场秩序调控关系"。[②] 国家调制论指出,经济法调整的社会关系包括"市场规制关系"。[③] 社会公共性论者说,"市场管理关系"属于经济法调整对象的范围。[④] 以前,我们曾主张:"市场管理关系应该由经济法调整"。[⑤] 本书第二版将"市场管理关系"改为"市场监管关系"(即"市场监督管理关系")。它们的基本含义是相同的。但也有区别:前者,"管理"是从广义上讲的,包括了计划、组织、指挥、调节和监督五个职能;后者,将"监督"职能从上述五个职能中单列出来,与"管理"并列,这里的"管理"是从狭义上讲的。那么,为什么要将"市场管理关系"改为"市场监管关系"呢?这是由于使用"市场监管关系"这一概念,突出了市场监督的地位,适应了改变监督不力、加强监督工作的客观要求;同时,近年来在党的政策性文件和国家的法律、法规中经常

---

① 习近平:《关于〈中共中央关于全面深化改革若干重大问题的决定〉的说明》,载《人民日报》2013年11月16日。
② 参见李昌麒:《经济法学》,法律出版社2007年版,第62、64页。
③ 参见张守文:《经济法总论》,中国人民大学出版社2009年版,第33页。
④ 参见王保树主编:《经济法原理》,社会科学文献出版社2004年版,第27页。
⑤ 杨紫烜:《经济法调整对象新探》,载《经济法制》1994年第2期,第3页。

使用"市场监管"、"监管"和"监督管理"的概念①,使用"市场监管关系"这一概念是有政策、法律上的依据的。

还需要指出的是:作为市场监管法主要组成部分的竞争法,其调整对象能不能说是"竞争关系"、"市场竞争关系"或"经济竞争关系"呢？我们的回答很明确:不能这样说。因为竞争法的调整对象是在反对垄断(或限制竞争)和反对不正当竞争过程中发生的市场监管关系,简称竞争监管关系。这种市场监管关系不能等同于"竞争关系"、"市场竞争关系"或"经济竞争关系"。如果误认为竞争法调整"竞争关系"、"市场竞争关系"或"经济竞争关系",就会得出如下结论:这种经济关系是平等主体之间的关系;调整平等主体之间经济关系的竞争法属于民法的组成部分。而这样的结论,由于其前提不正确,因此显然是错误的。

第二,关于宏观调控关系及其法律调整。

实行社会主义市场经济,必须建立以间接手段为主的宏观调控体系。有了市场调节为什么还要宏观调控呢？大家知道,市场调节是自发调节,是基础层次的调节,是十分必要的。但是,有些事情是市场调节解决不了或解决不好的,如"经济和社会发展战略目标的选择,经济总量的平衡,重大结构和布局的调整,收入分配中公平与效率的兼顾,市场效率条件的保证以及资源和环境的保护等等"。② 这就需要国家宏观调控。宏观调控,是指国家为了实现经济总量的基本平衡,促进经济结构的优化,推动经济社会的协调发展,对国民经济总体活动进行的调节和控制。在国家对国民经济总体活动进行调节和控制过程中发生的经济关系,简称宏观调控关系。宏观调控关系应该由经济法调整。这有助于发挥宏观调控的长处,弥补市场调节的缺陷,防止或消除经济中的总量失衡和结构失调,优化资源配置,更好地把当前利益与长远利益、局部利益与整体利益结合起来。

经济法调整对象的范围应该包括宏观调控关系。这也是经济法学界基本一致的观点。例如,顾功耘教授指出,"宏观调控关系"属于经济法调整对象的范围。③ 需要国家干预论认为,经济法调整对象的具体范围包括"宏观经济调控关

---

① 中共中央:《关于完善社会主义市场经济体制若干问题的决定》(2003年10月14日)和中共中央:《关于制定国民经济和社会发展第十一个五年规划的建议》(2005年10月11日)均多处使用了"市场监管"和"监管"的概念;《中华人民共和国证券投资基金法》(2003年10月28日通过)第十章是"监督管理";《中华人民共和国银行业监督管理法》(2006年修改)的名称中使用了"监督管理"的概念;《中华人民共和国证券法》(2005年修订)第十章是"证券监督管理机构";《中华人民共和国保险法》(2009年修订)第六章是"保险业监督管理";《国有企业财产监督管理条例》(1994年7月24日)这个行政法规的名称中使用了"监督管理"的概念;等等。

② 桂世镛:《社会主义市场经济体制中计划的作用》,载《求是》1992年第23期,第37页。

③ 顾功耘主编:《经济法教程》,上海人民出版社2002年版,第16页。

系"。① 国家调制论的观点是,经济法调整的社会关系包括"宏观调控关系"。②

关于企业组织管理关系、社会保障关系和涉外经济关系的法律调整问题,长期以来一直存在着意见分歧,现在已经到了需要进一步深入研究,逐步取得共识的时候了。下面,就这三个问题分别进行论述:

第一,关于企业组织管理关系及其法律调整。

本章作者曾经认为,国家为了协调本国经济运行,对于企业的设立、变更和终止,企业内部机构的设置和职权,企业的财务、会计管理等,绝不能管得太多、太严,但又不能撒手不管,而应该进行必要的干预。在企业的设立、变更、终止过程中发生的经济管理关系和企业内部管理过程中发生的经济关系,简称企业组织管理关系。为了从法律上保证企业成为自主经营、自负盈亏的合格主体,能动地参与市场活动,改善经营管理,提高经济效益,可否认为,企业组织管理关系应该由经济法调整。③

在经济法学界,有一些学者发表了与上述观点相同或类似的观点。例如,有学者认为,在市场经济条件下,需要经济法对企业及其内部的一些重要经济关系进行调整。比如:对企业的设立、变更和终止以及企业破产作出规定;对企业内部必要机构的设置及其职权作出规定;对企业的集资、承包,企业的财务、会计管理等作出规定。④ 需要国家干预论认为,经济法调整的市场主体调控关系中,包括企业等经济个体因成立审批、商业登记、设权等发生的关系,以及经济个体在实行内部的管理过程中发生的关系。⑤ 国家调节论认为,经济法的调整对象包括在国有企业设立、组织与经营管理活动中国家主管部门相互之间、主管部门同企业之间和企业内部等方面的关系。⑥

另有一种意见认为,经济法不调整企业内部管理过程中发生的经济关系,对这种经济关系的调整,一般应适用民法等部门法的规定。

近年来,我们对企业组织管理关系的法律调整问题作了进一步研究,有若干新的认识。其基本精神是:既不是将企业组织管理关系与市场监管关系、宏观调控关系并列地作为经济法的调整对象,又不是将属于企业组织管理关系范围的一些经济关系一概排除于经济法调整对象之外。例如,在企业的设立、变更、终止过程中因审批和登记而发生的经济管理关系,可以作为市场监管法中的市场准入与退出法的调整对象。至于企业组织管理关系是否应由民法调整的问题,

---

① 参见李昌麒:《经济法学》,法律出版社2007年版,第62、66页。
② 参见张守文:《经济法总论》,中国人民大学出版社2009年版,第33页。
③ 参见杨紫烜主编:《经济法》,北京大学出版社、高等教育出版社2006年版,第15页。
④ 肖乾刚、程宝山主编:《经济法概论》,中国商业出版社1995年版,第14页。
⑤ 参见李昌麒:《经济法——国家干预经济的基本法律形式》,四川人民出版社1995年版,第274页。
⑥ 参见漆多俊:《经济法基础理论》,武汉大学出版社2000年版,第109页。

我们认为，企业组织管理关系不是"平等主体之间"的财产关系（即经济关系），不宜由民法调整。

第二，关于社会保障关系及其法律调整。

本书第二版曾经指出，在社会主义市场经济条件下，社会成员遇到风险后的基本生活应当给予保障。可是市场本身无法解决这个问题，因此需要国家进行协调，建立强制实施、互济互助、社会化管理的社会保障制度。在社会保障过程中发生的经济关系，简称社会保障关系。这种关系由经济法调整，有助于充分开发和合理利用劳动力资源，保障社会成员的基本生活权利，维护社会稳定，促进经济发展。[①]

在经济法学界，有一些学者提出了相同或类似的主张："经济法所调整的又一个方面的社会经济关系就是国家在实施二次分配和建立社会保障制度的过程中所形成的社会经济关系。"[②]需要国家干预论者对于社会保障关系的法律调整问题提出了这样的观点：经济法所调整的社会分配关系的表现形式之一，是社会保障分配关系，社会保险是我国整个社会保障体系的重要组成部分，社会保险关系应当纳入经济法的调整范围。[③]

另一种观点认为，社会保障法属于民法的范围，社会保障关系是平等主体之间的经济关系，应由民法调整。有些学者主张，社会保障关系应有社会法调整。

近年来，我们对社会保障关系的法律调整问题又进行了一些研究，也有若干新的认识。总的看法是：不宜将社会保障关系与市场监管关系、宏观调控关系并列地作为经济法的调整对象；至于属于社会保障关系的各个组成部分，既不是经济法都不调整，也不是都由经济法调整。例如，作为社会保障关系重要组成部分的"社会保障基金形成关系，即政府和社会保障经办机构通过各种法定渠道向社会保障基金供给主体筹集社会保障基金的关系，具体表现为特定的税收关系、财政补贴关系、缴费关系、捐赠关系等形式"。[④] 其中，财政补贴关系和税收关系，是由属于宏观调控法的财政法调整的，而不是民法和社会法调整的。又如，我国《合同法》关于赠与合同的法律规范所调整的社会关系，是财产赠与关系，其中包括社会救助基金的捐赠关系。这种财产关系是合同法调整的平等的财产关系的组成部分，属于作为民法调整对象的民事关系的范围。

[①] 参见杨紫烜主编：《经济法》，北京大学出版社、高等教育出版社2006年版，第15—16页。
[②] 朱崇实：《对经济法调整对象的再思考》，载《现代法学》1998年第2期，第32页。
[③] 参见李昌麒：《经济法——国家干预经济的基本法律形式》，四川人民出版社1995年版，第404、427、428页。
[④] 王全兴：《社会保障法的一般原理》，见杨紫烜主编：《经济法》，北京大学出版社、高等教育出版社1999年版，第499页。

第三,关于涉外经济关系及其法律调整。

涉外经济法是经济法的组成部分,属于国内法体系。其调整对象是特定的涉外经济关系。涉外经济关系,即具有涉外因素的经济关系。正确认识涉外经济关系的法律调整问题至关重要。

那么,涉外经济关系同市场监管关系、宏观调控关系是什么关系呢?我们认为,涉外经济关系与市场监管关系、宏观调控关系不是并列关系,而是交叉关系。因为市场监管关系、宏观调控关系包含了、但不仅是涉外的市场监管关系和宏观调控关系;同样,涉外经济关系也包含了、但不仅是涉外的市场监管关系和宏观调控关系。涉外的市场监管关系和宏观调控关系属于经济法调整对象的范围,这没有问题。问题是,不宜把包括了涉外的市场监管关系和宏观调控关系在内的涉外经济关系同市场监管关系、宏观调控关系并列地列为经济法的调整对象。

各种涉外经济关系是否都应由涉外经济法调整呢?不是。涉外经济法的调整对象,是在国家协调的本国经济运行过程中发生的涉外经济关系,它不调整各种涉外经济关系。例如,涉外买卖关系虽然属于涉外经济关系的范围,但应该由民法调整,而不归经济法调整。

能不能说涉外经济关系是国际经济法的调整对象呢?不能。因为国际经济法属于国际法体系,它的调整对象是在两个以上国家共同协调的国际经济运行过程中发生的经济关系,而涉外经济关系是由国内法调整的,国际法与国内法的界限不容混淆。

第三节　经济法的定义

一、对经济法这一概念下定义应该注意的几个问题

(一) 在经济法的定义中,要正确地概括经济法的调整对象

对经济法这一概念下定义时,为了用简练的语言揭示经济法这一概念的内涵,即经济法这一概念所反映的事物的本质属性,最重要的是要正确地概括经济法的调整对象。关于经济法的调整对象应该是什么样的经济关系,我们在前面已经作了阐述,不再重复。这里需要指出的是,在经济法的定义中对经济法调整对象的概括,要与对经济法调整对象内容的阐述相一致。

在对经济法这一概念下的定义中谈到经济法的调整对象时,有的论著使用了国家调节社会经济过程发生的各种社会关系的提法。这与其所说的经济法的调整对象包括同行政法的调整对象相交叉的社会关系,包括为保障国家调节,进行调解、仲裁或诉讼过程中有关各方之间发生的关系,是一致的。但是,以上观点同其作出的经济法的调整对象具有特定性,是一种特定的社会关系的正确论

断,是矛盾的。

有的论著在对经济法这一概念下的定义中指出,经济法是调整"经济管理关系"的,而在阐述经济法调整对象的范围时,却未包括本来属于经济管理关系范围的企业管理关系,这易于使人对"经济管理关系"这个概念的外延产生误解。

有的经济法定义对经济法的调整对象概括为两类经济关系,其中包括"市场运行关系",而在专门论述经济法的调整对象时却使用了"一定范围内的市场运行关系"的提法,两者互不一致。人们难以理解的是,能否以定义中使用的概念为准来理解经济法的调整对象呢?

(二) 在经济法的定义中,不必列举各种法律规范共有的属性

任何法都是由法律规范组成的,经济法也不例外。在经济法的定义中,只要指明了经济法是由法律规范组成的,这就表明,经济法具有各种法律规范所共有的属性。所以,在经济法的定义中,不宜再在法律规范之前写上"由国家制定或认可的""以国家强制力保证实施的"等各种法律规范所共有的属性。因为这是没有必要的、多余的;这会使定义的文字相当烦琐而不简练;这会使一些缺乏法学知识的人误认为法律规范还有"由国家制定或认可的"和"不由国家制定或认可的"之分,有"以国家强制力保证实施的"和"不以国家强制力保证实施的"之分等等,造成不良影响。

(三) 在经济法的定义中,不需要列举经济法的主体

在经济法的定义中,一些学者谈到了国家机关、企业、事业单位、社会团体、公民等经济法主体。在这里应当分析的问题是:在经济法的定义中,是否需要谈经济法的主体?我们认为,以某些主体之间发生的经济关系作为经济法调整的对象,以另一些主体之间发生的经济关系作为民法等法的部门的调整对象或调整对象的组成部分,这实际上不是在以不同性质的经济关系而是在以不同的主体作为划分经济法与民法等法的部门的标准,这是不能解决问题的。正确的做法应该是,在经济法的定义中准确地指出什么是经济法的特定调整对象,因为只有这特定的调整对象,才是经济法区别于其他法的部门的具有决定意义的特征。此外,一一列举经济法的主体的做法,还会使定义的文字很不简练。

(四) 在经济法的定义中,不应当使用含混的概念

在经济法的定义中,"经济法"是被揭示内涵的概念,即被定义项或称被定义概念;用来揭示"经济法"这个被定义项内涵的概念,即定义项或称定义概念。在对经济法这一概念下定义时,使用"一定条件下"、"某些"、"主要"、"次要"或者"纵向"、"横向"等概念,是违反"定义项中不得使用含混概念"这一定义规则的,这就不能揭示经济法这个概念的内涵,不能达到下定义的目的。

（五）在经济法的定义中，定义项的外延与被定义项的外延应该相等

定义的规则之一是：定义项的外延与被定义项的外延应该相等。就是说，定义项的外延既不能大于、也不能小于被定义项的外延。

在对经济法这一概念下定义时，在定义项中讲到经济法的调整对象时，使用"各种经济关系"、"许多不同种类的社会关系"的概念，其外延不仅包括了经济法的调整对象，而且包括了属于法的其他部门调整的社会关系。这样，就出现了定义项的外延大于经济法这一被定义项的外延的情况，犯了"定义过宽"的逻辑错误。这样的经济法定义，否认了经济法具有特定的调整对象，混淆了经济法与相关法的界限，为进而否定经济法是一个独立的法的部门提供了所谓"理论根据"。

在经济法的定义中，认为经济法是国家为了保证社会主义市场经济的协调发展而制定的，在定义项中使用"社会主义市场经济"的概念，定义项的外延是相当窄的，而作为被定义项的"经济法"这一概念包括了古今中外的经济法，其外延是比较宽的。这样，就出现了定义项的外延小于被定义项外延的情况，在逻辑学上叫做"定义过窄"。这样的经济法定义，实际上告诉人们，只有在社会主义市场经济条件下才有经济法，在社会主义国家的计划经济时期不存在经济法，在计划经济向社会主义市场经济过渡时期不存在经济法，在实行资本主义市场经济的国家不存在经济法，在奴隶制国家和封建制国家更不存在经济法。这种认识的正确性不是没有问题的。当然，下上述定义的学者不一定就有这种观点，但是这种"定义过窄"的情况至少是提供了一种经不起实践检验的法学信息。

（六）经济法是以特定经济关系为调整对象的法律规范的总称

关于经济法的定义，我们可以看到几种不同的提法："经济法是调整……经济关系的法律规范"；"经济法是调整……经济关系的法律"；"经济法是调整……经济关系的法规"；"经济法是调整……经济关系的法规的总称"；"经济法是调整……经济关系的法律规范的总称"。

我们认为，上述不同提法中的前几种提法都是值得商榷的。首先，组成经济法的法律规范即经济法律规范，都是调整特定经济关系的。说经济法是调整特定经济关系的法律规范，至少在语言的表述上没有明确地告诉人们，经济法不是由一个或几个而是由许许多多调整特定经济关系的法律规范组成的。其次，虽然相当一部分调整特定经济关系的法律规范，是通过国家最高权力机关及其常设机关制定的经济法律表现出来的，但是更多的调整特定经济关系的法律规范，是通过其他国家机关制定的规范性文件表现出来的；同时，在经济法律中，还常常包括一些属于法的其他部门的法律规范。因此，不能把上述某一个经济法律或是它们的总和同经济法等同起来。再次，调整特定经济关系的法律规范主要是通过大量调整经济关系的各种规范性文件，即广义上讲的经济法规表现出来

的,但是也有一部分这样的法律规范不是通过经济法规而是通过其他规范性文件,包括宪法这样的具有最高法律效力的规范性文件表现出来的;同时,在经济法规中,还常常包括一些属于法的其他部门的法律规范。因此,无论把经济法说成是单个经济法规,还是经济法规的总称,都是不可取的。上述最后一种提法——"经济法是调整……经济关系的法律规范的总称",是经济法学界多数人的主张,也是我们一贯的观点。由于经济法本来就是由调整特定经济关系的全部法律规范组成的,经济法正是在法学上对于由特定经济关系作为调整对象的全部法律规范的总的称呼。

二、对经济法这一概念应该下一个什么样的定义

以上,我们论述了经济法的调整对象;接着,又就对经济法这一概念下定义应注意的问题阐述了本章作者的见解。根据这些分析,我们认为,可以对经济法这一概念下这样一个定义:经济法是调整在国家协调的本国经济运行过程中发生的经济关系的法律规范的总称。这个定义有以下三个方面基本含义:

第一,经济法属于法的范畴。

经济法同其他任何法的部门一样,都是由法律规范组成的,都是各有特定调整对象的法律规范的总称。因此,经济法属于法的范畴。什么是法?马克思主义法学认为,法是由国家制定或认可的,体现统治阶级意志的,以国家强制力保证实施的社会规范的总称。法具有四个特征:一是法是由国家制定或认可的,即有法定的国家机关制定或认可的。非国家机关和不是法定的国家机关都无权制定或认可法。企业、事业单位、政党和社会团体作出的决定、通过的决议、制定的章程和发布的其他文件,都不是法;不能混淆它们与法的界限。二是法是体现统治阶级意志的。统治阶级意志就是掌握国家政权的阶级的意志。这种意志的内容是由统治阶级的物质生活条件决定的。这是法的阶级本质,也是经济法和其他法的阶级本质。三是法是以国家强制力保证实施的,即由国家的专门机关以国家的名义采取强制措施保证实施的。四是法是由特殊的社会规范组成的。社会规范,是人类社会内部调整人们相互关系的行为规则。组成法的社会规范不同于语言规范、技术规范,也不同于政治规范、道德规范、宗教规范、其他社会团体的规章等社会规范,而是一种特殊的社会规范即法律规范。

第二,经济法属于国内法体系。

经济法调整的经济关系是在本国经济运行而不是国际经济运行过程中发生的。对这种经济运行的协调是一个国家的协调即国家协调,而不是国际协调即两个以上国家①的共同协调。为了运用法律手段进行这种国家协调,制定或认

---

① 这里说的两个以上国家,包括两个以上国家参加的国际组织在内;两个以上,包括本数在内。

可经济法律规范的是一个国家,而不是两个以上国家。经济法体现的是一个国家的意志,而不是两个以上国家的协调意志。因此,经济法属于国内法体系,不属于国际法[①]体系,不同于国际经济法[②]。

第三,经济法不同于国内法体系中的其他法的部门。

作为经济法调整对象的社会关系是经济关系,而不是政治关系、人身关系等非经济关系。这种经济关系是在本国经济运行过程中发生的;同时,这种本国经济运行过程体现了国家协调。因此,经济法又不同于属于国内法体系的民法、行政法等法的部门。

[①] 这里讲的国际法,是指由两个以上国家共同制定或认可的法律规范的总称。这是对国际法这个概念的广义的理解;从狭义上讲,国际法仅指国际公法。

[②] 对国际经济法这一概念,国内外学者有不同的理解。我们认为,国际经济法,是调整在两个以上国家共同协调的国际经济运行过程中发生的经济关系的法律规范的总称。

第二章 经济法的产生和发展

第一节 经济法的产生

一、在经济法产生问题上的不同观点

关于经济法的产生问题,在国内外法学界主要有以下四种观点:

(一)认为经济法是在资本主义进入垄断阶段以后才产生的

日本经济法学者金泽良雄认为,经济法是一个新的领域。他谈到在德国产生的经济法时,首先指出,"经济法"一词在学术上开始使用时,主要是在第一次世界大战后的德国。当时在德国,由于第一次世界大战时期的战时经济政策,经济领域出现了新的立法活动和法律现象。在战后,又开始出现了有关战时经济复兴的法令,以及在《德意志共和国宪法》体制下的社会化法和其他新的法律现象。受到这种法律现象刺激而产生的,就是"经济法"这一概括性的术语和概念。由此可以得知:经济法产生的历史背景,一般地是以资本主义高度发展现象为基础的;经济法之所以在德国产生,这是适合了德国的学术土壤。①

在中国,有的学者认为,经济法作为一个独立的法的部门,是在资本主义从自由竞争走上垄断的时代,到了20世纪初,特别是第一次世界大战以后才形成的。② 有些学者认为,法律部门的形成,需要具备的一个条件是形成相应的理论或学说,并在相当程度上被学界和社会所接受。在分析经济法产生的主观条件时,他们阐述了"经济法"一词的提出和使用;在分析经济法产生的客观条件时,他们强调了经济集中和垄断是经济法产生的内在原因。③

(二)认为近代经济法产生于19世纪末,但并不否认"市民革命以前的经济法"的存在

在日本,有的学者认为,在19世纪后半叶,随着资本主义的发展,垄断市场的倾向日渐显著,产生了各种市场弊端。因此,国家对自由市场干预的法,即经济法也就发展起来。近代的经济法虽然是从19世纪末发展起来的,但国家对市场的介入法,在市民革命前就已经存在了。大约从古代起,在存在自由市场的场合,就产生了垄断的倾向。在古罗马帝国时期,就已制定了被认为明显是垄断禁

---

① 参见[日]金泽良雄:《经济法概论》,满达人译,甘肃人民出版社1985年版,第1、2页。
② 参见王忠等:《经济法学》,吉林人民出版社1982年版,第5页。
③ 参见史际春、邓峰:《经济法总论》,法律出版社1998年版,第68—71页。

止法的法律。到了市民革命的前后,在英国和法国等国家,进一步制定了对垄断的禁止法。不过在这里并不涉及这种市民革命以前的经济法,而只是叙述19世纪末以来美国、德国和日本的经济法的产生和发展。①

(三) 认为随着国家与法律的产生,经济法也就产生了;到了垄断资本主义阶段经济法形成为一个新的法的部门

有的学者认为,从国家运用法律手段管理社会经济来看,经济法是阶级社会中最古老的法律中的一个组成部分。当人类进入阶级社会时,随着国家与法律的产生,经济法也就产生了。在奴隶制与封建制社会,经济法律规范有一部分是以调整经济关系的规范性文件为表现形式的,其余是包括在"诸法合体"的法律之中的。到了资本主义社会,在自由资本主义时期,经济法与其他法同时并存,到了垄断资本主义阶段,经济法的地位突出出来,逐步形成了一个新的法律部门。在社会主义社会,建立了一种新型的社会主义经济法。②

(四) 认为作为一个独立的法的部门的经济法产生于古代社会

持这种观点的学者指出:"不论在外国还是中国,经济立法不断加强,经济法规日益完备,这是社会经济关系发展变化的客观要求。经济法是调整特定经济关系的法律规范的总称。它是生产力与生产关系、经济基础与上层建筑矛盾运动的必然产物。经济法的产生和发展是不以人们的意志为转移的。它既不是在人们提出经济法这一概念的时候才产生的,也不是在人们承认了它是一个独立的法律部门的时候才存在的。当适应经济关系发展的需要而制定的、调整特定经济关系的法律规范达到一定数量的时候,也就形成了作为独立法律部门的经济法。因此,不论在奴隶制国家、封建制国家、资本主义国家,还是在社会主义国家,都有各自的经济法。当然,在不同社会制度的国家,经济法的本质、内容和作用是各不相同的。"③

二、对在经济法产生问题上的不同观点的评析

从经济法产生问题上的四种观点的内容来看,主要涉及两个问题。下面,我们分别进行分析:

(一) 关于经济法产生的含义

有一种观点认为,经济法的产生即经济法律规范的产生。持该观点的学者主张,在经济法形成为"一个新的法律部门"以前的古代社会,"经济法也就产生了"。但在"奴隶制与封建制社会,它是包括在'诸法合体'的法律之中的"。

---

① 参见〔日〕丹宗昭信、厚谷襄儿编:《现代经济法入门》,谢次昌译,群众出版社1985年版,第11、12页。
② 参见关乃凡主编:《中国经济法》,中国财政经济出版社1988年版,第23、26页。
③ 杨紫烜主编:《经济法概要》,光明日报出版社1987年版,第32页。

另一种观点认为,经济法的产生,即经济法律的制定。在持该观点的学者看来,经济法的产生,就是在经济领域出现了"新的法律现象"。这种"新的法律现象",金泽良雄指的是德国于1915年发布的《关于限制契约最高价格的公告》,1916年发布的《确保国民粮食战时措施令》,1918年发布的《战时经济复兴令》,1919年发布的《煤炭经济法》《碳酸钾经济法》等。①

再一种观点认为,经济法的产生,即经济法部门的形成。持这种观点的学者指出,经济法的产生决定于调整特定经济关系的法律规范达到相当多的数量,从而形成为独立的法的部门。同时认为,不能把"经济法"的产生等同于"现代经济法"的产生。

经济法律规范的产生、经济法律的制定、经济法部门的形成有一定的联系。因为经济法部门是由经济法律规范组成的,经济法律规范的相当大一部分是以经济法律为表现形式的。从这个意义上讲,对经济法产生的含义的上述三种理解,都有不同程度的合理性。但是,我们不能把一个或一些经济法律规范等同于经济法,也不能把经济法律或经济法律的总称视为经济法;只有相当多的经济法律规范的总称才是经济法。所以,学术意义上所指的"经济法",是从部门法意义上讲的,就是讲的经济法这个独立的法的部门。把经济法产生的含义理解为经济法这个独立的法的部门的形成,是正确的。不宜把经济法产生的含义理解为经济法律规范的产生或经济法律的制定。

(二) 关于经济法产生的时间和历史背景

有一种观点认为,经济法产生于资本主义垄断阶段。它产生的历史背景有三:一是资本主义从自由资本主义阶段发展到了垄断资本主义阶段;二是改变了"诸法合体"的形式,制定了一系列相关的法律,如美国的《谢尔曼法》(1890年)、德国的《反不正当竞争法》(1896年)、《确保国民粮食战时措施令》(1916年)等;三是"经济法"这一概念的提出和使用,经济法学说的形成并在相当程度上被学界和社会所接受。

另一种观点认为,经济法产生于古代社会。关于经济法产生的历史背景,持该观点的学者指出,经济法是生产力与生产关系、经济基础与上层建筑矛盾运动的必然产物,不能把"经济法"概念的提出和使用以及人们是否承认经济法为独立的法的部门作为经济法产生所必备的条件。

我们认为,为了正确认识经济法产生的时间和历史背景,需要明确以下几点:

---

① 参见〔日〕金泽良雄:《经济法概论》,满达人译,甘肃人民出版社1985年版,第2—3页;《中国大百科全书·法学》把《关于限制契约最高价格的公告》译为《关于限制契约最高价格的通知》,把《确保国民粮食战时措施令》译为《确保战时国民粮食措施令》,见中国大百科全书出版社1984年版,第328页。

第一,经济法产生的历史背景应该是以下三个方面,而不是其他。

这三个方面,一是随着生产力的发展产生了奴隶制生产关系,奴隶制生产关系的总和是经济法得以在奴隶制国家产生的经济基础;二是奴隶制国家为了行使其管理经济的职能,陆续制定或认可了一系列经济法律规范,这是经济法得以在奴隶制国家产生的法制前提;三是奴隶制国家的立法者对于运用法律手段管理经济需要制定或认可相应的法律规范有了基本的认识,这是经济法得以在奴隶制国家产生的思想条件。

第二,经济法的产生先于经济法学的产生,而不是相反。

经济法的产生与否,决定于国家是否制定、认可了经济法律规范及其数量的多寡,而不在于"经济法"这一概念的提出与否和经济法学说的形成与否。大家知道,经济法律规范并不是在人们提出了"经济法"这一概念以后才由国家制定或认可的,也不是在经济法学说形成以后才由国家制定或认可的。实践表明,早在人们提出"经济法"这一概念和形成经济法学说以前很久的年代,经济法的产生已是客观事实,是先有经济法,后提出了"经济法"的概念,产生了经济法学。

第三,经济法是经济法律规范的总称,而不是经济法律的总称。

经济法是由经济法律规范组成的。当国家制定或认可的经济法律规范达到相当多数量的时候,也就事实上形成了作为独立的法的部门的经济法,而不论经济法律规范是以什么形式表现出来的。不能认为只有到了垄断资本主义阶段,制定了一系列相关的经济法律,才产生经济法。因为经济法是经济法律规范的总称,而不是经济法律的总称。

第四,经济法产生于古代社会的根据,是国家制定、认可了大量调整经济管理关系的法律规范,而不能无视其调整的社会关系的性质。

法的调整对象,是划分法的部门的标准。判断法律规范的部门法属性,也必须以其调整对象为标准。需要指出:经济管理关系的性质不同于行政管理关系,应该由经济法调整;调整经济管理关系的法律规范,属于经济法律规范。因此,不能无视古代社会调整土地管理关系、农业管理关系、商业管理关系、对外贸易管理关系、自然资源管理关系和财政(包括税收等)关系等经济管理关系的大量经济法律规范的实际存在,而以所谓调整方法为依据,否认经济法产生于古代社会。

第二节 经济法的发展

一、前资本主义国家经济法

(一)前资本主义国家经济法的内容

关于奴隶制国家经济法的主要内容,我们从以下五个方面作一些简要阐述:

1. 关于土地管理的法律规定

根据已知的考古发现,约在公元前22世纪至公元前21世纪之交,两河流域南部地区的乌尔第三王朝制定的《乌尔纳姆法典》,是人类历史上第一部成文法典。在这部法典中就有关于土地管理的法律规定。① 在公元前18世纪,巴比伦奴隶制国家颁布的《汉谟拉比法典》就对土地的国家所有权和土地的法律保护作出了规定。②

在我国,"溥天之下,莫非王土;率土之滨,莫非王臣"③。反映了西周奴隶制国家的土地属国家所有。除由王室直接控制的王畿的土地外,由周王"授民授疆土"④,分封诸侯。诸侯分得的土地不得买卖或转让。但在西周中期以后,出现了土地流通的活动。

2. 关于农业管理的法律规定

为了保护农田水利,《汉谟拉比法典》规定:"倘自由民怠于巩固其田之堤堰","自由民应赔偿其所毁坏之谷物"。关于果园经营,该法典就有关分配问题作出了规定。例如,园艺师租生地种植枣树,培植果园的前四年不交租,从第五年起与园主平分秋色;园艺师租现成果园经营,其收获园艺师得1/3,园主得2/3。

在我国西周时期,除了有不少关于种植业管理的法律规定以外,在林、牧、渔猎业管理方面也有不少规定。

3. 关于手工业管理的法律规定

根据《汉谟拉比法典》的规定,因建筑师造的房屋不坚固而倒塌压死人的,因造船匠造的船漏水而沉没的,要依法惩处;酒中掺水的,要受重罚。

我国西周时期,实行"工商食官"的制度,即手工业和商业一律由官府经营,由工师等官吏直接管理。⑤ 春秋时期,各诸侯国都设有专门管理手工业生产的官吏,有"工正"、"工师"、"匠师"。楚国中央设有"工尹",是管理手工业生产的最高机关。⑥

4. 关于商业管理的法律规定

在巴比伦奴隶制国家,有坐庄商人和普通行商之分。前者可将货物交与后者远销外地。《汉谟拉比法典》对其行销获利和运输风险等项作出了规定,对他

---

① 参见杨联华主编:《外国法制史》,四川大学出版社1992年版,第17、344页;林榕年主编:《外国法制史》,中国人民大学出版社2006年版,第23页。
② 在《汉谟拉比法典》的282条正文中,有121条是保护奴隶主财产所有权的,特别是关于土地权属和保护的规定。
③ 《诗·小雅·北山》。
④ 《大盂鼎》。
⑤ 参见赵昆坡:《中国法制史》,北京大学出版社2002年版,第44页。
⑥ 参见蒲坚编著:《中国古代法制丛钞》第1卷,光明日报出版社2001年版,第125—126页。

们之间的欺诈行为要严加处理,对抬高价格的行为要受重罚。

在我国奴隶制后期,开始设置管理市场的官吏。买卖奴隶、牛马使用的较长的契券和买卖兵器、珍异之物使用的较短的契券,均由官方制作;对契券的使用,管理市场的官吏有权监督和干预。

5. 关于财政(含税收等,下同)的法律规定

我国从夏朝开始,就有了征收贡赋的制度。"自虞夏时,贡赋备矣。"① 商朝的贡赋,实行"助"法,公田收入交国家,私田收入归自己。西周的贡赋,实行"彻"法,按井田计亩征收税赋,有"九赋"、"九贡"之制。西周的财政开支量入为出,专款专用。在管理制度上,夏、商、周时期均设有负责赋税征收和财政支出的专门官职,实行地方分权的财政管理体制,加强预算和会计管理。中国奴隶制国家税收的主要特点是贡赋不分,租税合一,以土地税为主。②

关于封建制国家的经济法,从已经掌握的资料来看,中国封建制国家的经济法与许多国家比较,更具有典型性,内容也更为丰富。因此,我们将从以下六个方面来简要阐述中国封建制国家经济法的主要内容:

1. 关于土地管理的法律规定

为了保护封建制国家与地主阶级的土地所有权,《唐律》规定,严禁妄认、盗卖或盗耕公田和私田。③ 唐初,曾实行均田制,禁止"占田过限"。这对发展农业生产起过一定作用。但是所谓均田,绝不是要改变封建的土地所有制,官僚地主对农民土地的掠夺和兼并仍然比比皆是,禁止"占田过限"的规定实际上并未严格执行。明清两朝建立初期,都曾把无主荒地招民开垦,洪武初年,下令开垦成熟者"听为已业"。明清两朝,把国家掌握的土地,有的作为牧马草场,有的拨给学校作为学田,有的作为百官的职田或养廉田。但是大量的国有土地,则是采用屯田的方式进行经营管理。④

2. 关于农业管理的法律规定

为了针对实际情况,采取有效措施,发展农业生产,战国时期秦国的《田律》⑤除了规定各级官吏及时掌握并上报农业生产情况以外,还具体规定:春天土地干旱需要水,不得堵塞水道;不得采摘刚发芽的植物;春二月林木生长,不得砍伐;不得捕捉幼兽、幼鸟;不得设置陷阱和网罟捕捉鸟兽;不得毒杀鱼鳖;等等。为了发展农业生产,《唐律》对于严禁杀死官牛和私牛,不准私自把驿马、驿驴借

---

① 《史记·夏本纪》。
② 参见刘剑文主编:《财政税收法》,法律出版社1997年版,第31、32、189页。
③ 这里所谓的公田,指归皇帝或朝廷所有的土地;私田,主要是地主所有的土地。
④ 参见蒲坚编著:《中国古代法制丛钞》第4卷,光明日报出版社2001年版,第186页。
⑤ 1975年,在湖北云梦城关睡虎地11号秦墓的发掘中,出土了共1155枚竹简,内容极其丰富。法律令文书有《秦律十八种》,《田律》是其中的一种。

人,驮运货物不准超过数量等作出了规定。在清朝初期,为尽快恢复农业生产,加强清朝的国力,采取了奖励垦荒的法律措施。

3. 关于手工业管理的法律规定

秦简《工律》等规定,官营手工业作坊制作的同一种类器物,其大小、长短和宽窄必须相同,不准制造"伪滥之物"。为保证产品质量,秦朝建立了生产责任制。在生产的器物上,须刻有制作官署名或工匠名。对产品质量要每年评比一次;产品质量被评为下等的,有关人员要受罚。唐律对手工业产品的质量有严格规定,如各种手工业品有不牢、假货、不够标准而出售者,要处以杖刑。主管官吏若知其产品质量不合标准而不予处理,要与之同罪,不觉者减二等。[①] 在明朝,法律禁止私人开采金、银、铜、铅、锡和水银矿。对铁矿和冶铁业不再采取官营垄断的办法,但法律仍然作出了实行严格管理的规定。例如:采铁、冶铁须经州县官批准;采铁、冶铁的主持人必须是矿山的所有者,每处只能开一炉,雇工不得超过50人;开炉时间只能在农闲季节;等等。

4. 关于商业管理的法律规定

秦简《金布律》规定,出售的商品须标明价格,但价格不到一钱的小商品除外。《工律》对度量衡的制造、使用的监督制度作出了明确规定。在汉朝,为了反对富商大贾牟取暴利,防止物价暴涨,法律对于国家干预市场、调剂物价作出了规定。"汉武帝时为了增加国家财政收入,抑制商人资本,将盐、铁、酒有关民生的产品,从煮制、冶炼、酿造直至销售,完全收归由国家经营管理,制定法令严加限制私人经营。"[②]在唐朝,为加强市场管理,维护市场秩序,《唐律》作出了一系列有关规定。例如:买卖双方订立契约时,管理市场的官吏要参与监督;严禁投机商人操纵市场,垄断物价;严禁私造货币;制作度量衡,须经主管机关鉴定并加盖官府印署,方准使用。

5. 关于对外贸易的法律规定

在汉朝,为发展对外贸易,开辟了通往中亚、西亚的"丝绸之路";同时,朝廷还对朝鲜、日本等东亚邻国开展了对外贸易。参加对境外贸易的商队,必须经汉政府批准,随使节同行,不准私商擅自输出、输入商品。中国的对外贸易,在唐代以前以陆路为主,从唐代开始逐渐转为以海路为主。唐朝建立后,严格限制陆上贸易。法律只允许中外商人在官府监督下,在边境进行以物易物的互市,而禁止其他方式的贸易。中外双方互派的使节,都不能顺带进行贸易。唐朝对于海路贸易实行鼓励政策,允许外商来华自由贸易,允许外商在通商城市的划定区域居住、营业。

---

① 参见蒲坚主编:《新编中国法制史教程》,高等教育出版社2003年版,第61、133页。
② 叶孝信主编:《中国法制史》(新编本),北京大学出版社1996年版,第115页。

6. 关于财政的法律规定

汉朝的工商税有向手工业者征收的工税,有向商户征收的市籍租,有在盐、铁、酒私营时期向经营者征收的盐铁酒税等。① 在唐朝中期,进行了税制改革,推行以户税、地税为基础的"两税法"。"两税法"将原来的各种赋税加以合并,简化了税制。"两税法"贯彻了"量出以制入"的原则,即根据各种开支总额确定两税的总额。在明朝,从中期起,在全国推行"一条鞭法",赋役合一,计亩征银,赋役和各种费用合并征收,简化了租税和稽征。"一条鞭法"从税制上结束了我国两千多年赋役分征的历史,基本上完成了对人税向对物税、实物税向货币税的转化,促进了工商业的发展。明朝的财政管理制度较前更趋缜密,分设中央管理机构和地方管理机构,征解制度、财政监察制度、预算制度等不断走向完善。②

综上所述,仅从以上所谈到的部分材料来看,不论中国还是外国,在关于土地管理、农业管理、手工业管理、商业管理、对外贸易管理和财政等方面,都制定了大量经济法律规范。这就表明,在古代社会,由大量经济法律规范组成的经济法的产生和它的存在,已经是客观事实。

(二) 前资本主义国家经济法的特征

前资本主义国家经济法的特征,主要表现在以下四个方面:

1. 反映奴隶主和封建主阶级的意志

奴隶社会生产关系的基础是以奴隶主占有全部生产资料,并占有奴隶为特征的私有制。建立在奴隶制经济基础之上的奴隶制国家的经济法,是奴隶主阶级意志的表现。

封建社会生产关系的基础是以封建主占有基本生产资料——土地和不完全占有农民(农奴)为特征的私有制。建立在封建制经济基础之上的封建制国家的经济法,是封建主阶级意志的表现。

2. 公开维护等级特权

奴隶社会和封建社会的等级制度,其实质是阶级关系的表现形式。马克思、恩格斯指出:"在过去的各个历史时代,我们几乎到处都可以看到社会完全划分为各个不同的等级,看到社会地位分成多种多样的层次。在古罗马,有贵族、骑士、平民、奴隶,在中世纪,有封建主、臣仆、行会师傅、帮工、农奴,而且几乎在每一个阶级内部又有一些特殊的阶层。"③奴隶制和封建制国家的经济法明确规定不同等级的人有不同的经济地位和法律地位,运用残酷的手段公开维护等级特权。

---

① 参见赵昆坡:《中国法制史》,北京大学出版社2002年版,第125页。
② 参见刘剑文主编:《财政税收法》,法律出版社1997年版,第35页。
③ 《马克思恩格斯选集》第1卷,人民出版社1995年版,第272—273页。

3. 协调本国经济运行主要运用直接手段

大家知道,历史上三次社会大分工促进了生产力的发展,出现了商品生产和商品交换,产生了简单商品经济。在奴隶社会和封建社会,由于自给自足的自然经济占统治地位,商品经济只有从属的意义。当时,广泛运用具有法律形式的经济手段管理经济的条件尚不具备。奴隶制与封建制国家行使其管理经济的职能时,主要是运用直接手段来协调本国经济运行的。前资本主义国家经济法是这种协调本国经济运行的手段的法律形式。所以,主要运用直接手段协调本国经济运行是前资本主义国家经济法的特征之一。

4. 经济法律规范以"诸法合体"的法典为主要表现形式

关于经济法律规范的表现形式,中国的奴隶制法、封建制法,外国的奴隶制法、封建制法,各有自己的特征。有的国家在有的时期以非制定法即不成文法为主要表现形式,有的国家在有的时期以制定法即成文法为主要表现形式。在以制定法为主要表现形式的国家中,有的以"诸法合体"的法典为主要表现形式,有的以单行的法律、法规为主要形式。但就中国和外国的总的情况来看,奴隶制国家和封建制国家经济法律规范似以"诸法合体"的法典为主要表现形式的。

二、资本主义国家经济法

(一) 资本主义国家经济法的内容

资本主义国家经济法的内容,主要包括以下六个方面:

1. 关于市场监管的法律规定

市场监管的法律规定包括多方面内容。下面,择要进行阐述:

美国于1890年通过的《谢尔曼法》是联邦第一部反托拉斯法。《克莱顿法》是1914年美国制定的又一部重要的反托拉斯法,用以补充《谢尔曼法》。1914年制定的《联邦贸易委员会法》,也属于美国反托拉斯法的范围。以后,美国通过了多个法案,对上述法律进行了修改。1995年,美国相继公布了《国际反托拉斯执行指南》和《知识产权许可领域反托拉斯指南》。[①]

英国制定的关于市场监管的法律主要有:《垄断企业和限制性贸易惯例(调查和控制)法》(1948年)、《公平贸易法》(1973年)、新的《限制性贸易惯例法》(1976年)、《保护贸易利益法》(1980年)、《消费者利益保护法》(1987年)、《竞争法》(1998年)等。

早在1793年,法国就制定了《严禁囤积垄断令》和《粮食法令》。第二次世界大战以后,法国制定了一系列关于竞争的法令,1992年制定了《消费者利益保护法》,1993年制定了《消费者法典》。

---

① 参见魏琼:《西方经济法发达史》,北京大学出版社2006年版,第271—273页。

德国的竞争法律最主要的是两个:一个是制定于 1896 年,后经十多次修改的《反不正当竞争法》;另一个是于 1957 年颁布、1958 年 1 月 1 日起施行,后经多次修改的《反对限制竞争法》。

为了加强市场监管,日本先后制定了《不正当竞争防止法》(1934 年制定,后经多次修改)、《禁止私人垄断及确保公平交易法》(1947 年制定,后经多次修改)、《经济力量过度集中排除法》(1947 年)、《保护消费者基本法》(1968 年)等重要法律。

2. 关于计划的法律规定

在计划方面,为了规范计划的制订和实施行为,有些资本主义国家制定了有关法律。例如,美国的《充分就业和国民经济平衡增长法》(1976 年),英国的《城乡计划法》(1971 年)、《金融服务受管计划法》(1991 年),法国的《关于实施中期计划法令》(1946 年)、《计划化改革法》(1982 年),德国的《经济稳定与增长促进法》(1967 年),比利时的《计划组织和经济分权法》(1970 年)。

3. 关于行业管理和产业发展的法律规定

在加强行业管理、促进产业发展方面,美国于 1887 年通过了《商业管理法》,20 世纪 30 年代颁布了《全国产业复兴法》和《农业调整法》,20 世纪 70 年代以来先后制定了《贸易法》(1974 年)、《贸易与竞争综合法》(1988 年)、《电信法》(1996 年)。英国先后制定了《煤炭工业国有化》(1946 年)、《工业法》(1975 年)、《电信法》(1984 年)。德国在 1910 年制定了《钾矿业法》,1919 年制定了《煤炭经济法》《碳酸钾经济法》,第二次世界大战后制定了《农业法》《原子能法》。日本先后制定了《渔业法》(1901 年)、《电力管理法》(1938 年)、《外汇和外贸管理法》(1949 年)、《矿业法》(1950 年)、《原子能基本法》(1955 年)、《农业基本法》(1961 年)、《石油业法》(1962 年)、《电信事业法》(1985 年制定,1997 年、2001 年修改)。

4. 关于财政的法律规定

在财政方面,早在 1789 年,美国制定了《关税法案》,1861 年制定了《莫里尔关税法》。以后,美国又陆续制定了《预算与会计法案》(1921 年)、《财政收入法》(1978 年)、《能源税法》(1978 年)、《税制改革法》(1986 年)、《总括预算协调法》(1987 年)、《专门税和杂税法》(1988 年)、《预算强制执行法》(1990 年)等法律。德国制定了《联邦预算法典》(1969 年)、《联邦财政均衡法》(1969 年制定,1993 年修改)等法律。日本先后制定了《地税改革条例》(1873 年)、《财政法》(1947 年)、《关税法》(1954 年)、《所得税法》(1965 年)、《法人税法》(1965 年)、《税制改革法案》(1994 年)等法律。

5. 关于金融的法律规定

在金融方面,美国制定了《1863 年国家银行法》《1913 年联邦储蓄法》以及

《1999年金融现代化服务法》。英国于1844年制定了《英格兰银行条例》,1946年制定了《英格兰银行国有法案》,1979年制定了《英国银行法》,1986年制定了《英国金融服务法》,1998年制定了《英格兰银行法》,2000年制定了《金融市场与服务法案》。法国于1973年制定了《法兰西银行法》,1984年制定了《银行法》。德国于1957年制定了《联邦银行法》。日本于1933年制定了《外汇管理法》,1942年制定了《日本银行法》(中央银行法),1952年制定了《日本开发银行法》,1982年制定了《银行法》(商业银行法),1998年制定了新的《日本银行法》。

6. 关于价格的法律规定

在价格方面,英国于1966年颁布了《价格及收入法》,1974年颁布了《价格法》,1976年颁布了《转售价格法》。法国于1793年颁布了《粮食限价法》《全面限价法》,1945年颁布了《价格管理条例》,1996年颁布了《价格放开与竞争条例》。日本于1946年颁布了《物价统制令》,1953年颁布了《农产品价格稳定法》,1994年颁布了《关于稳定主要粮食的供需及价格的法律》。

综上所述,以上虽然只是资本主义国家经济法立法的部分情况,但它告诉我们,资本主义国家不仅从19世纪末、20世纪初以来制定了大量经济法律规范,而且此前在市场监管、税收、金融、价格等方面也制定了许多经济法律规范。此外,在资本主义进入垄断阶段以前,英美法系国家还有许多不成文的经济法律规范。但是,有些学者却只承认资本主义进入垄断阶段以后存在经济法,而否认在此之前存在经济法。这种认识在法律上是没有根据的。

(二) 资本主义国家经济法的特征

资本主义国家的经济法有以下四个主要特征:

1. 反映资产阶级的意志

资本主义生产关系的基础是以资本家占有生产资料并用以剥削雇佣劳动者为特征的私有制。建立在资本主义经济基础之上的资本主义国家的经济法,本质上是资产阶级意志的表现,是反映作为一个整体的资产阶级的意志的。

2. 形式上平等,事实上不平等

在资本主义社会中,公民在资产阶级法律面前一律平等。这是反对等级特权的一大成果,具有历史进步作用。资本主义国家经济法体现了公民在资产阶级法律面前一律平等,这与奴隶制国家和封建制国家经济法公开维护等级特权具有重要区别。

但是又要看到,这种形式上的平等和事实上的不平等是同时存在的。资本主义国家经济法所规定的平等权利,从根本上来说,是维护资产阶级的权利的,是维护资本家对其企业的管理大权的,是维护资产阶级政府对国民经济的管理大权的。它不仅不消灭或缩小贫富差距,而且导致贫富差距的扩大。在资本家和工人之间、富人和穷人之间,存在着事实上的不平等。

3. 协调本国经济运行以间接手段为主

资本主义的发展经历了自由资本主义和垄断资本主义两个阶段。第一阶段实行的是自由市场经济;第二阶段实行的是现代市场经济。在实行自由市场经济和现代市场经济阶段,国家都具有管理经济的职能,经济运行都需要国家协调。但是第二个阶段与第一个阶段相比,国家管理的力度要强,国家协调更为广泛、深入。

就国家协调本国经济运行的手段而言,在实行现代市场经济阶段,运用直接手段要多于实行自由市场经济阶段。但是,总的来说,在这两个阶段都是以间接手段为主的。资本主义国家经济法是这种协调本国经济运行的手段的法律形式。所以,以间接手段为主协调本国经济运行是资本主义国家经济法的特征之一。

4. 经济法律规范以单行经济法律、法规为主要表现形式

在不同的资本主义国家和同一个资本主义国家的不同的历史时期,经济法律规范的表现形式是有区别或重大区别的。有些国家制定法的地位十分突出,有些国家非制定法的地位非常重要。但就资本主义国家的总的情况来说,制定法的地位越来越重要,单行的经济法律、法规是资本主义国家经济法律规范的主要表现形式。

三、社会主义国家经济法

(一) 社会主义国家经济法的内容

在历史上,苏联和东欧社会主义国家的经济法[①]和从新中国成立后至1978年的中国社会主义经济法,属于计划经济时期的经济法,其主要内容包括五个方面:

1. 关于计划的法律规定

匈牙利于1973年制定了《国民经济计划法》。南斯拉夫于1976年制定了《社会计划体制基础和社会计划法》。罗马尼亚于1979年制定了《经济社会发展计划法》。波兰于1982年制定了《社会——经济计划法》。

我国先后作出了《关于各部负责综合平衡和编制各该管生产、事业、基建和劳动计划的规定》(1957年)、《关于改进计划管理体制的规定》(1958年)、《关于加强综合财政计划工作的决定》(1960年)。

[①] 这里说的东欧社会主义国家的经济法,包括原南斯拉夫的经济法在内。但原南斯拉夫实行的经济体制不同于其他社会主义国家曾经实行的计划经济体制,其经济法也具有自己的特色。

2. 关于行业管理和产业发展的法律规定

俄国十月革命胜利后的第二天,即1917年11月8日,全俄工人、士兵和农民代表苏维埃第二次代表大会通过了列宁起草的《土地法令》①。以后,苏俄制定了《地下矿藏及其开发条例》(1923年),苏联制定了《森林立法纲要》(1977年)、新的《土地法》(1990年)。罗马尼亚制定了《商业法》(1972年)。匈牙利制定了《外贸法》(1974年)、《商业法》(1978年)。

我国制定的规范性文件主要有:《矿业暂行条例》(1950年)、《对外贸易管理暂行条例》(1950年)、《基本建设工程设计任务书审查批准暂行办法》(1955年)、《关于改进工业管理体制的规定》(1957年)、《关于改进商业管理体制的规定》(1957年)、《关于发展农副业生产的决定》(1962年)等。

3. 关于财政的法律规定

在财政方面,罗马尼亚于1979年制定了新的《财政法》。

我国在1950年制定了《全国税政实施要则》《公营企业缴纳工商业税暂行办法》和利息所得税、印花税、屠宰税、货物税等暂行条例,1951年制定了《预算决算暂行条例》,制定了特种消费行为税、城市房地产税、车船使用牌照税等暂行条例,1958年制定了《农业税条例》,1972年制定了《工商税条例(草案)》。

4. 关于金融的法律规定

南斯拉夫于1976年制定了《资助经济欠发达共和国和自治省迅速发展的联邦资金法》和《货币制度法》。

我国制定的法规主要有:《中央金库条例》(1950年)、《关于发放农业贷款的指示》(1953年)、《关于整顿和加强银行工作的几项规定》(1977年)、《关于实行现金管理的决定》(1977年)。

5. 关于价格的法律规定

匈牙利于1967年制定了《关于价格管理的法令》。南斯拉夫于1979年制定了《价格制度基础和社会对价格的监督法》。

我国制定的价格法规主要有:《关于各地不得自动提高国家统购和收购的农副产品收购价格的指示》(1956年)、《关于物价管理权限和有关商业管理体制的几项规定》(1958年)、《关于物价管理的试行规定》(1963年)、《关于国营工商企业商品作价的规定》(1964年)。

从1979年以来,中国制定的关于经济法的规范性文件,主要有七个方面:

1. 关于市场监管的法律规定

为了加强市场监管,改革开放以来,特别是在中共十四大于1992年10月确定建立社会主义市场经济体制为我国经济体制改革的目标以来,制定了一系列

---

① 〔苏联〕И.彼得罗夫:《列宁与经济立法》,杨紫烜译,载《国外法学》1984年第5期,第9页。

有关经济法律、法规。其中,主要有:《反不正当竞争法》(1993年制定)、《消费者权益保护法》(1993年制定,2009年、2013年修改)、《产品质量法》(1993年制定,2000年、2009年修改)、《城市房地产管理法》(1994年制定,2007年、2009年修改)、《广告法》(1994年制定,2015年修订)、《保险法》(1995年制定,2002年修改,2009年修订,2014年、2015年修改)、《证券法》(1998年制定,2004年修改,2005年修订,2013年、2014年修改)、《招标投标法》(1999年制定)、《反垄断法》(2007年制定)、《食品安全法》(2009年制定)、《药品管理法》(1984年制定,2001年修订、2013年修改)等法律。

2. 关于计划、统计的法律规定

在计划、统计方面,先后制定了《统计法》(1983年制定,1996年修改,2009年修订)、《关于改进计划体制的若干暂行规定》(1984年制定)、《统计法实施细则》(1987年制定,2000年修订,2005年修改)等法律、法规。

3. 关于行业管理和产业发展的法律规定

在加强行业管理、促进产业发展方面,制定的法律主要有:《森林法》(1984年制定,1998年、2009年修改)、《草原法》(1985年制定,2002年修订,2009年、2013年修改)、《土地管理法》(1986年制定,1988年修改,1998年修订,2004年修改)、《渔业法》(1986年制定,2000年、2004年、2009年、2013年修改)、《矿产资源法》(1986年制定,1996年修改)、《邮政法》(1986年制定,2009年修订,2012年、2015年修改)、《水法》(1988年制定,2002年修订,2009年修改)、《铁路法》(1990年制定,2009年、2015年修改)、《烟草专卖法》(1991年制定,2009年、2013年、2015年修改)、《农业法》(1993年制定,2002年修订,2009年、2012年修改)、《对外贸易法》(1994年制定,2004年修改)、《民用航空法》(1995年制定,2015年修改)、《电力法》(1995年制定,2015年修改)、《煤炭法》(1996年制定,2009年、2011年、2013年修改)、《节约能源法》(1997年制定,2007年修订)、《公路法》(1997年制定,1999年、2004年修改)、《建筑法》(1997年制定,2011年修改)、《种子法》(2000年制定,2004年、2013年修改,2015年修订)、《农业机械化促进法》(2004年制定)、《可再生能源法》(2005年制定,2009年修改)、《畜牧法》(2005年制定,2015年修改)、《循环经济促进法》(2008年制定)、《旅游法》(2013年制定)等。

4. 关于财政的法律规定

在财政方面,制定的法律主要有:《中外合资经营企业所得税法》(1980年)、《个人所得税法》(1980年通过,1993年、1999年、2005年、2007年、2011年修改)、《外国企业所得税法》(1981年)、《外商投资企业和外国企业所得税法》(1991年)、《税收征收管理法》(1992年制定,1995年修改,2001年修订,2013年、2015年修改)、《预算法》(1994年)、《政府采购法》(2002年)、《企业所得税法》(2007年)、《车船税法》(2011年)。制定的法规主要有《政府采购法实施条例》(2014年制定)。

5. 关于金融的法律规定

在金融方面,主要制定了《中国人民银行法》(1995年制定,2003年修改)、《商业银行法》(1995年制定,2003年修改)、《银行业监督管理法》(2003年制定,2006年修改)、《外国中央银行财产司法强制措施豁免法》(2005年制定)等法律和《外汇管理条例》(1996年制定,1997年修改,2008年修订)、《外资银行管理条例》(2006年制定,2014年修订)等法规。

6. 关于价格的法律规定

在价格方面,先后制定的价格法规主要有:《物价管理暂行条例》(1982年)、《价格管理条例》(1987年)、《关于提高粮食统销价格的决定》(1992年)等。1997年制定了《价格法》。

7. 关于会计、审计的法律规定

在会计、审计方面,制定的法律有:《会计法》(1985年制定,1993年修改,1999年修订)、《注册会计师法》(1993年制定,2014年修改)、《审计法》(1994年制定,2006年修改)。此外,还制定了一些法规。

综上所述,社会主义国家制定了一系列作为经济法主要渊源的经济法律、法规、规章等规范性文件。仅从以上谈到的部分经济法律、法规来看,以它们作为表现形式的经济法律规范,不仅在实行社会主义市场经济时期是大量的,在实行计划经济时期和从计划经济向社会主义市场经济过渡时期也是大量的。组成经济法的经济法律规范的大量存在表明,经济法的存在是客观事实。

(二) 社会主义国家经济法的特征

社会主义国家经济法,主要有以下四个特征:

1. 体现以工人阶级为领导的全国人民的意志

根据《中华人民共和国宪法》的规定,在社会主义初级阶段,所有制结构上必须坚持国有经济的指导地位,公有制为主体地位,多种所有制经济共同发展;分配制度上必须坚持按劳分配为主体、多种分配方式并存。由社会主义初级阶段的经济基础所决定,社会主义国家的经济法是体现以工人阶级为领导的全国人民的意志的。

2. 注重事实上的平等,最终实现消灭剥削,达到共同富裕

社会主义国家经济法所规定的平等权利,体现平等的内容和形式的统一,注重事实上的平等。但在社会主义初级阶段,还存在多种所有制经济,存在贫富悬殊的现象。这就必须强调,在落实科学发展观的过程中,真正把最广大人民的根本利益作为制定和实施经济法的出发点和落脚点。更加注重社会公平,提高低收入者收入,调节过高收入,取缔非法收入,最终实现消灭剥削,达到共同富裕。

3. 协调本国经济运行从直接手段为主转变为间接手段为主

社会主义国家在实行计划经济时期行使经济管理职能的特征之一,是以直接手段为主协调本国经济运行;那时,政企职责不分,企业成了国家机构的附属

物。在实行社会主义市场经济时期,国家行使经济管理职能的特征之一,是以间接手段为主协调本国经济运行;这时,政企职责分开,企业在法律规定的范围内自主经营。在从计划经济向社会主义市场经济过渡的时期,国家协调本国经济运行从直接手段为主向间接手段为主转变。

4. 经济法律规范以单行经济法律、法规为主要表现形式

判例法是英美法系国家经济法律规范的表现形式之一,而不是中国、苏联和东欧社会主义国家经济法律规范的表现形式①。习惯法和法律解释(法定解释)虽然也属于社会主义国家经济法律规范的表现形式,但不是主要表现形式。

在捷克斯洛伐克,虽于1964年制定了《捷克斯洛伐克社会主义共和国经济法典》,但是绝大多数经济法律规范还是通过大量单行经济法律、法规表现出来的。其他社会主义国家,并没有或者还没有制定《经济法典》,但都毫无例外地制定了大量单行经济法律、法规。这是其经济法律规范的主要表现形式。

(三) 中国社会主义经济法发展的展望

为了进一步健全经济法制,以保障和促进改革开放和社会主义现代化建设的发展,建设社会主义法治国家,应该抓紧制定和完善一系列经济法的法律、法规。下面,谈谈需要制定和完善的一些主要经济法的法律:

关于市场监管的法律,需要制定的主要有:《商业秘密保护法》《反倾销和反补贴法》《电信法》等;需要修改或修订的主要有:《反不正当竞争法》《广告法》《食品安全法》等。

关于宏观调控的法律,需要制定的主要有:《计划法》《固定资产投资法》《国有资产法》《西部开发促进法》《产业结构合理化促进法》《高新技术产业法》《粮食法》《能源法》《石油法》《核能法》《财政转移支付法》《税收基本法》《增值税法》《外汇法》等;需要修改或修订的主要有:《预算法》《中国人民银行法》《铁路法》《土地管理法》《森林法》《矿产资源法》《野生动物保护法》《对外贸易法》等。

在制定和完善以上法律和其他有关经济法的法规、规章等规范性文件的同时,应该抓紧制定作为统率经济法的法律、法规、规章等规范性文件的基本法律——《中华人民共和国经济法纲要》,在条件成熟的时候,再制定《中华人民共和国经济法》即《经济法典》,以利于社会主义经济法制的统一以及中国特色社会主义法律体系的完善。

我们相信,随着作为经济法律规范主要表现形式的一系列有关经济法的法律、法规、规章等规范性文件的制定和完善,就会使组成经济法的法律规范的数量迅速得到增加,质量进一步得到提高,从而推动中国的社会主义经济法继续生机勃勃地向前发展。

---

① 在中国,只有香港特别行政区才有判例法,它是经济法律规范的表现形式之一。

第三章 经济法的地位

第一节 经济法地位的概念

经济法的地位,是指经济法在法的体系[①]中所处的位置。为了明确其含义,要搞清楚何谓法的体系,它在法的体系中是不是一个独立的法的部门,它与其他法的部门是什么关系,它是否属于公法,其重要性如何。

法的体系是由多层次的、门类齐全的法的部门组成的有机联系的统一整体。法的部门是由全部现行法律规范,根据调整对象的不同,进行分类组合而成的。就横向结构而言,组成法的体系的法的部门,是门类齐全而不是残缺不全的;就纵向结构而言,组成法的体系的法的部门,是层次分明而不是杂乱无章的。所谓多层次的法的部门,是指属于第一层次的法的部门可以分别划分为若干个第二层次的法的部门,第二层次的法的部门又可以分别划分为若干个第三层次的法的部门,这样的划分可以一直进行到满足实践的需要为止。就一个国家而言,各层次的各个法的部门虽然都有自己特定的调整对象,但它们又都建立在同一的经济基础之上,体现着同一的阶级意志,具有共同的指导思想和任务,因而形成为有机联系的统一整体。

法的体系不同于规范性文件的体系。因为规范性文件体系是由多层次的、门类齐全的规范性文件组成的有机联系的统一整体。多层次的规范性文件,包括具有最高法律效力的规范性文件——《宪法》以及《宪法》统率下的基本规范性文件、主要规范性文件、辅助规范性文件等。在这里,需要着重搞清楚"中国特色社会主义法律体系"与法的体系的区别。我们认为,中国特色社会主义法律体系,是指由符合中国国情的,体现社会主义基本制度要求的,多层次的、门类齐全的规范性文件组成的有机联系的统一整体。简言之,中国特色社会主义法律体系,是指符合中国国情的,体现社会主义基本制度要求的规范性文件体系。可见,中国特色社会主义法律体系有三个基本标志:一是符合中国国情;二是体现社会主义基本制度要求;三是规范性文件体系。中国特色社会主义法律体系与法的体系的主要区别有二:其一,中国特色社会主义法律体系是由规范性文件

[①] 法学界往往把由"法律部门"组成的部门法体系称为"法律体系",但是也有把规范性文件体系称为"法律体系"的。为了避免概念上的混淆,我们主张,将由法的部门组成的体系称为"法的体系";将由规范性文件组成的体系称为"法律体系"。

组成的体系;法的体系是由法的部门组成的体系。第九届全国人大第一次会议批准的《全国人民代表大会常务委员会工作报告》指出,在第八届全国人大及其常务委员会任期的五年内,通过法律85个、有关法律问题的决定33个,共计118个,为形成中国特色社会主义法律体系奠定了基础。① 第九届全国人大第二次会议批准的《全国人民代表大会常务委员会工作报告》指出,按照五年立法规划,本届任期内要制定和修改法律89个,初步形成中国特色社会主义法律体系。② 第十届全国人大第二次会议批准的《全国人民代表大会常务委员会工作报告》指出,列入本届人大常委会五年立法规划的立法项目共76件,制定这个立法规划着眼于本届任期内基本形成中国特色社会主义法律体系。③ 可见,中国特色社会主义法律体系是由"法律"而不是法的部门组成的。这里说的"法律",不是从部门法意义上讲的,而是从规范性文件意义上讲的。规范性文件有层次之分,它不仅包括全国人大及其常委会制定的法律,而且包括国务院和其他有关国家机关分别制定的法规、地方性法规、规章等规范性文件。所以,由规范性文件组成的中国特色社会主义法律体系,不同于由法的部门组成的法的体系。其二,中国特色社会主义法律体系是由中国的、社会主义的规范性文件组成的体系,其外延不包括外国的、非社会主义的规范性文件组成的体系;法的体系的外延,不仅包括国内法体系,而且包括国际法体系。

  法的体系也不同于法学体系。因为法学体系是由多层次的、门类齐全的法学分支学科组成的有机联系的统一整体。对于法学怎么具体划分分支学科,目前在法学界尚无定论。但是,在法学分支学科是否多层次的问题上,应该作出肯定的回答。例如,整个法学可以划分为国内法学、国际法学。对于国内法学、国际法学,根据实践的需要,还可以继续进行划分。

  由于法的体系是由多层次的、门类齐全的法的部门组成的,因此要回答经济法在法的体系中所处的位置问题,必须说明它是不是一个独立的法的部门。如果经济法是某一层次的一个独立的法的部门,则表明它在法的体系中具有一定的位置;如果经济法在任何层次上都不是一个独立的法的部门,那就是说它不是法的体系的组成部分,在法的体系中没有什么位置可言。

  我们认为,经济法是一个独立的法的部门。而独立的法的部门当然不仅仅是经济法。那么,经济法与其他独立的法的部门是什么关系呢? 这也是搞清楚经济法的地位需要回答的一个问题。

  在法理学上,不少国家将法划分为公法和私法两大法域。在中国法学界,目

---

① 参见《全国人民代表大会常务委员会公报》1998 年第 1 号。
② 参见《全国人民代表大会常务委员会公报》1999 年第 2 号。
③ 参见《全国人民代表大会常务委员会公报》2004 年第 3 号。

前一般也认同这种划分。经济法属于何种法域,也涉及其地位问题。这是我们在研究经济法的地位时需要进行论述的问题之一。

每个独立的法的部门都是实践所需要的,但是它们的重要性并不都是相同的。经济法的重要程度如何,也直接关系到它在法的体系中的位置。如何判断一个法的部门的重要性,不决定于研究该法的学者的主观愿望,而决定于该法作用的大小。《中华人民共和国宪法》明确规定:在社会主义初级阶段,"国家的根本任务是,沿着中国特色社会主义的道路,集中力量进行社会主义现代化建设。"我国经济法之所以是一个重要的法的部门,从根本上来说,是因为它对于坚持社会主义道路,保障和促进社会主义现代化建设,具有重要作用。

第二节 经济法是一个独立的法的部门

一、为什么说经济法是一个独立的法的部门

在我国,经济法学界相当一致地认为,经济法是一个独立的法的部门;整个法学界绝大多数人也认为,经济法是一个独立的法的部门。当然,重要的问题,并不在于主张经济法是一个独立的法的部门的人是不是占绝大多数,是不是越来越多。重要的问题是,应该实事求是地回答为什么说经济法是一个独立的法的部门。

大家知道,凡调整特定社会关系的全部现行法律规范,就组成一个独立的法的部门。法的体系之所以由多个法的部门组成,决定于法律规范所调整的社会关系的多样性。根据法律规范调整对象的不同,可以把现行的法律规范划分为若干类。这每一类现行的法律规范,在法学上称为一个独立的法的部门。可见,每一个独立的法的部门,必有自己特定的调整对象;没有特定的调整对象,就不能成为一个独立的法的部门。法的调整对象是划分法的部门的标准。

因此,经济法是不是一个独立的法的部门,决定于经济法是否具有特定的调整对象。那么,经济法有没有特定的调整对象呢? 有。因为第一,它的调整对象有一定的范围。这个范围就是经济法只调整在国家协调的本国经济运行过程中发生的经济关系,不调整其他经济关系,更不调整非经济关系。第二,经济法的调整对象同其他法的部门的调整对象是可以分开的。就是说,经济法调整的在国家协调的本国经济运行过程中发生的经济关系是有自己的特征的,同其他法的部门的调整对象既不是交叉的,也不是重叠的。所以,有充分的理由指出,经济法是一个独立的法的部门。

我们说的"特定的调整对象",不同于所谓"单一的调整对象"。有一种观点认为,法的部门的建立需以单一的调整对象为前提。就是说,凡是独立的法的部门其调整对象都必须是单一的,调整对象不单一的都不能成为一个独立的法的部门。对此,我们不敢苟同。如果同意这种观点,就意味着否定调整对象并不是单一的民法是独立的法的部门。因为民法调整一定范围的财产关系和人身关系这两种不同性质的社会关系。而否定民法为独立的法的部门,将会造成法学理论和法制建设的混乱。这是我们不愿意看到的。

能不能说,划分法的部门的主要标准是调整对象,同时,应辅之以调整方法呢?这是一个需要讨论的问题。我们认为,同一次划分法的部门必须按照相同的标准进行,不能在同一次划分终了以前改变划分的标准。如果在同一次划分法的部门时交叉地使用调整对象、调整方法等不同的标准,就会使划分出来的各个法的部门的外延互相交叉,界限不清。这在逻辑学上叫做"多标准交叉划分"。这样做不能使我们通过划分法的部门达到明确法这一概念的外延的目的。

有些法学论著为了证明"经济法是一个独立的法的部门"这一命题的真实性,除了提到经济法的调整对象以外,还列举了经济法的主体、调整方法、处理程序的特殊性,经济法产生的必然性,以及社会主义国家经济管理职能的加强,经济司法机关的建立等作为论据。这实际上等于说,划分法的部门是有许多标准的,从而模糊了划分法的部门的真正标准,因而不能有力地说明为什么经济法是一个独立的法的部门。其实,能否证明"经济法是一个独立的法的部门"这一命题的真实性,并不取决于人们提出的论据数量的多少。如果不是针对命题提出论据,如果提出的论据同命题之间没有必然的联系,论据提得再多,对于证明命题的真实性是无济于事的。相反,这倒反而使有些人从中找到否定经济法是一个独立的法的部门的"理由"。

二、对于否认经济法是一个独立的法的部门的观点的评析

法学界有些学者为了否认经济法是一个独立的法的部门,从不同的角度提出了种种论据。这些都是值得商榷的。其中具有代表性的论据之一,是说经济法没有特定的调整对象。这显然不能成立。有些学者认为,经济法的调整对象同民法、行政法、国际经济法的调整对象存在交叉、重叠的现象。这实际上否定了这些法各自都有特定的调整对象。这同他们中的部分学者承认经济法等是独立的法的部门是自相矛盾的。对以上两种观点,前面已经作了分析,不必赘述。为了进一步明确为什么经济法是一个独立的法的部门,我们再来分析一下以下几种观点:

第一种观点认为,在历史唯物主义看来法都是经济的,因此经济法不是一个

独立的法的部门,连"经济法"这个名称也不科学。应该指出,各种法都是建立在一定经济基础之上又为这种经济基础服务的,但绝不是各种法都调整经济关系,绝不能把各种法和调整特定经济关系的经济法混为一谈。拿"法都是经济的"作为论据,是根本不能否定经济法是一个独立的法的部门;说"经济法"这个名称也不科学,这种观点本身就是不科学的。

第二种观点认为,无论是单个的经济法规还是这些经济法规的总和,都不能构成独立的法的部门,因此经济法不是一个独立的法的部门。我们认为,否定经济法是一个独立的法的部门之所以错误,并不是因为无论是单个经济法规还是这些经济法规的总和,都不能构成独立的法的部门这一论据不正确,而是因为持这一观点的学者所省略的另一个论据,即经济法就是"单个的经济法规或是这些经济法规的总和"是错误的。

第三种观点认为,各种单行经济法规只是民法的补充,因此不能说经济法是一个独立的法的部门。应该指出,许多单行经济法规所调整的经济关系,如在国家协调的本国经济运行过程中发生的经济关系,就不是民法所调整的。所以,不能说各种单行经济法规是民法的补充,不能因此否定经济法是一个独立的法的部门。同时,经济法本来就不是各种单行经济法规的总称,因而以"各种单行经济法规只是民法的补充"为论据,来否定经济法是一个独立的法的部门,也是没有道理的。

第四种观点认为,财政法、土地管理法都是独立的法的部门,因此不能认为包括财政法、土地管理法在内的经济法也是独立的法的部门。我们认为,财政法、土地管理法都有特定的调整对象,可以形成为各自独立的法的部门。但是,它们的调整对象和作为经济法组成部分的其他法的调整对象,同属于在国家协调的本国经济运行过程中发生的经济关系的范围,具有普遍性。而在国家协调的本国经济运行过程中发生的经济关系对于其他社会关系来说,又是具有特殊性的。正如毛泽东同志所指出的:"由于事行范围的极其广大,发展的无限性,所以,在一定场合为普遍性的东西,而在另一一定场合则变为特殊性。反之,在一定场合为特殊性的东西,而在另一一定场合则变为普遍性。"[①]所以,根据马克思主义哲学关于特殊性与普遍性的辩证关系的原理,不能承认了财政法、土地管理法是独立的法的部门(更确切地说,是独立的经济法部门),而否认经济法是一个独立的法的部门。

---

① 《毛泽东选集》第1卷,人民出版社1952年版,第306页。

第三节 经济法与相关法的关系①

一、经济法与民法

(一) 经济法与民法的联系

经济法与民法的联系,主要表现如下:

1. 在调整对象方面

经济法与民法各自都有特定的调整对象,都调整一定范围的经济关系②。

2. 在渊源方面

经济法与民法的渊源,都包括宪法、法律、法规、规章等规范性文件和习惯法、判例法、法定解释。

3. 在独立地位方面

经济法和民法在整个法的体系中,都属于国内法体系,都是独立的法的部门,而不是综合部门,更不是法学学科。

4. 在作用方面

经济法和民法对于保护当事人的合法权益,维护经济秩序,推动改革、开放和国民经济的发展,都发挥着巨大作用。

(二) 经济法与民法的区别

经济法与民法的区别,主要表现在以下几个方面:

1. 调整对象不同

经济法的调整对象是在国家协调的本国经济运行过程中发生的经济关系,它不调整人身关系。民法调整的对象是民事关系,即作为平等主体的自然人之间、法人之间、其他组织之间,以及他们相互之间发生的财产关系和人身关系。

2. 法律关系主体不同

经济法的主体有协调主体和协调受体,包括国家机关、经济组织、市场中介组织,以及农户、个体工商户、个人等。民法的主体是自然人③、法人和其他组织。

---

① 法的部门究竟有几个? 是哪些? 这是远远没有取得共识的问题。可参见杨紫烜:《论建立中国特色法律责任体系》,载吴志攀主编:《经济法学家(2003年)》,北京大学出版社2004年版,第37—39页。在本书中,我们论述的经济法与民法、行政法、国际经济法的关系,是从部门法意义上讲的。同时,我们也论述了经济法与商法的关系。对于商法是不是一个部门法,存在着不同的认识。本书是从规范性文件的意义上来讲它与经济法的关系的。

② 民法所调整的财产关系,实际上就是经济关系。

③ 自然人是法人的对称,指自然界中的人,是民事权利和义务的主体。自然人与公民是两个不同的概念。公民是指具有一国国籍,并根据该国宪法、法律的规定,享有权利和承担义务的人。凡是公民都是自然人,而自然人不一定是公民,不能把自然人等同于公民。

3. 作用不同

经济法作为国家协调本国经济运行之法,比较注重维护国家利益和社会公共利益,同时维护个人和组织的利益。民法作为体现市场调节机制之法,比较注重维护自然人、法人和其他组织的利益,同时维护国家利益和社会公共利益。

4. 调整方法不同

经济法采取了奖励与惩罚相结合的调整方法;就惩罚而言,对于违反经济法义务而引起的不利法律后果,采取追究经济责任和非经济责任相结合的制裁形式;非经济责任包括行为责任、信誉责任、资格减免责任和人身责任。民法对于违反民法义务而引起的不利法律后果,主要采取民事制裁的形式。

总之,经济法与民法既有联系,又有区别,它们都属于国内法体系,它们之间是并列关系,而不是从属关系,也不是交叉关系。

二、经济法与商法

商法是不是一个独立的法的部门,这是一个颇有不同意见的问题。在阐述经济法与商法的关系时,要注意所谓"商法"是从部门法意义上讲的,还是从规范性文件意义上讲的。下面,谈两个问题:

(一) 在中国,有没有必要形成一个"商法"部门

在中国,形成一个"商法"部门究竟有没有必要,应该坚持理论联系实际的原则,经过深入研究,力求取得共识。这是一项事关中国法学发展和中国法制建设发展的大事。但是,中国法学界对此还缺乏深入研究。对于是否需要形成一个"商法"部门,无论作出肯定回答还是否定回答的学者,至今都尚未提出系统的、有充分说服力的论据。

主张形成"商法"部门的学者,在有关论著中提出的论据主要有三个:一是认为,实行"民商分立"的国家不仅制定了《民法典》,而且制定了《商法典》,表明其承认商法是一个独立的法的部门;中国也应实行"民商分立",制定《商法典》,使商法成为一个独立的法的部门。二是认为,中共十四届三中全会作出的《关于建立社会主义市场经济体制若干问题的决定》[1]明确提出在我国要进一步完善商法,而过去我们党和国家始终没有使用过商法的概念。三是认为,使商法成为一个独立的法的部门,是发展商品经济、实行市场经济的需要。我们认为,上述观点值得商榷。

第一,在我国没有必要制定《商法典》。

大家知道,由于历史和现实情况的差异,国外在民事、商事立法方面出现了

---

[1] 参见《人民日报》1993年11月17日。

不同立法模式：一部分国家既没有制定《民法典》，也没有制定《商法典》①；一部分国家制定了《民法典》，没有制定《商法典》；一部分国家不仅制定了《民法典》，而且制定了《商法典》。我们中国有自己的国情，对国外的做法不能照搬，只能借鉴。如果因为有些国家制定了《商法典》，而认为中国就应该制定，那么大多数国家没有制定《商法典》，我们为什么不可以借鉴呢？当然，要不要借鉴不能视其数量的多少，而要看制定了《商法典》能否更好地推动国民经济的发展，但是至今并不能证明这一点。

再从商事立法的发展来看，起初其立法宗旨是为了维护商人阶层的特殊利益，后来随着社会化大生产的发展，出现了人的普遍商化和生产职能与流通职能的相互渗透，很多情况下商人与非商人、商行为与其他经济行为已无法区分，商人阶层及其特殊利益不再存在。民法学者也指出："从我国情况看，把企业和公民分为商人和非商人，把商品经济活动分为商事行为和民事行为，也是行不通的。……不能也不必要单独制定商法典和商法总则。"②

第二，制定《商法典》不等于形成"商法"部门。

法理学告诉我们，是否形成为一个独立的法的部门，同是否制定相关法典没有必然的联系。没有制定《民法典》《经济法典》《行政法典》等相关法典，并不影响民法、经济法、行政法等作为独立的法的部门的存在；反之，制定了《商法典》等法典，并不等于形成了相应的部门法。因为任何一个独立的法的部门都是调整同一类社会关系的法律规范的总称，而不是指某一个规范性文件，即使该规范性文件的名称叫做法典也是如此。

第三，完善商事法律也不等于形成"商法"部门。

中共中央在《关于建立社会主义市场经济体制若干问题的决定》中指出，要遵循宪法规定的原则，加快经济立法，进一步完善民商法律、刑事法律、有关国家机构和行政管理方面的法律，20世纪末初步建立适应社会主义市场经济的法律体系。③ 这里说的"民商法律"，就是民事法律和商事法律。商事法律不等于商法。党中央在上述《决定》中并没有使用"商法"这个概念。就商事法律而言，无论其数量多寡，都不能将其视为"商法"部门。要完善商事法律，并不等于要形成"商法"部门。

第四，没有特定的调整对象，不能形成"商法"部门。

有些学者对商法这个概念下了若干定义，归纳起来有两类：一是就其内容下

---

① 美国是否制定了相当于一些大陆法系国家制定的《商法典》那样的法典呢？江平教授指出："美国虽然制定了统一商法典，但它与欧洲大陆国家的商法典有很大不同。它规定的不是上述的各种商法制度，而主要是商品买卖制度。"见江平：《西方国家民商法概要》，法律出版社1984年版，第6页。

② 王利明：《论中国民法典的制订》，载《政法论坛》1998年第5期，第52页。

③ 《人民日报》1993年11月17日。

定义;二是就其调整对象下定义。前者,最有代表性的定义是:商法是关于商人和商行为的法律。后者,最有代表性的定义是:商法是调整商事关系的法律规范的总称。什么是商事关系?对商法下定义的学者虽未具体说明,但是联系到他们较为普遍认可的商法的内容来分析,也就不难了解商事关系包括关于商事主体的法律规定和商事行为的法律规定所调整的经济关系。由于这种经济关系分别属于民法和经济法这两个法的部门调整对象的范围,它不是什么特定的调整对象,因此,调整这种经济关系的法律规范虽然数量很多,但并不能形成为"商法"部门。

第五,从中国经济发展的现实需要来看,不需要形成"商法"部门。

根据我国历史的传统和现实的国情,我们已经有了全面调整社会主义市场经济关系的民法和经济法这两大法的部门,它们既充分发挥其各自的功能,又相互紧密配合,共同引导、推进和保障社会主义市场经济体制的建立和完善,推动国民经济的平稳、较快发展,因而,不需要也不应该把一部分本应分别属于民法和经济法的法律规范凑合在一起,称其为独立于民法和经济法的"商法"部门。①在是否需要与可能形成"商法"部门的问题上,有些学者正确地指出:"在我国当前,并无在民法、经济法……之外另立商法部门的客观条件和法学基础。"②"商法本身不可能组成部门法体系"。③

(二) 经济法与规范性文件意义上讲的"商法"的关系

从规范性文件意义上讲的"商法",在有些学者看来,包括公司、票据、保险、海商等方面的规范性文件。就这些规范性文件的内容而言,包括关于商事主体和商事行为两类法律规定。前者,调整的对象包括:在商事主体设立、变更、终止过程中发生的经济管理关系;在商事主体设立、变更、终止过程中发生的市场交易关系;在商事主体内部管理过程中发生的经济关系(简称内部管理关系)。后者,调整的对象包括:在市场交易过程中发生的经济关系(简称市场交易关系);在市场监管过程中发生的经济关系(简称市场监管关系)。

我们认为,上述市场交易关系属于民法调整对象的范围;在被一些学者所称的商事法律、法规等规范性文件中,调整上述市场交易关系的法律规范,实质上是民事法律规范,应该将其归入民法部门。上述经济管理关系属于经济法调整对象的范围;在被一些学者所称的商事法律、法规等规范性文件中,调整上述经济管理关系的法律规范,实质上是经济法律规范,应该将其归入经济法部门。

---

① 参见杨紫烜:《建立市场经济体制与经济法的发展》,载《光明日报》1993年6月6日。
② 史际春:《社会主义市场经济与我国的经济法》,载《中国法学》1995年第3期,第56页。
③ 王利明:《论中国民法典的制订》,载《政法论坛》1998年第5期,第52页。

三、经济法与行政法

（一）经济法与行政法的联系

经济法与行政法的联系，主要表现如下：

1. 在调整对象方面

经济法与行政法各自都有特定的调整对象，都调整一定范围的管理关系。它们调整的都是以服从为特征的社会关系。

2. 在渊源方面

经济法与行政法的渊源，都包括宪法、法律、法规、规章等规范性文件和习惯法、判例法、法定解释。

3. 在独立地位方面

经济法与行政法在整个法的体系中，都属于国内法体系，都是独立的法的部门，而不是综合部门，更不是法学学科。

4. 在作用方面

经济法与行政法对于维护国家利益和社会公共利益，对于国家的改革和发展，都发挥着巨大的作用。

（二）经济法与行政法的区别

经济法与行政法的区别，主要表现在以下几个方面：

1. 调整对象不同

经济法是调整在国家协调的本国经济运行过程中发生的经济关系的。这种经济关系是一种包括市场监管关系、宏观调控关系在内的经济管理关系。行政法以调整行政管理关系为宜，而不调整经济管理关系。如果经济管理关系由行政法调整，就意味着主要依靠行政层次、行政区划、行政手段来管理经济，这就会造成政企职责不分，使企业成为国家机构的附属物，压抑企业的生机和活力，不符合我国经济体制改革的方向，不利于国民经济的发展。

2. 法律关系主体不同

经济法的主体包括协调主体和协调受体。作为协调主体的国家机关包括国家权力机关和行政机关。行政法的主体包括行政主体、行政相对人和其他行政法主体。行政主体除了国家授权的组织以外，只能是国家行政机关。

3. 作用不同

经济法对于引导、推进和保障经济体制改革的发展起着重要的作用。行政法对于引导、推进和保障政治体制改革的发展起着重要的作用。经济法在推动国民经济的发展方面所起的作用，比行政法所起的作用更为直接和明显。

4. 调整方法不同

经济法除了实行奖励以外，对于违反经济法义务而引起的不利法律后果，采取追究多种经济责任和非经济责任的制裁形式。行政法除了实行奖励以外,对于违反行政法义务而引起的不利法律后果,主要采取行政制裁的形式。

总之,经济法与行政法既有联系,又有区别,它们同属国内法体系,它们之间是并列关系,而不是从属关系、交叉关系。

四、经济法与国际经济法

(一) 经济法与国际经济法的联系

经济法与国际经济法的联系,主要表现如下:

1. 在调整对象方面

经济法与国际经济法各自都有特定的调整对象,都是调整在国家协调的经济运行过程中发生的经济关系的,不调整其他经济关系,更不调整非经济关系(如经济法律关系、国际经济法律关系等等)。

2. 在渊源方面

规范性文件不仅是国际经济法的主要渊源,而且一般来说也是经济法的主要渊源。

3. 在法律关系主体方面

经济法与国际经济法的主体都包括个人、企业和非企业实体(如事业单位、社会团体)。

4. 在独立地位方面

经济法与国际经济法都是整个法的体系中的一个独立的法的部门,而不是综合部门或者边缘性综合体,更不是法的独立学科或者边缘学科。

5. 在作用方面

经济法与国际经济法对于维护经济秩序,推动经济发展,都发挥着巨大的作用。

(二) 经济法与国际经济法的区别

经济法与国际经济法的区别,主要表现在以下几个方面:

1. 调整对象不同

经济法的调整对象,是在国家协调的本国经济运行过程中发生的经济关系。国际经济法的调整对象,是在两个以上国家共同协调的国际经济运行过程中发生的经济关系。

2. 渊源不同

经济法的渊源,包括宪法、法律、法规、规章等规范性文件和习惯法、判例法、法定解释。在上述法律、法规、规章等规范性文件中,涉外的经济法律、法规、规章也是经济法的渊源。国际经济法的渊源包括条约、国际组织(主权国家参加的)制定的规范性文件和国际习惯法。涉外的经济法律、法规、规章不是国际经济法的渊源。

3. 法律关系主体不同

国家、国际组织、单独关税区一般不是经济法的主体,而是国际经济法的主体。

4. 创制主体不同

组成经济法的法律规范,即国内经济法律规范,是由一个国家制定或认可的。因此,经济法属于国内法体系。组成国际经济法的法律规范,即国际经济法律规范,是由两个以上国家共同制定或认可的。因此,国际经济法属于国际法体系。

5. 作用不同

经济法主要是在维护本国的经济秩序,推动本国经济的发展方面发挥作用。国际经济法主要是在建立国际经济新秩序,推动世界经济发展方面发挥作用。

总之,经济法与国际经济法既有联系,又有区别,它们虽然分别属于国内法体系和国际法体系,但在整个法的体系中它们是并列关系,而不是从属关系或交叉关系。

第四节 经济法的法域属性

一、公法和私法的概念

古罗马法学家 D. 乌尔比安首先提出公法、私法的划分以后,被后代法学家广泛采用。但是,由于国内外法学界对其划分标准存在着意见分歧,因而对于公法、私法的概念至今没有统一的认识。就立法而言,现在还没有一个国家对公法、私法的概念下定义。为了说明经济法与公法、私法这两大法域的关系,需要先谈一谈我们对划分公法和私法标准的认识以及对公法、私法概念的理解。

关于划分公法和私法的标准,主要有三种理论:一是利益论(目的论),即以保护国家利益为目的的法为公法,以保护私人利益为目的的法为私法;二是主体论,即规定法律关系的主体一方或双方代表公共权力的法为公法,规定法律关系的主体双方均为私人的法为私法;三是服从论(权力论),即规定国家与公民、法人之间权力服从关系的法为公法,规定公民、法人之间权利对等关系的法为私法。[①]

上述三种理论都有一定道理,它们相互之间也有密切的联系。按照以上理

[①] 参见《中国大百科全书·法学》,中国大百科全书出版社1984年版,第80页;程信和:《公法、私法与经济法》,载《中外法学》1997年第1期,第11页;张文显主编:《法理学》,高等教育出版社2003年版,第81—82页。

论,保护国家利益的法,必须有代表公共权力的一方或双方主体参加法律关系,形成主体之间的权力服从关系;而保护私人利益的法,其主体双方均为私人,其相互之间的关系是权利对等关系。

但是又要看到,上述任何一种理论又都各自存在一定的缺陷。例如,按照利益论,保护公民、法人利益的法,被视为保护私人利益的私法。但是,法人包括国家机关法人、企业法人在内,国有企业法人是企业法人中的一种,那么,保护国家机关法人、国有企业法人的利益难道就不是维护国家利益吗?又如,按照主体论,法律关系的主体只有两类,即代表公共权力的主体和私人,那么,不是"私人"的国家机关难道就只能以公共权力代表的资格参加法律关系吗?再如,按照服从论,规定国家与非公民的自然人、非法人的企业或其他组织之间的权力服从关系的法律规范被排除在公法之外,规定非公民的自然人、非法人的企业或其他组织之间权利对等关系的法律规范被排除在私法之外,也都值得商榷。

既然国内外法学界对于公法、私法的划分标准长期不能统一认识,而已有的一些划分标准也都存在缺陷,因此,可以考虑在吸取划分公法、私法的有关理论长处的基础上,创立一种新的理论——对象论,即以调整对象作为划分公法和私法的标准。我们认为,调整服从关系的法可称为公法;调整平等关系的法可称为私法。换言之,公法是调整服从关系的法律规范的总称;私法是调整平等关系的法律规范的总称。应该注意的是,作为公法和私法调整对象的社会关系均不包括法律关系,因为法律关系是根据法的规定发生的权利和义务关系,它不能作为任何法的调整对象。

二、对否认经济法属于公法范围的观点的评析

在经济法与公法、私法的关系以及经济法的法域属性问题上,国内外法学界否认经济法属于公法范围的观点主要有二:一是认为,经济法兼具公法与私法的性质,但是,并不认为经济法是公法、私法之外的新的法域。[1] 他们分别指出:经济法兼具公法与私法的性质。"经济法是以公法性质为主,兼具私法的性质,……不必强调它是公法、私法之外的社会法,或者强调它是公法、私法之外的新的法域。"二是认为,经济法属于第三法域或第三法域(社会法)的组成部分。[2] 他们分别指出:"经济法是超越公法、私法之外的一个独立的法域。""经济法律、

---

[1] 参见张世明:《经济法学理论演变研究》,中国民主法制出版社 2000 年版,第 71 页;王保树主编:《经济法原理》,社会科学文献出版社 2004 年版,第 64 页。

[2] 参见何勤华:《当代日本法学——人与作品》,上海社会科学出版社 1991 年版,第 339 页;刘文华:《经济法本源论》,载《经济法制论坛》2003 年 12 月号;〔日〕丹宗昭信、厚谷襄儿编:《现代经济法入门》,谢次昌译,群众出版社 1985 年版,第 48 页;郑少华:《社会经济法散论》,载《法商研究》2001 年第 4 期;李昌麒主编:《经济法学》,法律出版社 2007 年版,第 103 页。

法规,往往是公法规范与私法规范并存,且互相联系、互相制约着,人们很难把它们简单地归入公法或私法任何一类中去。……应该承认这是在传统公法与私法之间形成的第三法域,而经济法就是这一第三法域的典型代表。""经济法的性质既不属于传统公法,也不属于传统私法的范畴,而是带有两种法律的混合形态特征的法。经济法这个新的法律部门已经处于社会法的一部分的地位。""如果将法部门按'私法—社会法—公法'三元结构划分,经济法宜纳入社会法法域,作为社会法的一个部门法。""经济法与社会法是同属于第三法域下的两个并行的法律部门。"

我们认为,对于上述观点进行评析,应该明确以下几个问题:

第一,不能把经济法视为经济法律的总称或经济法律、法规、规章等规范性文件的总称。

有些学者以经济法律、法规中往往既有公法规范又有私法规范为"理由",得出经济法兼具公法与私法性质的结论。我们认为,经济法律、法规中往往既有公法规范又有私法规范,这是符合实际的。问题是,不能因此就认为经济法兼具公法与私法的性质。有些学者得出上述结论表明,他们实际上是把经济法视为经济法律的总称或经济法律、法规、规章等规范性文件的总称,而这是不正确的。因为许多经济法律、法规、规章等规范性文件中的法律规范并不都是经济法规范,而这些规范性文件以外的成文法或不成文法中还有大量经济法规范。经济法是由全部经济法律规范即经济法规范组成的,只要是经济法规范,无论其表现形式如何,它们都属于经济法的范围;反之,凡不是经济法规范,即使它们是以经济法律、法规、规章等规范性文件为表现形式的,它们也不属于经济法的范围。

第二,不能把经济法视为由公法规范与私法规范组成的第三法域。

有些学者认为,经济法律、法规中往往既有公法规范又有私法规范,因此,不能将经济法归入公法或私法,应该承认经济法是第三法域的典型代表。我们认为,不能把既有公法规范又有私法规范的经济法律、法规一概划归公法或一概划归私法,这是有道理的。问题是,把经济法律、法规等规范性文件中存在公法规范与私法规范,视为经济法中存在公法规范与私法规范,这实际上就是把经济法视为经济法律、法规等规范性文件的总称,而这是不正确的。还应该指出,上述规范性文件中存在的公法规范与私法规范,并不因为存在于同一个或同一类规范性文件中而改变为第三种类型的法律规范,它们不能组成第三法域。

第三,不能认为经济法只是维护社会公共利益的。

有些学者认为,经济法以社会为本位,是维护社会公共利益的,因此,它不是公法,也不是私法,而是社会法或社会法的组成部分。需要指出,经济法具有维护社会公共利益的一面,但是绝不只是维护社会公共利益的,那种认为经济法只是维护社会公共利益即全体社会成员的共同利益的观点,是不符合实际情况的,是违反阶级分析的方法的,是片面的。

第四,不能认为"法律三元结构"的观点是科学的。

有的学者认为,在"三元社会结构"的基础上,产生了"法律三元结构",经济法是作为第三法域的社会法的组成部分。我们认为:在仍然存在着阶级和阶级斗争的现代社会中,认为法的结构的变化产生了只维护社会全体成员利益的社会法是不可取的;法所调整的社会关系按其是否具有隶属性进行划分,只能划分为服从关系与平等关系,按照"对象论"只能将法划分为公法与私法两大法域,而不可能有既不是公法也不是私法的第三法域。对于法域三元论的观点,有些学者早就指出:"认为经济法是与公法、私法相平列的、独立的第三法域的观点是欠妥当的,即三元论的观点是不尽如人意的。"①

三、经济法属于公法的范围

学术界有不少人认为,经济法属于公法的范围,不是公法规范与私法规范的混合,也不是什么第三法域。② 他们分别指出:经济法"属于公法范围"。"经济法属于公法的范畴",是"经济公法"。"从经济法自身的调整对象和立法宗旨,可以认为经济法属于传统公法,具有公法的性质。""经济法属于公法的范围,不属于私法的范围,不是部分公法、私法规范的混合,也不是什么第三法域。""经济法属于公法范畴。"

我们认为,要真正搞清楚经济法之所以属于公法的范围,除了我们"对否认经济法属于公法范围的观点的评析"时所指出的、应该明确的几个问题以外,还必须明确下列四个问题:一是明确公法、私法的划分标准。如前所述,在公法、私法划分标准问题上的"利益论"、"主体论"、"权力论"都各有可取之处,又都各有一定缺陷。这就需要总结经验,取长补短,并在此基础上形成一种新的理论——"对象论",即以调整对象作为划分公法、私法的标准。二是明确公法、私法的调整对象和概念。在明确了公法、私法的划分标准以后,还要进一步了解公法、私法的调整对象是什么样的社会关系,这是明确其概念的关键。如前所述:公法是调整服从关系的法律规范的总称;私法是调整平等关系的法律规范的总称。三是明确经济法的调整对象与公法、私法调整对象的关系。应该认为,经济法是以在国家协调的本国经济运行过程中发生的经济关系为调整对象的,这种

---

① 张守文、于雷:《市场经济与新经济法》,北京大学出版社1993年版,第80页。
② 参见〔法〕罗伯·萨维:《法国法律上的经济法概念》,载《法学译丛》1983年版第5期;〔法〕阿莱克西·雅克曼、居伊·施朗斯:《经济法》,宇泉译,商务印书馆1997年版,第57—58、74—75页;张守文、于雷:《市场经济与新经济法》,北京大学出版社1993年版,第80页;杨紫烜主编:《经济法》,北京大学出版社、高等教育出版社1999年版第45页、2006年版、2008年版、2010年版第51页;王家福:《社会主义市场经济的法律保障》,载全国干部培训教材编审指导委员会组织编写:《社会主义法制理论读本》,人民出版社2002年版,第299页。

经济关系属于公法所调整的服从关系的范围,而不属于私法调整的平等关系的范围。四是明确经济法与公法、私法的关系。根据以上对经济法和公法、私法调整对象的关系的分析,可以得出结论:经济法规范是公法规范而不是私法规范,经济法属于公法的范围而不属于私法的范围,它也不是什么第三法域或第三法域的组成部分。

第四章 经济法的体系

第一节 经济法体系的概念

一、研究经济法体系的概念以承认经济法的存在为前提

只有承认经济法,才会承认经济法体系的存在;承认经济法体系的存在,就有研究经济法体系概念的必要。

在第二次世界大战以后,苏联有一种关于经济法的理论——综合部门法论认为,每一个独立的法律部门在法的体系中都有一定的地位,而作为综合部门的经济法在法的体系中"没有任何位置"。①

有的中国学者说:"经济法不是一个独立的法律部门。""经济法没有自己的法律体系"。②

我们认为,在整个法的体系中经济法是一个独立的法的部门,经济法本身又有自己的体系;否认经济法作为一个独立的法的部门的客观存在,否认经济法具有自己的体系,即经济法体系,这不是唯物主义的态度,是不正确的。

二、怎样理解经济法体系的概念

在经济法体系的概念问题上,法学界存在着多种不同的观点。其中,有些观点是正确的或基本上是正确的。他们分别认为:经济法体系,是由多层次的经济法部门组成的有机联系的统一整体;经济法体系,是由多层次的、门类齐全的经济法部门组成的有机联系的统一整体;可将经济法体系定位于由经济法规范构成的体系;经济法体系是经济法规范所构成的一个系统;经济法体系是由经济法规范构成的部门法体系;可将经济法体系定义为由各个经济法部门组成的有机联系的统一整体。③ 此外,另一些观点分别认为:经济法体系可指经济立法体

---

① 参见张世明:《经济法学理论演变研究》,中国民主法制出版社2000年版,第157页。
② 佟柔:《关于经济法的几个理论问题》,载《中国法学》1984年第2期,第62、64页。
③ 参见杨紫烜:《论经济法的若干理论问题》,载《北京大学学报(哲学社会科学版)》1986年第3期,第66页;杨紫烜:《论新经济法体系——关于适应社会主义市场经济需要的经济法体系的若干问题》,载《中外法学》1995年第1期,第1页;肖江平:《经济法学术体系的构造——兼论经济法体系》,载《经济法研究》第3卷,北京大学出版社2003年版,第66页;张守文:《经济法理论的重构》,人民出版社2004年版,第264页;王保树主编:《经济法原理》,社会科学文献出版社2004年版,第69页;顾功耘、罗培新主编:《经济法前沿问题》,北京大学出版社2006年版,第2页。

系,也可指经济法学体系;经济法体系包括经济立法体系、经济法律体系、经济法学体系;经济法律体系,是指经济法这一法律部门的体系;经济法体系即经济法规体系;经济法体系是经济法规体系和经济法学体系的总体;我国经济法的体系包括总论、分论、附论(经济仲裁和经济司法)。应该指出,这些观点分别混淆了经济法体系同经济立法体系、经济法律体系、经济法规体系、经济法学体系、经济法教材体系的界限,将它们混为一谈,是不可取的。

我们认为,对"经济法体系"这一概念,应该下这样一个定义:"经济法体系是由多层次的、门类齐全的经济法部门组成的有机联系的统一整体。"[①]其基本含义有三:

第一,经济法体系是由经济法部门组成的有机联系的统一整体。经济法体系是由经济法部门组成的。不同的经济法部门各有特定的调整对象,各有自己的特点,但又相互关联、彼此依赖,形成一个统一的整体。

第二,组成经济法体系的经济法部门是多层次的。根据经济法律规范的调整对象是否具有某种属性,可以把经济法划分为若干个较大的经济法部门,然后又可以将每个较大的经济法部门再划分为若干个较小的经济法部门。为满足实践的需要,这样的划分可以进行多次。经过连续划分[②],必然形成多层次的经济法部门。可见,就纵向结构而言,经济法体系是层次分明而不是杂乱无章的。

第三,组成经济法体系的经济法部门是门类齐全的。这里说的"门类齐全",要求属于经济法调整对象范围的每个层次的特定经济关系的各个方面,都有相应的经济法部门予以调整。可见,就横向结构而言,经济法体系是门类齐全而不是残缺不全的。

三、经济法体系的概念与相关概念的关系

(一) 经济法体系同经济立法体系的关系

如前所述,有的学者认为,经济法体系可指经济立法体系。有的学者认为,经济法体系包括经济立法体系。前者,实质上是将经济法体系等同于经济立法体系;后者,实质上是将经济立法体系视为经济法体系的组成部分。这都不妥。

我们认为,经济立法体系,是指由列入经济立法规划的,多层次的、门类齐全的规范性文件组成的有机联系的统一整体。简言之,经济立法体系,是指列入经济立法规划的规范性文件体系。

经济法体系不能等同于经济立法体系。它们之间的区别主要表现在三个方

[①] 杨紫烜:《论新经济法体系》,载《中外法学》1995 年第 1 期,第 1 页。此后,在有关论著中作了更为详细、深刻的论述。

[②] "连续划分是把一次划分得出的子项作为母项,继续划分出子项,直到满足实践的需要为止。"见吴家麟主编:《法律逻辑学》,群众出版社 1983 年版,第 62 页。

面:一是组成经济法体系的是经济法部门,而组成经济立法体系的是列入经济立法规划的规范性文件①;二是组成经济法部门的法律规范都是经济法律规范即经济法规范,而组成经济立法体系的规范性文件(即列入经济立法规划的规范性文件)中的法律规范不仅仅是经济法规范;三是组成经济法部门的经济法规范是现行的,而组成经济立法体系的规范性文件中的法律规范是计划制定或修改的(只有执行了经济立法规划,制定或修改的规范性文件开始施行后,其中的法律规范才是现行的)。

经济法体系同经济立法体系的联系主要表现在两个方面:一是组成经济法体系的经济法部门中的经济法规范,除了以习惯法、判例法、法定解释为表现形式的以外,在现代国家大多数是通过调整或主要调整经济关系的规范性文件表现出来的,少数是通过其他规范性文件表现出来的。因此,在现代国家,建立和实施经济立法体系,制定和修改多层次的、门类齐全的调整或主要调整经济关系的规范性文件,有助于使组成经济法体系的经济法部门中的经济法规范的数量得到增加,质量得到提高,从而促进经济法体系的建立和完善。二是在现代国家,建立和完善经济法体系需要有计划、有步骤地制定和修改多层次的、门类齐全的调整或主要调整经济关系的规范性文件,从而促进经济立法体系的建立和实施。

(二)经济法体系同调整或主要调整经济关系的规范性文件体系的关系

如前所述,有些学者认为,经济法律体系指经济法这一法律部门的体系;或者认为,经济法体系包括经济法律体系。有些学者认为,经济法体系即经济法规体系;或者认为,经济法体系包括经济法规体系。他们有的将经济法体系等同于经济法律体系或经济法规体系,有的将经济法律体系或经济法规体系视为经济法体系的组成部分。这都混淆了经济法体系同经济法律体系、经济法规体系的界限,是不可取的。需要指出,以上所说的经济法律体系、经济法规体系,实际上指的是调整或主要调整经济关系的规范性文件体系。

我们认为,调整或主要调整经济关系的规范性文件体系,是指由调整或主要调整经济关系的,多层次的、门类齐全的规范性文件组成的有机联系的统一整体。这一定义的基本含义有四:一是该体系是由规范性文件组成的有机联系的统一整体。组成这一体系的不同的规范性文件虽然各有自己的特点,但又相互关联、彼此依赖,形成一个统一的整体。二是这种规范性文件是以经济关系或主要以经济关系为调整对象的。这里说的经济关系,不仅包括经济法调整的市场监管关系、宏观调控关系,而且包括民法调整的平等的经济关系,以及别的法调整的其他经济关系。三是这种规范性文件是多层次的。它包括调整或主要调整

---

① 这种规范性文件是以经济关系或主要以经济关系为调整对象的。

经济关系的经济法律、经济法规、经济规章等规范性文件。四是这种规范性文件是门类齐全的。它要求各个层次的规范性文件分别调整或主要调整各类经济关系。

经济法体系同调整或主要调整经济关系的规范性文件体系之间的区别主要表现在两个方面：一是组成经济法体系的是经济法部门，而组成调整或主要调整经济关系的规范性文件体系的是经济法律、经济法规、经济规章等规范性文件；二是组成经济法部门的法律规范都是经济法规范，而组成调整或主要调整经济关系的规范性文件中的法律规范不仅包括经济法规范，而且包括调整平等经济关系的民法规范和调整其他经济关系的其他法的规范。

经济法体系同调整或主要调整经济关系的规范性文件体系之间的联系也主要表现在两个方面：一是组成经济法体系的经济法部门中的经济法律规范，除了以习惯法、判例法、法定解释为表现形式的以外，在现代国家大多数是通过调整或主要调整经济关系的规范性文件表现出来的，少数是通过其他规范性文件表现出来的。从这个意义上来说，认为调整或主要调整经济关系的规范性文件体系是经济法体系的表现形式有一定道理，但是不能简单地说它们是内容和形式的关系。建立和完善调整或主要调整经济关系的规范性文件体系，有助于使组成经济法体系的经济法部门中的经济法规范的数量得到增加，质量得到提高，从而促进经济法体系的建立和完善。二是在现代国家，不制定和修改调整或主要调整经济关系的规范性文件，就不会有经济法体系的建立和完善；建立和完善经济法体系需要制定和修改调整或主要调整经济关系的规范性文件，从而促进调整或主要调整经济关系的规范性文件体系的建立和完善。

（三）经济法体系同社会主义市场经济法律体系的关系

在全国人民代表大会和全国人大常委会的文件中，多次使用"社会主义市场经济法律体系"[①]这一概念。对于社会主义市场经济法律体系的有关问题，曾经是我国学术界、特别是法学界研究的一个热点问题。

我们认为，社会主义市场经济法律体系，是指由调整或主要调整社会主义市场经济关系的，多层次的、门类齐全的规范性文件组成的有机联系的统一整体。简言之，社会主义市场经济法律体系，是指调整或主要调整社会主义市场经济关系的规范性文件体系。

经济法体系与社会主义市场经济法律体系的区别主要有二：一是经济法体

---

① 第八届全国人民代表大会第三次会议批准的《全国人民代表大会常务委员会工作报告》，见《全国人民代表大会常务委员会公报》1995 年第 3 号；第八届全国人民代表大会第四次、第五次会议《关于全国人民代表大会常务委员会工作报告的决议》，见《全国人民代表大会常务委员会公报》1996 年第 3 号、1997 年第 2 号；第九届全国人民代表大会第一次会议批准的《全国人民代表大会常务委员会工作报告》，见《全国人民代表大会常务委员会公报》1998 年第 1 号。

系是由经济法部门组成的体系;社会主义市场经济法律体系是由规范性文件组成的体系。第八届全国人大第三次会议批准的《全国人民代表大会常务委员会工作报告》指出:"为了实现本届常委会任期内大体形成社会主义市场经济法律体系框架的目标,要按照五年立法规划的要求,继续抓紧制定一批有关社会主义市场经济方面的法律,如票据法、保险法、国有资产管理法、合同法、担保法、破产法等。"[1]第八届全国人大第五次会议批准的《全国人民代表大会常务委员会工作报告》指出:"要按照本届内大体形成社会主义市场经济法律体系框架的要求,继续把经济立法放在重要位置,抓紧制定有关市场经济方面的法律,如国有资产法、证券法、期货交易法等。"[2]第九届全国人大第一次会议批准的《全国人民代表大会常务委员会工作报告》指出:第八届"任期内制定的有关市场经济方面的法律,连同以前制定的有关市场经济法律,初步构成社会主义市场经济法律体系框架"。[3] 以上说的"市场经济方面的法律",不是从法的部门的意义上讲的,而是从规范性文件的意义上讲的。这里说的规范性文件,不仅包括全国人民代表大会及其常委制定的经济法律,而且包括其他法定的国家机关制定的经济法规、经济规章等规范性文件。可见,社会主义市场经济法律体系是由规范性文件而不是经济法部门组成的。由规范性文件组成的社会主义市场经济法律体系,不同于由经济法部门组成的经济法体系。二是组成经济法体系的经济法部门,不仅包括社会主义的经济法部门,而且包括非社会主义的经济法部门;组成社会主义市场经济法律体系的规范性文件是以社会主义市场经济关系为调整对象或主要调整对象的,它不包括调整或主要调整非社会主义市场经济关系的规范性文件。

(四) 经济法体系同经济法学体系的关系

如前所述,有的学者认为,经济法体系,也可以指经济法学体系。有的学者认为,经济法体系包括经济法学体系。前者,实际上是将经济法体系等同于经济法学体系;后者,实际上是将经济法学体系视为经济法体系的组成部分。这都不妥。因为上述观点未能正确认识经济法体系同经济法学体系的明显区别以及它们之间的联系,混淆了它们的界限。

我们认为,经济法学体系,是指由多层次的、门类齐全的经济法学的分支学科组成的有机联系的统一整体。

经济法体系与经济法学体系的区别主要有二:一是组成经济法体系的是经济法部门,而组成经济法学体系的则是经济法学分支学科。经济法学分支学科

---

[1] 《全国人民代表大会常务委员会公报》1995 年第 3 号。
[2] 《全国人民代表大会常务委员会公报》1997 年第 2 号。
[3] 《全国人民代表大会常务委员会公报》1998 年第 1 号。

除了与各个经济法部门相对应的经济法学分支学科以外,还包括经济法基本理论、经济法制史学、比较经济法学等学科。二是组成经济法部门的法律规范是国家创制的,具有法律约束力,而经济法学分支学科的观点和内容不是国家创制的,没有法律约束力。

经济法体系同经济法学体系也有密切的联系:一是组成一国经济法体系的经济法部门,是该国经济法学研究的主要内容,它制约着这个国家经济法学体系的形成;二是一国经济法学的发展及其体系的形成,特别是经济法基本理论研究的开展和深入,又会影响该国经济法体系的建立和发展。

(五) 经济法体系同经济法教材体系的关系

如前所述,有的学者认为,我国经济法的体系包括总论、分论、附论(经济仲裁和经济司法)。这是把20世纪80年代一些经济法教材的结构当做了经济法体系的结构,是不恰当的。

关于经济法体系同经济法教材体系的关系,应该指出:编写经济法教材是供经济法教学用的,经济法教材体系必然会在不同程度上反映经济法体系;但是,它们的区别是不言而喻的,不能把经济法教材体系视为经济法体系。经济法的教学实践表明,不能要求把由多层次的、门类齐全的经济法部门组成的经济法体系的全部内容一一列入经济法教材体系之中,这是一方面;另一方面,根据实际需要,有些虽不属于经济法体系的内容,也可以列入经济法教材体系之中。

第二节 经济法体系的结构

一、经济法体系的结构的概念

由于经济法体系不同于经济立法体系、调整或主要调整经济关系的规范性文件体系、社会主义市场经济法律体系、经济法学体系、经济法教材体系,因此,经济法体系的结构也不同于这些其他体系的结构,不能互相混淆。

要正确认识经济法体系结构的概念,以正确认识经济法体系的概念为前提。关于经济法体系的概念,前面已经作了论述,这里不再重复。此外,还需要了解"结构"这一语词的含义。按照《现代汉语规范词典》的解释,结构是"构成事物整体的各个部分及其配搭、组合的方式"[1]。

基于对经济法体系这一概念的理解和上述《词典》对"结构"的解释,我们认为,经济法体系的结构,是指经济法体系究竟是由哪些层次、哪些门类的经济法部门组成(或构成)的。

---

[1]《现代汉语规范词典》,外语教学与研究出版社、语文出版社2004年版,第669页。

二、形成经济法体系的结构的依据

形成经济法体系的结构的依据,是经济法调整对象的结构。经济法是以特定经济关系为调整对象的,不同层次的经济法部门是以不同层次的特定经济关系为调整对象的,各个层次的不同门类的经济法部门是以各该层次的特定经济关系的不同方面为调整对象的。因此,经济法体系的结构,决定于作为经济法所调整的特定经济关系的结构。也就是说,经济法调整对象的结构,决定了经济法体系的结构。属于经济法调整对象范围的不同层次、不同门类的特定经济关系的结构,决定了经济法体系的结构是多层次的、门类齐全的经济法部门。

如前所述,经济法调整的特定经济关系,是在国家协调的本国经济运行过程中发生的经济关系。这种经济关系有层次之分和门类之别。它们分别成为不同层次、不同门类经济法部门的调整对象。在现代市场经济条件下,经济法体系的结构中第一层次的经济法部门,是市场监管法和宏观调控法。对于市场监管法和宏观调控法,根据实践的需要,还可以继续进行划分。

三、经济法体系的结构的内容

(一)市场监管法属于经济法体系的结构的内容

1. 市场监管与市场监管法的概念

(1)市场监管的概念

如前所述,市场监管,是指法定的国家机关对市场准入与退出以及市场经营主体在其存续期间的运营进行的监督和管理。这一定义指明了市场监管主体是"法定的国家机关",即依法赋予市场监督管理职权的主体。市场监管的对象包括两个方面:一是尚未进入市场的个人和组织及其业务准入市场,已经进入市场的市场经营主体及其业务退出市场;二是市场经营主体在其存续期的运营。这里说的"运营",指周而复始地开展业务活动。这里说的"监督和管理",是指监察、督促和管辖、治理。

(2)关于"市场监管法"这一语词的使用

任何概念都是通过语词来表达的。概念是语词的思想内容;语词是概念的语言表达形式。同一个概念不一定只用同一个语词来表达;表达同一个概念的不同语词不一定都是正确的。目前,经济法学界使用的"市场监管法"、"市场管理法"、"市场规制法"、"市场调控法"、"市场障碍排除法"、"市场秩序维护法"、"市场秩序规制法"、"市场运行法"、"市场运行规制法"等语词,不同的学者想表达的大体上是同一个概念。但是,在这些语词中,有的合适,有的有一定道理,有的值得商榷。

那么,对于上述语词的使用应该怎样评析呢?究竟使用何种语词才是准确表达概念的语言形式呢？我们认为，需要指出以下几点：一是使用"市场监管法"这一语词，是准确表达概念的语言形式，并且具有政策、法律上的充分依据。二是使用"市场管理法"这一语词是可以的，但不如使用"市场监管法"更好。"市场管理法"这一语词中的"管理"是从广义上讲的，包含了"监督"的内容，就其实际含义而言，它同"市场监管法"是基本相同的，但使用"市场监管法"提高了市场监督的地位。相对来说，使用"市场监管法"这一语词更好一些。对此，我们在本书第一章中进行了论述，这里不必赘述。三是使用"市场规制法"这一语词当然有道理，但是还以不使用为好。在本书第一章中，我们论述了由于人们对于"规制"这一语词有多种不同的理解，必然会导致对"市场规制"、"市场规制关系"这两个语词的歧义，因此，这两个语词以不使用为好。根据同样的理由，本书也不主张使用"市场规制法"这一语词。四是使用"市场调控法"这一语词，易与"宏观调控法"相混淆。例如，本应属于宏观调控法范围的对市场供求关系调节和控制的法律规范，就很可能被人们视为"市场调控法"的内容。五是使用"市场障碍排除法"这一语词，也值得商榷。因为在提出这一语词的学者看来，市场障碍，即限制竞争和不正当竞争，这样，"市场障碍排除法"实际上就是指"竞争法"，而"市场障碍排除法"或"竞争法"是不包括本来属于市场监管法范围的消费者权益保护法、产品质量法等在内的。六是使用"市场秩序维护法"这一语词，不利于明确经济法与民法的界限。因为属于民法范围的合同法等也具有维护市场秩序的功能。七是使用"市场秩序规制法"这一语词，也不很恰当。因为它不仅包括了"规制"这一容易引起歧义的语词，而且包括了使用"市场秩序法"这一语词的缺点。八是使用"市场运行法"这一语词，不妥。因为它包括了市场交易法、市场监管法两方面的内容，而市场交易法属于民法的范围，将"市场运行法"视为经济法的组成部分，混淆了经济法与民法的界限。九是使用"市场运行规制法"这一语词，同样不妥。因为这不仅包括了"规制"这一容易引起歧义的语词，而且包括了使用"市场运行法"这一语词的不足之处。

（3）市场监管法的定义

市场监管法的调整对象是，在国家进行市场监督管理过程中发生的经济关系，简称市场监督管理关系，即市场监管关系。

市场监管法，是指调整在国家进行市场监督管理过程中发生的经济关系的法律规范的总称。这个定义有四个基本含义：一是市场监管法属于法的范畴。因为它同其他法一样都是由法律规范组成的。二是市场监管法属于国内法体系。因为组成市场监管法的法律规范所调整的市场监管关系是在本国经济运行过程中发生的，对这种经济运行的协调是一个国家的协调，市场监管法律规范是由一个国家制定或认可的。三是市场监管法属于经济法体系。因为市场监管法调整的市场监管关系属于经济法调整对象——在国家协调的本国经济运行过程中发生的经济关系——的范围。四是市场监管法又不同于同属于经济法体系的宏观调控法。因为作为市场监管法调整对象的市场监管关系,不同于作为宏观调控法调整对象的宏观调控关系。

2. 市场监管法的地位

(1) 市场监管法是经济法体系中的一个独立的法的部门

市场监管法是不是一个独立的法的部门,决定于它是否具有特定的调整对象。市场监管法属于哪一个部门法的体系,决定于它的调整对象属于哪一个法的部门的调整对象的范围。由于市场监管法具有特定的调整对象,其调整对象属于经济法调整对象的范围,因此,市场监管法是经济法体系中的一个独立的法的部门。

(2) 市场监管法是经济法体系中的一个重要的法的部门

市场监管法之所以是一个重要的法的部门,是由于它发挥着重要作用:一方面,它为规范市场活动主体及其业务准入与退出市场的行为提供法律依据,为规范市场活动主体存续期的运营行为提供法律依据;另一方面,它又为规范市场监管主体的市场监管行为提供法律依据。因此,市场监管法的创制和实施,有助于保护市场活动主体的合法权益,维护市场经济秩序,保障经济安全,实现市场功能,促进经济社会发展。

在经济法体系中,能否认为市场监管法是经济法的核心呢?我们认为,回答应该是否定的。因为市场监管法和宏观调控法是经济法体系中的两个法的部门,从它们之间的相互关系来看,不能将市场监管法视为处于核心或中心的地位,而将宏观调控法置于市场监管法周围的地位。

(3) 市场监管法与其他法的关系

对此,需要着重指出两点:一是由于市场监管法与宏观调控法各自都有特定的调整对象,它们的调整对象又都属于经济法调整对象的范围,因此,它们都是经济法体系中的独立的法的部门,它们之间的关系是并列关系;二是由于在整个法的体系中,经济法与民法、行政法是并列关系,市场监管法是经济法体系中的一个独立的法的部门,因此,市场监管法与民法、行政法部门既不是包含关系,也不是交叉关系。

还应该看到,在一些市场监管法律中存在着某些民法规范或行政法规范,但是,不能据此认为市场监管法与民法、行政法是交叉关系。因为市场监管法是市场监管法律规范的总称,而不是市场监管法律的总称;市场监管法律中的民法规范或行政法规范分别属于民法和行政法而不属于市场监管法。

(4) 市场监管法的法域属性

市场监管法是以在国家进行市场监督管理过程中发生的经济关系为调整对象的。这种经济关系发生在法定的国家机关与市场活动主体之间,它属于公法调整的服从关系的范围,而不属于私法调整的平等关系的范围。因此,调整这种服从关系的市场监管法,属于公法的范围,而不属于私法的范围。

有一种观点认为,市场规制法具有公法与私法相互融合渗透的特点。对此,我们不敢苟同。大家知道,在不少有关法律中既有公法规范又有私法规范,这是事实。但是,不能据此认为"市场规制法"是公法与私法的"融合"。因为这种观点,实际上等于说作为一个法的部门的"市场规制法"是关于"市场规制"方面的法律的总称,而这是不能成立的。

3. 市场监管法的体系

市场监管法是经济法体系中的一个独立的法的部门,它本身又有自己的体系。市场监管法体系是由多层次的、门类齐全的市场监管法部门组成的有机联系的统一整体。需要注意的是,市场监管法体系与市场监管法律体系虽有密切联系,但是不能混为一谈:前者,是由市场监管法部门组成的;后者,是由市场监管法律、法规、规章等规范性文件组成的。

要明确市场监管法体系的结构的内容,还应该搞清楚划分市场监管法的标准是什么？我们认为,根据实践的需要,对于市场监管法,可以按照不同的标准进行多种不同的划分。如果以市场监管的行业为标准,可以将市场监管法划分为广告监管法、电信市场监管法、房地产监管法、金融监管法等。对于这些监管法还可以继续划分。例如,可将金融监管法划分为银行业监管法、证券监管法、保险监管法、期货监管法等。这是实践所需要的。但是,要形成市场监管法体系,必须按照调整对象为标准进行连续划分,从而形成多层次的、门类齐全的市场监管法体系。市场监管法体系也正是以调整对象为标准对市场监管法进行连续划分形成的。对于市场监管法,以调整对象为标准可以划分为市场准入与退出法、竞争法、消费者权益保护法、产品质量法等;然后,可以继续划分。例如,市场准入法①可以划分为主体准入法和业务准入法。前者,又可以划分为一般市场主体准入法和特殊市场(国家作出特殊规定的市场,如涉及公共安全的军工产品市场,涉及人民身体健康的食品、药品市场等,下同)主体准入法;后者,又可以划分为商品准入法、服务准入法、投资准入法等。市场退出法②可以划分为主体退出法和业务退出法。前者,又可以划分为一般市场主体退出法和特殊市场主体退出法;后者,又可以划分为商品退出法、服务退出法、投资退出法等。

---

① 市场准入法,是指调整在准许个人、组织及业务依照法定的条件和程序进入市场过程中发生的经济关系的法律规范的总称。

② 市场退出法,是指调整在已经进入市场的主体及业务依照法定的条件和程序离开市场过程中发生的经济关系的法律规范的总称。

(二) 宏观调控法属于经济法体系的结构的内容

1. 宏观调控与宏观调控法的概念

(1) 宏观调控的概念

"宏观"一词原是物理学中的一个名词,它与"微观"一词相对,是指能为人的肉眼所见的外界范围。1933年,"宏观"一词被引入经济学领域。20世纪40年代以后,这一概念开始在西方经济学中被广泛应用。在西方经济学中,"宏观"一词总是与国民经济活动所表现出来的那些经济总量相联系的。[①] 在现代汉语中,"宏观"泛指有关战略整体的或全局的。[②]

"调控"即调节和控制。调节,是从数量上或程度上调整控制,使符合要求;控制,是掌握、支配,使不越出一定范围。[③]

关于宏观调控,《现代汉语规范词典》指出,宏观调控,是指从总体和全局上对事物的发展和变化进行调节和控制。[④] 这是从广义上讲的,它包括不同领域的宏观调控。

我们认为,从狭义上讲,宏观调控,是指国家为了实现经济总量的基本平衡,促进经济结构的优化,推动经济社会的协调发展,对国民经济总体活动进行的调节和控制。这表明:宏观调控的主体是以具有宏观调控权的国家权力机关和行政机关为代表的国家;宏观调控的客体是国民经济总体活动;宏观调控的功能是对国民经济总体活动进行调节和控制;宏观调控的基本目标是实现经济总量的基本平衡,促进经济结构的优化,推动经济社会的协调发展。人们通常说的宏观调控是从狭义上讲的,仅指经济领域的宏观调控,即宏观经济调控。其根据有二:一是我国现行《宪法》的规定。《宪法》第15条第2款规定的"国家加强经济立法,完善宏观调控"告诉我们:国家通过加强经济领域的立法需要完善的宏观调控,就是经济领域的宏观调控;反之,要完善经济领域的宏观调控需要加强的立法,就是经济领域的立法。二是中共中央关于社会主义市场经济体制的两个《决定》[⑤]。这两个《决定》中所讲的"建立健全宏观经济调控体系"、"健全的宏观调控体系"、"继续改善宏观调控"、"完善国家宏观调控体系"中使用的"宏观经济调控"和"宏观调控"这两个语词,是在同一个意义上使用的。如果没有特别说明,本书所使用的宏观调控就是从狭义上讲的。

为了进一步明确宏观调控这一概念,了解一下经济学界关于宏观调控的主

[①] 参见刘晓西:《宏观经济管理》,载《经济改革名词解释》(第一辑),辽宁人民出版社1981年版,第12页。

[②] 《现代汉语规范词典》,外语教学与研究出版社、语文出版社2004年版,第541页。

[③] 同上书,第1292、754页。

[④] 同上书,第541页。

[⑤] 《关于建立社会主义市场经济体制若干问题的决定》,载《人民日报》1993年11月17日;《关于完善社会主义市场经济体制若干问题的决定》,载《人民日报》2003年10月22日。

要任务或宏观经济政策目标的论述是有益的。有的学者认为,宏观调控的主要任务是国际上通行的四个方面,即促进经济增长,增加就业,稳定物价,保持国际收支平衡。但是,与发达市场经济国家不同,中国现阶段的宏观调控,其主要任务,除保持宏观经济总量的基本平衡外,还包含重大结构的调整,如收入分配,以及产业结构、地区经济结构、城乡经济结构、消费结构、投资结构等的调整。① 还有一些学者指出,目前,国内外的宏观经济学界都有将宏观经济政策目标的内容扩大化的趋向。国外有学者将收入分配平等程度纳入宏观政策目标。在国内,比较有代表性的观点是,我国宏观经济政策目标有三类:一是稳定目标,包括充分就业、物价稳定和对外收支平衡;二是发展目标,包括保持适当的增长率、短期需要服从长期发展;三是平等目标,包括对社会困难群体的关照。② 事物都是发展变化的,宏观调控也不例外,在不同的国家和同一个国家的不同时期,宏观调控的内容和目标是不同的或者不完全相同的。

(2) 关于"宏观调控法"这一语词的使用

在中国经济法学界,普遍认为宏观调控法属于经济法的范围,但是使用了不同的语词,如"宏观调控法"、"宏观经济调控法"、"国家宏观调控法"、"宏观经济管理法"、"经济调控法"、"经济管理法"、"国家对经济的引导促进法"等。

我们认为,在上述语词中,有些语词的使用者虽然主观上想表达的思想内容没有问题,但是,该语词本身是否确切尚需讨论。一是关于"国家宏观调控法"这一语词的使用。我们讲的"宏观调控"本来就是国家进行的调控,因此,使用"国家宏观调控法"这样的语词虽然没有错,但是在"宏观调控法"之前加"国家"实际上并没有必要。二是关于"宏观经济管理法"这一语词的使用。宏观经济管理中的"宏观"是相对于微观经济管理中的"微观"而言的。"微观"本是自然科学、特别是物理学中所使用的概念,原意是"微小",以肉眼所不能及为限。由于企业管理所涉及的是单个经济单位,所以也就被称之为微观经济管理。③ 宏观经济管理是相对于微观经济管理而言的,也就是微观经济管理以外的管理,即企业管理以外的管理。可见,宏观经济管理所涉及的范围比宏观调控要广。例如,市场管理并不属于宏观调控的范围,但它不是企业管理,而属于宏观经济管理的范围。所以,使用"宏观经济管理法"这一语词不如使用"宏观调控法"这一语词好。三是关于"经济调控法"这一语词的使用。如上所述,"宏观调控法"即"宏观经济调控法"。"经济调控法"与"宏观经济调控法"相比,少了"宏观"

---

① 张卓元:《转变政府职能 改善经济调控》,载《经济参考报》2002年12月4日。
② 中国社会科学院经济研究所课题组:《宏观经济理论研究的新进展》,载《人民日报》2002年12月28日。
③ 参见杜月昇:《微观经济管理》,载《经济改革名词解释》(第一辑),辽宁人民出版社1981年版,第14页。

二字,而少了这两个不应缺少的字的语词——"经济调控法"——是不确切的。四是关于"国家对经济的引导促进法"这一语词的使用。据使用这一语词的学者的解释,该语词"大致相当于我国人们所谓的宏观调控法"。"大致相当于"表明,它与宏观调控法是存在差别的。这一差别也就是该语词在准确表达概念的语言形式上的差别。大家知道,语词是概念的语言表达形式。应该说,在上述几个语词中,"宏观经济调控法"、"宏观调控法"(从狭义上讲的"宏观调控"即宏观经济调控,因此,"宏观调控法"即"宏观经济调控法")才是准确表达概念的语言形式。"宏观调控法"这一语词在我国被法学界、特别是经济法学界广泛使用不是偶然的。因为在我国《宪法》中明确规定了要通过加强经济立法,"完善宏观调控";在全国人大和国务院的文件中,在中共中央关于建立和完善社会主义市场经济体制的《决定》中,经常使用"宏观调控"这一语词。可见,使用"宏观调控法"这一语词,同《宪法》以及党和国家的文件的精神是一致的。

(3) 宏观调控法的定义

宏观调控法的调整对象是,在国家对国民经济总体活动进行调节和控制过程中发生的经济关系,简称宏观调控关系。

宏观调控法,是指调整在国家对国民经济总体活动进行调节、控制过程中发生的经济关系的法律规范的总称。这个定义有四个基本含义:一是宏观调控法属于法的范畴。因为它同其他法一样都是由法律规范组成的。二是宏观调控法属于国内法体系。因为组成宏观调控法的法律规范所调整的宏观调控关系是在本国经济运行过程中发生的,对这种经济运行的协调是一个国家的协调,宏观调控法律规范是由一个国家制定或认可的。三是宏观调控法属于经济法体系。因为宏观调控法调整的宏观调控关系属于经济法调整对象——在国家协调的本国经济运行过程中发生的经济关系——的范围。四是宏观调控法又不同于同属于经济法体系的市场监管法。因为作为宏观调控法调整对象的宏观调控关系,不同于作为市场监管法调整对象的市场监管关系。

2. 宏观调控法的地位

(1) 宏观调控法是经济法体系中的一个独立的法的部门

宏观调控法之所以是一个独立的法的部门,是因为它具有特定的调整对象,这就是前面说的"在国家对国民经济总体活动进行调节和控制过程中发生的经济关系,简称宏观调控关系"。它之所以属于经济法体系,是因为它的调整对象属于经济法调整的特定经济关系的范围,即在国家协调的本国经济运行过程中发生的经济关系的范围。

(2) 宏观调控法是经济法体系中的一个重要的法的部门

宏观调控法在经济法体系中为什么是一个重要的法的部门呢?这可以从以

下两个方面来论述：

其一，从宏观调控法与宏观调控的关系来看。

完善宏观调控是实行现代市场经济体制的内在要求。现代市场经济就是市场在国家宏观调控下对资源配置起基础性作用的经济体制。无论在中国还是外国，在现代市场经济条件下，市场对资源配置起着基础性作用。但是，市场调节具有自发性、滞后性和一定盲目性，在经济运行中存在着"市场失效"或"市场失灵"。因此，必须由宏观调控来解决市场调节解决不了或解决不好的问题。

完善宏观调控是推动经济社会的协调发展的需要。要实现经济总量的基本平衡，促进经济结构的优化，推动区域协调发展，提高资源和能源利用效率，增强可持续发展能力，必须完善宏观调控。

可见，宏观调控至关重要。宏观调控法的重要性首先决定于宏观调控的重要性，如果宏观调控本身并不重要，也就谈不上宏观调控法的重要性。

其二，从宏观调控的三种手段的相互关系来看。

关于宏观调控的手段问题，经常见到以下两种、特别是第二种提法：一是宏观调控的手段有经济手段、法律手段、行政手段；二是进行宏观调控以经济手段、法律手段为主，辅之以必要的行政手段。我们认为，在上述提法中，前者容易使人感到三种手段是并列关系，它们没有主次之分；后者会使人感到经济手段、法律手段同行政手段有主次之分，而经济手段同法律手段是并列关系。总之，无论前者还是后者，都没有反映出宏观调控的经济手段、行政手段同法律手段的内在联系，没有反映出这三种手段处在不同的层次之上。

应该指出，宏观调控的经济手段、行政手段同法律手段有着紧密的联系。如果把经济手段、行政手段同法律手段割裂开来或者对立起来，经济手段和行政手段是软弱无力的，不可能发挥应有的作用。虽然不能说实行宏观调控的任何经济手段和行政手段都必须采取法律的形式，但是，在一个法制健全的国家，重要的经济手段和行政手段一般都会采取法律的形式。所以，当我们说宏观调控以经济手段为主，辅之以必要的行政手段时，应该认为：这里说的"经济手段"主要是以法律为形式的经济手段，同时包括未采取法律形式的经济手段；这里说的"行政手段"主要是以法律为形式的行政手段，同时包括未采取法律形式的行政手段。当我们说宏观调控以法律手段为主，辅之以必要的非法律手段时，应该认为：这里说的"法律手段"主要是以法律为形式的经济手段，同时包括以法律为形式的行政手段；这里说的"非法律手段"包括未采取法律形式的经济手段和行政手段。

可见，宏观调控的法律手段至关重要。这表明了依照宏观调控法实行宏观调控的重要性。由于宏观调控法明确规定宏观调控主体和宏观调控受体的权利、义务和相应的法律后果，并以国家强制力保证实施，能够有效地规范宏观调控主体和宏观调控受体的行为,将宏观调控的决策及其实施纳入法治轨道。

宏观调控法是不是经济法的核心？我们认为,在经济法体系中,就市场监管法和宏观调控法这两个法的部门之间的相互关系而言,无论现在和今后都不宜将宏观调控法视为处于核心或中心的地位,而将市场监管法置于宏观调控法周围的地位。

(3) 宏观调控法与其他法的关系

在经济法体系中,宏观调控法与市场监管法各自都有特定的调整对象,是两个独立的法的部门,它们之间的关系是并列关系。

在整个法的体系中,经济法与民法、行政法处于同一个层次上,它们是并列关系。宏观调控法是经济法体系中的一个独立的法的部门,宏观调控法与民法、行政法部门既不是包含关系,也不是交叉关系。判断法律规范的部门法属性要以其调整对象作为依据,不能将作为经济法组成部分的宏观调控法的法律规范同时视为行政法的法律规范。

(4) 宏观调控法的法域属性

宏观调控法是以在国家对国民经济总体活动进行调节和控制过程中发生的经济关系为调整对象的。它属于公法调整的服从关系的范围,而不属于私法调整的平等关系的范围。因此,宏观调控法属于公法的范围,而不属于私法的范围。

有一种观点认为,宏观调控法具有公法与私法相互融合渗透的特点。这值得商榷。在我们看来,在有些宏观调控法律中确实既有公法规范又有私法规范,但是这并不能作为得出宏观调控法是公法与私法相互融合渗透的"论据"。因为以此为"论据",实际上等于将作为一个法的部门的宏观调控法视为宏观调控法律的总称,而这是不能成立的。

3. 宏观调控法的体系

宏观调控法是属于经济法体系的一个法的部门,它本身又有自己的体系。宏观调控法的体系是由多层次的、门类齐全的宏观调控法部门组成的有机联系的统一整体。需要注意的是,宏观调控法体系是由宏观调控法部门组成的,它与由宏观调控法律、法规、规章等规范性文件组成的宏观调控法律体系虽有密切联系,但是不能混为一谈。

关于宏观调控法体系的结构的内容,我们认为,对于宏观调控法,根据实践的需要,可以按照不同的标准进行多种不同的划分。如果以宏观调控的内容为标准,可以将宏观调控法划分为产业调控法、区域经济调控法、资源与能源调控法、国有资产调控法、对外经济调控法等。这是实践所需要的。但是,要形成宏观调控法体系,必须按照调整对象为标准进行连续划分,从而形成多层次的、门类齐全的宏观调控法体系。宏观调控法体系也正是以调整对象为标准对宏观调控法进行连续划分形成的。对于宏观调控法,按照调整对象为标准可以划分为计划法、财政法、中央银行法、价格调控法等;然后,可以继续划分。例如,财政法可以划分为财政收入法和财政支出法。财政收入法又可以划分为税法、国债法等。财政支出法又可以划分为政府采购法、转移支付法等。

(三) 经济法体系的结构的内容中是否包括其他法

关于企业组织管理法和社会保障法是否应该列入经济法体系的结构之中的问题,经济法学界存在不同意见,需要继续讨论。近年来,本章作者对企业组织管理关系和社会保障关系的法律调整问题又进行了一些研究,有若干新的认识。总的看法是:不宜将这两种经济关系与市场监管关系、宏观调控关系并列地作为经济法的调整对象;至于作为企业组织管理关系和社会保障关系的组成部分的经济关系,既不是都由经济法调整,也不是经济法都不调整。由于经济法体系的结构,决定于经济法调整的特定经济关系的结构,因此,不宜将企业组织管理法和社会保障法与市场监管法、宏观调控法并列地列入经济法体系的结构之中,而是应该将原来调整企业组织管理关系和社会保障关系中属于市场监管关系、宏观调控关系范围的那些经济关系的法律规范分别纳入市场监管法、宏观调控法之中。

在经济法学界,有些学者分别主张,应该将经济组织法、经济秩序法、市场运行法、涉外经济法列入经济法体系的结构之中。对此,需要作一些评析。

有些学者主张,应将经济组织法列入经济法体系的结构之中。我们认为,如果这里所说的经济组织法,指的是经济组织之法(包括经济组织之组织法和经济组织之行为法)、经济之组织法或者组织经济之法,就不宜将其与市场监管法、宏观调控法并列地列入经济法体系的结构之中。

有一种观点认为,应将经济秩序法列入经济法体系的结构之中。我们认为,这种观点有一定道理,因为竞争法、消费者权益保护法等在维护经济秩序方面发挥着重要作用,把它们视为经济秩序法的组成部分是可以的。但是,经济秩序法不仅仅是这些属于经济法体系的法,如果将经济秩序法列入经济法体系的结构之中,就等于把本来属于民法体系的一些维护经济秩序的法也纳入了经济法体系,这就不妥了。

另一种观点认为,应将市场运行法列入经济法体系的结构之中。我们认为,这种主张也是有一定道理的,但有片面性。因为竞争法、消费者权益保护法等属于市场监管法的范围,市场监管法是市场运行法的重要组成部分。但是,市场运行法包含市场监管法和市场交易法,如果将市场运行法列入经济法体系的结构之中,也就等于把本来属于民法体系的市场交易法也纳入了经济法体系,不适当地扩大了经济法体系的范围,损害了其科学性。

还有一些学者主张,将涉外经济法与市场监管法、宏观调控法等并列地列入经济法体系的结构之中。这是值得商榷的。我们认为,涉外经济法是调整在国家协调的本国经济运行过程中发生的涉外经济关系的法律规范的总称。它同市场监管法、宏观调控法不是并列关系,而是交叉关系,把它们并列地列入经济法体系的结构中欠妥。

第五章 经济法的主体

第一节 经济法主体的概念

一、经济法主体的定义及其基本含义

经济法主体,即经济法律关系主体,是指根据经济法的规定发生的权利和义务关系的参加者。简言之,经济法主体,是指经济法律关系的参加者。这个定义,具有以下三个基本含义:

第一,经济法主体是特定社会关系的"参加者"。这里所说的"参加者",包括组织体和个人。不是组织体和个人,不能成为经济法主体;是组织体和个人不一定是经济法主体。

第二,经济法主体参加的是"权利和义务关系"。这里所说的"权利和义务关系"是一种特定的社会关系,属于上层建筑范畴的思想意志关系,而不是属于经济基础范畴的物质利益关系即经济关系。

第三,经济法主体参加的权利和义务关系是"根据经济法的规定发生的"。它就是经济法律关系。任何法的主体都是权利和义务关系的参加者。但是,只有"根据经济法的规定发生的"权利和义务关系的参加者,才是经济法主体。

二、经济法主体与相关主体的区别

经济法主体不同于经济关系主体。因为经济法主体所参加的经济法律关系是在有了经济法以后才产生的一种思想意志关系,而经济关系主体所参加的经济关系是在经济法产生以前就已经存在的一种物质利益关系,这两种社会关系的性质不同,产生的时间也不同,决定了其各自主体之间的区别;同时,经济法律关系是经济法所调整的特定经济关系在法律上的反映,这种特定经济关系只是经济关系的组成部分而不是全部,经济法律关系和经济关系除了性质和产生的时间不同以外,其范围也不同,这也决定了经济法主体与经济关系主体之间的区别。

经济法主体不同于创制经济法的主体。国家权力机关和国家行政机关可以参加根据经济法的规定发生的权利和义务关系,成为经济法主体;也可以根据法定的职权和程序制定或认可经济法律规范,成为创制经济法的主体。但是,不能把这两种不同的主体混为一谈:不能在国家权力机关和国家行政机关参加经济

法律关系时,将其视为创制经济法的主体;也不能在国家权力机关和国家行政机关依法制定或认可经济法律规范时,将其视为经济法主体。

经济法主体不同于其他法的主体。经济法主体是经济法律关系的参加者,而其他法如民法、行政法、国际经济法主体分别是民事法律关系、行政法律关系、国际经济法律关系的参加者。这些不同的法律关系,决定了其各自的主体也是不同的。虽然有些组织体和个人既可以成为经济法的主体,也可以成为民法、行政法或国际经济法的主体,但是,不能混淆经济法主体与其他法的主体的界限。例如,企业可以参加经济法律关系,成为经济法主体,也可以参加民事法律关系、行政法律关系或国际经济法律关系,分别成为民法、行政法或国际经济法主体。但是,不能在企业参加经济法律关系时,将其视为其他法的主体;也不能在企业参加其他法律关系时,将其视为经济法主体。

第二节 经济法主体的体系

一、经济法主体体系的概念和结构

经济法主体体系,是指由多层次的、门类齐全的经济法律关系的参加者组成的有机联系的统一整体。这一定义,具有三个基本含义:一是经济法主体体系是由经济法律关系的参加者(经济法主体)组成的有机联系的统一整体;二是组成经济法主体体系的经济法主体,在纵向结构上是多层次的;三是组成经济法主体体系的经济法主体,在横向结构上是门类齐全的。

就各个层次、各个门类的经济法主体的内部结构而言,都是"二元结构"。例如,第一层次的经济法主体,包括国家协调主体和国家协调受体。又如,第二层次的市场监管法主体、宏观调控法主体,分别包括市场监管主体和市场监管受体、宏观调控主体和宏观调控受体。再如,第三次层次的竞争法主体、财政法主体等,分别包括竞争监管主体、竞争监管受体和财政调控主体、财政调控受体等。其他层次的各个门类的经济法主体,也是"二元结构"。

经济法主体体系的结构,决定于经济法律关系的结构;经济法律关系的结构,决定于经济法调整的特定经济关系的结构。因此,经济法调整的特定经济关系包括市场监管关系和宏观调控关系,决定了经济法律关系包括市场监管法律关系和宏观调控法律关系;经济法律关系包括市场监管法律关系和宏观调控法律关系,决定了经济法主体包括市场监管法主体和宏观调控法主体。

二、市场监管法主体

市场监管法主体,是指市场监管法律关系的参加者。由于市场监管法律关系是根据市场监管法的规定发生的权利和义务关系,因此也可以说,市场监管法主体,是指根据市场监管法的规定发生的权利和义务关系的参加者。

对于市场监管法主体,根据实践的需要,可以按照不同的标准进行连续划分。例如:

(1) 对于市场监管法,按照其调整对象的不同,可以划分为市场准入与退出法、竞争法、消费者权益保护法、产品质量法等;相应地,可将市场监管法主体划分为市场准入与退出法主体、竞争法主体、消费者权益保护法主体、产品质量法主体等。对于这些不同门类的市场监管法主体还可以继续进行划分,如竞争法主体又可划分为反垄断法主体和反不正当竞争法主体。以上不同层次和不同门类的市场监管法主体,都有监管主体和监管受体之分。

(2) 按照市场监管权限的不同,可将市场监管划分为政府监管和政府经济监管部门监管。对于政府监管和政府经济监管部门监管,按照其层级的不同,又可以分别划分为中央政府监管、地方政府监管和中央政府经济监管部门监管、地方政府经济监管部门监管。对于政府经济监管部门监管,按照监管行业的不同,又可以划分为广告业、信息产业、房地产业、金融业等监管。对于金融业监管,还可以划分为银行业、证券业、保险业、期货业等监管。以上不同层次和不同门类的市场监管,有不同层次和不同门类的市场监管法主体。

(3) 按照市场监管法主体类型的不同,可将作为组织体的市场监管主体划分为政府监管主体和政府经济监管部门监管主体;将市场监管受体划分为组织体和个人。对于作为市场监管受体的组织体,又可划分为经营单位(如企业和从事经营活动的事业单位)和非经营单位(如作为经营者利益代表者的行业性中介组织)。对于作为市场监管受体的个人,又可划分为不同类型的个体经营者。

三、宏观调控法主体

宏观调控法主体,是指宏观调控法律关系的参加者。由于宏观调控法律关系是根据宏观调控法的规定发生的权利和义务关系,因此也可以说,宏观调控法主体,是指根据宏观调控法的规定发生的权利和义务关系的参加者。

对于宏观调控法主体,根据实践的需要,也可以按照不同的标准进行连续划分。例如:

(1) 对于宏观调控法,按照其调整对象的不同,可以划分为计划法、财政法、中央银行法、价格调控法等;相应地,可将宏观调控法主体划分为计划法主体、财政法主体、中央银行法主体、价格调控法主体等。对于这些不同门类的宏观调控法主体可以继续进行划分,如财政法主体可以划分为财政收入法主体、财政支出法主体。财政收入法主体还可以划分为税法主体、国债法主体等。财政支出法主体还可以划分为政府采购法主体、转移支付法主体等。以上不同层次和不同门类的宏观调控法主体,也都有调控主体和调控受体之分。

(2) 按照宏观调控内容的不同,可将宏观调控法划分为产业调控法、区域经济调控法、资源与能源调控法、国有资产调控法、对外经济调控法等;相应地,可将宏观调控法主体划分为产业调控法主体、区域经济调控法主体、资源与能源调控法主体、国有资产调控法主体、对外经济调控法主体等。对于这些不同门类的宏观调控法主体可以继续进行划分,如产业调控法主体又可以划分为第一、第二、第三产业调控法主体。以上不同层次和不同门类的宏观调控法主体,也都有调控主体和调控受体之分。

(3) 按照进行宏观调控的国家机关地位的不同,可将宏观调控划分为国家权力机关调控和国家行政机关调控。对于国家权力机关调控和国家行政机关调控,按照其层级的不同,又可以分别划分为中央国家权力机关调控、地方国家权力机关调控和中央国家行政机关调控、地方国家行政机关调控。中央国家行政机关调控和地方国家行政机关调控,又可以分别划分为中央政府调控、中央政府经济调控部门调控和地方政府调控、地方政府经济调控部门调控。以上不同层次和不同门类的宏观调控,有不同层次和不同门类的宏观调控法主体。

(4) 按照宏观调控法主体类型的不同,可将作为组织体的宏观调控主体划分为国家权力机关调控主体和国家行政机关调控主体;将宏观调控受体划分为组织体和个人。对于作为宏观调控受体的组织体,又可划分为国家机关(如使用预算收入的国家机关)和社会组织。对于作为宏观调控受体的社会组织又可划分为企业和事业单位。对于作为宏观调控受体的个人,又可以划分为个体经营者和非经营者的个人。

四、行业性中介组织在经济法主体体系中的地位[①]

(一) 行业性中介组织的概念

市场中介组织,是指依法设立,在国家机关与市场主体之间以及市场主体相互之间从事经济运行的中间服务事业的自治性社会组织。

行业性中介组织属于市场中介组织的范围,是指由同一行业或者具有同一特性的成员组成,并以促进行业或者该集合群体的公共利益为目的的非营利性中介组织。它包括行业协会、商会、同业公会、专业(职业)协会等。在实质意义上,各类行业性中介组织与行业协会的基本功能和特征是相同的,故也可简称为

---

① 参见曾东红:《市场中介组织法律制度》;肖江平:《市场监管法的一般原理》《宏观调控法的一般原理》。见杨紫烜主编:《经济法》,北京大学出版社、高等教育出版社2010年版,第169、172、183—184、209—210、428页。

行业中介组织或者行业组织。

(二)行业性中介组织不属于国家协调主体的范围

行业性中介组织可以接受政府授权,履行与行业有关的资质评定、原产地认证、行业调查、行业统计、制定行业发展规划和引导企业贯彻执行行业发展规划等部分公共经济管理职能,发挥某些市场监管和宏观调控的作用。需要注意的是,行业性中介组织不是国家机关,它只能在接受政府授权的条件下,才能履行以上职能,发挥上述作用,所以,它本身不是国家协调主体。

(三)行业性中介组织属于国家协调受体的范围

尽管市场监管受体常常是经营者,但有时也可能不是经营者而是其利益的代表者。例如,当行业性中介组织的行为违反市场监管法应受到监管主体的监管时,实施该行为的行业性中介组织也就成为市场监管受体。

行业性中介组织所为的经营指导行为,有时会违反宏观调控法的规定,影响总供给和总需求。因而,在特定情形下,作为经营者利益代表者的行业性中介组织,也会成为宏观调控受体。

总之,行业性中介组织不属于国家协调主体的范围,在一定条件下可以成为国家协调受体。

第三节 经济法主体资格的取得

一、经济法主体资格取得的概念

经济法主体资格,是指经济法律关系参加者的法律人格。这种法律人格表明了经济法主体的法律地位,具体体现为它享有经济法规定的权利(职权),履行经济法规定的义务(职责)。

经济法主体资格的取得,是指组织体和个人依法成为经济法律关系参加者的法律人格。这一定义的基本含义有四:一是经济法主体资格中的"资格",指的是主体的"法律人格";二是这里说的法律人格不是其他主体的法律人格,而是"经济法律关系参加者"的法律人格;三是经济法关系参加者的法律人格必须"依法"取得;四是能够依法成为经济法关系参加者的必须是组织体或个人。

二、取得经济法主体资格的法律依据

组织体和个人取得经济法主体资格有以下法律依据:

(一)宪法

我国《宪法》的下列规定,为有关组织体和个人取得经济法主体资格提供了基本法律依据:一是关于全国人民代表大会及其常委会、国务院及其组成部门、

地方各级人民代表大会和地方各级人民政府、民族自治地方的自治机关的性质、地位、职权、职责的规定;二是关于国有企业、集体经济组织、外商投资企业、私营经济组织的性质、地位和权利、义务的原则规定;三是关于个体经济的性质、地位和权利、义务的原则规定,以及关于公民的基本权利和义务的规定①。

(二) 国家机关组织法

我国《全国人民代表大会组织法》《国务院组织法》《地方各级人民代表大会和地方各级人民政府组织法》等法律的下列规定,是全国人民代表大会及其常委会、国务院及其有关组成部门、地方各级人民代表大会和县级以上各级人大常委会、地方各级人民政府及其有关工作部门取得经济法主体资格的重要法律依据:一是关于上述国家机关性质、地位和职权、职责的规定;二是关于上述国家机关组织活动原则的规定;三是关于上述国家机关的设立、撤销或者合并的规定。

(三) 其他法律,特别是有关经济法律

这些法律也是有关组织体和个人取得经济法主体资格的重要法律依据。例如:我国《反垄断法》《反不正当竞争法》《证券法》《保险法》等法律关于反垄断、反不正当竞争、证券、保险等监管机构的性质、地位和职权、职责的规定,是这些机构取得市场监管主体资格的法律依据;上述法律关于经营者及其利益代表者的性质、地位和权利、义务的规定,是有关经营者及其利益代表者取得市场监管受体资格的法律依据。又如:我国《税收征收管理法》《中央银行法》《价格法》等法律关于税务机关、中国人民银行、价格主管部门等宏观调控机构的性质、地位和职权、职责的规定,是这些机构取得宏观调控主体资格的法律依据;上述法律关于经营者及其利益代表者的性质、地位和权利、义务的规定,是有关经营者及其利益代表者取得宏观调控受体资格的法律依据。

(四) 有关经济法规和其他规范性文件

对于有些组织体和个人来说,有关经济法规和其他规范性文件是其取得经济法主体资格的法律依据。例如:《期货交易管理条例》②关于期货监督管理机构的性质、地位和职权、职责的规定,是该机构取得市场监管主体资格的法律依据;该《条例》关于期货业务的经营者及其利益代表者的性质、地位和权利、义务的规定,以及设立、变更、终止的规定,是上述经营者及其利益代表者取得市场监

---

① 例如:我国《宪法》规定:"任何公民享有宪法和法律规定的权利,同时必须履行宪法和法律规定的义务"(第33条第4款);"中华人民共和国公民有依照法律纳税的义务。"(第56条)

② 国务院于2007年3月6日公布的《期货交易管理条例》,2012年10月24日修订,2013年7月18日删去第43条第1款。

管受体资格的法律依据。又如:《国家科技计划管理暂行规定》[①]关于科技部计划部门性质、地位和职权、职责的规定,是其取得宏观调控主体资格的法律依据;该《暂行规定》关于国家科技计划项目的承担者性质、地位和权利、义务的规定,是其取得宏观调控受体资格的法律依据。

三、取得经济法主体资格的方式[②]

对于不同的组织体和个人而言,取得经济法主体资格的方式不尽相同。不同取得方式的实质差异在于国家对主体资格取得的控制程度的强弱。一般而言,取得市场监管主体和宏观调控主体资格,受国家控制的程度强于取得市场监管受体和宏观调控受体资格;社会责任较大的市场监管受体和宏观调控受体,受国家控制的程度强于社会责任较小的市场监管受体和宏观调控受体。

在我国,经济法主体资格的取得方式主要有以下几种:一是根据宪法、法律、法规的规定或者根据有关国家机关的决定、命令和特别授权而取得。这是国家机关取得经济法主体资格的基本方式。二是经审批(特许)和登记注册而取得,即先经有关国家机关审批或特许,再由有关国家机关登记注册,才取得主体资格。例如,设立商业银行,应当经国务院银行业监督管理机构审查批准。经批准设立的商业银行,由国务院银行业监督管理机构颁发经营许可证,并凭该许可证向工商行政管理部门办理登记,领取营业执照。三是经登记注册而取得。只要具备规定的条件,无需批准,经有关国家机关登记注册就可取得主体资格。例如,个人独资企业既不从事法律、行政法规禁止经营的业务的,又不从事法律、行政法规规定须报经有关部门审批的业务的,登记机关应当在收到设立申请文件之日起15日内,对符合《个人独资企业法》规定条件的,予以登记,发给营业执照。四是经法律、法规认可而取得。例如,个人只要具备《个人所得税法》规定的条件,就当然取得个人所得税纳税义务人即纳税人的资格。

---

① 科学技术部于2001年1月20日发布的《国家科技计划管理暂行规定》,自发布之日起施行。该《暂行规定》分为6章,共26条。其中,第2条规定:"本规定所称的国家科技计划是指:根据国家科技发展规划和战略安排的,以中央财政支持或以宏观政策调控、引导,由政府行政部门组织和实施的科学研究与试验发展活动及相关的其他科学技术活动。国家科技计划是国家解决社会和经济发展中涉及的重大科技问题、实现科技资源合理配置的重要手段。"

② 参见王全兴:《经济法主体的一般原理》,见杨紫烜主编:《经济法》,北京大学出版社、高等教育出版社2010年版,第100页。

第四节 经济法主体的权利(职权)和义务(职责)

一、经济法主体的权利(职权)和义务(职责)的概念

人们通常所说的经济法主体的权利和义务的概念,有广义和狭义两种理解:一是从广义上讲,经济法主体的权利和义务既包括国家协调主体的职权和职责,也包括国家协调受体的权利和义务[①];二是从狭义上讲,经济法主体的权利和义务,仅指国家协调受体的权利和义务。

经济法主体的职权,即国家协调主体的职权,是指依照经济法的规定,国家协调主体具有自己作为或不作为和要求他人作为或不作为的资格。

经济法主体的职责,即国家协调主体的职责,是指依照经济法的规定,国家协调主体必须作为或不作为的责任。

狭义上讲的经济法主体的权利,即国家协调受体的权利,是指依照经济法的规定,国家协调受体具有自己作为或不作为和要求他人作为或不作为的资格。

狭义上讲的经济法主体的义务,即国家协调受体的义务,是指依照经济法的规定,国家协调受体必须作为或不作为的责任。

关于国家机关的职权和职责的关系,有的学者认为:"职权一词不仅指法律关系主体具有从事这种行为的资格或能力,而且也意味他必须从事这一行为,否则就成为失职或违法。"[②]我们认为,从这个意义上来说,国家机关的职权可以理解为国家机关的职责。例如,我国《产品质量法》第 18 条第 1 款规定的四项职权[③],也可以理解为四项职责。我们还认为,在有些情况下,国家机关的职责也可以理解为国家机关的职权。例如,我国《中国人民银行法》第 4 条第 1 款规定

---

① 例如,在人们讲到经济法律关系是一种权利和义务关系时,"权利"和"义务",不仅包括作为国家协调受体的社会组织和个人的权利、义务,而且包括作为国家协调主体的国家机关的职权、职责。又如,我国《反垄断法》第 41 条规定:"反垄断执法机构及其工作人员对执法过程中知悉的商业秘密负有保密义务。"在这里,"义务"这一概念就包括了作为国家协调主体的反垄断执法机构的职责在内的。

② 沈宗灵主编:《法理学》,北京大学出版社 2003 年版,第 73 页。

③ 根据我国《产品质量法》第 18 条第 1 款的规定,县级以上产品质量监督部门根据已经取得的违法嫌疑证据或者举报,对涉嫌违反本法规定的行为进行查处时,可以行使下列职权:对当事人涉嫌从事违反本法的生产、销售活动的场所实施现场检查;向当事人的法定代表人、主要负责人和其他有关人员调查、了解与涉嫌从事违反本法的生产、销售活动有关的情况;查阅、复制当事人有关的合同、发票、账簿以及其他有关资料;对有根据认为不符合保障人体健康和人身、财产安全的国家标准、行业标准的产品或者有其他严重质量问题的产品,以及直接用于生产、销售该项产品的原辅材料、包装物、生产工具,予以查封或者扣押。

的十三项职责①,也可以理解为十三项职权。可见,职权和职责的实际含义一般是相同的。但是,不能将职权与职责完全等同起来。因为在有些情况下,法律所规定的国家机关的职责②不宜视为国家机关的职权。所以,对于国家机关的职权,可以理解为国家机关的职责;对于国家机关的职责,在多数情况下可以理解为国家机关的职权,在有些情况下这样理解不妥。换言之,国家机关的职权也就是国家机关的职责;国家机关的职责不一定是国家机关的职权。

二、国家协调主体的职权和职责

对于市场监管法主体中的市场监管主体和宏观调控法主体中的宏观调控主体,可以统称其为国家协调主体。换言之,国家协调主体包括市场监管主体和宏观调控主体。它们各自具有法定的职权和职责。下面,分别进行论述:

(一)市场监管主体的职权和职责

1. 市场监管主体的职权

市场监管主体的职权,简称市场监管权,是指依照市场监管法的规定,市场监管主体具有自己作为或不作为和要求他人作为或不作为的资格。对于市场监管主体的职权,根据实践的需要,可以按照不同的标准进行连续划分。例如:

如上所述,对于市场监管法,按照其调整对象的不同,可以划分为市场准入与退出法、竞争法、消费者权益保护法、产品质量法等。因此,市场监管主体的职权可以划分为:市场准入与退出监管权,如设立国有工业企业,必须依法报请政府或政府主管部门批准,并经工商行政管理部门核准登记;竞争监管权,如由县级以上人民政府工商行政管理部门对不正当竞争行为进行监督检查;消费者权益保护监管权,如各级人民政府应当加强监督,预防危害消费者人身、财产安全行为的发生,及时制止危害消费者人身、财产安全的行为;产品质量监管权,如国务院产品质量监督部门主管全国产品质量监督工作;等。对于以上监管权可以继续进行划分。比如,竞争监管权又可划分为反垄断监管权和反不正当竞争监管权。反垄断监管权还可划分为对经营者达成垄断协议监管权、对滥用市场支配地位监管权、对经营者集中监管权、对滥用行政权力排除和限制竞争监管权、

---

① 根据我国《中国人民银行法》第4条第1款的规定,中国人民银行履行下列职责:发布与履行其职责有关的命令和规章;依法制定和执行货币政策;发行人民币,管理人民币流通;监督管理银行间同业拆借市场和银行间债券市场;实施外汇管理,监督管理银行间外汇市场;监督管理黄金市场;持有、管理、经营国家外汇储备、黄金储备;经理国库;维护支付、清算系统的正常运行;指导、部署金融业反洗钱工作,负责反洗钱的资金监测;负责金融业的统计、调查、分析和预测;作为国家的中央银行,从事有关的国际金融活动;国务院规定的其他职责。

② 例如,我国《税收征收管理法》第53条第1款规定:"国家税务局和地方税务局应当按照国家规定的税收征收管理范围和税款入库预算级次,将征收的税款缴入国库。"又如,我国《中国人民银行法》第29条规定:"中国人民银行不得对政府财政透支,不得直接认购、包销国债和其他政府债券。"

对滥用知识产权排除和限制竞争监管权。反不正当竞争监管权还可划分为对欺骗性市场交易监管权、对商业贿赂监管权、对虚假宣传监管权、对侵犯商业秘密监管权、对不正当有奖销售监管权、对诋毁商誉监管权。

按照在市场监管法制建设中环节的不同,市场监管主体的职权可以划分为市场监管立法权和市场监管执法权。对于市场监管立法权,按照国家机关地位的不同,又可以划分为权力机关市场监管立法权、行政机关市场监管立法权。对于权力机关和行政机关的市场监管立法权,按照其层级的不同,还可以分别划分为中央国家权力机关市场监管立法权[1]、地方国家权力机关市场监管立法权[2]和中央国家行政机关市场监管立法权[3]、地方国家行政机关市场监管立法权[4]。对于行政机关的市场监管执法权,按照其层级的不同,还可以划分为中央国家行政机关市场监管执法权[5]、地方国家行政机关市场监管执法权[6]。

2. 市场监管主体的职责

市场监管主体的职责,简称市场监管职责,是指依照市场监管法的规定,市场监管主体必须作为或不作为的责任。对于市场监管主体的职责,根据实践的需要,可以按照不同的标准进行连续划分。例如:

如上所述,对于市场监管法,按照其调整对象的不同,可以划分为市场准入与退出法、竞争法、消费者权益保护法、产品质量法等。因此,市场监管主体的职责可以划分为:市场准入与退出监管职责,如设立外资企业的审批机关应当在收到申请设立外资企业的全部文件之日起90天内决定批准或不批准;竞争监管职责,如国务院规定的承担反垄断执法职责的机构依照《反垄断法》规定,负责反垄断执法工作;消费者权益保护监管职责,如各级人民政府工商行政管理部门和其他有关行政部门应当依照法律、法规的规定,在各自的职责范围内,采取措施,保护消费者的合法权益;产品质量监管职责,如产品质量监督部门和有关部门应当为检举违反《产品质量法》规定的行为的单位和个人保密;等。对于以上市场监管职责可以继续进行划分,如竞争监管职责又可以划分为反垄断监管职责和反不正当竞争监管职责。

---

[1] 例如,全国人大常委会先后制定了《反不正当竞争法》(1993年)、《消费者权益保护法》(1993年制定,2009年、2013年修改)、《反垄断法》(2007年)等关于市场监管的法律。

[2] 例如,省、自治区、直辖市的人民代表大会及其常务委员会为了执行关于市场监管的法律、行政法规的规定,根据本行政区域的具体情况和实际需要,可以依法制定关于市场监管的地方性法规。

[3] 例如,国务院先后制定了《期货交易管理条例》(2007年制定,2012年修订,2013年修改)、《关于经营者集中申报标准的规定》(2008年)等关于市场监管的行政法规。

[4] 例如,省、自治区、直辖市和较大的市的人民政府,为了执行关于市场监管的法律、行政法规和本省、自治区、直辖市的地方性法规的规定,可以依法制定关于市场监管的地方政府规章。

[5] 例如,为了执行我国《反垄断法》的有关规定,国务院反垄断执法机构依法对涉嫌垄断行为进行调查,经核实后认为构成垄断行为的,依法作出处理决定,并可以向社会公布。

[6] 例如,县级以上监督检查部门对不正当竞争行为,可以进行监督检查。

按照在市场监管法制建设中环节的不同,市场监管主体的职责可以划分为市场监管立法职责和市场监管执法职责。对于市场监管立法职责,按照国家机关地位的不同,又可以划分为权力机关市场监管立法职责、行政机关市场监管立法职责。对于权力机关和行政机关的市场监管立法职责,按照其层级的不同,还可以分别划分为中央国家权力机关市场监管立法职责、地方国家权力机关市场监管立法职责和中央国家行政机关市场监管立法职责、地方国家行政机关市场监管立法职责。对于行政机关的市场监管执法职责,按照其层级的不同,还可以划分为中央国家行政机关市场监管执法职责、地方国家行政机关市场监管执法职责。

3. 市场监管主体的职权和职责的关系

市场监管主体的立法权,即法定的市场监管主体立法职权。市场监管主体必须依法行使这一职权,既不能放弃,也不能越权。市场监管主体的立法职权和立法职责的实际含义一般是相同的。

市场监管主体执法职权也就是市场监管主体执法职责;市场监管主体执法职责不一定是市场监管执法职权。例如,我国《反垄断法》第38条规定:"反垄断执法机构依法对涉嫌垄断行为进行调查。对涉嫌垄断行为,任何单位和个人有权向反垄断执法机构举报。反垄断执法机构应当为举报人保密。举报采用书面形式并提供相关事实和证据的,反垄断执法机构应当进行必要的调查。"其中,关于"依法对涉嫌垄断行为进行调查"的规定,是反垄断执法机构的职权,也是职责;关于"应当进行必要的调查"的规定,是反垄断执法机构的职责,也是职权;关于"应当为举报人保密"的规定,是反垄断执法机构的职责,而不是职权。

(二) 宏观调控主体的职权和职责

1. 宏观调控主体的职权

宏观调控主体的职权,简称宏观调控权,是指依照宏观调控法的规定,宏观调控主体具有自己作为或不作为和要求他人作为或不作为的资格。对于宏观调控主体的职权,根据实践的需要,可以按照不同的标准进行连续划分。例如:

如上所述,对于宏观调控法,按照其调整对象的不同,可以划分为计划法、财政法、中央银行法、价格调控法等。因此,宏观调控主体的职权可以划分为:计划调控权,如国家发展和改革委员会在宏观调控方面,重点是拟订和组织实施国民经济和社会发展战略、总体规划、年度计划;财政调控权,如中央预算由全国人民代表大会审查和批准,地方各级政府预算由本级人民代表大会审查和批准;(中央银行)金融调控权,如中国人民银行依法监测金融市场的运行情况,对金融市场实施宏观调控,促进其协调发展;价格调控权,如政府可以建立重要商品储备制度,设立价格调节基金,调控价格,稳定市场;等。对于这些宏观调控权,可以继续进行划分。比如,财政调控权可以划分为财政收入调控权、财政支出调控权。财政收入调控权还可以划分为税收调控权、国债调控权等。财政支出调控权还可以划分为政府采购调控权、转移支付调控权等。税收调控权还可以划分为税收分配调控权和税收征管调控权。税收分配调控权还可以划分为商品税调控权、所得税调控权、财产税调控权等。

按照在宏观调控法制建设中环节的不同,宏观调控主体的职权可以划分为宏观调控立法权和宏观调控执法权。对于宏观调控立法权和宏观调控执法权,按照国家机关地位的不同,又可以分别划分为权力机关宏观调控立法权、行政机关宏观调控立法权和权力机关宏观调控执法权、行政机关宏观调控执法权。对于上述权力机关和行政机关的宏观调控立法权,按照其层级的不同,还可以分别划分为中央国家权力机关宏观调控立法权[1]、地方国家权力机关宏观调控立法权[2]和中央国家行政机关宏观调控立法权[3]、地方国家行政机关宏观调控立法权[4]。对于上述权力机关和行政机关的宏观调控执法权,按照其层级的不同,还可以分别划分为中央国家权力机关宏观调控执法权[5]、地方国家权力机关宏观调控执法权[6]和中央国家行政机关宏观调控执法权[7]、地方国家行政机关宏观调控执法权[8]。

2. 宏观调控主体的职责

宏观调控主体的职责,简称宏观调控职责,是指依照宏观调控法的规定,宏观调控主体必须作为或不作为的责任。对于宏观调控主体的职责,根据实践的需要,可以按照不同的标准进行连续划分。例如:

如上所述,对于宏观调控法,按照其调整对象的不同,可以划分为计划法、财政法、中央银行法、价格调控法等。因此,宏观调控主体的职责可以划分为:计划调控职责,如国家发展和改革委员会要搞好国民经济综合平衡,维护国家经济安全;财政调控职责,如各级预算由本级政府组织执行,具体工作由本级政府财政

---

[1] 例如,全国人民代表大会制定了《预算法》(1994年制定)。
[2] 例如,省、自治区、直辖市的人民代表大会及其常务委员会为了执行关于宏观调控的法律、行政法规的规定,根据本行政区域的具体情况和实际需要,可以依法制定关于宏观调控的地方性法规。
[3] 例如,国务院先后制定了《预算法实施条例》(1995年制定)、《外汇管理条例》(1996制定,1997年修改,2008年修订)、《企业所得税法实施条例》(2007年制定)等关于宏观调控的行政法规。
[4] 例如,省、自治区、直辖市和较大的市的人民政府,为了执行关于宏观调控的法律、行政法规和本省、自治区、直辖市的地方性法规的规定,可以依法制定关于宏观调控的地方政府规章。
[5] 例如,为了执行我国《预算法》第12条第1款的有关规定,全国人民代表大会每年都要审查中央和地方预算草案及中央和地方预算执行情况的报告,批准中央预算和中央预算执行情况的报告。
[6] 例如,为了执行我国《预算法》第13条第1款的有关规定,县级以上地方各级人民代表大会每年都要审查本级总预算草案及本级总预算执行情况的报告,批准本级预算和本级预算执行情况的报告。
[7] 例如,当市场价格总水平出现剧烈波动等异常状态时,国务院可以在全国范围内或者部分区域内采取临时集中定价权限、部分或者全面冻结价格的紧急措施。
[8] 例如,省、自治区、直辖市人民政府价格主管部门和其他有关部门,应当按照地方定价目录规定的定价权限和具体适用范围制定在本地区执行的政府指导价、政府定价。

部门负责;(中央银行)金融调控职责,如中国人民银行应当向全国人民代表大会常务委员会提出有关货币政策情况和金融业运行情况的工作报告;价格调控职责,如为了适应价格调控和管理的需要,政府价格主管部门应当建立价格监测制度,对重要商品、服务价格的变动进行监测;等。对于这些宏观调控主体的职责,可以继续进行划分,这里不再赘述。

按照在宏观调控法制建设中环节的不同,宏观调控主体的职责可以划分为宏观调控立法职责和宏观调控执法职责。对于宏观调控立法职责和宏观调控执法职责,按照国家机关地位的不同,又可以分别划分为权力机关宏观调控立法职责、行政机关宏观调控立法职责和权力机关宏观调控执法职责、行政机关宏观调控执法职责。对于上述权力机关和行政机关的宏观调控立法职责,按照其层级的不同,还可以分别划分为中央国家权力机关宏观调控立法职责、地方国家权力机关宏观调控立法职责和中央国家行政机关宏观调控立法职责、地方国家行政机关宏观调控立法职责。对于上述权力机关和行政机关的宏观调控执法职责,按照其层级的不同,还可以分别划分为中央国家权力机关宏观调控执法职责、地方国家权力机关宏观调控执法职责和中央国家行政机关宏观调控执法职责、地方国家行政机关宏观调控执法职责。

3. 宏观调控主体的职权和职责的关系

宏观调控主体的立法权,即法定的宏观调控主体立法职权。宏观调控主体必须依法行使这一职权,既不能放弃,也不能越权。宏观调控主体的立法职权和立法职责的实际含义一般是相同的。

宏观调控主体执法权也就是宏观调控主体执法职责;宏观调控主体执法职责不一定是宏观调控执法权。例如,我国《税收征收管理法》第28条第1款规定:"税务机关依照法律、行政法规的规定征收税款,不得违反法律、行政法规的规定开征、停征、多征、少征、提前征收、延缓征收或者摊派税款。"其中,依法"征收税款"是税务机关的职权,也是职责;"不得违反法律、行政法规的规定开征、停征、多征、少征、提前征收、延缓征收或者摊派税款",是税务机关的职责,而不是职权。

三、国家协调受体的权利和义务

对于市场监管法主体中的市场监管受体和宏观调控法主体中的宏观调控受体,可以统称其为国家协调受体。换言之,国家协调受体包括市场监管受体和宏观调控受体。它们各自具有法定的权利和义务。下面,分别进行论述:

(一) 市场监管受体的权利和义务

1. 市场监管受体的权利

市场监管受体的权利,是指依照市场监管法的规定,市场监管受体具有自己作为或不作为和要求他人作为或不作为的资格。对于市场监管受体的权利,根据实践的需要,可以按照不同的标准进行连续划分。例如:

如上所述,对于市场监管法,按照其调整对象的不同,可以划分为市场准入与退出法、竞争法、消费者权益保护法、产品质量法等。因此,市场监管受体的权利可以划分为:市场准入与退出监管受体的权利,如公司凭公司登记机关核发的《企业法人营业执照》,可以刻制印章,开立银行账户;竞争监管受体的权利,如反垄断执法机构对涉嫌垄断行为进行调查,被调查的经营者、利害关系人有权陈述意见;消费者权益保护监管受体的权利,如"消费者或者其他受害人因商品缺陷造成人身、财产损害的,可以向销售者要求赔偿,也可以向生产者要求赔偿。属于生产者责任的,销售者赔偿后,有权向生产者追偿。属于销售者责任的,生产者赔偿后,有权向销售者追偿"[①];产品质量监管受体的权利,如企业根据自愿原则可以向国务院产品质量监督部门认可的或者国务院产品质量监督部门授权的部门认可的认证机构申请产品质量认证,并在企业的产品或者其包装上使用经认证合格的产品质量认证标志;等。对于以上监管受体的权利可以继续进行划分,如竞争监管受体的权利又可划分为反垄断监管受体的权利和反不正当竞争监管受体的权利。

按照市场监管法主体类型的不同,可以将市场监管受体的权利划分为组织体的权利和个人的权利。对于作为市场监管受体的组织体的权利,又可划分为经营单位(如企业和从事经营活动的事业单位)的权利和非经营单位(如作为经营者利益代表者的行业性中介组织)的权利。对于作为市场监管受体的个人的权利,又可划分为不同类型的个体经营者的权利。

2. 市场监管受体的义务

市场监管受体的义务,是指依照市场监管法的规定,市场监管受体必须作为或不作为的责任。对于市场监管受体的义务,根据实践的需要,可以按照不同的标准进行连续划分。例如:

如上所述,对于市场监管法,按照其调整对象的不同,可以划分为市场准入与退出法、竞争法、消费者权益保护法、产品质量法等。因此,市场监管受体的义务可以划分为:市场准入与退出监管受体的义务,如中外合作经营企业合作期限届满或者提前终止时,应当依照法定程序对其资产和债权、债务进行清算;竞争监管受体的义务,如反垄断执法机构对涉嫌垄断行为进行调查,被调查的经营者、利害关系人或者其他有关单位或者个人应当配合反垄断执法机构依法履行职责,不得拒绝、阻碍反垄断执法机构的调查;消费者权益保护监管受体的义务,如经营者发现其提供的商品或者服务存在严重缺陷,即使正确使用商品或者接

---

① 我国《消费者权益保护法》第35条第2款。

受服务仍然可能对人身、财产安全造成危害的,应当立即向有关行政部门报告和告知消费者,并采取防止危害发生的措施;产品质量监管受体的义务,如生产者生产产品,不得掺杂、掺假,不得以假充真、以次充好,不得以不合格产品冒充合格产品;等。对于以上监管受体的义务可以继续进行划分,如竞争监管受体的义务又可划分为反垄断监管受体的义务和反不正当竞争监管受体的义务。

按照市场监管法主体类型的不同,可以将市场监管受体的义务划分为组织体的义务和个人的义务。对于作为市场监管受体的组织体的义务,又可划分为经营单位(如企业和从事经营活动的事业单位)的义务和非经营单位(如作为经营者利益代表者的行业性中介组织)的义务。对于作为市场监管受体的个人的义务,又可划分为不同类型的个体经营者的义务。

(二) 宏观调控受体的权利和义务

1. 宏观调控受体的权利

宏观调控受体的权利,是指依照宏观调控法的规定,宏观调控受体具有自己作为或不作为和要求他人作为或不作为的资格。对于宏观调控受体的权利,根据实践的需要,可以按照不同的标准进行连续划分。例如:

如上所述,对于宏观调控法,按照其调整对象的不同,可以划分为计划法、财政法、中央银行法、价格调控法等。因此,宏观调控受体的权利可以划分为:计划调控受体的权利,如政府有关部门不按规定下达指令性计划的,企业可以拒绝执行;财政调控受体的权利,如供应商自由进入本地区和本行业的政府采购市场,不受任何单位和个人的阻挠和限制;(中央银行)金融调控受体的权利,如商业银行经中国人民银行批准,可以经营结汇、售汇业务;价格调控受体的权利,如消费者、经营者可以对政府指导价、政府定价提出调整建议;等。对于以上宏观调控受体的权利,可以继续进行划分。例如,财政调控受体的权利可以划分为财政收入调控受体的权利、财政支出调控受体的权利。财政收入调控受体的权利还可以划分为税收调控受体的权利、国债调控受体的权利等。财政支出调控受体的权利还可以划分为政府采购调控受体的权利、转移支付调控受体的权利等。税收调控受体的权利还可以划分为税收分配调控受体的权利和税收征管调控受体的权利。税收分配调控受体的权利还可以划分为商品税调控受体的权利、所得税调控受体的权利、财产税调控受体的权利等。

按照宏观调控法主体类型的不同,可以将宏观调控受体的权利划分为组织体的权利和个人的权利。对于作为宏观调控受体的组织体的权利,又可划分为国家机关(如使用预算收入的国家机关)的权利和社会组织的权利。对于作为宏观调控受体的社会组织的权利又可划分为经营单位(如企业和从事经营活动的事业单位)的权利和非经营单位(如使用预算收入的事业单位)的权利。对于作为宏观调控受体的个人的权利,又可以划分为个体经营者的权利和非经营者的个人的权利。

2. 宏观调控受体的义务

宏观调控受体的义务,是指依照宏观调控法的规定,宏观调控受体必须作为或不作为的责任。对于宏观调控受体的义务,根据实践的需要,可以按照不同的标准进行连续划分。例如:

如上所述,对于宏观调控法,按照其调整对象的不同,可以划分为计划法、财政法、中央银行法、价格调控法等。因此,宏观调控受体的义务可以划分为:计划调控受体的义务,如承担指令性任务的国有企业必须完成国家指令性计划;财政调控受体的义务,如供应商不得以向采购人、采购代理机构、评标委员会的组成人员、竞争性谈判小组的组成人员、询价小组的组成人员行贿或者采取其他不正当手段谋取中标或者成交;(中央银行)金融调控受体的义务,如商业银行应当按照中国人民银行的规定,向中国人民银行交存存款准备金,留足备付金;价格调控受体的义务,如政府价格主管部门开展对政府指导价、政府定价的价格、成本调查时,有关单位应当如实反映情况,提供必需的账簿、文件以及其他资料;等。对于这些调控受体的义务,可以继续进行划分,这里不再赘述。

按照宏观调控法主体类型的不同,可以将宏观调控受体划分为组织体的义务和个人的义务。对于作为宏观调控受体的组织体的义务,又可划分为国家机关(如使用预算收入的国家机关)的义务和社会组织的义务。对于作为宏观调控受体的社会组织的义务又可划分为经营单位(如企业和从事经营活动的事业单位)的义务和非经营单位(如使用预算收入的事业单位)的义务。对于作为宏观调控受体的个人的义务,又可以划分为个体经营者的义务和非经营者的个人的义务。

第六章 经济法的理念和基本原则

第一节 经济法的理念

一、经济法理念的概念

理念(idea)是西方哲学史的重要范畴,指一种理想的、永恒的、精神性的普遍范型。"理念"一词源于古希腊文,原意是见到的东西,即形象。① 在现代汉语中,理念被理解为思想、观念、信念,以及认定和追求的某种目标、原则、方法等。② 我们认为,理念,是指人们关于追求的目标及其实现途径的基本观念。它不仅包括关于人们追求的目标的基本观念,而且包括关于人们追求的目标的实现途径的基本观念。

关于法的理念,德国的鲁道夫·施塔姆勒(Rudof Stammler)认为,法律理念乃是正义的实现。正义要求所有法律努力都应当指向这样一个目标,即实现在当时当地的条件下所可能实现的有关社会生活的最完美的和谐。③ 他的意思是,法的理念是法所追求的目标的实现。我国的李双元等学者认为:"法律理念就是对法律的本质及其发展规律的一种宏观的、整体的理性认知、把握和建构。"④我国台湾地区学者史尚宽先生说:"法律制定及运用之最高原理,谓之法律之理念。"又说:"法律之理念,为法律的目的及手段之指导原则。"⑤ 本书认为,法的理念,是指人们关于法的宗旨及其实现途径的基本观念。所谓法的宗旨,是指贯穿于法之中的,人们创制和实施法所追求的目标。

何谓经济法的理念?这在我国经济法学界有如下理解:经济法理念"是关于经济法现象产生、发展、变化规律和相关的各种观点学说的理性认识"⑥;"经济法理念是人们关于藉助于此法(它同民商法等部门法律互相配合)可以实现

---

① 《中国大百科全书·哲学》,中国大百科全书出版社1987年版,第465页。
② 参见《现代汉语规范词典》,外语教学与研究出版社,语文出版社2004年版,第804页。
③ 转引自〔美〕E.博登海默:《法理学——法律哲学与法律方法》,邓正来译,中国政法大学出版社1999年版,第173页。
④ 李双元等:《法律理念及其现代化取向》,载《湖南政法管理干部学院学报》1999年第1期,第6页。
⑤ 史尚宽:《法律之理念与经验主义法学之综合》,载刁荣华主编:《中西法律思想论集》,台湾汉林出版社1984年版,第259、263页。
⑥ 王保树主编:《经济法原理》,社会科学文献出版社2004年版,第3页。

理想的社会经济生活目标模式的一种信念"①;"经济法的理念是人们对经济法的应然规定性的理性的、基本的认识和追求,是经济法及其适用的最高原理"②;"经济法的理念,是指经济法的指导思想、基本精神和立法宗旨,是对经济法起长效作用的文化内涵"③。我们在对"理念"和"法的理念"进行研究的基础上,基于对这两个概念的理解,结合经济法现象的实际情况,认为经济法的理念,是指人们关于经济法的宗旨及其实现途径的基本观念。任何理念都是一种基本观念,经济法的理念也不例外。"基本观念"属于意识形态的范畴;意识形态属于上层建筑的范畴。经济法的理念不是别的基本观念,而是人们关于经济法宗旨的基本观念以及关于经济法宗旨实现途径的基本观念。还需要指出,经济法的理念有实然性与应然性之分;前者,是指实际贯穿于经济法之中的理念;后者,是指应该贯穿于经济法之中的理念。

二、经济法理念的内容

经济法理念的内容,包括经济法的宗旨和经济法宗旨的实现途径。那么,什么是经济法的宗旨及其实现途径呢?它们的内容又是什么呢?这是下面要回答的问题:

(一)经济法宗旨的概念和内容

经济法的宗旨,是指贯穿于经济法之中的,人们创制和实施经济法所追求的目标。创制经济法是为了实施经济法,创制经济法所追求的目标也就是实施经济法所追求的目标。作为经济法的宗旨,这种目标是贯穿于经济法之中的,而不是存在于经济法之外的。

在现代市场经济条件下,经济法宗旨的内容是,维护市场经济秩序,防止和消除经济运行中的总量失衡和结构失调,优化资源配置,保障国家经济安全,推动经济发展和社会进步,以实现经济法主体利益的协调发展。从维护掌握国家政权的阶级的根本利益出发,实现经济法主体利益的协调发展,是经济法宗旨的基本内容。对此,需要说明以下两点:

第一,利益的含义和种类。

在现代汉语中,利益就是"好处"。它同"害"、"弊"相对。所谓"利害"即利益和害处;"利弊"即好处和坏处。④

---

① 漆多俊:《经济法价值、理念与原则》,载漆多俊主编:《经济法论丛》第2卷,中国方正出版社1999年版,第78页。
② 史际春、李青山:《论经济法的理念》,载《经济法学、劳动法学》(复印报刊资料)2003年第8期,第30页。
③ 徐孟洲:《论中国经济法的客观基础和人文理念》,载《法学杂志》2004年第4期,第36页。
④ 参见《现代汉语规范词典》,外语教学与研究出版社、语文出版社2004年版,第808—809页。

对于利益,根据实践的需要,可以从不同的角度,按照不同的标准,进行不同的划分。从利益内容的角度,可以按不同标准划分为:经济利益、政治利益、文化利益和人身利益;不同阶级的利益,特别是统治阶级利益和被统治阶级利益;根本利益和非根本利益;合法利益和非法利益。从利益所涉及范围的角度,可以按不同的标准划分为:长远利益、短期利益和眼前利益;整体利益、局部利益和个别利益;中央利益和地方利益;多数人利益和少数人利益。从利益主体的角度,可以划分为:个人利益、集体利益、国家利益和社会公共利益。

第二,"协调发展"这一概念中"协调"的含义。

在我国《宪法》和党的文件中所使用的"协调"概念,往往是指现代汉语中所说的"协调"的第一种含义,即"配合适宜"。本书所使用的"协调发展"这一概念中"协调"的含义,也是从"配合适宜"这一意义上使用的。

1982年12月4日,第五届全国人民代表大会第五次会议通过的《中华人民共和国宪法》第15条第1款规定:"国家在社会主义公有制基础上实行计划经济。国家通过计划经济的综合平衡和市场调节的辅助作用,保证国民经济按比例地协调发展。"1993年3月29日,第八届全国人民代表大会第一次会议通过的《宪法修正案》删除了上述规定。2004年3月14日,第十届全国人民代表大会第二次会议通过的《宪法修正案》,在宪法序言的第7自然段中增加了"推动物质文明、政治文明和精神文明协调发展"的规定。以上在我国宪法中先后两处使用的"协调"概念,均属现代汉语中"协调"的第一种含义。

党的十二届三中全会、十四届三中全会、十六届三中全会先后通过的三个关于经济体制改革的决定[①],分别2处、4处、15处使用了"协调"这一概念。其中,属于"协调"的第一种含义的共有15处,如"协调发展"、"相协调"、"树立全面、协调、可持续的发展观"、"形成行为规范、运转协调、公正透明、廉洁高效的行政管理体制"等。

(二) 经济法宗旨的实现途径的概念和内容

经济法宗旨的实现途径,是指贯穿于经济法之中的,实现经济法宗旨的路径、方法。

在现代市场经济条件下,经济法宗旨实现途径的内容是,将经济法协调主体的市场监管行为、宏观调控行为和经济法协调受体的经济活动纳入经济法制轨道,以实现对本国经济运行依法进行国家协调。对本国经济运行依法进行国家协调,是经济法宗旨实现途径的基本内容。

---

① 中共中央:《关于经济体制改革的决定》(1984年10月20日);中共中央:《关于建立社会主义市场经济体制若干问题的决定》(1993年11月14日);中共中央:《关于完善社会主义市场经济体制若干问题的决定》(2003年10月14日)。

本书所使用的"国家协调"这一概念中"协调"的含义,是从"协调"的第二种含义,即"使配合适宜"这一意义上使用的。马克思主义创始人很早以前就是这样使用的。我国的法律和党的文件往往也是这样使用的。例如:

马克思指出:"一切规模较大的直接社会劳动或共同劳动,都或多或少地需要指挥,以协调个人的活动……"[①]在这里,马克思所使用的"协调"这一概念,从现代汉语上讲,属于"协调"的第二种含义。

我国《全民所有制工业企业法》(1988年4月13日第七届全国人民代表大会第一次会议通过)有两处使用了"协调"这一概念。其中,第56条规定,政府有关部门要根据各自的职责,依照法律、法规的规定,"协调企业与其他单位之间的关系。"第57条规定:"企业所在地的县级以上地方政府应当……协调企业与当地其他单位之间的关系"。在这里,"协调"二字均属于现代汉语中"协调"的第二种含义。

在党中央作出的三个关于经济体制改革的决定所使用的"协调"概念中,属于"协调"的第二种含义的共有6处,如"协调地区、部门、企业之间的发展计划和经济关系"、"做好综合协调工作"、"加强对经济运行的综合协调"、"协调好改革过程中的各种利益关系"、"加强对区域发展的协调"等。

根据以上分析,经济法理念的内容,可以概括为经济法的宗旨及其实现途径。如果考虑到经济法的宗旨及其实现途径的基本内容,我们认为,经济法理念的基本内容是:对本国经济运行依法进行国家协调,实现经济法主体利益的协调发展。

三、经济法理念的意义

紧密联系经济法制建设的实际,深入研究经济法的理念,以便正确认识并切实贯彻经济法的理念,具有重要的理论和实践意义。这主要表现在以下两个方面:

第一,加深理解和切实实施经济法。

认识来源于实践。人们在经济法的实践中,对经济法的认识从感性阶段发展到理性阶段,逐渐形成了关于经济法宗旨及其实现途径的基本观念。这种基本观念,就是经济法的理念。它贯穿于经济法之中,反映了经济法的精神实质,体现了经济法的本质属性,是经济法的灵魂。认真研究并正确认识经济法理念的实然性,即实际贯穿于经济法之中的理念,有助于明确创制和实施经济法所追求的目标及其实现的路径和方法,从而加深对经济法的理解。

认识可以指导实践。认识并不只是消极的东西,它对实践具有能动的反作

[①] 《马克思恩格斯全集》第23卷,人民出版社1972年版,第367页。

用。对于经济法理念的正确认识,可以指导人们通过正确的路径和方法,原原本本地实施经济法,以实现经济法的宗旨,使经济法的实施不会走偏方向。

第二,健全经济法制,推动经济法的制度创新。

认识往往落后于实践。认识不符合实际的情况时有发生。人们对经济法的认识不一定都是正确的,经济法的现行规定不一定都是正确的,实际贯穿于经济法之中的经济法的理念不一定都是正确的。因此,我们除了要认真研究并正确认识经济法理念的实然性以外,还要认真研究并正确认识经济法理念的应然性,即应该贯穿于经济法之中的理念。这有助于全面评析经济法的现行规定和经济法实施的现状,肯定成绩,指出问题,总结经验,提出改进措施,健全经济法制。

事物在发展,实践在继续,人们在新的实践中不断产生新的认识。而经济法具有相对稳定性,实际贯穿于经济法之中的经济法的理念即使在经济法创制的时候是正确的,随着客观情况的发展变化和实践的继续,它也需要丰富和发展。认真研究并正确认识经济法理念的应然性,可以使经济法的理念符合新的实际,并指导经济法的创制和实施,推动经济法的制度创新。

第二节 经济法的基本原则

一、经济法基本原则的概念

在中国,对经济法基本原则的概念的研究虽在不断取得进展,但远未取得共识。至今,学界对经济法基本原则这一概念所下的完全不同或部分不同的定义已达 30 个左右。现在,亟需将经济法基本原则的概念的研究进一步引向深入。

我们认为,经济法的基本原则,是指贯穿于各种经济法律规范之中的,在国家协调本国经济运行过程中必须遵循的根本准则。这一定义的基本含义如下:

首先,经济法的基本原则是必须遵循的根本准则。

任何法都是由法律规范组成的,经济法也不例外。法律规范是一种行为准则或称行为规则,它是由国家强制力保证实施的,是人们必须遵循的。经济法的基本原则这种行为准则,也是由国家强制力保证实施的,它不同于法律规范以外的行为准则;同时,它又不同于作为具体行为准则的法律规范,也不同于经济法的具体原则。经济法基本原则是根本的行为准则,即根本准则。对于经济法律规范和经济法的具体原则,它都处于统率的地位,是必须遵循的准则的准则,原则的原则。

有些学者认为,经济法的基本原则是一种"指导思想"、"总的指导思想"、"根本指导思想"、"具有普遍意义的指导思想"、"带有普遍意义的指导原理"或

"基本法律观念"。我们认为,经济法的基本原则属于上层建筑中制度的范畴,具有法律约束力。"指导思想"、"指导原理"、"基本法律观念"属于上层建筑中意识形态的范畴,只要其未转化为法,就没有法律约束力。经济法的基本原则对于经济法的制定和实施,固然具有指导作用,但是,它本身不是"指导思想"、"指导原理"或"基本法律观念"。

其次,经济法的基本原则是在国家协调本国经济运行过程中必须遵循的根本准则。

在对经济法的基本原则这一概念下定义时,其定义概念应该体现经济法基本原则与民法、行政法等其他法的基本原则的本质区别。有些定义指出,经济法的基本原则是经济法的"特征"、"宗旨"、"价值"或"本质"的"体现"、"具体体现"或"集中体现"。我们认为,上述观点有一定道理。因为它有助于区别经济法的基本原则与其他法的基本原则。而经济法的特征、宗旨、价值都决定于经济法的本质,从这个意义上说,认为经济法的基本原则是经济法本质的体现,比较接近真理。那么,经济法的本质(区别于其他法的本质属性)又是由什么决定的呢?由于法的调整对象是划分法的部门的标准,经济法的本质决定于经济法的调整对象。因此,将经济法的调整对象科学地反映到经济法基本原则的定义中去,就可以从根本上划清经济法基本原则与其他法的基本原则的界限。我们认为,经济法的调整对象是在国家协调的本国经济运行过程中发生的经济关系,因此,经济法的基本原则是在国家协调本国经济运行过程中必须遵循的根本准则。

再次,经济法的基本原则是贯穿于各种经济法律规范之中的根本准则。

关于经济法基本原则的定义,之所以要在定义概念中指出经济法的基本原则贯穿于"各种经济法律规范"之中,原因有三:一是经济法的基本原则是整个经济法部门的基本原则,而不是它的某一个组成部分的原则,因此,在"经济法律规范"之前需要加"各种"二字;二是经济法的基本原则属于上层建筑中经济法律制度的范畴,当然是贯穿于各种"经济法律规范"之中的,而不可能以经济法学的论著、负责人的讲话和社会团体的文件等作为载体;三是指出经济法的基本原则贯穿于各种"经济法律规范"之中,有助于进一步明确经济法的基本原则不同于民法、行政法等其他法的基本原则。

有些学者说,经济法的基本原则是贯穿于"经济法律"、"经济法规"、"各种经济法规"或"一切经济法律法规"之中的。对此,应该指出:经济法律、法规,即调整或主要调整经济关系的法律、法规;这里说的"经济关系",不仅包括经济法所调整的经济关系,而且包括民法、行政法等其他法所调整的经济关系。因此,不能认为,凡是经济法律、法规,都属于经济法的法律、法规的范围。[①] 所以,笼

[①] 例如,我国《合同法》是经济法律,但它不属于经济法的法律的范围,而是民事法律。

统地说经济法的基本原则贯穿于"经济法律"或"经济法规"中不妥;说它贯穿于"各种经济法规"或"一切经济法律法规"中更为不妥。还需要指出,经济法律规范除了以经济法律、法规为表现形式以外,还有不少是通过其他规范性文件和习惯法、判例法表现出来的。而后者,同样是贯穿了经济法的基本原则的。从这个意义上说,认为经济法的基本原则仅仅贯穿于经济法律、法规之中也不妥。

二、经济法基本原则的确认

(一) 经济法基本原则确认的标准

要被确认为经济法的基本原则,必须符合下列标准:

第一,它必须是一种法的原则。[①]

能否被确认为经济法的基本原则,首先要看是不是法的原则。

何谓法的原则？各家对其下的定义是不同的。《牛津法律大辞典》从法的功能的角度下了这样一个定义:"法律原则[principles of law]许多法律推理的所依赖的前提,不断地、正当地适用于比较特别和具体的规则解决不了或不能充分、明确地解决的待决案件的一般原则。"[②]《布莱克法律辞典》认为,法律原则是为其他规则提供基础性或本源的综合性规则或原理,是法律行为、法律程序、法律决定的决定性规则。[③] 在中国学者中,有的认为:法律原则是"用以进行法律推理的准则。"[④]有的说:"法律原则是法律的基础性真理、原理,或是为其他法律要素提供基础或本源的综合性原理或出发点。"[⑤]有的指出:"法律原则应是用抽象语言表述的具有标准性和统帅意义的高级法律规则。"[⑥]应该说,在上述论述中,那种认为法律原则是一种"准则"、一种"综合性规则"或"高级法律规则"的观点,是有道理的;而认为法律原则是一种"原理"的观点,值得商榷。

我们认为:准则即行为准则;规则也是行为规则;准则就是规则。准则与"原则"一词并用时,通常指在实践中应当遵循的具体规定,即具体准则。原则,是指贯穿于具体准则之中的,在实践中必须遵循的高级准则,是准则的准则。法的原则,是指贯穿于法律规范之中的,在法的实践中必须遵循的高级准则。法的原则与法律规范有联系,有区别。其联系的主要表现是:法律规范是具体准则,法的原则也是一种准则;它们都是必须遵循的;法的原则是法律规范的概括;法的原则贯穿于法律规范之中;法的原则对法律规范的创制和实施具有指导作用。

---

① 法的原则,在法学论著中一般称为"法律原则"。考虑到"法律"一词有广、狭两义,"法律原则"中的"法律"仅指广义,而广义的"法律"就是"法",因此,本书主张将"法律原则"改称"法的原则"。

② 《牛津法律大辞典》,光明日报出版社 1988 年版,第 717 页。

③ 参见 *Black's Law Dictionary*, West Publishing Co., 1983, p.1074。

④ 沈宗灵主编:《法理学》,北京大学出版社 2001 年重排本,第 36 页。

⑤ 张文显主编:《法理学》,高等教育出版社 2003 年版,第 95—96 页。

⑥ 王保树主编:《经济法原理》,社会科学文献出版社 2004 年版,第 34 页。

就它们的区别而言,相对于法律规范来说,法的原则具有概括面广、稳定性强、适用范围宽、效力层次高、指导作用大等特点。

关于经济法的基本原则与法的原则的关系,需要指出:经济法的基本原则必须是一种法的原则;不是法的原则,如政治原则、道德原则等,不可能成经济法的基本原则。

第二,它必须是一种经济法的原则。

能否被确认为经济法的基本原则,还要看是不是法的原则中的经济法原则。

如何理解"经济法原则"? 有的经济法学者认为:"经济法原则就是,经济法规普遍坚持的,处理各种纷繁复杂经济法律问题的基本准绳";同时认为,它是"贯穿于各种经济法规的一种总的精神实质,是经济法规的灵魂,它必须具有普遍适用性和高度的概括性"。[①] 有的学者明确指出:"经济法原则与民法原则、行政法原则不能混同。"[②]有的学者说:"经济法原则是经济法在其调整特定社会关系时在特定范围内所普遍适用的基本准则。"[③]应该说,在上述观点中,除了使用"各种经济法规"、"特定"的概念值得商榷外,作者指出了经济法原则是具有"普遍适用性和高度概括性"的"基本准绳"或"基本准则",注意到了经济法原则与其他部门法原则的区别,这是可取的。

我们认为,经济法的原则,是指贯穿于经济法律规范之中的,在国家协调本国经济运行过程中必须遵循的高级准则。对这一定义,有必要说明三点:一是在定义概念中使用"经济法律规范",划清了经济法的原则与民法、行政法等原则的界限;二是在定义概念中的经济法律规范之前未加"各种"或"部分"字样,表明经济法的原则既不能等同于经济法的基本原则,又不能等同于经济法的具体原则;三是在定义概念中使用"高级准则",有助于将经济法的原则既区别于作为"根本准则"的经济法的基本原则,又区别于作为"具体准则"的经济法律规范。

关于经济法的基本原则与经济法原则的关系,本书的观点是:经济法的基本原则必须是一种经济法的原则;不是经济法的原则,如民法原则、行政法原则和其他法原则,不可能成为经济法的基本原则。

第三,它必须是经济法原则中的基本原则。

能否被确认为经济法的基本原则,最后还要看在经济法的原则中,是具体原则还是基本原则。

关于经济法基本原则的概念,前面已经作了论述。在这里,着重谈谈经济法

---

① 《经济法理论学术论文集》,群众出版社1985年版,第300—301页。
② 同上书,第290页。
③ 漆多俊:《经济法基础理论》,武汉大学出版社2000年版,第167页。

的基本原则与具体原则的关系问题。

近年来,一些经济法学者指出:"经济法基本原则,统领其他具体原则"。①"经济法的基本原则涵盖整个经济法部门,是该部门所有法律规范及从制定到实施全过程都需贯彻的;经济法的局部性原则,仅贯彻于该部门法中某个或某些种类(经济法的分支)的法律规范。不能将经济法的某个局部性原则,当作经济法的基本原则"。②"经济法的基本原则不是离开经济法而存在的,而是贯穿在整个经济法之中的。它不是仅仅贯穿在属于经济法体系的某一个部门经济法之中的,因此不同于经济法的具体原则"。③ 关于经济法的基本原则与具体原则的关系,以上论述是正确的,但是还需要补充。

我们认为,根据实践的需要,对于经济法的原则,可以按照不同的标准,分别划分为不同经济法部门的原则、不同经济法制度的原则等等。相对于经济法的基本原则而言,这些都是不同类型的经济法的具体原则。可以说,经济法的基本原则是从众多经济法的具体原则中概括出的、经济法领域最高层次的原则。它统率经济法的各种具体原则,是原则的原则。同经济法的具体原则相比,经济法的基本原则概括面更广,稳定性更强,适用范围更宽,效力层次更高,指导作用更大。由于经济法的基本原则和具体原则各有不同的特点,因此不能把某个经济法部门的原则、某种经济法制度的原则等经济法的具体原则,当作经济法的基本原则。

(二) 经济法基本原则确认的方法

马克思主义哲学是科学的世界观和方法论,也是我们正确认识经济法基本原则的指导思想和基本方法。毛泽东同志深刻地指出:"实践、认识、再实践、再认识,这种形式,循环往复以至无穷……。这就是辩证唯物论的全部认识论"。④还说:"矛盾的普遍性和矛盾的特殊性的关系,就是矛盾的共性和个性的关系。""这一共性个性、绝对相对的道理,是关于事物矛盾的问题的精髓,不懂得它,就等于抛弃了辩证法。"⑤

要正确确认经济法的基本原则,必须正确确认法的原则。下面,我们分别进行论述:

首先,关于法的原则的确认方法。

按照调整对象的不同,可以将法划分为若干个法的部门。部门法的原则贯

---

① 刘瑞复:《经济法学原理》,北京大学出版社 2000 年版,第 98 页。
② 漆多俊:《经济法基础理论》,武汉大学出版社 2000 年版,第 168 页。
③ 杨紫烜:《建立和完善适应社会主义市场经济体制的法律体系与〈经济法纲要〉的制定》,载李昌麒主编:《中国经济法治的反思与前瞻》,法律出版社 2001 年版,第 12 页。
④ 《毛泽东选集》第 1 卷,人民出版社 1952 年版,第 285 页。
⑤ 同上书,第 307—308 页。

穿于组成该法的法律规范之中。法的原则既贯穿于各部门法的原则之中,又贯穿于各种法律规范之中。

认识来源于实践。认识过程从认识特殊的事物开始。在法的实践中,人们首先认识了许多不同法律规范的特殊本质,然后进行概括工作,认识到其中有一类法律规范调整着在国家协调的本国经济运行过程中发生的经济关系,这类法律规范具有共同的本质,被统称为经济法律规范。在经济法律规范中,毫无例外地贯穿着作为其总称的经济法的原则。贯穿经济法的原则,是经济法律规范的共性。同样,分别贯穿民法原则、行政法原则和其他法原则是民事法律规范、行政法律规范和其他法律规范的共性。

"矛盾的普遍性和矛盾的特殊性的关系,就是矛盾的共性和个性的关系。"[1]根据矛盾的共性和个性的辩证关系的原理,贯穿于经济法律规范之中的经济法原则,同贯穿于民事法律规范、行政法律规范和其他法律规范之中的民法原则、行政法原则和其他法的原则,各有自己的个性,因此,不能把它们互相混淆。与此同时,也要看到在上述个性中存在着共性。随着法的实践的继续,人们在认识了经济法原则、民法原则、行政法原则和其他法的原则的特殊本质的基础上,可以进一步概括出包含于上述原则的个性中的共性,即作为法的原则的共同本质。

但是,对法的原则的认识过程至此并没有完结。人们对法的原则的认识,还须回到法的实践中去发挥作用,并接受检验。同时,社会关系在发展,调整社会关系的法律规范也在发展,需要人们在反复实践中不断深化对法律规范的认识,对部门法原则的认识,对法的原则的认识。

其次,关于经济法基本原则的确认方法。

经济法是一个独立而重要的法的部门。其原则有基本原则和具体原则之分。经济法的具体原则贯穿于部分经济法律规范之中。经济法的基本原则既贯穿于经济法的各种具体原则之中,又贯穿于各种经济法律规范之中。

人的认识离不开实践。在经济法的实践中,人们开始认识到许多经济法律规范的特殊本质,然后通过概括,认识到在这些经济法律规范的个性中存在的共性。这些经济法律规范可以分别组成市场监管法、宏观调控法等不同的经济法部门,或者经济法的主体制度、经济法的行为制度、经济法的后果制度等不同的经济法制度等等。它们都有各自的原则。这些原则统称为经济法的具体原则。

随着经济法实践的继续,人们在认识了各种经济法具体原则的特殊本质的基础上,通过进一步概括,可以认识到贯穿在这些具体原则之中的共性,即作为经济法基本原则的共同本质。

但是,对经济法基本原则的认识过程至此并没有结束。人们经过实践得到

---

[1] 《毛泽东选集》第1卷,人民出版社1952年版,第307页。

的对经济法基本原则的认识,必须再回到实践中去发挥作用,接受检验。同时,随着社会经济关系的发展,随着经济法的发展,应该在人们的反复实践中,不断丰富和发展对经济法律规范的认识,对经济法具体原则的认识,对经济法基本原则的认识。

三、经济法基本原则的构成

(一) 对于经济法基本原则的构成的研究概况

多年来,经济法学界在研究经济法基本原则的过程中,在回答经济法究竟有哪些基本原则的问题时,提出了许多不同的观点。例如:

第一,认为经济法的基本原则只有1个,即"注重维护社会经济总体效益,兼顾社会各方经济利益公平"。[1]

第二,认为经济法的基本原则有2个:社会本位原则,效率优先、兼顾公平原则[2];或者是市场竞争原则,宏观调控原则[3]。

第三,认为经济法的基本原则有3个:平衡协调原则,维护公平竞争原则,责权利相统一原则[4];或者是经济上的公平与公正原则,违法行为法定原则,经济管理权限和程序法定的原则[5]。

第四,认为经济法的基本原则有4个:经济民主原则,效率优先、兼顾公平原则,可持续发展原则,经济公正原则。[6]

第五,认为经济法的基本原则有5个:遵循客观经济规律的原则,巩固和发展社会主义公有制和保护多种经济成分合法发展的原则,国家统一领导和经济实体相对独立的原则,市场经济与宏观调控相结合的原则,责、权、利、效相结合的原则。[7]

第六,认为经济法的基本原则有6个:按客观经济规律办事的原则,坚持和发展社会主义公有制与保护非公有制合法发展的原则,国家宏观调控与市场机制相结合的原则,实行责权利相结合和国家、集体、个人利益相统一的原则,兼顾公平与效率的原则,经济民主与经济法制相结合的原则。[8]

---

[1] 漆多俊:《经济法价值、理念与原则》,载漆多俊主编:《经济法论丛》第2卷,中国方正出版社1999年版,第87页。
[2] 程宝山:《经济法基本理论研究》,郑州大学出版社2003年版,第123、126页。
[3] 邱本:《再论经济法的基本原则》,载李昌麒主编:《经济法论丛》第2卷,群众出版社2004年版,第36页。
[4] 史际春、邓峰:《经济法总论》,法律出版社1998年版,第163页。
[5] 王保树主编:《经济法原理》,社会科学文献出版社2004年版,第37—38页。
[6] 顾功耘主编:《经济法教程》,上海人民出版社2002年版,第57页。
[7] 黄菊昌主编:《经济法》,广西人民出版社1996年版,第12—15页。
[8] 刘隆亨:《经济法概论》,北京大学出版社1997年版,第55、56、59、63、66、68页。

第七，认为我国经济法的基本原则有7个：促进和保障社会主义市场经济健康发展的原则，促进和保障以社会主义公有制为主体的多种经济成分共同发展原则，遵循客观规律原则，实行经济民主原则，促进和保障社会主义公平竞争原则，兼顾国家、集体和个人利益原则，经济效益和社会效益相结合原则。①

第八，认为我国经济法的基本原则有8个：资源优化配置原则，国家适度干预原则，社会本位原则，经济民主原则，经济公平原则，经济效益原则，经济安全原则，可持续发展原则。②

近年来，在上述论著中讲到的不同的经济法基本原则有21个，如果加上1996年以来的其他经济法论著和1996年以前的经济法论著中所谈到的不同的经济法基本原则，共有40多个。应该说，其中有些观点是有一定道理的，而许多所谓经济法的基本原则实际上并不是经济法的基本原则。之所以出现后一种情况，是由于在经济法基本原则确认的标准和方法上缺乏科学性，其表现有三：一是有些不是原则或不是法的原则（前者如按劳分配等经济规律，后者如实行经济责任制、优化资源配置等经济工作原则），被当作了经济法的基本原则；二是有些虽是法的原则但不是经济法的原则或不是经济法特有的原则（前者如经济立法原则、经济司法原则，后者如法制原则、责权利相统一原则、维护社会经济秩序原则），被误认为经济法的基本原则；三是有些虽是经济法的原则，但只是具体原则（如维护公平竞争原则、保护消费者合法权益原则），被误认为经济法的基本原则。此外，有些学者将社会主义国家经济法特有的原则等同于经济法的基本原则，也不妥。

(二) 对于经济法基本原则的构成应该怎样认识

经济法的基本原则与经济法的理念有着密切的联系。经济法的理念决定经济法的基本原则；经济法的基本原则体现经济法的理念。如前所述，经济法理念的内容，可以概括为两个方面：一是经济法的宗旨，它的基本内容是从维护掌握国家政权的阶级的根本利益出发，实现经济法主体利益的协调发展；二是经济法宗旨的实现途径，它的基本内容是对本国经济运行依法进行国家协调。这就决定了经济法的基本原则由经济法主体利益协调原则和国家协调本国经济运行法定原则构成。这是我们在吸取了有关研究成果的基础上提出的新的理论见解。

第一，经济法主体利益协调原则。

有些论著在谈到经济法的基本原则或我国经济法的原则时，先后提出："兼

---

① 肖平主编：《中国经济法》，中国政法大学出版社1994年版，第23—28页。
② 李昌麒主编：《经济法学》，法律出版社2007年版，第76、78—80、82—83页。

顾国家、集体、个人三者的物质利益原则"①;"保障社会主义经济组织、个体经营者和涉外经济组织合法权益的原则"②;"统筹兼顾中央、地方、企业、职工权益的原则"③;"兼顾各方利益的原则"④;"坚持国家整体经济利益、兼顾各方经济利益的原则"⑤。这些论断,在一定程度上已经有了经济法主体利益协调原则的思想。

我们认为,对于经济法主体利益协调原则,需要指出三点:一是这里所说的"经济法主体",包括各种经济法主体。对于经济法主体,根据不同的标准可以进行多种不同的划分。根据其在国家协调本国经济运行过程中地位和功能的不同,可以划分为协调主体和协调受体:前者,即协调本国经济运行的主体;后者,即协调本国经济运行的受体。对于协调主体和协调受体,还可以进行划分:前者,可以划分为市场监管主体、宏观调控主体;后者,可以划分为市场监管受体、宏观调控受体。这种划分,可以继续进行下去,直到满足实践的需要为止。二是这里所说的"利益协调"不同于"利益平衡"。因为"平衡"与"协调"不同。平衡的含义,是相等、均等或大致均等。⑥ 经济法主体利益协调原则的基本精神是,经济法主体的依法作为或不作为对于经济社会的发展作出了贡献,就应依法获得相应的利益,即在增量利益的总和之中占有一个相对合理的比例,以实现经济法主体之间利益关系的"配合适宜",而并不要求经济法主体之间利益的相等、均等或大致均等。三是在社会制度不同的国家,由于经济法性质的不同,经济法主体利益的协调具有重要区别。例如,在社会主义国家,经济法主体的利益协调应当以维护人民群众的根本利益为前提,而资本主义国家经济法主体的利益协调是以维护资产阶级的根本利益为前提的。

第二,国家协调本国经济运行法定原则。

有的学者认为,在经济法的基本原则中包括:"违法行为法定原则","违法行为法定,即违法行为和犯罪行为由法律明示";"经济管理权限和程序法定的原则","经济管理权限和程序法定,即经济管理权限和程序必须由法律明示"。⑦有的学者指出,经济法的基本原则之一,是"调制法定原则"。"依据调制法定原

---

① 许明月主编:《经济法论点要览》,法律出版社2000年版,第344页。
② 同上书,第358页。
③ 同上书,第371页。
④ 同上书,第400页。
⑤ 杨紫烜:《建立和完善适应社会主义市场经济体制的法律体系与〈经济法纲要〉的制定》,载李昌麒主编:《中国经济法治的反思与前瞻》,法律出版社2001年版,第13页。
⑥ 参见《现代汉语规范词典》,外语教学与研究出版社、语文出版社2004年版,第1002页。
⑦ 王保树主编:《经济法原理》,社会科学文献出版社2004年版,第38页。

则,调制的实体内容和程序规范都要由法律来加以规定。"[1]还有的学者说,经济法的基本原则之一,是"经济协调行为法定原则"。该原则"强调国家特别是政府协调经济运行的职责、权限与程序的法定,强调经济法主体(包括经济管理职能部门、市场主体等)违法行为认定上的法定"。[2] 以上论述表明,在中国的一些经济法学者中,已经在不同程度上具有了国家协调本国经济运行法定原则的思想。

我们认为,国家协调本国经济运行法定原则的内容有:经济法主体法定,即经济法主体的种类、取得经济法主体资格的条件和程序法定;经济法主体的行为法定,即协调主体的职权、职责法定和行使职权、履行职责的程序法定,以及协调受体的权利、义务法定,他们的行为合法与否依法的规定为准;经济法主体行为的后果法定,这包括经济法主体行为的法定的有利后果(即有利的法律后果或肯定性法律后果)和法定的不利后果(即不利的法律后果或否定性法律后果)。

四、经济法基本原则的作用

(一)有助于加强经济法的创制和实施,维护经济法制的统一

认真研究并正确认识经济法基本原则,有助于对受它统率的各种经济法律规范与经济法的各种具体原则加深理解和切实实施。

在经济法的实践中,一个国家的经济法律规范之间、经济法的具体原则之间、经济法律规范与经济法的具体原则之间,以及经济法律规范、经济法的具体原则与经济法的基本原则之间,往往出现互不协调、相互抵触的情况。对于这种现象应该怎么对待呢?我们认为,由于经济法的具体原则的效力高于经济法律规范,经济法的基本原则的效力又高于经济法的具体原则,因此,凡是符合经济法基本原则的经济法的具体原则和经济法律规范,都是有效的;否则,都是无效的。这就是说,在经济法律规范、经济法的具体原则、经济法的基本原则出现不一致的情况下,经济法的基本原则为人们提供了判断上述规范和具体原则有效性的一个法律标准。这有助于维护经济法制的统一。

由于认识往往落后于实践,经济法的立法工作往往跟不上经济法制建设发展的需要,因此,在经济法的实践中,常常缺乏可供适用的经济法律规范和经济法的具体原则。在这种情况下,经济法的基本原则的作用是:在该基本原则的指导下,创制实际需要的、新的经济法律规范;在该基本原则的指导下,从新的和原有的有关经济法律规范中,概括出新的经济法具体原则;在新的经济法律规范创

---

[1] 张守文:《经济法基本原则的确立》,载《经济法学、劳动法学》(复印报刊资料)2003年第8期,第51页。

[2] 肖江平:《中国经济法学史研究》,人民法院出版社2002年版,第229页。

制出来前后和新的经济法具体原则概括出来前后,该基本原则可以作为经济法主体维护自己合法权益、寻求法律救济的依据或依据之一,可以作为经济执法机关和经济司法机关解决矛盾、处理纠纷、办理案件的依据或依据之一。

(二) 有助于推动经济法制度的破旧立新,完善经济法制度

在经济法领域,实际贯穿于各种经济法律规范之中的根本准则,与经济法律规范、经济法的具体原则相比,具有更高的法律效力。由于人们认识的局限性和立法工作的滞后性等原因,国家创制的现行经济法律规范不一定都是正确的,人们从部分现行经济法律规范中概括出的经济法的具体原则不一定都是正确的。

经济法基本原则,对于已经过时的或部分不符合实际需要的现行经济法律规范的废止、修改,能够发挥指导作用;对于现在还没有而实践需要的经济法律规范的创制,能够发挥指导作用;对于人们从现行的经济法律规范中正确地概括经济法的具体原则,也能发挥指导作用。可见,经济法的基本原则,对于推动经济法制度的破旧立新,完善经济法制度,具有重要作用。

第七章 经济法的渊源和经济法的制定

第一节 经济法的渊源

一、经济法渊源的概念

经济法学界在对经济法渊源的研究中,阐述其种类的多,论述其概念的少。而对经济法渊源的种类之所以存在意见分歧,一个重要原因就在于对其概念的认识上存在着不同观点。

明确法的渊源的概念是搞清楚经济法渊源的概念的前提。法的渊源,简称法源。它有实质渊源和形式渊源之分。对于前者,主要有三种观点:一是认为,法出于神的意志;二是认为,法出于全民的公意;三是认为,法出于统治阶级的意志。[①] 对于后者,主要有四种观点:一是认为,"在中外法学多数著作中,法的渊源指效力渊源,即根据法的效力来源,而划分法的不同形式"[②];二是认为,法的渊源,是指"法的创制及表现形式,即法由何种国家机关创制和表现为何种法律文件形式"[③];三是认为,"法的形式渊源,即法律的各种表现形式"[④];四是认为,"形式法源,即法律规范的表现形式"[⑤]。我们认为,实质意义上讲的法的渊源,是指法律规范来源于谁的意志。具体来说,法的实质渊源,是指法律规范来源于掌握国家政权的阶级的意志,即表现为"国家意志"的统治阶级意志。其内容是由该阶级的物质生活条件决定的。形式意义上讲的法的渊源,是指法律规范来源于何种法的形式。换言之,法的形式渊源,是指法律规范的表现形式。

经济法的实质渊源,是指经济法律规范来源于谁的意志。具体来说,经济法的实质渊源,是指经济法律规范来源于掌握国家政权的阶级的意志,即表现为"国家意志"的统治阶级意志。经济法的形式渊源,是指经济法律规范来源于何种法的形式。换言之,经济法的形式渊源,是指经济法律规范的表现形式。

在中外法学论著中,无论法的渊源还是经济法的渊源的概念,通常是从形式意义上使用的。除了有特别说明的以外,本书也是从形式意义上使用的。

---

① 参见《中国大百科全书·法学》,中国大百科全书出版社1984年版,第86页。
② 沈宗灵主编:《法理学》,高等教育出版社1994年版,第303页。
③ 《法学词典》(增订版),上海辞书出版社1984年版,第613页。
④ 高树异主编:《国际经济法总论》,吉林大学出版社1989年版,第60页。
⑤ 陈安主编:《国际经济法总论》,法律出版社1991年版,第117页。

二、经济法渊源的种类

（一）制定法

制定法,是指由国家机关依照法定的职权和程序制定的,以规范性文件为表现形式的法。在当代,制定法是许多国家法的主要渊源,也是经济法的主要渊源。在当代中国,作为经济法渊源的制定法主要有以下规范性文件：

1. 《宪法》

我国现行《宪法》是1982年12月4日第五届全国人民代表大会第五次会议通过的《中华人民共和国宪法》。该法根据1988年4月12日、1993年3月29日、1999年3月15日、2004年3月14日全国人民代表大会先后四次通过的《中华人民共和国宪法修正案》作了修订。《宪法》的修改,由全国人大常委会或者1/5以上的全国人大代表提议,并由全国人大以全体代表2/3以上的多数通过。

《宪法》规定了国家的根本制度和根本任务,是国家的根本大法,具有最高的法律效力。它是经济法的最重要的渊源。

2. 法律

根据我国《宪法》的规定,法律包括基本法律和基本法律以外的其他法律。基本法律由全国人大制定和修改,以全体代表的过半数通过；在全国人大闭会期间,全国人大常委会有权对其进行部分补充和修改,但是不得同该法律的基本原则相抵触。基本法律以外的其他法律由全国人大常委会制定和修改,以常委会全体组成人员的过半数通过。法律在规范性文件体系中的地位,仅次于《宪法》。它是经济法的重要渊源。

全国人大及其常委会作出的规范性的决议、决定,同全国人大及其常委会制定的法律具有同等的法律效力,也属于经济法的渊源。

3. 行政法规

国务院是最高国家权力机关的执行机关,是最高国家行政机关。国务院有权根据《宪法》和法律,制定和修改行政法规。其数量远比法律要多,地位仅次于《宪法》和法律。它是经济法的重要渊源。

国务院发布的规范性的决定和命令,同行政法规具有同等的法律效力,也属于经济法的渊源。

4. 地方性法规

省、自治区、直辖市以及较大的市①的人民代表大会及其常委会可以制定和修改地方性法规。地方性法规以及省、自治区、直辖市和较大的市的人民代表大

---

① 我国《立法法》第63条第4款规定："本法所称较大的市是指省、自治区的人民政府所在地的市、经济特区所在地的市和经国务院批准的较大的市。"

会及其常委会作出的规范性的决议、决定,也都属于经济法的渊源。

5. 自治条例和单行条例

民族自治地方的人民代表大会有权根据当地特点,制定和修改自治条例和单行条例。自治条例和单行条例报上一级人大常委会批准后生效。它们也属于经济法的渊源。

6. 部门规章

国务院所属的各部、各委员会、中国人民银行、审计署和具有行政管理职能的直属机构,可以根据法律和国务院的行政法规、决定、命令,在本部门的权限范围内制定和修改规章,发布规范性的命令、指示。这些规范性的文件,也都属于经济法的渊源。

7. 地方政府规章

省、自治区、直辖市和较大的市的人民政府,可以根据法律、行政法规和本省、自治区、直辖市的地方性法规,制定和修改规章,发布规范性的决议、命令。这些规范性文件,也都属于经济法的渊源。

8. 特别行政区基本法和有关规范性文件

我国《宪法》第31条规定:"国家在必要时得设立特别行政区。在特别行政区内实行的制度按照具体情况由全国人民代表大会以法律规定。"根据上述规定,全国人民代表大会先后于1990年和1993年分别通过了《香港特别行政区基本法》和《澳门特别行政区基本法》。这两个《基本法》都规定,全国人民代表大会授权特别行政区享有立法权;特别行政区可以根据《基本法》的规定并依照法定程序制定、修改和废除法律。① 香港和澳门原有的法律以及其他规范性文件,除同《基本法》相抵触或经依法作出修改者外,予以保留。② 可见,我国特别行政区实行的是不同于各省、自治区、直辖市实行的法律制度。但是,特别行政区《基本法》和有关规范性文件也属于我国经济法的渊源。

需要指出的是,在制定法属于经济法渊源的问题上,有两种观点需要商榷:

有一种观点认为,在规范性文件中,只有属于经济法的法律、法规、规章等规范性文件才属于经济法的渊源。我们认为,上述规范性文件固然属于经济法的渊源,但同时也要看到,在其他规范性文件中也往往包括某些甚至相当一些经济法律规范。例如,我国《保险法》将"加强对保险业的监督管理"作为该法立法宗旨的一个重要内容规定到了第1条之中;同时,该法在"总则"部分的第9条作出了"国务院保险监督管理机构依照本法负责对保险业实施监督管理"的规定。不仅如此,这部法律还专设了"保险业的监督管理"一章,共18条;与此同时,该

---

① 参见我国《香港特别行政区基本法》第2、73条;《澳门特别行政区基本法》第2、71条。
② 参见我国《香港特别行政区基本法》第8条;《澳门特别行政区基本法》第8条。

法还规定了违反保险业监督管理的法律规定的法律责任。应该说,关于保险业监督管理的法律规范属于经济法中市场监管法律规范的范围。所以,不能把经济法的法律、法规、规章以外的规范性文件一概排除在经济法的渊源之外。

另一种观点认为,我国缔结或者参加的经济条约属于经济法的渊源。这不妥。条约是规范性文件,也属于法的渊源,但它属于国际法的渊源而不属于国内法的渊源。当然,国内法与国际法有着密切的联系,在一定条件下可以互相转化。但是,有着密切联系的两个事物仍然是不同的事物,不能混淆。无论把条约还是经济条约视为属于国内法体系的经济法的渊源,都混淆了国内法与国际法的界限,是不可取的。

(二) 习惯法

习惯法,是指由国家认可并赋予法律约束力的习惯。也就是说,习惯经国家认可并赋予法律约束力就起了质的变化,成了习惯法。习惯法是经济法律规范的表现形式之一,属于经济法的渊源。在当代中国,习惯法也属于经济法的渊源,但不是主要渊源。

习惯不同于习惯法。习惯虽然也是一种社会规范,但是把习惯视为经济法的渊源之一不妥。

(三) 判例法

判例法,是指由国家认可并赋予法律约束力的判例。判例法在一些国家是经济法律规范的重要表现形式之一,属于经济法的渊源。在当代中国,除了香港特别行政区以外,有判例而没有判例法。我国的判例在审判实践中有一定的参考价值,但它没有经国家认可并赋予法律约束力,因此不是法,不属于经济法的渊源。

判例不同于判例法。无论在中国还是外国,都不能把判例视为经济法的渊源之一。

(四) 法定解释

法律解释即法的解释,是指对现行法律规范所作的说明。它有广义、狭义之分。从狭义上讲,法律解释即法定解释,亦称正式解释,是指法律授权的国家机关对法律规范所作的具有法律效力的说明。法定解释属于经济法的渊源。广义上讲的法律解释,除了狭义的法律解释以外,还包括非法定解释,亦称非正式解释。非法定解释,是指法律没有授权的主体对法律规范所作的没有法律效力的说明。非法定解释不属于经济法的渊源。在我国,法定解释包括立法解释、行政解释和司法解释。

1. 立法解释

狭义上所说的立法解释,是指全国人民代表大会常务委员会对《宪法》和法律所作的说明。我国《宪法》第 67 条规定,全国人大常委会有权"解释宪法"。

根据《立法法》第 42 条的规定,法律有以下情况之一的,由全国人大常委会解释:一是"法律的规定需要进一步明确具体含义的";二是"法律制定后出现新的情况,需要明确适用法律依据的"。

广义上所说的立法解释,是指法定的国家机关对其制定的规范性文件所作的说明。这除了狭义的立法解释以外,还包括国务院和其他国家行政机关,以及地方国家权力机关及其常设机关,对其各自制定的规范性文件所作的说明。

2. 行政解释

行政解释,是指法定的国家行政机关对于行政工作中具体应用法律、地方性法规的问题所作的说明。这包括两种情况:一是国务院及其主管部门对于行政工作中具体应用法律的问题所作的说明;二是省、自治区、直辖市和较大市的人民政府对于行政工作中具体应用地方性法规的问题所作的说明。

3. 司法解释

司法解释,是指最高审判机关和最高检察机关,对于法院审判工作和检察院检察工作中具体应用法律的问题所作的说明。这包括三种情况:一是最高人民法院对于法院审判工作中具体应用法律的问题所作的说明;二是最高人民检察院对于检察院检察工作中具体应用法律的问题所作的说明;三是最高人民法院和最高人民检察院对于审判工作和检察工作中具体应用法律的共同性问题联合作的说明。

第二节 经济法的制定

一、经济法制定的概念和意义

(一) 经济法制定的概念

经济法的制定,是指国家机关依照法定的职权和程序制定(包括修改或废止,下同)经济法律规范的活动。这里说的"制定",包括制定新的经济法律规范和修改或废止原有的经济法律规范。这里说的"国家机关",有广义、狭义两种理解:狭义,指最高国家权力机关及其常设机关;广义,指最高国家权力机关及其常设机关和其他有关国家机关。能否认为,从狭义上讲,经济法的制定,是指最高国家权力机关及其常设机关依照法定的职权和程序制定经济法律的活动呢?能否认为,从广义上讲,经济法的制定,是指最高国家权力机关及其常设机关和其他有关国家机关依照法定的职权和程序制定经济法律、经济法规、经济规章和其他规范性文件的活动呢?我们认为,考虑到经济法律规范主要是通过调整经济关系的规范性文件表现出来的,上述观点也不无道理。但是,经济法是由经济法律规范组成的,可以说,经济法是经济法律规范的总称,而不是经济法律的总称,也不是调整经济关系的规范性文件的总称。因此,严格来说,应该认为,狭义上讲的经济法的制定,是指最高国家权力机关及其常设机关依照法定的职权和程序制定经济法律规范的活动;广义上讲的经济法的制定,是指最高国家权力机关及其常设机关和其他国家机关依照法定的职权和程序制定经济法律规范的活动。本书是从广义上使用经济法的制定这一概念的。

为了明确经济法的制定这一概念,需要了解经济法的制定与经济法的立法的关系。法理学告诉我们:"法区别于其他社会规范的首要之点在于:法是由国家制定或认可的。""由国家制定或认可,是国家创制法的两种形式。"[①]我们认为,创制法即立法,立法包括法的制定和法的认可。根据同样的理由,可以认为,经济法的立法,包括经济法的制定和经济法的认可。可见,经济法的制定不能等同于经济法的立法,它们的关系是从属关系,也就是说,经济法的制定包含于经济法的立法之中。

为了明确经济法的制定这一概念,还需要了解经济法的制定与经济立法的关系。什么是经济立法呢？经济立法,是指最高国家权力机关及其常设机关和其他国家机关依照法定的职权和程序制定或认可调整经济关系的法律规范的活动。这里说的制定或认可的"法律规范",即调整各种经济关系的法律规范,不仅包括调整在国家协调的本国经济运行过程中发生的经济关系的法律规范,即经济法律规范,而且包括调整其他经济关系的法律规范。例如,调整作为平等主体的自然人之间、法人之间、自然人和法人之间的财产关系即经济关系的法律规范。这种法律规范不是经济法律规范,而属于民事法律规范。经济立法不仅包括经济法的立法,而且包括其他经济立法。可见,经济法的立法不等于经济立法,它们的关系是从属关系,也就是说,经济法的立法包含于经济立法之中。联系到以上说的经济法的制定与经济法的立法的关系,经济法的制定与经济立法是双重的从属关系,也就是说,经济法的制定包含于经济法的立法之中,经济法的立法又包含于经济立法之中。

(二) 经济法制定的意义

社会主义经济法的法制建设包括经济法的创制和经济法的实施两个方面。它们的关系是:经济法的实施以经济法的创制为前提;经济法的创制以经济法的实施为目的。

如前所述,经济法的制定不同于经济法的立法。以成文法为主的中国,经济法的制定比经济法的认可意义更为重要。经济法制定的意义可以从多方面进行论述。仅从经济法的制定与经济法实施的关系来说,要实施好经济法首先要制定好经济法。制定好经济法就要制定出数量足够的、符合经济社会发展需要的,

---

[①] 沈宗灵主编:《法理学》,高等教育出版社1994年版,第32页。

以规范性文件为表现形式的经济法律规范;经济法的制定的问题解决不好,出现无法可依的问题,就谈不上经济法的实施,或者虽然制定了经济法,但是质量不高,不适应经济社会发展需要,就不可能有好的实施效果。

二、经济法制定的现状

在对经济法制定的现状进行评价时,应该实事求是地肯定中国经济法的制定所取得的成绩,清醒地看到存在的差距,防止主观片面性。夸大成绩,无视差距,把经济法制定的工作说得十全十美,从而放松当前和未来的工作,不利于继续把中国经济法制定的工作以至整个经济法制建设推向前进;夸大差距,无视成绩,把经济法制定的工作说得一无是处,从而否定逐步走向完善的经济法制度,不利于中国经济法制定的工作以至整个经济法制建设沿着正确的方向前进。

我们知道:经济法是由经济法律规范组成的;在现代市场经济条件下,经济法律规范主要是通过关于健全市场监管、加强宏观调控方面的经济法的法律、法规、规章等规范性文件表现出来的。因此,近年来在上述两个方面制定了一系列经济法的法律、法规、规章等规范性文件,表明了经济法制定的现状和经济法的新发展。关于近年来,我国制定有关经济法的法律、法规的情况,我们已经在本书第二章中作了阐述,这里不再重复。

应该肯定,我国在经济法的制定方面取得了很大成绩。但是,这与坚持社会主义道路和社会主义现代化建设的要求相比,与贯彻落实科学发展观,转变经济发展方式的要求相比,与依法治国,建设社会主义法治国家的要求相比,还有相当大的差距。其主要表现为:一是有不少急需的经济法的法律、法规尚未制定出来,应该抓紧制定;有的还没有列入国家立法规划,应该尽快列入。二是有些经济法的法律、法规的内容简单、笼统,可操作性差;或者对有关问题规定不一致,相互抵触,使人无所适从;或者片面突出部门、地区利益,体现整体利益不够;或者对于行为的法律后果、执法机关及其职责、执法机关不执法的后果未作规定或规定不明确;等等。这些质量问题,需要通过对有关经济法的法律、法规的补充修改予以解决。三是有些经济法的法律、法规制定的时候是好的,但是,随着国内外情况的发展变化,已经部分地不适应实际需要了。这就有必要对这些法律、法规进行补充修改,使其得到完善。

三、经济法制定的基本经验

长期以来,我国在经济法制定的实践中积累了丰富的经验。就其基本经验而言,主要有以下六个方面:

（一）以《中华人民共和国宪法》为依据，贯彻党的基本路线，落实科学发展观

《中华人民共和国宪法》（简称《宪法》）是我国的根本大法，体现了人民的共同意志和根本利益，具有最高法律效力。我国的各项立法工作必须以《宪法》为依据，维护社会主义法制的统一和尊严。任何违反《宪法》的精神和内容的法律、法规和其他规定都是无效的。我国经济法的制定也必须以《宪法》为依据。

党的基本路线是党和国家的生命线。贯彻中国共产党在社会主义初级阶段的基本路线，要求我国经济法的制定要以经济建设为中心，坚持四项基本原则，坚持改革开放。

落实科学发展观，是马克思主义关于发展的世界观和方法论的集中体现，是符合客观规律要求的发展理念。落实科学发展观，要求我国经济法的制定坚持以人为本，贯彻全面、协调、可持续的发展观，以促进经济社会和人的全面发展。

（二）坚持走群众路线，体现广大人民群众的根本利益，推进民主立法

坚持走群众路线，要求我们一切为了广大人民群众，一切依靠广大人民群众。我们的国家机关行使人民赋予的职权，进行立法工作，是为广大人民群众立法，立广大人民群众需要的法。这就决定了我们必须以体现广大人民群众的根本利益作为制定经济法的出发点和落脚点；在立法过程中，必须发扬社会主义民主，推进民主立法。

经济法的制定，要按照法定的权限和程序进行，防止越权立法和无序立法。要正确处理中央和地方、整体和局部、长远和当前等利益关系，防止通过立法不适当地保护或扩大部门利益和地方利益的倾向。经济法的制定，要正确处理权力与权利的关系，既要确保国家机关坚持执政为民的原则，依法有效地行使权力，又要对国家机关的行为进行必要的监督和制约，确保个人和单位的合法权益不受侵害。

经济法的制定，要深入调查研究，采取座谈会、论证会、听证会、公布经济法的法律、法规、规章等规范性文件的草案等多种形式，广泛听取社会各方面的意见，尤其是基层群众的意见，扩大公民对立法工作的有序参与，使我们制定的经济法的规范性文件充分反映广大人民群众的意志和愿望，体现他们的根本利益。

（三）正确处理数量与质量的关系

数量与质量是对立的统一。制定经济法的规范性文件，既不能片面强调数量而忽视质量，也不能片面强调质量而忽视数量。但是，在不同时期的不同情况下，在处理数量与质量的关系上侧重点可以有所不同。

在经济法的规范性文件很不完备的情况下，为了着重解决"有法可依"的问题，就迫切需要增加数量。所以，在20世纪80—90年代，中共中央和全国人大及其常委会多次强调要"加快经济立法"。这是必要的。当然，侧重讲数量并不

是不顾质量。因为制定出不符合要求的规范性文件,不仅不能起到应有的作用,而且可能起消极作用。

吴邦国同志指出:"十届全国人大常委会从一开始就明确提出任期内'以基本形成中国特色社会主义法律体系为目标、以提高立法质量为重点'的立法工作思路,并以此指导立法工作。"①应该说,就整个立法工作来说,适时将提高质量作为重点是正确的。对经济法的制定来说,也需要适时将提高质量作为重点。经济法的制定质量的高低,直接关系到经济法实施效果的好坏和经济法作用的大小,必须予以重视。但是,也要看到,我国在经济法制定的某些方面已经严重滞后,中国特色社会主义经济法规范性文件体系还远没有建立起来。对于这种情况,应该引起足够的重视,并采取相应的对策。

那么,如何提高经济法制定的质量呢? 除了在经济法制定的各个环节都要坚持正确的指导思想、坚持走群众路线以外,还应该注意以下几点:一是要明确经济法制定的质量问题,实质上是经济法制定的科学性问题,其根本标准是要符合客观规律,符合实际情况。为此,必须坚持科学立法。二是要编制好年度立法计划和中期甚至长期立法规划,并将经济法的立法作为其内容的一个重要方面。如果不能科学合理地确定立法项目,也就没有相关法律、法规的质量可言。三是优化经济法的法律、法规起草班子的结构,以提高有关法律、法规草案的质量。四是组织好经济法的法律、法规草案的审议工作。对于全国人大及其常委会来说,很重要的一项工作就是做好法律草案的审议。全国人大法律委员会和其他有关专门委员会以及全国人大常委会都要把主要精力放在法律草案的审议上,做好这一工作对于提高立法质量至关重要。

(四) 正确处理稳定性和变动性的关系

经济法和其他法一样,必须在一定时期内保持稳定,不能朝令夕改。这对于维护正常的社会经济秩序,推动经济社会的发展是必要的;同时,也有利于维护经济法本身的权威性。但是,任何事物都是发展变化的,经济法也是这样。经济法的稳定性是相对的,而不是绝对的;否则,它就不能适应经济社会发展的需要,发挥应有的作用。历史唯物主义的态度,只能是把保持经济法的稳定性和对经济法的规范性文件的适时修改、废止结合起来。

所以,我们要根据需要和可能在制定新的经济法的规范性文件的同时,一方面对现行的符合经济社会发展需要的经济法的规范性文件,要保持其稳定性,维护其权威性,充分发挥其积极作用;另一方面,对于过去制定的,已在不同程度上不适应经济社会发展需要的经济法的规范性文件,应该及时进行修改或者废止,

---

① 吴邦国:《全国人民代表大会常务委员会工作报告——2008 年 3 月 8 日在第十一届全国人民代表大会第一次会议上》,载《人民日报》2008 年 3 月 22 日。

以解决"有法难依"的问题。

（五）立足现实，面向未来

经济法的制定，既要立足现实，又要面向未来。也就是说，要处理好现实性和前瞻性的关系。

立足现实，要求我们制定经济法要从我国的国情出发，从实际情况出发，不能离开我国的国情照搬照抄国外的相关法律规定，不能离开当前的实际需要和可能进行经济法的制定。为此，就要深刻认识我国的国情，要深入进行调查研究，真正掌握实际情况。要根据实际具备的条件，解决实际存在的问题。制定、修改、废止什么经济法的法律、法规，涉及哪些内容，必须从实际需要出发，以是否具备条件为转移，不能带有主观随意性。

经济法的制定，要面向未来，要有前瞻性，要为经济社会的发展留下空间，而不能囿于现状。要根据事物发展的规律，在经济法的法律、法规中提出奋斗的目标，指明前进的道路，将经济体制改革的正确方向规范化、法律化，引导和推进社会主义市场经济体制的建立和完善。关于立法的方式问题，同步立法虽然是基本的、主要的，但超前立法也是需要的。所谓超前立法，是指对将要形成的特定社会关系预先作出调整规定的立法方式。应该认为，事物的发展是有规律的，规律是可以认识的，建立在科学预测基础上的超前立法是符合客观要求的，可行的。超前进行经济法的制定，对于立法者来说固然尚无直接经验或很少直接经验，但可以学习借鉴他人的经验。如果在他人为直接经验的知识是正确地反映了客观事物发展的规律的，那么这些知识就是可靠的。所以，立法者离开了任何经验谈超前进行经济法的制定是不科学的；立法者从实际需要出发，借鉴他人经验（如果是属于可靠知识的话）超前进行经济法的制定是科学的。[①]

（六）认真总结我国的经验，借鉴外国的经验

认识来源于实践。认真总结经济法制定的正反两方面经验，从中找到规律性的东西，对于今后搞好经济法的制定极为必要。我们既要总结我国的经验，又要借鉴外国的经验，但前者更为重要。

总结我国的经验，包括总结我国历史上经济法制定的经验，总结我国新民主主义革命时期革命根据地经济法制定的经验，总结新中国成立以来我国经济法制定的丰富经验。不重视和不认真总结我国自己经济法制定的经验，是不正确的。

但是，仅仅总结本国经济法制定的经验是不够的。我们还必须从本国的实际情况出发，借鉴外国经济法制定的经验。对外开放是我国长期的基本国策。

[①] 在我国，超前立法的事例不少。1979年《中华人民共和国中外合资经营企业法》的制定，就是超前立法的很好例证。

在加入世界贸易组织(WTO)后,为了更好地适应扩大对外开放的需要,适应实施WTO规则的需要,我国经济法的制定注意了与国际上通行的经贸规则相衔接,这是必要的。我们在进行经济法的制定时,要吸收和借鉴外国经济法制定的成果与经验。但是,又要避免盲目性,不能以外国经济法制定的模式作为评价我国经济法制定状况的标准,更不能认为为了适应什么"全球经济一体化"的需要,实行所谓"全球法律一体化"。因为这只能有利于超级大国推行法律霸权主义。

对于外国经济法制定的历史和现状,需要进行系统研究,全面分析,区别对待:凡是体现人类文明发展共同成果的、国际上通行的规则和惯例,我国进行经济法制定时要注意与其必要的衔接;凡是外国经济法制定的成果和经验,应该以是否适合我国的情况和需要,决定我们要不要吸收和借鉴;凡是外国经济法制定走过的弯路,我们要从中吸取教训。总之,一定要从我国的国情和实际需要出发,吸收和借鉴外国经济法制定的成果和经验。

第八章 经济法的实施和经济法的责任制度

第一节 经济法的实施

一、经济法实施的概念和意义

(一) 经济法实施的概念

经济法的实施,是指经济法律关系主体和国家司法机关实际施行经济法律规范的活动。它包括经济守法、经济执法、经济司法。

经济守法,是指国家协调受体遵守经济法律规范的活动。

经济执法,是指国家协调主体依照法定的职权和程序执行经济法律规范的活动。

经济司法,是指国家司法机关依照法定的职权和程序处理经济法案件的活动。

上述经济执法的定义是从狭义上讲的;从广义上讲的经济执法,还包括经济司法在内。

经济守法、经济执法、经济司法是经济法实施的三个重要环节,相互之间有着密切的联系。

(二) 经济法实施的意义

经济法实施的意义可以从多方面进行论述。仅从经济法的制定与经济法实施的关系来说,制定经济法是为了实施经济法。从这个意义上说,经济法的实施更为重要。在经济法领域,不仅要"有法可依",而且要切实做到"有法必依,执法必严,违法必究"。只有这样,才能发挥经济法的作用,维护社会经济秩序,促进社会主义市场经济体制的建立和完善,推动经济社会发展,推进依法治国,建设社会主义法治国家。如果制定了经济法而不去实施,即使经济法制定得再好也毫无意义。"法律的生命在于它的实行。"[1]说明法的实施多么必要。

二、经济法实施的现状

我国经济法的实施取得了很大的成绩。这主要表现在两个方面:一是在健全市场监管方面,对于反对垄断,制止不正当竞争,保护消费者合法权益,维护市

---

[1] 〔美〕庞德:《法理学》第 1 卷,耶鲁大学出版社 1959 年英文版,第 353 页。

场经济秩序,实现市场功能,发挥了重要作用;二是在加强宏观调控方面,对于弥补市场调节的缺陷,防止或消除经济中的总量失衡和结构失调,优化资源配置,更好地把当前利益与长远利益、局部利益与整体利益结合起来,推动经济社会的发展,发挥了重要作用。

但是,我们又应该清醒地看到,当前法制建设中的一个突出问题是,不少法律、法规包括经济法的法律、法规没有得到切实贯彻执行,有法不依、执法不严、违法不究的现象在一些地方和部门还相当严重,以言代法、以权压法、执法犯法、违法办案等恶劣行为也屡有发生。这种状况损害了法律的尊严和权威,败坏了国家的声誉,对于改革开放和社会主义现代化建设的发展产生了消极影响。因此,今后,在抓紧制定迫切需要的经济法的法律、法规,提高立法质量的同时,要充分认识强化经济法实施的重大意义,并采取切实措施保证经济法的有效实施。

三、经济法实施的基本经验

我国在经济法实施的过程中积累的基本经验,主要有以下五个方面:

(一) 深入开展全方位的经济法制教育

经济法制教育是全民法制教育的一个重要方面。要继续进行普及法律常识的教育,提高全民的经济法律意识,增强经济法制观念。这有助于他们自觉地遵守经济法,运用经济法维护自身的合法权益,更好地同经济违法犯罪行为作斗争。

经济法制教育既要面向广大群众,又要以国家经济管理机关和司法机关的人员,特别是党和国家机关的领导干部作为重点。要教育经济执法、司法干部掌握马克思主义法律思想的基本原理,牢固树立社会主义法治理念,树立有权必有责、用权受监督、违法要追究的观念,提高他们的法律素质和依照经济法办事的能力。

要深入持久地开展经济法制教育,把经济法制教育贯穿于"实行依法治国,建设社会主义法治国家"的全过程。要坚持经济法制教育和经济法治实践相结合的原则,改进和完善经济法制教育的方式方法,进一步增强经济法制教育的针对性和实效性。

(二) 加强经济执法、司法干部队伍的建设

为了从干部队伍建设上保证经济法的实施,应该进一步贯彻落实我国《公务员法》《法官法》《检察官法》等法律关于公务员、法官、检察官的任职条件、任免、培训、权利和义务、考核、奖惩等有关规定,认真选择合格的人员担任经济执法、司法干部,加强对他们政治与业务的教育培训,加强廉政建设和思想作风建设,努力造就一支政治坚定、业务精通、作风过硬、纪律严明、廉洁奉公的经济执法、司法干部队伍。与此同时,要加大查处利用执法权和司法权贪赃枉法、徇私

舞弊行为的力度,依法追究违法人员的法律责任。

经济执法、司法机构都要有必要数量的合格干部。有些经济执法、司法机构(主要是基层,特别西部和边远贫困地区)人员缺乏的问题,应该继续予以解决。

(三) 健全经济执法、司法机构

根据经济法实施的需要,在建立必要的新的经济执法、司法机构的同时,要健全已经建立但尚不健全的经济执法、司法机构,为强化经济法的实施提供组织保证。

为了巩固和发展经济法实施的成果,积极推进政府机构的改革至关重要。要深入贯彻落实科学发展观,按照建设服务政府、责任政府、法治政府和廉洁政府的要求,着力转变职能、理顺关系、优化结构、提高效能,做到权责一致、分工合理、决策科学、执行顺畅。要合理配置宏观调控部门的职能,国家发展和改革委员会、财政部、中国人民银行要建立健全协调机制,形成更加完善的宏观调控体系。要理顺市场监管体制,整合执法监管力量,解决多头执法、重复执法、交叉执法的问题。① 总之,要进一步加强和改进经济执法工作,努力做到严格执法、公正执法、文明执法。

应该建立健全实施经济法的审判机构。这个问题,本章将另作论述。

(四) 改革与完善经济执法、司法制度

要从制度上保证经济法的实施,必须采取切实措施,进一步改革与完善经济执法制度。要按照权力与责任挂钩、权力与利益脱钩的要求,建立健全权责明确、行为规范、运转协调、公正透明、廉洁高效的市场监管和宏观调控体制。要建立健全监管市场与经营市场分离的制度、罚款决定与罚款收缴分离的制度,以及执法责任制和执法过错追究制。

关于司法体制改革,党的十八大报告指出:要"进一步深化司法体制改革,坚持和完善中国特色社会主义司法制度,确保审判机关、检察机关依法独立公正行使审判权、检察权。"②

我国在改革与完善经济执法、司法制度方面虽然已经取得了不少成绩,但是改革还要深化,制度尚需完善。有些制度还应该建立,如经济诉讼制度。那么,为什么审理违反经济法的经济纠纷案件不去适用《民事诉讼法》而要建立经济诉讼制度呢? 其原因是,违反经济法的经济纠纷案件与违反民法的民事案件性质不同,各有特点,因此,民事审判庭审理民事案件需要《民事诉讼法》,经济审判庭审理经济纠纷案件需要《经济诉讼法》。过去,最高人民法院确定的经济审

---

① 参见中共中央:《关于深化行政管理体制改革的意见》(2008年2月27日),载《人民日报》2008年3月5日;《国务院机构改革方案》,载《人民日报》2008年3月16日。
② 载《人民日报》2012年11月18日。

判庭受理案件的范围多数是民事案件,于是主要适用《民事诉讼法》;同时,经济审判庭也受理一部分违反经济法的经济纠纷案件,运用《民事诉讼法》解决不了问题,于是最高人民法院另行作了不少相关的"司法解释"。但是,最高人民法院的"司法解释"本应只是对于法院审判工作中具体应用法律问题所作的说明,它不能代替"立法"。所以,为了强化经济法的实施,健全经济法制,应该重建经济审判庭,专门审理各种违反经济法的经济纠纷案件,这就需要制定一部《经济诉讼法》。总之,经济法的实施需要制定《经济诉讼法》;《经济诉讼法》的制定有助于保证经济法的实施。

(五) 建立和健全监督体系

强化对经济法实施的监督,要进一步提高对加强监督工作重要性的认识,建立和健全监督体系,充实监督内容,完善监督方式,严格执行监督程序,不断提高监督水平,努力增强监督实效。为了保证经济法的实施,必须惩治和预防腐败。正如中共中央所指出的:要"加强廉政法制建设,完善监督制约机制,建立健全与社会主义市场经济体制相适应的教育、制度、监督并重的惩治和预防腐败体系。"[①]

要全面落实我国《宪法》《地方各级人民代表大会和地方各级人民政府组织法》和《各级人民代表大会常务委员会监督法》关于监督的各项规定,进一步加强和改进人大及其常委会的监督工作。要加强对宪法、法律和法规实施情况的监督,加强对"一府两院"工作的监督。

各级人民政府要完善政府自身的监督制约机制,强化上级执法机关对下级执法机关的层级监督,充分发挥监察、审计等专门监督的作用。要自觉接受同级人民代表大会及其常委会的监督,接受政协的监督。要高度重视人民群众监督和新闻舆论监督。要大力推行政务公开,健全政府信息发布制度,完善各类公开办事制度,提高政府工作透明度,创造条件让人民更有效地监督政府。[②]

各级人民法院要进一步完善内部监督机制和外部监督机制。前者,主要包括以下内容:进一步完善审判质量与效率监督机制;进一步完善审级监督和再审监督机制;进一步完善执行工作监督机制;进一步完善法官行为监督机制。后者,主要包括以下内容:自觉接受人大及其常委会的监督;依法接受检察机关的法律监督;要接受人民政协的监督;要保障人民群众对审判工作的知情权和监督

---

① 中共中央:《关于完善社会主义市场经济体制若干问题的决定》(2003年10月14日),载《人民日报》2003年10月22日。
② 参见第十一届全国人民代表大会第一次会议批准的《政府工作报告》,载《全国人民代表大会常务委员会公报》2008年第3号。

权,接受新闻舆论的监督。①

各级人民检察院要进一步完善内部监督机制和外部监督机制。前者,主要包括下列内容:加强经常性监督;开展专项监督;强化对检察队伍的监督。后者,主要包括下列内容:自觉接受人大及其常委会的监督;依法接受侦查机关和审判机关的制约;要接受人民政协的监督;主动接受人民群众和新闻舆论的监督。②

四、实施经济法的审判机构的设立

要不要设立实施经济法的审判机构,涉及对于我国过去设立经济审判庭、后来又撤销经济审判庭怎么看?因此,下面谈三个问题:

(一)关于经济审判庭的设立

第五届全国人民代表大会第二次会议于1979年7月1日通过的《中华人民共和国人民法院组织法》(简称《人民法院组织法》)作出了一项重要规定——人民法院设立经济审判庭。

1983年全国人大常委会对《人民法院组织法》进行了修改。修改后,该法明确规定:最高人民法院、高级人民法院、中级人民法院设经济审判庭;基层人民法院可以设经济审判庭。依照上述法律规定,截至1985年底,不仅最高人民法院、各高级人民法院和中级人民法院普遍设立了经济审判庭,而且全国基层人民法院除了个别地处边远地区的以外,也都设立了经济审判庭。

1986年、2006年又对《人民法院组织法》作了两次修改。但是,并没有对人民法院经济审判庭的设立做任何修改。因此,1983年《人民法院组织法》的上述规定,仍然是现行《人民法院组织法》的一项重要内容。

(二)经济审判庭的撤销和评析

1. 经济审判庭的撤销

最高人民法院在2000年8月8日举行的一次新闻发布会上宣布:"将原有的经济(知识产权)、交通运输审判庭纳入民事审判的大类,建立了大民事审判格局,设立了四个民事审判庭",从而撤销了经济审判庭。随后,高级人民法院、中级人民法院和基层人民法院的经济审判庭也相继被撤销。

2. 对撤销经济审判庭的评析

1984年第六届全国人民代表大会第二次会议批准的《最高人民法院工作报告》指出:"经济审判工作的初步开展,对于维护社会经济秩序,保护当事人的合

---

① 参见《最高人民法院关于完善审判工作监督机制 促进公正司法情况的报告》,载《全国人民代表大会常务委员会公报》2007年第7号。

② 参见《最高人民检察院关于完善检察机关监督机制 促进公正执法情况的报告》,载《全国人民代表大会常务委员会公报》2007年第7号。

法权益,促进经济管理水平和经济效益的提高,都起了积极作用。"①

应该说,为了开展经济审判工作,《人民法院组织法》规定设立的经济审判庭是我国改革开放初期产生的新生事物。此后20年的司法实践表明,经济审判庭的工作对于维护社会经济秩序,健全经济法制,保障与促进社会主义现代化建设的发展,发挥了重要作用。当然,经济审判庭并不完善。我们的态度不应该全盘否定它,明令撤销它,而要爱护它,帮助它克服在受理案件的范围等方面存在的问题,促进它的健康发展,使它从不完善逐步走向完善,充分发挥其优越性。

必须指出:我国《人民法院组织法》关于设立经济审判庭的规定,是现行有效的;撤销经济庭的决定和贯彻这一决定的行为,是违反全国人民代表大会制定的上述基本法律的;为撤销经济审判庭辩护的种种所谓"理由"都是不能成立的。②

(三) 关于设立实施经济法的审判机构的若干问题

1. 为什么要设立实施经济法的审判机构

设立实施经济法的审判机构之所以必要,从根本上来说,是由于经济法具有不同于民法、行政法等其他法的部门的特定调整对象,是一个独立的法的部门,这就决定了违反经济法的案件同违反民法、行政法等其他法的案件具有不同的性质和特点;同时,在司法实践中,违反经济法的案件数量又很多。因此,应该设立实施经济法的审判机构,以利于提高其适用实体法的专门化水平,提高审判人员的专业化水平,提高办案效率和办案质量,为经济法的实施提供可靠的司法保障,推动经济社会的发展。

2. 设立什么样的实施经济法的审判机构

由于违反经济法的案件包括违反经济法的经济纠纷案件和违反经济法的经济犯罪案件,因此,需要设立审理这两个方面案件的审判机构。那么,究竟设立什么样的审判机构呢?这有两种可供选择的方案:一是设立一个审判庭,统一审理违反经济法的经济纠纷案件和违反经济法的经济犯罪案件;二是设立两个审判机构,分别审理违反经济法的经济纠纷案件和违反经济法的经济犯罪案件。

我们主张,采用上述第二个方案。在国外,一些国家除了设立审理民事、刑事、行政等案件的审判机构以外,还先后设有卡特尔法庭、竞争上诉法院、税收法庭、财政法院、财政金融法院、经济法院等审判机构。在我国,除了在人民法院设立审理民事、刑事、行政等案件的审判庭以外,应该在人民法院设立一个统一审理违反经济法的经济纠纷案件的审判庭。该审判庭仍然可以使用《人民法院组

---

① 载《全国人民代表大会常务委员会公报》1984年第2号。
② 参见杨紫烜:《遵守〈人民法院组织法〉重建经济审判庭》,载张守文主编:《经济法研究》第8卷,北京大学出版社2011年版,第7—11页。

织法》所规定的"经济审判庭"这个名称。当然,不是简单地恢复原来的经济审判庭,而是重建新的经济审判庭。新的经济审判庭主要新在对最高人民法院原来所规定的受理案件的范围要作重大调整。总的来说,它所审理的案件是违反经济法的经济纠纷案件,具体包括以下三个方面:一是在原来由经济审判庭受理的案件中属于违反经济法的经济纠纷案件;二是原来由经济审判庭受理、后划归行政审判庭受理的所谓"经济行政案件"中违反经济法的经济纠纷案件;三是在实践中新出现的一些违反市场监管法和宏观调控法的案件。

关于审理违反经济法的经济犯罪案件的审判机构的设立问题怎么办?目前,在许多人民法院设立了专门审理经济犯罪案件的刑事审判机构,并将其称为刑二庭或刑三庭。由于经济犯罪案件不一定是违反经济法的经济犯罪案件,而违反经济法的经济犯罪案件都属于经济犯罪案件的范围,因此,可以考虑另设一个刑事审判庭专门审理违反经济法的经济犯罪案件,或者在上述审理经济犯罪案件的刑二庭或刑三庭中设一个审判组专门审理违反经济法的经济犯罪案件。

3. 怎样设立实施经济法的审判机构

为了使实施经济法的审判机构得以设立,建议采取下列对策:一是要解放思想,统一认识。应该在法学界和法律界开展一次摆事实讲道理的、畅所欲言的讨论,以统一对于设立实施经济法的审判机构的认识。二是由最高人民法院作出坚决执行《人民法院组织法》关于设立经济审判庭的规定的决定,并采取切实措施重建最高人民法院和地方各级人民法院的经济审判庭;同时,由最高人民法院对经济审判庭受理案件的范围作出正确的规定;接着,以贯彻最高人民法院作出的上述决定和规定为主题,由最高人民法院专门召开一次全国经济审判工作会议;然后,采取相应措施在各级人民法院落实会议精神。三是由最高人民法院作出在各级人民法院设立专门审理违反经济法的经济犯罪案件的刑事审判庭或审判组的决定,并采取相应措施在各级人民法院予以落实。

第二节 经济法的责任制度

一、经济法责任的概念

在经济法学界,关于经济法的法律责任,人们使用了多个不同的语词,如"经济责任"、"经济法责任"、"经济法律责任"、"经济关系中的责任"、"经济法主体的法律责任"、"违反经济法的法律责任"等。我们认为,以使用"经济法责任"这一语词为好。因为"经济法责任"这一语词是准确表达概念的语言形式,它不易使人对其思想内容产生误解:与"经济责任"比较,"经济法责任"不易被人误解为违反经济法义务只是承担财产责任;与"经济法律责任"比较,"经济法责任"不易被人误将经济法律等同于经济法;与"经济关系中的责任"比较,"经济法责任"不易被人同经济责任制相混淆。此外,与"经济法主体的法律责任"、"违反经济法的法律责任"比较,"经济法责任"更为简明和准确。

对"经济法责任"这一概念,可以下这样一个新的定义:经济法责任是由于违反经济法义务而引起的经济法规范规定的不利后果。这里说的"经济法规范规定的不利后果",也就是以各类制定法和非制定法为表现形式的经济法律规范规定的不利的法律后果或否定性法律后果。上述后果的种类和内容是由经济法规范规定的,经济法责任具有法定性。这种后果的承担是由国家强制力保证的,经济法责任具有国家强制性。引起经济法规范规定的不利后果,"是由于违反经济法义务"。"违反经济法义务"具有违法性。

二、经济法责任的形式

经济法责任形式,是指由于违反经济法义务而引起的经济法规范规定的不利后果的表现方式。对于经济法责任的具体形式,应该联系整个法律责任体系的结构进行理解。

我们认为,按照法律责任形式是否直接具有物质利益的内容,可以把它划分为经济责任和非经济责任。然后,还可以继续进行划分。这里说的经济责任即财产责任,是指由于违反法律义务而引起的物质利益上的法定不利后果。对于经济责任,又可以划分为补偿性经济责任和惩罚性经济责任。补偿性经济责任,是指由于违反法律义务而引起的在物质利益上承担弥补、赔偿损失的法定不利后果。惩罚性经济责任,是指由于违反法律义务而引起的在物质利益上被惩戒、处罚的法定不利后果。非经济责任即非财产责任,是指由于违反法律义务而引起的非物质利益上的法定不利后果。对于非经济责任,又可以划分为行为责任、信誉责任、资格减免责任和人身责任。行为责任,是指由于违反法律义务而引起的必须为或者禁止为规定行为的法定不利后果。信誉责任,是指由于违反法律义务而引起的信用和声誉上的法定不利后果。资格减免责任,是指由于违反法律义务而引起的被限制或者取消从事相关活动所应具备的身份的法定不利后果。人身责任,是指由于违反法律义务而引起的被剥夺人身自由以至生命的法定不利后果。

上述法律责任形式的种类,也适用于经济法和民法、行政法等法的部门。就是说,经济法责任形式也有经济责任和非经济责任之分;经济责任又有补偿性经济责任和惩罚性经济责任之分;非经济责任又有行为责任、信誉责任、资格减免责任和人身责任之分。但是,不同法的部门的法律责任的具体形式除了共性以外,也有个性。根据我国《反垄断法》《预算法》《税收征收管理法》《政府采购法》《中国人民银行法》等法律的有关规定,有些法律责任的具体责任形式是经济法所特有的。例如:责令停止实施集中、限期处分股份或资产、限期转让营业以及采取其他必要措施恢复到集中前的状态;责令退还或者追回国库库款;扣缴税款,追缴少缴、欠缴或拒缴的税款,追征税款,追缴骗取的出口退税款,责令限期缴纳税款,解缴税款,收缴违法的纳税人、扣缴义务人的发票或停止向其发售发票;终止采购人的采购活动,停止按预算向采购人支付资金,禁止参加政府采购活动,取消采购代理机构进行相关业务的资格,取消集中采购机构代理采购的资格;销毁非法使用的人民币图样;等等。

三、建立和完善经济法责任制度的意义

(一) 建立和完善经济法责任制度是提高经济法制定的质量的需要

如何对待经济法责任制度,是影响经济法制定质量的重要原因之一。我们知道:法是由法律规范组成的;法律规范的逻辑构成包括假定、行为模式、法律后果三个部分;规范性是法的一个基本特征。可是,在我国制定的经济法规范性文件中,出现了如下不符合要求的情况:有些没有对经济法责任作出规定;有些对经济法责任作出的规定不明确、不全面;有些对经济法责任作出了规定,但是对执法机关及其职责、执法机关不执法的后果未作规定或规定不明确。这就致使有关经济法的法律、法规、规章缺乏规范性或者规范性很差,质量成了问题。

(二) 建立和完善经济法责任制度是保证经济法实施的需要

是否规定和怎样规定经济法责任,是影响经济法实施效果的一个重要因素。在我国,有些经济法规范性文件规定了经济法的权利和义务,但是没有规定或者没有明确地、全面地规定违反经济法义务的不利法律后果,从而使关于经济法权利和义务的规定的实施得不到强有力的法律保障,严重地影响了经济法的实施效果。实际情况表明,我国的经济法责任制度虽已基本建立,但是尚未完全建立,更谈不上完善。所以,要保证经济法的实施,必须建立和完善经济法责任制度。

四、建立和完善经济法责任制度的对策

经济法责任制度是经济法制度的重要内容之一。在建立和完善经济法责任制度的过程中,要应用本书第七章第二节所论述的经济法制定的基本经验;同时,有必要采取以下两方面对策:

(一) 加强对经济法责任制度的理论研究,提高对建立和完善经济法责任制度的认识

经济法责任理论是经济法基本理论的重要组成部分。但是,目前对经济法责任理论的研究还比较薄弱,人们在建立和完善经济法责任制度的认识上还有不少意见分歧。因此,要进一步加强对经济法责任制度的研究,为建立和完善经

济法责任制度提供理论支持,提高人们对于建立和完善经济法责任制度的认识。

(二) 加强和改进关于经济法责任制度的立法

在经济法制定的过程中,为了提高经济法制定的质量,要高度重视强化经济法的法律、法规、规章等规范性文件的规范性。对于我国现行的经济法规范性文件中关于经济法责任的规定,要根据不同情况,区别对待:有些规定符合经济社会发展需要的,应予保留,并保证实施;有些规定不符合经济社会发展需要的,应予修改;有些需要规定而未作规定的,应予补充。

为了建立和完善经济法责任制度,强化经济法的实施,不仅要总结经济法责任制度发展的历史经验,从中找到规律性的东西,用以指导经济法责任制度的建立和完善,而且要注意了解经济法责任制度建设的新情况,总结新经验,解决新问题。

第二编

市场监管法

第九章　市场准入与市场退出法律制度

第一节　市场准入与退出法概述

一、市场准入与退出的概念和分类

(一) 市场准入的概念和分类

1. 市场准入的概念

"市场准入"是译自英文"Market Access"的外来词，产生于二战后关税与贸易的国际谈判中。在我国，自准备加入 WTO 的谈判以来才见诸官方文件和学术文献①，随着其使用范围的扩宽而成为市场监管领域的通用术语。

市场准入一词虽被广泛使用，但国内外都没有统一的定义，对其内涵和外延众说纷纭、莫衷一是，大体可分为三种类型：一是不少人是在国际经济贸易领域内使用市场准入一词，即从国际经济关系的角度，围绕 WTO 来阐述市场准入，强调的是一国(地区)市场对他国(地区)商品和投资的开放；二是更多人是从政府适当控制机构进入、避免恶性竞争、保障市场安全角度使用市场准入一词，即从制度安排的角度，强调市场准入是政府对市场主体和交易对象进入市场的管理，包括进入任何市场领域成为市场主体都必须进行的工商登记以及进入特定市场的许可等；三是也有人是从市场主体的角度使用市场准入一词，强调市场准入是市场主体根据自身需要，通过法定程序，进入到其未涉足的区域或领域市场或新兴产业领域的行为或过程。② 在对上述观点进行介绍和分析的基础上，有些学者下了如下定义："市场准入是市场监管机构为确保市场安全稳定与有序竞争，对国内外的个人、法人或其他组织进入一定市场、参与市场活动的约束与限制。"③另有学者说："市场准入是指市场主体或市场主体所生产经营的商品经获准从事市场交易的一项市场管理行为。"④

---

①　WTO 文件《农业协定》《服务贸易总协定》和《实施卫生与植物卫生措施协定》中使用了"市场准入"概念。我国最早使用"市场准入"概念的法律文件是 1992 年的《中美市场准入谅解备忘录》。国内立法和政策文件中较早使用"市场准入"概念的有《公路建设市场准入规定》(2000 年)、国务院:《关于整顿和规范市场经济秩序的决定》(2001 年)、中国银监会:《调整银行市场准入管理方式和程序的决定》(2003 年)、中共中央:《关于完善社会主义市场经济体制若干问题的决定》(2003 年)等。

②　参见吴弘、胡伟：《市场监管法论——市场监管法的基本理论与基本制度》，北京大学出版社 2006 年版，第 95—97 页。

③　同上书，第 97 页。

④　郑曙光、汪海军：《市场管理法新论》，中国检察出版社 2005 年版，第 79 页。

对"市场准入"这一概念的上述理解和定义,都有一定道理。但是,还需要进一步探讨。对于市场准入,可否这样认识:市场准入不仅包括准许尚未进入市场的主体进入市场,而且包括准许尚未进入市场的业务进入市场;不是谁想进入市场就进入市场,也不是谁愿让其进入市场就进入市场,而是必须依照法定的条件和程序进入市场;不符合进入市场的法定条件和程序而进入市场是违法的,符合进入市场的法定条件和程序不准许进入市场也是违法的。根据上述认识,可下这样一个定义:市场准入,是指准许尚未进入市场的个人、组织及业务依照法定的条件和程序进入市场。其含义包括以下要点:(1)市场准入是政府在进入市场环节实施的市场监管,即属于设置和把守市场门槛的监管。(2)市场准入对于监管主体而言,是准许市场准入的对象进入市场;对于市场准入的对象而言,是获准进入市场。(3)市场准入的对象包括个人、组织及业务。在这里,之所以使用"个人、组织"这样的概念,而未使用"市场主体"、"法人"的概念,是因为"个人、组织"在初次进入市场以前还不是"市场主体"、"法人";即使进入市场成了企业,也不一定都具有法人资格,如个人独资企业、合伙企业。业务准入包括:新进入市场的个人、组织准许经营的业务;已在市场中的主体获准经营新的业务。(4)市场准入必须依照法定的条件和程序进行。以市场准入的方式而言,是对进入市场的个人、组织及业务以审核登记或者经审核批准后进行登记等手段,准许个人、组织及业务进入市场。

2. 市场准入的分类

市场准入可分别依不同标准进行分类,具有重要法律意义的分类主要有:(1)国际市场准入和国内市场准入。国际市场准入,是指一国政府对外国货物、技术、服务和资本进入国内市场的范围和程度的控制。依据通过国际谈判达成的双边或多边协定逐步开放国内市场,是缔约国政府的国际承诺。国内市场准入,是指一国政府对国内市场主体和业务进入市场的控制。其仅以国内立法为依据。国际市场准入与国内市场准入相互联系,并在一定条件下相互转化,若一国高度贸易自由化,二者则融为一体。① (2)贸易市场准入、投资市场准入和服务市场准入。这是 WTO 有关市场准入的主要种类。贸易市场准入包括农产品、纺织品等市场准入;投资市场准入包括资本输出国准入和资本输入国准入;服务市场准入包括交通运输业、旅游业、饮食业、邮电业、电信业、广告业、金融保险业等市场准入。(3)一般市场准入和特殊市场准入。一般市场准入,是指对一般性行业的所有微观主体进行注册登记,即微观主体只要符合有关法律、法规所规定的基本条件,到政府有关部门履行登记手续和领取营业执照,就可进入市场。这属于从宽准入和最基本准入。特殊市场准入,是指微观主体进入有特殊

---

① 参见戴霞:《市场准入法律制度研究》,西南政法大学博士学位论文,2006年,第21页。

法定要求的特殊市场,只有经过国家特许、审批等程序,才可进入。(4) 经济性市场准入、社会性市场准入和垄断市场准入。这种分类体现的是特殊市场准入在市场特殊性和政策目标上的差异。经济性市场准入,是指在自然垄断和存在严重信息不对称的领域,政府通过许可、认可或制定产量、数量或标准的方式,对企业进入市场进行控制。社会性市场准入,是指为了确保社会公共利益和可持续发展的需要,政府有关部门通过制定标准、发放许可证、收取费用等方式,针对经济活动中发生的外部性进行调节,使符合社会公共利益的企业进入市场。垄断市场准入,是指为了保障自由和公平竞争,政府对进入处于经济垄断状态的市场,所作的特殊控制,如对经营者集中的控制。

(二) 市场退出的概念和分类

1. 市场退出的概念

有的学者认为,市场退出,是指作为市场主体的企业停止经营、清理或转让债权债务、关闭机构及其分支机构、丧失独立法人资格的过程。[①] 另有学者指出:"市场退出是指市场主体不再成为市场产品的供给者而退出市场交易和竞争领域,或市场主体生产的商品不准在市场上经销而撤出市场领域。"[②]

应该认为:市场退出不仅包括已经进入市场的主体[③]离开市场,而且包括已经进入市场的业务[④]离开市场;不是谁想离开市场就离开市场,也不是谁愿让其离开市场就离开市场,而是必须依照法定的条件和程序离开市场;不符合离开市场的法定的条件和程序而离开市场是违法的,符合离开市场的法定条件和程序不离开市场也是违法的。根据上述认识,可以下这样一个定义:市场退出,是指已经进入市场的主体及业务依照法定的条件和程序离开市场。其含义有以下要点:(1) 市场退出的标志是已在市场上的主体及业务从市场退出,亦即市场主体资格或某种营业的终止。(2) 市场主体及业务符合法定条件并履行法定程序才可退出市场,而不得随意和擅自退出市场。这是由市场退出的外部性所决定的。(3) 市场退出是市场行为与政府行为的结合,一方面是市场主体退出市场的意思表示,另一方面是政府有关部门对市场退出的监管。

2. 市场退出的分类

市场退出的主要分类有:(1) 依退出事由和当事人意愿的不同,分为自愿退出市场和强制退出市场,前者又称主动退出市场,如企业自动解散、自动歇业债务人申请破产等;后者又称被动退出市场,如企业被吊销营业执照、被强制解散

---

① 参见乔炳亚:《论我国中央银行对金融机构市场退出的监管》,载《金融研究》1997年第6期。
② 郑曙光、汪海军:《市场管理法新论》,中国检察出版社2005年版,第134页。
③ 这里说的主体不仅指企业,而且包括其他市场主体;就企业而言,不一定都具有法人资格;就具有法人资格的企业而言,并没有"独立法人"和非"独立法人"之分。
④ 这里说的业务不仅指商品,而且包括服务和投资等。

等。(2) 依退出的内容不同,分为完全退出市场和部分退出市场,前者即市场主体资格终止或停止全部营业;后者即停止部分营业,退出特定市场。(3) 依退出后可否回复的不同,分为永久退出市场和暂时退出市场,前者即市场主体资格消灭,如破产;后者有期限或有条件地停止营业,如自动歇业、企业整顿。

二、市场准入与退出法的概念

"市场准入与退出法,是指调整在准许个人、组织及业务依照法定的条件和程序进入市场以及已经进入市场的主体及业务依照法定的条件和程序离开市场过程中发生的经济关系的法律规范的总称。"①

(一) 市场准入法的概念

对于市场准入法这一概念,学界也有不同的理解。有些学者说:"市场准入法是规范市场主体或市场主体所生产的商品进入市场进行交易活动的法律规范的总称。"②另有学者认为:"市场准入法律制度通常被简称为市场准入制度,是指有关国家或政府准许自然人、法人进入市场从事经营活动的法定条件和程序规则的总称。"③

对于上述定义,是否可以这样认识:由于市场准入法是由调整特定经济关系的法律规范组成的,因此,在市场准入法的定义中,使用"……法律规范的总称"比使用"……法定条件和程序规则的总称"要好;在谈市场准入时,只讲主体进入市场而不讲业务进入市场不够全面;由于个人、组织在初次进入市场以前都还不是"市场主体"、"法人",因此,在市场准入法的定义中,使用"个人、组织"比使用"市场主体"、"法人"要合适;由于业务进入市场包括商品、服务、投资进入市场,因此,在市场准入法的定义中,仅限于"商品"进入市场,范围窄了些。应该认为,给市场准入法这一概念下一个科学的定义先要了解市场准入法的调整对象。市场准入法的调整对象,是在准许个人、组织及业务,依照法定的条件和程序进入市场过程中发生的经济关系,简称市场准入关系。"市场准入法,是指调整在准许个人、组织及业务依照法定的条件和程序进入市场过程中发生的经济关系的法律规范的总称。"④简言之,市场准入法,是指调整市场准入关系的法律规范的总称。

(二) 市场退出法的概念

给市场退出法这一概念下一个科学的定义;先要了解市场退出法的调整对象。市场退出法的调整对象,是在已经进入市场的主体及业务依照法定的条件

---

① 杨紫烜:《国家协调论》,北京大学出版社 2009 年版,第 214 页。
② 郑曙光、汪海军:《市场管理法新论》,中国检察出版社 2005 年版,第 81 页。
③ 李昌麒主编:《经济法学》,法律出版社 2007 年版,第 188 页。
④ 杨紫烜:《国家协调论》,北京大学出版社 2009 年版,第 216 页。

和程序离开市场过程中发生的经济关系,简称市场退出关系。"市场退出法,是指调整在已经进入市场的主体及业务依照法定的条件和程序离开市场过程中发生的经济关系的法律规范的总称。"①简言之,市场退出法,是指调整市场退出关系的法律规范的总称。

三、市场准入与退出法的地位

(一) 市场准入与退出法的部门法属性

关于市场准入与退出法的部门法属性,主要有以下几种观点:一是认为,市场准入与退出法属于企业法的范围;企业法属于商法的范围。二是认为,市场准入与退出法属于市场规制法的范围;市场规制法属于经济法的范围。三是认为,市场准入与退出法属于市场管理法的范围;市场管理法属于经济法的范围。四是认为,市场准入与退出法属于市场监管法的范围;市场监管法属于经济法的范围。

上述第一种观点值得商榷。因为对于市场准入与退出法的部门法属性,要回答的是市场准入与退出法属于何种法的部门?应该说:市场准入与退出法是一个具有特定调整对象的、层次较低的、独立的法的部门,而组成企业法的法律规范调整多种不同的社会关系,分别属于经济法、民法等不同的法的部门,企业法不是一个比市场准入与退出法层次较高的、独立的法的部门,因此,不能认为市场准入与退出法属于企业法的范围;同时,正如本书第三章所指出的,商法也不是一个独立的法的部门,因此,不能认为企业法属于商法的范围。

上述第二、三、四种观点基本上是一致的,是可取的。但是,这三种观点使用的语词不同,相对而言,使用"市场监管法"比使用"市场规制法"、"市场管理法"更好一些。因为使用"市场监管法"这一语词,是准确表达概念的语言形式,并且具有政策、法律上的充分依据。需要指出:法的部门是多层次的,判断一个层次较低的法的部门属于哪一个层次较高的法的部门的范围,要视组成层次较低的法的部门的法律规范的性质而定;而法律规范的性质决定于它的调整对象;市场准入与退出法的调整对象是市场准入与退出关系,市场准入与退出关系属于市场监管法调整的市场监管关系的范围,市场监管关系属于经济法所调整的经济关系的范围;市场准入与退出法调整市场准入与退出关系的法律规范是市场准入与退出法律规范,市场准入与退出法律规范属于市场监管法律规范的范围,市场监管法律规范属于经济法律规范的范围;因此,作为市场准入与退出法律规范总称的市场准入与退出法属于市场监管法的范围,市场监管法属于经济法的范围。

---

① 杨紫烜:《国家协调论》,北京大学出版社2009年版,第216页。

(二) 市场准入与退出法的重要地位

1. 从市场准入和市场退出法与市场监管法的关系来看

由于市场监管是法定的国家机关对市场准入与退出以及市场主体在其存续期间的运营进行的监督和管理,如果没有个人、组织及业务依法准入市场,就不会发生国家机关对市场主体在其存续期间的运营进行的监督和管理;如果已经进入市场的主体及业务依法退出了市场,就不会再存在国家机关对该原市场主体的运营进行监督和管理。可见,市场准入与退出法属于市场监管法的重要组成部分。

2. 从市场准入法和市场退出法的作用来看

关于市场准入法的重要性,有些学者指出,市场准入法所确认的准入制度的合理与否,对经济发展具有重要影响。制度的松紧程度直接影响着市场主体进入市场的成本和难易程度,影响着市场秩序和交易安全,影响着经济效率和活跃程度。随着改革的深入,市场准入制度会在某些领域放松准入限制,而在某些领域仍会加强限制。例如,某些产品或服务涉及国家安全和国防利益,仍要有严格的准入限制。[①] 上述观点是有道理的。应该认为,法的重要程度决定于其作用的大小。市场准入法具有重要作用,主要表现在两个方面:一是有助于符合法定条件的个人、组织及业务依照法定程序进入市场,以降低进入市场的成本,提高经济效率;二是有助于防止不符合法定条件的个人、组织及业务违反法定程序进入市场,以维护市场经济秩序和国家经济安全。因此,市场准入法具有重要地位。

关于市场退出法的重要性,有些学者指出,市场退出有四方面意义:一是维护市场体系的安全与稳定;二是保障市场运行效率;三是保护客户和社会公共利益;四是适应经济全球化与国际竞争的需要。[②] 上述观点也是有一定道理的。应该认为,市场退出法之所以具有重要地位正是因为市场退出法对于维护市场经济秩序和国家经济安全发挥着重要作用。符合市场经济规律的市场退出法,是已经进入市场的主体及业务根据实践需要依法离开市场的法律保证。

四、市场准入与退出法的体系

具有特定调整对象的市场准入与退出法,作为市场监管法体系中的一个独立的法的部门,其体系是由如下多层次的法的部门构成的:

市场准入与退出法可以划分为市场准入法和市场退出法。

[①] 参见郑曙光、汪海军:《市场管理法新论》,中国检察出版社2005年版,第79—81页。
[②] 参见吴弘、胡伟:《市场监管法论——市场监管法的基本理论与基本制度》,北京大学出版社2006年版,第127页。

市场准入法可以划分为主体准入法和业务准入法。主体准入法,又可以划分为一般市场主体准入法和特殊市场主体准入法。特殊市场,即国家作出特殊规定的市场,如涉及公共安全的军工产品市场,涉及人民身体健康的食品、药品市场等(下同)。业务准入法,又可以划分为商品准入法、服务准入法、投资准入法等。

市场退出法可以划分为主体退出法和业务退出法。主体退出法,又可以划分为一般市场主体退出法和特殊市场主体退出法;业务退出法,又可以划分为商品退出法、服务退出法、投资退出法等。

第二节 市场准入法的主要内容

市场经营主体即经营者,是指以营利为目的从事生产经营活动的单位和个人。生产经营活动是以营利为目的从事商品生产、销售或者提供服务的活动。企业法人、不具有法人资格的企业以及个人经营或家庭经营的个体工商户是市场经营主体。

在市场经营主体中,企业、特别是企业法人是最主要的主体。关于企业设立的条件和程序的法律规定,是市场准入法的主要内容,有重点阐述的必要;同时,也需要对个体工商户市场准入的法律规定进行阐述。

企业是人的要素和物的要素相结合的,以营利为目的从事生产经营活动的,具有法律主体资格的商品经济组织。根据实践的需要,对于企业可以按照不同的标准进行多种不同的划分。例如:按照企业组织形式的不同,可以划分为公司企业、合伙企业、个人独资企业;按照企业生产资料所有制的不同,可以划分为国有企业、集体企业、私营企业、混合所有制企业;按照资金来源的不同,可以划分为内资企业、外商投资企业;按照企业所属行业的不同,可以划分为工业企业、农业企业、交通运输企业、邮电企业、商业企业、金融企业等;按照企业法律属性的不同,可以划分为法人企业、非法人企业。本书仅对有代表性的几类企业设立的法律规定,择要进行阐述。

一、企业设立法律制度

(一) 企业设立的概念和法律效力[1]

企业的设立,是指企业的创办人为使企业具备生产经营活动的能力,取得合法的主体资格,依照法律规定的条件和程序所实施的法律行为。

---

[1] 参见张士元:《企业法律制度》,载杨紫烜主编:《经济法》(第四版),北京大学出版社、高等教育出版社2010年版,第146、147—148页。

企业设立产生如下法律后果：一是取得一定的法律上的主体资格。这是企业设立行为的直接的、最主要的法律后果,也是其设立行为的基本标志。具备我国法律关于法人条件规定的企业,依法取得中国的法人资格,并依法人的身份从事生产经营或服务性活动,享受权利,承担义务;不具备法人条件,但是具备生产经营条件的企业依法取得合法生产经营的资格。二是取得合法凭证,有权正式开业。企业通过设立行为,经登记注册机关核准登记后,即取得了企业法人营业执照或者营业执照,申请设立的企业即可凭照刻制公章、开立银行账户、签订合同、刊登广告、从事正常的生产经营或服务性活动。三是取得企业名称专用权。企业设立登记后即取得了企业名称专用权。经过核准登记的企业名称,受到法律保护。四是企业设立行为完成并取得一定法律主体资格后,如果违法就要承担相应的法律责任,成为法律责任的载体。

（二）企业设立的法律规定

1. 公司的设立

公司是依照公司法的规定设立的企业法人。根据《中华人民共和国公司法》（以下简称《公司法》）的规定,公司分为有限责任公司和股份有限公司。在我国,有限责任公司,是指依照我国《公司法》的规定在中国境内设立的,股东以其认缴的出资额为限对公司承担责任的企业法人。一人有限责任公司和国有独资公司也属于我国有限责任公司的范围。一人有限责任公司,是指只有1个自然人股东或者1个法人股东的有限责任公司。国有独资公司,是指国家单独出资、由国务院或者地方人民政府授权本级人民政府国有资产监督管理机构履行出资人职责的有限责任公司。在我国,股份有限公司,是指依照我国《公司法》的规定在中国境内设立的,股东以其认购的股份为限对公司承担责任的企业法人。

（1）设立公司的条件

设立有限责任公司应当具备下列五项条件：一是股东符合法定人数。有限责任公司由50个以下股东出资设立。二是有符合公司章程规定的全体股东认缴的出资额。在公司登记机关登记的全体股东认缴的出资额为有限责任公司的注册资本。法律、行政法规以及国务院决定对有限责任公司注册资本实缴、注册资本最低限额另有规定的,从其规定。①三是股东共同制定公司章程。四是有公司名称,建立符合有限责任公司要求的组织机构。五是有公司住所。有限责

---

① 这第二个条件是第十二届全国人大常委会第六次会议于2013年12月28日通过的对我国《公司法》进行修改后的新的规定;同时,新的规定取消了《公司法》原来作出的有限责任公司最低注册资本为3万元、一人有限责任公司最低注册资本为10万元的规定。

任公司以其主要办事机构所在地为住所。关于设立有限责任公司应当具备的条件,原来《公司法》还作出了如下特别规定:一人有限责任公司的注册资本最低限额为人民币10万元;一人有限责任公司章程由股东制定;国有独资公司章程由国有资产监督管理机构制定,或者由董事会制定报国有资产监督管理机构批准。

设立股份有限公司,应当具备下列六项条件:一是发起人符合法定人数。设立股份有限公司,应当有2人以上200人以下为发起人,其中须有半数以上的发起人在中国境内有住所。二是有符合公司章程规定的全体发起人认购的股本总额或者募集的实收股本总额。股份有限公司采取发起设立方式设立的,在公司登记机关登记的全体发起人认购的股本总额为注册资本。法律、行政法规以及国务院决定对股份有限公司注册资本实缴、注册资本最低限额另有规定的,从其规定。① 三是股份发行、筹办事项符合法律规定。四是发起人制定公司章程,采用募集方式设立的经创立大会通过。五是有公司名称,建立符合股份有限公司要求的组织机构。六是有公司住所。股份有限公司以其主要办事机构所在地为住所。

(2) 设立公司的程序

有限责任公司股东的首次出资经依法设立的验资机构验资后,由全体股东指定的代表或者共同委托的代理人向公司登记机关报送公司登记申请书、公司章程、验资证明等文件,申请设立登记。

股份有限公司的设立,可以采取发起设立②或者募集设立③的方式。以发起设立方式设立股份有限公司的,由董事会向公司登记机关报送公司章程以及法律、行政法规规定的其他文件,申请设立登记。以募集设立方式设立股份有限公司的,董事会应于创立大会结束后30日内,向公司登记机关报送下列文件,申请设立登记:公司登记申请书;创立大会的会议记录;公司章程;法定代表人、董事、监事的任职文件及其身份证明;发起人的法人资格证明或者自然人身份证明;公司住所证明。以募集方式设立股份有限公司公开发行股票的,还应当向公司登记机关报送国务院证券监督管理机构的核准文件。

根据《公司法》第6条的规定,设立公司,应当依法向公司登记机关申请设

---

① 这第二个条件是第十二届全国人大常委会第六次会议于2013年12月28日通过的对我国《公司法》进行修改后的新的规定;同时,新的规定取消了《公司法》原来作出的股份有限公司最低注册资本500万元的限制,且不再限制股东(发起人)的首次出资比例以及货币出资比例的规定。

② 发起设立,是指由发起人认购公司应发行的全部股份而设立公司。

③ 募集设立,是指由发起人认购公司应发行股份的一部分,其余股份向社会公开募集或者向特定对象募集而设立公司。

立登记。符合本法规定的设立条件的,由公司登记机关分别登记为有限责任公司或者股份有限公司;不符合本法规定的设立条件的,不得登记为有限责任公司或者股份有限公司。法律、行政法规规定设立公司必须报经批准的,应当在公司登记前依法办理批准手续。该法第 7 条规定,依法设立的公司,由公司登记机关发给公司营业执照。公司营业执照签发日期为公司成立日期。公司营业执照应当载明公司的名称、住所、注册资本、实收资本、经营范围①、法定代表人姓名等事项。

此外,需要说明的是,作为一种特殊类型的公司的商业银行②,其设立与《公司法》的规定有所不同,有必要进行简要阐述。

根据我国《商业银行法》第 12 条的规定,设立商业银行,应当具备下列条件:一是有符合《商业银行法》和《公司法》规定的章程。二是有符合规定的注册资本最低限额。其中,设立全国性商业银行为 10 亿元人民币,城市合作商业银行为 1 亿元人民币,农村合作商业银行为 5000 万元人民币。三是有具备任职专业知识和业务工作经验的董事、高级管理人员。四是有健全的组织机构和管理制度。五是有符合要求的营业场所、安全防范措施和与业务有关的其他设施。设立商业银行,还应当符合其他审慎性条件。

设立商业银行,应当经国务院银行业监督管理机构审查批准。经批准设立的商业银行,由国务院银行业监督管理机构颁发经营许可证,并凭该许可证向工商行政管理部门办理登记,领取营业执照。

2. 合伙企业的设立

在我国,合伙企业是自然人、法人和其他组织依据《合伙企业法》在中国境内设立的普通合伙企业和有限合伙企业。普通合伙企业由普通合伙人组成,合伙人对合伙企业债务承担无限连带责任。《合伙企业法》对普通合伙人承担责任的形式有特别规定的,从其规定。有限合伙企业由普通合伙人和有限合伙人组成,普通合伙人对合伙企业债务承担无限连带责任,有限合伙人以其认缴的出资额为限对合伙企业债务承担责任。

(1) 设立合伙企业的条件

设立普通合伙企业,应当具备下列条件:一是有 2 个以上合伙人。合伙人为自然人的,应当具有完全民事行为能力。二是有书面合伙协议。三是有各合伙人认缴或实际缴付的出资。法律并没有规定合伙的最低资本数额。四是有合伙

---

① 公司的经营范围由公司章程规定,并依法登记。公司的经营范围中属于法律、行政法规规定须经批准的项目,应当依法经过批准。

② 根据我国《商业银行法》的规定,商业银行是指依照我国《商业银行法》和《公司法》设立的吸收公众存款、发放贷款、办理结算等业务的企业法人。

企业的名称和生产经营场所。名称中应当标明"普通合伙"字样。五是法律、行政法规规定的其他条件。

设立有限合伙企业,应当具备下列条件:一是有 2 个以上 50 个以下合伙人设立;但是,法律另有规定的除外。有限合伙企业至少应当有一个普通合伙人。① 二是有书面合伙协议。三是有各合伙人实际缴付的出资。四是有合伙企业的名称和生产经营场所。名称中应当标明"有限合伙"字样。五是法律、行政法规规定的其他条件。

(2) 设立合伙企业的程序

申请设立合伙企业,应当向企业登记机关提交登记申请书、合伙协议书、合伙人身份证明等文件。合伙企业的经营范围中有属于法律、行政法规规定在登记前须经批准的项目的,该项经营业务应当依法经过批准,并在登记时提交批准文件。申请人提交的登记申请材料齐全、符合法定形式,企业登记机关能够当场登记的,应予当场登记,发给营业执照。除以上规定情形外,企业登记机关应当自受理申请之日起 20 日内,作出是否登记的决定。予以登记的,发给营业执照;不予登记的,应当给予书面答复,并说明理由。合伙企业的营业执照签发日期,为合伙企业成立日期。

3. 个人独资企业的设立

在我国,个人独资企业,是指依照我国《个人独资企业法》的规定,在中国境内设立,由一个自然人投资,财产为投资人个人所有,投资人以其个人财产对企业债务承担无限责任的经营实体。

(1) 设立个人独资企业的条件

设立个人独资企业应当具备的以下五项条件:一是投资人为一个自然人;二是有合法的企业名称;三是有投资人申报的出资;四是有固定的生产经营场所和必要的生产经营条件;五是有必要的从业人员。

(2) 设立个人独资企业的程序

申请设立个人独资企业,应当由投资人或者其委托的代理人向个人独资企业所在地的登记机关提交设立申请书、投资人身份证明、生产经营场所使用证明等文件。委托代理人申请设立登记时,应当出具投资人的委托书和代理人的合法证明。

个人独资企业设立申请书应当载明下列事项:企业的名称(个人独资企业的名称应当与其责任形式及从事的营业相符合)和住所;投资人的姓名和居所;

---

① 国有独资公司、国有企业、上市公司以及公益性的事业单位、社会团体不得成为普通合伙人,只能成为有限合伙人。

投资人的出资额和出资方式;经营范围。

个人独资企业不得从事法律、行政法规禁止经营的业务;从事法律、行政法规规定须报经有关部门审批的业务,应当在申请设立登记时提交有关部门的批准文件。

登记机关应当在收到设立申请文件之日起15日内,对符合《个人独资企业法》规定条件的,予以登记,发给营业执照;对不符合《个人独资企业法》规定条件的,不予登记,并应当给予书面答复,说明理由。个人独资企业营业执照的签发日期,为个人独资企业成立日期。

4. 全民所有制工业企业的设立

全民所有制工业企业,即国有工业企业,是指以生产资料的全民所有制为基础的、从事工业生产经营活动的、独立的商品经济组织。它具有以下四个基本特征:一是全民所有制工业企业是商品经济组织。由于它所从事的主要是商品经济活动,因此它不仅是经济组织,而且是商品经济组织。二是全民所有制工业企业是独立的商品经济组织。"独立"二字,是指自主经营、自负盈亏、独立核算。分厂、车间、班组不是独立的商品经济组织。三是全民所有制工业企业是从事工业生产经营活动的商品经济组织。它所从事的工业生产经营活动,同非工业企业所从事的商品经济活动又是有区别的。四是全民所有制工业企业是以生产资料的全民所有制为基础的商品经济组织。生产资料是否属于全民所有,这是它同其他所有制的工业企业的主要区别所在。

(1) 设立全民所有制工业企业的条件

申请设立全民所有制工业企业,必须具备以下各项条件:一是产品为社会所需要;二是有能源、原材料、交通运输的必要条件;三是有自己的名称和生产经营场所;四是有符合国家规定的资金;五是有自己的组织机构;六是有明确的经营范围;七是法律、法规规定的其他条件。

(2) 设立全民所有制工业企业的程序

设立全民所有制工业企业,必须依照法律和国务院规定,报请政府或者政府主管部门审核批准。经工商行政管理部门核准登记、发给营业执照,企业取得法人资格。企业应当在核准登记的经营范围内从事生产经营活动。

企业登记注册的内容,主要包括下列事项:企业法人名称、住所、经营场所、法定代表人、经济性质、经营范围、经营方式、注册资金、从业人数、经营期限、分支机构。

办理全民所有制工业企业开业登记,应当在审批机关批准后30日内,向登记主管机关提出申请。登记主管机关应当在受理申请后30日内,作出核准登记或者不予核准登记的决定。申请企业开业登记,应当提交下列文件、证件:组建负责人签署的登记申请书,审批机关的批准文件,组织章程,资金信用证明、验资证明或者资金担保,企业主要负责人的身份证明,住所和经营场所使用证明,其他有关文件、证件。

申请开业登记,经登记主管机关核准登记注册的,领取《企业法人营业执照》,取得法人资格,企业即告成立。企业法人凭据其营业执照可以刻制公章、开立银行账户、签订合同,可以在核准登记的经营范围内从事生产经营活动,其合法权益受法律保护。

5. 外商投资企业的设立

外商投资企业,是指依照中华人民共和国法律的规定,在中国境内设立的,由中国投资者和外国投资者共同投资或者仅由外国投资者投资的企业。外商投资企业包括中外合资经营企业(简称合营企业)、中外合作经营企业(简称合作企业)、外资企业。中外合资经营企业,简称合营企业,是指中国合营者与外国合营者依照中华人民共和国法律的规定,在中国境内共同投资、共同经营,并按投资比例分享利润、分担风险及亏损的企业。中外合作经营企业,简称合作企业,是指中国合作者与外国合作者依照中华人民共和国法律的规定,在中国境内共同举办的,按合作企业合同的约定分配收益或者产品、分担风险和亏损的企业。外资企业,是指依照中华人民共和国法律的规定,在中国境内设立的,全部资本由外国投资的企业。

(1) 中外合资经营企业的设立

在中国境内设立的合营企业,应当能够促进中国经济的发展和科学技术水平的提高,有利于社会主义现代化建设。申请设立合营企业,有下列情况之一的,不予批准:有损中国主权的;违反中国法律的;不符合中国国民经济发展要求的;造成环境污染的;签订的协议、合同、章程显属不公平,损害合营一方权益的。

申请设立合营企业,由中外合营者共同向审批机构报送下列文件:设立合营企业的申请书;合营各方共同编制的可行性研究报告;由合营各方授权代表签署的合营企业协议、合同和章程;由合营各方委派的合营企业董事长、副董事长、董事人选名单;审批机构规定的其他文件。

在中国境内设立合营企业,必须经国家对外经济贸易主管部门审查批准。批准后,由国家对外经济贸易主管部门发给批准证书。凡具备下列条件的,国务院授权省、自治区、直辖市人民政府或者国务院有关部门审批:一是投资总额在国务院规定的投资审批权限以内,中国合营者的资金来源已经落实的;二是不需要国家增拨原材料,不影响燃料、动力、交通运输、外贸出口配额等方面的全国平衡的。依照上述条款批准设立的合营企业,应当报国家对外经济贸易主管部门备案。审批机构①自接到规定的全部文件之日起,3个月内决定批准或者不批准。

申请设立合营企业的中外合营者应当自收到批准证书之日起1个月内,按照国家有关规定,向工商行政管理机关办理登记手续。合营企业的营业执照签发日期,即为该合营企业的成立日期。

(2) 中外合作经营企业的设立

在中国境内举办中外合作经营企业,应当符合国家的发展政策和产业政策,遵守国家关于指导外商投资方向的规定。申请设立合作企业,有下列情况之一的,不予批准:损害中国主权或者社会公共利益的;危害国家安全的;对环境造成污染损害的;有违反中国法律、行政法规或者产业政策的其他情形的。

申请设立合作企业,应当由中国合作者向审查批准机关报送下列文件:设立合作企业的项目建议书,并附送主管部门审查同意的文件;合作各方共同编制的可行性研究报告,并附送主管部门审查同意的文件;由合作各方的法定代表人或其授权的代表签署的合作协议、合同、章程;合作各方的营业执照或者注册登记证明、资信证明及法定代表人的有效证明文件,外国合作者是自然人的,应当提供有关其身份、履历和资信情况的有效证明文件;合作各方协商确定的合作企业董事长、副董事长、董事或者联合管理委员会主任、副主任、委员的人选名单;审查批准机关要求报送的其他文件。

设立合作企业由国家对外经济贸易主管部门或者国务院授权的部门和地方人民政府审查批准。设立合作企业属于下列情形的,由国务院授权的部门或者地方人民政府审查批准:一是投资总额在国务院规定由国务院授权的部门或者地方人民政府审批的投资限额以内的;二是自筹资金,并且不需要国家平衡建设、生产条件的;三是产品出口不需要领取国家有关主管部门发放的出口配额、许可证,或者虽需要领取,但在报送项目建议书前已征得国家有关主管部门同意的;四是有法律、行政法规规定由国务院授权的部门或者地方人民政府审查批准的其他情形的。

审查批准机关应当自收到规定的全部文件之日起45天内决定批准或者不批准;审查批准机关认为报送的文件不全或者有不当之处的,有权要求合作各方在指定期间内补全或者修正。

国家对外经济贸易主管部门和国务院授权的部门批准设立的合作企业,由国家对外经济贸易主管部门颁发批准证书。国务院授权的地方人民政府批准设

---

① 国家对外经济贸易主管部门和国务院授权的省、自治区、直辖市人民政府或者国务院有关部门,统称审批机构。

立的合作企业,由有关地方人民政府颁发批准证书,并自批准之日起30天内将有关批准文件报送国家对外经济贸易主管部门备案。

设立合作企业的申请经批准后,应当自接到批准证书之日起30天内向工商行政管理机关申请登记,领取营业执照。合作企业的营业执照签发日期,为该企业的成立日期。

(3) 外资企业的设立

设立外资企业,必须有利于中国国民经济的发展。国家鼓励举办产品出口或者技术先进的外资企业。申请设立外资企业,有下列情况之一的,不予批准:一是有损中国主权或者社会公共利益的;二是危及中国国家安全的;三是违反中国法律、法规的;四是不符合中国国民经济发展要求的;五是可能造成环境污染的。

外国投资者在提出设立外资企业的申请前,应当就下列事项向拟设立外资企业所在地的县级或者县级以上地方人民政府提交报告。报告内容包括:设立外资企业的宗旨;经营范围、规模;生产产品;使用的技术设备;用地面积及要求;需要用水、电、煤、煤气或者其他能源的条件及数量;对公共设施的要求等。县级或者县级以上地方人民政府,应当在收到外国投资者提交的报告之日起30天内,以书面形式答复外国投资者。

外国投资者设立外资企业,应当通过拟设立外资企业所在地的县级或者县级以上人民政府向审批机关提出申请,并报送下列文件:设立外资企业申请书;可行性研究报告;外资企业章程;外资企业法定代表人(或者董事会人选)名单;外国投资者的法律证明文件和资信证明文件;拟设立外资企业所在地的县级或县级以上人民政府的书面答复;需要进口的物资条件;其他需要报送的文件。

设立外资企业的申请,由国务院对外经济贸易主管部门审查批准后,发给批准证书。设立外资企业的申请属于下列情形的,国务院授权省、自治区、直辖市和计划单列市、经济特区人民政府审查批准后,发给批准证书:一是投资总额在国务院规定的投资审批权限以内的;二是不需要国家调拨原材料,不影响能源、交通运输、外贸出口配额等全国综合平衡的。受托机关在国务院授权范围内批准设立外资企业,应当在批准后15天内报国务院对外经济贸易主管部门备案。

申请设立的外资企业,其产品涉及出口许可证、出口配额、进口许可证或者属于国家限制进口的,应当依照有关管理权限事先征得国务院对外经济贸易主管部门的同意。

审批机关应当在收到申请设立外资企业的全部文件之日起90天内决定批准或者不批准。审批机关如果发现上述文件不齐备或者有不当之处,可以要求限期补报或者修改。

设立外资企业的申请经审批机关批准后,外国投资者应当在收到批准证书之日起30天内向工商行政管理机关申请登记,领取营业执照。外资企业的营业执照签发日期,为该企业成立日期。外国投资者在收到批准证书之日起满30天未向工商行政管理机关申请登记的,外资企业批准证书自动失效。

二、个体工商户市场准入法律制度

什么是个体工商户？国务院于2011年3月30日制定的《个体工商户条例》第2条第1款规定:"有经营能力的公民,依照本条例规定经工商行政管理部门登记,从事工商业经营的,为个体工商户。"第2款规定:"个体工商户可以个人经营,也可以家庭经营。"

(一) 个体工商户市场准入的条件

申请设立个体工商户,主要应当具备下列条件:一是个体工商户申请人必须是具有经营能力的公民(一个人经营的个体工商户,经营者本人必须具有经营能力;家庭经营的个体工商户,家庭成员中主持经营者必须具有经营能力);二是必须具有申请人身份证明;三是必须具有经营者住所,即申请登记为个体工商户的公民的户籍所在地的详细住址;四是必须具有经营场所,即个体工商户营业所在地的详细地址;五是必须具有明确的经营范围,即个体工商户开展经营活动所属的行业类别。

(二) 个体工商户市场准入的程序

有经营能力的中国公民,可以按照国家有关规定,申请登记为个体工商户。香港特别行政区、澳门特别行政区永久性居民中的中国公民,台湾地区居民也可以按照我国的有关规定,申请登记为个体工商户。委托代理人申请开业登记的,应当提交申请人的委托书和代理人的身份证明或者资格证明。

县、自治县、不设区的市、市辖区工商行政管理部门为个体工商户的登记机关(以下简称登记机关)。登记机关按照国务院工商行政管理部门的规定,可以委托其下属工商行政管理所办理个体工商户登记。申请登记为个体工商户,应当向经营场所所在地登记机关申请注册登记。

申请个体工商户开业登记,申请人应当提交申请人签署的个体工商户开业登记申请书、申请人身份证明、经营场所证明、国家工商行政管理总局规定提交的其他文件。个体工商户登记事项包括经营者姓名和住所、组成形式、经营范围、经营场所。个体工商户使用名称的,名称作为登记事项。申请开业登记的经营范围涉及国家法律、行政法规或者国务院决定规定在登记前须经批准的项目的,应当在申请登记前报经国家有关部门批准,并向登记机关提交相关批准文件。

个体工商户申请人或者其委托的代理人可以通过邮寄、传真、电子数据交换、电子邮件等方式向经营场所所在地登记机关提交申请。通过传真、电子数据交换、电子邮件等方式提交申请的,应当提供申请人或者其代理人的联络方式及通讯地址。对登记机关予以受理的申请,申请人应当自收到受理通知书之日起5日内,提交与传真、电子数据交换、电子邮件内容一致的申请材料原件。

登记机关收到申请人提交的登记申请后,对于申请材料依法审查后,按照下列规定办理:(1)登记机关收到申请人提交的登记申请后,对于申请材料齐全、符合法定形式的,应当受理;申请材料不齐全或者不符合法定形式,登记机关应当当场告知申请人需要补正的全部内容,申请人按照要求提交全部补正申请材料的,登记机关应当受理;申请材料存在可以当场更正的错误的,登记机关应当允许申请人当场更正。(2)登记机关受理登记申请,除当场予以登记的外,应当发给申请人受理通知书;对于不符合受理条件的登记申请,登记机关不予受理,并发给申请人不予受理通知书;申请事项依法不属于个体工商户登记范畴的,登记机关应当即时决定不予受理,并向申请人说明理由。(3)申请人提交的申请材料齐全、符合法定形式的,登记机关应当当场予以登记,并发给申请人准予登记通知书;根据法定条件和程序,需要对申请材料的实质性内容进行核实的,登记机关应当指派两名以上工作人员进行核查,并填写申请材料核查情况报告书;登记机关应当自受理登记申请之日起15日内作出是否准予登记的决定。(4)登记机关作出准予登记决定的,应当发给申请人准予个体工商户登记通知书,并在10日内发给申请人个体工商户营业执照;不予登记的,应当发给申请人不予个体工商户登记通知书。(5)个体工商户营业执照分为正本和副本,载明个体工商户的名称、经营者姓名、组成形式、经营场所、经营范围和注册号、发照机关及发照时间信息,正、副本具有同等法律效力。

第三节 市场退出法的主要内容

关于企业终止的条件和程序的法律规定,是市场退出法的主要内容,有重点阐述的必要;同时,也需要对个体工商户市场退出的法律规定进行阐述。

一、企业终止法律制度

(一)企业终止的概念和法律效力[①]

企业的终止,是指已经设立的企业因法律或者企业章程规定事由的发生,致

[①] 参见张士元:《企业法律制度》,载杨紫烜主编:《经济法》(第四版),北京大学出版社、高等教育出版社2010年版,第165、167页。

使企业停止生产经营活动,经注销登记后,企业在法律上主体资格消灭的一种法律行为。企业终止是个过程,当法律或章程规定的事由发生时,企业的主体资格尚未终止,只是停止了企业的生产经营活动,这时企业尚需进行清算,清结债权债务关系,分配剩余财产,待清算终止后,结束了对内对外关系,办理了注销登记,企业才失去法律上的主体资格。

企业终止产生法律后果包括:失去法律上的主体资格;由登记主管机关收缴企业法人营业执照或者营业执照,收缴企业的公章;通过企业的开户银行注销其银行账号;企业失去其名称专用权;等等。

(二) 企业终止的法律规定

1. 公司的终止

公司因下列原因解散:一是公司章程规定的营业期限届满或者公司章程规定的其他解散事由出现;二是股东会或者股东大会决议解散;三是因公司合并或者分立需要解散;四是依法被吊销营业执照、责令关闭或者被撤销;五是人民法院依照我国《公司法》第 182 条的规定[①]予以解散。

公司因上述第一、二、四、五项规定而解散的,应当在解散事由出现之日起 15 日内成立清算组[②],开始清算。清算组在清算期间行使下列职权:清理公司财产,分别编制资产负债表和财产清单;通知、公告债权人;处理与清算有关的公司未了结的业务;清缴所欠税款以及清算过程中产生的税款;清理债权、债务;处理公司清偿债务后的剩余财产;代表公司参与民事诉讼活动。清算组在清理公司财产、编制资产负债表和财产清单后,应当制定清算方案,并报股东会、股东大会或者人民法院确认。按照我国《公司法》第 186 条第 2 款的规定,公司财产在分别支付清算费用、职工的工资、社会保险费用和法定补偿金,缴纳所欠税款,清偿公司债务后的剩余财产,有限责任公司按照股东的出资比例分配,股份有限公司按照股东持有的股份比例分配。清算期间,公司存续,但不得开展与清算无关的经营活动。清算组在清理公司财产、编制资产负债表和财产清单后,发现公司财产不足清偿债务的,应当依法向人民法院申请宣告破产。公司经人民法院裁定宣告破产后,清算组应当将清算事务移交给人民法院。公司被依法宣告破产的,依照有关企业破产的法律实施破产清算。

---

① 我国《公司法》第 182 条规定,公司经营管理发生严重困难,继续存续会使股东利益受到重大损失,通过其他途径不能解决的,持有公司全部股东表决权 10% 以上的股东,可以请求人民法院解散公司。

② 有限责任公司的清算组由股东组成,股份有限公司的清算组由董事或者股东大会确定的人员组成。逾期不成立清算组进行清算的,债权人可以申请人民法院指定有关人员组成清算组进行清算。人民法院应当受理该申请,并及时组织清算组进行清算。

公司清算结束后,清算组应当制作清算报告,报股东会、股东大会或者人民法院确认,并报送公司登记机关,申请注销公司登记。公司申请注销登记,应当提交下列文件:公司清算组负责人签署的注销登记申请书;人民法院的破产裁定、解散裁判文书,公司依照《公司法》作出的决议或者决定,行政机关责令关闭或者公司被撤销的文件;股东会、股东大会、一人有限责任公司的股东、外商投资的公司董事会或者人民法院、公司批准机关备案、确认的清算报告;《企业法人营业执照》;法律、行政法规规定应当提交的其他文件。国有独资公司申请注销登记,还应当提交国有资产监督管理机构的决定,其中,国务院确定的重要的国有独资公司,还应当提交本级人民政府的批准文件。经公司登记机关注销登记,公司终止。

此外,需要说明,商业银行这种特殊类型的公司的终止与《公司法》的规定有所不同,有必要进行简要阐述。

根据我国《商业银行法》第69条的规定,商业银行因分立、合并或者出现公司章程规定的解散事由需要解散的,应当向国务院银行业监督管理机构提出申请,并附解散的理由和支付存款的本金和利息等债务清偿计划。经国务院银行业监督管理机构批准后解散。商业银行解散的,应当依法成立清算组,进行清算,按照清偿计划及时偿还存款本金和利息等债务。国务院银行业监督管理机构监督清算过程。

商业银行因吊销经营许可证被撤销的,国务院银行业监督管理机构应当依法及时组织成立清算组,进行清算,按照清偿计划及时偿还存款本金和利息等债务。

商业银行不能支付到期债务,经国务院银行业监督管理机构同意,由人民法院依法宣告其破产。商业银行被宣告破产的,由人民法院组织国务院银行业监督管理机构等有关部门和有关人员成立清算组,进行清算。商业银行破产清算时,在支付清算费用、所欠职工工资和劳动保险费用后,应当优先支付个人储蓄存款的本金和利息。

商业银行因解散、被撤销和被宣告破产而终止。

2. 合伙企业的终止

合伙企业有下列情形之一的,应当解散:合伙期限届满,合伙人决定不再经营;合伙协议约定的解散事由出现;全体合伙人决定解散;合伙人已不具备法定人数满30天;合伙协议约定的合伙目的已经实现或者无法实现;依法被吊销营业执照、责令关闭或者被撤销;法律、行政法规规定的其他原因。

合伙企业解散,应当由清算人①进行清算。清算人在清算期间执行下列事务:清理合伙企业财产,分别编制资产负债表和财产清单;处理与清算有关的合伙企业未了结事务;清缴所欠税款;清理债权、债务;处理合伙企业清偿债务后的剩余财产;代表合伙企业参加诉讼或者仲裁活动。清算期间,合伙企业存续,但不得开展与清算无关的经营活动。合伙企业财产在支付清算费用和职工工资、社会保险费用、法定补偿金以及缴纳所欠税款、清偿债务后的剩余财产,按照合伙协议的约定办理;合伙协议未约定或者约定不明确的,由合伙人协商决定;协商不成的,由合伙人按照实缴出资比例分配、分担;无法确定出资比例的,由合伙人平均分配、分担。

清算结束,清算人应当编制清算报告,经全体合伙人签名、盖章后,在15日内向企业登记机关报送清算报告,申请办理合伙企业注销登记。合伙企业注销登记,是合伙企业解散、其主体资格消灭的法定程序。

3. 个人独资企业的终止

个人独资企业的解散,即个人独资企业的终止。个人独资企业应当解散的情形包括:投资人决定解散;投资人死亡或者被宣告死亡,无继承人或者继承人决定放弃继承;被依法吊销营业执照;法律、行政法规规定的其他情形。

吊销个人独资企业营业执照的情形包括:违反《个人独资企业法》规定,提交虚假文件或采取其他欺骗手段取得企业登记,情节严重的;涂改、出租、转让营业执照,情节严重的;个人独资企业成立后无正当理由超过6个月未开业的,或者开业后自行停业连续6个月以上的。

个人独资企业解散,由投资人自行清算或者由债权人申请人民法院指定清算人进行清算。投资人自行清算的,应当在清算前15日内书面通知债权人,无法通知的,应当予以公告。债权人应当在接到通知之日起30日内,未接到通知的应当在公告之日起60日内,向投资人申报其债权。个人独资企业解散后,原投资人对个人独资企业存续期间的债务仍应承担偿还责任,但债权人在5年内未向债务人提出偿债请求的,该责任消灭。清算期间,个人独资企业不得开展与清算目的无关的经营活动。

个人独资企业解散的,财产应当按照下列顺序清偿:一是所欠职工工资和社会保险费用;二是所欠税款;三是其他债务。由于个人独资企业是投资人以其个人财产对企业债务承担无限责任的经营实体。因此,个人独资企业财产不足以

---

① 清算人由全体合伙人担任;经全体合伙人过半数同意,可以自合伙企业解散事由出现后15日内指定一个或者数个合伙人,或者委托第三人,担任清算人。自合伙企业解散事由出现之日起15日未确定清算人的,合伙人或者其他利害关系人可以申请人民法院指定清算人。

清偿债务的,投资人应当以其个人的其他财产予以清偿。

个人独资企业清算结束后,投资人或者人民法院指定的清算人应当编制清算报告,并于15日内到登记机关办理注销登记。

4. 全民所有制工业企业的终止

全民所有制工业企业由于下列原因之一终止:一是违反法律、法规被责令撤销;二是政府主管部门依照法律、法规的规定决定解散;三是依法被宣告破产;四是其他原因。

全民所有制工业企业解散,由政府主管部门指定成立的清算组进行清算。企业被宣告破产的,应当由人民法院组织有关机关和有关人员成立清算组织,进行清算。清算的内容包括两个方面:一是查清企业财产,核实债权、债务,并登记造册;二是受偿债权,清偿债务,依法处理剩余财产。关于债务的清偿,在企业财产不足以偿还企业的全部债务时,一般应当在支付必要的清算费用后,按照下列顺序清偿:一是职工工资;二是国家税收;三是银行贷款和其他债权。

全民所有制工业企业终止,应当向登记主管机关办理注销登记。企业办理注销登记,应当提交法定代表人签署的申请注销登记报告、审批机关的批准文件、清理债务完结的证明或者清算组织负责清理债权、债务的文件。经登记主管机关核准后,收缴《企业法人营业执照》及其副本,收缴公章,并将注销登记情况告知企业的开户银行。

5. 外商投资企业的终止

(1) 中外合资经营企业的终止

中外合资经营合营企业在下列情况下解散:一是合营期限届满;二是企业发生严重亏损,无力继续经营;三是合营一方不履行合营企业协议、合同、章程规定的义务,致使企业无法继续经营;四是因自然灾害、战争等不可抗力遭受严重损失,无法继续经营;五是合营企业未达到其经营目的,同时又无发展前途;六是合营企业合同、章程所规定的其他解散原因已经出现。

发生上述第二、四、五、六项情况的,由董事会提出解散申请书,报审批机构批准;发生上述第三项情况的,由履行合同的一方提出申请,报审批机构批准。

中外合资经营合营企业宣告解散时,应当进行清算。合营企业应当按照《外商投资企业清算办法》的规定成立清算委员会,由清算委员会负责清算事宜。清算委员会的成员一般应当在合营企业的董事中选任。董事不能担任或者不适合担任清算委员会成员时,合营企业可以聘请中国的注册会计师、律师担任。清算委员会的任务是对合营企业的财产、债权、债务进行全面清查,编制资产负债表和财产目录,提出财产作价和计算依据,制订清算方案,提请董事会会议通过后执行。合营企业以其全部资产对其债务承担责任。合营企业清偿债务后的剩余财产按照合营各方的出资比例进行分配,但合营企业协议、合同、章程另有规定的除外。合营企业解散时,其资产净额或者剩余财产减除企业未分配利润、各项基金和清算费用后的余额,超过实缴资本的部分为清算所得,应当依法缴纳所得税。合营企业的清算工作结束后,由清算委员会提出清算结束报告,提请董事会会议通过后,报告审批机构,并向登记管理机构办理注销登记手续,缴销营业执照。

(2) 中外合作经营企业的终止

中外合作经营企业出现下列情形之一时解散:一是合作期限届满;二是合作企业发生严重亏损,或者因不可抗力遭受严重损失,无力继续经营;三是中外合作者一方或者数方不履行合作企业合同、章程规定的义务,致使合作企业无法继续经营;四是合作企业合同、章程中规定的其他解散原因已经出现;五是合作企业违反法律、行政法规,被依法责令关闭。

上述第二、四项所列情形发生,应当由合作企业的董事会或者联合管理委员会作出决定,报审查批准机关批准。在上述第三项所列情形下,不履行合作企业合同、章程规定的义务的中外合作者一方或者数方,应当对履行合同的他方因此遭受的损失承担赔偿责任;履行合同的一方或者数方有权向审查批准机关提出申请,解散合作企业。

合作企业期满或者提前终止,应当向工商行政管理机关和税务机关办理注销登记手续。

合作企业期满或者提前终止时,应当依照法定程序对资产和债权、债务进行清算。中外合作者应当依照合作企业合同的约定确定合作企业财产的归属。

(3) 外资企业的终止

外资企业有下列情形之一的应予终止:一是经营期限届满;二是经营不善,严重亏损,外国投资者决定解散;三是因自然灾害、战争等不可抗力而遭受严重损失,无法继续经营;四是破产;五是违反中国法律、法规,危害社会公共利益被依法撤销;六是外资企业章程规定的其他解散事由已经出现。

外贸企业如存在上述第二、三、四项所列情形,应当自行提交终止申请书,报审批机关批准。审批机关作出核准的日期为企业的终止日期。

外资企业如果是由于前面讲到的第一、二、三、六项所列的情形终止的,应当在终止之日起15天内对外公告并通知债权人,并在终止公告发出之日起15天内,提出清算程序、原则和清算委员会人选,报审批机关审核后进行清算。清算委员会应由外资企业的法定代表人、债权人代表以及有关主管机关的代表组成,并聘请中国的注册会计师、律师等参加。清算费用应从外资企业现存财产中优先支付。清算委员会的职权包括：召集债权人会议；接管并清理企业财产，编制资产负债表和财产目录；提出财产作价和计算依据；制订清算方案；收回债权和清偿债务；追回股东应缴而未缴的款项；分配剩余财产；代表外资企业起诉和应诉。外资企业清算结束之前，外国投资者不得将该企业的资金汇出或者携带出中国境外，不得自行处理企业财产。外资企业清算结束，其资产净额和剩余财产超过注册资本的部分视同利润，应当依照中国税法缴纳所得税。外资企业清算处理财产时，在同等条件下，中国的企业或者其他经济组织有优先购买权。外资企业如果是由于破产而终止的，参照中国有关法律、法规进行清算。如果外资企业是由于违反中国法律、法规，危害社会公共利益被依法撤销而终止的，依照中国有关规定进行清算。

外资企业清算结束，应当向工商行政管理机关办理注销登记手续，缴销营业执照。

二、个体工商户市场退出法律制度

（一）个体工商户市场退出的条件

有下列情形之一的，登记机关或其上级机关根据利害关系人的请求或者依据职权，可以撤销个体工商户登记：一是登记机关工作人员滥用职权、玩忽职守作出准予登记决定的；二是超越法定职权作出准予登记决定的；三是违反法定程序作出准予登记决定的；四是对不具备申请资格或者不符合法定条件的申请人准予登记的；五是依法可以撤销登记的其他情形。

撤销个体工商户注册登记或者吊销其营业执照的情形包括：一是申请人以欺骗、贿赂等不正当手段取得个体工商户登记的，应当予以撤销；二是个体工商户提交虚假材料骗取注册登记，或者伪造、涂改、出租、出借、转让营业执照情节严重的，撤销注册登记或者吊销营业执照；三是个体工商户登记事项变更，未办理变更登记情节严重的，吊销营业执照；四是个体工商户未办理税务登记，税务机关责令限期改正，而逾期未改正的，经税务机关提请，由登记机关吊销营业执照；五是个体工商户未在规定期限内申请办理年度验照，登记机关责令限期改正，而逾期未改正的，吊销营业执照；六是有关行政机关依照我国《个体工商户条例》第24条的规定，通知登记机关个体工商户行政许可被撤销、吊销或者行政许可有效期届满的，登记机关应当依法撤销登记或者吊销营业执照，或者责令当事人依法办理变更登记。

（二）个体工商户市场退出的程序

个体工商户不再从事经营活动的，应当到登记机关办理注销登记。个人经营的，以经营者本人为申请人；家庭经营的，以家庭成员中主持经营者为申请人。

委托代理人申请注销登记的,应当提交申请人的委托书和代理人的身份证明或者资格证明。

在个体工商户营业执照有效期内,有关行政机关依法吊销、撤销个体工商户的行政许可,或者行政许可有效期届满的,应当自吊销、撤销行政许可或者行政许可有效期届满之日起5个工作日内通知登记机关,由登记机关撤销注册登记或者吊销营业执照,或者责令当事人依法办理变更登记。

登记机关作出撤销登记决定的,应当发给原申请人撤销登记决定书。

第十章 竞争法律制度

第一节 竞争与竞争法概述

一、竞争与市场

(一) 竞争的含义

竞争是一个与"矛盾"几乎有相同含义,内涵颇为丰富的概念。既有生物学意义上的竞争,也有社会学、经济学意义上的竞争,法学上的竞争亦有其特定内涵与明确范围。基于竞争规制之需要,法学上尤需对竞争概念作出界定,一般而言,法学意义上的竞争多以经济学上竞争观念为基础,并结合竞争的载体——市场及市场的主体——经营者来综合考量。

经济学界很早就使用"竞争"一词,但对其含义却无一致看法。《新帕尔格雷夫经济学大词典》认为,竞争系指个人(或集团或国家)间的角逐;凡两方或多方力图取得并非各方均能获得的某些东西时,就会有竞争。德国学者迪特尔·格罗塞尔说:"竞争的形式上的定义是,市场的参与者为了达成交易所作出的努力,而同一市场的其他参与者也进行着同样的努力。"[1]由此可以看出,竞争具有如下两方面的特征:一是在一个市场上同一方(卖方或买方)存在众多的、至少两个独立的参与者,这可以称为市场结构特征;二是市场参与者的动机或目标是获得交易机会或有利条件,为此采取能够击败对手的各种措施、做法,这可以称为市场行为特征。

然而,迪特尔·格罗塞尔从静态出发,将市场、竞争及竞争的参与者看作是现实的、同一的。这并不能客观全面反映现实状况,他代表的是一种"静态竞争观"。以熊彼特为代表的动态竞争观认为,竞争不仅是现实市场上多人之间的争胜活动,而且还存在着潜在的市场进入者;垄断是竞争获胜的结果,同时也是新一轮竞争的诱因,垄断总是受到潜在竞争者的影响。这种竞争观体现出来的创新性,更接近现实,更具合理性,应成为竞争法立法的指导方向。因此,理应将竞争法上的竞争视为"动态竞争",它的基本含义是:竞争是一种动态的、多方位的经济上的争胜活动,它不仅指现实市场上的竞争,也包括潜在竞争;不仅指相

---

[1] 〔德〕迪特尔·格罗塞尔等著:《德意志联邦共和国经济政策及实践》,晏小宝等译,上海翻译出版公司1992年版,第46页。

同产品之间的竞争,还包括替代产品之间的竞争;不仅指价格竞争,更多地体现为产品质量、售后服务、技术和组织制度创新等非价格竞争方式(手段)。进而,应辩证地看待垄断与竞争的关系;对具有市场支配地位的垄断状态可持宽容的态度;对滥用市场支配地位或者其他损害竞争的垄断行为则予以预防和制止。

据此,可将竞争定义为:具有不同经济利益的两个以上经营者,为争取受益最大化,以其他利害关系人为对手,采用能够争取交易机会的商业策略去争取市场的行为。它有以下几方面的含义:第一,竞争的主体是两个以上交易方向一致、行业相同或相似但经济利益上有利害关系,相互排斥的经营者。第二,为了争夺市场,竞争行为表现为经营者推行一系列的商业策略,使用众多的竞争手段,如价格策略、广告策略、服务策略、技术、工艺更新等。第三,竞争不仅指一种现实的市场状态,也包括潜在市场进入者所参与的潜在竞争。第四,竞争的结果会导致优胜劣汰,也只有体现优胜劣汰的竞争,才是完整意义上的竞争。

(二) 竞争与市场的关系

一般认为,竞争法的经济学理论基础是产业组织理论。产业组织理论为竞争法的存在提供理论依据,竞争法则为产业组织理论所揭示的矛盾和问题提供了有效的解决路径。产业组织理论的核心问题是:在保护市场机制竞争活力的同时,充分利用规模经济;竞争法的主要目的也在于通过规制竞争,寻求有效竞争与规模经济之间的协调。"市场结构—市场行为—市场绩效"是二者共同关注的主要问题,竞争法通过对"竞争"这一价值目标的追求,优化市场机构,调节市场行为,提升市场绩效。

市场结构是市场主体之间相互关系的反映,决定市场结构的主要因素是市场集中度、产品差别化和经营者进入退出壁垒等,良好市场结构的维持需要借助"竞争"的手段。竞争要求市场上存在多个买者与卖者,尤其是多个卖者,要求每个卖者至少享有公平的竞争环境。因此,它通过对诸如市场支配地位滥用、经营者过度集中、垄断协议等行为的规制,达到阻止少数垄断者滥用经济权利的目的。竞争能促使经营者提供的产品与其他同行业竞争者相比,具有可区别性特征,消费者可以对同一类产品作出多种选择。提供可区别的产品,也是经营者的竞争策略之一。可见,竞争能通过促进产品的差别化,影响经营者的市场集中度,遏制垄断的形成。另外,有效竞争状态下,经营者的进入与退出是完全自由的,也即市场主体可以自由决定是否参与市场竞争以及与谁进行竞争等,这种出入自由有助于资源合理流动,打破市场非均衡状态,优化市场结构。

竞争对市场结构的优化作用主要通过对市场行为的调节来实现,市场结构是市场行为的结果。在同一市场上,各经营者之间是否处于有效竞争状态,是否能自由竞争,直接关系到市场结构是否优良。经营者的经营目标是追求利益最大化,经营者追求个体效益的行为往往会不顾社会的整体效益。这些行为实施过程中,很可能伴随着不正当竞争或企图非法垄断目的,因而,只有在各经营者之间实现有效、自由竞争,才能消除市场隐患,才能在保持竞争活力的同时实现规模经济。另一方面,竞争能促使经营者的市场行为更符合理性,更关注社会公众利益。竞争促使资源合理流动,减少经营者的盲目与重复投资,也使得经营者通过关注消费者福利、环境保护等来获取竞争优势。

通过优化市场结构,调节市场行为,竞争最终以良好市场绩效的形成、社会福利水平的提高为最终目标。作为一种激励机制,竞争能最大限度地促进经营者改进技术、完善生产经营管理,追求更高的效率,提高效益。竞争的结果是优胜劣汰,在竞争机制下,经营者必须通过少投入多产出、提供更优质的商品或服务来争取优势地位,避免被淘汰出局。"竞争是提高生产率最理性的手段"[1],与市场绩效息息相关。

(三) 竞争的功能

竞争是市场机制的灵魂,它赋予市场以活力,促进市场经济健康有序运行。在市场配置资源过程中,价格起着传递信息、提供激励以及决定利益分配等作用,正是竞争调节着资本和经济资源在不同生产部门之间的分配,引起价格波动,导致生产技术和经济组织机构的不断改革,从而促进社会生产力的发展和社会效益的提高。

具体而言,竞争的功能主要有:第一,优化资源配置。通过竞争的优胜劣汰,使资源集中流向处于竞争优胜地位的经营者、地区和部门,提高资源利用效率。第二,推动技术革新。竞争促使经营者不断改进技术,采用新工艺,研发新产品,以提高生产率,争取优势地位。第三,调节社会分配。竞争的结果必然是利益的流动,较多的利益集中于优胜者手中,促使竞争者改变竞争策略,其最终结果是影响社会分配格局。第四,促进消费者福利。竞争促使市场产品差别化,消费者可选择的机会增多;同一行业的竞争者为争取消费者青睐,尽量会通过提高产品质量、改变服务态度、降低产品价格等手段来提高产品的竞争力。

二、竞争法的概念和立法模式

(一) 竞争法的概念

竞争法,是指调整在反对垄断或限制竞争和反对不正当竞争过程中发生的市场监管关系的法律规范的总称。为促进和维护有效竞争,竞争法以效率优先、兼顾公平为政策目标,旨在形成有效竞争、有序竞争,维护消费者的利益和维护社会经济秩序,促进社会总福利水平的提高。竞争法的调整对象是在反对垄断或限制竞争和反对不正当竞争过程中发生的市场监管关系,简称竞争监管关系,

---

[1] 〔德〕艾哈德著:《来自竞争的繁荣》,祝世康、穆家骥等译,商务印书馆1983年版,第154页。

它不同于竞争关系。

竞争监管关系与竞争关系有着密切的联系。竞争关系,是指经营者之间在交易过程中形成的以利害关系方为对手,互相争夺资金、技术、劳动力以及市场占有份额的经济关系。竞争关系具有以下特征:第一,竞争关系形成于具有利害关系的平等经营者之间。任何一个经营者所面临的是同一市场范围内经营方向相同的竞争对手;由于市场是一个开放的系统,只要具备一定资格的主体都可以参与竞争,因此,竞争关系的主体一般是多个当事人,且各当事人之间地位平等。就某一具体经营者而言,其竞争对手可能是特定的或不特定的其他经营者,只要同一市场上存在经营方向相同的经营者,他们之间便存在竞争关系(或潜在竞争关系)。第二,竞争关系的产生同时具有主观性与客观性。在是否参与竞争以及如何参与竞争上,经营者具有自主决定权,竞争关系的产生依赖于相关主体自愿参与;另一方面,一旦进入市场,经营者就不得不参与竞争,有市场就有竞争,经营者无需向同一市场内经营方向相同的其他经营者作任何表示,就自动参与了竞争。第三,竞争关系以竞争为手段,以利益最大化为目的,而竞争对手之间的利益常常是对立、相互排斥的,这就意味着争夺统一市场范围内的市场及资源,此消彼长,结果是优胜劣汰。

关于竞争监管关系的法律调整,应当指出:有竞争,就会有垄断或限制竞争,就会有不正当竞争;法律保护正当竞争,制止非法垄断与不正当竞争,维护社会经济秩序。竞争法调整的竞争监管关系具有以下特征:第一,其一方当事人特定,即具有竞争监管职权的国家机关,另一方当事人为参与竞争关系的经营者;第二,双方地位不平等,是监管与被监管、命令与服从的关系;第三,竞争监管关系的产生依据为国家法律,即反不正当竞争法和反垄断法。

竞争法对竞争监管关系的调整主要是确立监督管理体制,明确监督管理职责,规定监督管理程序,确认违法法律责任。

(二) 竞争法的立法模式

物质生活条件是法律的基础和依据,世界各国和地区从自身经济现实、历史条件和社会状况等具体条件出发进行竞争立法,其立法模式必然存在差异。总体上,竞争法的立法模式有三种:

一是分立式,即将垄断行为或限制竞争行为和不正当竞争行为区别开来分别立法,规范垄断或限制竞争行为的法律称为《反垄断法》或《反限制竞争法》,制止不正当竞争行为的法律称为《反不正当竞争法》。这种立法模式以德国为代表,德国在1896年就颁布了世界上第一部《反不正当竞争法》,1909年进行了全面修订,第二次世界大战后,联邦德国又于1957年制定了《反对限制竞争法》。分立模式的优点在于针对性强,规制有力,立法内容界限清楚,其不足之处在于两套法律要互相配合,而由不同的机关各司其职,因此协调性要求高。

二是合立式,即将反垄断行为或反限制竞争行为和反不正当竞争行为合并立法,制定统一的竞争法(或公平交易法),调整范围涉及一切反竞争行为。这种立法模式以匈牙利及我国台湾地区为代表,如匈牙利1990年颁布的《禁止不正当竞争法》、我国台湾地区1991年颁布的"公平交易法"都将各种垄断行为和不公平竞争行为作出统一规定,并专设统一机构作为执法机关(匈牙利设置经济竞争局,我国台湾地区则设置了"公平交易委员会")。合立式照顾到了垄断行为与不正当竞争行为的共性,从统一角度不同方面对各种反竞争行为作出综合规制,易于执法机关协调平衡,有助于发挥竞争法的整体效用;其不足之处在于立法难度较大,立法不善则规制乏力。

三是综合式,即对垄断或限制竞争行为与不正当竞争行为在立法上不作明确区分,也不制定以"竞争"、"交易"直接命名的法律,但法律的实质内容却是调整竞争监管关系,维护有效竞争。美国即实行此模式,目前已形成以《谢尔曼法》(1890年)、《克莱顿法》(1914年)和《联邦贸易委员会法》(1914年)为核心的规制反竞争行为的完善法律体系。美国的综合式立法具有突出的轻法典而重单行法律、注重法的实用性、司法判例成为竞争法重要组成部分等特点,因其具有较强的实践性和灵活性而为许多普通法国家采用,但根源于历史传统的差异,不一定能为大多数国家采用,且其分散性、体系性相对缺乏也是不足之处。

采取何种立法模式既取决于立法技术问题,更取决于各国的经济发展状况和立法传统。但是无论何种方式,都需区分垄断与不正当竞争行为的不同性质,并进而作出针对性的规制。在我国,1993年9月2日第八届全国人大常委会第三次会议通过了《中华人民共和国反不正当竞争法》(以下简称《反不正当竞争法》)。该法自1994年1月1日起施行。2007年8月30日第十届全国人大常委会第二十九次会议通过了《中华人民共和国反垄断法》(以下简称《反垄断法》)。该法自2008年8月1日起施行。可见,我国采取的是分立式立法模式。

三、竞争法在经济法及市场监管法中的地位

学界已普遍认同竞争法属于经济法的组成部分,且为市场监管法的一个重要分支。但竞争法在经济法以及市场监管法中的具体地位如何,目前仍存在争议,如有学者认为竞争法是经济法的核心构成部分,有的则仅认为竞争法是经济法体系中市场监管法的主要组成部分,而不赞成"核心法"一说。

从历史来看,现代经济法正是伴随着对竞争的规制而产生的,可以说,现代经济法产生之初,即以规制竞争为其核心内容。现代意义的经济法产生于19世纪末20世纪初,该时期资本主义完成了自由竞争向垄断的过渡,垄断成为经济生活中的突出特征。自由资本主义时期要靠经营者自律以及单纯依靠民商法来维持市场秩序的做法,此时已难奏效,国家力量的干预以及干预的法制化成为必

需手段。各国为保障正当竞争的进行和部分权威的合理适用,纷纷进行竞争立法,以促进和维护有效竞争。美国 1890 年《谢尔曼法》和德国 1896 年《反不正当竞争法》正是这一时期的产物,这些法律又被视为现代经济法的开端。因此,从现代经济法的历史来看,它的确以竞争法为契机而产生,并在相当长时间内以竞争法为核心发展起来的。在一些市场经济国家,竞争法被称为"经济宪法"、"自由企业的大宪章"。

随着经济法的发展,其体系不断完善,各种以间接调控为特征的法律得以充实进来。市场主体的反竞争行为需要禁止,其短期行为、投机行为、纯营利行为等也需国家规制,因此,在现代市场经济阶段,宏观调控法的地位也越发明显。有一种观点认为,市场监管法需在良好的宏观环境中才能发挥作用,宏观调控法也需市场监管法的微观配合,且二者的共同目标都是经济效益与社会效益的提高,不能说孰轻孰重,也不能说孰为核心孰为辅助。

竞争法是经济法的重要组成部分,而就市场监管法来说,竞争法可以说处于核心地位。市场监管法的目标在于通过直接作用于市场,排除市场障碍,为市场主体创设平等的竞争环境,竞争法正是以此为目的,通过对垄断或限制竞争行为与不正当竞争行为的规范,实现市场主体利益平衡,促进市场秩序形成,促进经济发展,保护消费者利益。

第二节 反 垄 断 法

一、垄断与反垄断法概述

(一) 垄断概述

垄断是自由竞争中生产高度集中的必然结果,但世界各国对垄断并无统一定义。这除了各国国情不同之外,重要原因还在于各国法律所禁止之垄断随着经济发展的不同阶段对市场结构的不同要求而逐渐发生变化。例如,美国 1890 年《谢尔曼法》对垄断的认定采取了严格的"当然违法"标准,但到 20 世纪初期就放弃了对托拉斯的严格管制,目前,只要该垄断不排斥竞争,无害于社会公益,法律一般不予禁止。

垄断有合法与非法之分,各国立法禁止的仅仅是非法垄断。作为一种经济现象,垄断又有行为与状态两种含义,人们在使用垄断一词时,往往同时涵盖二者。反垄断法规制的垄断状态主要指经济力高度集中,而垄断行为则要广泛得多。一般而言,反垄断法规制的垄断行为,是指经营者以独占或有组织联合等形式,凭借经济优势或行政权力,操纵或支配市场,限制和排斥竞争的行为。它具有以下特征:一是形成垄断的主要方式是独占或有组织的联合;二是垄断形成的凭借力量是经济优势或行政权力,前者形成经济性垄断,后者形成行政性垄断;三是垄断限制和排除了竞争。

(二) 反垄断法概述

反垄断法是调整在反对垄断或限制竞争过程中发生的市场监管关系的法律规范的总称。现代反垄断法产生的标志是美国1890年制定的《谢尔曼法》。此后,随着垄断在经济生活中加剧,西方各国先后都建立了完备的反垄断法制度。但自20世纪80年代以来,出于国家总体经济、社会政策目标的考虑,以及增强本国经营者竞争力的需要,西方国家不同程度地对垄断现象采取了较宽容的态度。当然,反垄断法毕竟被奉为市场经济国家经济体制的基石,这种趋向宽容的变化并没有改变反垄断法在西方国家经济生活中的重要地位。在我国,最早提出反垄断任务的规范性文件是1980年国务院颁布的《关于开展和保护社会主义竞争的暂行规定》。此后,国务院及其有关部委又分别相继出台了一些规范反垄断行为的行政法规及部门规章。1993年制定的《反不正当竞争法》,也就反对一些限制竞争行为,尤其是行政垄断行为作出了规定。2007年8月,我国颁布了《反垄断法》。

我国《反垄断法》的立法宗旨是:预防和制止垄断行为,保护市场公平竞争,提高经济运行效率,维护消费者利益和社会公共利益,促进社会主义市场经济健康发展。

《反垄断法》规定的予以预防和制止的垄断行为包括:(1) 经营者达成垄断协议;(2) 经营者滥用市场支配地位;(3) 具有或者可能具有排除、限制竞争效果的经营者集中。

同时,《反垄断法》规定,行政机关和法律、法规授权的具有管理公共事务的组织不得滥用行政权力,排除、限制竞争。

二、对垄断协议的法律规制

(一) 垄断协议的含义与危害

垄断协议,是指经营者之间达成的,旨在排除、限制竞争或者实际上具有排除、限制竞争效果的协议、决定或者其他协同一致的行为。它是经济生活中普遍存在的限制竞争行为。对其最常见的表述是"卡特尔"。《反垄断法》规范的垄断协议行为包括横向的固定价格、市场划分、联合抵制和纵向的限制转售价格、排他交易以及串通招投标等多种表现形式。

垄断协议的反竞争性十分典型,危害极为明显。因为,不同经营者之间的竞争,乃是市场机制和价值规律产生作用的根本原因,竞争实现了各种经济资源的自由流动和优化配置,并促使经营者不断地提高生产效率,提供更为质优价廉的产品。而垄断协议会削弱甚至消除竞争,使得经营者满足现有的经济技术条件而不思革新;一些经营者结成同盟,会产生对其他经营者的竞争的排斥,也增加了潜在经营者进入市场的难度;而价格的固定和市场的划分,使得来自消费者的市场压力减轻,从而导致消费者权益的弱化。总之,垄断协议不利于市场的扩大和发展,不利于保护消费者、经营者的合法权益和社会公共利益。

依据参与联合限制竞争行为的经营者所处的不同环节,可将垄断协议分为横向垄断协议行为与纵向垄断协议行为。

(二) 我国《反垄断法》禁止的垄断协议

1. 横向垄断协议

横向垄断协议行为,是指具有竞争关系的经营者之间达成具有排除、限制竞争或者实际上具有排除限制竞争效果的协议、决定或者其他协同一致的行为。横向垄断协议,一般是指同一行业或者处于产业链同一环节有平行横向竞争关系的几个经营者所订立的限制、排除竞争的协议。

我国《反垄断法》禁止的横向垄断协议包括:固定或者变更商品价格;限制商品的生产数量或者销售数量;分割销售市场或者原材料采购市场;限制购买新技术、新设备或者限制开发新技术、新产品;联合抵制交易;国务院反垄断执法机构认定的其他垄断协议。

2. 纵向垄断协议

纵向垄断协议,是指处于同一产业链有供求关系的垂直纵向环节的两个或两个以上经营者所作为的联合限制竞争行为。

我国《反垄断法》禁止经营者与交易相对人达成的纵向垄断协议包括:固定向第三人转售商品的价格;限定向第三人转售商品的最低价格;国务院反垄断执法机构认定的其他垄断协议。

3. 行业协会组织的垄断协议

我国《反垄断法》严厉禁止行业协会组织本行业的经营者从事反垄断法禁止的垄断协议行为。

(三) 垄断协议的除外适用

垄断协议行为是一种典型的排除、限制竞争行为,对市场竞争的危害严重,各国反垄断法原则上都对其严格禁止。而在实践中,由于经济生活的复杂性,协议的情况纷繁多样,个案中经营者达成的某些协议虽然在一定程度上具有排除竞争的效果,但是经营者为减少交易成本提高效率而为,从整体上无损竞争,竞争法对其的规制不是认定其当然违法,而适用合理原则予以具体分析。

各国对不同的垄断协议行为实行不同的规制措施,对横向垄断协议与纵向垄断协议的规制力度也不相同。固定价格、市场划分、联合抵制等横向垄断协议,其危害性比较明显,在区分本身违法原则和合理原则的司法制度中,这些行为一般都直接被认为违法而予以限制和禁止。与横向垄断协议不同,纵向垄断协议一般同时具有积极与消极后果,法律须对此作出区分,而非一概禁止,因此,反垄断法对其规制越发精细,并伴随着由严格限制到相对宽容的趋势。

我国《反垄断法》规定,经营者能够证明所达成的协议属于下列情形之一者,不适用该法的有关规定,这些协议包括:为改进技术、研究开发新产品的;为提高产品质量降低成本、增进效率,统一产品价格、标准或者实行专业化分工的;为提高中小经营者经营效率,增强中小经营者竞争力的;为实现节约能源、保护环境、救灾救助等社会公共利益的;因经济不景气,为缓解销售量严重下降或者生产明显过剩的。属于以上情形经营者还应当证明所达成的协议不会严重限制相关市场竞争,并且能够使消费者分享由此产生的利益。

除上列情况外,我国《反垄断法》还规定,为保障对外贸易和对外经济合作中的正当利益达成的协议,以及符合法律和国务院规定的其他情形达成的协议,不适用该法的有关规定。

(四) 法律责任

垄断协议被普遍认为是垄断行为中危害性最大的一种反竞争行为,因此,对它的处罚最为严厉。多数市场经济国家对垄断协议的法律责任除包括损害赔偿的民事责任外,还有严厉的罚款的行政责任,甚至处以罚金、拘役的刑事责任。我国《反垄断法》从我国当前的经济和法制情况出发,规定了责令停止违法行为,没收违法所得,并处上一年度销售额1%以上10%以下的罚款;尚未实施所达成的垄断协议的,可以处50万元以下的罚款。

行业协会违反《反垄断法》的规定,组织本行业的经营者达成垄断协议的,反垄断执法机构可以处50万元以下的罚款;情节严重的,社会团体登记管理机关可以依法撤销登记。

由于垄断协议越来越具有隐秘性,给反垄断执法的查处工作造成困难。对涉嫌垄断协议行为进行调查,往往是依据举报。实践证明,对垄断协议的参与者进行分化,是查处垄断协议的有效举措。美国反垄断法中采用并被各国所关注的"坦白从宽,立功轻罚"机制,也为我国反垄断立法所借鉴。我国《反垄断法》第46条规定:"经营者主动向反垄断执法机构报告达成垄断协议的有关情况并提供重要证据的,反垄断执法机构可以酌情减轻或者免除对该经营者的处罚。"实施免除或减轻处罚,根据经营者主动报告的时间顺序、提供证据的重要程度,达成并实施垄断协议的有关情况及配合的情况确定。

三、对滥用市场支配地位的法律规制

(一) 市场支配地位的含义及其认定

所有的竞争行为都是在市场上发生的,但竞争行为对市场的直接影响是有一定范围的,即竞争行为发生在一定的市场范围内;因此,明确经营者竞争的市场范围,对于反垄断法学理论研究及反垄断执法工作尤为重要。科学合理地界定相关市场,对识别竞争者和潜在竞争者、判定经营者市场份额和市场集中度、认定经营者的市场地位、分析经营者的行为对市场竞争的影响、判断经营者行为是否违法以及在违法情况下需要承担的法律责任等问题具有重要作用。① 我国《反垄断法》所称市场支配地位,是指经营者在相关市场内具有能够控制商品价格、数量或者其他交易条件,或者能够阻碍、影响其他经营者进入相关市场能力的市场地位。

反垄断法对滥用市场支配地位的规制,须以对"市场支配地位"的认定为前提。在认定标准上,竞争法理论中无统一模式,曾存在过市场结构标准、市场行为标准和市场绩效标准的讨论。我国《反垄断法》第 18 条规定,认定经营者具有市场支配地位应当具备下列因素:(1) 该经营者在相关市场的市场份额,以及相关市场的竞争状况;(2) 该经营者控制销售市场或者原材料采购市场的能力;(3) 该经营者的财力和技术条件;(4) 其他经营者对该经营者在交易上的依赖程度;(5) 其他经营者进入相关市场的难易程度;(6) 与认定该经营者市场支配地位有关的其他因素。

此外,当经营者在特定市场的占有率达到一定标准时,也可推定其具有市场支配地位。我国《反垄断法》第 19 条规定,有下列情形之一的,可以推定经营者具有市场支配地位:(1) 一个经营者在相关市场的市场份额达到 1/2 的;(2) 两个经营者在相关市场的市场份额合计达到 2/3 的;(3) 三个经营者在相关市场的市场份额合计达到 3/4。上述第(2)项、第(3)项规定的情形,其中有的经营者市场份额不足 1/10 的,不应当推定该经营者具有市场支配地位。被推定具有市场支配地位的经营者,有证据证明不具有市场支配地位的,不应当认定其具有市场支配地位。

(二) 滥用市场支配地位的表现形式及其危害

拥有市场支配地位的经营者凭借其垄断地位与其他经营者竞争,但这些企业总是存在滥用其支配地位的倾向,一旦它们凭此限制了竞争,就须法律予以规制。各国反垄断法对滥用市场支配地位的控制主要有概括与列举两种体例。我国《反垄断法》借鉴国际经验,并主要根据我国的经济现实情况采用列举方式,禁止具有市场支配地位的经营者从事下列滥用市场支配地位的行为:(1) 以不公平的高价销售商品或者以不公平的低价购买商品;(2) 没有正当理由,以低于成本的价格销售商品;(3) 没有正当理由,拒绝与交易相对人进行交易;(4) 没有正当理由,限定交易相对人只能与其进行交易或者只能与其指定的经营者进

---

① 国务院反垄断委员会:《关于相关市场界定的指南》(2009 年 5 月 24 日),见新华网 2009 年 7 月 7 日。

行交易;(5) 没有正当理由搭售商品,或者在交易时附加其他不合理的交易条件;(6) 没有正当理由,对条件相同的交易相对人在交易价格等交易条件上实行差别待遇;(7) 国务院反垄断执法机构认定的其他滥用市场支配地位的行为。

滥用市场支配地位的主要目的在于损害、消灭已经存在的竞争者;或者通过提高、强化市场壁垒,阻止和排斥潜在可能的竞争者进入市场。这显然限制了生产和销售的扩大,不利于生产效率的提高和新技术的产生与推广,严重妨碍了社会发展。同时,市场支配力的滥用还表现为优势地位企业不正当地确定、维持、变更商品价格的行为,同时商品质量和服务水平也更加缺乏保证,这是对广大消费者权益的损害。

(三) 滥用市场支配地位的法律规制

反垄断法是控制市场支配地位本身还是禁止滥用行为？对此问题的不同回答在立法上产生了行为控制方法与结构控制方法两种体例。前者以欧共体竞争法为代表,《欧共体条约》第82条对市场支配地位作出规定,但它禁止的不是支配地位本身,而是其滥用,并具体规定了四种滥用行为。美国与此不同,其《谢尔曼法》第2条规定垄断地位的取得本身就是违法。但美国也并非一概禁止垄断,而是禁止获取或维持该垄断地位的垄断化(monopolization)。当然,即使采取结构主义的情况下,也非无视滥用市场支配地位的行为,所谓的两种体例也是相对而言的。国际上各国现行普遍采用的是行为控制与后果控制结合的模式,普遍的观点是,现代反垄断法规制的是滥用市场支配地位的行为,而不是市场支配地位本身。经营者通过正当的商业策略参与竞争,在竞争中取得竞争优势并控制相当的市场份额,取得了占有优势的市场支配地位。市场支配地位的取得者是优胜劣汰中的优胜者,是竞争中的佼佼者,他们往往对科技发展、提高社会整体效率都有贡献。《反垄断法》对此不予禁止。只有在拥有该地位的经营者作出了有碍发展和损害民生的限制竞争行为时,才会被纳入反垄断法规范的范围。

各国对滥用市场支配地位的规制措施主要是设定民事责任、行政责任和刑事责任等。民事责任主要是停止违法行为并赔偿损失,行政责任主要是宣布相关行为无效、罚款等,而滥用市场支配地位构成犯罪的,则须承担刑事责任。

(四) 法律责任

世界各国对经营者滥用市场支配地位的行为都分别规定追究其民事责任、行政责任和刑事责任。德国、美国、法国、日本和韩国等国都有科以罚金或处以监禁等刑事处罚。我国《反垄断法》对滥用市场支配地位的追究是由反垄断执法机构责令停止违法行为,没收违法所得,并处上一年度销售额1%以上10%以下的罚款。

经营者实施滥用市场支配地位行为,给他人造成损失的,依法承担民事

四、对经营者集中的法律规制

(一) 经营者集中的含义与危害

我国《反垄断法》规定,经营者集中是指下列情形:(1) 经营者合并;(2) 经营者通过取得股权或者资产的方式取得对其他经营者的控制权;(3) 经营者通过合同等方式取得对其他经营者的控制权或者能够对其他经营者施加决定性影响。

现实经济生活中经营者集中是普遍存在的一种经济现象,通过企业合并等方式的集中实行优化产业结构、资产重组、企业规模整合已是提高市场竞争能力的重要方法之一,对市场经济的发展起到了推动和促进的作用。但另一方面,经营者的过度集中也会使市场竞争主体的数量减少,使相关市场的竞争程度和竞争质量降低。由于市场竞争结构的改变使某些经营者取得了或者扩大了本身的市场支配地位,从而在市场竞争中实施或者可能实施限制和排除竞争的行为。

经营者集中可能对竞争和经济发展带来的弊端在于:由于经济力量的过度集中,市场上往往只存在几个甚至一个经营者,大大增加了滥用市场支配地位行为和垄断协议行为发生的危险性,使其他竞争者的处境更为不利,潜在竞争者进入市场的难度也大大提高,产生"阻却竞争"(dissuading competition)效应。而经济力量过度集中对民主社会的基本秩序可能造成的消极影响更是值得关注。"现代反垄断法最初主要是出于遏制反民主的经济势力而产生的"。早期美国学者指出:"从公司和商号中产生了私人权利的相反现象:一种不但缺乏合法性,而且有侵害各个私人的经济自由以及因其具有飞扬跋扈的力量而侵害公共决策的平衡的可能性。"[①]在饱受各种强权之苦的中国,既然要建设"以人为本"的社会,对经济强权的警惕自然也是必需的。事实上,一些大型公用企业和跨国企业所产生的不良影响已经存在,而反垄断法将此问题纳入规制范围也是势在必行。

(二) 控制经营者集中与促进规模经济

既然在市场经济条件下经营者集中是一种普遍存在的经济现象和提高市场竞争能力的重要方法,因而,经营者集中并不是当然限制和排除竞争的;只有少数对竞争可能产生损害的经营者集中才会受到《反垄断法》的规范。

经营者集中与滥用市场支配地位有着天然的联系:首先,经营者过度集中给市场支配地位滥用创造了条件,控制经营者集中是从源头上防止市场支配地位的滥用;其次,两者的天然联系还表现在市场支配地位本身并不必然造成对竞争

---

① 转引自孔祥俊:《中国现行反垄断法理解与适用》,人民法院出版社2001年版,第223—224页。

的损害,经营者集中同样并不当然会排除和限制竞争。由于经营者集中本身对经济生活的促进作用和消极阻碍作用共存,如何最大限度地发挥它的积极促进作用、遏制它的消极阻碍作用就成了《反垄断法》控制经营者集中必须重点考量的问题。

世界各国对经营者集中规制的控制模式呈现有结构主义为主,向行为主义为主发展的趋势,对市场集中度和经营者集中后市场份额的考量仅仅是作为确定市场支配地位的标准之一,而不再是认定经营者集中违法与否的决定因素。是否允许经营者集中除了考量市场份额与市场集中度之外,各国还综合考量市场竞争条件,诸如,对技术发展的影响,对竞争结构的变化以及集中后对社会整体效益的影响等。

经营者集中扩大了企业的规模,形成规模经济,促使企业以新的竞争力进入相关市场,一方面积极地调整本国的产业结构,同时又增加了企业在国际市场的竞争能力,因此涉及规制经营者集中的竞争政策与国家所推行的相应产业政策有着较为密切的关系。《反垄断法》规制经营者集中是否应贯彻国家的产业政策一直是有争议的问题,市场经济国家对此问题所持的态度各有不同。现实经济运行中产业政策体现的是对特定产业效益的促进,而竞争政策侧重维护的是整体公共利益和竞争秩序,两种不完全相同利益的维护定会产生冲突,于是,当适用反垄断法对经营者集中进行规制时面对两类政策产生的冲突需要作出孰轻孰重的选择。有的国家在反垄断法中规定在特定条件下的个案,如对竞争的限制可由经营者集中的整体经济利益来补偿,获得反垄断执法机构批准后同意集中;有的国家则强调竞争政策优于产业政策。虽然多数国家的反垄断法中都没有明确表述两类政策之间的关系,不过在反垄断法规制经营者集中的适用中产业政策对其或多或少的影响是一个不可否认的基本事实。①

鉴于我国社会主义市场经济体制还不完善的现状,对经营者集中的处理比西方国家要复杂得多。在我国,有益于提高效率的经营者集中仍然可以合法进行,政策上予以促进和鼓励。制定《反垄断法》从我国现阶段经济发展的实际情况出发,既要防止经营者过度集中形成垄断,又要有利于国内企业通过依法集中做大做强、发展规模经济,提高产业集中度,增强竞争力。

伴随着国际经济全球化的发展、全球产业的调整和新技术的进步,跨国并购已日益成为跨国公司进行对外直接投资的主要形式。20世纪90年代以来,跨国并购席卷全球,我国加入世贸组织后市场进一步对外开放,外资也加快了对我国境内企业并购的步伐。外国投资者运用经营者集中这种直接投资方式,一方面有利于我国国有企业改革、结构调整,推动了我国企业实现规模效应,在一定

---

① 王为农:《企业集中规制基本法理》,法律出版社2001年版,第154页。

程度上增强了企业的竞争力；另一方面外国投资者并购境内企业也带来一系列问题，一个突出的问题是出现了外资控制国内的一些产业形成外资垄断的市场格局，造成排挤国内企业，增设市场进入壁垒，扭曲市场机制，阻碍了市场竞争机制的充分发挥。一些发展中国家的教训告诉我们，伴随着生产要素的大量流入与流出，造成的是发展中国家经济繁荣与萧条的更替，萧条对发展中国家而言是最大的不安全因素。发展中国家为保持国内经济环境稳定，制定了保障经济安全的政策法律措施；经济发达国家也大多有对吸收外资涉及国家安全而设置的国家安全审查制度。我国由于市场开放而带来的外国资本、技术和商品的大量流入会对我国民族企业产生巨大冲击，外资并购的主要负面效应在于，我国民族企业市场份额下降；人才流失、失业增多，削弱我国自身财富创造和技术创新主体及其能力，在跨国公司并购中也出现了国有资产的严重流失等现象，外资并购对国家安全的影响这一问题已经日益突出。

（三）对经营者集中的法律规制

大部分企业合并不仅不损害竞争，还有利于建立规模经济，本身即为竞争机制的一部分。为了有效规制企业合并，必须在立法上设置严格审查制度，对此，各国普遍做法是建立企业合并申报制度与核准制度，即达到一定规模的企业合并须由特定义务人向反垄断执法机关提出申请，只有许可的合并才被准许。

我国《反垄断法》第21条规定："经营者集中达到国务院规定的申报标准的，经营者应当事先向国务院反垄断执法机构申报，未申报的不得实施集中。"还规定，经营者集中有下列情形之一的，可以不向国务院反垄断执法机构申报：(1) 参与集中的一个经营者拥有其他每个经营者50%以上有表决权的股份或者资产的；(2) 参与集中的每个经营者50%以上有表决权的股份或者资产被同一个未参与集中的经营者拥有的。

经营者集中须向国务院反垄断执法机构申报，应当提交申报书、集中对相关市场竞争状况影响的说明、集中协议、参与集中的经营者经会计师事务所审计的上一会计年度财务会计报告、国务院反垄断执法机构规定的其他文件、资料等。

申报书应当载明参与集中的经营者的名称、住所、经营范围、预定实施集中的日期和国务院反垄断执法机构规定的其他事项。

经营者提交的文件、资料不完备的，应当在国务院反垄断执法机构规定的期限内补交文件、资料。经营者逾期未补交文件、资料的，视为未申报。

审查经营者集中，应当考虑下列因素：(1) 参与集中的经营者在相关市场的市场份额及其对市场的控制力；(2) 相关市场的市场集中度；(3) 经营者集中对市场进入、技术进步的影响；(4) 经营者集中对消费者和其他有关经营者的影响；(5) 经营者集中对国民经济发展的影响；(6) 国务院反垄断执法机构认为应当考虑的影响市场竞争的其他因素。

经营者集中具有或者可能具有排除、限制竞争效果的,国务院反垄断执法机构应当作出禁止经营者集中的决定。但是,经营者能够证明该集中对竞争产生的有利影响明显大于不利影响,或者符合社会公共利益的,国务院反垄断执法机构可以作出对经营者集中不予禁止的决定。

对不予禁止的经营者集中,国务院反垄断执法机构可以决定附加减少集中对竞争产生不利影响的限制性条件。

国务院反垄断执法机构应当将禁止经营者集中的决定或者对经营者集中附加限制性条件的决定,及时向社会公布。

企业合并申报须向主管机关提交各种文件,如企业上一会计年度财务报表及营业报告、企业相关商品的生产或者经营成本、销售价格、产量等资料,还须说明实施企业合并对相关市场竞争、国民经济和社会公共利益的影响和企业合并理由、预定合并日期等。主管机关应在一定期限内作出是否准许合并的决定,在该期限内企业不得合并,超过该期限主管机关未作出任何决定,则准许合并。主管机关认为需要进一步审查的,可作出进一步审查决定。

经过审查,根据具体情况作出不同决定:企业合并对国民经济发展和社会公共利益确有重大好处,主管机关可予以许可,并可在许可时附加限制性条件;企业合并确实排除或限制市场竞争、阻碍某一行业(产业)、区域经济发展或损害消费者权益的,主管机关不予许可,并书面说明理由。

为鼓励合法合并、限制非法合并,立法须确定需要申报的企业合并规模,对此,各国规定不一。就我国而言,确定应申报的企业合并规模一般应考虑以下因素:参与合并的企业资产或销售额、企业合并交易额、参与合并的企业市场占有率以及合并后企业市场占有率等。该标准一般由反垄断法执法机关根据经济发展水平和市场状况确定、适时进行适当调整,并定期公布。

对外资并购境内企业或者以其他方式参与经营者集中,涉及国家安全的,除依照《反垄断法》的规定进行经营者集中审查外,还应当按照国家有关规定进行国家安全审查。

(四) 法律责任

国际上对违反反垄断法而实施经营者集中的情形采取的法律救济手段一般有三类:一是禁止,即不批准合并的进行,如果擅自集中就要进行全面解散或者拆分已合并的企业;二是对影响竞争结构而造成垄断结构的部分企业或股权结构予以分解,以消除其阻碍竞争的情况,随后允许合法部分继续集中;三是控制并购后经营者的行为,防止阻碍竞争后果的出现。

由于我国实行的是事先申报的控制制度,因此,没有对全部拆分及部分拆分的控制手段予以规定,违法的经营者集中仅有事先不申报而擅自集中这种情况。事先申报审查制度,属于事先预防控制,一旦预防无效,则须实行违法查处。我国《反垄断法》第48条规定,经营者违反本法规定实施集中的,由国务院反垄断执法机构责令停止实施集中、限期处分股份或者资产、限期转让营业以及采取其他必要措施恢复到集中前的状态,可以处50万元以下的罚款。

五、对滥用行政权力排除、限制竞争的法律规制

（一）滥用行政权力排除、限制竞争的含义与危害

滥用行政权力排除、限制竞争,是指行政机关和法律、法规授权的具有管理公共事务职能的组织滥用行政权力,排斥、扭曲或限制市场竞争的行为。滥用行政权力排除、限制竞争,传统上也称为行政性垄断。与经济垄断相比,滥用行政权力排除、限制竞争特点明显:其一,实施主体为行政机关和法律、法规授权的具有管理公共事务职能的组织,而非市场竞争者;其二,形成滥用行政权力排除、限制竞争的凭借力量是行政权力,而非经济优势;其三,滥用行政权力排除、限制竞争有抽象与具体之分,既存在强制买卖、限制市场准入等通过具体行政行为而实施的垄断,也存在制定含有排除或者限制竞争内容的一般规定等通过抽象行政行为而实施的垄断;其四,滥用行政权力排除、限制竞争的强制性较经济垄断明显;其五,本质上,滥用行政权力排除、限制竞争是一种滥用行政权力的行政违法行为。

在危害性上,滥用行政权力排除、限制竞争较经济垄断更甚,因为它实质上是一种超经济垄断,完全摆脱了市场规则的约束,任何市场主体都不具有行政部门的种种"实效性"权力,都无法与滥用行政权力排除、限制竞争相抗衡。同时,最漠视市场其他经营主体权利和消费者利益的,也恰恰是实行滥用行政权力排除、限制竞争的政府部门和得到滥用行政权力排除、限制竞争支持的经营者。因为在技术和经济条件革新,潜在竞争向现实竞争转化变得更为容易的情况下,经济性的垄断者在竞争的全过程中多少还是要受到竞争压力的,而滥用行政权力排除、限制竞争者却往往是零压力,所以它对经济发展和相关主体利益的危害也更大。

（二）滥用行政权力排除、限制竞争的成因

滥用行政权力排除、限制竞争的成因多而复杂。体制转轨过程中形成的行政机关和法律、法规授权的具有管理公共事务职能的组织深入经济生活过甚、对经济干预过度的"弊病",是滥用行政权力排除、限制竞争产生的根本原因。当然,行政干预经济是一个十分普遍的现象,即便是放眼世界,绝大多数西方发达国家的政府也都在不同程度上介入了市场经济的运行。问题不在于政府是否需要干预经济,而在于政府干预经济的效能如何,以及我们如何根据这种认识来设计、完善相关的制度安排。我国原有计划经济体制扭曲了政府与企业之间的应有关系,而体制改革过程中政企分离的进度又不平衡,致使某些领域企业经营机

制的转换、政府职能的转变比较缓慢,非必要的行政权力一时无法完全从经济领域中撤出。

利益驱动也是形成滥用行政权力排除、限制竞争的重要原因。地方政府既然是地方利益的代表者,并享有利益行为的实施权,就必然会作出有利于自己和其辖区利益的政策选择。回顾改革以来的历程,如何打破地区和部门的利益分割从而使一个全国性统一大市场得以建成,向来是我国改革的重点和难点。某些政府部门和地方政府未树立正确的利益观、缺乏整体意识,是其实施滥用行政权力排除、限制竞争的重要原因。这又源于某些政府部门和地方政府在认识上没有实现一个真正的飞跃,即在市场经济条件下,政府在社会经济领域应该主要地扮演一个"服务与监督者"的角色。

此外,我国虽早就发文规定"开展竞争必须打破地区封锁和部门分割",《反不正当竞争法》也有限制滥用行政权力排除、限制竞争的规定,但现有法律对滥用行政权力排除、限制竞争规制不力、法制不健全,也使滥用行政权力排除、限制竞争一直处于"软约束"状态。

(三) 对滥用行政权力排除、限制竞争行为的禁止

在总体上,滥用行政权力排除、限制竞争有抽象与具体之分。抽象滥用行政权力排除、限制竞争行为,是指行政机关和法律、法规授权的具有管理公共事务职能的组织滥用行政权力,制定含有排除或者限制竞争内容的规定,妨碍建立和完善全国统一市场体系,损害公平竞争环境的行政违法行为。具体滥用行政权力排除、限制竞争行为在现实中表现多样,它仅针对特定市场主体或仅实施特定行为,不以《决定》等规范性文件形式表现出来,如政府限定交易、限制市场准入等。抽象滥用行政权力排除、限制竞争行为的危害性更大,具体滥用行政权力排除、限制竞争行为背后往往有抽象滥用行政权力排除、限制竞争行为作支撑。因此,作为反垄断法规制的滥用行政权力排除、限制竞争,不仅包括具体滥用行政权力排除、限制竞争行为,也对抽象垄断行为作出规制的规定。

我国《反垄断法》第 32 条规定:"行政机关和法律、法规授权的具有管理公共事务职能的组织不得滥用行政权力,限定或者变相限定单位或者个人经营、购买、使用其指定的经营者提供的商品。"

根据我国《反垄断法》的规定,行政机关和法律、法规授权的具有管理公共事务职能的组织不得滥用行政权力,实施下列行为,妨碍商品在地区之间的自由流通:(1) 对外地商品设定歧视性收费项目、实行歧视性收费标准,或者规定歧视性价格;(2) 对外地商品规定与本地同类商品不同的技术要求、检验标准,或者对外地商品采取重复检验、重复认证等歧视性技术措施,限制外地商品进入本地市场;(3) 采取专门针对外地商品的行政许可,限制外地商品进入本地市场;(4) 设置关卡或者采取其他手段,阻碍外地商品进入或者本地商品运出;(5) 妨

碍商品在地区之间自由流通的其他行为。

我国《反垄断法》还规定:行政机关和法律、法规授权的具有管理公共事务职能的组织不得滥用行政权力,以设定歧视性资质要求、评审标准或者不依法发布信息等方式,排斥或者限制外地经营者参加本地的招标投标活动;行政机关和法律、法规授权的具有管理公共事务职能的组织不得滥用行政权力,采取与本地经营者不平等待遇等方式,排斥或者限制外地经营者在本地投资或者设立分支机构;行政机关和法律、法规授权的具有管理公共事务职能的组织不得滥用行政权力,强制经营者从事该法规定的垄断行为;行政机关不得滥用行政权力,制定含有排除、限制竞争内容的规定。

(四) 法律责任

规定滥用行政权力排除、限制竞争的法律责任比一般垄断行为的法律责任要复杂得多。由于政治体制和行政体制的原因,反垄断执法机关不能对违法的行政主体作出具体处罚,因此,法律责任的可操作性和处罚力度都有一定的缺陷。我国《反垄断法》对滥用行政权力排除、限制竞争法律责任的规定在很大程度上属于宣言性的性质,表明了在我国滥用行政权力排除、限制竞争属于违法行为,国家禁止滥用行政权力排除、限制竞争的明确态度。

单靠某一部门法,甚至仅仅依靠法律来规制滥用行政权力排除、限制竞争是不够的。政府与市场、政府与企业关系的正确定位,远非一部法律所能解决的问题。因此,法律规制需要和体制改革配套进行;就法律规制而言,禁止滥用行政权力排除、限制竞争是反垄断法的主要任务,但单一的反垄断法对滥用行政权力排除、限制竞争的规制仍很薄弱,需要其他各部门法的配合。总体而言,滥用行政权力排除、限制竞争急需法律"综合规制",当然,在各种法律中,反垄断法自然占主要地位。同时,对滥用行政权力排除、限制竞争的整治需要综合治理,对于不当行政,需要从多方面进行综合治理,做到标本兼治,深化体制改革,政企彻底分开,转变政府职能,加强对政府的监督,以此消除行政性排除限制竞争产生的土壤。当然,经济生活中禁止滥用行政权力排除、限制竞争也必然会影响我国的政治社会生活,促进我国的政治体制进一步改革。

我国《反垄断法》第51条规定:"行政机关和法律、法规授权的具有管理公共事务职能的组织滥用行政权力,实施排除、限制竞争行为的,由上级机关责令改正;对直接负责的主管人员和其他直接责任人员依法给予处分。反垄断执法机构可以向有关上级机关提出依法处理的建议。法律、行政法规对行政机关和法律、法规授权的具有管理公共事务职能的组织滥用行政权力实施排除、限制竞争行为的处理另有规定的,依照其规定。"

六、反垄断法的实施

(一) 反垄断法实施原则

在对垄断协议的规制过程中,美国司法实践超越了《谢尔曼法》"本身违法原则"的明文规定,创造了另一项对世界各国均有直接或间接影响的反垄断法实施原则——合理原则。《谢尔曼法》第1条规定:"任何以托拉斯或其他方式限制州际贸易或对外贸易的合同、联合或共谋为非法。"在最初法律实践中,法院坚决维护本身违法原则,即强调任何企业只要出现结合或共谋等垄断行为或状态就视为违法,而无需再考虑其他任何因素。这种解释随后得到修正,最高法院在1911年对美孚石油公司案的判决中开始采用合理原则,即企业的结合或共谋等垄断行为或状态本身不一定违法,而只有当该行为或状态确实限制了竞争,造成垄断弊害时,才应加以限制或禁止。合理原则又被称为弊害禁止原则,它是对本身违法原则的修正与补充,体现了反垄断法的目标在于建立一个有效竞争的市场模式。因此,对垄断行为或状态的后果分析尤为重要,如果最终后果限制了竞争,则为非法;最终后果促进竞争,则有利于反垄断法目标的实现,应认定为合法。

合理原则产生之后,反垄断法的实施发生了重要变化。一些危害性大,具有明显反竞争性的垄断行为,无需考虑行为的目的、后果以及当事人市场力量,而直接认定为违法,这类行为一般包括:固定价格(横向)、限制转售价格(纵向)、市场划分、联合抵制以及招投标串谋等。不属于本身违法原则适用范围的垄断行为,都须进行合理分析,合理分析一般考虑行为的目的与后果等。

本身违法原则与合理原则各有优劣,在司法实践中互相配合,已经成为大多数国家反垄断法遵循的基本分析方法。本身违法原则仅就垄断行为或状态自身作出分析,因此适用简单,能大大节约执法与司法资源;该原则还具有预防功效,大大减少了垄断出现的可能性,一定意义上属于事先防治;再就法律的功能来说,提供确定性的行为准则,给人们合理预期,是法律安全价值的体现,本身违法原则大大减少了法律的不确定性,使企业在行为时明确预见到自己行为的后果,避免因盲目带来的损失。但本身违法原则因不考虑行为的后果,往往以牺牲效率为代价,正如法律不应对市场支配地位本身作出限制一样,某些合理的垄断在结果上可能促进竞争,对其一概禁止肯定具有不合理性。合理原则的产生正弥补了本身违法原则的弊端,体现了反垄断法对效率的重视,但其自身不足也日见明显:对垄断行为或状态的多维分析不可避免增加了执法与司法成本,对相关人员的素质提出更高要求;法律的不确定性增加了企业行为的盲目性;自由裁量权的扩大也使人们对公共决策的公正产生担心,效率的追求牺牲了部分公正。可见,如何平衡本身违法原则与合理原则的适用范围,如何增强其协调性,是现代反垄断法在立法中尤其是在实施中必须考虑的问题。

(二) 反垄断法主管机关

各国竞争法主管机关设置无统一模式,有的设置统一机关执行反不正当竞争法与反垄断法,有的则分别设置不同的主管机关。就反垄断法而言,各国也呈现较大差异。其一,是以美国和日本为代表的准司法机关体制。美国的反垄断法主管机关是联邦贸易委员会,该委员会具有极高的权威性,直接向国会负责,不受总统指导,执法中完全独立行使职权而不受其他行政因素干扰。日本设有公正交易委员会,其名义上受内阁总理大臣管辖,却不受上级指挥监督,其职权行使具有独立性。美国和日本的反垄断法主管机关具有较强的独立性和较高的地位,在执法中享有行政权、准司法权和准立法权。其二,是以欧洲国家为代表的行政机关体制,如德国的卡特尔局、英国的公平贸易委员会等。这一体制下的反垄断法主管机关的独立性和权威性远不如美国和日本,但也是依法设立的专门机关。这些专门行政机关的上级领导也以政府决策方式参与反垄断法执行,但专门机构在具体案件的裁决上仍具有相当独立性。

此外,有些国家还设立了专门的顾问机关,如德国的垄断委员会和英国的垄断与合并委员会。有些国家反垄断法主管机关还远非一个,如美国除联邦贸易委员会外,还设有司法部反托拉斯局,德国联邦经济部、联邦卡特尔局、州卡特尔局都负责反垄断法的实施。

在总体上,国外反垄断法主管机关设置呈现一共同点,即大多设置专门机关负责反垄断法的实施,该机关具有较强的独立性和较大的权威性。这一特点由反垄断法的专业性、复杂性和重要性决定,其实效已被各国实践证明。垄断是非常复杂、专业的经济现象,反垄断会涉及国家经济结构、产业政策等总体社会经济目标,在反垄断尤其是反滥用行政权力排除、限制竞争中更会触及行政机关和法律、法规授权的具有管理公共事务职能的组织的地方利益、部门利益,这就要求反垄断法主管机关具有较扎实的业务水平和较强的超越性,除能够应付垄断现象的变幻莫测之外,还应独立于行政机关和法律、法规授权的具有管理公共事务职能的组织,并能对其为一定的制裁。

我国《反垄断法》的执法采用的是二元执法体制,即分别设立反垄断委员会和反垄断法执法机构。

国务院设立反垄断委员会,负责组织、协调、指导反垄断工作,履行下列职责:(1) 研究拟订有关竞争政策;(2) 组织调查、评估市场总体竞争状况,发布评估报告;(3) 制定、发布反垄断指南;(4) 协调反垄断行政执法工作;(5) 国务院规定的其他职责。国务院反垄断委员会的组成和工作规则由国务院规定。

国务院规定的承担反垄断执法职责的机构(以下统称国务院反垄断执法机构)依照《反垄断法》规定,负责反垄断执法工作。国务院反垄断执法机构根据工作需要,可以授权省、自治区、直辖市人民政府相应的机构,依照该法规定负责有关反垄断执法工作。

根据我国《反垄断法》的规定,反垄断执法机构依法对涉嫌垄断行为进行调查。对涉嫌垄断行为,任何单位和个人有权向反垄断执法机构举报。反垄断执法机构应当为举报人保密。举报采用书面形式并提供相关事实和证据的,反垄断执法机构应当进行必要的调查。

我国《反垄断法》第39条规定,反垄断执法机构调查涉嫌垄断行为,可以采取下列措施:(1)进入被调查的经营者的营业场所或者其他有关场所进行检查;(2)询问被调查的经营者、利害关系人或者其他有关单位或者个人,要求其说明有关情况;(3)查阅、复制被调查的经营者、利害关系人或者其他有关单位或者个人的有关单证、协议、会计账簿、业务函电、电子数据等文件、资料;(4)查封、扣押相关证据;(5)查询经营者的银行账户。采取上述规定的措施,应当向反垄断执法机构主要负责人书面报告,并经批准。

垄断执法机构及其工作人员对执法过程中知悉的商业秘密负有保密义务。

被调查的经营者、利害关系人或者其他有关单位或者个人应当配合反垄断执法机构依法履行职责,不得拒绝、阻碍反垄断执法机构的调查。

被调查经营者、利害关系人有权陈述意见。反垄断执法机构应当对被调查的经营者、利害关系人提出的事实、理由和证据进行核实。

反垄断执法机构对涉嫌垄断行为调查核实后,认为构成垄断行为的,应当依法作出处理决定,并可以向社会公布。

我国《反垄断法》还借鉴国际经验设置了被调查经营者的承诺制度。《反垄断法》规定,对反垄断执法机构调查的涉嫌垄断行为,被调查的经营者承诺在反垄断执法机构认可的期限内采取具体措施消除该行为后果的,反垄断执法机构可以决定中止调查。中止调查的决定应当载明被调查的经营者承诺的具体内容。

反垄断执法机构决定中止调查的,应当对经营者履行承诺的情况进行监督。经营者履行承诺的,反垄断执法机构可以决定终止调查。

有下列情形之一的,反垄断执法机构应当恢复调查:(1)经营者未履行承诺的;(2)作出中止调查决定所依据的事实发生重大变化的;(3)中止调查的决定是基于经营者提供的不完整或者不真实的信息作出的。

(三)反垄断法域外适用

国内法的效力一般仅及于本国领土所涉范围,但随着国际经济交往越发密切,来自别国的经济行为对本国经济造成损害的现象时有发生,在各国公认的司法适用原则无法有效解决此问题的背景下,法的域外适用理论被提了出来。在反垄断法领域中,他国领域内的限制竞争协议、企业合并可能会阻碍本国经济发展,垄断行为损害效果外溢的存在为反垄断法域外适用提供了客观基础。自美国 1945 年确立其反垄断法域外效力之后,各国纷纷采取应对措施。

我国《反垄断法》第 2 条规定:"中华人民共和国境内经济活动中的垄断行为,适用该法;中华人民共和国境外的垄断行为,对境内市场竞争产生排除、限制影响的,适用本法。"

不论反垄断法域外适用效果如何,该制度已被越来越多的国家确认,成为反垄断法领域的一个国际趋势。为遏制国际垄断行为对本国市场的损害,保护本国经济发展,我国反垄断法中也确立了该制度,并将通过双边或多边协议使其日臻完善。

第三节 反不正当竞争法

一、不正当竞争与反不正当竞争法概述

(一) 不正当竞争行为的概念及特征

不正当竞争行为表现形式多样且复杂,各国立法一般都以概括和列举相结合的方式来规定,我国也采用此方式。我国《反不正当竞争法》第 2 条第 2 款规定:"本法所称的不正当竞争,是指经营者违反本法规定,损害其他经营者的合法权益,扰乱社会经济秩序的行为。"此外,根据我国当时的情况,该法第二章用专章列举规定了危害最典型的 11 类不正当竞争行为。我国采用概括与列举相结合的立法方式具有多种优点:第一,列举虽然具体且易于认定,但任何列举总不可能永无疏漏,概括的定义揭示了所有不正当竞争行为的一般共性,为正确理解和适用法律提供了原则依据。第二,我国《反不正当竞争法》还规定了依法进行市场交易的自愿、平等、公平、诚实信用和遵守商业道德的原则。一般来说,遵循这些原则的行为属于正当竞争,反之则属于不正当竞争。该法既有共性与个性相结合的规定,也有正反相结合的规定,为认定处理未列举的不正当竞争行为创造了空间,提供了依据。

不正当竞争行为具有以下特征:(1) 主体的特定性。不正当竞争是经营者的行为,经营者是指从事商品经营或营利性服务的法人、其他经济组织和个人。(2) 行为的违法性。不正当竞争行为违反了反不正当竞争法的规定,既包括违反该法的原则性规定,也包括违反该法列举的禁止不正当竞争行为的具体规定,还包括违反市场交易应遵循原则的规定。(3) 行为的危害性。不正当竞争行为损害其他经营者合法权益,损害消费者利益,扰乱了社会经济秩序。

(二) 反不正当竞争法的概念

反不正当竞争法有狭义与广义之分。广义的反不正当竞争法,是调整在反

不正当竞争过程中发生的市场监管关系的法律规范的总称。这种法律规范的主要表现形式,是关于反不正当竞争的各种法律、法规等规范性文件。我国1993年制定的《反不正当竞争法》属于狭义的反不正当竞争法,其规范的行为的范围在当时具有外溢特色。在该法制定中及制定后的一段时间里,我国《反垄断法》尚未出台,但现实经济生活中滥用行政权力排除、限制竞争的行为相当严重,公用企业滥用市场支配地位强制交易的行为也甚为严重,这一部分本应属于反垄断法规范的行为,因缺乏规范而得不到制约,故我国的《反不正当竞争法》也将其纳入规范范围。《反垄断法》颁布和实施后,《反不正当竞争法》也将随之修改,只制止狭义的违反诚实信用、商业道德的不正当竞争行为。

(三) 反不正当竞争法与相邻法的关系

1. 反不正当竞争法与反垄断法

反不正当竞争法与反垄断法同属于竞争法范畴,二者相互配合、相互补充。共同规范经营者竞争行为,维护市场秩序,构成市场监管法的核心。其分野在于所规范行为的差异:反不正当竞争法重在恢复"竞争过度"行为到有效竞争状态;反垄断法则重在为"竞争不足"行为注入竞争活力。从各国立法看,两项法律的联系日益密切:其一,立法形式上的交叉或合并。许多国家的反垄断法中交织着反不正当竞争的条款,我国的《反不正当竞争法》中也存在反垄断的条款;有的国家将制止反不正当竞争行为与垄断行为统一立法,有的则分别制定《反不正当竞争法》和《反垄断法》。其二,许多国家都以统一的机构来实施两项法律,如美国的联邦贸易委员会、日本的公正交易会、英国的公平贸易委员会等都是集反垄断与反不正当竞争职能于一身。其三,从法律责任看,传统的不正当竞争主要通过私人诉讼解决,损害赔偿是主要责任形式,而反垄断则属公共政策领域,但随着反不正当竞争法的发展以及法律执行机构的统一,对不正当竞争以及垄断的制裁方式也趋于一致,既有私法领域惯用的损害赔偿责任,又适用公法的刑事监禁和罚金。

2. 反不正当竞争法与消费者权益保护法

不正当竞争行为侵害的客体往往并非单一,它在侵害合法经营者权益的同时,从实质上侵害或最终可能侵害消费者权益,且破坏了正常的经济秩序,因此,反不正当竞争法与消费者权益保护法日益密切。其一,两法都保护消费者利益,《反不正当竞争法》的立法宗旨之一就是保护消费者利益,尤其近年来,西方国家反不正当竞争法的作用越来越强调对消费者利益的保护。其二,两法在实体规范上有交叉,如欺骗性交易和强制交易,既受到反不正当竞争法的禁止,同时也作为侵害消费者权益的行为受到消费者权益保护法的禁止。其三,立法形式上存在交叉,许多国家反不正当竞争法中有维护消费者利益的内容,而一些国家没有制定专门的反不正当竞争法,却在消费者权益保护法中包含了制止不正当竞争的条款。

3. 反不正当竞争法与产品质量法

反不正当竞争法与产品质量法都属于市场监管法的范围,都旨在保护消费者权益,维护社会经济秩序,并在许多规范内容上有竞合。产品质量上的假冒伪劣是不正当竞争行为的重要手段之一,同样,我国产品质量法也有许多条款对涉及产品质量的不正当竞争行为的规定。在执法与司法实践中,如发生法条竞合,本着特别法优先适用的原则,优先适用产品质量法;产品质量法未作规定的,适用反不正当竞争法。

二、我国《反不正当竞争法》的立法宗旨和特点

(一) 我国《反不正当竞争法》立法宗旨

我国《反不正当竞争法》第1条开宗明义地规定:"为保障社会主义市场经济健康发展,鼓励和保护公平竞争,制止不正当竞争行为,保护经营者和消费者的合法权益,制定本法。"制定《反不正当竞争法》最有针对性的立法目的就是要制止不正当竞争行为;通过制止不正当竞争行为保护经营者和消费者的合法权益,维护社会经济秩序,鼓励和保护公平竞争,充分发挥竞争机制的积极作用,以促进社会主义市场经济的健康发展。

(二) 我国《反不正当竞争法》的特点

我国的《反不正当竞争法》是一部具有中国特色的法律,其特点是:

1. 调整范围的广泛性

(1) 行为方面

我国从现实经济生活及其发展的需要出发,着重规范经济生活中亟待加以约束的违反市场交易原则的不正当竞争行为,将目前尚不突出的典型的经济垄断留待以后的专门立法处理。同时将一些已初露端倪的限制竞争行为加以约束。

(2) 主体方面

我国《反不正当竞争法》适用的主体范围广泛,既约束、规范市场经营者,也约束、规范政府的行为;既有对违法经营者的惩处,又有对执法机关滥用职权、玩忽职守行为的处罚。

2. 主管机关与救济途径的特色

(1) 以现有的经济监督部门作为主管机关

我国将积累了丰富的市场管理经验、建立了基础的市场监控系统的工商行政管理部门作为反不正当竞争法的主管机关。由工商行政管理部门负责反不正当竞争法的实施,能与该部门原有的职能和工作相衔接。另外,法律还对各级行政执法机关的权限范围作了具体划分。

(2) 行政救济与司法救济并用的救济途径

我国《反不正当竞争法》采用行政救济与司法救济并用的救济途径,在赋予受害人司法救济权利的同时,为维护社会经济秩序又可通过行政手段对不正当竞争行为进行主动干预,以维护社会公共利益和正常的市场竞争秩序。

3. 法律责任的深化

我国《反不正当竞争法》加大了法律责任的力度,将行政责任、民事责任与刑事责任并用制裁不正当竞争行为,尤其在行政责任方面,除传统责任形式外,对罚款规定了较高的金额和较宽的幅度,这是我国以往经济立法中罕见的。

三、不正当竞争行为的表现形式

(一) 采用欺骗性标志从事交易行为

采用欺骗性标志从事交易行为,是指经营者采用假冒或仿冒标志或其他虚假标志从事交易,引起公众误解,诱使消费者误购,牟取非法利益的行为,具体包括四种:

1. 假冒他人注册商标

经营者不得假造或仿造他人已经注册的商标,不得将假造或仿造的商标用于自己生产或销售的商品,以此来混淆真伪,引起消费者误认、误购。假冒他人注册商标行为是一种典型的违背诚实信用等商业道德、侵犯其他经营者权益、扰乱市场秩序的不正当竞争行为。对此行为,除须依法承担损害赔偿责任外,还依照我国《商标法》的规定处罚。主管机关可以责令侵权人停止侵权行为,封存、收缴商标标识,消除现存商品或包装上的商标,责令并监督销毁侵权物品,根据情节予以通报,并可处以非法经营额 50% 以下或侵权所获利润 5 倍以下的罚款。假冒商标情节严重构成犯罪的,依法追究刑事责任。

2. 假冒、仿冒知名商品其他标志行为

经营者不得擅自使用知名商品特有的名称、包装、装潢,或者使用与知名商品近似的名称、包装、装潢,造成和他人知名商品相混淆,使购买者误认为是该知名商品。商品的名称、包装、装潢是经营者的财富,对这些反映经营者商业信誉和商品声誉标志的假冒、仿冒属于破坏竞争秩序的行为。该行为的构成要件是:其一,被假冒、仿冒的商品须为知名商品。凡是商品长久并广泛行销、使用,在相关领域已广为人知并有较好信誉,树立独特、良好形象的,即为知名商品。其二,该外观标志须为知名商品所特有,即该知名商品的外观标志非同一般,具有创造性和显著外部特点。其三,对知名商品特有的外观标志擅自作相同使用或相近使用,致使与他人知名商品发生混淆,但并不要求假冒、仿冒行为已实际产生误认误购效果,一般公众以普通注意力即足以引起误认即可。法律规定,对此种假冒、仿冒行为,监督检查部门应当责令停止违法行为,没收违法所得,可以根据情节处以违法所得1倍以上3倍以下的罚款;情节严重的,可以吊销营业执照;销售伪劣商品,构成犯罪的,依法追究刑事责任。

3. 假冒、仿冒他人企业名称或姓名

企业名称或姓名显示了经营者外在特征,体现了商业信誉和商品声誉。未经姓名或名称专有权人许可,擅自使用之,以引起消费者误认误购的,则构成此类不正当竞争行为。假冒、仿冒他人企业名称或姓名,给被侵害的经营者造成损失的,应承担赔偿责任。依我国《产品质量法》规定,生产者、销售者伪造或冒用他人厂名的,责令公开改正,没收违法所得,可并处罚款。

4. 使用虚假质量标志

这是在商品上伪造或者冒用认证标志、名优标志等质量标志,伪造产地,对商品质量作引人误解的虚假表示。对此行为,主要由主管机关责令公开更正,没收违法所得,可以并处罚款。

(二) 商业贿赂行为

根据我国《反不正当竞争法》的规定,经营者不得采用财物或者其他手段进行贿赂以销售或者购买商品。在账外暗中给予对方单位或者个人回扣的,以行贿论处;对方单位或者个人在账外暗中收受回扣的,以受贿论处。可见,回扣是商业贿赂的主要表现形式。回扣,是指在商品销售中,卖方从明确标价应支付价款外,账外暗中向买方退还钱财或给予买方其他报偿以争取交易机会和交易条件的行为。回扣具有以下特征:(1) 回扣主体为交易双方。内部雇员、经纪人同经营者之间,均不属交易双方,因此,提成费与介绍费等酬金不属于回扣。回扣既可以向对方交易人支付,也可以向对方交易人的雇员、负责人等有决定权的个人支付。(2) 回扣的形式是支付酬金,包括货币和有价证券等。(3) 回扣的目的在于争取交易机会与交易条件,因此,支付回扣和收受回扣双方均出于故意。

回扣不同于折扣、佣金,我国法律承认折扣与佣金的合法性。经营者销售或购买商品时,可以以明示方式给予对方折扣,可以给中间人佣金,但必须如实入账,接受折扣、佣金的经营者也必须如实入账。可见,回扣与折扣、佣金的主要区别在于是否入账,暗中支付还是明示支付是其主要区别。

商业贿赂行为的责任形式有刑事责任和行政责任。经营者采用财物或者其他手段进行贿赂以销售或者购买商品,构成犯罪的,依法追究刑事责任;不构成犯罪的,监督检查部门可以根据情节处以1万元以上20万元以下的罚款,有违法所得的,予以没收。

(三) 虚假宣传行为

虚假宣传行为,是指经营者利用广告或其他方式,对商品的质量、性能、用途、特点、价格、使用方法等作引人误解的虚假表示,诱发消费者产生误购的行为。引人误解的虚假宣传本质上也属于欺骗性交易行为,它具有以下特征:(1)通过大众传媒,制造舆论,因此,它除适用《反不正当竞争法》外,还受到《广告法》等制约。此外,《反不正当竞争法》除明确规定广告外,还规定了"其他方法",这是对广告方法的补充,使"引人误解的虚假宣传"所包容的形式包括了一切可以对商品进行宣传的所有形式。(2)对商品作引人误解的虚假表示,即宣传的内容与客观事实不符或完全捏造,以影响消费者,使消费者对商品的真实情况误认从而可能误购。对此认定标准应以一般公众的判断能力为依据,如果消费者以自己通常的判断能力、消费常识,以其对广告的理解来认购商品,结果发现商品并不是自己所理解的,则该广告宣传已构成引人误解。

经营者利用广告或者其他方法,对商品作引人误解的虚假宣传的,监督检查部门应当责令停止违法行为,消除影响,可以根据情节处以1万元以上20万元以下的罚款。利用广告作引人误解的虚假宣传,优先适用《广告法》的规定,广告的经营者,在明知或者应知的情况下,代理、设计、制作、发布虚假广告的,监督检查部门应当责令停止违法行为,没收违法所得,并依法处以罚款。

(四)侵犯商业秘密行为

商业秘密,是指不为公众所知悉、能为权利人带来经济利益、具有实用性并经权利人采取保密措施的技术信息和经营信息。其特点是:其一,商业性,表现为它具有实用价值并能为权利人带来经济利益;其二,秘密性,表现为它不为社会公众所知悉,并且权利人还采取了保密措施来维持这种秘密性。根据我国法律规定,侵犯商业秘密的表现形式多样,主要有:(1)以盗窃、利诱、胁迫或者其他不正当手段获取权利人的商业秘密;(2)披露、使用或者允许他人使用以前项手段获取的权利人的商业秘密;(3)违反约定或者违反权利人有关保守商业秘密的要求,披露、使用或者允许他人使用其所掌握的商业秘密。此外,第三人明知或者应知前述违法行为,获取、使用或者披露他人的商业秘密,视为侵犯商业秘密。

侵犯商业秘密的行为不仅侵犯了权利人的权利,给权利人带来经济损失,也扰乱了正常的经济秩序,使正当经营者本来拥有的竞争工具——商业秘密丧失秘密性而失去价值。各国都通过法律手段对商业秘密加以保护,并对侵犯商业秘密的行为予以严惩,不少国家还制定了专门的商业秘密法。我国《反不正当竞争法》规定,经营者侵犯商业秘密的,监督检查部门应责令其停止违法行为,可根据情节处以1万元以上20万元以下罚款。另外,商业秘密权利人在权利受到侵害时,可以向法院起诉。

(五)压价排挤竞争对手行为

压价排挤竞争对手行为,是指经营者采用在一定市场上和一定时期内,以低于成本的价格销售商品的手段,排挤竞争对手的行为。合理的价格是经营者用于竞争的手段,但不当压价则具有了不正当竞争的特征:其一,不当降价。即在不符合价值规律的情况下降价,而且是低于成本价销售商品。其二,以排挤竞争对手为目的。经营者以低于成本价销售商品,则企业必然亏损,这与经营者的营利目的相悖,如果不是出于经济规律和法律规定,则以排挤竞争对手为目的。其三,限制竞争的实质。压价排挤竞争对手行为不仅具有不正当竞争性质,也具有限制竞争的性质。

对此行为的认定,不要求实际上发生同业竞争者被排挤出市场的结果,仅要求有同业竞争者被排挤的可能,并在实际上已有同业竞争者的市场活动难以维持的事实。在某些特定情况下,降价销售并不以排挤对手为目的,则法律是允许的。《反不正当竞争法》规定,有下列情形之一的,不属于不正当竞争行为:(1) 销售鲜活商品;(2) 处理有效期限即将到期的商品或者其他积压的商品;(3) 季节性降价;(4) 因清偿债务、转产、歇业降价销售商品。

《反不正当竞争法》没有对压价排挤竞争对手行为的具体责任作出规定,但一般而言,不正当竞争者给被侵害者造成损害的,应当承担损害赔偿责任,被侵害经营者的损失难以计算,则赔偿额为侵权人在侵权期间因侵权所获利润;并应当承担被侵害的经营者因调查该不正当竞争行为所支付的合理费用。

(六) 不正当有奖销售行为

有奖销售是经营者的竞争策略之一,一般而言,以提供物品、金钱或其他条件来刺激消费者购买商品或服务,法律不予禁止,但其方法必须是正当的,不能有碍于公正而自由的竞争,否则即构成不正当竞争行为。各国对有奖销售行为都以立法加以规范和严格限制,我国《反不正当竞争法》并未对有奖销售一概禁止,而仅对可能产生不正当竞争后果的有奖销售行为予以禁止。不正当有奖销售行为主要有:(1) 采用谎称有奖或者故意让内定人员中奖的欺骗方式进行有奖销售;(2) 利用有奖销售的手段推销质次价高的商品;(3) 抽奖式的有奖销售,最高奖的金额超过5000元。以上行为或存在欺诈,或违背了公平交易原则,其目的在于同竞争对手争夺顾客与市场,结果可能损害消费者权益,助长投机心理,或危害公共利益与善良风俗,不利于经济和社会的健康发展。

依照《反不正当竞争法》的规定,经营者进行不正当有奖销售的,监督检查部门应当责令停止违法行为,可以根据情节处以1万元以上10万元以下的罚款。

(七) 诋毁商誉行为

诋毁商誉行为,是指经营者通过捏造、散布虚伪事实等不正当手段,损害竞争对手的商业信誉、商品声誉,削弱竞争对手竞争能力的行为。商业信誉是社会对经营者商业道德、商品品质、价格、服务等方面的积极评价,商品声誉则是社会对特定商品品质、性能的赞誉,二者都能给经营者带来巨大的经济效益以及市场竞争中的优势地位。诋毁竞争对手商誉的行为属于不正当竞争行为,其构成要件包括:(1) 经营者的散布言行具有诋毁故意,即违法经营者对竞争对手商誉的捏造、散布须为事实并非出于言行不慎,而是故意为之,目的即在于削弱对手竞争能力。(2) 诋毁行为的客体是同业竞争者的商业信誉和商品声誉。如果经营者只是对竞争对手个人名誉进行攻击,不涉及商誉,则属一般的人身权侵害;诋毁与自己毫无竞争关系的非同业竞争者的商誉,也不属于诋毁商誉行为。(3) 经营者采用了捏造、散布虚假事实的手段。如果经营者散布对竞争对手不利的事实,但非无中生有或故意歪曲,而是客观事实,则不构成诋毁商誉行为。

对诋毁商誉行为,因其具有相对性,我国《反不正当竞争法》也未规定具体责任。如诋毁商誉行为给竞争对手造成损害的,被侵权人可直接向法院起诉,寻求救济。

四、违反反不正当竞争法的责任形式与救济制度

根据法律规定,对不正当竞争行为的制裁采用兼有民事责任、行政责任和刑事责任的综合责任制度。某些不正当竞争行为,仅发生于特定主体之间,如搭售和附加不合理交易条件行为、诋毁商誉行为,则被侵害人可直接通过诉讼追究侵权人责任。有些不正当竞争行为,侵害对象具有不特定性,可能还伴随着消费者利益损害或公共利益损害,此时,仅以特定主体诉讼方式不足以追究其责任,则须主管机关对其监督检查,处以行政责任等。此外,监督检查机关工作人员滥用职权、玩忽职守,构成犯罪的,须依法追究刑事责任;不构成犯罪,给予行政处分。监督检查机关工作人员徇私舞弊,对明知有违反《反不正当竞争法》规定构成犯罪的经营者故意包庇不使他受追诉的,也须依法追究刑事责任。

为保障处罚的公正性,当事人对处罚决定不服,可自收到处罚决定之日起15日内向上一级主管机关申请复议;对复议决定不服的,可以自收到复议决定书之日起15日内向人民法院提起诉讼,也可以直接向人民法院提起诉讼。

第十一章　消费者权益保护法律制度

第一节　消费者权益保护法概述

一、消费者的概念

消费作为社会再生产的一个重要环节，是生产、交换、分配的目的与归宿。它包括生产消费和生活消费两大方面。其中，生活消费与基本人权直接相关。在盛倡"消费者主权"和基本人权的今天，生活消费作为人类的基本需要，自然成为法律必须加以规制的重要领域。

在经济学领域，消费者是与政府、企业相并列的参与市场经济运行的三大主体之一，是与企业相对应的市场主体；在法学领域，消费者是经济法的重要主体，尤其是各国消费者保护法上最重要的主体。尽管不同学科对于消费者研究的角度各有不同，但是，无论是在经济学上还是在法学上，无论是立法规定还是法律实践，一般都认为消费者是指从事生活消费的主体。

例如，日本学者竹内昭夫认为，所谓消费者，就是为生活消费而购买、利用他人供给的物资和劳务的人，是供给者的对称。[①] 而国际标准化组织(ISO)认为，消费者是以个人消费为目的而购买或使用商品和服务的个体社会成员。[②] 泰国的《消费者保护法》则规定，所谓消费者，是指买主和从生产经营者那里接受服务的人，包括为了购进商品和享受服务而接受生产经营者的提议和说明的人。可见，学者、相关的国际组织和各国的立法都存在着类似的界定。

综合上述各个方面的观点，可以认为，所谓消费者，就是为了满足个人生活消费的需要而购买、使用商品或者接受服务的居民。这里的居民是指自然人或称个体社会成员。在我国，消费者是经营者的对称，而经营者就是向消费者出售商品或提供服务的市场主体。

与消费者相伴而生的是消费者权益。没有消费者及消费者权益，消费者权益保护法就失去了其赖以存在的前提和根基。所谓消费者权益，是指消费者依法享有的权利以及该权利受到保护时给消费者带来的应得的利益。消费者权益的核心是消费者权利，其有效实现是消费者权益从应然状态转化为实然状态的

[①] 参见[日]金泽良雄：《经济法概论》，满达人译，中国法制出版社2005年版，第460页。
[②] 这是国际标准化组织的消费者政策委员会于1978年5月在其首届年会上对"消费者"所作的定义。

前提和基础;而对于消费者权利的实现直接提供法律保障的,则是消费者权益保护法。

二、消费者权益保护法的概念

消费者权益保护法,是调整在保护消费者权益的过程中发生的经济关系的法律规范的总称。它是经济法的重要部门法,在经济法的市场监管法中尤其占有重要地位。

上述定义表明,消费者权益保护法有其独特的调整对象,即在保护消费者权益过程中所发生的经济关系。由此可知,消费者权益保护法的最重要的主体是消费者,而保护的核心则是消费者权益。

消费者权益保护法的理论基础,可以从多种不同的角度来加以说明。从人权理论来看,消费者权利作为一项基本人权,是生存权的重要组成部分。既然人类的一切活动都是为了人类自身的存续和发展,而人类的生活消费,无论是物质消费还是精神消费,又都是实现人权的必经方式,因此,对于人类在生活消费中应享有的权利,法律必须予以严格保障,这样才能使消费者的基本人权从应然状态的权利转化为法定的权利或实际可享有的权利。有鉴于此,各国为了保障消费者权利,均制定了相应的保护消费者的法律规范,从而形成了各国的消费者保护制度。

从经济理论上说,企业或称厂商通常是以利润最大化为基本目标;而消费者或称居民则通常是以效用最大化为目标。两类市场主体在追求的目标上是存在冲突的。企业为了营利,极可能置诚实信用等商业道德于不顾,通过非法的、不正当的手段去侵害消费者的利益。其中,最为重要的是向消费者隐瞒有关商品或服务的质量、价格等各个方面的信息,从而会导致在企业与消费者之间出现"信息偏在"或称"信息不对称"的问题。这些问题会进一步导致"市场失灵"。对于企业与消费者之间的经济关系,本来主要是通过民商法等来调整的,但由于市场经济发展所带来的"信息偏在"等问题是市场本身和传统的民商法不能有效解决的,因此,应由国家通过制定专门的消费者政策和消费者法律来加以解决。

从法学理论上看,近代市场经济的发展,是与传统民商法的发展相适应的,它促进了私法的发达;而现代市场经济的发展,导致了一系列新型经济关系的产生,使传统民商法难以进行全面、有效的调整,因此,必须由经济法等现代法来弥补传统民商法调整的不足,从而使经济法、社会法等日益受到重视,并成为当代法律体系中不可或缺的重要组成部分。事实上,对于消费者权益的保护,在近代主要是通过传统的民商法来实现的。但降至现代,由于市场本身已不能有效解决"信息偏在"问题;同时,由于强调形式平等的民商法不能对处于弱者地位的消费者给予倾斜性的保护,以求得实质上的平等,从而也不能有效解决"信息偏在"等问题,因此,只能在传统的民商法以外去寻求解决途径,只能运用国家之手予以调整。各国的消费者权益保护的专门立法的发展,正说明了这一点。从这个意义上说,消费者权益保护法是对传统民商法的突破性的发展。

此外,消费者权益保护法还具有突出的社会性功能。从这个意义上说,消费者权益保护法既具有鲜明的经济性,也具有突出的社会性。其实,社会就是由消费者组成的。消费者权益保护法的有效实施,当然会对整个社会产生很大的影响。加强消费者权益的保护,有助于维护社会稳定和社会秩序,防止社会呈现严重的"无序"或"失范"状态。

对于消费者权益保护法的性质,有人认为它仍是传统民商法的一部分,也有人认为它属于经济法的部门法。通过前面的分析,可以认为,消费者权益保护法在立法基础、调整对象、法域、调整方法等诸多方面,已经大大突破了传统的私法体系。尽管它在形式意义的立法中涉及私法的原则,但其宗旨、所保护的法益、对私法主体之间的交易的规制,不仅使其超越了传统的民商法,而且也使其成为解决由于信息偏在、外部性等产生的市场失灵的重要手段。由于它与经济法中的市场监管法有共同的产生基础和宗旨等,因而它应当是经济法的组成部分。

三、消费者权益保护法的立法体例

消费者权益保护法的立法体例可分为两大类:一类是专门立法;一类是在相关的立法中加入有关消费者保护方面的法律规范。从总体上说,无论是英美法系国家还是大陆法系国家,消费者保护法都主要以制定法为主。例如,美国和英国都制定了许多消费者保护方面的成文法。美国早在1906年就颁布了《联邦食品和药品法》,近几年则通过了《2010年华尔街改革与消费者保护法》(《多德—弗兰克法案》);英国在1987年制定了专门的《消费者保护法》;日本于1968年公布施行了《保护消费者基本法》等。除了有关消费者保护的专门立法之外,许多国家还在诸如反垄断法、反不正当竞争法、产品质量法、广告法等相关法律中规定对消费者的保护。同时,从大的法律部门来说,还在民法、行政法等部门法中规定有关保护消费者的实质性规范。

由于许多部门法在其形式意义的立法中存在着消费者保护法的规范,同时,某些部门法本身也存在着一定的保护消费者权益的功能,因而消费者权益保护法同其他部门法的协调问题甚为重要。

在经济法体系中,消费者权益保护法是市场监管法的重要部门法。它与反垄断法、反不正当竞争法存在着密切的关系。应当说,消费者权益保护法更强调从消费者的角度来直接保护消费者这一特定的市场主体的权益,而反垄断法、反不正当竞争法则更强调从规范企业的市场行为的角度来间接地保护消费者的权益。

在整个法的体系中,还涉及消法与传统的民法等部门法的关系。事实上,在过去的民商法理论中,曾有学者提出把合同分为商人合同和消费者合同,并特别强调两者的差别。在商人合同中,商人的地位、行为能力被认为都是平等的;而在消费者合同中,消费者与商人的地位,特别是注意能力、交涉能力等是存在差别的。因此,确有必要把两类合同加以区别,以突出消费者的特殊性。此外,20世纪50年代爆发的"消费者权利运动",也促使各国制定相应的消费者政策和专门的消费者立法,从而使其在立法的宗旨、基础等方面,都比传统民法的保护有了很大的突破。但由于民法在历史上毕竟对保护消费者的权益起到过重要作用,两者之间存在着密切的关系,因此,在关于消费者权益保护法律中,往往存在着一些民法规范。

我国在保护消费者的立法方面实行专门立法的体例。1993年10月31日,第八届全国人民代表大会第四次会议通过了《中华人民共和国消费者权益保护法》(以下简称《消费者权益保护法》),这是我国制定的第一部保护消费者权益的专门法律,也是我国消费者保护立法方面的核心法、骨干法。该法已于2009年8月27日由全国人大常务委员会作了个别修改[1],于2013年10月25日由全国人大常务委员会作了较大修改[2]。其立法的宗旨是保护消费者的合法权益,维护社会经济秩序,以促进社会主义市场经济的健康发展。这与经济法的宗旨在根本上是一致的。

四、消费者权益保护法的原则

一般说来,消费者权益保护法应当包括以下原则:一是尊重和保障人权原则;二是保障社会经济秩序原则;三是依法交易原则。

我国《消费者权益保护法》规定了下列四项原则:一是经营者应当依法提供商品或者服务的原则;二是经营者与消费者进行交易应当遵循自愿、平等、公平、诚实信用的原则;三是国家保护消费者的合法权益不受侵犯的原则;四是一切组织和个人对损害消费者合法权益的行为进行社会监督的原则。

在我国《消费者权益保护法》规定的四项原则中,第一项原则和第二项原则,同前述的消费者权益保护法通常应包括的"依法交易原则"是一致的。事实上,交易是连接经营者和消费者的纽带,也是消费者权益保护法的调整基础。因

---

[1] 见《全国人民代表大会常务委员会公报》2009年第6号,第556页。
[2] 《全国人民代表大会常务委员会关于修改〈中华人民共和国消费者权益保护法〉的决定》已由中华人民共和国第十二届全国人民代表大会常务委员会第五次会议于2013年10月25日通过,自2014年3月15日起施行。

为没有交易,就不会存在消费者权利受到经营者侵害的问题,也就没有法律规制的必要。一般的"依法交易原则"包括我国《消费者权益保护法》中规定的第一项原则,即"依法提供商品或者服务的原则",只不过这里所依据的法律,并不仅限于民事法律,而是同样要依据《反不正当竞争法》《产品质量法》《广告法》《价格法》等经济法方面的法律。此外,一般的"依法交易原则"也包括我国《消费者权益保护法》中规定的第二项原则,即"交易应当遵循自愿、平等、公平、诚实信用的原则"。自愿原则、平等原则、公平原则、诚信原则等,不仅是一般的交易都应当遵循的原则,而且也与消费者的公平交易权、自主选择权、获取信息权等消费者权利直接相关,是形成具体的消费者保护规则的基础性的、本原性的规则,对于形成具体的消费者权利保护制度有重要的指导作用。

消费者权益保护法通常应当包含的另外两项原则,即"尊重和保障人权原则"、"保障社会经济秩序原则",是更高层次的原则。为了具体体现和落实这两项原则的精神,我国《消费者权益保护法》规定了上述的第三项原则,即"国家保护原则",以及第四项原则,即"社会监督原则"。这些原则强调了国家和社会在保护消费者合法权益方面的责任,不仅在具体的消费者保护法领域里具有重要意义,而且在宪政领域里也具有重要价值。

上述各类原则也说明,消费者的保护需要站在经济、社会的总体立场之上,而并非仅是调整消费者与经营者之间的个体关系,国家要从人权、经济与社会秩序等高度,来切实保障消费者的合法权益。

五、消费者权益的国际保护

随着市场经济的发展,消费者问题日益突出,各国所保护的消费者权利的范围也日渐扩大,对国际组织的相关认识产生了直接影响。例如,国际消费者联盟①曾提出消费者应享有的八项权利,不仅使消费者权益的国际保护与各国的具体保护在总体上保持一致,而且使国际层面关于消费者权益保护的规定更具有可操作性。

在消费者权益的国际保护方面,已经有一批关于消费者保护的规定。其中,较为重要的是:其一,《保护消费者准则》。它由国际消费者联盟组织倡导制定,并经联大决议通过②,是国际消费者保护方面影响最大的综合性规定。其主要目标是协助各国加强消费者保护,鼓励企业遵守道德规范,协助各国限制不利于

---

① 国际消费者联盟组织(International Organization of Consumers Union,简称IOCU),由美国、英国等五国的消费者联盟或消费者协会于1960年在海牙发起设立。中国消费者协会已于1987年被接纳为正式会员。国际消费者联盟组织已于1995年更名为国际消费者协会,简称CI。

② 1985年4月9日,联合国大会投票通过了第39/248号决议,大会在该项决议中通过了《保护消费者准则》,该《准则》是一部具有世界意义的保护消费者的纲领性文件。

消费者的商业陋习;鼓励消费者组织的发展,推进消费者保护的国际合作等。其二,《消费者保护宪章》。它由欧洲理事会制定,其权利保护范围较为广泛,对消费者的援助保护权、损害赔偿权、知悉真情权、接受教育权、依法结社权、获得咨询权等都有相关规定。

第二节 消费者的权利与经营者的义务

一、消费者权利与经营者义务概述

在保护消费者权利方面,经营者、国家、社会均负有相应的义务,其中,经营者义务是更为直接、更为具体的。要有效地保护消费者的权利,就必须使经营者能够全面地履行其相应的义务,这样才能使消费者权利得到有效实现。正因如此,有关消费者权利和经营者义务的内容,历来是消费者权益保护法的核心内容。

我国《消费者权益保护法》不仅对于消费者权利和经营者义务有明确、具体的规定,同时,还从总体上规定了其适用范围为:消费者为生活消费需要购买、使用商品或者接受服务,其权益受该法保护;经营者为消费者提供其生产、销售的商品或者提供服务,应当遵守该法;对于上述具体情况该法未作规定的,应当适用其他有关法律、法规的规定。另外,农民购买、使用直接用于农业生产的生产资料,亦应参照该法执行。可见,《消费者权益保护法》有关适用范围的规定,实际上对于该法所保护的消费者权利和要求经营者履行的义务也是一个总体上的规定。

从历史上看,一般认为,在世界上最早明确提出消费者权利的是美国总统约翰·肯尼迪。他在1962年3月15日向国会提出的"关于保护消费者利益的特别国情咨文"中[1],提出了消费者应享有的四项权利:获得商品的安全保障的权利;获得正确的商品信息资料的权利;对商品的自由选择的权利;提出消费者意见的权利。肯尼迪的"四权论"提出以后,渐为各国所广泛认同并在实践中加以发展,并相继增加了获得合理赔偿的权利、获得有益于健康的环境的权利和受到教育的权利,以作为上述"四权论"的补充。[2]

为了保障上述消费者各项权利的实现,有必要在法律中专门规定经营者的义务。事实上,在经营者以利润最大化为目标的情况下,在信息偏在、道德风险

---

[1] 肯尼迪于1962年3月15日提出的"四权论"影响深远,因此,国际消费者组织联盟于1983年作出决定,将每年的3月15日定为"国际消费者权益日"。

[2] 1968年的韩国《消费者保护法》规定了7项消费者权利;1984年的西班牙《消费者和使用者利益保护法》规定了消费者的6项权利;而国际消费者组织联盟则提出了消费者的9项权利,其中包括生存权、平价权、选择权、安全权、知情权、求偿权、获助权、教育权、环境权等。

等普遍存在的情况下,经营者极可能侵犯消费者的权益,因而必须对经营者的行为加以规范。有鉴于此,我国《消费者权益保护法》对于消费者权利和经营者义务均有具体规定,下面分别予以阐述。

二、消费者的具体权利

我国现行《消费者权益保护法》的第二章专门具体规定了消费者的权利,这些权利对于消费者来说是至为重要的,主要包括以下几个方面:

(一) 保障安全权

随着经济活动和社会生活的日益复杂,人们面临的各类风险也越来越多。于是,人们不仅关注国家的经济安全、金融安全等宏观问题,而且也关注更为具体的人身安全、财产安全、交易安全等问题,从而使保障安全成为相关法律调整的重要目标之一。一般认为,公平、效率、秩序、安全都是法律调整所追求的价值目标,没有安全就没有秩序,没有安全也没有效率,没有安全,公平和正义也无法实现。安全直接关系到人身和财产的状态,直接影响到人身权、财产权的保障,因而是非常基础的。

保障安全权是消费者最基本的权利,它是消费者在购买、使用商品和接受服务时所享有的保障其人身、财产安全不受损害的权利。由于消费者取得商品和服务是用于生活消费,因此,商品和服务必须安全可靠,必须保证商品和服务的质量不会损害消费者的生命与健康。

在当代风险社会,在这个强调以人为本、关注基本人权的时代,在这个"消费者主权"的时代,必须在法律上确立消费者最基本的保障安全权,使消费者能够依法要求经营者提供真正可以保障人身、财产安全的商品和服务,以维护良好的经济秩序和社会秩序,促进社会成员在和谐中提高效率,在高效率中实现公平,从而全面实现法律的总体价值目标。

(二) 知悉真情权

在今天的信息社会,信息的重要性人所共知。对于企业而言,信息直接关系到其经营业绩;对于消费者而言,信息直接关乎其生活质量。但是,信息过滥与信息不足的问题却同时困扰着人们。由于信息不对称所带来的诸多市场失灵问题,使信息偏在与道德风险等问题受到了普遍关注。如何确保相关信息的真实、准确,如何确保相关主体在信息沟通上的诚实信用,以更好地保护相关主体的知悉真情权及其合法权益,是从宪法到民法,从行政法到经济法等各个法律领域都必须关注的问题。同理,在消费者保护法领域,也要保护消费者的知悉真情权。

知悉真情权,或称获取信息权、知情权、了解权,是消费者享有的知悉其购买、使用的商品或者接受的服务的真实情况的权利。据此,消费者有权根据商品或者服务的不同情况,要求经营者提供商品的价格、产地、生产者、用途、性能、规格、等级、主要成分、生产日期、有效期限、检验合格证明、使用方法说明书、售后服务,或者服务的内容、规格、费用等有关情况,唯有如此,才能保障消费者在与经营者签约时做到知己知彼,并表达其真实的意思。

(三) 自主选择权

市场经济是一种由独立的市场主体自主决策、自主选择的经济,消费者作为与经营者相对立的市场主体,同样是独立的、自主的。作为生活消费的主体,消费者最清楚自己在生活中是否需要购进商品和服务,以及需要什么、需要多少,对于商品和服务的品质、数量、价格等,消费者都应当有权自主地作出判断,并自主地作出选择。因此,在保护消费者的立法中,应当确立消费者的自主选择权。

自主选择权,是指消费者享有的自主选择商品或者服务的权利。该权利包括以下几个方面:自主选择提供商品或者服务的经营者的权利;自主选择商品品种或者服务方式的权利;自主决定购买或者不购买任何一种商品、接受或者不接受任何一项服务的权利;在自主选择商品或服务时所享有的进行比较、鉴别和挑选的权利。

在市场经济发展的初期,可能会存在一些强买强卖、欺行霸市等破坏市场经济秩序的行为,同时,也会存在大量的假冒伪劣产品充斥市场、各类欺诈行为层出不穷等"市场失序"的问题,在这种情况下,尤其应当确立和保护消费者的自主选择权,同时,还应当确立和保护消费者的公平交易权。

(四) 公平交易权

消费者作为生活消费的主体,存在着纷繁复杂的私人欲望,这些私人欲望需要通过在市场上购买私人物品来得到满足,并由此促进整个市场经济的发展。交易是市场经济的核心,公平交易是市场经济持续发展的保障。在消费者与经营者的关系中,交易是否公平,直接影响到消费者的得失,也影响到市场的秩序和效率。因此,与上述的自主选择权直接相关,消费者还应当享有公平交易权。

公平交易权,是指消费者在购买商品或者接受服务时所享有的获得质量保障和价格合理、计量正确等公平交易条件的权利。为了保障消费者公平交易权的实现,必须依反垄断法和反不正当竞争法等对劣质销售、价格不公、计量失度等不公平交易行为加以禁止。此外,消费者还有权拒绝经营者的强制交易行为,这与前述消费者权益保护法的基本原则的要求也是一致的。

(五) 依法求偿权

致人损害要赔偿,是法律上的一般理念和规则。消费者在购买商品或接受服务,从事其生活消费时,可能会由于质量、价格、计量等方面的原因,而受到人身或财产方面的损害。对于这些损害,从损害赔偿的一般法理上说,当然要予以赔偿,以补偿受损者,惩戒致害者,保障基本人权,维护市场秩序。据此,应当在法律上确立和保护消费者的求偿权,使其可以依法求偿。

依法求偿权,是指消费者在因购买、使用商品或者接受服务受到人身、财产损害时,依法享有的要求并获得赔偿的权利。它是弥补消费者所受损害的必不可少的救济性权利。确立和保护这一权利,对于解决实践中大量存在的侵害消费者权益的问题,对于有效惩戒不法经营者、维护市场秩序、保障基本人权,都是非常重要的。

（六）依法结社权

消费者团结起来,依法建立自己的社团,有助于使消费者从分散、弱小走向集中和强大,并通过集体的力量来改变自己的弱者地位,以便与实力雄厚的经营者相抗衡。与全球范围内的第三部门蓬勃发展的形势相呼应,各国也纷纷建立了大量的消费者团体。消费者的结社问题,无论在宪法、行政法层面,还是在经济法、社会法等层面,都应予以关注；同时,应当在专门的立法中,确立消费者的依法结社权。

依法结社权,是指消费者享有的依法成立维护自身合法权益的社会团体的权利。政府对合法的消费者团体不应加以限制,并且,在制定有关消费者方面的政策和法律时,还应当向消费者团体征求意见,以求更好地保护消费者权利。

（七）接受教育权

在当今知识爆炸的时代,不断地接受教育以获取新知,已成为人们生活的一部分。接受教育不仅是一项宪法性的权利,而且要具体体现在相关的立法中。为此,在保护消费者的立法中,同样要把接受教育之类的宪法性权利予以具体化,从而形成消费者权益保护法中的接受教育权。

接受教育权,也称获取知识权、求教获知权,是从知悉知情权中引申出来的一种消费者权利,它是消费者所享有的获得有关消费和消费者权益保护方面的知识的权利。只有保障消费者的接受教育权,才能使消费者更好地掌握所需商品或者服务的知识和使用技能,以使其正确使用商品,提高自我保护意识。由于厂商与消费者在信息、实力等方面的差距越来越大,因此,在今天强调消费者要接受教育,获取相关知识以提高自我保护的能力,已变得越来越重要。

（八）获得尊重权

在激烈的市场竞争中,许多企业为了提高自己的竞争力,在经营方式、竞争手段等方面不断花样翻新,有时可能会忽视对消费者的人格尊严或民族风俗习惯的尊重,使消费者的身心受到伤害,并由此会产生多个方面的危害。因此,强调交易平等,强调彼此尊重,确立消费者的获得尊重权,同样也是非常重要的。

获得尊重权,是指消费者在购买、使用商品和接受服务时所享有的其人格尊严、民族风俗习惯以及个人隐私得到尊重和保护的权利。尊重消费者的人格尊严和民族风俗,依法保护姓名权、肖像权和隐私权等个人信息,有助于形成公序良俗,既是尊重和保障人权的重要内容,也是社会文明进步的表现。

(九) 监督批评权

同前面的接受教育权类似,监督批评权也是一项宪法性权利,它同样需要在保护消费者的立法中予以具体化。该权利对于消费者其他权利的具体实现,对于形成消费者权益保护法运行的良性反馈机制,是非常重要的。

依据我国《消费者权益保护法》的规定,消费者享有对商品和服务以及保护消费者权益工作进行监督的权利。此外,消费者有权检举、控告侵害消费者权益的行为和国家机关及其工作人员在保护消费者权益工作中的违法失职行为,有权对保护消费者权益工作提出批评、建议。

上述 9 项权利都是我国《消费者权益保护法》明确规定应予保护的消费者权利。这些权利的有效实现,尚有赖于其他主体的相关义务的履行,尤其有赖于经营者义务的履行。

三、经营者的具体义务

由于经营者是为消费者提供商品和服务的市场主体,是与消费者直接进行交易的另一方,因此,明确经营者的义务对于保护消费者权益至为重要。我国《消费者权益保护法》第三章较为全面地规定了在保护消费者权益方面经营者所负有的下列义务:

(一) 依法定或约定履行义务

经营者向消费者提供商品或服务,应当依照我国的《消费者权益保护法》和其他有关法律、法规的规定履行义务,即经营者必须依法履行其法定义务。如果经营者和消费者有约定,则应当按照约定履行义务,但双方的约定不得违背法律、法规的规定。此外,经营者应当恪守社会公德,诚信经营,保障消费者的合法权益;不得设定不公平、不合理的交易条件,不得强制交易。

经营者提供商品或者服务,按照国家规定或者与消费者的约定,承担包修、包换、包退或者其他责任的,应当按照国家规定或者约定履行,不得故意拖延或者无理拒绝。这是我国《消费者权益保护法》为体现上述法定或约定履行义务的精神而作的具体规定。

(二) 听取意见和接受监督

经营者应当听取消费者对其提供的商品或者服务的意见,接受消费者的监督。这是与消费者的监督批评权相对应的经营者的义务。法律规定经营者的这一义务,有利于提高和改善消费者的地位。

(三) 保障人身和财产安全

这是与消费者的保障安全权相对应的经营者的义务。经营者应当保证其提供的商品或者服务符合保障人身、财产安全的要求。对可能危及人身、财产安全的商品和服务,应当向消费者作出真实的说明和明确的警示,并说明和标明正确使用商品或者接受服务的方法以及防止危害发生的方法。宾馆、商场、餐馆、银行、机场、车站、港口、影剧院等经营场所的经营者，尤其应当对消费者尽到安全保障义务。

此外，经营者发现其提供的商品或者服务存在缺陷，有危及人身、财产安全危险的，应当立即向有关行政部门报告和告知消费者，并采取停止销售、警示、召回、无害化处理、销毁、停止生产或者服务等措施。采取召回措施的，经营者应当承担消费者因商品被召回支出的必要费用。①

（四）不作虚假或引人误解的宣传

这是与消费者的知悉真情权相对应的经营者的义务。经营者向消费者提供有关商品或者服务的质量、性能、用途、有效期限等信息，应当真实、全面，不得作虚假或者引人误解的宣传。否则，即构成侵犯消费者权益的行为和不正当竞争行为。

此外，经营者对消费者就其提供的商品或者服务的质量和使用方法等具体问题提出的询问，应当作出真实、明确的答复。在价格标示方面，经营者提供商品或者服务应当明码标价。

（五）出具相应的凭证和单据

经营者提供商品或者服务，应当按照国家有关规定或者商业惯例向消费者出具发票等购货凭证或者服务单据；消费者索要发票等购货凭证或者服务单据的，经营者必须出具，这是经营者的义务。由于发票等购货凭证或者服务单据具有重要的证据价值，对于界定消费者和经营者的权利义务亦具有重要意义，因此，明确经营者出具凭证和单据的义务，有利于保护消费者权益。

在现实生活中，有些经营者可能提出种种借口，拒绝向消费者出具相应的发票等购货凭证或服务单据，这是违反其法定义务的行为，不仅会侵害消费者权益，而且也会导致国家税款的流失，带来经济管理上的一些不良后果。因此，对此类违法行为同样不应小觑。

（六）提供符合要求的商品或服务

经营者应当保证在正常使用商品或者提供服务的情况下说明其提供的商品或者服务应当具有的质量、性能、用途和有效期限；但消费者在购买该商品或者接受该服务前已经知道其存在瑕疵，且存在该瑕疵不违反法律强制性规定的除外。

此外，经营者以广告、产品说明、实物样品或者其他方式表明商品或者服务

---

① 我国的缺陷产品召回制度始于2004年3月12日由质检总局等四部委联合发布的《缺陷汽车产品召回管理规定》，其后，质检总局等部门又陆续制定了食品、儿童玩具、药品、医疗器械等方面的召回制度。2012年10月22日国务院公布了《缺陷汽车产品召回管理条例》，自2013年1月1日起施行。这些召回制度的实施，对于保障消费者权益非常重要。

的质量状况的,应当保证其提供的商品或者服务的实际质量与表明的质量状况相符。

另外,经营者提供的机动车、计算机、电视机、电冰箱、空调器、洗衣机等耐用商品或者装饰装修等服务,消费者自接受商品或者服务之日起 6 个月内发现瑕疵,发生争议的,由经营者承担有关瑕疵的举证责任。

(七) 承担退货、更换或修理等义务

经营者提供的商品或者服务不符合质量要求的,消费者可以依照国家规定、当事人约定退货,或者要求经营者履行更换、修理等义务。没有国家规定和当事人约定的,消费者可以自收到商品之日起 7 日内退货;7 日后符合法定解除合同条件的,消费者可以及时退货,不符合法定解除合同条件的,可以要求经营者履行更换、修理等义务。依照上述规定进行退货、更换、修理的,经营者应当承担运输等必要费用。

此外,还有一类"无理由退货"的情况,即经营者采用网络、电视、电话、邮购等方式销售商品,消费者有权自收到商品之日起 7 日内退货,且无需说明理由,但下列商品除外:(1) 消费者定做的;(2) 鲜活易腐的;(3) 在线下载或者消费者拆封的音像制品、计算机软件等数字化商品;(4) 交付的报纸、期刊。除上述商品外,其他根据商品性质并经消费者在购买时确认不宜退货的商品,不适用无理由退货。需要强调的是,消费者退货的商品应当完好。经营者应当自收到退回商品之日起 7 日内返还消费者支付的商品价款。退回商品的运费由消费者承担;经营者和消费者另有约定的,按照约定。

上述的"无理由退货"制度,又被称为"冷静期"制度,消费者由此在法定期限内享有了所谓"后悔权"。此类制度对消费者行使权利的行使所设定的中所涉及的各类条件限制,体现了法律在经营者权益与消费者权益之间的平衡。

(八) 不得从事不公平、不合理的交易

为了保障消费者的公平交易权,经营者在经营活动中使用格式条款时,应当以显著方式提请消费者注意商品或者服务的数量和质量、价款或者费用、履行期限和方式、安全注意事项和风险警示、售后服务、民事责任等与消费者有重大利害关系的内容,并按照消费者的要求予以说明。与此同时,经营者不得以格式条款、通知、声明、店堂告示等方式,作出排除或者限制消费者权利、减轻或者免除经营者责任、加重消费者责任等对消费者不公平、不合理的规定,不得利用格式条款并借助技术手段强制交易。格式条款、通知、声明、店堂告示等含有上述内容的,其内容无效。

(九) 信息提供与个人信息保护的义务

在信息提供方面,采用网络、电视、电话、邮购等方式提供商品或者服务的经营者,以及提供证券、保险、银行等金融服务的经营者,应当向消费者提供经营地址、联系方式、商品或者服务的数量和质量、价款或者费用、履行期限和方式、安全注意事项和风险警示、售后服务、民事责任等信息。此外,经营者未经消费者同意或者请求,或者消费者明确表示拒绝的,不得向其发送商业性信息。

在个人信息保护方面,经营者收集、使用消费者个人信息,应当遵循合法、正当、必要的原则,明示收集、使用信息的目的、方式和范围,并经消费者同意。经营者收集、使用消费者个人信息,应当公开其收集、使用规则,不得违反法律、法规的规定和双方的约定收集、使用信息。

经营者及其工作人员对收集的消费者个人信息必须严格保密,不得泄露、出售或者非法向他人提供。经营者应当采取技术措施和其他必要措施,确保信息安全,防止消费者个人信息泄露、丢失。在发生或者可能发生信息泄露、丢失的情况时,应当立即采取补救措施。

(十)不得侵犯消费者的人身权

消费者的人身权是其基本人权,消费者的人身自由、人格尊严不受侵犯。如前所述,消费者享有获得尊重权,经营者不得对消费者进行侮辱、诽谤,不得搜查消费者的身体及其携带的物品,不得侵犯消费者的人身自由。

我国《消费者权益保护法》明确规定的经营者的上述各类义务,与前述的消费者权利存在着大体上的对应关系。从实质意义上的消费者权益保护法来说,经营者的义务还远不限于上述形式意义上的《消费者权益保护法》的规定,因为在《反垄断法》《反不正当竞争法》《产品质量法》《广告法》《价格法》等诸多形式意义的立法中,同样包含许多涉及经营者义务的规范,并且在这些法律的立法宗旨中,无一例外,都将保护消费者权益作为重要目标。由此可见,对消费者权利的保护,不只是《消费者权益保护法》的任务,同时也是其他相关法律的任务;消费者权益保护法作为一个部门法,实际上包含了许多法律中的有关保护消费者的规范。

第三节 消费者权益的国家保护与社会保护

在消费者权益的保护方面,不仅经营者负有直接的义务,而且国家、社会也都负有相应的义务。只有各类主体都有效地承担起保护消费者权益的义务,消费者的各项权利才能得到有效的保障。为此,我国《消费者权益保护法》对于国家和社会在保护消费者权益方面的义务也都作出了规定。

一、国家对消费者权益的保护

(一)国家对消费者权益的整体保护

为了有效地保护消费者权益,国家应当在立法、执法、司法等各个环节上,加强对消费者权益的整体保护。在消费者政策和消费者立法方面,国家应当保护消费者的合法权益不受侵害,并应采取具体措施,保障消费者依法行使权利,维护其合法利益。依据我国《消费者权益保护法》第四章的规定,国家对消费者合法权益的保护主要体现在以下几个方面:

1. 在立法方面的保护

国家制定有关消费者权益的法律、法规、规章和强制性标准,应当听取消费者和消费者协会等组织的意见。此外,立法机关在把消费者政策上升为法律时,也应听取消费者的意见和要求。

2. 在行政管理方面的保护

政府的行政管理工作与消费者权益的保护水平直接相关。各级人民政府应当加强领导,组织、协调、督促有关行政部门做好保护消费者合法权益的工作,落实保护消费者合法权益的职责。各级人民政府应当加强监督,预防危害消费者人身、财产安全行为的发生,及时制止危害消费者人身、财产安全的行为。这实际上体现了对消费者的保障安全权的着重确认和保护。

我国《消费者权益保护法》除对各级政府在消费者权益保护方面的义务作出规定以外,还特别强调政府的一些具体职能部门在消费者权益保护方面的义务。根据该法规定,各级人民政府工商行政管理部门和其他有关行政部门,应当依照法律、法规的规定,在各自的职责范围内,采取措施,保护消费者的合法权益。此外,有关行政部门应当听取消费者及其社会团体对经营者交易行为、商品和服务质量的意见,及时调查处理。

另外,有关行政部门在各自的职责范围内,应当定期或者不定期对经营者提供的商品和服务进行抽查检验,并及时向社会公布抽查检验结果。如果发现并认定经营者提供的商品或者服务存在缺陷,有危及人身、财产安全危险的,应当立即责令经营者采取停止销售、警示、召回、无害化处理、销毁、停止生产或者服务等措施。

3. 在惩处违法犯罪行为方面的保护

对违法犯罪行为有惩处权力的有关国家机关,应当依照法律、法规的规定,惩处经营者在提供商品和服务中侵害消费者合法权益的违法犯罪行为,以切实保护消费者的合法权益。

为了及时、有效地惩处侵害消费者合法权益的违法犯罪行为,人民法院应当采取措施,方便消费者提起诉讼。对于符合我国《民事诉讼法》起诉条件的消费者权益争议,人民法院必须受理,并应及时审理,以使消费者权益争议尽快得到解决。

(二) 政府部门对消费者权益的专门保护

在保护消费者权益方面,一些政府部门负有重要职责,如工商、价格、质量监督等部门,都在从各自职能的角度对消费者权益进行专门的保护。这些专门保护也是国家对消费者权益的整体保护的重要组成部分。下面仅以工商管理部门为例,对消费者权益的专门保护问题略作说明。

工商管理部门是《消费者权益保护法》的主要执法部门,在保护消费者合法权益、维护社会经济秩序方面发挥着重要的作用。由于同纷繁复杂的经济生活相比,我国《消费者权益保护法》的规定仍然较为原则,因此,为了有效保护消费者权益,国家工商行政管理总局制定了一系列保护消费者权益的规范性文件,如《关于处理侵害消费者权益行为的若干规定》、《欺诈消费者行为处罚办法》、《工商行政管理机关受理消费者申诉暂行办法》[①]等等。这些规定进一步增进了我国《消费者权益保护法》的可操作性,是对《消费者权益保护法》规定的进一步明确化和具体化。对此,下面着重从两大方面作简要介绍:

第一,工商管理部门对经营者义务的细化。

为了进一步加强对消费者权利的保护,《关于处理侵害消费者权益行为的若干规定》对经营者的义务作出了如下更加细致的规定:

在约定的履行方面,经营者与消费者约定的内容有利于维护消费者合法权益并严于强行法规定的,按照约定履行;约定的内容不利于维护消费者合法权益并且不符合强行法规定的,按照法律法规的规定履行。

在保障安全权方面,如果经营者发现其提供的商品或者服务存在严重缺陷,即使正确使用商品或者接受服务仍然可能对人身、财产安全造成危害的,应当立即停止销售尚未售出的商品或者停止提供服务,并报告工商行政管理等有关行政部门;对已经销售的商品或者已经提供的服务除报告工商行政管理等有关行政部门外,还应当及时通过公共媒体、店堂告示以及电话、传真、手机短信等有效方式告之消费者,并且收回该商品或者对已提供的服务采取相应的补救措施。

在公平交易权方面,经营者拟订的格式合同、通知、声明、店堂告示中不得含有下述对消费者不公平、不合理的内容:让消费者承担应当由经营者承担的义务;增加消费者的义务;排除、限制消费者依法变更、解除合同的权利;排除、限制消费者依法请求支付违约金、损害赔偿、提起诉讼等法定权利。如果经营者违反上述义务,则工商行政管理部门应当责令其改正,并在市场主体信用监管信息中

---

① 《关于处理侵害消费者权益行为的若干规定》于2004年3月12日发布,《欺诈消费者行为处罚办法》于1996年3月15日发布施行,《工商行政管理机关受理消费者申诉暂行办法》于1998年12月3日修订。此外,2014年2月14日国家工商行政管理总局还公布了《工商行政管理部门处理消费者投诉办法》,废止了前述的《工商行政管理机关受理消费者申诉暂行办法》。

予以记载。

在交易证明方面,消费者接受经营者提供的商品或者服务后,向经营者索要发票、收据、购货卡、服务卡、保修证等购货凭证或者服务单据的,经营者必须出具,并不得加收任何费用。消费者索要发票的,经营者不得以收据、购货卡、服务卡、保修证等代替。有正当理由不能即时出具的,经营者应当按照与消费者协商的时间、地点送交或者约定消费者到指定地点索取。经营者约定消费者到指定地点索取的,应当向消费者支付合理的交通费用。如果经营者不履行上述义务,工商行政管理部门应当责令其改正,并在市场主体信用监管信息中予以记载。

上述规定要比我国《消费者权益保护法》中的规定更为具体,也更有现实针对性,同时,侧重于保护消费者权利的精神也更加突出,这无疑更有助于保障消费者权利的具体实现。

第二,工商管理部门对欺诈消费者行为的特别处罚。

欺诈消费者的行为,是较为普遍的侵害消费者权益的行为,贻害甚深。为制止经营者提供商品或者服务中的欺诈消费者行为,保护消费者的合法权益,工商行政管理总局根据我国《消费者权益保护法》的有关规定,专门制定了《欺诈消费者行为处罚办法》,以期从加大处罚力度的角度,来加强对消费者权益的保护。

根据规定,欺诈消费者行为,是指经营者在提供商品(包括服务)中,采取虚假或者其他不正当手段欺骗、误导消费者,使消费者的合法权益受到损害的行为。属于欺诈消费者行为的主要有:(1)销售掺杂、掺假,以假充真,以次充好的商品的;(2)采取虚假或者其他不正当手段使销售的商品分量不足的;(3)销售"处理品"、"残次品"、"等外品"等商品而谎称是正品的;(4)以虚假的"清仓价"、"甩卖价"、"最低价"、"优惠价"或者其他欺骗性价格表示销售商品的;(5)以虚假的商品说明、商品标准、实物样品等方式销售商品的;(6)不以自己的真实名称和标记销售商品的;(7)采取雇用他人等方式进行欺骗性的销售诱导的;(8)作虚假的现场演示和说明的;(9)利用广播、电视、电影、报刊等大众传播媒介对商品作虚假宣传的;(10)骗取消费者预付款的;(11)利用邮购销售骗取价款而不提供或者不按照约定条件提供商品的;(12)以虚假"有奖销售"、"还本销售"等方式销售商品的。

对于上述欺诈消费者的行为,法律、行政法规对处罚机关和处罚方式有规定的,从其规定;法律、行政法规未作规定的,由工商行政管理机关依照《消费者权益保护法》的规定处罚。

二、社会对消费者权益的保护

保护消费者的合法权益是全社会的共同责任,国家鼓励、支持一切组织和个人对损害消费者合法权益的行为进行社会监督。为了更好地保护消费者权益,大众传媒尤其应做好维护消费者合法权益的宣传,对损害消费者合法权益的行为进行有效的舆论监督。

此外,在保护消费者合法权益方面,各种消费者组织具有至为重要的作用,因而我国《消费者权益保护法》第五章对其作出了专门的规定。

依据该法规定,消费者组织包括消费者协会和其他消费者组织。消费者协会和其他消费者组织是依法成立的对商品和服务进行社会监督的保护消费者合法权益的社会组织。它们作为非营利的、公益性的社团,不得从事商品经营和营利性服务,不得以收取费用或者其他牟取利益的方式向消费者推荐商品和服务。各级人民政府对消费者协会履行职责应当予以必要的经费等支持。在消费者组织中,消费者协会(简称"消协")是最普遍、最重要的。消协必须依法履行其职能,各级人民政府对消协履行职能应当予以支持。消协履行下列公益性职责:

(1)向消费者提供消费信息和咨询服务,提高消费者维护自身合法权益的能力,引导文明、健康、节约资源和保护环境的消费方式;

(2)参与制定有关消费者权益的法律、法规、规章和强制性标准;

(3)参与有关行政部门对商品和服务的监督、检查;

(4)就有关消费者合法权益的问题,向有关部门反映、查询,提出建议;

(5)受理消费者的投诉,并对投诉事项进行调查、调解;

(6)投诉事项涉及商品和服务质量问题的,可以委托具备资格的鉴定人鉴定,鉴定人应当告知鉴定意见;

(7)就损害消费者合法权益的行为,支持受损害的消费者提起诉讼或者依消法提起诉讼;

(8)对损害消费者合法权益的行为,通过大众传播媒介予以揭露、批评。

消费者协会应当认真履行保护消费者合法权益的职责,听取消费者的意见和建议,接受社会监督。依法成立的其他消费者组织依照法律、法规及其章程的规定,开展保护消费者合法权益的活动。

各种消费者组织的产生,是消费者依法结社权的具体体现;同时,这些消费者组织职能的实现,又能够使具体的消费者更好地实现其获取信息权、依法求偿权、监督批评权等权利。随着社会的发展,市场经济所带来的许多问题将越来越需要通过国家和个人以外的一些社会团体或称"第三部门"来加以解决。同样,在消费者问题愈演愈烈的今天,消费者组织的作用也将越来越巨大,消费者权益的社会保护也将步入新的发展时期。

正由于消费者组织的作用日益重要,因而除了上述《消费者权益保护法》的规定以外,在其他相关法律中也有关于消费者组织的规定。例如,我国《价格法》规定,消费者组织等相关组织以及消费者,有权对价格行为进行社会监督。这实际上是看到了社会力量在保护消费者权益方面的重要作用。

第四节 权益争议的解决与法律责任的确定

一、消费者权益争议的解决

(一) 争议的解决途径

各类争议的解决,大略都有协商、调解、仲裁、诉讼等基本的解决途径,消费者权益争议也与此类似。根据我国《消费者权益保护法》的规定,消费者与经营者发生消费者权益争议的,可以通过下列途径解决:与经营者协商和解;请求消费者协会或者依法成立的其他调解组织调解;向有关行政部门投诉;根据与经营者达成的仲裁协议提请仲裁机构仲裁;向人民法院提起诉讼。

依据现行法律规定,消费者向有关行政部门投诉的,该部门应当自收到投诉之日起7个工作日内,予以处理并告知消费者。此外,对侵害众多消费者合法权益的行为,中国消费者协会以及在省、自治区、直辖市设立的消费者协会,可以向人民法院提起诉讼。

无论采行上述哪种争议解决方式,无论在解决争议的过程中当事人是否付费,都会发生一定的成本。从法律经济学的角度来看,在选择具体的争议解决途径时,消费者应当作出理性的选择,尤其因权衡争议的解决成本,考虑交易费用。因此,哪种途径在总体上对于当事人的利益较大,消费者就应当选择哪种解决的途径。

(二) 最终承担损害赔偿责任的主体的确定

1. 由生产者、销售者、服务者承担

(1) 消费者在购买、使用商品时,其合法权益受到损害的,可以向销售者要求赔偿。销售者赔偿后,属于生产者的责任或者属于向销售者提供商品的其他销售者的责任的,销售者有权向生产者或者其他销售者追偿。

(2) 消费者或者其他受害人因商品缺陷造成人身、财产损害的,可以向销售者要求赔偿,也可以向生产者要求赔偿。属于生产者责任的,销售者赔偿后,有权向生产者追偿。属于销售者责任的,生产者赔偿后,有权向销售者追偿。

(3) 消费者在接受服务时,其合法权益受到损害的,可以向服务者要求赔偿。

（4）消费者在展览会、租赁柜台购买商品或者接受服务,其合法权益受到损害的,可以向销售者或者服务者要求赔偿。展览会结束或者柜台租赁期满后,也可以向展览会的举办者、柜台的出租者要求赔偿。展览会的举办者、柜台的出租者赔偿后,有权向销售者或者服务者追偿。

（5）消费者通过网络交易平台购买商品或者接受服务,其合法权益受到损害的,可以向销售者或者服务者要求赔偿。网络交易平台提供者不能提供销售者或者服务者的真实名称、地址和有效联系方式的,消费者也可以向网络交易平台提供者要求赔偿;网络交易平台提供者作出更有利于消费者的承诺的,应当履行承诺。网络交易平台提供者赔偿后,有权向销售者或者服务者追偿。

网络交易平台提供者明知或者应知销售者或者服务者利用其平台侵害消费者合法权益,未采取必要措施的,依法与该销售者或者服务者承担连带责任。

2. 由变更后的企业承担

消费者在购买、使用商品或者接受服务时,其合法权益受到损害,因原企业分立、合并的,可以向变更后承受其权利义务的企业要求赔偿。

3. 由营业执照的使用人或持有人承担

使用他人营业执照的违法经营者提供商品或者服务,损害消费者合法权益的,消费者可以向其要求赔偿,也可以向营业执照的持有人要求赔偿。

4. 由从事虚假广告行为的经营者及相关主体承担

消费者因经营者利用虚假广告或者其他虚假宣传方式提供商品或者服务,其合法权益受到损害的,可以向经营者要求赔偿。广告经营者、发布者发布虚假广告的,消费者可以请求行政主管部门予以惩处。广告经营者、发布者不能提供经营者的真实名称、地址和有效联系方式的,应当承担赔偿责任。

广告经营者、发布者设计、制作、发布关系消费者生命健康商品或者服务的虚假广告,造成消费者损害的,应当与提供该商品或者服务的经营者承担连带责任。

社会团体或者其他组织、个人在关系消费者生命健康商品或者服务的虚假广告或者其他虚假宣传中向消费者推荐商品或者服务,造成消费者损害的,应当与提供该商品或者服务的经营者承担连带责任。

二、法律责任的确定

对于侵害消费者权益的行为,应当依法追究违法者的法律责任。一般说来,违法者需要承担的法律责任主要有两类:一类是赔偿性法律责任;一类是惩罚性法律责任。

（一）赔偿性法律责任的确定

1. 侵犯人身权的法律责任

人身权是重要的基本人权,我国《消费者权益保护法》对侵犯人身权的法律责任作了专门规定,其主要内容如下：

（1）致人伤亡的法律责任

经营者提供商品或者服务,造成消费者或者其他受害人人身伤害的,应当赔偿医疗费、护理费、交通费等为治疗和康复支出的合理费用,以及因误工减少的收入。造成残疾的,还应当赔偿残疾生活辅助具费和残疾赔偿金。造成死亡的,还应当赔偿丧葬费和死亡赔偿金。

（2）侵害人格尊严或侵犯人身自由的法律责任

经营者侵害消费者的人格尊严、侵犯消费者人身自由或者侵害消费者个人信息依法得到保护的权利的,应当停止侵害、恢复名誉、消除影响、赔礼道歉,并赔偿损失。此外,经营者有侮辱诽谤、搜查身体、侵犯人身自由等侵害消费者或者其他受害人人身权益的行为,造成严重精神损害的,受害人可以要求精神损害赔偿。

2. 侵犯财产权的法律责任

在消费者权益争议中,大量涉及的是财产权之争。我国《消费者权益保护法》对侵犯财产权的法律责任也作了专门的规定,其主要内容如下：

经营者提供商品或者服务,造成消费者财产损害的,应当依照法律规定或者当事人约定承担修理、重作、更换、退货、补足商品数量、退还货款和服务费用或者赔偿损失等民事责任。

经营者以预收款方式提供商品或者服务的,应当按照约定提供。未按照约定提供的,应当按照消费者的要求履行约定或者退回预付款；并应当承担预付款的利息、消费者必须支付的合理费用。

依法经有关行政部门认定为不合格的商品,消费者要求退货的,经营者应当负责退货。此外,经营者对消费者未尽到安全保障义务,造成消费者损害的,应当承担侵权责任。

3. 相关法律、法规在法律责任确定方面的协调

除我国《消费者权益保护法》另有规定的以外,经营者提供商品或者服务有下列行为之一的,应当按照其他有关法律、法规的规定,承担民事责任：（1）商品或者服务存在缺陷的；（2）不具备商品应当具备的使用性能而在出售时未作说明的；（3）不符合在商品或者其包装上注明采用的商品标准的；（4）不符合商品说明、实物样式等方式表示的质量状况的；（5）生产国家明令淘汰的商品或者销售失效、变质的商品的；（6）销售的商品数量不足的；（7）服务的内容和费用违

反约定的;(8) 对消费者提出的修理、重作、更换、退货、补足商品数量、退还货款和服务费用或者赔偿损失的要求,故意拖延或者无理拒绝的;(9) 法律、法规规定的其他损害消费者权益的情形。

(二) 惩罚性法律责任的确定

我国《消费者权益保护法》不仅规定了违法经营者的赔偿性法律责任,而且还规定了违法经营者应承担的惩罚性法律责任,并且,在责任的确定方面同样存在与其他法律、法规的协调问题。

1. 一般违法行为应承担的惩罚性法律责任

(1) 欺诈行为的惩罚性赔偿责任

经营者提供商品或者服务有欺诈行为的,应当按照消费者的要求增加赔偿其受到的损失,增加赔偿的金额为消费者购买商品的价款或者接受服务的费用的 3 倍;增加赔偿的金额不足 500 元的,为 500 元。法律另有规定的,依照其规定。

经营者明知商品或者服务存在缺陷,仍然向消费者提供,造成消费者或者其他受害人死亡或者健康严重损害的,受害人有权要求经营者依照消法规定赔偿损失,并有权要求所受损失 2 倍以下的惩罚性赔偿。

(2) 其他惩罚性责任

依据该法规定,经营者有下列情形之一,除承担相应的民事责任外,其他有关法律、法规对处罚机关和处罚方式有规定的,依照法律、法规的规定执行;法律、法规未作规定的,由工商行政管理部门或者其他有关行政部门责令改正,可以根据情节单处或者并处警告、没收违法所得、处以违法所得 1 倍以上 10 倍以下的罚款,没有违法所得的,处以 50 万元以下的罚款;情节严重的,责令停业整顿、吊销营业执照。下列情形包括:提供的商品或者服务不符合保障人身、财产安全要求的;在商品中掺杂、掺假,以假充真,以次充好,或者以不合格商品冒充合格商品的;生产国家明令淘汰的商品或者销售失效、变质的商品的;伪造商品的产地,伪造或者冒用他人的厂名、厂址,篡改生产日期,伪造或者冒用认证标志等质量标志的;销售的商品应当检验、检疫而未检验、检疫或者伪造检验、检疫结果的;对商品或者服务作虚假或者引人误解的宣传的;拒绝或者拖延有关行政部门责令对缺陷商品或者服务采取停止销售、警示、召回、无害化处理、销毁、停止生产或者服务等措施的;对消费者提出的修理、重作、更换、退货、补足商品数量、退还货款和服务费用或者赔偿损失的要求,故意拖延或者无理拒绝的;侵害消费者人格尊严、侵犯消费者人身自由或者侵害消费者个人信息依法得到保护的权利的;法律、法规规定的对损害消费者权益应当予以处罚的其他情形。

经营者有上述情形的,除依照法律、法规规定予以处罚外,处罚机关应当记入信用档案,向社会公布。经营者对行政处罚决定不服的,可以依法申请行政复议或者提起行政诉讼。

2. 严重违法行为应承担的惩罚性法律责任

经营者违反消法规定提供商品或者服务,侵害消费者合法权益,构成犯罪的,依法追究刑事责任。依据我国《消费者权益保护法》的有关规定,追究刑事责任的情况主要包括以下几种:

(1) 经营者违反消法规定提供商品或者服务,侵害消费者合法权益,构成犯罪的,依法追究刑事责任。

(2) 以暴力、威胁等方法阻碍有关行政部门工作人员依法执行职务的,依法追究刑事责任;拒绝、阻碍有关行政部门工作人员依法执行职务,未使用暴力、威胁方法的,由公安机关依照《中华人民共和国治安管理处罚法》的规定处罚。

(3) 国家机关工作人员有玩忽职守或者包庇经营者侵害消费者合法权益的行为的,由其所在单位或者上级机关给予行政处分;情节严重,构成犯罪的,依法追究刑事责任。

值得一提的是,为了保护消费者权益,早在1993年7月,全国人民代表大会常务委员会就作出了《关于惩治生产、销售伪劣商品犯罪的决定》。此后,我国又在《刑法》第三章"破坏社会主义市场经济秩序罪"中,首先用一节的篇幅规定"生产、销售伪劣商品罪",依据《刑法》规定,下列情形,构成犯罪的,都应依法追究刑事责任:

(1) 生产者、销售者在产品中掺杂、掺假,以假充真,以次充好或者以不合格产品冒充合格产品;

(2) 生产、销售假药的;

(3) 生产、销售劣药,对人体健康造成严重危害的;

(4) 生产、销售不符合食品安全标准的食品,足以造成严重食物中毒事故或者其他严重食源性疾病的;

(5) 在生产、销售的食品中掺入有毒、有害的非食品原料的,或者销售明知掺有有毒、有害的非食品原料的食品的;

(6) 生产不符合保障人体健康的国家标准、行业标准的医疗器械、医用卫生材料,或者销售明知是不符合保障人体健康的国家标准、行业标准的医疗器械、医用卫生材料,足以危害人体健康的,或对人体健康造成严重危害的;

(7) 生产不符合保障人身、财产安全的国家标准、行业标准的电器、压力容器、易燃易爆产品或者其他不符合保障人身、财产安全的国家标准、行业标准的产品,或者销售明知是以上不符合保障人身、财产安全的国家标准、行业标准的产品,造成严重后果的;

（8）生产假农药、假兽药、假化肥，销售明知是假的或者失去使用效能的农药、兽药、化肥、种子，或者生产者、销售者以不合格的农药、兽药、化肥、种子冒充合格的农药、兽药、化肥、种子，使生产遭受较大损失的；

（9）生产不符合卫生标准的化妆品，或者销售明知是不符合卫生标准的化妆品，造成严重后果的。

对上述行为依法追究刑事责任，对于有效维护市场经济秩序，打击侵害消费者权益的突出问题，尤其具有现实意义。

第十二章 产品质量法律制度

第一节 产品质量法概述

一、产品与产品质量

(一) 产品

产品本是经济学中的一个术语,后来在法学中也使用。广义的产品,是指自然物之外的一切劳动生产物。但法律上所规定的产品,其范围小于广义的产品。而且,不同国家或地区的法律,对产品的范围的界定可能不尽相同。例如,1985年的《欧共体关于对有缺陷的产品的责任指令》规定:"产品是指初级农产品和狩猎物以外的所有动产,即使已被组合在另一动产或不动产之内。初级农产品是指种植业、畜牧业、渔业产品,不包括经过加工的这类产品。产品也包括电。"再如,我国1993年制定、2000年和2009年修改的《产品质量法》第2条第2款规定:"本法所称产品是指经过加工、制作,用于销售的产品。"第3款规定:"建设工程不适用本法规定;但是,建设工程使用的建筑材料、建筑构配件和设备,属于前款规定的产品范围的,适用本法规定。"第73条第1款规定:"军工产品质量监督管理办法,由国务院、中央军事委员会另行制定。"因此,我国产品质量法律上所指"产品",排除了初级农产品,未经加工的天然形成的物品,由建筑工程形成的房屋、桥梁、其他建筑物等不动产,以及军工产品。

我们认为,"加工、制作"似应包含采掘、提炼、组装;"销售"似应改为"流通"。这样,煤气、自来水、电以及某些出租物和赠送品也就可以纳入产品的范畴,既符合我国社会经济需要,又顺应了国际上对"产品"范围扩大的趋势。

(二) 产品质量

产品质量是产品所应具有的、符合人们需要的各种特性。这里所称"特性",包括适用性、安全性、可靠性、可维修性等。影响产品质量的,既有物质的因素,又有技术的因素,甚至还有社会的因素。在我国,产品质量,是指国家有关法律法规、质量标准以及合同规定的对产品适用、安全和其他特性的要求。产品质量责任,是指因产品质量不符合规定要求,给消费者造成损失而应承担的责任。

广义地说,质量问题包括产品质量、工程质量、服务质量。本章仅讨论产品质量问题,即产品的生产者、销售者对消费者就产品的质量问题如何直接负责。

二、产品质量立法与产品质量法

(一) 产品质量法的理论基础

1. 指导思想

产品质量法立足于"质量第一"的方针和原则。生产的直接目的在于使用、消费,因此产品的质量自应摆在优先的位置上予以考虑。早在1975年,邓小平同志就强调过:"一定要坚持质量第一。"① 从"质量第一"这一宗旨出发,产品质量法应当有利于保证产品质量水平,既要保护消费者的合法权益,又要协调生产者、销售者与消费者之间的利益关系;既要制裁违反产品质量法的行为,又要推进经济增长方式的转变、促进社会生产力的发展。

2. 立法体例

我国的《产品质量法》为解决现实问题,同时从两个角度作出安排:一方面规范产品质量责任,此即产品责任法;另一方面规范产品质量监督管理,此即产品监管法。我国的《产品质量法》,既体现出当事人责任自负的原则,又体现出国家协调经济运行的客观要求。

3. 归责原则

生产者、销售者应当保证产品的质量。这种保证,可以分为两类:一是明确表示采用的产品质量标准以及通过产品说明、实物样品、广告等方式表明的质量状况;生产者、销售者作出的承诺属于此类。二是产品质量符合国家法律、法规规定的要求,符合安全、卫生的标准,具备应有的使用性能。

凡是违反了产品质量法的要求,除法定免责的情况外,都应承担相应责任。其中,追究产品瑕疵担保责任,不以是否造成实际损害为前提,也不论是否存在过错。追究产品缺陷造成损害的法律后果,对生产者适用严格责任原则,不论有无过错;与此同时,对销售者则适用过错责任原则,或过错推定原则。

从依照合同条款保证产品质量到不必以合同为前提追究产品质量责任,从传统的过错责任到严格责任,产品质量责任立法的理论与实践,经历了这么几个阶段。而且,当今在以严格责任为主的同时,仍然在某些场合下要运用到过错责任——以上为侵权责任;在有合同的条件下还可能产生违约责任,或者出现违约责任与侵权责任的竞合。

(二) 国内外有关产品质量立法概况

产品质量问题在现代各国立法中受到极大重视。各国产品质量立法模式大致有三种:一是民法(主要是侵权法、合同法)规则的扩展;二是专门的产品责任法,如德国的《产品责任法》、丹麦的《产品责任法》、挪威的《产品责任法》、日本

---

① 《邓小平文选》第2卷,人民出版社1994年版,第26页。

的《制造物责任法》;三是与产品质量相关的立法和特殊产品责任的立法。

我国坚持"以人为本"的理念,对产品质量立法给予了高度的注意。国务院曾于1986年4月5日发布《工业产品质量责任条例》。全国人大常委会于1993年2月22日通过了《产品质量法》,2000年7月8日对该部法律作了修改,2009年8月27日又作了第二次修改。此外,还制定了一系列与产品质量相关的或特殊产品质量管理的法律、行政法规,如《标准化法》《计量法》《消费者权益保护法》《药品管理法》《食品安全法》《认证认可条例》等。

随着经济全球化的发展,产品责任立法愈益显示出国际化的趋势。目前已出现的国际性或区域性的公约主要有:1973年的《关于产品责任适用法的公约》(《海牙公约》),1977年的《关于人身伤害产品责任欧洲公约》(《斯特拉斯堡公约》),1985年的《欧共体关于对有缺陷产品的责任指令》(简称《欧共体产品责任指令》)。

(三) 产品质量法的概念

一般地说,产品质量法是调整产品质量关系的法律。在我国,《产品质量法》调整的对象有二:一是产品质量责任关系——这是属于生产者、销售者与消费者之间进行商品交易所发生的经济关系;二是产品质量监督管理关系——这是属于经济管理机关因执行产品质量监督管理职能而发生的经济关系。这两种关系有时交织在一起,但在具体调整经济关系或处理经济纠纷时必须将它们分解开来。

我国的产品质量法,是调整在生产、流通以及监督管理过程中,因产品质量而发生的各种经济关系的法律规范的总称。它兼具市场运行和国家监管两个方面的法律规范,其结构为"产品责任法"+"产品质量监管法"。

(四) 产品质量法的适用范围

从空间上说,在中华人民共和国境内从事产品生产、销售活动,包括销售进口商品,必须遵守《产品质量法》。

从客体上说,该法只适用生产、流通的产品,即各种动产,而不包括不动产。

从主体上说,该法适用于生产者、销售者和消费者以及监督管理机构。需要补充的一点是,运输者、仓储者等第三人也有可能成为责任主体,不过它们是对产品制造者、销售者或者是收货方、寄存方承担责任,属于合同法的范围,因此《产品质量法》删去了原草案中关于调整范围延伸到产品的运输、仓储活动的条款。

三、产品质量法与相关法的关系

(一)《产品质量法》与《民法通则》《合同法》《侵权责任法》

我国《民法通则》《合同法》对商品交易的一般准则作出了规定,与《产品质量法》有着密切的关系。

我国《民法通则》第 122 条规定:"因产品质量不合格造成他人财产、人身损害的,产品制造者、销售者应当依法承担民事责任。运输者、仓储者对此负有责任的,产品制造者、销售者有权要求赔偿损失。"这里提出的"质量不合格"的概念,是规定在特殊侵权责任中的,主要应指"缺陷"。而在《产品质量法》中,"质量不合格"化为两个名词:"瑕疵"与"缺陷"。处理"产品质量不合格"的问题,经济法的角度、手段与民法的角度、手段亦不尽相同。

我国《合同法》第 12、61、62、111、148、154、155、158 条涉及或者是专门有关产品质量问题的规定。《合同法》中因违约而发生的质量问题,与《产品质量法》中因侵权而发生的质量问题,构成追究产品质量责任的整体。不过《合同法》只是从保护当事人的个体利益的角度处理质量问题;而《产品质量法》则是要全方位地解决质量问题的。

2009 年 12 月 26 日全国人大常委会制定的《侵权责任法》,专设"第五章 产品责任",明确规定因产品存在缺陷问题所应承担的侵权责任,从而使《产品质量法》中关于产品缺陷这一块的责任认定和处理更加规范化了。

(二)《产品质量法》与《计量法》《标准化法》

计量是指计算、测量。准确的计量是产品质量的基础。我国的《计量法》,适用于建立计量基准器具、计量标准器具,进行计量检定,制造、修理、销售、使用计量器具的各项活动;其目的在于,通过加强计量监督管理,保障国家计量单位制的统一和量值的准确可靠,有利于生产、贸易和科学技术的发展。公平交易的基本要求为质量保障、价格合理、计量正确。

标准是指对重复性事物和概念所作的统一性规定。标准化是产品质量的保障。国家提出,对工业产品的品种、规格、质量、等级或者安全、卫生要求,应当制定标准。企业生产的产品,必须执行国家标准、行业标准或者企业标准。我国的《标准化法》,适用于制定标准,组织实施标准和对标准的实施进行监督的各种活动;其目的在于,通过标准化工作,促进技术进步,改进产品质量,提高社会经济效益,维护市场经济秩序。产品质量必须符合标准化要求,特别是对强制性标准必须执行,否则不得生产、销售和进口。

任何产品都是一定的质和一定的量的结合。正因为计量、标准化与产品质量密切相关,所以国家设置国家质量监督检验检疫部门,负责质量、计量、标准化等方面的监督管理工作。

(三)《产品质量法》与《消费者权益保护法》《药品管理法》《食品安全法》

《消费者权益保护法》立足于保护消费者为生活消费需要购买、使用商品或者接受服务的正当权益。消费者权益的重要内容之一是质量保障。我国 1993 年 10 月 31 日制定和 2009 年 8 月 27 日、2013 年 10 月 25 日修改过的《消费者权益保护法》多处直接作出有关产品质量的规定或者联系《产品质量法》的相关规定。例如,该法第10条第2款规定:"消费者在购买商品或者接受服务时,有权获得质量保障、价格合理、计量正确等公平交易条件,有权拒绝经营的强制交易行为。"第23条第2款规定:"经营者以广告、产品说明、实物样品或者其他方式表明商品或者服务的质量状况的,应当保证其提供的商品或者服务的实际质量与表明的质量状况相符。"可以说,《产品质量法》与《消费者权益保护法》各有分工,互相配合,共同构成市场经济法律体系的重要组成部分。

药品属于特殊产品,关系到人民群众的身体健康和生命安全。安全健康消费,是消费者的起码要求。如果说《产品质量法》为关于产品质量的一般法,那么《药品管理法》即为关于产品质量的一种特别法。

食品,指各种供人食用或者饮用的成品和原料以及按照传统既是食品又是药品的物品,但是不包括以治疗为目的的物品。《产品质量法》所称"产品"包含食品在内。鉴于食品直接关系到公众的身体健康和生命安全,食品及其添加剂等的生产经营有许多特殊性,国家专门制定了《食品安全法》。如果说《产品质量法》为关于产品质量的一般法,那么《食品安全法》即为关于产品质量的又一种特别法。

(四)《产品质量法》与《刑法》

我国《产品质量法》在"罚则"一章中,有多条关于刑事责任的原则规定,都应具体适用《刑法》。1997年修订的《刑法》第二编"分则",第三章为"破坏社会主义市场经济秩序罪",第三章第一节标题为"生产、销售伪劣商品罪",一共规定了九种罪名:(1)生产、销售伪劣产品罪;(2)生产、销售假药罪;(3)生产、销售劣药罪;(4)生产、销售不符合卫生标准的食品罪;(5)生产、销售有毒、有害食品罪;(6)生产、销售不符合标准的医用器材罪;(7)生产、销售不符合安全标准的产品罪;(8)生产、销售伪劣农药、兽药、化肥、种子罪;(9)生产、销售不符合卫生标准的化妆品罪。《刑法修正案(四)》对此进一步修改规范。依法追究产品质量犯罪,有助于增强《产品质量法》的法律威力,有利于打击成为社会公害之一的生产、销售伪劣产品的犯罪活动。

四、产品质量法的作用

(一)引导产品质量工作走上法制化的轨道

产品不能只讲数量,首先要讲质量。要扩大国内市场,打开出口销路,关键是提高产品质量。质量不高,就没有竞争能力。"要提高质量,就必须改革。要立些法,要有一套质量检验标准,而且要有强有力的机构来严格执行。"[①]

[①] 《邓小平文选》第3卷,人民出版社1993年版,第132页。

依法治国,重要的一个方面是依法管理经济。产品质量应当达到什么标准,消费者对产品质量享有哪些权利,经营者负有哪些义务,质量不合格造成损害应当如何承担责任,国家怎样加强对产品质量的监督管理以维护正常的社会经济秩序,这些,需要以立法的形式确认下来,加以贯彻。总结我国自己的经验,并借鉴国际上的有益做法,现在我们制定出了专门的法律——《产品质量法》,还制定了相关的一系列法律、法规、规章等规范性文件。

我国《产品质量法》第1条指出:"为了加强对产品质量的监督管理,提高产品质量水平,明确产品质量责任,保护消费者的合法权益,维护社会经济秩序,制定本法。"由此表明,产品质量工作法制化要求达到两个方面的目标:一是国家(政府)对产品质量实行监督管理,属于行政行为的范畴;二是生产者、销售者承担保证产品质量的义务和责任,属于市场行为的范畴。

(二) 充分运用产品质量法解决经济领域的现实问题

促进企业提高产品质量,坚决打击质量违法、犯罪行为,是现实经济生活中相当突出的问题。我们要借助《产品质量法》开展工作,使之发挥更大的作用。

2001年国务院发布《关于整顿和规范市场经济秩序的决定》,在全国范围内开展了包括打击制造、销售假冒伪劣产品在内的多项整治,取得明显成效。但是,市场经济秩序中仍存在一些突出问题,如制造、销售假冒伪劣、有毒有害食品的重大案件时有发生。由于市场机制尚不健全,法制和监管体制还不完善,普通群众特别是农民、低收入者往往容易成为假冒伪劣产品的受害者。因此,管好产品质量时刻不能松懈。

对于经营者(生产者、销售者,下同)来说,生产的目的是为了实现交换,产品质量正是企业信誉的体现,是竞争力的保证,说到底,是企业生命力之所在。所以,经营者应当懂得并且善于运用优质优价、以质取胜的原理和规则。

对于消费者来说,希望买到的是合格的产品(或商品,下同)。产品存在瑕疵,不仅达不到消费要求,还有可能对人身、财产安全造成损害。如果伪劣产品层出不穷,广大消费者深受其害,势必造成社会经济秩序的混乱。我们应当充分认识我国产品质量状况的严重性,通过完善现行质量技术监督法律、法规,加大监督、抽查、曝光、责令整改的力度,落实"打假"工作责任制,认真解决产品质量违法、犯罪问题,包括严厉打击制造、销售假冒伪劣食品、药品、农资等重点产品的违法、犯罪行为。

产品质量不仅仅是理论问题,更重要的是实践问题。人民群众生活的保障,社会主义制度的形象,政府的威信,以至国家在国际上的影响,都能从产品质量问题中得到反映。由此,可以进一步认为,产品质量不只是经济问题,也含有政治因素。

第二节 产品质量监督管理制度

一、产品质量监督管理体制

（一）组织体制

我国《产品质量法》第 8 条第 1、2 款分别规定："国务院产品质量监督部门主管全国产品质量监督工作。国务院有关部门在各自的职责范围内负责产品质量监督工作。""县级以上地方产品质量监督部门主管本行政区域内的产品质量监督工作。县级以上地方人民政府有关部门在各自的职权范围内负责产品质量监督工作。"这就确立了统一管理与分工管理、层次管理与地域管理相结合的原则。据此，国务院和县级以上地方人民政府先是设立了技术监督局，后改称为质量技术监督局。经过 1998 年的国务院机构改革，国家质量技术监督局成为国务院管理标准化、计量、质量工作并行使执法监督职能的直属机构。

为促进执法监督的独立性和有效性，进一步加大质量技术监督力度，1999 年 3 月党中央、国务院决定，质量技术监督管理体制进行重大改革，在全国省级以下质量技术监督系统实行垂直管理。实行管理体制改革后，地（市）、县（市）质量技术监督局，作为上一级质量技术监督局的直属机构，各级技术机构作为同级质量直属监督局的直属事业单位，都要按照省以下垂直管理的原则，实行统一管理。

在市场经济条件下，政府管什么？政府首先是实行宏观调控，其次是要把市场包括产品质量管住、管好。有鉴于此，国务院对质量技术机构作了三次改革：1998 年 3 月，将国家质量技术监督局从国家经贸委划出来直属国务院；1999 年 3 月，决定对省以下质量技术监督管理机构实行垂直管理体制；2001 年 4 月，国务院决定将国家质量技术监督局和国家出入境检验检疫总局合并，组建国家质量监督检验检疫总局（简称国家质检总局）。

（二）职责与权限

国家质检总局主管全国产品质量监督工作，是宏观上的、政策性的、指导性的和组织协调性的。地方质量技术监督局主管本行政区域内的产品质量监督，其中包括依法查处生产、销售伪劣商品等质量违法行为。

质量技术监督局负责组织查处生产和流通领域中的产品质量违法行为，需要工商行政管理局及其他有关部门协助的，应予配合；工商行政管理局负责组织查处市场管理和商标管理中发现的经销掺假及冒牌产品等违法行为，需要质量技术监督局协助的，应予配合；在打击生产和经销伪劣商品违法活动中，按照上述分工，各部门应当密切配合。同一问题，不得重复检查、重复处理。

产品质量监督管理是一个全过程,事前、事中、事后都要管到,当然以不影响企业的正常生产经营为前提。这是质量技术监督部门行使权限、履行职责的一个特点,它反映了我国产品质量监督管理体制的特色。

(三) 国务院对省一级政府质量工作的考核

2013年6月,国务院办公厅印发了《质量工作考核办法》,传递了一个极为重要的信息:国务院每年将对省一级人民政府有关质量的工作进行考核。考核主要从产品质量、工程质量、服务质量等领域的质量安全和质量发展两个方面进行。

二、产品质量检验制度

产品质量应当检验合格,不得以不合格产品(包括处理品、劣质品)冒充合格产品。产品或者其包装上的标识,要有产品质量检验合格证明。

产品质量检验机构必须具备相应的监测条件和能力,经有权考核的部门(机构)考核合格后,方可承担产品质量检验工作。

产品出厂要检验,商家进货也要检验。对进口、出口产品,则按照《进出口商品检验法》的规定进行检验。通过检验程序,把好产品质量关。

三、产品质量标准制度

(一) 质量标准

产品质量标准可分为以下两种:

第一,统一标准与约定标准。质量是合同的条款之一,当事人对此应有明确的约定。无法达成明确约定的,按照国家标准、行业标准履行;没有国家标准、行业标准的,按照通常标准或者符合合同目的的特定标准履行。

第二,强制性标准与一般性标准。我国《产品质量法》第13条第1款规定:"可能危及人体健康和人身、财产安全的工业产品,必须符合保障人体健康和人身、财产安全的国家标准、行业标准;未制定国家标准、行业标准的,必须符合保障人体健康和人身、财产安全的要求。"保障安全、健康,这是最基本的要求,所以要实行强制性标准。除此之外,可实行一般性的、非强制性标准。

(二) 生产许可证

实行市场经济,其基本规则是公平竞争、公平交易。如果笼统地规定实行生产许可证制度,势必限制市场的自由进入。然而,任何产品都自由进入市场也是不可能的,对少量的、直接涉及国家安全、公民生命财产安全的产品发放生产许可证仍有必要。根据我国《产品质量法》的规定,对那些可能危及人体健康和人身、财产安全的工业产品实行强制性标准(已如上述)。至于许可证,可在有关专项法律、法规中分别加以规定。

四、企业质量体系认证和产品质量认证制度

（一）企业质量体系认证

企业质量体系认证，是指通过认证机构的独立评审，对于符合条件的，颁发认证证书，从而证明该企业的质量体系达到相应标准。其认证的对象是企业，即企业的质量管理、质量保证能力的整体水平。国家根据国际通用的质量管理标准，推行企业质量体系认证制度。企业可以自愿提出申请认证。推行企业质量体系认证，引导企业向国际先进水平努力，有利于促进企业改善经营管理，提高企业整体素质，增强市场竞争能力。

（二）产品质量认证

产品质量认证，是指通过认证机构的独立评审，对于符合条件的，颁发认证证书和认证标志，从而证明某一产品达到相应标准。其认证的对象是产品，即产品的质量技术水平。国家根据国际先进的产品标准和技术要求，根据经济和社会发展的需要，推行产品质量认证制度。为此，国务院于1991年颁布了《产品质量认证管理条例》。这一《条例》现为2003年公布的《认证认可条例》所取代。根据现行法律规定，所谓"认证"，是指由认证机构证明产品、服务、管理体系符合相关技术规范、相关技术规范的强制性要求或者标准的合格评定活动。企业可以自愿提出申请认证。推行产品质量认证，引导企业向国际先进水平看齐，有利于促进企业提高产品质量，提高企业信誉，开拓国内外市场。

五、产品质量监督检查制度

在市场经济条件下，对各种各样的产品，可实行分层次的管理。

第一，多数产品放开，依靠市场竞争去调节，一般的结果必然是优胜劣汰。

第二，突出安全性能监管。对少数产品国家必须管住、管好，即对那些可能危及国家安全、公民生命财产安全的工业产品，提出强制性的标准或要求。国家还实行以抽查为主要方式的监督检查制度，并将抽查的结果登报公布。经检查不合格的，质量技术监督部门有权依法作出处理，如警告、罚款、责令停止生产或销售等。

对缺陷产品实行召回管理是产品质量监督制度的一项新发展，我国此项工作从缺陷汽车开始。2004年3月12日，国家质检总局、国家发展和改革委员会、商务部、海关总署联合发布《缺陷汽车产品召回规定》，凡在中国境内从事汽车产品生产、进口、销售、租赁、修理活动的，都适用该规定。随后，国家质检总局设立缺陷产品管理中心，具体负责组织实施缺陷产品召回管理工作。总结多年的实践经验，根据现实的需要，国务院于2012年10月10日通过了《缺陷汽车产品召回管理条例》。

六、建立全社会对产品质量的监督管理系统

产品质量振兴,消费者合法权益保护,是全民族的事业、全社会的事业,必须依靠全民来办。按照系统科学的思想,它包含相互联系的四个方面:一是消费者的权利;二是生产者、销售者的义务;三是国家对消费者合法权益的保护(政府管理,法院审判);四是消费者组织和大众传播媒介等各种社会组织及个人所进行的社会监督。第一项为基础、目标,第二项是基本保障,第三、四项是另一个层次的保障。正如中共中央在改革文件中指出的:"完善行政执法、行业自律、舆论监督、群众参与相结合的市场监管体系,健全产品质量监管机制,严厉打击制假售假、商业欺诈等违法行为,维护和健全市场秩序。"[①]

总之,要完善质量多元共治机制,加快建设质量强国。

第三节 生产者、销售者的产品质量义务

一、生产者的产品质量义务

(一) 作为的义务

总的说来,生产者应当对其生产的产品质量负责。具体要求有以下三项:

1. 产品应当符合内在质量的要求

产品质量如能符合以下三项要求,即为合格产品:(1) 不存在危及人体健康和人身、财产安全的不合理的危险;有保障人体健康和人身、财产安全的国家标准、行业标准的,应当符合该标准;(2) 具备产品应当具备的使用性能,但是,对产品存在使用性能的瑕疵作出说明的除外;(3) 符合在产品或者其包装上注明采用的产品标准,符合以产品说明、实物样品等方式表明的质量状况。前两项为默示担保条件,后一项为明示担保条件。

2. 产品或者其包装上的标识应当符合要求

这包括合格证明,产品名称、厂家和厂址,产品规格,安全使用日期,警示标志等。

3. 特殊产品的包装必须符合特定要求

这是指剧毒、危险、易碎、储运中不能倒置以及有其他特殊要求的产品,其包装应有特殊的要求。

(二) 不作为的义务

生产者不得生产国家明令淘汰的产品;不得伪造产地,伪造或者冒用他人的

---

① 中共中央:《关于完善社会主义市场经济体制若干问题的决定》,载《人民日报》2003年10月22日。

厂名、厂址;不得伪造或者冒用认证标志等质量标志;生产产品,不得掺杂、掺假,以假充真、以次充好,以不合格产品冒充合格产品。

对以上作为、不作为的要求,我国《产品质量法》统称为"生产者的产品质量责任和义务"。

二、销售者的产品质量义务

（一）作为的义务

总的来说,销售者应当对其销售的产品质量负责。具体要求有:销售者应当建立并执行进货检查验收制度,验明产品合格证明和其他标识;在进货之后,销售者应当采取措施,保持销售产品的质量(如防止受潮、腐烂等);销售的产品的标识应当符合有关规定。

（二）不作为的义务

销售者不得销售国家明令淘汰并停止销售的产品和失效、变质的产品;不得伪造产地,伪造或者冒用他人的厂名、厂址;不得伪造或者冒用认证标志等质量标志;销售产品,不得掺杂、掺假,以假充真、以次充好,以不合格产品冒充合格产品。

对以上作为、不作为的要求,我国《产品质量法》统称之为"销售者的产品质量责任和义务"。

规定并要求生产者、销售者履行产品质量义务,是为了实现消费者的产品质量权利。一个生产环节,一个流通环节,把住这两个关口,将治标与治本结合起来,产品质量就能得到基本的保障。

第四节 违反产品质量法的法律责任

一、判定产品质量责任的依据

（一）违法与违约

1. 违法

在许多情况下虽没有合同也会产生质量问题。我国《产品质量法》主要针对没有合同关系的产品质量侵权行为,它实行的是国际上通行的严格责任原则。按照严格责任理论,只要产品存在质量问题特别是缺陷问题,对消费者造成损害或损失,不管有无合同关系,该产品的经营者都应对此负责。即是说,质量不合格往往会构成侵权责任。

如前所述,《产品质量法》与其他许多法律相关,质量违法也可能指违反其他法律中有关产品质量问题的规定,如违反了《药品管理法》《食品安全法》的有关规定。至于触犯《刑法》中的"生产、销售伪劣商品罪"的规定,那就不仅仅是一般违法,而是构成了犯罪的问题。

产品质量问题一般违法的实质是侵权,即侵害了消费者的财产权、人身权。

2. 违约

产品质量问题可能是违反了合同的约定而导致的。生产者之间,销售者之间,生产者与销售者之间,生产者、销售者与消费者之间订立的产品买卖合同、承揽合同对质量要求另有约定的,按照合同约定执行。此时,质量不合格属于一种违约责任。

在有合同的前提下,质量不符合约定的,应当按照当事人的约定承担违约责任。对违约责任没有约定或者约定不明确的,可以协议补充;协议不成的,受损害方根据标的的性质以及损害的大小,可以合理选择要求对方承担修理、更换、重作、退货、减少价款或者报酬等违约责任。

3. 违约与侵权的竞合

因经营者的违约行为,侵害了消费者的人身、财产权益的,受损害方有权选择依照《合同法》要求其承担违约责任或者依照《产品质量法》《侵权责任法》要求其承担侵权责任。

(二) 缺陷与瑕疵

1. 两个术语的含义

产品质量责任的发生,以该产品是否存在质量问题为前提条件。这里,又可分为一般性的质量问题和严重的质量问题,反映在法律上,出现了两个基本概念:瑕疵、缺陷。

"瑕疵"一词泛指微小的缺点。实际上,瑕疵也是可大可小的。广义地说,产品不符合其应当具有的质量要求,即构成瑕疵。狭义地说,瑕疵仅指一般性的质量问题,如产品的外观、使用性能等方面。"缺陷"则是针对较为严重的质量问题而言。我国《产品质量法》第 46 条规定:"本法所称缺陷,是指产品存在危及人身、他人财产安全的不合理的危险;产品有保障人体健康和人身、财产安全的国家标准、行业标准的,是指不符合该标准。"产品的设计、原材料采用、制造装配、指示等都可能发生缺陷。

学术界对"瑕疵"与"缺陷"两个术语的解释不尽一致,立法上对"瑕疵"亦未作出明确界定。我国《产品质量法》只在第 26 条第 2 款第 2 项中使用过"瑕疵"一词,该条款仅表示"产品存在使用性能的瑕疵"。2013 年修改的《消费者权益保护法》中所称"瑕疵"外延则更广,该法第 23 条第 1 款规定:"经营者应当保证在正常使用商品或者接受服务的情况下其提供的商品或者服务应当具有的质量、性能、用途和有效期限;但消费者在购买该商品或者接受该服务前已经知道其存在瑕疵,且存在该瑕疵不违反法律强制性规定的除外。"我国《合同法》中也使用了"瑕疵"这一术语。立法工作部门对上述两个术语的解释是:"产品的瑕疵与产品的缺陷有着不同的含义。……显著区别是产品是否存在着危及人身、财产安全的不合理的危险。也可以这样说,产品存在除危险之外的其他质量问题,是产品存在瑕疵。"①由此看来,日后如再修改《产品质量法》,应该对"瑕疵"及其担保责任作出明确的界定;即便对"缺陷",也要考虑如何界定得更为精确。

2. 两个术语的同异比较

从狭义上理解瑕疵与缺陷,两者的共同之处在于:第一,都是不符合产品质量要求的;第二,都应当承担质量责任(但对瑕疵,经营者作出了明确的说明或者消费者在购买该产品前已经知道的除外)。

瑕疵与缺陷两者的区别在于:第一,在程度上:前"小"后"大",或前"轻"后"重"。第二,可否接受:对瑕疵,因尚未丧失产品原有的使用价值,消费者已经知道的,且存在该瑕疵不违反法律强制性规定的,可以接受;对缺陷,因存在不合理的危险,原则上不应接受。第三,向谁索赔:对瑕疵,直接向销售者要求赔偿(该销售者赔偿后,其还可向负有责任的生产者或其他供货者追偿);对缺陷,可以向销售者、也可以向生产者要求赔偿(生产者、销售者之间可以根据实际责任情况向对方追偿)。第四,赔偿的方式和标准:对瑕疵,由销售者依照法律规定或者合同约定,负责修理、更换、退货以至赔偿损失;对缺陷,以损害赔偿为原则。第五,诉讼时效:出售质量不合格的商品未声明的,诉讼时效期间为1年;因产品存在缺陷造成损害要求赔偿的,诉讼时效期间为2年。

由产品质量引发的经济纠纷经常产生。不论是经营者,还是消费者,都需要了解什么属于一般产品质量问题,什么属于产品缺陷问题,应当如何提出权利请求,保护消费者的合法权益,同时也应维护经营者的合法权益。

二、损害赔偿

(一) 产品瑕疵责任

我国《产品质量法》第40条对产品瑕疵担保责任作出了明确、具体的规定。②

1. 承担瑕疵责任的条件

售出的产品有下列情形之一的,即构成承担瑕疵责任的条件:(1) 不具备产品应当具备的使用性能而事先未作说明的;(2) 不符合在产品或者其包装上注

---

① 原国家技术监督局政策法规司编:《中华人民共和国产品质量法讲座》,世界图书出版公司1993年版,第136页。

② 同上书,第137页。

明采用的产品标准的;(3)不符合以产品说明、实物样品等方式表明的质量状况的。前一项为默示担保,后两项为明示担保。只要存在上述情形的,不论是否造成损害后果,都应当赔偿。

2. 承担瑕疵责任的方式

售出的产品有上述三种情形之一的,销售者应当负责修理、更换、退货;给购买产品的消费者造成损失的,销售者应当赔偿损失。概括地说,是"三包"加"赔偿"。其对象为"售出的产品",已经不仅仅是过去国务院下属八部委联合发布的"三包"规定中规定的那几种家用电器的主机或者配件。"赔偿"列在"三包"之后,是指消费者在要求销售者进行修理、更换、退货过程中,所发生的运输费、交通费、误工费等损失。

3. 履行瑕疵责任后的损失追偿

销售者依照上述要求负责修理、更换、退货、赔偿损失后,属于生产者的责任或者属于向销售者提供产品的其他供货者的责任的,销售者有权向生产者、供货者追偿。这种立法安排是合理的,它使责任能够真正落到实处。

(二) 产品缺陷责任

我国《产品质量法》第41—46条对产品缺陷赔偿责任作出了详细的规定。据立法工作部门的解释,这几条规定"实际上相当于国外的一部产品责任法"[①]。

1. 生产者承担缺陷责任的条件

狭义的产品责任,即指产品缺陷而导致的损害赔偿,其性质为侵权责任,现今各国都实行严格责任原则。

承担产品责任的必要条件有三:(1)产品存在缺陷;(2)造成人身、他人财产(指缺陷产品以外的其他财产)损害;(3)缺陷与损害之间存在因果关系。三者同时具备,方为充分条件。这里,无须考虑有无过错。换言之,即使无过错,亦要依法承担责任。

以上所指的责任主体为产品的生产者。但是,如果生产者能够证明有下列情形之一的,则不承担赔偿责任:(1)未将产品投入流通的;(2)产品投入流通时,引起损害的缺陷尚不存在的;(3)将产品投入流通时的科学技术水平尚不能发现缺陷存在的。以上这些法定免责条件,可以看成是严格责任或无过错责任的例外。但须注意,在这里,不是由受害方举证而是由生产者举证,这是一种举证责任倒置的原则。

2. 销售者承担缺陷责任的条件

一种情况是实行过错责任原则。由于销售者的过错使产品存在缺陷,造成

---

① 原国家技术监督局政策法规司编:《中华人民共和国产品质量法讲座》,世界图书出版公司1993年版,第142页。

他人人身、财产损害的,销售者应当承担赔偿责任。

另一种情况是实行过错推定原则。销售者不能指明缺陷产品的生产者,也不能指明缺陷产品的供货者的,销售者应当承担赔偿责任。

上述两种情况的前提仍然是存在缺陷,并且造成损害。

3. 赔偿方式和赔偿标准

(1) 造成人身伤害的。因产品存在缺陷造成受害人人身伤害的,侵害人应当赔偿医疗费、治疗期间的护理费、因误工减少的收入等费用;造成残疾的,还应当支付残疾者生活自助具费、生活补助费、残疾赔偿金以及由其扶养的人所必需的生活费等费用;造成受害人死亡的,并应当支付丧葬费、死亡赔偿金以及由死者生前扶养的人所必需生活费(此项为间接损失赔偿)等费用。

(2) 造成财产损失的。因产品存在缺陷造成受害人财产损失的,侵害人应当恢复原状或者折价赔偿。受害人因此遭受其他重大损失的,侵害人应当赔偿损失。"其他重大损失"是指其他经济等方面的损失,包括可以获得的利益的损失。

(3) 关于对受害人由此受到的精神损害的赔偿问题,我国《产品质量法》暂未作出规定。精神损害,可以给予精神赔偿,也可以给予物质赔偿。否则,就是对受害人的一种不公正待遇,也是对侵害人的一种责任解脱。

《产品质量法》中如何引入精神损害赔偿,以及实施惩罚性赔偿,如何规定得既合理又有可行性,值得进一步探讨。

4. 赔偿程序

第一程序是受害人与生产者、销售者的关系。因产品存在缺陷造成人身、他人财产损害的,受害人可以向产品的生产者要求赔偿,也可以向产品的销售者要求赔偿。这样安排,方便消费者选择。

第二程序是生产者、销售者相互之间的关系。属于产品的生产者的责任,产品的销售者赔偿的,产品的销售者有权向产品的生产者追偿。属于产品的销售者的责任,产品的生产者赔偿的,产品的生产者有权向产品的销售者追偿。

5. 诉讼时效

我国《民法通则》规定,下列的诉讼时效期间为1年:(1) 身体受到伤害要求赔偿的;(2) 出售不合格的商品未声明的。

我国《产品质量法》规定,因产品存在缺陷造成损害要求赔偿的诉讼时效期间为2年。

三、行政处罚

(一) 承担行政责任的违法行为

根据我国《产品质量法》,承担行政责任的违法行为有:生产、销售不符合保障人体健康和人身、财产安全的国家标准、行业标准的产品;生产国家明令淘汰的产品;销售失效、变质的产品;在产品中掺杂、掺假,以假充真,以次充好,或者以不合格产品冒充合格产品;伪造产品产地,伪造或者冒用他人的厂名、厂址,伪造或者冒用认证标志等质量标志;产品标识或者有包装的产品标识不符合法律规定;伪造检验数据或者检验结论;法律规定的其他应当承担行政责任的违法行为。

(二) 承担行政责任的主要形式

产品质量监督部门、工商行政管理部门依照各自的职权,对违反产品质量法的行为可以责令纠正,并给予下列行政处罚:警告,罚款,没收违法生产、销售的产品和没收违法所得,责令停止生产、销售,吊销营业执照。

四、刑事责任

违反《产品质量法》的行为,如已触犯《刑法》、构成犯罪的,依照《刑法》的规定追究刑事责任。

根据实际状况,应当突出地解决以下问题:一是生产、销售不符合保障人体健康和人身、财产安全的国家标准、行业标准的产品的,责令停止生产、销售,没收违法生产、销售的产品,并处违法生产、销售产品(包括已售出和未售出的产品,下同)货值金额等值以上3倍以下的罚款;有违法所得的,并处没收违法所得;情节严重的,吊销营业执照;构成犯罪的,依法追究刑事责任。二是在产品中掺杂、掺假,以假充真,以次充好,或者以不合格产品冒充合格产品的,责令停止生产、销售,没收违法生产、销售的产品,并处违法生产、销售产品货值金额50%以上3倍以下罚款;有违法所得的,并处没收违法所得;情节严重的,吊销营业执照;构成犯罪的,依法追究刑事责任。

根据我国现行《刑法》的规定,对生产、销售伪劣商品犯罪行为负有追究责任的国家机关工作人员滥用职权、玩忽职守、徇私舞弊,构成犯罪的,处5年以下有期徒刑或者拘役。此举对强化产品质量管理体制和机制,有着重要的意义。

五、产品质量争议处理

我国《产品质量法》规定了解决产品质量纠纷的法律方式。因产品质量发生民事纠纷时,当事人可以通过协商或者调解解决。当事人不愿通过协商、调解解决或者协商、调解不成的,可以根据当事人各方的协议向仲裁机构申请仲裁;当事人各方没有达成仲裁协议或者仲裁协议无效的,可以直接向人民法院起诉。

我国《产品质量法》授权产品质量监督部门、工商行政管理部门及有关部门对消费者就产品质量问题的申诉"负责处理",主要的形式为行政调解。但这种行政调解没有当然的法律效力,即当事人可能反悔。产品质量监督部门对无需追究刑事、行政责任的产品质量申诉,根据申诉人或被申诉人的请求,可采用调解方式予以处理。

1998年国务院机构改革后,产品质量纠纷的仲裁交给社会中介组织,这是国家质量技术监督局划出的职能之一。

对产品质量问题的权益争议,还可通过民事诉讼程序处理。

对产品质量问题的行政争议(如不服行政处罚决定),可通过行政复议或者行政诉讼的程序处理。

最后还须说明,产品质量争议有些可能属于违法的问题,需要追究法律责任;而有些则可能只属于违约的问题,不须追究违法责任。

第十三章 广告法律制度

第一节 广告法概述

一、广告的概念

根据 1994 年 10 月 27 日第八届全国人民代表大会常务委员会第十次会议修订的我国《广告法》第 2 条的规定,广告是指"商品经营者或者服务提供者通过一定媒介和形式直接或者间接地介绍自己所推销的商品或者服务的商业广告活动"。

(一) 广告的构成要件

广告作为市场经济中人们普遍运用的宣传方式,其构成要件有如下四点:

1. 广告主。《广告法》规定,"广告主,是指为推销商品或者提供服务,自行或者委托他人设计、制作、发布广告的自然人、法人或其他组织"。广告主基于商业目的而产生广告需求,在广告活动中居于主导地位。没有广告主,就不会存在任何广告经营者和广告发布者,也不会形成广告活动。

2. 广告信息。即广告的主要内容,包括商品、服务方面的信息。发布广告的目的,在于将相应信息传递给公众,使公众了解商品、服务的有关情况,从而作出消费与否的选择。

3. 广告媒介或形式。广告作为非个体传播的信息,需要依托于相应的载体,即借助于一定的媒介或形式才能为社会公众所获知,否则广告的目的是无法得以实现的。广告所借助的传播媒介有两类:一类是大众传播媒介,如电视、广播、报纸等;另一类是自筹式传播媒介,如路牌、张贴、直邮等。

4. 广告费用。即设计、制作、发布广告所需的费用。广告主无论是自行还是委托他人设计、制作、发布广告,均将承担相应的费用,这是与其他信息传播相区别的重要特征。如果某种信息的传播并未以广告命名,但实际上广告主是支付了由此产生的费用的,应将其视为广告宣传;反之,则不是广告。

上述广告的四个构成要件中,广告主在广告活动中起决定性作用,法律须全面、详尽地规定其权利、义务,才能确保广告活动符合市场规律要求,维护交易秩序。广告信息关系到商品、服务的销量,常常出现虚假、误导的陈述,这是广告法律制度规范的重点。广告媒介作为广告信息的载体,是广告宣传活动的关键,需要承担更多的法律义务。广告收费必须合理,才能保证广告业健康发展,不至于扰乱市场秩序。一则广告必须同时具备这四个构成要件,才能被认定为合法有效,若缺少其中一个,都不能将其称为广告。

（二）广告的分类

广告法意义上的广告分类是：以是否具有营利性目的为标准,将广告分为商业广告和社会广告。商业广告,是指以营利为目的的广告,包括一切经济广告。我国《广告法》中的广告定义特指商业广告,它的目的是介绍广告主自己所推销的商品或提供的服务,从而获得某种商业利益,如商品广告、企业广告、劳务广告等。所谓社会广告,指的是除商业广告之外的所有其他广告。社会广告是非商业性和非营利性的,目的在于维护国家和人民的利益,如环境保护广告、交通安全广告、安全用电广告、禁烟广告、计划生育广告等。

我国《广告法》规范的广告活动仅限于商业广告活动,是否过于狭窄？学界对此有不同的看法。一种观点认为,《广告法》规范的广告活动不仅应包括商业广告活动,而且应包括非商业广告活动。主要理由是：其一,这是一部《广告法》,而非《商业广告法》,法律规范的活动的范围应当与其法律名称相符；其二,其他广告,即社会广告也会对社会公众产生影响,必须通过法律进行规范,使其做到真实、合法。有些广告(特别是招生、招聘、征婚等广告)也存在不规范、不真实甚至欺诈现象,应当通过立法对其加强管理。另一种观点则认为,广告法规范的活动的范围不宜太宽,应集中于商业广告活动。本书倾向于第二种观点。主要理由如下：其一,作为市场监管法体系中的一项重要经济法制度,广告法为了维护社会公共利益和消费者的合法权益,应该规范营利性的商业广告活动,以达到维护市场秩序的目的。而社会广告不属于经济活动的一环,自然不应归入其中。其二,在市场经济活动中,最常见、最可能出现扰乱交易活动,给消费者和公众造成影响的,主要是商业广告,因此广告法应该集中规范商业广告活动。其三,从国外立法例来看,很多国家的有关广告的法律法规也都主要规范商业广告活动。

二、广告法的概念

（一）广告法的定义和广告立法

广告法是调整在国家机关监督、管理广告活动中发生的经济关系的法律规范的总称。它是国家广告监督管理机关对广告实施监督管理的依据,是广告审查机关作出决定的标准,也是广告主、广告经营者和广告发布者进行广告活动的行为准则。

需要指出,组成广告法的法律规范,是以关于广告的法律、行政法规、地方性法规、规章和其他相关规范性文件为表现形式的。1994年10月27日第八届全国人大常委会第十次会议通过的,并于1995年2月1日开始施行的《中华人民共国广告法》(简称《广告法》)是一部重要法律。它分为总则、广告准则、广告活动、广告的审查、法律责任、附则等六章,共49条。2015年4月24日第十二届全国人大常委会第十四次会议对《广告法》进行了修订,自2015年9月1日起施行。它分为总则、广告内容准则、广告行为规范、监督管理、法律责任、附则等六章,共75条。关于广告的行政法规、部门规章主要有:国务院于1987年发布的《广告管理条例》(以下简称《条例》);1988年国家工商行政管理局发布的《广告管理条例施行细则》(于2004年11月30日作出修改,自2005年1月1日起施行)①,1995年国家工商行政管理局、卫生部发布的《药品广告审查办法》,1995年国家工商行政管理局、农业部发布的《农药广告审查办法》,1995年国家工商行政管理局发布的《药品广告审查标准》《医疗器械广告审查标准》《农药广告审查标准》《兽药广告审查标准》,1996年国家工商行政管理局发布的《烟草广告管理暂行办法》《酒类广告管理办法》,2006年国家工商行政管理总局、卫生部发布的《医疗广告管理办法》,2007年国家食品药品监督管理局、国家工商行政管理总局发布的《药品广告审查办法》《药品广告审查发布标准》,2009年国家工商行政管理总局、国家食品药品监督管理局、卫生部发布的《医疗器械广告审查办法》《医疗器械广告审查发布标准》,2010年国家工商行政管理总局发布的《食品广告监管制度》,等等。此外,符合《立法法》规定条件的地方人民代表大会及其常务委员会有权制定在本地方行政区域内实施的地方性法规,地方人民政府有权制定在本地方行政区域内实施的地方政府规章。目前,已有多个地区出台了有关广告管理的地方性法规和地方政府规章,如《浙江省广告管理条例》、《江苏省广告条例》、《广州市户外广告和招牌设置管理办法》等。

(二)《广告法》与相关法的关系

在这里,着重说明《广告法》与《反不正当竞争法》《消费者权益保护法》的关系。

1.《广告法》与《反不正当竞争法》

在我国,《广告法》为全面规范广告活动,作出了一系列规定。与此同时,《反不正当竞争法》第9条从确保经营者之间公平的角度对虚假宣传行为作出了禁止性规定:"经营者不得利用广告或其他方法,对商品的质量、制作成分、性能、用途、生产者、有效期限、产地等作引人误解的虚假宣传。广告的经营者不得在明知或应知的情况下,代理、设计、制作、发布虚假广告。"在这里,《反不正当竞争法》是把维护合法的广告行为作为实现其正当竞争的途径之一进行保护。这就不可避免在规范内容上有可能发生竞合,在执法和司法实践中,当《广告

---

① 与《广告法》相比,虽然《条例》及《施行细则》发布较早且位阶较低,但其仍作为相配套的法规、规章继续适用。

法》没有作出规定时,适用《反不正当竞争法》的规定。可见,《广告法》与《反不正当竞争法》有着密切的联系。

2.《广告法》与《消费者权益保护法》

通过规范广告活动,达到保护消费者权益的目的,可以说是《广告法》的立法宗旨之一。因此它与《消费者权益保护法》有着密切的联系。《广告法》的主要目的是希望通过对广告活动的规范,使得市场上的自由竞争机制得以维持,这样市场中的产品的价格、品质及服务等都会因为竞争而更趋合理、更有保障,从而能使消费者以合理的价格享受到更好的商品或服务。由此可知,消费者的利益实际上是通过规范广告活动、维护社会经济秩序所产生的间接利益。而《消费者权益保护法》是以保护消费者权益为其直接目的的。实践中,消费者的权益若受到损害,一般应依循《消费者权益保护法》请求个人的救济,而不应依《广告法》请求救济。而《广告法》的调整更多的是针对广告主、广告经营者、广告发布者、广告监督管理机关、广告审查机关之间发生的广告关系。因此,两者又存在明显的区别。

三、广告法的适用范围

明确《广告法》的适用范围,是正确适用该法的前提,因此有必要了解以下三点:

从空间上讲,在中华人民共和国境内从事广告活动,都必须遵守此法。即适用于我国的全部领域,包括领陆、领海、领水、领空以及航行或停泊于境外的我国的船舶、航空器、航天器和驻外的使领馆等延伸意义的领域。

从客体上讲,仅限于具有营利目的的商业广告活动。因为属于市场监管法规范范围的广告活动必然影响市场秩序,需要国家进行协调。而社会广告活动虽然也必须予以规范,但它不具有营利性,不是经济活动,不属于经济法的规范对象。

从主体上讲,包括:广告监督管理机关,指县级以上人民政府工商行政管理部门;广告审查机关,指依法对特殊广告负有审查职责的有关行政主管部门;广告主,指为推销商品或者提供服务,自行或委托他人设计、制作、发布广告的法人、其他经济组织或者个人;广告经营者,指受委托提供广告设计、制作、代理服务的法人、其他经济组织或者个人;广告发布者,指为广告主或者广告主委托的广告经营者发布广告的法人或者其他经济组织。

上述主体之间主要构成了如下几个方面的经济关系:一是广告监督管理机关在实施广告监督管理过程中与广告主、广告经营者和广告发布者发生的关系;二是广告审查机关在实施广告审查的过程中与广告主发生的关系;三是广告主、广告经营者和广告发布者在进行广告活动的过程中相互间发生的关系。

第二节 广告内容准则

一、广告的基本准则

广告的基本准则,是指反映广告本质及内容的指导原则。根据《广告法》的有关规定,可以归纳为以下几点:

(一) 广告必须真实

广告真实性,是指广告内容必须客观、准确地介绍商品、服务的情况,不能含有虚假不实、引人误解的内容,不能欺骗和误导消费者。广告真实性准则有以下两方面具体要求:

(1) 广告不能含有虚假、夸大不实的内容。所谓虚假不实,是指捏造与商品内容不符的事实,从而使消费者形成与商品的实际情况不同的印象、认知。《广告法》第 28 条规定,广告以虚假或者引人误解的内容欺骗、误导消费者的,构成虚假广告。广告有下列情形之一的,为虚假广告:(1) 商品或者服务不存在的;(2) 商品的功能、产地、用途、质量、规格、成分、价格、生产者、有效期限、销售状况、曾获荣誉等信息,或者服务的内容、提供者、形式、质量、价格、销售状况、曾获荣誉等信息,以及与商品或者服务有关的允诺等信息与实际情况不符,对购买行为有实质性影响的;(3) 使用虚构、伪造或者无法验证的科研成果、统计资料、调查结果、文摘、引用语等信息作证明材料的;(4) 虚构使用商品或者接受服务的效果的;(5) 以虚假或者引人误解的内容欺骗、误导消费者的其他情形。

(2) 广告不得引人误解。所谓引人误解,是指广告陈述内容不一定虚假,但因为表达方式不当,或标示不全或未标示,而使消费者误认为商品的品质或规格等同或优胜于实际的商品。从这一概念可知,令人误解的广告包括:第一,表达方式不当,有含糊不清、模棱两可内容的广告。这类广告容易使消费者产生错误的联想。第二,标示不全或未标示的广告。即广告虽然表述的内容是真实的,但没有或未完全反映产品本质属性,容易导致消费者对产品全貌的错误认识。

实务上,一项广告的陈述或表示,可能在文义上完全是真实的,但整体上却产生虚假不实、引人误解的效果。对此,应将广告内容的各个方面作为整体进行考虑来判断广告真实性。

(二) 广告必须合法

广告的合法性包括两个方面的内容:

(1) 广告的内容和形式必须合法。即必须符合我国有关法律、法规及国家其他有关规定的要求,不得损害国家、民族利益和尊严,不得损害社会公共利益,妨碍社会公共秩序和有悖社会善良风俗。

(2) 相关的广告行为必须合法。我国《广告法》规定,广告主、广告经营者、广告发布者从事广告活动,应当遵守法律、法规。即广告活动主体的广告设计、制作、发布行为不能违反广告法律制度的规定,这是将广告活动纳入法治轨道和保障正常社会经济秩序的必要条件。

需要强调的是,广告监管行为同样应遵循合法性准则。因为广告审查机关、广告监督管理机关对广告活动进行监管的过程中,也有可能违法,出现"政府失灵"现象。然而《广告法》并未对这两类主体作出义务性规定,易使其过分关注监管权而忽视对法律的遵守,造成权利、义务不对等,不利于监管行为的实施。

(三) 广告应当具有可识别性

《国际商会广告行为准则》第12条规定:"任何广告不管是形式还是使用的媒介,都必须是清晰易辨的;当一则广告在含有新闻或者文章的媒介上发布时,它应该轻而易举地被认为是广告。"我国《广告法》规定,广告应当具有可识别性,能够使消费者辨明其为广告。具体来讲,有三个方面的内容:

(1) 形式上具有能使消费者辨明其为广告的特征,而不能在形式上使消费者误认为是艺术作品。广告表现形式可以体现艺术性,但必须以不给消费者造成对商品、服务相关属性的误解为限。

(2) 内容上具有能使消费者辨明其为广告的特征,而不能在内容上使消费者误认为是其他的信息传播方式。

(3) 在发布方式上具有能使消费者辨明其为广告的特征,如利用电视、报刊发布广告时,应当有专门的广告标记。

(四) 广告应当遵循公平原则

我国《广告法》第5条规定,广告主、广告经营者、广告发布者从事广告活动应当遵循公平原则,主要体现在以下三个方面:

(1) 广告活动必须体现平等自愿准则。广告活动主体(广告主、广告经营者、广告发布者)的地位是平等的,各自享有权利同时承担义务;广告活动是主体间自愿的行为,不允许任何强迫、干涉。

(2) 广告活动必须坚持等价有偿的准则。广告经营者和广告发布者在设计、制作、发布广告的质量及总体水平上,应与广告主支付的广告费相符合,同时广告主要对广告经营者和广告发布者提供的广告服务支付广告费予以相应补偿。

(3) 广告活动必须符合公平竞争的原则。广告活动主体应争取创造公平竞争的环境,禁止利用广告开展不正当竞争,本着公平的观念进行广告活动。否则,不仅影响广告的地位和作用,而且会影响经济的发展。

(五) 广告应当遵循诚实信用原则

根据《广告法》的规定,诚实信用原则要求广告主、广告经营者、广告发布者

在进行广告活动时要讲诚实、守信用,要善意履行自己的义务。具体又可以分为:

(1) 应当诚实。就是在广告中不得蓄意滥用消费者的信任,或利用消费者的缺乏经验和知识贫乏而使用诸如省略、含糊其辞、夸大的方法误导消费者。

(2) 应当有信用。即广告活动主体要遵守诺言,实践成约,从而获得相对人的信任。

(六) 广告应当符合社会主义精神文明建设的要求

该准则要求广告必须符合社会主义思想道德建设、教育科学文化建设的要求。

二、广告的具体准则

广告的具体准则,是指各种广告应遵循的一些具体性标准和要求。我国广告法规定的广告具体准则,包括广告内容的具体准则和广告形式的具体准则。

(一) 广告内容的具体准则

(1) 广告不得采用法律禁止的情形。《广告法》列举了11类禁止的情形:使用或者变相使用中华人民共和国的国旗、国歌、国徽、军旗、军歌、军徽;使用或者变相使用国家机关、国家机关工作人员的名义或者形象;使用"国家级"、"最高级"、"最佳"等用语;损害国家的尊严或者利益,泄露国家秘密;妨碍社会安定,损害社会公共利益;危害人身、财产安全,泄露个人隐私;妨碍社会公共秩序或者违背社会良好风尚;含有淫秽、色情、赌博、迷信、恐怖、暴力的内容;含有民族、种族、宗教、性别歧视的内容;妨碍环境、自然资源或者文化遗产保护;法律、行政法规规定禁止的其他情形。

(2) 广告不得损害未成年人和残疾人的身心健康。未成年人由于受到年龄和心理特点的影响,缺乏辨别是非的能力,因此,在广告中不得有诱导、误导未成年人或影响未成年人正确判断的不良内容,损害未成年人的身心健康。由于残疾人比常人承受更重的生存、生活和精神压力,加上社会在不同程度上存在着对残疾人的歧视和偏见,法律应对其给予特殊保护。

(3) 对商品的性能、功能、产地、用途、质量、成分、价格、生产者、有效期限、允诺或者对服务的内容、提供者、形式、质量、价格、允诺有表示的,应当清楚、明白。广告中表明推销商品、提供服务附带赠送礼品的,应当标明赠送的品种、规格数量、期限和方式。由于广告所占的空间、时间有一定的限制,不可能将商品、服务的所有内容都进行详尽的表示,但某些关键性的内容如商品的产地、性能、用途等等,应当作明确的交代。

(4) 广告使用数据、统计资料、调查结果、文摘、引用语,应当真实、准确,并表明出处。引证内容有适用范围和有效期限的,应当明确表示。广告中的数据等有关资料,是吸引消费者的重要因素,必须真实、准确,否则会对消费者构成误导、欺诈。另外,广告内容涉及的事项需要取得行政许可的,应当与许可的内容相符合。

(5)广告中涉及专利产品或者专利方法的,应当标明专利号和专利种类。未取得专利权的,不得在广告中谎称取得专利权。广告禁止使用未授予专利权的专利申请或已经终止、撤销、无效的专利做广告。由于广告涉及产品的专利状况,往往会增加消费者对产品的信任程度,因此需要对其进行规范,保证广告的真实、合法。

(6)广告不得贬低其他生产经营者的商品或服务。利用广告贬低他人,是指在广告内容中采用不公正、不准确、不全面的陈述等不正当手段,损害他人商业信誉和商品声誉,进而削弱其竞争能力。现实中,最常见的方式是以对比广告的方式达到贬低同业竞争者的目的。比较广告可以分为任意比较广告和具体比较广告。① 我国现行的法律法规允许广告对相同或可类比的产品做任意比较广告,不得做具体比较广告。在进行间接比较时,必须要有科学的依据和证明。② 原因在于,比较广告极易损害其他经营者商业信誉、商品声誉,产生不正当竞争的现象,造成广告市场秩序混乱。

(二)广告形式的具体准则

广告形式的具体准则,即《广告法》中对广告形式的专门规定,是指各种广告在表现形式上应当遵循的具体性标准和要求。主要包括两方面的内容:

(1)通过大众传播媒介发布的广告应当有广告标记。广告作为一种介绍商品或服务的形式,具有不同于其他信息传播方式的特点。广告具有可识别性的标准,在于能够使消费者辨明其为广告。这就要求在广告中注上明显的广告标记,使其具有广告的特征,能与其他非广告信息相区别,而不致使消费者产生误解。

(2)大众传播媒介不得以新闻报道形式发布或者变相发布广告。所谓新闻广告,是指大众传播媒介以新闻报道的形式发布的商业广告。它利用消费者对新闻真实性、客观性的信赖,将广告信息通过新闻形式发布,使消费者误认为广告信息是对事实的客观陈述、介绍,从而毫无怀疑地接受了商品、服务的有利信息。这种形式之所以是违法的,在于它不具有广告的识别性。新闻广告不仅会

---

① 所谓任意比较广告,是指生产经营者在其广告中与不特定的同行业竞争对手的商品或服务进行比较的广告;而具体比较广告,是指生产经营者在其广告中"指名道姓"地与竞争对手的商品或服务进行比较的广告。

② 1994年6月1日,国家工商行政管理局颁布的《广告审查标准》第32条规定:"广告中的比较性内容,不得涉及具体的产品或服务,或采用其他直接的比较方式。对一般性同类产品或服务进行间接比较的广告,必须有科学的依据和证明。"

削弱新闻单位的声誉,影响新闻事业的健康发展,而且将损害消费者的合法利益,对广告市场秩序造成一定的破坏。因此,禁止新闻广告是十分必要的。

实践中,隐性广告也是一种常见的广告形式。所谓隐性广告,是与具有广告标记的商业广告相对的一类广告形式。例如,电影场景中出现赞助商的标志、产品;春节联欢晚会上出现的涉及商家信息的台词等都为隐性广告。此类广告不具有广告法中要求的广告标记,是否为违法的广告形式?同样要以是否具有可识别性为标准:当广告无广告标记又无可识别性时,应认定为违法广告;如果消费者能予以识别,则应该视为合法的广告形式。对于隐性广告,目前我国的《广告法》没有具体规定,建议进行补充修改。

三、特殊广告的特殊准则

特殊广告,是指涉及人体健康以及人身、财产安全的商业广告。《广告法》结合我国广告监管的实际,借鉴国际惯例,依照有关法律、行政法规和国家其他有关规定,对药品、医疗器械、农药、烟草、酒类等商品广告的特殊准则作了规定。此类广告的准则与一般广告的准则相比,有更为严格的要求。

(一)药品、医疗器械广告的特殊准则

药品、医疗器械广告事关病人的身体健康和生命安全,加强对此类广告的监管,有助于保护消费者的合法权益。根据《广告法》,其特殊准则主要包括:

(1)药品、医疗器械广告不得含有表示功效、安全性的断言或者保证;不得说明治愈率或者有效率。例如,不得明示或隐含"疗效最佳"、"完全无副作用",或宣称某种药品的治愈率达99%等。因为在实践中,不可能存在效果绝对显著或有着固定不变治愈率的药品和医疗器械。此类广告含有虚构或引人误解的内容,违反了真实性的准则,应当予以禁止。

(2)药品、医疗器械广告不得与其他药品、医疗器械的功效和安全性或者其他医疗机构比较。因为药品、医疗器械的功效因人、因病而异,不具有可比性;此外,该做法容易产生贬低他人产品的不正当竞争行为,为法律所不允许。

(3)利用广告代言人作推荐、证明。广告代言人往往具有一定的社会影响力,消费者容易对其产生信任而购买商品。但问题是,大部分的广告代言人并未对产品质量进行深入了解即为其代言,容易误导消费者。修改后的《广告法》将广告代言人及其代言行为纳入调整范围,规定特殊商品,如药品、医疗器械、保健食品、烟草等广告不得利用广告代言人作推荐、证明。

(4)药品广告的内容不得与国务院药品监督管理部门批准的说明书不一致,并应当显著标明禁忌、不良反应。同时,针对处方药和非处方药分别提出不同说明要求,医疗器械应当标明的禁忌内容和注意事项。这一规定的目的在于防止由于广告宣传不当造成消费者乱购、滥用,以切实保护人们的身体健康和生命安全。

(5) 麻醉药品、精神药品、毒性药品、放射性药品等特殊药品,药品类易制毒化学品,戒毒治疗的药品、医疗器械和治治疗方法,不得作广告。这类商品具有两面性:使用得当,可以治病救人;使用不当,将危害人们的身体健康和生命安全。对此,国家必须进行特殊监管,对其流通、使用予以限制,不得作相应的商业广告。但是,上述商品可以在国务院卫生行政部门和国务院药品监督管理部门共同指定的医学、药学专业刊物上作广告。

(二) 保健食品广告的特殊规则

根据《广告法》,保健食品广告不得含有下列内容:

(1) 表示功效、安全性的断言或者保证。由于保健食品不需要进行医学临床试验,不需要取得针对病理的各项数据指标,上述断言或保证不具备真实性、客观性基础,有必要进行限制。

(2) 涉及疾病预防、治疗功能,并与药品、其他保健食品进行比较。保健食品的本质是食品,不是药品,食品是不可能具有任何疾病治疗作用的,但消费者往往在保健食品的误导宣传下认为保健食品可以代替药品,因此,保健食品广告还应当显著标明"本品不能代替药品",以同药品作出明确区分。

(3) 声称或者暗示广告商品为保障健康所必需。该限制旨在防止企业利用广告宣传将保健食品与药品相混淆,误导消费者。

(4) 利用广告代言人作推荐、证明。

(三) 农药广告的特殊准则

《广告法》规定,农药广告不得含有下列内容:

(1) 表示功效、安全性的断言或者保证;

(2) 利用科研单位、学术机构、技术推广机构、行业协会或者专业人士、用户的名义或者形象作推荐、证明;

(3) 说明有效率;

(4) 违反农药安全使用规程的文字、语言或者画面;

(5) 法律、行政法规规定禁止的其他内容。

(四) 烟草广告的特殊准则

《广告法》对烟草广告作了一些限制性规定,主要包括:

(1) 禁止在大众传播媒介或者公共场所、公共交通工具、户外发布烟草广告;

(2) 禁止向未成年人发送任何形式的烟草广告;

(3) 禁止利用其他商品或者服务的广告、公益广告,宣传烟草制品名称、商标、包装、装潢以及类似内容;

(4) 烟草制品生产者或者销售者发布的迁址、更名、招聘等启事中,不得含有烟草制品名称、商标、包装、装潢以及类似内容。

（五）酒类广告的特殊准则

《广告法》规定,酒类广告不得含有以下内容:

(1) 诱导、怂恿饮酒或者宣传无节制饮酒;

(2) 出现饮酒的动作;

(3) 表现驾驶车、船、飞机等活动;

(4) 明示或者暗示饮酒有消除紧张和焦虑、增加体力等功效。

（六）教育培训广告的特殊规则

近年来,教育培训机构常常通过通过率、升学率等方面的保证,诱导消费者购买其商品或服务。因此,《广告法》规定,教育、培训广告不得含有下列内容:

(1) 对升学、通过考试、获得学位学历或者合格证书,或者对教育、培训的效果作出明示或者暗示的保证性承诺;

(2) 明示或者暗示有相关考试机构或者其工作人员、考试命题人员参与教育、培训;

(3) 利用科研单位、学术机构、教育机构、行业协会、专业人士、受益者的名义或者形象作推荐、证明。

（七）招商投资广告的特殊规则

随着民间金融的发展,投资渠道越来越多样化,理财产品等具有投资回报预期的产品或服务受到人们的欢迎。但是,这些产品或服务往往具有一定的财产损失风险,如果允许企业利用广告进行虚假宣传,信息披露不完全、不真实,消费者可能因此承担较大的风险,甚至掉入集资诈骗的陷阱。所以,《广告法》规定,招商等有投资回报预期的商品或者服务广告,应当对可能存在的风险以及风险责任承担有合理提示或者警示,并不得含有下列内容:

(1) 对未来效果、收益或者与其相关的情况作出保证性承诺,明示或者暗示保本、无风险或者保收益等,国家另有规定的除外;

(2) 利用学术机构、行业协会、专业人士、受益者的名义或者形象作推荐、证明。

（八）房地产广告的特殊规则

房地产是我国经济发展的重要支柱产业,房地产作为一种特殊商品,往往交易额巨大,对买卖双方来说都是重要的交易活动。因此,《广告法》规定,房地产广告,房源信息应当真实,面积应当表明为建筑面积或者套内建筑面积,并不得含有下列内容:

(1) 升值或者投资回报的承诺;

(2) 以项目到达某一具体参照物的所需时间表示项目位置;

(3) 违反国家有关价格管理的规定;

（4）对规划或者建设中的交通、商业、文化教育设施以及其他市政条件作误导宣传。

（九）农作物种子广告的特殊规则

农作物种子、林木种子、草种子、种畜禽、水产苗种和种养殖广告关于品种名称、生产性能、生长量或者产量、品质、抗性、特殊使用价值、经济价值、适宜种植或者养殖的范围和条件等方面的表述应当真实、清楚、明白，并不得含有下列内容：

（1）作科学上无法验证的断言；

（2）表示功效的断言或者保证；

（3）对经济效益进行分析、预测或者作保证性承诺；

（4）利用科研单位、学术机构、技术推广机构、行业协会或者专业人士、用户的名义或者形象作推荐、证明。

第三节 广告活动

广告活动，是指广告主、广告经营者、广告发布者设计、制作、发布广告过程中的一系列行为的总称。《广告法》不仅要使广告内容、形式符合准则要求，而且必须对广告活动予以规定。

一、广告主体

广告主体又称广告活动主体，具体是指广告主、广告经营者和广告发布者。广告主体要进行广告活动，必须先取得广告市场准入条件，即具备法定资格。具体包括以下几方面内容：

（一）广告主资格

广告主资格，是指广告主享有的为推销商品或提供服务而自行或者委托他人设计、制作、发布广告的权利和承担相应义务的能力。广告主从事广告活动以宣传自己的商品或者自己有权利从事的服务活动为前提；换言之，广告主在其经营范围内享有的权利能力和行为能力，法律仅承认和保护其在主体资格范围内所为的广告行为。

（二）广告经营者、广告发布者的经营资格

为了规范广告的设计、制作、发布，广告主应当委托具有合法经营资格的广告经营者、广告发布者。这两类主体须符合如下规定，才可获得相应经营资格：

1. 广告经营者、广告发布者的经营条件

广告经营者、广告发布者是以广告经营活动为业的市场主体，为了更好地规范广告经营业务，维护广告市场秩序，必须对其专业化程度作出较高的要求。

《广告法》规定:"从事广告经营的,应当具有必要的专业技术人员、制作设备";"广播电台、电视台、报刊出版单位的广告业务,应当由其专门从事广告业务的机构办理"。这一规定抽象、笼统,缺乏操作性。为此,《广告管理条例施行细则》对此作出了详细解释:(1)申请经营广告业务的企业应有负责市场调查的机构和专业人员;有熟悉广告管理法规的管理人员及广告设计、制作、编审人员;有专职的财会人员;申请承接或代理外商来华广告,应当具有经营外商来华广告的能力;(2)广播电台、电视台、报刊出版单位,事业单位以及法律、行政法规规定的其他单位应当具有直接发布广告的媒介或手段;设有专门的广告经营机构;有广告经营设备和经营场所;有广告专业人员和熟悉广告法规的广告审查员;(3)申请经营广告业务的个体工商户,除应具备《城乡个体工商户管理暂行条例》规定的条件外,本人还应具有广告专业技能,熟悉广告管理法规。需注意的是,个体工商户只能成为广告经营者,而不能申请成为广告发布者,因为广告不能由个人发布。

2. 广告经营者、广告发布者的登记手续

广告经营者、广告发布者的权利能力、行为能力自其登记之日起产生,其营业范围也以登记为准。此外,从事广告经营,要依法办理公司或者广告经营登记;广播电台、电视台、报刊出版单位的广告业务,必须依法办理兼营广告的登记。《广告管理条例施行细则》进一步规定:(1)设立经营广告业务的企业,向有关工商行政管理部门申请办理企业登记,发给营业执照;(2)广播电台、电视台、报刊出版单位,事业单位以及法律、行政法规规定申请兼营广告业务应当办理广告经营许可登记的单位,向有关工商行政管理部门申请登记,发给《广告经营许可证》;(3)经营广告业务的个体工商户,向所在地工商行政管理部门申请,经有关工商行政管理部门依法登记,发给营业执照。

但是,现行的广告法律制度对于广告经营者、广告发布者经营资格的规定,仍然存在缺陷。例如,一些媒介单位可拥有双重身份,既为广告发布者,又是广告经营者,完全可以通过已有的优势地位,排挤其他广告经营者。这种现象不利于广告活动实施专业分工,有悖于国际通行的广告活动形式,急需改变。

(三) 广告代言人在虚假广告中的责任承担

广告代言人是指广告主以外的,在广告中以自己的名义或者形象对商品、服务作推荐、证明的自然人、法人或者其他组织。成为广告法的调整主体。在我国,明星代言虚假广告现象一直屡禁不止,修改后的《广告法》将广告代言人及其代言行为纳入了调整范围,规定代言行为需遵守以下规则:

1. 广告代言人在广告中对商品、服务作推荐、证明,应当依据事实,符合本法和有关法律、行政法规规定,并不得为其未使用过的商品或者未接受过的服务作推荐、证明。这里实际上确立了广告代言人的两项基本义务:一是真实合法代言的义务;二是未使用不得代言的义务。这两项义务普遍适用于所有领域的广告代言行为。

2. 不得利用不满十周岁的未成年人作为广告代言人。一方面,由于十周岁以下的未成年人属于无民事行为能力人,不能自主表达自己的意志,代言行为。另一方面也是处于保护未成年人的需要,避免未成年人过早地受到同龄人不当推销的影响。

3. 对在虚假广告中作推荐、证明受到行政处罚未满三年的自然人、法人或者其他组织,不得利用其作为广告代言人。

同时,《广告法》还规定了广告代言人的法律责任,违法代言的,除没收违法所得外,还将处违法所得一倍以上二倍以下的罚款。另外,我国《食品安全法》第55条也对违法食品代言行为的责任进行了明确规定:"社会团体或者其他组织、个人在虚假广告中向消费者推荐食品,使消费者的合法权益受到损害的,与食品生产经营者承担连带责任。"上述规定以国家立法的形式明确了个人、特别是明星在虚假广告中的法律责任,对保护消费者的合法权益具有重要意义。

二、广告活动的形式

广告主、广告经营者、广告发布者总是通过实施一定行为来完成广告活动,而此类行为通常表现为各种各样的形式。对此,法律应作出必要规定,从而使广告行为的实施更具规范性、效率性和合法性。以下是《广告法》规定的几种重要的广告活动形式:

(一) 广告合同

《广告法》规定,广告主、广告经营者、广告发布者之间在广告活动中应当依法订立书面合同,明确各方的权利和义务。

广告合同属于无名合同,即为非典型合同,目前只能参照适用《民法通则》和《合同法》总则以及《广告法》的有关规定。对此,需要说明两点:

(1) 广告合同具有合同的一般共性,首先应遵循《民法通则》和《合同法》总则的有关规定。根据特别法优先于一般法的原则,合同法总则有具体规定的,优先适用;如果《合同法》总则没有规定的,应适用《民法通则》关于民事法律行为的一般规定。此外,如广告合同的权利义务关系类似于《合同法》分则中规定的一类或几类有名合同的,可参照分则有关规定来适用法律。

(2) 广告合同是在广告活动过程中缔结的合同,有其特殊性。《广告法》规定,广告合同必须采用书面形式。当然,根据合同自由原则,广告活动主体在不违法的前提下,可以订立具有任何内容的广告合同。

(二) 广告代理

广告代理,是指在广告活动中,广告主委托广告经营者设计、策划广告,广告发布者通过广告经营者承揽广告发布业务的形式。

在广告代理中,广告经营者处于核心地位,为广告主和广告发布者双向提供服务,形成了一种不同于传统单方代理的特殊"双方代理"。具体来讲,广告经营者一方面为广告主开展广告宣传工作,包括从事广告市场调查、设计制作广告、提供信息反馈和效果测定等;另一方面,广告经营者代理广告媒介,为广告发布者承揽广告,从而扩展广告业务,增加收入。因此,广告经营者进行广告代理,应获得双份代理收入,即来自于广告主支付的广告劳务费和广告发布者支付的广告承揽费。而广告主在广告代理中不再设计、制作广告,只负责提供市场战略企划;广告发布者不再负责广告承揽,而是专职于发布广告,做好广告媒介的工作。

目前,我国的广告代理仍处于起步阶段,存在不少问题:国内多数广告经营者的实力还不能够全面代理广告主的广告业务;多数广告主与广告经营者之间的合作仍停留在一个较低的层面,广告主将已成型的广告委托给广告经营者,由经营者与媒体联系发布广告事宜的方式仍然普遍存在;广告活动主体分工不明确,易形成垄断优势地位,使广告经营者无法顺利完成代理服务。而现有的《广告法》对广告代理的规定也比较笼统,仅规定符合条件的广告经营者可以提供代理服务,但未对广告代理作出强制性规定,是否采用广告代理形式取决于广告主的态度。针对目前广告代理的实践和立法现状,对其进行详尽的法律制度设计是《广告法》修改的当务之急。

(三) 户外广告

户外广告,是指在露天场地或公共场所所设置的广告。户外广告拥有悠久的历史,是较早出现的一种广告活动形式,时至今日仍是重要的媒介形式之一。

1. 户外广告的种类

户外广告最初出现时,一般表现为招牌广告、酒旗广告幌子等,随着商品经济的发展,其形式越来越多样化。现实生活中,户外广告无处不在,主要包括有:(1) 利用公共或自有场所的建筑物、空间设置的路牌、霓虹灯、电子显示牌(屏)、灯箱橱窗灯广告;(2) 利用交通工具设置、绘制、张贴的广告;(3) 在地下铁道设施,城市轨道交通设施,地下通道,以及车站、码头、机场候机楼内外设置的广告;(4) 以其他形式在户外设置、悬挂、张贴的广告,如条幅、招贴画等。总之,凡是在露天场地或公共场所,通过广告活动形式进行诉求,以达到宣传目的的媒体物质,都可被认定为户外广告。

2. 户外广告的设置管理

户外广告对市容环境、生产、生活产生一定影响,为了发挥其积极作用,《广告法》规定,有下列情形之一,不得设置户外广告:(1) 利用交通安全设施、交通标志的;(2) 影响市政公共设施、交通安全设施、交通标志、消防设施、消防安全标志使用的;(3)妨碍生产或者人民生活,损害市容市貌的;(4)国家机关、文物保护单位和名胜风景点的建筑控制地带;(5)当地县级以上地方人民政府禁止设置户外广告的区域。

2006年,国家工商行政管理总局颁布了《户外广告登记管理规定》。该《规定》进一步规范了户外广告的工商登记,完善了户外广告登记申请和审批程序,强化了户外广告活动的监督管理。

除此以外,县级以上地方人民政府有权制定户外广告的设置规划和管理办法,如广东省于2013年颁布《广东省户外广告管理规定》,对户外广告的设置和管理进行了全面规定,使户外广告的管理更具操作性。

三、广告活动的内容

广告活动的内容,是指广告主、广告经营者、广告发布者进行广告活动过程中,具体享有的权利和承担的义务。依据《广告法》及有关现行规定,广告主体在广告活动中必须履行以下义务:

(一) 禁止不正当竞争

广告活动主体不得以任何不正当竞争手段从事广告活动,也不得在其设计、制作、发布的广告中包含任何不正当竞争的内容。《广告法》对禁止的不正当竞争行为较宽,即包括了《反不正当竞争法》规定的11种不正当竞争行为。[①]

(二) 不得经营、发布关于违禁商品或服务的广告

对法律、行政法规规定禁止生产、销售的商品或者提供的服务,以及禁止发布广告的商品或服务,广告活动主体不得设计、制作、发布广告。具体包括两个方面的内容:

(1) 法律、行政法规禁止生产、销售的商品或者提供的服务不得设计、制作、发布广告。

(2) 某些商品或者服务,国家法律或者行政法规允许其生产、销售或者提供,但不允许发布广告。

(三) 不得在广告中擅自使用他人的名义、形象

所谓"名义",是指自然人的姓名权以及其他民事主体的名称权;而"形象"指的是公民的肖像权,其实质为人格权。《广告法》规定:广告主、广告经营者在广告中使用他人名义、形象的,应当事先取得他人的书面同意;使用无民事行为能力人、限制民事行为能力人的名义、形象的,应当事先取得其监护人的书面同意。这里,须注意两点:

(1) 必须事先取得同意。即广告活动主体应在实施相应广告行为之前取得

[①] 即1993年颁布实施的《反不正当竞争法》第2章(第5条至第15条)中的11种不正当竞争行为。

他人的同意,如广告设计制作之前、广告发布之前。如在实施广告行为以后,除经当事人追认外,应视为侵权。

(2) 必须取得书面同意。要求书面形式,目的在于确定法律关系,从而维护广告活动主体与当事人双方的合法权益,防止产生不必要的纠纷,保证广告主、广告经营者的正常经营活动。

(四) 确保广告及其相关活动真实、合法、有效

这是广告活动必须遵循的基本原则,也是杜绝虚假广告的关键所在。具体要求是:

(1) 广告经营者、广告发布者应当依据法律、行政法规查验有关证明文件,核实广告内容。对内容不实或者证明文件不全的广告,广告经营者不得提供设计、制作、代理服务,广告发布者不得发布。

(2) 广告发布者向广告主、广告经营者提供的媒介覆盖率、收视率、发行量等资料真实。这些资料是广告主、广告经营者全面了解广告的传播范围的依据,也是确定广告费用的重要参考,应当确保其真实性。

(五) 未成年人的保护

未成年人属于无民事行为能力人或限制民事行为能力人,尚不能完全自主地表达自己的意志,缺乏独立判断能力,容易受广告宣传的影响进行消费,因此,除前述禁止向未成年人发送任何形式的烟草广告外,《广告法》还规定了其他保护未成年人的措施。

(1) 不得在中小学校、幼儿园内开展广告活动,不得利用中小学生和幼儿的教材、教辅材料、练习册、文具、教具、校服、校车等发布或者变相发布广告,但公益广告除外。

(2) 在针对未成年人的大众传播媒介上不得发布医疗、药品、保健食品、医疗器械、化妆品、酒类、美容广告,以及不利于未成年人身心健康的网络游戏广告。

(3) 针对不满十四周岁的未成年人的商品或者服务的广告不得含有下列内容:劝诱其要求家长购买广告商品或者服务;可能引发其模仿不安全行为。

(六) 禁止发送垃圾广告

垃圾广告是指,在没有征得消费者的同意下,广告主、广告经营者及广告发布者向消费者发送并强制接受相关信息,它侵犯了消费者的自主权,对人们的生活造成一定影响。但是,由于缺乏相关法律法规,垃圾广告一直屡禁不止。修改后的《广告法》首次明确禁止向消费者发送垃圾广告。

(1) 任何单位或者个人未经当事人同意或者请求,不得向其住宅、交通工具等发送广告,也不得以电子信息方式向其发送广告。

(2) 以电子信息方式发送广告的,应当明示发送者的真实身份和联系方式,

并向接收者提供拒绝继续接收的方式。

（七）信息传播广告的特殊规则

随着信息网络技术的发展，利用互联网、电信等渠道进行广告宣传成为重要的宣传途径。基于信息网络传播的特殊性，《广告法》规定了利用上述途径进行广告宣传的特殊规则。

（1）利用互联网发布、发送广告，不得影响用户正常使用网络。在互联网页面以弹出等形式发布的广告，应当显著标明关闭标志，确保一键关闭。

（2）公共场所的管理者或者电信业务经营者、互联网信息服务提供者对其明知或者应知的利用其场所或者信息传输、发布平台发送、发布违法广告的，应当予以制止。

（八）建立健全内部管理制度

广告经营者、广告发布者按照国家有关规定，建立、健全广告业务的承接登记、审核、档案管理制度。具体内容包括：

（1）承接登记制度，即广告经营者、广告发布者接洽广告业务的开始，通过承接登记制度，了解、记录广告主的基本情况，确认广告业务来源渠道是否合法以及广告主是否具有从事广告活动的主体资格。

（2）审核制度，即审核承接的广告业务是否符合《广告法》及有关法律、行政法规的要求。该项制度也是广告经营者和广告发布者的自我约束机制。

（3）档案管理制度，是对广告经营者、广告发布者保存广告证明、广告样件、广告活动文书、表格、资料的具体要求，即广告业务档案的保存制度。

（九）广告收费必须合理、公开

广告收费，是指广告经营者为他人提供设计、制作、代理服务时所收取的服务费，以及广告发布者为他人提供广告发布服务时所收取的广告费。《广告法》明确规定，广告应当合理、公开，除了收费标准和收费方法应当向物价和工商行政管理部门备案外，还要求向社会公开。这一义务对正确解决社会反映较多的广告服务收费混乱问题，具有针对性和可操作性。

第四节　广告监管

一、广告监管概述

（一）广告监管的含义

广告监管，是指有关行政主管部门依法对广告活动进行监督管理行为的总称。它体现了政府的经济管理职能，目的在于促进广告业健康发展，维护广告市场竞争秩序和消费者的合法权益。市场理论和实践充分证明，广告活动作为市场交易活动的一种形式,存在市场失灵的可能性。广告活动主体作为经济上的理性人,存在机会主义倾向,为了实现利益的最大化,常常会自觉不自觉违反相关义务。因此,只对广告活动主体作出权利、义务规定,依靠广告行业的自律行为是不够的,必须依赖国家对广告活动依法予以监管,才能维护广告市场秩序。

(二) 广告监管的范围

广告的监管是对广告活动的全过程、全方位的监督管理。它是对广告的设计、制作、发布、代理活动的监管,以及对从事广告活动的法人、其他经济组织和个人的监管。此外,凡是通过各种媒介或形式刊播、设置、张贴广告,也属于广告监管的范围。在广告监管工作的诸多方面中,广告发布活动的监管,一直被有关行政主管机关作为重点环节加以强调。广告的目的在于使消费者获知广告信息,而只有在广告发布后才可能得到传播的效果,产生社会影响。因此,加强广告发布活动的监管,才能最大限度地消除违法广告造成的社会危害。本节对广告监管的探讨,仅限于广告发布活动的监管,故可将其视为狭义上的广告监管。

(三) 广告监管的机关

根据《广告法》规定,广告监督管理机关是指县级以上人民政府工商行政管理部门,包括国家工商行政管理总局①和地方各级工商行政管理局。

广告监管作为一门系统性工程,仅仅由工商行政管理部门来实施是不够的,它需要相关的其他行政主管部门予以配合。即广告监管工作应该是以工商行政管理部门的监管为主,其他的有关行政管理部门为辅配合进行运作。例如,户外广告的设置规划,除了需要工商行政管理部门进行监管外,同时还需要城市建设、环境保护、公安等有关行政管理部门按照各自的职责,做好户外广告的监管工作。再如,利用广播、电影、电视、报纸、期刊以及其他媒介发布药品、医疗器械、农药、兽药等商品的广告,必须在发布前依照有关法律、行政法规由广告审查机关对广告内容进行审查;未经审查,不得发布。

(四) 广告监管的模式

1. 国外广告监管模式

各国基于不同的国情和法律制度,对广告监管采用不同的模式。最典型的是自律主导型和国家主导型两种广告监管模式。

(1) 自律主导型,是指以行业自律为主,国家监管、社会监管为辅的广告监管模式。在美国,广告行业建立了广告联合俱乐部、广告代理商协会、美国广告联盟等自律组织,对广告实行严格的自我管理、自我约束;与此同时,将严密的法律制度、国家监管、社会监管作为外部保障,从而有效地对广告进行监管。

---

① 根据2001年4月30日国务院发出的通告,将国家工商行政管理局改称为国家工商行政管理总局,升格为正部级,为国务院直属机构。

（2）国家主导型，是指政府监管为主，行业自律和社会监管为辅的广告监管模式。如法国通过制定完善、严格广告法律法规、依法实行发布前审查制度、由特定机构进行严密监督、查处和严厉惩罚违法广告行为等一系列手段，形成了政府为主导的广告监管模式。尽管法国也有行业自律和社会监督，如法国消费者联盟，但只是辅助性的，目的在于促使广告活动主体遵守法律、法规。

2. 我国广告监管模式

结合我国国情，我国的广告监管模式应当采用国家主导型监管模式，即以政府（有关行政主管部门）监管为主，行业自律和社会监督为辅的模式。与自律主导型广告监管模式不同，我国广告监管要求行政主管部门担负更为重要的监管职责，其主要体现在事前预防、事中监管和事后救济三个方面。

目前我国的政府监管虽仍不完善，但已初步形成了以广告审查制度为事前预防，以广告监测制度为事中监督，以查处违法广告为事后救济的动态监管机制。

二、广告审查制度

广告审查，是指在广告发布前对广告的内容依照法律、行政法规的规定进行审核的活动。它是广告监管中的事前预防机制，目的在于通过审查，防患于未然，确保广告的真实、合法，从而防止广告违法行为的发生。按照审查主体和审查方式的不同，广告审查具体包括两类：

（一）广告审查员制度

在广告审查中，政府不可能也不必要对一切广告予以审查，而要求广告经营者、广告发布者对其设计、制作、代理、发布的一切广告进行自行审查。因为一旦出现了违法广告，首先承担不利后果的是广告活动主体自身，而作为理性的经济人，必然能预见到可能承担的责任，因此由其进行自我审查是可行且有效的。

为了更好实现广告经营主体的自我审查目的，在借鉴广告业发达国家经验的基础上，我国建立了广告审查员制度。广告审查员是广告经营者、广告发布者内部经营管理的一种制度设计。通过拥有广告专业性技能，并熟练掌握有关广告管理法规的有关人员进行广告审查工作，从而承担起广告经营者、广告发布者确保广告及其活动行为真实、合法、有效，以及建立健全内部管理制度的法定义务。但依据我国《行政许可法》的立法精神，广告审查员制度不再具有强制性[①]，即广告审查员资格不再需要通过行政许可方式取得，广告经营主体内部并非必须

---

① 已失效的《广告审查员管理办法》规定，广告经营者、广告发布者应当依照《办法》的规定，配备广告审查员，并建立相应的管理制度。广告审查员应当由所在单位委派，参加工商行政管理机关统一组织的培训、考试并取得《广告审查员证》之后，方获得从事广告审查工作的资格。

设置专门的广告审查员不可。但由于广告审查涉及内容广泛,技术性强,为避免违法广告的出现,广告经营主体一般都会要求由专业人员对广告进行事前审查。

(二) 有关行政主管部门的审查监管制度

某些特殊广告,如药品、医疗器械、农药、兽药以及保健食品等广告,内容与人民生命财产安全密切相关,一旦发生违法行为,将可能产生极大的社会不良影响。而实践中此类商品或服务又能带来较大的经济利润,所以广告活动主体为最大限度实现利益,往往有发布违法广告的倾向。因此,此类广告必须在发布前依照有关法律、行政法规、规章的规定,由有关行政主管部门对广告内容进行强制审查;未经审查,不得发布。

1. 广告审查的机关

因为广告审查是一项专业性、技术性很强、涉及内容广泛的工作,所以要求广告审查机关具备相应的专业职能。例如:药品广告由国务院卫生行政部门和省、自治区、直辖市卫生行政部门审查;农药、兽药广告由国务院农业行政主管部门和省、自治区、直辖市农业行政主管部门在同级广告监督管理机关的指导下进行审查。实践证明,由有关的行政主管部门进行审查,不仅有利于借助行政主管部门的官方背景,建立广告审查结果的权威性;而且有利于行政主管部门发挥其内行的特长,顺利开展审查工作。

但是,由有关行政主管部门审查企业的广告,由于两者上下行政隶属关系,容易造成审查过程难以依法进行或审查结果的"审而不查",产生虚假或违法广告。为此,国家工商局曾发布《关于设立广告审查机构的意见》,拟建立一个独立的广告审查机关。但由于种种原因,并没有真正设立。不过,这反映了立法趋势,必须予以关注。

2. 广告审查的程序

对特殊商品广告审查的基本程序包括:

(1) 申请。广告审查申请由广告主向有关行政主管部门提出。广告主提出申请时,应当同时向行政主管部门提交有关证明文件:一是广告主合法经营资格的证明文件。例如营业执照,生产许可证或经营许可证等。二是与申请审查的特殊商品广告内容有关的证明文件。例如:证明该商品合法性的文件;证明该商品品质的文件等。

(2) 审查。行政主管机关应结合广告主提交的有关证明文件,对申请发布的特殊商品的真实性和合法性进行全面的审查,具体包括:广告主的主体资格是否合法;广告内容是否客观;广告的证明文件是否齐全;广告的表现形式是否合法等。

(3) 决定。有关行政主管部门在对广告内容进行审查后,应当依照法律、行政法规作出审查决定,批准或不予批准发布该特殊广告;同时,为了确保广告审查制度的贯彻落实,还必须要求任何单位和个人不得伪造、变造或者转让广告审查决定的文件。

三、广告监测制度

为确保广告发布质量、及时发现违法广告,减少违法广告带来的负面影响,要求特定的广告监管机关采用现代化的技术手段,建立和完善能及时发现问题的、全国统一的广告监测网络,对发布的广告内容进行监测和检查。

1996年,原国家工商行政管理局颁布实施了《关于规范广告监测工作的通知》,提出逐步形成全国统一的广告监测网络的要求,并对广告监测范围、监测工作流程、监测设备、监测结果的使用问题,作出了统一的规定。要求各地对辖区内广告发布的情况,在较短期限内及时检查,对违法广告提出处理意见;同时,对广告发布质量的总体状况和违法趋势及对策等,做出质和量的评价;还要处理成为规范的监测数据,进入计算机网络,成为自下而上、自上而下的全国性网络,进而建立能够主动出击、快速反应的广告监管体系。

四、社会共治制度

现代市场经济的发展经验表明,维持健康、良好的市场秩序,不能仅仅依靠政府部门或其授权组织的行政管理和执法,而应当在发挥政府主导作用的前提下,支持和引导社会组织、社会公众协同配合,实现社会共同治理。

(一) 投诉举报制度

广告监管不但需要政府相关部门的参与,还需要社会公众的参与。因此,有必要建立消费者投诉举报制度,加强对违法广告行为的监督。《广告法》规定:

(1) 任何单位或者个人有权向工商行政管理部门和有关部门投诉、举报违反本法的行为。工商行政管理部门和有关部门应当向社会公开受理投诉、举报的电话、信箱或者电子邮件地址,接到投诉、举报的部门应当自收到投诉之日起七个工作日内,予以处理并告知投诉、举报人。

(2) 工商行政管理部门和有关部门不依法履行职责的,任何单位或者个人有权向其上级机关或者监察机关举报。接到举报的机关应当依法作出处理,并将处理结果及时告知举报人。

(3) 有关部门应当为投诉、举报人保密。

(二) 消费者协会等消费者组织

消费者协会作为对商品或服务进行监督,保护消费者权益的社会组织,应当充分发挥监督作用,加强对广告行为的监管。因此,《广告法》规定,消费者协会和其他消费者组织对违反本法规定,发布虚假广告侵害消费者合法权益,以及其他损害社会公共利益的行为,有权依法进行社会监督。

第十四章 电信市场监管法律制度

第一节 电信市场监管法概述

一、电信的概念

随着电信服务的普及和电信市场的蓬勃发展,电信早已成为人们日常生活的一部分。如何理解和界定电信,是探讨电信市场监管法律制度的前提。技术角度理解的电信,是由发信者(信源)、传播介质或系统(包括发送器、信道、交换设备、接收器等)、收信者(信宿)组成的体系。其传播介质,或者是有线电、无线电、光或其他电磁系统;其表示形式,包括符号、文字、声音、图像以及由这些形式组合而成的各种可视、可听或可用的信号;其传播方向可以是一对一、一对多的单向或双向传输。这样,电话(固定电话和移动电话)、电报、传真、广播、电视、计算机网络等,都属于电信,这是广义的理解。国际电信联盟(ITU)所采用的即是广义的定义:利用有线、无线、光或者其他电磁系统传输、发射或接受符号、信号、文字、图像、声音或其他任何性质的信息。

国际组织和国外的规范性法律文件对电信的定义也比较宽泛。比如,世界贸易组织的《服务贸易总协定》中"关于电信服务的附件"将电信定义为:以任何电磁方式传递或接收信号。美国1996年《电信法》定义的电信是指"在使用人指定的两点或多点之间传输由使用人选定的信息,发送和接受的信息在形式上或内容上没有改变"。法国1990年《电信法》规定:电信是指对符号信号、文字、图像、声音和信息由无线电、光学仪器、微波或其他电磁手段以任何方式进行传递、传播或接收。我国国务院2000年制定的《电信条例》第2条规定:本条例所称电信,是指利用有线、无线的电磁系统或者光电系统,传送、发射或者接收语音、文字、数据、图像以及其他任何形式信息的活动。其采用的也是广义的界定。需要说明的是,尽管《电信条例》采用了广义的界定,但由于监管体制、监管制度上的区分,广播、电视并不涵盖在其中,互联网内容提供与电信有一定交叉。不过,在三网融合的背景下,对电信作广义理解是大势所趋。

二、电信市场的概念和我国电信市场的发展

电信市场,是指以电信服务为交易标的的市场。电信市场与电信产业是不同的概念。如果从产业角度理解电信,所有与电信服务直接关联的上游、下游产

品和服务市场都可以归入电信产业,比如各种交换设备、终端设备、线缆产品等。但如果我们将电信界定为服务市场,仅仅指由电信服务商向服务对象提供电信服务(包括基础电信服务和增值服务)所构成的市场,那么,上述设备、产品当然不能划入。

从相关市场角度理解电信市场,就需要从产品市场和地域市场两个角度考察。从产品市场看,参考电信业务的分类,可以分为电话市场、电报市场、数据通讯市场、传真通讯市场、图像通讯市场等。从地域市场看,可以分为本地电信市场、农村电信市场、长途电信市场、移动通信市场、国际电信市场等。

电信市场是电信产品和服务交换的市场。电信市场的两个核心要素是产品要素和地理区域要素。产品要素可以将电信市场划分为不同的产品或业务市场,如语音业务市场、数据业务市场等。地理区域要素可以将电信市场划分为本地电信市场、长途电信市场、国际电信市场等。

电信市场的主体即电信服务交易主体,包括电信服务提供商和最终购买方。提供商包括电信运营商、接入商等。电信服务的最终购买方是个人或家庭时,即为电信服务消费者。电信市场是特殊市场,有市场监管者。在我国,是信息产业主管部门。

基于电信在国民经济和人们日常生活中的重要作用,我国电信市场发展迅猛。2012 年,全行业完成电信业务总量 12984.6 亿元,同比增长 11.1%。实现电信业务收入 10762.9 亿元,同比增长 9.0%。全国电话用户 13.9 亿户,其中移动电话用户达到 11.12 亿户,在电话用户总数中所占的比重达到 80.0%。全国网民 5.64 亿人,其中手机网民数达到 4.20 亿人,占网民总数的 74.5%。互联网普及率达到 42.1%。基础电信企业的互联网宽带接入用户达到 17518.3 万户,移动互联网用户达到 76436.5 万户。电信市场,早已是我国最具实力和发展潜力的市场之一。

三、电信市场的特殊性

阐述电信市场监管法律制度,应当弄清为什么要对电信市场实施监管,或者说,电信市场是否可以完全由市场调节。较之一般市场,电信市场有其技术和经济学上的特殊性。这些特殊性决定了市场无法完全解决电信市场自行运行中存在的问题,应当通过监管实现更好的公平和效率。电信市场的特殊性至少有下列几个方面:

一是自然垄断属性。自然垄断也称天然垄断,早期的理解是指一个市场从技术和经济上必须或者更适合由一个经营者经营的特征,主要从规模经济、范围经济上的理解。20 世纪 80 年代后,经济学界开始从成本的次可加性(cost sub additivity)角度界定自然垄断。也就是说,如果某个行业中单一企业生产所有各种产品的成本小于多个企业分别生产这些产品的成本之和,该行业的成本就是部分可加的,则具有自然垄断属性。现代的研究表明,成本的次可加性是自然垄断的根本属性,规模经济、范围经济、网络性、沉没成本巨大等则是其主要特征。电信行业在这几个方面都具有非常显著的表现,被公认为具有自然垄断属性。但需要强调的是,电信行业具有自然垄断属性,但这并不意味着其各个领域、各个环节都同等地具有自然垄断属性。电信网络、码号、路权和无线电频率具有很强的自然垄断属性。相关的业务也被划为基础电信业务,包括提供公共网络基础设施、公共数据传送和基本话音通信服务的业务。另一些可以竞争的业务,则划为增值电信业务,包括利用公共网络基础设施提供的电信与信息服务的业务。对这两类不同的业务,应采取不同的监管制度。

二是电信市场具有显著的网络外部性。连接到一个网络的价值与已经连接到该网络的其他人的数量有关。用户人数越多,每个用户得到的效用就越高。这会带来两个方面的效用:一方面,单一相同产品的使用者人数增加,其直接使用产品的效用将不断提升,并会吸引更多未使用者加入;另一方面,还会刺激生产周边兼容或互补性产品的厂商提供更多样化或低价的互补品,反过来使使用该产品的效用不断提升。该特征会导致电信市场的不对称监管、强制互联互通和普遍服务义务,同时对技术标准化有更高的要求。

直接的网络外部性体现在,电信工具的使用价值随使用人数的增加而增加。比如,电话普及率的提高增加了每一部电话的使用价值,使用电话的人数越多,电话就越有价值。但是,电信运营商在考虑投入产出的前提下,可能会拒绝向成本大收益少的边远贫困地区提供电信服务,电信市场的外部性难以得到体现,因此需要行政机关强制其提供普遍服务。同时,电信市场的网络外部性产生了市场兼容的需要,固定电话、移动电话和互联网相互兼容,能够使网络外部性发挥更大的作用,因此,产生了电信运营商互联互通的要求。

间接的网络外部性体现在,在基本电信业务提供商外,还有许多增值电信业务提供商,这些增值电信业务产品依附于基本电信业务产品之上,又增加了多样性,因此,对电信运营商提出了接入的要求。

三是信息不对称。信息不对称理论是由三位美国经济学家约瑟夫·斯蒂格利茨、乔治·阿克尔洛夫和迈克尔·斯彭斯提出的。信息不对称指交易中的各人拥有的信息不同。在社会政治、经济等活动中,一些成员拥有其他成员无法拥有的信息,由此造成信息的不对称。在市场经济活动中,各类人员对有关信息的了解是有差异的,掌握信息比较充分的人员,往往处于比较有利的地位,而信息贫乏的人员,则处于比较不利的地位。电信经营者提供服务,消费者对其技术、质量、成本等均不知或者知之甚少,给经营者利用信息优势获取不当利益提供了条件。为此,在电信市场监管中,要通过信息披露制度满足消费者知情权,减少信息不对称带来的弊害。

此外,电信的通讯传播功能要求尽可能广泛的互联互通,这就要求电信技术标准化,要求编码和解码的严格对应,收信方对于收到的电磁代码必须运用于发信方相逆的算法破译,才能获得电磁码中携带的有用信息。在电信传播方式被大量使用的环境中,编码和解码过程的严格相逆对应性要求建立强制性的电信技术规范,即建立行业标准,从而获得传播规程的统一、协议的一致、终端设备的兼容。因此,在电信市场监管,质量与技术标准化监管是重要内容之一。通讯权,是公民享有的在宪法上的权利之一。电信,是公民主要的通讯方式,因此,保障公民通讯自由,也是电信市场监管制度的重要内容。

四、电信市场监管法

电信市场监管法,是调整在国家监督、管理电信市场过程中发生的经济关系的法律规范的总称。这是对电信市场监管法实质意义上的理解。在我国,这些法律规范通过相应的法律、行政法规、部门规章和地方性法规、地方政府规章等形式体现。主要有:在宪法层面,我国《宪法》第40条有关公民的通信自由和通信秘密受法律保护的规定。在法律层面,我国《刑法》规定了侵犯通信自由罪、破坏公用电信设施罪,《合同法》对各类合同的基本规定,《反不正当竞争法》和《反垄断法》的规定涵盖了电信经营者市场竞争行为。在行政法规层面,如《电信条例》《互联网信息服务管理办法》《外商投资电信企业管理规定》。其中,《电信条例》是我国当前针对性最强、最全面、层级较高的有关电信监管的规范性文件。在部门规章层面,如《公用电信网间互联管理规定》《电信建设管理办法》《电信和互联网用户个人信息保护规定》等。在地方性法规和规章层面,如《辽宁省电信管理条例》等等。

第二节 电信市场的监管体制

一、我国电信业的改革历程和现状

我国电信业从新中国成立即有,但由于一直是政企合一,并没有电信市场的存在。邮电部的独家经营,存在服务费用过高、安装等待时间过长、通信质量差等问题。在20世纪90年代初实施市场化改革的大背景下,我国电信业也开始改革。1994年,国务院发布"178号文件",批准由电力部、电子工业部和铁道部共同组建的中国联通,与从邮电部改制过来的中国电信进行竞争。但是,由于中国联通直至1998年只占全部电信市场份额的1%、资产只占中国电信的1/260,难以形成实质上的竞争。为此,国务院对中国电信进行了两次拆分。1999年2

月,中国电信按业务领域一分为四:新中国电信(固定业务)、中国移动(移动业务)、中国卫通(卫星通讯)和国信公司(寻呼业务)。拆分出来的中国移动与中国联通形成了移动通讯的"双寡头"竞争格局。2002年5月,中国电信固话业务按地域南北拆分,形成北方中国网通(北方10省)和南方中国电信(南方21省)的竞争格局,允许各自在对方区域内建设本地电话网和经营本地固定电话等业务,双方相互提供平等接入等互惠服务。经过拆分重组,我国电信业形成了固定通信主要是中国电信、网通和铁通之间的竞争,移动通信由中国移动和联通的同一业务竞争。但是,改革并没有达到预期的效果,联通与移动实力悬殊,无法开展有效竞争;电信与网通也无法在对方地域展开实质上的竞争。2008年5月24日,工业与信息化部、国家发改委和财政部发布了《关于深化电信体制改革的通告》,将原6家基础电信运营企业重组为中国移动、中国电信、中国联通三分天下的竞争格局:中国电信收购中国联通CDMA网(包括资产和用户),同时将中国卫通的基础电信业务并入;中国联通与中国网通合并;中国铁通并入中国移动。不过,中国移动一家独大的态势并没有太大的变化。2013年,中国移动、中国电信、中国联通的收入市场份额分别达到53.0%、25.8%、21.2%。

在互联网通讯技术蓬勃发展的背景下,将有一些民资企业进入IDC(因特网数据中心)和ISP(因特网接入服务)业务领域。同时,微信用户增加迅猛,腾讯和运营商的关系,也将带来电信市场更大的竞争。

二、国外电信业的改革与现状

在贝尔电话专利到期之后,美国电信业经历了从自由竞争重新走向垄断的过程。1934年的《电信法》,确定了电信市场监管制度的基本框架,设立了联邦通信委员会(FCC)作为电信市场监管部门。监管政策重心在于,由AT&T公司作出并实施普遍服务承诺,允许AT&T公司在电信领域垄断经营,同时规制其价格。这样的监管制度与当时对电信业具有强自然垄断属性有认识有关。20世纪70年代,MCI公司的"执行网"(Execunet)被AT&T公司拒绝接入,于1974年3月6日向法院提起反垄断诉讼。1978年法院判决AT&T公司必须为MCI公司提供接续,确认了MCI公司参与竞争的合法性,AT&T公司在长途电话领域的垄断被彻底打破,长途电话业务价格迅速下降,竞争的效益得以展现。1984年,AT&T公司解体。1996年,美国新《电信法》生效。该法规定:长途公司可以经营本地业务,本地公司可以经营长途业务,电缆电视公司可以经营电信业务,电信公司可以经营信息、影视业务,任何公司都可以参与竞争并经营上述各种业务,电信公司必须为任何竞争者提供入网接续。该法标志着美国的电信业进入了全面引入竞争的时期。

20世纪80年代以前,英国的电信业由英国邮政总局垄断经营。英国1980

年分布的《电信法》将英国邮政总局分为皇家邮政公司(EP)和英国电信公司(BT)。1982年又批准设立水星集团公司,经营电信业所有的业务,其竞争格局初步形成。目前,英国有12家有线电视公司、47家国际电话业务公司和4家移动公司,电信市场开放竞争的局面基本形成。

日本从1952年之后的半个世纪内,以邮电部(MPT,又称邮政省)为电信产业的主管部门,国有企业日本电报电话公司(NTT)垄断经营本地电话和国内长途电话市场。根据WTO《基础电信协议》的要求,日本于1998年修改《电气通信事业法》,放松电信业管制。民营化NTT,之后又分拆成4个公司,取消了对外资进入电信运营的禁令。同时,日本国有电信企业(KDD)被完全民营化。

综合上述,一些代表性国家的电信改革的基本路径是:打破垄断、引入竞争,放松管制、完善立法。

三、我国电信市场的监管体制

1998年组建信息产业部并作为电信市场的主要监管部门,2000年9月20日颁布《电信条例》,近年来陆续制定了一系列电信市场监管方面的行政法规和部门规章,我国电信市场的监管体制基本建立起来。

我国当前的电信市场监管体制是,工业与信息化部作为我国电信行业的主管部门,承担全国电信行业的监管职责,实行以中央为主的垂直管理。国家发改委、财政部等相关部委在其职能范围内承担相应的电信监管职能。归纳如下:(1)工业与信息化部主要承担下列职责:审核和发放市场准入的许可证;制定资费标准和基本电信业务收费标准、对价格进行监管;制定网间互联互通及结算政策并兼顾执行;保障普遍服务;按国家规定组织普遍服务补贴;制定服务质量标准,负责服务质量监管;负责电信码号资源的分配与管理;负责无线电频率的分配与管理;负责合理配置资源,防止重复建设;作为行业主管部门在一定程度上仍承担着本行业国有资产保值增值的责任;监督和维护行业内的市场公平竞争,参与监管公共健康与安全;负责电信网络设备、互联互通设备认证,负责终端设备进网管理;负责电子信息产品负责标准监管;保障电信网络与信息安全、管理国家电信出入口局和因特网安全监测中心;负责电信与信息网络建设标准和设计规范,对电信与信息网络建设市场进行宏观管理;组织协调制定公用电信网技术体制标准和网络编号规划。(2)国家发展与改革委员会主要承担下列职责:审核外资额度;审核投资总额在5000万美元以上重大项目和国家限制投资的项目;参与审批电信业务价格;参与认定应收费的码号资源;审批码号资源占用费标准。(3)商务部主要负责审批外商投资申请,对企业并购活动合法性实施审查监督。(4)财政部主要负责依据财税法律对投资活动进行财税监管,参与审批码号资源占用费标准,和发改委一道负责电信普遍服务基金的审批,和发改委、工信部共同认定应收费的码号资源。(5) 审计部门主要负责对投资活动进行审核和稽查。(6) 人民银行对投资主体进行金融监管。(7) 质检总局主要负责管理电信方面的标准化、计量和质量工作，监督管理产品技术标准，查处产品质量违法行为。(8) 国资委主要负责监管电信国有资产的运行和保值增值，指导企业改革、改组和改造，并拟定发展电信大企业和企业集团的政策和措施。(9) 工商局主要负责核定企业经营范围、颁发营业执照，不正当竞争行为、部分市场垄断行为以及损害消费者权益行为的监管，组织调查和处理市场管理和商标管理中发现的经销掺假及冒牌产品等违法行为等等。因此，我国电信市场监管体制，是以工业与信息化部门为主管部门，其他有关部门在其部门职责范围内担负相应的职责。

广义地讲，广播电视也属于电信范围。考虑到"三网融合"的趋势，工业与信息化部和国家新闻出版广电总局在一些职能上还需要有前瞻性的安排。

第三节 电信市场的准入

一、电信经营者的市场准入

电信市场是特殊市场，我国实施准入监管。根据《电信条例》的规定，国家对电信业务经营按照电信业务分类，实行许可制度。经营电信业务，必须依照《电信条例》的规定取得国务院信息产业主管部门或者省、自治区、直辖市电信管理机构颁发的电信业务经营许可证。未取得电信业务经营许可证，任何组织或者个人不得从事电信业务经营活动。电信业务分为基础电信业务和增值电信业务。

（一）基础电信业务的许可

基础电信业务，是指提供公共网络基础设施、公共数据传送和基本话音通信服务的业务。经营基础电信业务，须经国务院信息产业主管部门审查批准，取得《基础电信业务经营许可证》。

申请经营基础电信业务，实体条件包括：(1) 经营者为依法设立的专门从事基础电信业务的公司，且公司中国有股权或者股份不少于51%。(2) 有可行性研究报告和组网技术方案。(3) 有与从事经营活动相适应的资金和专业人员。在省、自治区、直辖市范围内经营的，注册资本最低限额为1亿元人民币；在全国或者跨省、自治区、直辖市范围经营的，注册资本最低限额为10亿元人民币。(4) 有从事经营活动的场地及相应的资源。(5) 有为用户提供长期服务的信誉或者能力。公司及其主要出资者和主要经营管理人员3年内无违反电信监督管理制度的违法记录。(6) 国家规定的其他条件。

申请经营基础电信业务,程序性条件包括:向国务院信息产业主管部门提出申请,并提交实体条件所要求的相关文件。国务院信息产业主管部门应当自受理申请之日起 180 日内审查完毕,作出批准或者不予批准的决定。予以批准的,颁发《基础电信业务经营许可证》;不予批准的,应当书面通知申请人并说明理由。

国务院信息产业主管部门审查经营基础电信业务的申请时,应当考虑国家安全、电信网络安全、电信资源可持续利用、环境保护和电信市场的竞争状况等因素。颁发《基础电信业务经营许可证》,应当按照国家有关规定采用招标方式。

(二) 增值电信业务的许可

增值电信业务,是指利用公共网络基础设施提供的电信与信息服务的业务。

经营增值电信业务,业务覆盖范围在两个以上省、自治区、直辖市的,须经国务院信息产业主管部门审查批准,取得《跨地区增值电信业务经营许可证》;业务覆盖范围在一个省、自治区、直辖市行政区域内的,须经省、自治区、直辖市电信管理机构审查批准,取得《增值电信业务经营许可证》。

申请经营增值电信业务,应当具备下列实体条件:(1) 经营者为依法设立的公司。(2) 有与开展经营活动相适应的资金和专业人员。在省、自治区、直辖市范围内经营的,注册资本最低限额为 100 万元人民币;在全国或者跨省、自治区、直辖市范围经营的,注册资本最低限额为 1000 万元人民币。(3) 有为用户提供长期服务的信誉或者能力。公司及其主要出资者和主要经营管理人员 3 年内无违反电信监督管理制度的违法记录。(4) 国家规定的其他条件。

申请经营增值电信业务,应当视业务覆盖的地域范围向国务院信息产业主管部门或者省、自治区、直辖市电信管理机构提出申请,并提交实体条件所要求的相关文件。申请经营的增值电信业务,按照国家有关规定须经有关主管部门审批的,还应当提交有关主管部门审核同意的文件。国务院信息产业主管部门或者省、自治区、直辖市电信管理机构应当自收到申请之日起 60 日内审查完毕,作出批准或者不予批准的决定。予以批准的,颁发《跨地区增值电信业务经营许可证》或者《增值电信业务经营许可证》;不予批准的,应当书面通知申请人并说明理由。

电信业务经营者在经营过程中,变更经营主体、业务范围或者停止经营的,应当提前 90 日向原颁发许可证的机关提出申请,并办理相应手续;停止经营的,还应当按照国家有关规定做好善后工作。

二、电信产品的市场准入

电信的主要特点是传播和交流,因此,技术和产品的标准化非常重要。在产品的市场准入方面,主要是电信设备进网许可。为此,《电信设备进网管理办法》对电信终端设备、无线电通信设备和涉及网间互联的设备等电信设备进网许可进行了全面的规定。进网监管,包括政府许可管理、第三方认证和自我认证三种方式。从程序上讲,由产品制造商向监管机关提出审批申请,监管机构对设备测试合格后颁发进网许可证。生产企业在其获得进网许可的电信设备上粘贴进网许可标志。电信设备进网后,监管机构仍然要依据《电信设备证后监督管理办法》进行抽查等证后监管。

三、电信技术的市场准入

电信技术的市场准入,体现在电信设备的技术标准、电信运营的技术标准和整个体系的技术标准。后者如 3G、4G 牌照的审核发放。3G 牌照发放早已完成,中国移动取得 TD – SCDMA 牌照,中国联通取得 WCDMA 牌照,中国电信取得 CDMA2000 牌照。2013 年 12 月 4 日,工业和信息化部正式向三大运营商发布 4G 牌照,中国移动、中国电信和中国联通均获得 TD – LTE 牌照。4G 牌照是无线通信与国际互联网等多媒体通信结合的第 4 代移动通信技术的经营许可权。其中,中国移动的是 TD – LTE 牌照,中国联通的是 TD – LTE + FDD – LTE 牌照,中国电信的是 TD – LTE + FDD – LTE 牌照。

3G 牌照的发放,各国基本上都是采用拍卖或招标的方式发放的。在欧洲,大部分国家直接通过分配频率的方式确定 3G 网络建设经营的运营主体。加拿大发放的 3G 扩展频段的 PCS 频率使用许可证,并没有对运营商采取的技术进行限制,也就是说运营商可以采用自选的包括 3G 技术在内的各种移动通信技术来提供业务。日本通过评审方式免费发放 3G 许可证。我国目前采用招标方式。从趋势来看,应当逐步取消移动通信的许可证发放,给运营商更大的自主经营权。

第四节 电信网络的接入与互联互通

一、接入和互联互通的概念

接入,是指根据规定的条件,在排他性或非排他性的基础上向其他企业提供设施和业务。它包括:接入网络元素和相关设施与业务(或包括以无线或有线的方式将设备连接起来);进入包括建筑物、管道和电视塔在内的设施;进入软件系统(包括辅助操作系统);进入号码转译或提供相同功能的其他系统;进入移动电话网络(特别是漫游);进入用于数字电视业务的权限系统。

互联互通,是在公共网络运营商之间实施的一种特定的接入权(但不包括最终用户的进入），是指同一或者不同企业所使用的公共电子通信网络的物理和逻辑连接，以使一个企业的用户能够与同一企业或其他企业的用户进行通信交流，或者能够获得其他区企业提供的业务。

接入与互联存在区别，接入是互联的上位概念，包括所有接入他人网络提供服务，或接入他人网络接受服务的行为。互联仅指网络之间物理的或逻辑的连接，目的是让本网的用户可以与他网的用户通信或者享受他网的服务。接入，除去互联之外，主要是指单向地利用他人的网络向他网的用户提供服务，直接与他网用户建立合同关系。《电信条例》侧重于对互联互通的监管。

二、接入和互联互通的监管

（一）不对称监管

电信的主要价值是信息的沟通，因此，接入和互联互通是实现电信主要价值的重要环节。为实现电信的应有价值，保障通讯自由的实现，监管制度实施不对称监管制度，对主导运营商课以接入和互联互通的义务。

为此，我国《电信条例》要求，电信网之间应当按照技术可行、经济合理、公平公正、相互配合的原则，实现互联互通。主导的电信业务经营者不得拒绝其他电信业务经营者和专用网运营单位提出的互联互通要求。所谓主导的电信业务经营者，是指控制必要的基础电信设施并且在电信业务市场中占有较大份额，能够对其他电信业务经营者进入电信业务市场构成实质性影响的经营者。主导的电信业务经营者由国务院信息产业主管部门确定。

主导的电信业务经营者应当按照非歧视和透明化的原则，制定包括网间互联的程序、时限、非捆绑网络元素目录等内容的互联规程。互联规程应当报国务院信息产业主管部门审查同意。该互联规程对主导的电信业务经营者的互联互通活动具有约束力。

（二）网间互联

公用电信网之间、公用电信网与专用电信网之间的网间互联，由网间互联双方按照国务院信息产业主管部门的网间互联管理规定进行互联协商，并订立网间互联协议。网间互联协议应当向国务院信息产业主管部门备案。

网间互联双方经协商未能达成网间互联协议的，自一方提出互联要求之日起60日内，任何一方均可以按照网间互联覆盖范围向国务院信息产业主管部门或者省、自治区、直辖市电信管理机构申请协调；收到申请的机关应当根据不对称监管的原则进行协调，促使网间互联双方达成协议；自网间互联一方或者双方申请协调之日起45日内经协调仍不能达成协议的，由协调机关随机邀请电信技术专家和其他有关方面专家进行公开论证并提出网间互联方案。协调机关应当根据专家论证结论和提出的网间互联方案作出决定，强制实现互联互通。

网间互联双方必须在协议约定或者决定规定的时限内实现互联互通。未经国务院信息产业主管部门批准,任何一方不得擅自中断互联互通。网间互联遇有通信技术障碍的,双方应当立即采取有效措施予以消除。网间互联双方在互联互通中发生争议的,依照《电信条例》第20条规定的程序和办法处理。

网间互联的通信质量应当符合国家有关标准。主导的电信业务经营者向其他电信业务经营者提供网间互联,服务质量不得低于本网内的同类业务及向其子公司或者分支机构提供的同类业务质量。

网间互联的费用结算与分摊应当执行国家有关规定,不得在规定标准之外加收费用。

网间互联的技术标准、费用结算办法和具体管理规定,由国务院信息产业主管部门制定。

第五节 电信业务和服务质量监管

电信业务的监管和电信服务的质量监管,是电信市场监管的核心内容。国务院信息产业主管部门或者省、自治区、直辖市电信管理机构应当依据职权对电信业务经营者的电信服务质量和经营活动进行监督检查,并向社会公布监督抽查结果。

一、电信业务监管

根据我国《反垄断法》《反不正当竞争法》的规定,结合电信市场的特点,《电信条例》第42条明确规定,电信业务经营者在电信业务经营活动中,不得有下列行为:(1)以任何方式限制电信用户选择其他电信业务经营者依法开办的电信服务;(2)对其经营的不同业务进行不合理的交叉补贴;(3)以排挤竞争对手为目的,低于成本提供电信业务或者服务,进行不正当竞争。上述第1项和第3项所禁止的行为,涉及我国《反垄断法》第17条所禁止的掠夺性定价、独家交易、拒绝交易、搭售等行为。

二、电信服务质量的监管

为保障电信用户的利益,电信市场监管者还应当加强对电信服务质量的监管,电信经营者应当履行相应的义务。

(一)明确服务标准、提高服务质量

电信业务经营者应当按照国家规定的电信服务标准向电信用户提供服务。电信业务经营者提供服务的种类、范围、资费标准和时限,应当向社会公布,并报省、自治区、直辖市电信管理机构备案。电信用户有权自主选择使用依法开办的各类电信业务。

电信业务经营者应当建立健全内部服务质量管理制度,可以制定并公布施行高于国家规定的电信服务标准的企业标准。电信业务经营者应当采取各种形式广泛听取电信用户意见,接受社会监督,不断提高电信服务质量。

(二)限期开通、平等服务、普遍服务的义务

电信用户申请安装、移装电信终端设备的,电信业务经营者应当在其公布的时限内保证装机开通;由于电信业务经营者的原因逾期未能装机开通的,应当每日按照收取的安装费、移装费或者其他费用数额1%的比例,向电信用户支付违约金。

电信业务经营者应当及时为需要通过中继线接入其电信网的集团用户,提供平等、合理的接入服务。未经批准,电信业务经营者不得擅自中断接入服务。

电信业务经营者必须按照国家有关规定履行相应的电信普遍服务义务。国务院信息产业主管部门可以采取指定的或者招标的方式确定电信业务经营者具体承担电信普遍服务的义务。电信普遍服务成本补偿管理办法,由国务院信息产业主管部门会同国务院财政部门、价格主管部门制定,报国务院批准后公布施行。

(三)故障限期告知和限期排除的义务

电信用户申告电信服务障碍的,电信业务经营者应当自接到申告之日起,城镇48小时、农村72小时内修复或者调通;不能按期修复或者调通的,应当及时通知电信用户,并免收障碍期间的月租费用。但是,属于电信终端设备的原因造成电信服务障碍的除外。

电信业务经营者因工程施工、网络建设等原因,影响或者可能影响正常电信服务的,必须按照规定的时限及时告知用户,并向省、自治区、直辖市电信管理机构报告。因上述原因中断电信服务的,电信业务经营者应当相应减免用户在电信服务中断期间的相关费用。出现上述情形,电信业务经营者未及时告知用户的,应当赔偿由此给用户造成的损失。

(四)免费提供话费查询、妥善解决纠纷的义务

电信业务经营者应当为电信用户交费和查询提供方便。电信用户要求提供国内长途通信、国际通信、移动通信和信息服务等收费清单的,电信业务经营者应当免费提供。电信用户出现异常的巨额电信费用时,电信业务经营者一经发现,应当尽可能迅速告知电信用户,并采取相应的措施。所谓巨额电信费用,是指突然出现超过电信用户此前3个月平均电信费用5倍以上的费用。

电信业务经营者提供的电信服务达不到国家规定的电信服务标准或者其公布的企业标准的,或者电信用户对交纳电信费用持有异议的,电信用户有权要求电信业务经营者予以解决。电信用户对交纳本地电话费用有异议的,电信业务

经营者还应当应电信用户的要求免费提供本地电话收费依据，并有义务采取必要措施协助电信用户查找原因。

电信用户应当按照约定的时间和方式及时、足额地向电信业务经营者交纳电信费用；电信用户逾期不交纳电信费用的，电信业务经营者有权要求补交电信费用，并可以按照所欠费用每日加收3‰的违约金。对超过收费约定期限30日仍不交纳电信费用的电信用户，电信业务经营者可以暂停向其提供电信服务。电信用户在电信业务经营者暂停服务60日内仍未补交电信费用和违约金的，电信业务经营者可以终止提供服务，并可以依法追缴欠费和违约金。经营移动电信业务的经营者可以与电信用户约定交纳电信费用的期限、方式，不受前款规定期限的限制。电信业务经营者应当在迟延交纳电信费用的电信用户补足电信费用、违约金后的48小时内，恢复暂停的电信服务。

同时，电信业务经营者拒不解决或者电信用户对解决结果不满意的，电信用户有权向国务院信息产业主管部门或者省、自治区、直辖市电信管理机构或者其他有关部门申诉。收到申诉的机关必须对申诉及时处理，并自收到申诉之日起30日内向申诉者作出答复。

（五）公益电信服务免费提供的义务

经营本地电话业务和移动电话业务的电信业务经营者，应当免费向用户提供火警、匪警、医疗急救、交通事故报警等公益性电信服务，并保障通信线路畅通。

（六）保障用户公平、自由交易权的义务

电信市场经营者同样应当遵守我国《反垄断法》和《反不正当竞争法》规定的义务。结合电信市场的特点，《电信条例》第41条还特别规定：电信业务经营者在电信服务中，不得有下列行为：(1) 以任何方式限定电信用户使用其指定的业务；(2) 限定电信用户购买其指定的电信终端设备或者拒绝电信用户使用自备的已经取得入网许可的电信终端设备；(3) 违反国家规定，擅自改变或者变相改变资费标准，擅自增加或者变相增加收费项目；(4) 无正当理由拒绝、拖延或者中止对电信用户的电信服务；(5) 对电信用户不履行公开作出的承诺或者作容易引起误解的虚假宣传；(6) 以不正当手段刁难电信用户或者对投诉的电信用户打击报复。

上述第(1)、(2)、(3)、(4)项所列行为属于垄断行为中的强制交易、独家交易、搭售、拒绝交易，第(5)项属于不正当竞争行为中的欺骗性交易行为。

三、电信价格行为的监管

电信服务属于公用事业范畴。我国公用事业的定价普遍采用成本加合理利润的定价公式。电信资费的定价标准也实行以成本为基础的定价原则，同时考虑国民经济与社会发展要求、电信业的发展和电信用户的承受能力等因素。

根据我国《价格法》的规定，电信资费分为市场调节价、政府指导价和政府定价。在具体业务中，电信资费按照业务种类可以分为话音业务资费和数据业务资费，按用户群可以分为个人客户资费、家庭客户资费和集团客户资费，按电信资费针对的业务数量可以分为单一业务资费和捆绑业务资费。

基础电信业务资费实行政府定价、政府指导价或者市场调节价；增值电信业务资费实行市场调节价或者政府指导价。市场竞争充分的电信业务，电信资费实行市场调节价。实行政府定价、政府指导价和市场调节价的电信资费分类管理目录，由国务院信息产业主管部门经征求国务院价格主管部门意见制定并公布施行。2014年2月15日，国务院取消电信业务资费标准审批、基础电信和跨地区增值电信业务经营许可证备案核准。取消电信业务资费审批，可以通过强化市场竞争来进一步推动电信业务资费水平的下降。

政府定价的重要的电信业务资费标准，由国务院信息产业主管部门提出方案，经征求国务院价格主管部门意见，报国务院批准后公布施行。

政府指导价的电信业务资费标准幅度，由国务院信息产业主管部门经征求国务院价格主管部门意见，制定并公布施行。电信业务经营者在标准幅度内，自主确定资费标准，报省、自治区、直辖市电信管理机构备案。

在具体监管方式上，常常采用价格上限管理、资费方案许可或报备、监管机关主动调整资费等方式。

制定政府定价和政府指导价的电信业务资费标准，应当采取举行听证会等形式，听取电信业务经营者、电信用户和其他有关方面的意见。电信业务经营者应当根据国务院信息产业主管部门和省、自治区、直辖市电信管理机构的要求，提供准确、完备的业务成本数据及其他有关资料。

第六节 电信安全监管

电信安全的含义比较广泛。这里的电信安全监管，主要涉及对电信信息安全、电信交易安全和市场秩序稳定、电信通讯稳定和应急等方面的要求。我国现行《宪法》和法律、法规、规章，有大量涉及电信安全监管的规定。比如，《宪法》规定了通信自由和通信秘密权；《刑法》《全国人大常委会关于维护互联网安全的决定》和《电信条例》有关电信安全监管的规定；《计算机信息系统安全保护条例》《计算机软件保护条例》《信息安全等级保护管理办法》等的规定。我们既要重视电信网络系统的建设，还要重视网络安全工作；既要重视通过内容管制来防止信息源对国家、社会和个人安全的潜在影响，又要重视通信硬件和物理环境受到损害后对信息的完整、准确和真实的潜在危害；既要重视在通信和网络建设过程中的安全防范,又要重视通信和信息系统所需要的安全技术规范体系。总之,要完善立法,保障资金投入,建立起完整的电信安全保障体系。

一、电信内容安全

电信和广播电视、新闻出版,都是传播方式。为了维护国家安全、社会稳定、道德风尚,《电信条例》第57条规定:任何组织或者个人不得利用电信网络制作、复制、发布、传播含有下列内容的信息:(1)反对宪法所确定的基本原则的;(2)危害国家安全,泄露国家秘密,颠覆国家政权,破坏国家统一的;(3)损害国家荣誉和利益的;(4)煽动民族仇恨、民族歧视,破坏民族团结的;(5)破坏国家宗教政策,宣扬邪教和封建迷信的;(6)散布谣言,扰乱社会秩序,破坏社会稳定的;(7)散布淫秽、色情、赌博、暴力、凶杀、恐怖或者教唆犯罪的;(8)侮辱或者诽谤他人,侵害他人合法权益的;(9)含有法律、行政法规禁止的其他内容的。

在公共信息服务中,电信业务经营者发现电信网络中传输的信息明显属于《电信条例》第57条所列内容的,应当立即停止传输,保存有关记录,并向国家有关机关报告。当然,使用电信网络传输信息的内容及其后果由电信用户负责。电信用户使用电信网络传输的信息属于国家秘密信息的,必须依照保守国家秘密法的规定采取保密措施。

电信用户依法使用电信的自由和通信秘密受法律保护。除因国家安全或者追查刑事犯罪的需要,由公安机关、国家安全机关或者人民检察院依照法律规定的程序对电信内容进行检查外,任何组织或者个人不得以任何理由对电信内容进行检查。电信业务经营者及其工作人员不得擅自向他人提供电信用户使用电信网络所传输信息的内容。

二、网络安全和信息安全

现代社会,生产和生活高度依赖电信。保障电信网络安全和信息安全,也是保障社会安全的重要路径。信息安全问题会对信息传递的公共利益以及作为信息公共利益物理保障的通信基础设施产生极为重大的影响。

《电信条例》规定,任何组织或者个人不得有下列危害电信网络安全和信息安全的行为:(1)对电信网的功能或者存储、处理、传输的数据和应用程序进行删除或者修改;(2)利用电信网从事窃取或者破坏他人信息、损害他人合法权益的活动;(3)故意制作、复制、传播计算机病毒或者以其他方式攻击他人电信网络等电信设施;(4)危害电信网络安全和信息安全的其他行为。

《电信和互联网用户个人信息保护规定》中要求,电信业务经营者、互联网信息服务提供者应当制定用户个人信息收集、使用规则,并在其经营或者服务场所、网站等予以公布。电信业务经营者、互联网信息服务提供者应当建立用户投诉处理机制,公布有效的联系方式,接受与用户个人信息保护有关的投诉,并自接到投诉之日起15日内答复投诉人。

《电信和互联网用户个人信息保护规定》就用户信息的保护,对电信业务经营者、互联网信息服务提供者规定了以下义务:(1)未经用户同意,电信业务经营者、互联网信息服务提供者不得收集、使用用户个人信息。(2)电信业务经营者、互联网信息服务提供者收集、使用用户个人信息的,应当明确告知用户收集、使用信息的目的、方式和范围,查询、更正信息的渠道以及拒绝提供信息的后果等事项。(3)电信业务经营者、互联网信息服务提供者不得收集其提供服务所必需以外的用户个人信息或者将信息用于提供服务之外的目的,不得以欺骗、误导或者强迫等方式或者违反法律、行政法规以及双方的约定收集、使用信息。(4)电信业务经营者、互联网信息服务提供者在用户终止使用电信服务或者互联网信息服务后,应当停止对用户个人信息的收集和使用,并为用户提供注销号码或者账号的服务。(5)电信业务经营者、互联网信息服务提供者及其工作人员对在提供服务过程中收集、使用的用户个人信息应当严格保密,不得泄露、篡改或者毁损,不得出售或者非法向他人提供。(6)电信业务经营者、互联网信息服务提供者委托他人代理市场销售和技术服务等直接面向用户的服务性工作,涉及收集、使用用户个人信息的,应当对代理人的用户个人信息保护工作进行监督和管理,不得委托不符合有关用户个人信息保护要求的代理人代办相关服务的相关规定。(7)电信业务经营者、互联网信息服务提供者委托他人代理市场销售和技术服务等直接面向用户的服务性工作,涉及收集、使用用户个人信息的,应当对代理人的用户个人信息保护工作进行监督和管理,不得委托不符合有关用户个人信息保护要求的代理人代办相关服务。

为防止用户个人信息泄露、毁损、篡改或者丢失,《电信和互联网用户个人信息保护规定》还规定,电信业务经营者、互联网信息服务提供者应当采取以下措施:(1)确定各部门、岗位和分支机构的用户个人信息安全管理责任;(2)建立用户个人信息收集、使用及其相关活动的工作流程和安全管理制度;(3)对工作人员及代理人实行权限管理,对批量导出、复制、销毁信息实行审查,并采取防泄密措施;(4)妥善保管记录用户个人信息的纸介质、光介质、电磁介质等载体,并采取相应的安全储存措施;(5)对储存用户个人信息的信息系统实行接入审查,并采取防入侵、防病毒等措施;(6)记录对用户个人信息进行操作的人员、时间、地点、事项等信息;(7)按照电信管理机构的规定开展通信网络安全防护工作;(8)电信管理机构规定的其他必要措施。此外,电信业务经营者、互联网信息服务提供者应当对用户个人信息保护情况每年至少进行一次自查,记录自查情况,及时消除自查中发现的安全隐患。电信管理机构实施监督检查时,可以要求电信业务经营者、互联网信息服务提供者提供相关材料,进入其生产经营场所调查情况,电信业务经营者、互联网信息服务提供者应当予以配合。

三、电信交易安全和市场秩序稳定

任何组织或者个人不得有下列扰乱电信市场秩序的行为:(1)采取租用电信国际专线、私设转接设备或者其他方法,擅自经营国际或者香港特别行政区、澳门特别行政区和台湾地区电信业务;(2)盗接他人电信线路,复制他人电信码号,使用明知是盗接、复制的电信设施或者码号;(3)伪造、变造电话卡及其他各种电信服务有价凭证;(4)以虚假、冒用的身份证件办理入网手续并使用移动电话。

四、电信通讯稳定与应急

电信业务经营者应当按照国家有关电信安全的规定,建立健全内部安全保障制度,实行安全保障责任制。电信业务经营者在电信网络的设计、建设和运行中,应当做到与国家安全和电信网络安全的需求同步规划,同步建设,同步运行。

在发生重大自然灾害等紧急情况下,经国务院批准,国务院信息产业主管部门可以调用各种电信设施,确保重要通信畅通。

在中华人民共和国境内从事国际通信业务,必须通过国务院信息产业主管部门批准设立的国际通信出入口局进行。

第七节 违反电信市场监管法的法律责任

根据现行的法律和《电信条例》《电信和互联网用户个人信息保护规定》等的规定,违反电信市场监管法的法律责任可以概括为以下几个方面:

一、违反接入和互联互通规定的法律责任

电信经营者在电信网间互联中违反规定加收费用的,或者遇有网间通信技术障碍不采取有效措施予以消除的,或者擅自向他人提供电信用户使用电信网络所传输信息的内容的,或者拒不按照规定缴纳电信资源使用费的,由国务院信息产业主管部门或者省、自治区、直辖市电信管理机构依据职权责令改正,没收违法所得,处违法所得1倍以上3倍以下罚款;没有违法所得或者违法所得不足1万元的,处1万元以上10万元以下罚款;情节严重的,责令停业整顿。

电信经营者拒绝其他电信业务经营者提出的互联互通要求的,或者拒不执行国务院信息产业主管部门或者省、自治区、直辖市电信管理机构依法作出的互联互通决定的,或者向其他电信业务经营者提供网间互联的服务质量低于本网及其子公司或者分支机构的,由国务院信息产业主管部门或者省、自治区、直辖

市电信管理机构依据职权责令改正,处5万元以上50万元以下罚款;情节严重的,责令停业整顿。

电信业务经营者拒绝免费为电信用户提供国内长途通信、国际通信、移动通信和信息服务等收费清单,或者电信用户对交纳本地电话费用有异议并提出要求时,拒绝为电信用户免费提供本地电话收费依据的,由省、自治区、直辖市电信管理机构责令改正,并向电信用户赔礼道歉;拒不改正并赔礼道歉的,处以警告,并处5000元以上5万元以下的罚款。

二、违反电信业务监管规定的法律责任

电信经营者以任何方式限制电信用户选择其他电信业务经营者依法开办的电信服务,或者对其经营的不同业务进行不合理的交叉补贴,或者以排挤竞争对手为目的、低于成本提供电信业务或者服务进行不正当竞争的,由国务院信息产业主管部门或者省、自治区、直辖市电信管理机构依据职权责令改正,处10万元以上100万元以下罚款;情节严重的,责令停业整顿。

三、违反规定侵犯用户权利的法律责任

违反《电信条例》第41条有关保障用户权利的规定,由省、自治区、直辖市电信管理机构责令改正,并向电信用户赔礼道歉,赔偿电信用户损失;拒不改正并赔礼道歉、赔偿损失的,处以警告,并处1万元以上10万元以下的罚款;情节严重的,责令停业整顿。

电信经营者销售未取得进网许可的电信终端设备,或者非法阻止或者妨碍电信业务经营者向电信用户提供公共电信服务,或者擅自改动或者迁移他人的电信线路及其他电信设施的,由省、自治区、直辖市电信管理机构责令改正,处1万元以上10万元以下的罚款。

获得电信设备进网许可证后降低产品质量和性能的,由产品质量监督部门依照有关法律、行政法规的规定予以处罚。

四、违反电信安全监管制度的法律责任

违反《电信条例》关于电信内容安全、网络安全和信息安全规定,构成犯罪的,依法追究刑事责任;尚不构成犯罪的,由公安机关、国家安全机关依照有关法律、行政法规的规定予以处罚。

违反《电信条例》关于电信交易安全和市场秩序稳定规定,扰乱电信市场秩序,构成犯罪的,依法追究刑事责任;尚不构成犯罪的,由国务院信息产业主管部门或者省、自治区、直辖市电信管理机构依据职权责令改正,没收违法所得,处违法所得3倍以上5倍以下罚款;没有违法所得或者违法所得不足1万元的,处1

万元以上 10 万元以下罚款。

违反《电信条例》的规定，伪造、冒用、转让电信业务经营许可证、电信设备进网许可证或者编造在电信设备上标注的进网许可证编号的，由国务院信息产业主管部门或者省、自治区、直辖市电信管理机构依据职权没收违法所得，处违法所得 3 倍以上 5 倍以下罚款；没有违法所得或者违法所得不足 1 万元的，处 1 万元以上 10 万元以下罚款。

违反《电信条例》第 57 条、第 58 条和第 59 条所列禁止行为之一，情节严重的，由原发证机关吊销电信业务经营许可证。国务院信息产业主管部门或者省、自治区、直辖市电信管理机构吊销电信业务经营许可证后，应当通知企业登记机关。

违反《电信条例》，擅自经营电信业务的或者超范围经营电信业务的，未通过国务院信息产业主管部门批准、设立国际通信出入口进行国际通信的，擅自使用、转让、出租电信资源或者改变电信资源用途的，擅自中断网间互联互通或者接入服务的，拒不履行普遍服务义务的，由国务院信息产业主管部门或者省、自治区、直辖市电信管理机构依据职权责令改正，没收违法所得，处违法所得 3 倍以上 5 倍以下罚款；没有违法所得或者违法所得不足 5 万元的，处 10 万元以上 100 万元以下罚款；情节严重的，责令停业整顿。

五、监管机关工作人员违反规定的法律责任

国务院信息产业主管部门或者省、自治区、直辖市电信管理机构工作人员玩忽职守、滥用职权、徇私舞弊，构成犯罪的，依法追究刑事责任；尚不构成犯罪的，依法给予行政处分。

第十五章　城市房地产管理法律制度

第一节　城市房地产管理法概述

一、城市房地产

（一）房地产的含义与特征

房地产没有严格的法律定义。一般认为，房地产是指房产和地产的合称。房产与地产分别是房屋和土地的财产形态，由于房屋和土地物质形态的一体性以及房产与地产内在价值的整体性，故可以合称为房地产。房地产是不动产，具有不动产的法律特征：一是不可移动性，即位置上不可移动，或者一旦移动即丧失或严重破坏其价值而使其财产权失去实际意义；二是特定性，即房地产标的是特定物，表现在房地产标的所在的特定位置的唯一性，以及房屋建材、类型、朝向、新旧、生态及邻里环境等方面的不可复制性，从而使其具有财产权标的上的不可代替性。

（二）房地产业意义上的房地产

房地产业是从事房地产开发经营的产业。其中，专门从事房地产开发经营的主体是房地产企业，专门从事房地产经营中间辅助业务的主体属于房地产中介机构，其他主体如国家机关、金融机构、消费者、房地产投机者等，都从不同角度参与该产业的运行。由上述主体参与的一定范围的房地产经济关系的总和就是房地产市场。比如，交易关系的总和构成房地产买卖市场，中介关系的总和构成房地产中介市场，地产出让关系的总和构成地产出让市场（通常称地产一级市场）。这些市场涉及国有土地形成、使用权出让、出租、抵押以及城市房地产的转让、抵押、租赁等交易行为。房地产业在世界范围内都是一个重要的成熟的产业。联合国于1986年修订公布的《全部经济活动产业分类国际标准》把经济活动分为10类，房地产业属于其中第8类。在我国，1985年国家统计局《关于建立第三产业统计的报告》开始将房地产业列入我国第三产业。国务院2004年《全国经济普查条例》将房地产业列为全国18个产业中的第10类产业。

房地产业意义上的房地产，是指依法可以作为房地产业开发经营对象的房产和地产，简称为房地产业中的房地产或房地产市场中的房地产。这在目前仅限于已经依法取得国有土地使用权的土地上开发经营的房地产，以及经过公有住房改革依法取得产权的房地产等。农村集体所有土地未经依法征收转变为国有土地,其所有权和使用权均暂不能作为产业经营的房地产;农村村民住房、宅基地等暂不能作为产业经营的房地产。但目前国家正对农村集体土地(包括宅基地)的产权和流转制度进行改革试验。作为产业经营对象的房地产与一般意义上房地产的区别,在于它具有产业经营性,即依法可以作为产业生产经营行为的标的。其财产权利的基本性质或者效力位阶与其他一般房地产没有什么不同。但由于房地产业中的房地产具有产业经营性,因此,在一定的社会发展阶段需要将其纳入反映产业政策和公共政策的房地产管理法的适用范围。比如,作为产业经营"地产"的土地要分类管理;农村集体所有的土地特别是耕地非经法定程序不能作为产业经营的地产;房屋受住宅政策的影响,须分用途进行定性和分类管理等等。一方面,房地产业中的房地产在法律上是可以通过国家房地产管理而作出定性的;另一方面,它的范围又是动态发展的,其范围随房地产产业和市场的发展而发展,不可能一成不变。

(三) 我国城市房地产的含义

我们认为,城市房地产的含义应当从房地产的产业管理的角度来理解。凡是房地产业依法开发经营的房地产,都属于城市房地产,包括城市规划区内利用国有土地进行开发经营的房地产,也包括尚未纳入一定时期的城市规划区内、但依法进行开发经营的其他房地产。

1994年7月5日,第八届全国人大常委会第八次会议通过了《中华人民共和国城市房地产管理法》(以下简称《城市房地产管理法》)第2条第1款规定:"在中华人民共和国城市规划区国有土地(以下简称国有土地)范围内取得房地产开发用地的土地使用权,从事房地产开发、房地产交易,实施房地产管理,应当遵守本法。"那么,如何理解该法规定的城市房地产呢？焦点在于对城市规划区的理解。从上述规定的文义看,城市房地产就是城市规划区内利用国有土地进行开发经营的房地产。在通常情况下,这种理解是正确的和基本的。但如果认为房地产是因为或者只有坐落在城市规划区内才适用该法,那么,这种理解又是不够全面的,不一定符合立法宗旨,而且实践上将不合理地束缚房地产市场的发展及其规范管理。所谓"城市规划区"是城市规划法制度的概念,是指一个城市的政府经过法定规划程序确定的、纳入本城市一定时期内市政建设发展规划的控制区域。第七届全国人大常委会于1989年12月26日通过的《中华人民共和国城市规划法》(以下简称《城市规划法》)第3条规定:"本法所称城市,是指国家按照行政建制设立的直辖市、市、镇。""本法所称城市规划区,是指城市市区、近郊区以及城市行政区域内因城市建设和发展需要实行规划控制的区域。城市规划区的具体范围,由城市人民政府在编制的总体规划中划定。"据此,落入建制镇以上城市的规划区内的房地产开发经营,应当适用《城市房地产管理法》。这也是实践中已经形成的做法。根据第十届全国人大常委会第三十次会议于

2007年10月28日通过的《中华人民共和国城乡规划法》(以下简称《城乡规划法》),规划区分为城市规划区和镇规划区,以及乡规划和村庄规划区域。但实际上,许多与城乡建设有关的房地产开发经营项目坐落在城市和镇规划区之外,应当而且在实践中已经按照城市房地产开发经营来管理(如连接不同城市的道路交通基础设施建设、偏远地区高档商品房开发经营等)。这里涉及对《城市房地产管理法》立法宗旨的理解。该法第1条规定:"为了加强城市房地产的管理,维护房地产市场的秩序……促进房地产业的健康发展,制定本法。"正如我们前面分析的那样,房地产的管理之所以需要制定房地产管理法,主要是因为房地产的产业化开发经营涉及国家协调经济运行的产业政策和公共政策,故应当把城乡建设规划中产业化开发经营的房地产都纳入该法的适用范围或者参照执行该法,才符合相关法律的宗旨。当然,城市虽然不是房地产产业化开发经营的唯一区域,但是其核心区域,产业化与城市化亦是相通的,加之立法用语讲求实用和通俗易懂,故用"城市"冠于"房地产管理法"之前并无不妥。不过,要准确理解该法的性质和适用范围,则应当与国家对房地产的产业化管理结合起来。

二、城市房地产管理

(一) 城市房地产管理的概念、目的及手段

城市房地产管理,是指国家经济管理机关依法对城市房地产的开发经营活动进行的管理的总称。所谓依法管理也就是法制化管理。城市房地产管理的目的是维护房地产市场秩序,保障房地产权利人的合法权益,促进房地产业的健康发展。管理运用的手段主要是法制化的国家产业政策和公共政策。其运用可分两种情形:(1) 政策的内容已经体现在法律规定当中,国家经济管理机关执行房地产管理法,就是运用、贯彻了政策。例如,根据我国《城市房地产管理法》第23条规定,国家重点扶持的能源、交通、水利等项目用地,依法可以按照土地划拨程序获得用地使用权。这一规定体现了国家对基础设施领域各产业的政策。又如,该法第28条规定,国家采取税收等方面的优惠措施鼓励和扶持房地产开发企业开发建设居民住宅。这一规定体现了国家有关居民住宅权的公共政策,即住宅政策。国家经济管理机关依法执行上述规定,即运用了相关政策。(2) 政策的内容没有直接规定在法律中,法律只是为政策运用规定了框架、方式等,那么,应当在法律允许的范围内采取政策措施以贯彻相关政策。例如,我国《城市房地产管理法》第31条规定,房地产开发企业的注册资本与投资总额的比例应当符合国家有关规定。在我国2004年5月开始进行的宏观调控中,国家正是遵照这一规定,提高了房地产开发企业的资本金(注册资本)比例,有效地扭转了当时因房地产业出现鱼龙混杂的无序竞争而加剧了固定资产投资急剧膨胀的过热局面。当然,城市房地产管理主要运用政策手段并不是说不靠其他

手段,在任何管理中,公正透明的程序和明确的权限都是重要的手段或者保障。城市房地产管理的主要环节是土地使用权的取得以及房地产开发、转让、抵押、租赁等环节。当然,管理重心因不同的管理阶段和环节而有所不同。例如,在土地使用权取得环节的管理重心是用地规划、用地审批权限、土地用途与土地批出方式的配合以及土地出让金最大化的制度保障。对管理重心的把握既是对法律本身的尊重,也是运用法律的技巧,需要执法者在实践中加以总结推广。

(二) 我国房地产管理体制

房地产管理体制,是指房地产管理法规定的房地产管理规则的制定者和执行者通过机构设置、分工及管理权限划分而形成的房地产监督管理权力体系。包括三个方面的核心内容:(1) 谁有权制定房地产管理规则;(2) 房地产管理机构如何设置;(3) 所设置的机构如何分工和划分权限。

我国《城市房地产管理法》第7条规定:"国务院建设行政主管部门、土地管理部门依照国务院规定的职权划分,各司其职、密切配合,管理全国房地产工作。""县级以上地方政府房产管理、土地管理部门的机构设置及其职权划分由省、自治区、直辖市人民政府确定。"根据1998年国务院机构改革方案,建设部是国务院建设行政主管部门,国土资源部是国务院土地管理部门。因此,建设部和国土资源部是国务院主管我国城市房地产管理工作的国家机关。目前,我国地方政府中省级政府普遍实行房、地分管方式,分别设有建设厅(委员会)、国土厅(局)。市和县(区)政府有的实行房、地分管方式,分别设立土地管理局和房地产管理局;有的实行房地统一管理方式,如设国土房管局统管土地和房地产管理事宜。

三、城市房地产管理法

城市房地产管理法,是调整在国家管理房地产开发经营过程中发生的经济关系的法律规范的总称。由于国情和立法制度的不同,各国城市房地产管理法律规范的表现形式不尽相同。

在国外,美国作为对房地产开发、交易较少干预的国家,政府对房地产开发经营的管理主要表现在三个方面:一是从住宅政策方面进行管理,如联邦政府于1961年制定的《住宅法》对房地产开发市场有重要影响。二是类似于我国城市建设规划方面的管理,这主要是州政府的职能。州政府和房地产开发所在地的市政当局制定的各种各样的建筑条例、区域区分用途限制指引(zoning ordinance)、再分区开发指引(subdivision ordinance)等[①],对房地产开发的管理起至

---

① 参见〔美〕贝哈安特:《不动产法》(英文本第三版),董安生、查松注,中国人民大学出版社2004年版,第412、433页。

关重要的作用。三是税收法律制度对房地产交易的调节。完备的税收制度是美国政府影响房地产开发商决策,促使其开发经营活动能够更符合政府或者公众利益要求的重要手段。在德国,房地产管理法主要有建筑法和城市规划法。例如:联邦政府1960年制定的《联邦建筑法》《联邦规划法》;各州政府制定的《地产条例》《建筑法规》等。而日本、韩国、新加坡等是十分重视房地产管理的国家,制定有许多关于房地产管理的规范性文件。

在我国,第七届全国人大于1988年4月12日通过了宪法修正案,确立了"土地的使用权可以依照法律规定转让"的制度。这是新中国成立后我国首次以根本大法的形式规定土地使用权可以依法转让。1988年12月29日,第七届全国人大常委会根据上述宪法修正案,对第六届全国人大常委会于1986年6月25日通过的《中华人民共和国土地管理法》(以下简称《土地管理法》)进行了相应补充修改。为了加强土地管理,全国人大常委会于1998年、2004年又先后对《土地管理法》进行了修订、修改。全国人大常委会于2007年10月28日通过的《城乡规划法》,自2008年1月1日起施行(《城市规划法》同时废止)。《城市房地产管理法》(2007年第一次修改,2009年第二次修改),这是我国城市房地产管理的重要法律,为我国房地产管理的法制化奠定了坚实的基础。国务院先后发布了一系列有关城市房地产管理的行政法规,除了《土地管理法》和《城市房地产管理法》的实施条例外,还包括《城镇国有土地使用权出让和转让暂行条例》(1990年)、《外商投资开发经营成片土地管理暂行办法》(1990年)、《城市房地产开发经营管理条例》(1998年)、《住房公积金管理条例》(1999年)、《城市房屋拆迁管理条例》(2001年)、《物业管理条例》(2003年制定,2007年修改)、《关于深化改革严格土地管理的决定》(2004年)等。国务院房地产管理主管机关根据房地产管理法律、行政法规规定的权限,发布了一系列有关城市房地产管理的部门规章,不仅有助于完备我国房地产管理法律制度,而且在实践中对房地产开发经营活动的运作产生了重大的影响。这些规章有《城市房地产中介服务管理规定》(1996年制定,2001年修订)、《已购公有住房和经济适用性房上市出售管理暂行办法》(1999年)、《房地产开发企业资质管理规定》(2000年)、《城市商品房预售管理办法》(2001年制定,2004年修改)、《城市房地产转让规定》(2001年)、《城市房地产抵押管理办法》(2001年)、《城市房屋权属登记管理办法》(2001年)、《经济适用住房管理办法》(2004年)等。

第二节 城市房地产的开发及其用地管理[①]

一、房地产开发的概念和管理原则

(一)房地产开发的概念与种类

1. 房地产开发的概念

我国《城市房地产管理法》第2条第3款规定:"本法所称的房地产开发,是指在依据本法取得国有土地使用权的土地上进行基础设施、房屋建设的行为。"可以从两个方面来理解该法律定义:(1)依法取得国有土地使用权是实施房地产开发行为的前提条件。城市房地产开发用地必须是国有土地,开发单位必须经过合法途径取得国有土地使用权,才能组织进行房地产开发。(2)房地产开发的行为包括基础设施建设和房屋建设两种。基础设施建设在实践中又可以分为两种:土地开发和再开发。前者指开发新的区域,包括进行房地产管理上俗称的"三通一平"(开发区域的通电、通水、通道路以及平整场地)或者"七通一平"(包括通电、通水、通道路、通排水、通煤气、通热力、通邮以及平整场地)建设。后者指对城区原有土地进行改造开发。房屋建设俗称房屋开发,通常指房屋的地基建设、主体工程建设、配套和附属工程建设、安装和装饰工程建设等。

2. 房地产开发的种类

在房地产管理实践中,房地产开发通常进行如下分类:

(1)根据开发标的是否未经开发,房地产开发可以分为开发和再开发。开发,是指在原有城市建设区范围之外进行房地产开发,俗称新区开发;再开发,是指对原有房地产的更新改造或者重建。

(2)根据开发规模的大小分为成片开发、小区开发及单项开发。成片开发,是指在房地产管理部门认定的、构成成片开发的地块内进行综合性的土地开发的行为。成片开发的主要内容是进行"七通一平"建设,目的是形成工业用地、商品房用地和其他建设用地的条件,然后进行土地使用权转让、经营公用事业,或者进而从事房地产的其他开发经营业务。成片开发有规模大、周期长、综合性等特点。小区开发,是指由数个单体项目开发构成的整体性、综合性开发。包括新区开发中的小区开发和旧城区改造中的小区开发,一般要求小区内基础设施和配套项目齐全并应当有整体性、综合性。单项开发,是指单一房地产项目的开发,通常俗称单体开发。一般以一个完整的建筑物为一个单体。

(3)根据房地产开发产品的用途,可以分为住宅、商业、商住、工业、交通等

[①] 本节的某些内容参考了杨紫烜、徐杰主编:《经济法学》(第3版),北京大学出版社2001年版,第十七章的有关论述。

开发类别。

（4）根据开发投资主体的构成，可以分为合作开发、合资开发和独资开发等。①

（二）房地产开发管理应当贯彻的原则

房地产开发经营活动及其管理应当遵循下列原则：

1. 严格执行城市规划的原则

我国《城市规划法》第29条规定："城市规划区内的土地利用和各项建设必须符合城市规划，服从规划管理。"在房地产管理实践中，贯彻这一原则的手段是实行房地产开发的建设许可制度。房地产开发是城市开发建设活动的主要组成部分。因此，在某种意义上，房地产开发就是城市规划的实施，故必须严格执行城市规划，这是城市规划能够落到实处的保证。

2. 坚持经济效益、社会效益和环境效益相统一的原则

房地产业属于高消耗资源的产业，房地产业的发展，必将影响城市建设和文化事业乃至整个社会经济的发展。我们不能以牺牲社会效益和环境效益为代价，片面追求经济效益，必须做到经济效益、社会效益和环境效益三者的统一。

3. 坚持"全面规划、合理布局、综合开发、配套建设"的原则

全面规划就是房地产开发建设必须坚持符合用地总体规划和经济社会发展计划的原则。合理布局主要是指房地产建设符合市政布局和居民生活方便需要。综合开发、配套建设就是强调不同功能的房地产开发建设尽可能通过统一规划，同步建设和发展。这是在总结我国多年来城市建设、房地产开发经验的基础上，提出来的一条应当长期坚持的正确方针和原则。

4. 依法征收及补偿原则

征收房屋是城市房地产开发经营中难以回避的重要环节，关系到国家、单位及个人利益的协调与平衡，应符合征收的法定事由、权限、程序以及补偿要求，并应特别强调公众居住权的保障。根据我国《城市房地产管理法》第6条的规定，国家可以征收国有土地上单位和个人的房屋，并依法给予拆迁补偿，维护被征收人的合法权益；征收个人住宅的，还应当保障被征收人的居住条件。

二、房地产开发企业的设立与资质管理

（一）房地产开发企业的概念、设立的条件和程序

1. 房地产开发企业的概念

房地产开发企业，是以营利为目的，从事房地产开发和经营的企业。在实际运作上，房地产开发企业在开发房产或者地产的过程中，一般不直接承担房地产

---

① 参见符启林：《房地产法》（第3版），法律出版社2004年版，第165—167页。

的生产建设性工作,但须负责完成房地产开发全过程的专业技术性劳务工作,包括负责征地事务、拆迁动员、组织土地开发、土地出让转让事务、组织房屋开发、房屋销售、出租、转租、房地产抵押以及房地产建设过程中大量的谈判、协调、筹划等专业技术性劳务。因此,在我国,把它归类为第三产业管理是比较恰当的。

2. 设立的条件和程序

根据《城市房地产管理法》和《城市房地产开发经营管理条例》的规定,设立房地产开发企业,除应当符合有关法律、行政法规规定的企业设立条件外,还应当具备下列条件:(1) 有 100 万元以上的注册资本;(2) 有 4 名以上持有资格证书的房地产专业、建筑工程专业的专职技术人员,2 名以上持有资格证书的专职会计人员。实际上,从房地产企业的资质管理看,上述条件是最低资质级别房地产企业的最低基本条件。

外商投资设立房地产开发企业的,除应当符合上述基本条件外,还应当依照外商投资企业法律、行政法规的规定,办理有关审批手续。

设立房地产开发企业的程序包括如下几个步骤:

(1) 办理工商企业的登记程序。《城市房地产开发经营管理条例》第 7 条规定,设立房地产开发企业,应当向县级以上人民政府工商行政管理部门申请登记,工商行政管理部门对符合本条例第 5 条规定条件的,应当自收到申请之日起 30 日内予以登记;对不符合条件不予登记的,应当说明理由。

工商行政管理部门在对设立房地产开发企业申请登记进行审查时,应当听取同级房地产开发主管部门的意见。

(2) 向房地产主管部门备案。《城市房地产开发经营管理条例》第 8 条规定,房地产开发企业应当自领取营业执照之日起 30 日内,持本条规定的文件到登记机关所在地的房地产开发主管部门备案。

(3) 申请获取资质等级的核定。《城市房地产开发经营管理条例》第 9 条规定,房地产开发主管部门,应当根据房地产开发企业的资产、专业技术人员和开发经营业绩等,对备案的房地产开发企业核定资质等级。房地产开发企业应当按照核定的资质等级,承担相应的房地产开发项目。

(二) 房地产开发企业资质管理制度的基本内容

房地产开发企业的资质管理,亦称房地产开发企业资质等级管理,是指房地产开发主管部门根据房地产开发企业的资产、专业技术力量、开发经营业绩及其他相关标准,对房地产开发企业的房地产开发能力进行等级核定的管理制度。实行这种资质等级管理的依据包括三个方面:一是房地产建筑的公众安全利益保护;二是消费者对房屋消费的特殊保护;三是房地产业适度有序竞争的产业政策。实行房地产开发商的资质管理是许多国家的通行做法。

根据建设部于 2000 年 3 月修订发布的《房地产开发企业资质管理规定》,

我国资质管理制度的基本内容包括如下几个方面：

（1）房地产开发企业应当依法申请核定企业资质等级。未取得房地产开发资质等级证书的企业，不得从事房地产开发经营业务。

（2）房地产开发企业按资质条件划分为4个等级（一级、二级、三级、四级），各等级企业的资质标准均有严格规定并与其开发能力相适应。资质标准的主要内容包括：注册资本和自有流动资金的数额、专业技术人员的数量和相应的职称要求，从事房地产开发的实绩等。

（3）房地产开发企业的资质等级实行分级审批管理。经资质审查合格的企业，由资质审批部门发给相应等级的资质证书。例如，一级资质由省级人民政府建设行政主管部门初审，报国务院建设行政主管部门审批。二级及以下资质房地产开发企业的审批办法和资质年检办法由省级政府建设行政主管部门制定。

（4）房地产开发企业的资质实行年检制度，年检实行分级管理。对于不符合原定资质条件或者有不良经营行为的企业，由原资质审批部门予以降级或者注销资质证书。

（5）各等级企业必须按照房地产开发企业资质等级证书确定的业务范围从事房地产开发，不得越级承接房地产开发业务。一级资质房地产企业承担房地产项目建设规模不受限制，可在全国范围内承接房地产开发业务。二级资质及二级资质以下房地产开发企业可以承担建筑面积25万平方米以下的开发建设项目，承担业务的具体范围由省级人民政府建设行政主管部门制定。

（6）房地产开发主管部门对新设立的房地产开发企业实行核发《暂定资质证书》制度，作为新设房地产开发企业获得正式资质等级前的过渡管理措施。

三、房地产开发的土地使用权出让与划拨

（一）土地使用权出让的概念

土地使用权出让，是指国家将国有土地使用权（以下简称土地使用权）在一定年限内出让给土地使用者，由土地使用者向国家支付土地使用权出让金的行为。土地使用权出让为土地的一级市场。根据房地产业的现行国家政策，国家垄断城镇土地一级市场，实行土地使用权有偿、有期限出让制度。

土地使用权出让，具有以下法律特征：

（1）土地使用权出让的主体一方为出让方，另一方为受让方，而其出让方只能是国家。

我国《城市房地产管理法》第15条规定："土地使用权出让合同由市、县人民政府土地管理部门与土地使用者签订。"土地使用权受让方是指土地使用者。国务院《城镇国有土地使用权出让和转让暂行条例》第3条规定："中华人民共和国境内外的公司、企业、其他组织和个人，除法律另有规定者外，均可依照本条

例的规定取得土地使用权,进行土地开发、利用、经营。"可见,受让方一般不受限制。

(2) 土地使用权出让人和受让人的权利和义务直接由法律规定。

根据我国《城市房地产管理法》第 16、17 条的规定,土地使用者必须按照出让合同约定,支付土地使用权出让金;未按照出让合同约定支付土地使用权出让金的,土地管理部门有权解除合同,并可以请求违约赔偿。土地使用者按照出让合同约定支付土地使用权出让金的,市、县人民政府土地管理部门必须按照出让合同约定,提供出让的土地;未按照出让合同约定提供出让的土地的,土地使用者有权解除合同,由土地管理部门返还土地使用权出让金,土地使用者还可以请求违约赔偿。

(3) 土地使用权出让的客体是一定年限的国有土地使用权。

我国宪法规定,我国实行土地公有制,并且规定:"任何组织或者个人不得侵占、买卖或者以其他形式非法转让土地。土地使用权可以依照法律的规定转让。"根据宪法规定,土地使用权出让的客体是国有土地使用权,而不是国有土地的所有权。

(4) 土地使用权出让是要式法律行为。

土地使用权出让,应当签订书面出让合同;同时,要向县级以上地方人民政府土地管理部门申请登记。如果不签订书面出让合同并办理土地使用权登记,该土地使用权出让行为无效。

(二) 土地使用权出让的方式

1. 拍卖出让

拍卖出让,是指在指定的时间、地点,组织符合条件的土地使用权竞投者到场,在市、县人民政府土地使用权拍卖主持人主持下,公平竞投某一地块使用权,按"价高者得"的原则确定土地使用权受让人的一种出让方式。采用这种方式,有利于受让人之间公开、平等竞争,排除人为因素的干扰,同时也可最大限度地使出让方获得较高的出让金。

2. 招标出让

招标出让,是指在指定的期限内,由符合条件的单位或个人以书面投标方式,竞投出让地块使用权,由招标人根据一定的要求,择优确定土地使用权受让人的一种出让方式。

拍卖和招标方式都是受国家法律提倡的方式。其依据是:首先,它们透明度高,程序公正,作为一种管理方式值得提倡;其次,通过这些方式能够运用竞争机制最大限度地发现和实现国土资源的价值;再次,它们是市场化的方式,有利于房地产市场机制的发展完善。

3. 双方协议出让

双方协议出让,是指市、县人民政府土地管理部门与申请受让人直接就土地使用权出让有关事宜进行协商,达成协议的一种出让方式。

我国《城市房地产管理法》第13条还规定:"商业、旅游、娱乐和豪华住宅用地,有条件的,必须采取拍卖、招标方式;没有条件,不能采取拍卖、招标方式的,可以采取双方协议的方式。""采取双方协议方式出让土地使用权的出让金不得低于按国家规定所确定的最低价。"之所以做这样的规定,一方面,是照顾到我国目前的实际情况,并参考了国外的做法;另一方面,是考虑到用协议方式出让土地使用权随意性大,不利于自由竞争。为此,从法律上作了两项限制:一是对几类高利润用地出让方式的限制;二是对双方协议出让中最低出让金的限制。

(三) 土地使用权出让的法律管制

为了防止和克服房地产开发用地供应总量失控现象,形成国家对房地产一级市场的有效垄断,我国《城市房地产管理法》对土地使用权出让规定了严格的法律控制措施。主要包括如下几个方面:

(1) 禁止城市规划区内集体所有土地使用权的有偿出让。

为了切实贯彻实施保护耕地的基本国策,明确规定集体所有的土地不能用于开发经营房地产,房地产开发用地必须是国有土地。为此,我国《城市房地产管理法》第9条规定:"城市规划区内的集体所有的土地,经依法征用转为国有土地后,该幅国有土地的使用权方可有偿转让。"

(2) 土地使用权出让,必须符合土地利用总体规划、城市规划和年度建设用地计划。

我国《城市房地产管理法》第10条规定:"土地使用权出让,必须符合土地利用总体规划、城市规划和年度建设用地计划。"土地利用总体规划是国家实施土地利用总量控制的最重要手段,它是在土地利用方面有总体性、战略性、权威性和指导性的中长期计划。城市规划,是指国家为了实现一定时期内的经济和社会发展目标,确定城市性质、规模和发展方向,合理利用城市土地,协调城市布局和各项建设的综合部署和具体安排。建设用地计划,是国民经济和社会发展计划的组成部分,是加强土地资源宏观管理的重要措施,是审批建设用地的依据之一。

土地使用权出让,直接涉及土地利用总体规划、城市规划和年度建设用地计划的落实,故必须实行法律控制。

(3) 土地使用权出让必须拟订年度出让土地使用权总面积方案。

在房地产三级市场中,一级市场是关键。国家为了垄断一级市场,并控制土地使用权出让供给总量,我国《城市房地产管理法》第11条规定:"县级以上地方人民政府出让土地使用权用于房地产开发的,须根据省级以上人民政府下达的控制指标拟订年度出让土地使用权总面积方案,按照国务院规定,报国务院或者省级人民政府批准。"

(4) 土地使用权出让方案必须依照法定程序制订。

我国《城市房地产管理法》第12条规定:"土地使用权出让,由市、县人民政府有计划、有步骤地进行。出让的每幅地块、用途、年限和其他条件,由市、县人民政府土地管理部门会同城市规划、建设、房产管理部门共同拟订方案,按照国务院规定,报经有批准权的人民政府批准后,由市、县人民政府土地管理部门实施。直辖市的县人民政府及其有权部门行使前款规定的权限,由直辖市人民政府规定。"

(5) 限制土地使用权的最高年限。

土地使用权出让制度首要的特点就是规定了出让年限。土地使用权出让,并不是土地所有权出让,必须有限期设定。土地使用权出让最高年限,是一次出让签约的最高年限。土地使用权届满时,土地使用者可以申请续期。每一地块的具体出让年限,应由出让方和受让方在签订合同时确定,可以低于法定的最高年限,但不可以高于法定最高年限。超过法定最高年限的出让合同无效。根据我国《城市房地产管理法》规定,土地使用权出让最高年限由国务院规定。根据国务院发布的《城镇国有土地使用权出让和转让暂行条例》第12条规定,土地使用权出让最高年限按下列用途确定:居住用地70年;工业用地50年;教育、科技、文化、卫生、体育用地50年;商业、旅游、娱乐用地40年;综合或者其他用地50。这是法定的最高年限,任何土地使用权出让合同都必须照此办理。

(四) 土地使用权的终止和续期

1. 土地使用权终止

土地使用权终止,是指因出现法律规定的情况,致使受让人丧失了土地使用权。我国《城市房地产管理法》对导致受让人土地使用权终止的四项重要事由作了规定:

(1) 使用权期限届满

《城市房地产管理法》第22条规定,土地使用权出让合同约定的使用年限届满,土地使用者未申请续期或者虽申请续期但依照前款规定未获批准的,土地使用权由国家无偿收回。

(2) 根据社会公共利益的需要提前收回

我国《城市房地产管理法》第20条规定:"国家对土地使用者依法取得的土地使用权,在出让合同约定的使用年限届满前不收回;在特殊情况下,根据社会公共利益的需要,可以依照法律程序提前收回,并根据土地使用者使用土地的实际年限和开发土地的实际情况给予相应的补偿。"

(3) 因逾期开发而被无偿收回

《城市房地产管理法》第26条规定,以出让方式取得土地使用权进行房地产开发的,必须按照土地使用权出让合同约定的土地用途、动工开发期限开发土地。满2年未动工开发的,可以无偿收回土地使用权。

(4) 土地灭失

土地灭失,是指由于不可抗拒的自然力量造成原土地性质的彻底改变或原土地面貌的彻底改变。《城市房地产管理法》第21条规定:"土地使用权因土地灭失而终止。"受让人因此而终止其土地使用权。

2. 土地使用权期满后的续期

根据我国《物权法》第149条的规定,住宅建设用地使用权期间届满的,自动续期。非住宅建设用地使用权期间届满后的续期,依照法律规定办理。《城市房地产管理法》第22条规定,土地使用权出让合同约定的使用年限届满,土地使用者需要继续使用土地的,应当至迟于届满前一年申请续期,除根据社会公共利益需要收回该幅土地的,应当予以批准。经批准准予续期的,应当重新签订土地使用权出让合同,依照规定支付土地使用权出让金。

(五) 土地使用权划拨

1. 土地使用权划拨的概念

土地使用权划拨,是指县级以上人民政府依法批准,在土地使用者缴纳补偿、安置等费用后将该幅土地交付其使用,或者将土地使用权无偿交付给土地使用者使用的行为。以划拨方式取得土地使用权的,除法律、行政法规另有规定者外,没有使用期限的限制。

我国实行城市国有土地使用权有偿出让前,采用的是行政划拨土地的办法,今后也不可能完全取消这种办法,但它的范围将逐步缩小。划拨土地使用权,不采用出让土地使用权的拍卖、招标和双方协议的方式,而是适用国家建设用地的审批程序。

2. 土地使用权划拨的范围与意义

我国《城市房地产管理法》第24条规定,下列建设用地的土地使用权,确属必需的,可以由县级以上人民政府依法批准划拨:(1) 国家机关用地和军事用地;(2) 城市基础设施用地和公益事业用地;(3) 国家重点扶持的能源、交通、水利等项目用地;(4) 法律、行政法规规定的其他用地。

在城市土地管理法中明确土地使用权划拨的范围,在房地产管理上有两方面的意义:一是对土地利用的竞争领域和非竞争领域作出明确的法律界定,从而有利于分类管理。二是有利于明确产业政策和公共政策在土地利用领域的作用范围。

第三节 城市房地产交易管理

一、房地产交易管理的概念

(一) 房地产交易

房地产交易,是指以转移房地产的财产权控制为对价的交换行为。

我国《城市房地产管理法》第 2 条规定:"本法所称的房地产交易,包括房地产转让、房地产抵押和房屋租赁。"

(二) 房地产交易管理及其基本内容

房地产交易管理,是指以维护公平交易秩序为主要价值目标,对房地产交易环境和交易过程实行的管理。交易环境主要是房地产交易的价格发现和确定机制。由于消费者信息不对称,很难发现房地产的公平价格。这就需要由国家或其认可的中介机构加以指导或者限制,以确保公众消费者的利益。同时,房地产交易历来是容易产生产权混乱和制度误解的地方,需要实行一些程序上的限制措施以确保房地产交易秩序。上述管理在许多国家是通行的。

在我国,房地产交易管理的环节主要是定价机制、转让、抵押、租赁等环节。

二、房地产的价格管理

(一) 房地产价格管理的概念

房地产价格管理,是指政府主管部门依法运用价格政策手段,对流通领域的房屋买卖、租赁、交换、抵押和土地使用权出让、转让的价格发现、确定机制所实行的管理活动的总称。它是房地产市场管理的重要内容。

(二) 房地产价格评估的管理与评估基准价格

房地产价格评估,是指房地产专业估价机构,根据估价目的,遵循一定的估价原则和估价方法,结合估价经验和对影响房地产价格因素的分析,对房地产最可能实现的合理价格所作出的测算和判断。简言之,就是对房地产的合理价格所进行的科学估算活动。房地产价格评估必须由具有法定资格的评估机构和评估师执行。它是房地产价格管理的核心。

房地产价格评估,应当遵循公正、公平、公开的原则。

评估基准价格,是对一定房地产的市场价格进行评估的基础价格。根据我国《城市房地产管理法》第 34 条的规定,我国房地产价市场价格评估的基准价格有三种[①]:

[①] 杨紫烜、徐杰主编:《经济法学》(第 3 版),北京大学出版社 2001 年版,第 267—268 页。

（1）基准地价，是指国家根据土地管理的某种需要，按照土地等级或土地收益状况，计算或评定出来的一定时间内某一区域的土地平均价格。它是政府控制地价和进一步评估土地出让、转让交易底价的基础，也是征收土地税费的依据。

（2）标定地价，是指县级以上人民政府根据需要评估的，在正常土地市场、正常经营和政策作用下，某一具体地块在某一时期、某一使用年限的价格。

（3）房屋重置价格，是指按照当前的建筑技术、工艺水平、建材价格、人工和运输费用等条件下，重新建造同类结构、式样、质量标准的房屋所需的费用。

（三）房地产成交价格申报制度

我国《城市房地产管理法》第35条明确规定："国家实行房地产成交价格申报制度。""房地产权利人转让房地产，应当向县级以上地方人民政府规定的部门如实申报成交价，不得瞒报或者作不实的申报。"价格申报是实施房地产交易的税收管理和价格体系宏观调控的重要的基础性制度。

三、房地产转让及其管理

（一）房地产转让的概念

房地产转让，是指房地产权利人通过买卖、赠与或者其他合法方式将其房地产转移给他人的行为。

国有土地使用权的有偿出让，仅仅是土地使用权买卖的一级市场。土地使用权只有从受让人手里再流向真正需要者手里，才能实现其价值。这种在已经获取土地使用权基础上再转移土地使用权的行为，称为土地使用权的转让。土地使用权转让属于土地使用权买卖的二级市场。

（二）房地产转让的基本条件

房地产转让的基本条件，是指法律规定的，在房地产转让中应当具备的条件。

根据我国《城市房地产管理法》第39条的规定，以出让方式取得土地使用权的，转让房地产时，应当符合下列条件：一是按照出让合同约定已经支付全部土地使用权出让金，并取得土地使用权证书；二是按照出让合同约定进行投资开发，属于房屋建设工程的，完成开发投资总额的25%以上，属于成片开发土地的，形成工业用地或者其他建设用地条件。转让房地产时房屋已经建成的，还应当持有房屋所有权证书。

根据我国《城市房地产管理法》第40条的规定，以划拨方式取得土地使用权的，转让房地产时，应当按照国务院规定，报经有批准权的人民政府审批。有批准权的人民政府准予转让的，应当由受让方办理土地使用权出让手续，并依照国家有关规定缴纳土地使用权出让金。

上述规定的主要依据是：划拨土地使用权是受让方无偿取得的，如果允许其随意转让、出租、抵押，容易带来许多弊端，助长炒卖"地皮"现象，导致国有资产流失，扰乱房地产管理秩序。

我国《城市房地产管理法》对划拨土地使用权的转让条件，未作具体规定。国务院《城镇国有土地出让和转让暂行条例》第 45 条规定，符合规定条件，经市、县人民政府土地管理部门和房产管理部门批准，才允许转让、出租、抵押划拨土地使用权。这些条件主要是：土地使用者为公司、企业、其他经济组织和个人；领有国有土地使用证；具有地上建筑物、其他附着物合法的产权证明；依照《城镇国有土地使用权出让和转让管理暂行条例》的规定签订了土地使用权出让合同，向当地市、县人民政府补交了土地使用权出让金或者以转让、出租、抵押所获收益抵交土地使用权出让金。

我国《城市房地产管理法》第 40 条还规定，以划拨方式取得土地使用权的，转让房地产报批时，有批准权的人民政府按照国务院规定决定可以不办理土地使用权出让手续的，转让方应当按照国务院规定将转让房地产所获收益中的土地收益上缴国家或者作其他处理。

(三) 房地产开发项目的转让

《城市房地产开发经营管理条例》对房地产开发项目的转让作了规定：

(1) 转让房地产开发项目应当符合法定条件。转让房地产开发项目，应当符合《城市房地产管理法》第 39、40 条规定的条件。

(2) 转让房地产开发项目应当备案。转让房地产开发项目，转让人和受让人应当自土地使用权变更登记手续办理完毕之日起 30 日内，持房地产开发项目转让合同到房地产开发主管部门备案。

(3) 拆迁补偿安置合同权利、义务的转移。房地产开发企业转让房地产开发项目时，尚未完成拆迁补偿安置的，原拆迁补偿安置合同中有关的权利、义务随之转移给受让人。项目转让人应当书面通知被拆迁人。

(四) 房地产转让的禁止事由

房地产转让的禁止事由，是指法律规定不允许进行房地产转让的情形。我国《城市房地产法》第 38 条规定了不得转让房地产的 7 种情形：

(1) 以出让方式取得土地使用权，不符合该法第 39 条规定的条件，即不具备上述以出让方式取得土地使用权的房地产转让必备条件的；

(2) 司法机关和行政机关依法裁定、决定查封或者以其他形式限制房地产权利的；

(3) 依法收回土地使用权的；

(4) 共有房地产，未经其他共有人书面同意的；

(5) 权属有争议的；

(6) 未依法登记领取权属证书的;
(7) 法律、行政法规规定禁止转让的其他情形。

(五) 房地产转让合同及受让方的土地使用权年限

房地产转让,应当签订书面转让合同,合同中应当载明土地使用权取得的方式。房地产转让时,土地使用权出让合同载明的权利、义务随之转移。可见,土地使用权出让的原始合同义务有强制转承的效力。原始合同中规定的权利与义务,不得因后来签订转让合同而变化。

根据我国《城市房地产管理法》第43条的规定,以出让方式取得土地使用权的,转让房地产后,其土地使用权的使用年限为原土地使用权出让合同约定的使用年限减去原土地使用者已经使用年限后的剩余年限。

(六) 对房地产转让合同受让人改变土地用途的处理

根据我国《城市房地产管理法》第44条的规定,以出让方式取得土地使用权的,转让房地产后,受让人改变原土地使用权出让合同约定的土地用途的,必须取得原出让方和市、县人民政府城市规划行政主管部门的同意,签订土地使用权出让合同变更协议或者重新签订土地使用权出让合同,相应调整土地使用权出让金。

(七) 商品房预售管理

商品房预售,是指房地产开发企业将正在建设中的房屋预先出售给承购人,由承购人支付定金或者房屋价款的行为。预售登记许可制度是目前我国商品房预售管理的主要手段。为了保障商品房预售秩序,维护当事人双方的合法权益,我国《城市房地产管理法》和《城市房地产开发经营管理条例》对商品房预售应当符合的条件和合法商品房预售许可证明等作了明确规定。为了落实这些规定,建设部制定了《城市商品房预售管理办法》,其基本精神是,从预售方资格和资产实力条件、房地产开发建设实际进展情况、办理预售登记和许可制度等方面,对商品房预售实行严格管理。

四、房地产抵押及其管理

(一) 房地产抵押的概念与范围

房地产抵押,是指抵押人以其合法的房地产以不转移占有的方式向抵押权人提供债务履行担保的行为。债务人不履行债务时,抵押权人有权依法以抵押的房地产拍卖所得的价款优先受偿。

房地产抵押的范围,是指房地产抵押权标的的具体涉及范围。根据我国《城市房地产管理法》及《担保法》的规定,房地产抵押范围是抵押人依法享有的房屋所有权和土地使用权,主要包括以下几种情形:

(1) 房屋所有权连同该房屋占用范围内的土地使用权,可以设定抵押权。

我国《城市房地产管理法》第48条第1款规定:"依法取得的房屋所有权连同该房屋占用范围内的土地使用权,可以设定抵押权。"

我国《担保法》第36条对此也作了明确规定:"以依法取得的国有土地上的房屋抵押的,该房屋占用范围内的国有土地使用权同时抵押。""以出让方式取得的国有土地使用权抵押的,应当将抵押时该国有土地上的房屋同时抵押。"

在抵押房地产范围内新增的房屋是否属于抵押范围,我国《城市房地产管理法》第52条作了相关规定,房地产抵押合同签订后,土地上新增的房屋不属于抵押财产。需要拍卖该抵押的房地产时,可以依法将土地上新增的房屋与抵押财产一同拍卖,但对新增房屋拍卖所得,抵押权人无权优先受偿。我国《担保法》第55条对此亦作了规定。

抵押房地产属于划拨的土地时,其拍卖房地产所得价款如何处理,我国《城市房地产管理法》第51条作了相关规定,设定房地产抵押权的土地使用权是以划拨方式取得的,依法拍卖该房地产后,应当从拍卖所得的价款中缴纳相当于应缴纳的土地使用权出让金的款额后,抵押权人方可优先受偿。我国《担保法》第56条对此也作了规定。

(2) 以出让方式取得的土地使用权,可以设定抵押权。

我国《城市房地产管理法》第48条第2款规定:"以出让方式取得的土地使用权,可以设定抵押权。"

(3) 其他地上定着物,可以设定抵押权。

我国《担保法》第34条规定,可以抵押的财产包括:抵押人所有的房屋和其他地上定着物;抵押人有权处分的国有土地使用权、房屋和其他地上定着物。

(二) 管理原则

从上述抵押范围的法律规定看,对房地产抵押范围管理主要遵循下列原则:一是房地一体抵押原则。二是划拨土地使用权可抵押原则。与转让相比,划拨土地使用权抵押管理较为宽松,无须预先报批,无须先补交地价。三是划拨土地使用权的地价优先补偿的原则。划拨土地使用权经拍卖后,所得价款应当优先补偿相当于该地块土地使用权出让金的款额给原土地划拨部门。

五、房屋租赁及其管理

(一) 房屋租赁的备案登记制度

房屋租赁,是指房屋所有权人作为出租人将其房屋出租给承租人使用,由承租人向出租人支付租金的行为。我国对房屋租赁的主要管理手段是实行房屋租赁合同的备案登记制度,其主要目的是保障租赁双方的合法权益以及减少因约定不明而产生的纠纷。我国《城市房地产管理法》第54条规定,房屋租赁,出租人和承租人应当签订书面租赁合同,约定租赁期限、租赁用途、租赁价格、修缮责任等条款,以及双方的其他权利和义务,并向房产管理部门登记备案。

(二) 住宅用房租赁

为保障承租人的住宅权利,我国《城市房地产管理法》第 55 条规定,住宅用房的租赁,应当执行国家和房屋所在城市人民政府规定的租赁政策。租用房屋从事生产、经营活动的,由租赁双方协商议定租金和其他租赁条款。

(三) 房屋租赁中国家划拨土地使用权收益的保护

我国《城市房地产管理法》第 56 条规定,以营利为目的,房屋所有人将以划拨方式取得使用权的国有土地上建成的房屋出租的,应当将租金中所含土地收益上缴国家。具体办法由国务院规定。

六、房地产中介服务机构的管理

房地产中介服务,是指在房地产开发、交易活动中起中间媒介和辅助作用的服务活动。

房地产中介服务机构包括房地产咨询机构、房地产价格评估机构、房地产经纪机构等。其中,对房地产评估机构实行许可制度,即其设立、变更、终止,必须报省级政府建设行政主管部门审批。我国《城市房地产管理法》第 59 条还规定,国家实行房地产价格评估人员资格认证制度。评估师的资格须经过国家规定的考试、考核,由国家机关或其授权行业组织作出认证。

对其他中介机构实行企业登记管理。我国《城市房地产管理法》第 58 条规定了房地产中介服务机构应当具备的条件,并规定设立房地产中介服务机构,应当向工商行政管理部门申请设立登记,领取营业执照后,方可开业。

第四节 房地产权属登记管理[①]

一、房地产权属登记管理的概念

房地产权属登记管理,是指法定的管理机构对房地产的权属状况进行登记发证的管理。这里说的"登记",包括对权利的种类、权利的范围等情况的登记。登记的主要作用在于公示房地产的权属状态和权利范围。

---

① 本节的某些内容参考了杨紫烜、徐杰主编:《经济法学》(第 3 版),北京大学出版社 2001 年版,第十七章的有关论述。

二、国有土地使用权和房屋所有权登记

(一) 国有土地使用权登记

国有土地使用权登记,是指土地管理部门根据依法取得国有土地使用权的单位和个人的申请,按照法定程序对其国有土地使用权进行审查核实、注册登记、核发国有土地使用权证书的一种制度。我国《城市房地产管理法》第60条第1款规定,以出让或者划拨方式取得土地使用权,应当向县级以上地方人民政府土地管理部门申请登记,经县级以上地方人民政府土地管理部门核实,由同级人民政府颁发土地使用权证书。

(二) 房屋所有权登记

房屋所有权登记,是指房地产管理部门根据房屋所有权人的申请,依照法定程序对其房屋进行核实、注册登记、颁发房屋所有权证书的一种制度。我国《城市房地产管理法》第61条第2款规定,在依法取得的房地产开发用地上建成房屋的,应当凭土地使用权证书向县级以上地方人民政府房产管理部门申请登记,由县级以上地方人民政府房产管理部门核实并颁发房屋所有权证书。

(三) 房地产权属统一登记

我国现行房地产管理,是土地管理和房产管理分属两个部门管理的体制,所以,房地产权属也相应采取分别登记的办法。这种体制弊端百出,效率低下,一些地方政府已经尝试由政府一个部门负责登记的统一登记制度。对此,我国《城市房地产管理法》第63条作了一种变通规定,经省、自治区、直辖市人民政府确定,县级以上人民政府由一个部门统一负责房产管理和土地管理工作的,可以制作、颁发统一的房地产产权证书,依照本法第61条的规定,将房屋所有权和该房屋占用范围内的土地使用权确认、变更,分别载入房地产产权证书。

三、房地产的变更登记和抵押登记

(一) 房地产变更登记

房地产作为商品必然处于不断的流转之中,所以对房地产管理除了静态管理外,还要建立起动态的登记管理。房地产变更登记就是对其动态管理的一种重要手段。

我国《城市房地产管理法》第61条第3款规定,房地产转让或者变更时,应当向县级以上地方人民政府房产管理部门申请房产变更登记,并凭变更后的房屋所有权证书向同级人民政府土地管理部门申请土地使用权变更登记,经同级人民政府土地管理部门核实,由同级人民政府更换或者更改土地使用权证书。

如前所述,房地产转让,是指房地产权利人通过买卖、赠与、交换或者其他合法方式将其房地产转移给他人的行为。通常发生房地产转让的法律事实有:买

卖、交换、赠与、继承、析产、调拨、法院判决、仲裁机构仲裁裁决等。

房地产变更,是指在房地产因扩建、改建、增建、翻建以及拆除、自然灾害等原因发生的房地产增减的情况,以及房地产权利人的名称或者姓名改变,原来设定的负担或者终止或者消灭等情况。

(二) 房地产抵押登记

房地产抵押登记,是指房地产权利人以其支配的房地产设定抵押权后,依照法定的程序向有关房地产管理机关申请,由房地产管理机关在房地产登记文件上进行记载的制度。我国《城市房地产管理法》第62条规定,房地产抵押时,应当向县级以上地方人民政府规定的部门办理抵押登记。因处分抵押房地产而取得土地使用权和房屋所有权的,应当依照本章规定办理过户登记。

第五节 违反城市房地产管理法的法律责任

一、违反城市房地产管理法的法律责任的概念

违反城市房地产管理法的法律责任,是指个人或者组织违反城市房地产管理法,侵害房地产法律关系主体的利益和房地产管理秩序的行为所应承担的不利的法律后果。

违反房地产管理法所引发的法律责任的形式包括民事责任、经济责任、行政责任和刑事责任。但我国《城市房地产管理法》主要对违反城市房地产管理法的经济和行政责任作了规定。

二、违反城市房地产管理法应当追究法律责任的主要情形

擅自批准出让或者擅自出让土地使用权的法律责任。违反我国《城市房地产管理法》第11、12条的规定,擅自批准出让或者擅自出让土地使用权用于房地产开发的,由上级机关或者所在单位给予有关责任人员行政处分。

擅自开发房地产的法律责任。违反我国《城市房地产管理法》第30条的规定,未取得营业执照擅自从事房地产开发业务的,由县级以上人民政府工商行政管理部门责令停止房地产开发业务活动,没收违法所得,可以并处罚款。

违法转让土地使用权的法律责任。违反我国《城市房地产管理法》第39条第1款的规定转让土地使用权的,由县级以上人民政府土地管理部门没收违法所得,可以并处罚款。

违法转让划拨土地的房地产的法律责任。违反我国《城市房地产管理法》第40条第1款的规定转让房地产的,由县级以上人民政府土地管理部门责令缴纳土地使用权出让金,没收违法所得,可以并处罚款。

违法预售商品房的法律责任。违反我国《城市房地产管理法》第45条第1款的规定预售商品房的,由县级以上人民政府房产管理部门责令停止预售活动,没收违法所得,可以并处罚款。

擅自从事房地产中介服务活动的法律责任。违反我国《城市房地产管理法》第58条的规定,未取得营业执照擅自从事房地产中介服务业务的,由县级以上人民政府工商行政管理部门责令停止房地产中介服务业务活动,没收违法所得,可以并处罚款。

违法向房地产开发企业收费的法律责任。没有法律、法规的依据,向房地产开发企业收费的,上级机关应当责令退回所收取的钱款;情节严重的,由上级机关或者所在单位给予直接责任人员行政处分。

国家机关工作人员违法犯罪的法律责任。房产管理部门、土地管理部门工作人员玩忽职守、滥用职权,构成犯罪的,依法追究刑事责任;不构成犯罪的,给予行政处分。房产管理部门、土地管理部门工作人员利用职务上的便利,索取他人的财物,或者非法收受他人财物为他人谋取利益,构成犯罪的,依照刑法的有关规定追究刑事责任;不构成犯罪的,给予行政处分。

第十六章　银行业监管法律制度

第一节　银行业监管与银行业监管法概述

一、银行业监管的概念

银行业监管有广义和狭义两种理解。从狭义上讲,银行业监管,是指国家金融监管机构对银行业金融机构的组织及其业务活动进行监督和管理的总称。本书从其狭义理解。广义的银行业监管则不仅包括国家金融监管机构对银行业金融机构的外部监管或他律监管,也包括银行业金融机构的内部监管或自律监管。

银行业监管是一国金融监管体系的重要组成部分。尽管在不同的历史时期,各国金融监管的内容、手段及程度有所变化,但与其他行业相比,以银行业为主体的金融业从来都是各国管制最严格的行业。究其原因,主要是由金融业本身的特殊性及其在现代市场经济中的重要地位决定的。

首先,在世界经济日益全球化、资本化、电子化的今天,金融已不再扮演简单的"工具"或"中介"角色,而是积极地对各国经济起着促进甚至是先导的作用,成为一国经济发展的关键因素。因此,金融业的稳定与效率直接关系到经济的发展、社会的稳定乃至国家的安全,必须对金融业进行严格的监管,确保金融体系的安全和高效运作。

其次,银行等金融机构面对的都是社会公众,其经营与公众的信任度有着密切关系,带有鲜明的公众性的特点。相对而言,银行是一个非自由竞争的行业,具有一定的垄断性,这必然影响市场机制发挥作用。另外,出于安全或保护客户财务信息机密的需要,银行的信息披露度不高,造成公众获取信息的不对称,使公众难以对金融机构的风险和业绩作出准确判断。因此,需要政府从外部对金融机构的行为进行有效监管,以调节垄断性带来的市场机制相对失灵现象,减轻信息不对称造成的评价和监督困难,达到保护公众利益的目的。

再次,金融业尤其是银行业有着特殊的风险。与一般的工商企业不同,高负债和无抵押负债经营是银行营运的基本特点,存款客户可以随时要求提兑,这种特殊的经营方式容易造成风险的聚集与放大,一旦出现挤兑现象或其他的营运危机,所危及的往往不只是单个银行,还会累及其他银行乃至整个银行体系,引发系统性金融危机。20世纪下半叶以来,金融市场全球化以及金融创新的活跃在促进金融业迅速发展的同时,也大大加剧了金融体系的风险,并对传统的监管制度提出了挑战,对金融监管提出了新的要求。在这种情况下,加强对银行业的监管尤显重要,这已成为各国监管机构及专家学者们的共识。

国家金融监管机构对银行业的外部监管与银行业金融机构的自律监管是相辅相成的。国家金融监管机构的外部监管以维护社会公共利益、保障金融秩序的宏观稳定为目标,以防范和化解银行业风险为重点,在银行业监管中起着主导作用。然而,和其他的外部监管制度一样,金融监管机构的外部监管不可避免地带有滞后性和监管盲区,尤其对于金融机构的某些高风险业务,如以金融衍生品为代表的银行表外业务,监管部门很难及时有效地予以监管。由此,自20世纪末,随着金融创新对传统银行监管制度的挑战,各国普遍重视金融机构的自律管理,纷纷立法,要求银行等金融机构加强以内部风险控制为核心的自我监管,并制定标准指导银行对其自身风险进行内部考量与评估。可见,银行业金融机构的内部自律监管是政府监管部门外部监管的必要的有益补充。

二、银行业监管法的概念和银行业监管立法

银行业监管法是调整在国家金融监管机构对银行业金融机构的组织及其业务活动进行监督管理过程中发生的经济关系的法律规范的总称。这里说的作为监督主体的"国家金融监管机构",是指中央银行与其他金融管理机关或者专门设立的金融监管机构。这里说的作为监管受体的"银行业金融机构",包括各类商业银行、政策性银行、信用合作社、财务公司、信托投资公司、金融资产管理公司、金融租赁公司等金融机构。银行业监管法的法律规范主要是以有关的法律、法规、规章等规范性文件作为其表现形式的。

世界各国有关银行业监管的法律规定一般散见于其中央银行法、商业银行法或其他的金融立法中。例如,美国是典型的普通法系国家,其银行法不采取统一系统的法典形式,而是根据某一时期的银行制度变革需要制定单行法案,并由此确定了其银行业监管体系。美国的银行立法主要包括1863年《国家银行法》(National Bank Act of 1863)、1913年《联邦储蓄法》(Federal Reserve Act of 1913)、1933年《格拉斯—斯蒂格尔法》(The Glass-Stegall Act of 1933,又称为1933年《银行法》(Banking Act of 1933),1999年废除)、1994年《跨州银行和跨州分支机构效率法》(The Riegle-Neal Interstate Banking and Branching Efficiency Act,简称《跨州银行法》)以及1999年《金融现代化服务法》(The Gramm-Lench-Bliley Financial Service Modernization Act of 1999)。英国的银行立法主要包括1844年《英格兰银行条例》、1946年《英格兰银行国有法案》以及1979年《英国银行法》。日本是典型的成文法国家,其银行法体系较为完备,银行立法主要包括1942年颁布的中央银行法即《日本银行法》、1982年颁布的商业银行法即《银行法》、1952年颁布的《开发银行法》等。

我国是世界上少有的制定专门性的银行业监管法的国家。2003年12月27日,第十届全国人大常委会第六次会议表决通过了《中华人民共和国银行业监督管理法》,自2004年2月1日起施行。该法从法律上确立了国务院银行业监督管理机构——中国银行业监督管理委员会(以下简称中国银监会)的法律地位以及银行业的监管体制。该法同时规定,在我国,银行业金融机构,是指在中华人民共和国境内设立的商业银行、城市信用合作社、农村信用合作社等吸收公众存款的金融机构以及政策性银行。同时,对在中华人民共和国境内设立的金融资产管理公司、信托投资公司、财务公司、金融租赁公司以及经中国银监会批准设立的其他金融机构包括外资、中外合资金融机构的监督管理,适用《银行业监督管理法》的规定。另外,中国银监会还依法负责对经其批准在境外设立的金融机构以及前述金融机构在境外的业务活动实施监督管理。2006年10月31日,第十届全国人大常委会第二十四次会议通过了《关于修改〈中华人民共和国银行业监督管理法〉的决定》。修改后的《中华人民共和国银行业监督管理法》(以下简称《银行业监督管理法》)共6章52条,分为总则、监督管理机构、监督管理职责、监督管理措施、法律责任和附则。

我国有关银行业监督管理的法律规范主要体现在《银行业监督管理法》这一专门立法中,但也有相当的法律规范同时体现在其他有关法律如《商业银行法》中;另外,与之配套的一系列行政法规、部门规章也含有大量的银行业监管的具体制度。例如,2006年11月国务院发布的《中华人民共和国外资银行管理条例》(2014年7月第一次修订,2014年11月第二次修订)以及中国银监会先后发布的有关金融机构衍生产品交易业务管理、商业银行与内部人和股东关联交易管理、商业银行内部控制评价、商业银行市场风险管理指引、信托投资公司信息披露、商业银行信息披露管理、商业银行内部控制、商业银行资本管理等方面的规定。

三、银行业监管体制

银行业监管体制,是指国家对银行业进行监督管理的职责划分的方式和组织制度。与本国的政治经济体制、宏观调控手段、金融体制、金融市场发育程度相适应,各国确立了各自不同的银行业监管体制。概括起来,主要有以下两种类型:

(一) 中央银行与其他金融监管机关共同监管

在这种模式下,银行业由中央银行与其他金融管理机关共同监管。采用这种模式的有美国、德国等。

出于历史的原因,美国的银行监管体制颇为复杂。美国实行双轨银行制(dual banking system),即银行既可以在联邦的相应金融管理机构注册,也可以在各州的金融管理机构注册,领取营业许可。与此相应,银行监管机构也由两个层次组成:一是各州的银行监管机构;二是联邦一级的三个主要监管机构,即财政部下设的货币监理署(Office of the Comptroller of the Currency, OCC)、美联储(Federal Reserve System, FRS)和联邦存款保险公司(Federal Deposit Insurance Corporation, FDIC)。其中,财政部货币监理署负责联邦银行①的注册许可及监管事宜;美联储一方面行使美国中央银行的职能,另一方面对其成员银行及金融控股公司进行监管②;联邦存款保险公司则对参加存款保险的所有银行进行监管。除这三个主要的联邦监管机构外,财政部下设的储贷监理署(Office of Tariff Supervision)、国家信用联盟管理局(National Credit Union Administration)分别对联邦注册的存贷款机构、信用联盟进行监督管理。在美国这种多重监管体制下,各监管机构职能重叠,造成很多弊端,招致众多争议。尤其是1994年美国颁布《跨州银行法》,允许银行跨州设立分支机构,1999年颁布的《金融现代化服务法》又允许银行、证券、保险混业经营,美国金融业出现了越来越多的混业经营和跨区域经营,在这种情况下,金融监管体制是否需要整合、如何防范混业经营后的金融风险,引起了美国各界更强烈的关注,但至今改革无实质性进展。

  德国采取货币政策执行与银行监管相分离的模式,其中央银行——德意志联邦银行主要负责国家货币政策的制定与执行③,联邦金融市场监管局④则统一行使对银行、保险、证券及其他金融服务公司的监管职责。但在银行业具体监管上,德意志联邦银行与联邦金融市场监管局分工协作,两者职能密不可分。联邦金融市场监管局是银行业监管的主体,负责制定联邦政府有关金融监管的规章制度,在银行的市场准入、信息披露、重大的股权交易、资本充足性、市场退出等方面实行全面监管。但由于金融市场监管局自身没有分支机构,必须借助德意志联邦银行的机构和网点才能有效实施金融监管,因此,德意志联邦银行负责对银行进行日常监管,对银行呈交的报表进行初审并转报金融市场监管局。

---

  ① 指经财政部货币监理署注册设立的银行(National Bank)。经各州银行管理机构注册设立的银行被称为州立银行。

  ② 美联储的组织结构主要包括12个大区联储银行及其分支机构、美联储董事局(the Federal Reserve Board)、联邦公开市场委员会(the Federal Open Market Committee)、联邦顾问委员会(the Federal Advisory Council)组成。除对其成员银行监管外,美联储的一个非常重要的功能是通过公开市场操作、贴现率、存款准备金率、证券投资透支比率等调节手段来制定和执行货币政策,以促进实现美国国家经济政策。

  ③ 应当注意的是,1999年欧洲实现货币一体化,成立中央银行以后,货币政策权力由欧洲中央银行行使,德意志联邦银行已丧失了独立制定货币政策的功能,只能对欧洲中央银行的货币政策提出分析和建议,并执行欧洲中央银行的决定。

  ④ 2002年,德国进行金融监管体制改革,集中对银行、保险、证券及其他金融服务公司的监管职责,将原德国联邦储贷监管局、德国联邦保险监管局及德国联邦证券监管局这三个独立的监管机构合并为一个"联邦金融市场监管局",仍直属于财政部。

(二) 设立专门的银行业监管机构

在这种模式下,由专门的银行业监管机构行使银行业监管职能,中央银行不行使对银行业的监管职能。采用这种模式的有英国、日本等。应当指出,采用这种模式的国家有的采取综合监管体制,即所设立的专门的金融监管机构具有统一监管银行、证券、保险等所有金融领域的职能;有的采取分业监管体制,即银行、证券、保险业分别由专门的银行业监管机构、证券业监管机构以及保险业监管机构进行监管。

长期以来,英国的中央银行——英格兰银行是发达国家中少数不具备独立制定货币政策权力的中央银行之一。相应地,在金融监管方面,也由英格兰银行、证券投资委员会分别负责银行业和证券业的监管。此外,金融行业自律组织在监管中也发挥着相当重要的作用。随着英格兰银行独立性的逐渐增强和金融混业趋势的抬头,英国的金融改革也随之展开。《1998 年英格兰银行法》赋予英格兰银行独立制定货币政策的能力。同年,英国政府将英格兰银行的银行监管职能分离出来,与原有的证券投资委员会等 9 个金融监管机构合并成立了独立于中央银行的综合性金融监管机构——金融服务局(Financial Services Authority, FSA),负责对所有金融机构和金融市场进行监管。2000 年 6 月,英国通过了《金融服务与市场法案》(Financial Services and Markets Act of 2000),从法律上进一步确认了上述金融监管体制的改变,明确金融监管局是唯一的对金融业进行全面监管的机构。尽管在此之前,北欧各国和加拿大均已分离了中央银行的监管职能,但作为主要国际金融中心进行的首次尝试,英国的此项改革在国际上产生了极大影响,被舆论称为"金融大爆炸",韩国、澳大利亚、卢森堡、匈牙利和日本等国先后进行了类似改革。

日本的金融监管传统上以大藏省为主,大藏省负责制定金融政策,对金融机构的准入及其业务活动进行监管。1998 年以来,日本对金融监管体系进行重大改革,主要包括:一是大藏省不再行使货币政策的制定和金融监管职能,废除大藏省原享有的对日本的中央银行——日本银行的业务管理权及高级职员的人事任免权;二是通过 1998 年新的《日本银行法》,赋予日本银行独立制定货币政策的权力;三是成立了独立于日本银行之外的金融监管厅(2000 年更名为金融厅),接收了原大藏省检查、监督和审批金融机构准入的全部职能,统一负责对各类金融机构进行监管。2001 年 1 月,日本大藏省改名为财务省,与金融厅真正成为权限分立、分别执掌金融行政和金融监管的政府机构。

我国采用的是上述第二种监管模式,中国银行业监督管理委员会作为专门的银行业监管机构,依法对全国银行业金融机构及其业务活动进行监督管理;同时,中国证券监督管理委员会(简称中国证监会)和中国保险监督管理委员会(简称中国保监会)依法分别对全国证券市场和全国保险业实施监督管理。

我国的这一金融分业监管模式是随着经济体制和金融体制改革的不断深入而逐步形成的,经历了一个较长的发展过程。从新中国成立到1984年,我国实行的是大一统的人民银行体制,谈不上有真正意义上的金融监管和银行监管。1984年,随着中国工商银行的建立,我国形成中央银行、专业银行的二元银行体制,中国人民银行行使中央银行职能,对银行业、证券业、保险业、信托业实行综合监管。1992年,国务院决定成立国务院证券委和中国证监会(两者于1998年4月合并),证券业的监管职能从中国人民银行分离。其后,我国的金融体制发生了重大变化,国家专业银行商业化改革步伐加快,若干股份制银行设立,证券市场和保险业迅速发展,信托业经历重大调整和重组。在我国金融市场急速发展的同时,也出现了宏观金融失控和金融秩序混乱的现象,促使业界对金融监管重要性的认识逐渐提高,对金融监管是否一定要隶属于中央银行开始产生争议。1995年,《中国人民银行法》《商业银行法》和《保险法》颁布实施,从法律上确立了分业经营、分业监管的体制。1998年,国务院决定成立中国保险业监督管理委员会,负责对中国保险业的监督管理,将保险业的监管从中国人民银行分离,中国人民银行主要负责银行业和信托业的监管。从1998年开始,针对亚洲金融危机的严重局势和中国经济实际情况,党中央、国务院决定对我国金融体制进行重大改革。2003年,根据国务院提请第十届全国人大第一次会议审议通过的《关于国务院机构改革方案的决定》以及第十届全国人大常委会第二次会议通过的《关于中国银行业监督管理委员会履行原由中国人民银行履行的监督管理职能的决定》,中国银行业监督管理委员会成立,履行原由中国人民银行行使的审批、监督管理银行、金融资产管理公司、信托投资公司及其他存款类金融机构的职责。2003年12月27日,第十届全国人大常委会第六次会议通过了《银行业监督管理法》以及修改后的《中国人民银行法》和《商业银行法》。至此,中国银监会、中国证监会、中国保监会分工明确、独立监管、相互协调的金融分业监管体制正式确立,而中国人民银行建行六十多年来的集货币政策和银行监管于一身的"大一统"时代也告结束,专注于制定和执行货币政策,维护金融稳定和提供金融服务。

四、银行业监管的原则

银行业监管的原则是银行业监督管理行为所应遵循的基本准则。我国银行业监管应遵循以下几方面的原则:

(一) 依法、公开、公正和效率的原则

依法原则,是指银行业监管机构的监管职权源于法律,并应严格依据法律行使其监管职权,履行监管职能。中国银监会是国务院银行业监督管理机构,依据《银行业监督管理法》的规定和国务院的授权,统一监督管理银行业金融机构,促进银行业的合法、稳健运行。

公开原则,是指对银行业的监督管理行为除依法应当保守秘密的以外,都应当向社会公开。这一原则主要包括两方面内容:一是信息的公开披露,这些信息包括监管立法、政策、标准、程序等方面的信息、银行业金融机构依法应当向社会公开的信息、必须公开的金融风险信息、监管结果的信息等;二是监管行为的公开,即监管机关的监管行为、行政执法行为都应当按照法定程序,公开进行。

公正原则,是指所有依法成立的银行业金融机构具有平等的法律地位,监管机关应当依法监管,平等地对待所有的被监管对象。这一原则既包括实体公正也包括程序上的公正。

效率原则,是指监管机关在监管活动中应合理配置和利用监管资源,提高监管效率,降低监管成本,并在法律规定的期限内完成监管任务。

(二) 独立监管原则

独立监管原则,是指银行业监督管理机构及其监管工作人员依法独立履行监督管理职责,受法律保护,地方政府、各级政府部门、社会团体和个人不得干涉。在我国现阶段的社会文化和政治、经济体制下,坚持这一原则尤为重要。

(三) 审慎监管原则

审慎监管原则是各国银行业监管实践的通行原则,也是巴塞尔银行监管委员会(以下简称巴塞尔委员会)于1997年发布的《银行业有效监管核心原则》[1]的一项核心原则。根据审慎监管原则,银行业监管机构应当以认真谨慎的态度对银行的资本充足性、流动性、风险管理、内部控制机制等方面制定标准并进行有效的监督和管理。我国《银行业监督管理法》及其他有关银行业监管法规借鉴国际银行业监管惯例和《银行业有效监管核心原则》的基本精神,确立了银行业审慎监管的原则,以促使我国银行业监管实现规范化、专业化和国际化。

---

[1] 1974年9月,由国际清算银行发起,美国、英国、法国、前联邦德国、意大利、日本、荷兰、加拿大、比利时、瑞典(简称十国集团)以及瑞士、卢森堡2个国家的中央银行官员在瑞士巴塞尔举行会议,讨论跨国银行的国际监督与管理问题。1975年2月,会议成立了常设监督机构"巴塞尔银行监管委员会"(Basel Committee on Banking Supervision),简称巴塞尔委员会(Basel Committee)。巴塞尔委员会中各国的代表机构为中央银行,如果中央银行不负责银行业的审慎监管,则该国的银行监管当局也可是代表机构。该委员会的主要宗旨在于交换各国的监管安排方面的信息、改善国际银行监管的有效性、建立资本充足率的最低标准及研究在其他领域确立标准的有效性。巴塞尔委员会于1997年发布的《银行业有效监管核心原则》(Core Principles for Effective Banking Supervision)是国际银行监管领域里一份具有里程碑意义的重要文献。它包括7个部分25条原则,从银行业有效监管的前提条件、银行准入和结构、审慎监管和要求、持续监管手段、信息披露、监管者的监管权力、跨境银行监管等七个方面,分别对监管主体和监管行为作出规定。巴塞尔委员会起草的《核心原则》和其后的一系列银行监管的规定(如著名的巴塞尔协议,目前已更新了三个版本)尽管不具有法律约束力,但这些银行监管原则得到了各国监管机构的普遍认同,因此,尽管巴塞尔委员会不是严格意义上的银行监管国际组织,但其起草的这些银行监管的原则、协定已经构成国际社会普遍认可的银行监管国际标准。本章以下部分将对该《核心原则》的有关内容及其对我国银行监管的借鉴意义进行详细阐述。

（四）协调监管原则

协调监管原则，是指在中央银行、银行业监管机构、证券业监管机构、保险业监管机构之间建立协调合作、互相配合的机制。参与协调监管的各方就维护金融稳定、跨行业监管和重大监管事项等问题定期进行协商，目的在于衔接和协调货币政策以及对银行业、证券业、保险业的监管政策，避免出现监管真空和重复监管，提高监管效率，从而维护整个金融体系的稳定、效率和竞争力。坚持这一原则对于我国目前的金融监管实践具有重要意义。其中，建立监管信息共享机制是监管协调机制的重要组成部分。

（五）跨境合作监管原则

随着金融国际化的发展，各国金融市场之间的联系和依赖性不断加强，各种金融风险在国家之间相互转移、扩散也在所难免。在此背景下，各国越来越重视国际间银行监管的合作，逐步实施了跨境监管，各种国际性监管组织也纷纷成立，力图制定统一的跨境监管标准。跨境银行合作监管是为了确保所有跨境银行都能得到其母国和东道国监管当局的有效监管，并且，跨境银行的母国和东道国监管当局之间应当建立合理的监管分工和合作，就监管的目标、原则、标准、内容、方法以及实际监管中发现的问题进行协商和定期交流。具体来讲，母国监管当局应当对跨境银行的境内外机构、境内外业务进行全球并表监管；同时，东道国监管当局也应当对境内的外国银行机构在本地的经营实施有效监管，并就其母行的全球经营风险管理能力进行评价。按照巴塞尔委员会确定的跨境银行合作监管原则，我国主动推进与境外银行监管机构之间建立正式的监管合作机制。截至目前，中国银监会已与美国、加拿大、英国、德国、法国、波兰、韩国、新加坡、吉尔吉斯斯坦、巴基斯坦、香港、澳门等12个国家和地区的金融监管当局签订了监管合作谅解备忘录，涵盖信息交换、市场准入和现场检查中的合作、人员交流和培训、监管信息保密、监管工作会谈等多项内容。

五、银行业监督管理机构

中国银监会是国务院银行业监督管理机构，根据《银行业监督管理法》和国务院的授权，统一监督管理商业银行、城市信用合作社、农村信用合作社等吸收公众存款的金融机构和政策性银行以及金融资产管理公司、信托投资公司、财务公司、金融租赁公司等其他金融机构，促进银行业的合法、稳健运行，维护公众对银行业的信心。2003年4月28日，中国银监会正式履行职责。

（一）中国银监会的机构设置

目前，中国银监会设主席1人，副主席4人。中国银监会机关主要业务部门按照监管对象进行职责分工：银行监管一部，主要负责对大型商业银行的监管；银行监管二部，主要负责股份制商业银行、城市商业银行和城市合作信用社的监管;银行监管三部,主要负责外资银行的监管;银行监管四部,主要负责政策性银行及国家开发银行、邮政储蓄银行和金融资产管理公司的监管;非银行金融机构监管部,主要负责信托公司、企业集团财务公司、金融租赁公司、汽车金融公司、货币经纪公司、消费金融公司等非银行金融机构的监管;合作金融机构监管部,主要负责农村存款类合作金融机构、新型农村金融机构的监管。

中国银监会根据履行职责的需要设立派出机构,并对派出机构实行统一领导和管理。目前,中国银监会在全国 31 个省、自治区、直辖市和大连、青岛、厦门、深圳、宁波 5 个计划单列市设银监局。中国银监会的派出机构在中国银监会的授权范围内,对本辖区内的银行业金融机构进行监督管理,承办中国银监会交办的其他事项。

(二) 中国银监会的监管职责

中国银监会的基本职责是根据《银行业监督管理法》和国务院的授权,统一监管银行业金融机构,维护银行业的合法、稳健运行。具体而言,中国银监会的主要职责有:制定有关银行业金融机构监管的规章制度和办法;审批银行业金融机构及分支机构的设立、变更、终止及其业务范围;对银行业金融机构实行现场和非现场监管,依法对违法违规行为进行查处;审查银行业金融机构高级管理人员任职资格;负责统一编制全国银行数据、报表,并按照国家有关规定予以公布;会同有关部门提出存款类金融机构紧急风险处置意见和建议;负责国有重点银行业金融机构监事会的日常管理工作;承办国务院交办的其他事项。

第二节 对银行业金融机构的市场准入监管

一、对银行业金融机构的市场准入监管概述

市场准入监管是银行监管的重要环节之一。由于银行业的特殊性,各国对银行业金融机构的市场准入都规定了严格的条件和程序,并无一例外地实施行政许可制。对银行业金融机构的市场准入监管,是指国家金融监管部门对银行业金融机构进入金融市场、经营金融产品、提供金融服务依法进行审查和批准,以保障银行业的安全、稳健运行。市场准入监管的目的在于通过适度调控,防止银行业的过度竞争,维护银行特许权价值;防止那些有可能对存款人利益或银行业健康运转造成危害的投机者进入金融市场,维护银行业的安全运行;同时,促使银行审慎经营,防止银行过度冒险行为,保证银行业的稳健运行。

我国《银行业监督管理法》《商业银行法》和有关法律法规对银行业金融机构的市场准入监管作出了明确规定。按照有关规定,中国银监会负责对银行业金融机构的市场准入依法行使监管职能。对银行业金融机构的市场准入监管主

要包括股东资格审查在内的设立条件审查、业务范围审批、管理层任职资格管理三个方面。

除我国《公司法》《商业银行法》《银行业监督管理法》外,银行业金融机构市场准入依据还包括其他的有关行政法规和部门规章,如《金融机构撤销条例》《中华人民共和国外资银行管理条例》等行政法规以及中国银监会有关农村商业银行管理、农村合作银行管理、汽车金融公司管理、货币经纪公司管理、企业集团财务公司管理、信托投资公司管理、金融租赁公司管理、消费金融公司管理、融资性担保公司管理、外资银行管理条例实施细则等部门规章。

设立银行业金融机构,应当符合有关法律法规规定的条件,并经国务院银行业监督管理机构审查批准。未经国务院银行业监督管理机构批准,任何单位或者个人不得设立银行业金融机构或者从事银行业金融机构的业务活动。《商业银行法》等有关法律法规对设立银行业金融机构应当符合的条件进行了明确规定,如银行机构的设立需要符合国民经济发展的客观需要,符合金融业发展的政策和方向,符合最低资本金及股权结构和股东资格、公司治理和内部控制等方面的要求。本书的其他章节已对银行的设立条件进行了具体阐述,此处不再赘述。

二、银行业金融机构的股东资格审查

银行业是高风险行业,银行业金融机构的股东尤其是控股股东作为决策者,对银行业金融机构的经营和发展有着重大影响,因此,对其股东资格进行审查是十分必要的。我国《商业银行法》和《银行业监督管理法》都对银行业金融机构的股东资格作出了特别规定。《银行业监督管理法》第17条明确要求:申请设立银行业金融机构,或者银行业金融机构变更持有资本总额或者股份总额达到规定比例以上的股东的,国务院银行业监督管理机构应当对股东的资金来源、财务状况、资本补充能力和诚信状况进行审查。

(一)股东资格审查的范围

银行业金融机构股东资格审查的对象仅限于大股东,银行业金融机构新设时以及设立后大股东变更时都需由中国银监会进行资格审查。根据《商业银行法》,申请设立商业银行时,应当对持有注册资本5%以上的股东进行资信状况等方面的资格审查;商业银行成立后,变更持有资本总额或者股份总额5%以上的股东,也应当由中国银监会审查批准。

(二)股东资格审查的事项

股东资格审查的事项主要包括投资人或股东的资金来源、财务状况、资本补充能力和诚信状况。中国人民银行早在1994年颁布的《向金融机构投资入股的规定》以及中国银监会于2003年12月经国务院批准发布的《境外金融机构投资入股中资金融机构管理办法》等有关部门规章对向银行业金融机构投资入股应当符合的条件作出了具体规定。

三、银行业金融机构的业务范围审批

银行业金融机构经营的业务范围应当经由国务院银行业监督管理机构依法审查批准。未经国务院银行业监督管理机构批准,任何单位或个人不得从事银行业金融机构的业务活动。

商业银行经过批准,可以经营下列部分或者全部业务:吸收公众存款;发放短期、中期和长期贷款;办理国内外结算;办理票据承兑与贴现;发行金融债券;代理发行、代理兑付、承销政府债券;买卖政府债券、金融债券;从事同业拆借;买卖、代理买卖外汇;从事银行卡业务;提供信用证服务及担保;代理收付款项及代理保险业务;提供保管箱服务;经国务院银行业监督管理机构批准的其他业务。

外资独资银行、外国银行分行、合资银行按照国务院银行业监督管理机构批准的业务范围,可以部分或者全部依法经营下列种类的业务:吸收公众存款;发放短期、中期和长期贷款;办理票据承兑与贴现;买卖政府债券、金融债券,买卖股票以外的其他外币有价证券;提供信用证服务及担保;办理国内外结算;买卖、代理买卖外汇;从事外币兑换;从事同业拆借;从事银行卡业务;提供保管箱服务;提供资信调查和咨询服务;经国务院银行业监督管理机构批准的其他业务。

在有关金融资产管理公司、信托投资公司、财务公司、金融租赁公司的管理规定中,对这些金融机构各自可以从事的业务范围也作了原则性规定。

在经核准的业务范围内,银行业金融机构经营的具体业务品种,应当按照规定经国务院银行业监管机构审查批准或者备案。需要审查批准或者备案的业务品种,由国务院银行业监管机构依照法律、行政法规作出规定并公布。

四、银行业金融机构高级管理层的任职资格管理

作为经营管理的决策和执行人员,董事和高级管理人员的品德和能力对银行业金融机构的经营和发展,对金融风险的防范和控制具有举足轻重的意义。因此,各国对银行业金融机构的董事和高级管理人员大都实行任职资格管理。我国《银行业监督管理法》第20条规定,国务院银行业监督管理机构对银行业金融机构的董事和高级管理人员实行任职资格管理。具体办法由国务院银行业监督管理机构制定。

(一) 任职资格管理的范围

根据《银行业监督管理法》和现行的有关金融机构高级管理人员任职管理办法的规定,适用管理层任职资格管理范围的包括下列人员:银行业金融机构法定代表人和对经营管理起决策作用或对风险控制起重要作用的人员,主要包括银行业金融机构及其分支机构的董事长、副董事长、行长、副行长(外资银行支

行副行长除外)或主任、副主任;城市信用合作社及其联社和农村信用合作社及其联社理事长、副理事长、主任、副主任;金融资产管理公司等其他金融机构的董事长、副董事长、总经理、副总经理。

对银行业金融机构董事和高级管理人员任职资格的审核,分核准制和备案制两种。适用核准制的董事和高级管理人员任职,在任命前应获得中国银监会任职资格核准文件;适用备案制的高级管理人员任职,在任命前应报中国银监会备案。各中资银行、外国独资银行和中外合资银行在本机构内作同级职责平行调动的高级管理人员,若已经经过任职资格审核,原有任职资格仍然有效,无须重新进行核准。

(二)任职资格管理的内容

对银行业金融机构董事和高级管理人员的任职资格管理,包括任职前资格审查、任职期间考核、任职资格取消以及离任稽核。

1. 任职前资格审查

主要是核查拟担任董事和高级管理人员的人选是否满足有关规定的条件,包括积极条件和消极条件。所谓积极条件,是指具备哪些条件方可担任董事和高级管理人员;消极条件,是指在哪些条件下不得担任董事和高级管理人员。

担任金融机构董事和高级管理人员首先应满足以下条件:(1)金融机构法定代表人,应是中华人民共和国公民;(2)能正确贯彻执行国家的经济、金融方针政策;(3)熟悉并遵守有关经济、金融法律法规;(4)具有与担任职务相适应的专业知识和工作经验;(5)具备与担任职务相称的组织管理能力和业务能力;(6)具有公正、诚实、廉洁的品质,工作作风正派。

有下列情形之一的,不得担任金融机构董事和高级管理人员:(1)因犯有贪污、贿赂、侵占财产、挪用财产罪或者破坏社会经济秩序罪,被判处刑罚,或者因犯罪被剥夺政治权利的;(2)曾经担任因违法经营被吊销营业执照或因经营不善破产清算的企业法定代表人,并对此负有个人责任或直接领导责任的;(3)对因工作失误或经济案件给所任职金融机构或其他企业造成重大损失负有个人责任或直接领导责任的;(4)个人负有数额较大的债务且到期未清偿的;(5)提供虚假材料等弄虚作假行为的;(6)有赌博、吸毒、嫖娼等违反社会公德不良行为,造成不良影响的;(7)已累计两次被取消金融机构高级管理人员任职资格的;(8)其他法律、法规规定不能担任金融机构董事和高级管理人员的。离退休人员不得担任金融机构董事和高级管理人员;未经国家有权部门批准,金融机构董事和高级管理人员不得在党政机关任职,不得兼任其他企事业单位的高级管理人员,不得从事除本职工作以外的任何以营利为目的的经营活动。

2. 任职期间考核

中国银监会及其分支机构对金融机构董事和高级管理人员的任职资格实行

分级管理。担任金融机构董事和高级管理人员的,必须持有中国银监会颁发的金融机构高级管理人员任职资格证书或临时证书。中国银监会及其分支机构建立金融机构董事和高级管理人员任职资格档案,作为任职资格管理的重要依据。对具有不良记录,如被有关监管部门取消任职资格的、被境外监管当局认为不适合担任高级管理职务的、具有重大违规、违纪行为的金融机构董事和高级管理人员,中国银监会负责建立专档。

3. 任职资格取消

金融机构董事或高级管理人员违反《金融违法行为处罚办法》及其他有关法规、规定,中国银监会有权依法取消其一定时期直至终身的金融机构董事和高级管理人员任职资格,即实施市场禁入。被取消任职资格的人员,在被取消任职资格期间,不得继续担任所在金融机构的董事或高级管理人员,也不得作为其他金融机构董事或高级管理人员的拟任人选。

4. 离任审计

金融机构董事或高级管理人员离任,其任职机构的上级机构或干部管理机构应对该人员进行离任审计,并对其工作业绩作出综合评价。金融机构上级机构或干部管理机构不能进行离任审计的,金融机构应聘请经认可的外部审计师进行。离任审计应全面、客观、真实地评价离任董事或高级管理人员。

第三节 对银行业金融机构的审慎监管

一、对银行业金融机构的审慎监管概述

审慎监管,是指监管部门以防范和化解银行业风险为目的,通过制定一系列金融机构必须遵守的周密而谨慎的经营规则,客观评价金融机构的风险状况,并及时进行风险监测、预警和控制的监管模式。

审慎监管理念源于巴塞尔委员会1997年的《银行业有效监管核心原则》(Core Principles for Effective Banking Supervision)。在该文件中,审慎监管原则被作为其中一项最重要的核心原则确立下来。《银行业有效监管核心原则》包括7个部分25条原则,从银行业有效监管的前提条件、银行准入和结构、审慎监管法规和要求、持续监管手段、信息披露、监管者的正式权力、跨境银行监管等七个方面,分别对监管主体和监管行为作出规定。这些原则是世界各国近百年银行监管经验教训的系统总结,反映了国际银行业发展的新变化和银行监管的新趋势。《银行业有效监管核心原则》已得到大多数国家的认同,并作为建立和完善本国银行监管体系的指导准则。由此,《银行业有效监管核心原则》被认为是国际银行监管领域里一份具有里程碑意义的重要文献。在"审慎监管法规和要

求"(Prudential Regulations and Requirements)部分,《银行业有效监管核心原则》共提出了10条原则,要求监管当局制定和实施资本充足率、风险管理、内部控制、资产质量、损失准备、风险集中、关联交易、流动性管理等方面的审慎监管法规。这些审慎监管法规可以分为两大类,一类涉及资本充足率监管,另一类涉及风险管理和内部控制。

我国《银行业监督管理法》《商业银行法》等有关金融法律法规借鉴国际银行业监管惯例和《银行业有效监管核心原则》的基本精神,确立了银行业审慎监管的理念和原则,并将其作为银行业监管的最重要的制度予以贯彻落实。

银行业的审慎监管是通过两方面内容实现的:一是通过银行等金融机构执行监管当局制定的审慎经营规则,加强内部风险管理;二是通过监管当局检查金融机构的审慎经营规则的执行情况,进行审慎评估并及时进行风险预警和控制。由此可见,确定审慎经营规则是审慎监管的基础。根据《银行业监督管理法》第21条规定,银行业金融机构的审慎经营规则,由法律、行政法规规定,也可以由中国银监会依照法律、行政法规制定。银行业金融机构应当严格遵守审慎经营规则。目前,中国银监会及其他有关部门已制定了一系列审慎经营规则,包括风险管理、内部控制、资本充足率、资产质量、损失准备金、风险集中、关联交易、资产流动性等方面的内容。以下就我国银行业审慎监管制度中的三个主要方面——资本充足率、风险管理和内部控制的监管进行简要阐述。

二、商业银行的资本充足率监管

银行的资本充足程度直接决定银行的最终清偿能力和抵御各类风险的能力。资本充足率,是指商业银行持有的、符合监管当局规定的资本与商业银行风险加权资产之间的比率,用以衡量银行的资本充足程度。自1988年被写入《巴塞尔资本协议》[①],资本充足率已成为衡量银行运营稳健性的公认的国际标准。

对商业银行资本充足率的监管,又称为资本监管,是当今世界监管当局对商业银行实施审慎监管的核心内容之一。监管当局通过规定银行必须持有与其风

---

① 1988年7月,西方十国集团的中央银行行长通过了巴塞尔委员会提出的《关于统一国际银行资本衡量和资本标准的协议》,又称为《巴塞尔资本协议》或《1988年资本协议》,其核心内容是要求商业银行资本应达到风险资产总额的8%。这是关于商业银行资本标准和计算的第一个国际协议,影响深远,目前已为一百多个国家采用。该协议后又被不断修改和补充。2001年1月,巴塞尔委员会发布了《资本计量和资本标准的国际协议:修订框架》(征求意见稿)(又称《巴塞尔新资本协议》)。2004年6月,十国集团中央银行行长一致通过了该协议的最终稿,自2006年生效并取代1988年的《巴塞尔资本协议》。总结2008年全球金融危机的教训,二十国集团首尔峰会于2010年底通过了《巴塞尔协议Ⅲ》,要求各成员国商业银行必须上调资本金比率,并遵守"流动性覆盖率"规则,持有足量的现金和易变现资产以度过30天的短期危机,加强抵御金融风险的能力,防止全球金融危机重演。

险状况相匹配的最低资本,可以从根本上增强商业银行抵御风险的能力,降低银行存款人和其他债权人遭受损失的风险,从而维护整个银行体系的稳定。巴塞尔委员会《银行业有效监管核心原则》第六项原则要求银行监管机构对商业银行实施资本充足率监管。与该项原则相对应,巴塞尔委员会于1988年发布了《巴塞尔资本协议》,1996年发布了《资本协议市场风险补充规定》,2004年6月正式发布了《巴塞尔新资本协议》(也被简称为"巴塞尔协议Ⅱ"),自2006年生效并取代1988年的《巴塞尔资本协议》。2008年全球金融危机以来,巴塞尔委员会按照二十国集团领导人确立的改革方向,积极推进国际金融监管体系改革。2010年11月,二十国集团首尔峰会批准了巴塞尔委员会起草的第三版巴塞尔协议《巴塞尔协议Ⅲ》,确立了银行业资本和流动性监管的新标准,要求各成员国从2013年开始实施,2019年前全面达标。目前,世界上大多数银行监管当局都根据巴塞尔委员会的上述文件,对本国银行实施资本监管。

2004年2月23日,中国银监会发布了《商业银行资本充足率管理办法》(以下简称《资本充足率办法》)。2006年12月28日,中国银监会对该《办法》进行了修订。《资本充足率办法》全面借鉴了1988年《巴塞尔资本协议》和此后的修订文本,规定了符合我国银行实际的资本监管制度。2012年6月8日,中国银监会发布了《商业银行资本管理办法(试行)》(以下简称《资本办法》),自2013年1月1日起施行。《资本办法》坚持国际监管标准与中国国情相结合的原则,全面吸收了《巴塞尔协议Ⅲ》确立的资本质量标准及资本监管最新要求,对于促进银行资本充分覆盖银行面临的系统性风险和个体风险,提升商业银行风险管控能力,引导商业银行转变发展模式有着积极作用。

《资本办法》确立的我国商业银行资本监管框架与巴塞尔协议确立的三大支柱监管框架是一致的。几十年来,巴塞尔历次协议的内容不断丰富,所体现的银行监管思想也不断深化,概括起来,其核心思维是将银行资本要求与风险管理紧密相联,其监管框架由三大支柱构成:一是最低资本充足率要求(第一支柱);二是监管当局对资本充足率的监督检查(第二支柱);三是银行业必须满足的信息披露要求,即来自市场的约束(第三支柱)。《资本办法》所确立的我国商业银行资本监管制度涵盖了这三大支柱的主要内容。

(一) 最低资本充足率的要求

1. 资本的含义

2008年爆发全球金融危机的重要原因之一,就是欧美银行资本工具的损失吸收能力严重弱化,银行相当一部分资本工具在危机到来时不能吸收损失,使得危机扩大。鉴于此,《巴塞尔协议Ⅲ》大幅度提高对银行资本工具的质量要求,规定了比以往更为严格的各类资本工具合格标准、资本扣除项目等,旨在提高银行资本吸收损失的能力。《资本办法》按照《巴塞尔协议Ⅲ》规定的原则,确立了以资本为核心的损失吸收机制,强化了对各类资本工具的损失吸收能力的要求,明确了各类资本工具的合格标准和资本调整项目。《资本办法》规定,商业银行资本应抵御其所面临的风险,包括个体风险和系统性风险。《资本办法》将商业银行资本分为三类:一类是核心一级资本,包括:实收资本或普通股、资本公积、盈余公积、一般风险准备、未分配利润以及少数股东资本可计入部分;第二类是其他一级资本,包括:其他一级资本工具及其溢价、少数股东资本可计入部分;第三类是二级资本,包括:二级资本工具及其溢价、超额贷款损失准备①以及少数股东资本可计入部分。

2. 资本充足率的监管要求

《资本办法》明确要求,商业银行应当符合该《办法》规定的资本充足率监管要求。资本充足率,是指商业银行持有的符合规定的资本与风险加权资产之间的比率。一级资本充足率,是指商业银行持有的符合该《办法》规定的一级资本与风险加权资产之间的比率。核心一级资本充足率,是指商业银行持有的符合该《办法》规定的核心一级资本与风险加权资产之间的比率。《资本办法》将商业银行资本充足率监管要求分为四个层次:

第一层次为最低资本要求,即核心一级资本充足率、一级资本充足率和资本充足率分别为5%、6%和8%。

第二层次为储备资本要求和逆周期资本要求。商业银行应当在最低资本要求的基础上计提储备资本,储备资本要求为风险加权资产的2.5%,由核心一级资本来满足。特定情况下,商业银行应当在最低资本要求和储备资本要求之上计提逆周期资本。逆周期资本要求为风险加权资产的0—2.5%,由核心一级资本来满足。

第三层次为附加资本要求。除最低资本要求、储备资本和逆周期资本要求外,系统重要性银行还应当计提附加资本。国内系统重要性银行附加资本要求为风险加权资产的1%,由核心一级资本满足。若国内银行被认定为全球系统重要性银行,所适用的附加资本要求不得低于巴塞尔委员会的统一规定。

第四层次为第二支柱资本要求。所谓第二支柱资本要求,即监管部门根据监督检查结果对单家银行提出的更为审慎的资本要求。《资本办法》规定,银监会有权在第二支柱框架下提出更审慎的资本要求,确保资本充分覆盖风险,包括:根据风险判断,针对部分资产组合提出的特定资本要求;根据监督检查结果,针对单家银行提出的特定资本要求。

---

① 商业银行采用权重法计量信用风险加权资产的,超额贷款损失准备可计入二级资本,但不得超过信用风险加权资产的1.25%。商业银行采用内部评级法计量信用风险加权资产的,超额贷款损失准备可计入二级资本,但不得超过信用风险加权资产的0.6%。

3. 资本充足率的计算

《资本办法》明确要求,商业银行应当按照规定计算并表和未并表的资本充足率;资本充足率计算应当建立在充分计提贷款损失准备等各项减值准备的基础之上。

商业银行资本充足率的计算公式为:资本充足率=(总资本-对应资本扣除项)/风险加权资产;一级资本充足率=(一级资本-对应资本扣除项)/风险加权资产;核心一级资本充足率=(核心一级资本-对应资本扣除项)/风险加权资产。计算资本充足率时,商业银行应当按照规定计算各级资本和扣除项,其中,总资本包括核心一级资本、其他一级资本和二级资本;风险加权资产包括信用风险加权资产、市场风险加权资产和操作风险加权资产。商业银行应当按照规定分别计量信用风险加权资产、市场风险加权资产和操作风险加权资产。

(二)资本充足率的内部评估、监督检查和分类管理

1. 商业银行内部资本充足评估

《资本办法》规定,商业银行应当建立完善的风险管理框架和稳健的内部资本充足评估程序,明确风险治理结构,审慎评估各类风险、资本充足水平和资本质量,制定资本规划和资本充足率管理计划,确保银行资本能够充分抵御其所面临的风险,满足业务发展的需要。

商业银行应当按照相关规定,设立主要风险的识别和评估标准,确保主要风险得到及时识别、审慎评估和有效监控。根据《资本办法》,风险评估要求应至少覆盖以下各类风险:一是《资本办法》中涉及且已覆盖的风险,包括信用风险、市场风险和操作风险;二是《资本办法》中涉及但没有完全覆盖的风险,包括集中度风险、剩余操作风险等;三是其他风险,指《资本办法》中未涉及的风险,包括银行账户利率风险、流动性风险、声誉风险、战略风险和对商业银行有实质性影响的风险;四是外部经营环境变化引发的风险。

商业银行应当将压力测试作为内部资本充足评估程序的重要组成部分,结合压力测试结果确定内部资本充足率目标。商业银行应当将内部资本充足评估程序作为内部管理和决策的组成部分,并将内部资本充足评估结果运用于资本预算与分配、授信决策和战略规划。

商业银行董事会承担本银行资本充足率管理的首要责任,其高级管理层负责根据业务战略和风险偏好组织实施资本管理工作,确保资本与业务发展、风险水平相适应,落实各项监控措施。

2. 监管部门对资本充足率的监督检查

资本充足率监督检查是银监会审慎风险监管体系的重要组成部分。在监管实践中,资本充足率监管贯穿于商业银行设立、持续经营、市场退出的全过程,资本充足率不但是监管部门审批商业银行增设机构、开办新业务、合并重组等合规

性监管时所考虑的主要因素,也是监管部门评估商业银行风险状况、采取监管措施的重要依据。

按照资本充足率水平,中国银监会对商业银行实行分类管理,奖优限劣。根据《资本办法》的规定,银监会根据资本充足状况将商业银行分为四类:第一类银行是满足全部四个层次资本监管要求的银行,即资本充足率、一级资本充足率和核心一级资本充足率均达到办法规定的各级资本要求;第二类银行是满足前三个层次资本要求(最低资本要求、储备资本和逆周期资本要求、附加资本要求),但未达到第四个层次资本要求(第二支柱资本要求)的银行,即资本充足率、一级资本充足率和核心一级资本充足率未达到第二支柱资本要求,但均不低于其他各级资本要求;第三类银行是仅达到第一个层次资本要求(最低资本要求),但未满足其他三个层次资本要求(储备资本和逆周期资本要求、附加资本要求、第二支柱资本要求)的银行,即资本充足率、一级资本充足率和核心一级资本充足率均不低于最低资本要求,但未达到其他各级资本要求;第四类银行是未达到最低资本要求的银行,即资本充足率、一级资本充足率和核心一级资本充足率任意一项未达到最低资本要求。

银监会有权对资本充足率未达到监管要求的商业银行采取监管措施,督促其提高资本充足水平。《资本办法》明确了资本充足率下降情况下根据不同类别的银行所采取的不同监管措施。比如,对第一类商业银行,银监会可以采取预警监管措施,要求商业银行制定切实可行的资本充足率管理计划等;对第二类商业银行,银监会还可以采取与商业银行董事会和高级管理层进行审慎性会谈、下发监管意见书,要求商业银行制定切实可行的资本补充计划和限期达标计划等监管措施;对第三类商业银行,银监会还可以采取限制商业银行分配红利和其他收入、限制商业银行向董事、高级管理人员实施任何形式的激励、限制商业银行重要资本性支出等严厉的监管措施;对第四类商业银行,银监会还可以采取更为严厉的监管措施,如要求商业银行大幅降低风险资产的规模、责令商业银行停办一切高风险资产业务、限制或禁止商业银行增设新机构、开办新业务、强制要求商业银行对二级资本工具进行减记或转为普通股、责令商业银行调整董事、高级管理人员或限制其权利、依法对商业银行实行接管或者促成机构重组,直至予以撤销。

三、商业银行的风险管理与监管

(一)商业银行风险管理与监管概述

风险管理指金融机构识别、计量、监测和控制各类风险全过程的管理。各类风险包括信用风险、市场风险、操作风险、政策风险、流动性风险、法律风险等。随着现代商业银行的不断发展和金融领域竞争的加剧,金融创新使银行业务趋于多样化和复杂化,银行所面临的风险和性质也随之超越了最初的内涵,已经由单一的借贷产生的信用风险演变为包括信用风险、市场风险、操作风险等在内的多类型风险,在性质上也从最初的局部风险演变为全球风险。

在实践中,商业银行风险主要表现为信用风险、市场风险和操作风险。信用风险,是指因客户违约所引起的风险。例如,贷款人不能如约偿还贷款本息所带来的损失,存款人大量提前取款形成的挤兑风险,表外业务中的交易对手违约引致或有负债转化为表内负债等。信用风险是商业银行所面临的基本风险,也是目前我国商业银行最主要的金融风险。市场风险是商业银行新的风险点,它是指因市场价格(利率、汇率、股票价格和商品价格)的不利变动而使银行表内和表外业务发生损失的风险。市场风险既存在于银行的交易业务中也存在于银行的非交易业务中。市场风险可以分为利率风险、汇率风险(包括黄金)、股票价格风险和商品价格风险,分别是指由于利率、汇率、股票价格和商品价格的不利变动所带来的风险。操作风险是指由银行不完善或有问题的内部程序、人员及系统或外部事件所造成损失的风险。例如,由于银行内部人员的欺诈或外部欺诈带来的风险,执行、交割以及交易过程中管理的风险,经营中断和系统出错带来的风险。操作风险是商业银行风险的主要根源,近年来的许多银行大案都是由于操作风险带来的,如巴林银行倒闭,其根源主要在于尼克·里森的欺诈以及巴林银行内部混乱的管理,属于典型的操作风险。

亚洲金融危机、巴林银行倒闭特别是2008年爆发的全球金融危机,对银行风险管理和金融监管提出了新的要求,促使各国进一步认识到,必须加强对金融风险的化解和防范,并强调国际间风险监管的沟通和合作。巴塞尔委员会的《银行业有效监管核心原则》将商业银行的风险管理作为核心监管原则之一,并制定了风险管理的一系列具体规则。20世纪90年代以来,以巴林银行和大和银行为代表的给银行带来巨额损失事件一再发生,使得银行监管当局和经营者普遍认识到操作风险管理的重要性,直接导致《巴塞尔新资本协议》将操作风险纳入风险管理的框架,与信用风险管理、市场风险管理并列为三大风险管理领域,并为其设定新的资本要求。

我国《商业银行法》明确要求,商业银行应当按照有关规定,制定本行的业务规则,建立、健全本行的风险管理和内部控制制度。针对我国银行高风险点和造成银行巨额损失的银行大案要案频繁发生的情况,中国银监会陆续颁发了有关商业银行风险管理的规定,如2004年12月29日发布的《商业银行市场风险管理指引》、2005年3月22日发布的《关于加大防范操作风险工作力度的通知》,在2012年的《资本办法》中也对商业银行风险管理提出了高要求。

(二)商业银行的风险管理体系

风险管理的目标是通过将风险控制在商业银行可以承受的合理范围内,实现经风险调整的收益率的最大化。商业银行进行风险管理,必须建立与本行的业务性质、规模和复杂程度相适应的、完善的、可靠的风险管理体系。商业银行风险管理体系包括如下基本要素:董事会和高级管理层的有效监控;完善的风险管理政策和程序;完善的风险识别、计量、监测和控制程序;完善的内部控制和独立的外部审计;适当的风险资本分配机制。

商业银行的董事会和高级管理层应当对风险管理体系实施有效监控。商业银行的董事会承担对风险管理实施监控的最终责任,确保商业银行有效地识别、计量、监测和控制各项业务所承担的各类风险。商业银行的高级管理层负责制定、定期审查和监督执行风险管理的政策、程序以及具体的操作规程,及时了解各种风险水平及其管理状况,并确保银行具备足够的人力、物力以及恰当的组织结构、管理信息系统和技术水平来有效地识别、计量、监测和控制各项业务所承担的各类风险。商业银行的监事会应当监督董事会和高级管理层在风险管理方面的履职情况。

商业银行应当制定适用于整个银行机构的风险管理政策和程序。风险管理政策和程序应当与银行的业务性质、规模、复杂程度和风险特征相适应,与其总体业务发展战略、管理能力、资本实力和能够承担的总体风险水平相一致,并符合监管当局对于风险管理的有关要求。商业银行实施风险管理,应当适当考虑各个风险类别,如信用风险、市场风险、流动性风险、操作风险、法律风险、声誉风险等风险的相关性,并协调各类别风险管理的政策和程序。

商业银行应当按照监管当局关于商业银行内部控制的有关要求,建立完善的风险管理内部控制体系,作为银行整体内部控制体系的有机组成部分。风险管理的内部控制应当有利于促进有效的业务运作,提供可靠的财务和监管报告,促使银行严格遵守相关法律、行政法规、部门规章和内部的制度、程序,确保市场风险管理体系的有效运行。

商业银行应当按照监管当局关于商业银行资本充足率管理的要求,为所承担的风险提取充足的资本。

(三) 监管部门对商业银行风险管理的监督管理

中国银监会依法对商业银行的风险水平和风险管理体系实施监督管理。

商业银行应当按照规定向银监会报送与风险有关的财务会计、统计报表和其他报告。对于发生的引致风险的重大事件,商业银行必须及时向银监会报告。银监会应当定期对商业银行的风险管理状况进行现场检查,对于银监会在监管中发现的有关风险管理的问题,商业银行应当在规定的时限内提交整改方案并采取整改措施。商业银行应当按照银监会关于信息披露的有关规定,披露其风险状况的定量和定性信息。

四、商业银行的内部控制监管

(一) 商业银行内部控制监管概述

商业银行的内部控制是银行为实现经营目标,通过制定和实施一系列制度、程序和方法,对各种风险进行有效识别、评估、控制、监测和改进的动态过程和机制。有效的银行内控机制对于防范日益增长的金融风险、保障银行体系安全稳健运行具有非同寻常的作用。近年来国际银行业的实践证明,改善和加强银行内部控制,已经成为银行生存发展的首要的、基础的条件。巴塞尔委员会在1998年《银行机构内部控制体系框架》(Framework for Internal Control Systems in Banking Organizations)中提出了商业银行内部控制体系框架,强调商业银行建立内控体系的重大意义。目前,大多数发达国家的商业银行已根据巴塞尔委员会建议的内部控制框架建立了完善的内部控制体系。

与世界上其他银行监管当局一样,我国银行监管部门非常重视银行内部控制,不断采取措施加强对商业银行内部控制的评估和监督。2006年12月,中国银监会发布《商业银行内部控制指引》,2014年9月进行了修订,明确要求商业银行应当建立健全内部控制体系,明确内部控制职责,完善内部控制措施,强化内部控制保障,持续开展内部控制评价和监督。

(二) 我国商业银行内部控制制度的主要内容

1. 内部控制的目标

商业银行内部控制应达到如下目标:(1) 保证国家有关法律、法规及规章的贯彻执行;(2) 保证商业银行发展战略和经营目标的实现;(3) 保证商业银行风险管理的有效性;(4) 保证商业银行业务记录、会计信息、财务信息和其他管理信息的真实、准确、完整及及时。

2. 内部控制的原则

商业银行内部控制应遵循如下原则:(1) 全覆盖原则,即内部控制应当贯穿决策、执行和监督全过程,渗透到商业银行的各项业务过程和各个操作环节,覆盖所有的部门和岗位,并由全体人员参与,任何决策或操作均应当有案可查。(2) 审慎原则,即内部控制应当以防范风险、审慎经营为出发点,商业银行的经营管理,尤其是设立新的机构或开办新的业务,均应当体现"内控优先"的要求。(3) 制衡原则,即内部控制应当在治理结构、机构设置及权责分配、业务流程等方面形成相互制约、相互监督的机制。(4) 相匹配原则,即内部控制应当与管理模式、业务规模、产品复杂程度、风险状况等相适应,并根据情况变化及时进行调整。

3. 内部控制体系及措施

商业银行应当建立由董事会、监事会、高级管理层、内控管理职能部门、内部审计部门、业务部门组成的分工合理、职责明确、报告关系清晰的内部控制治理和组织架构。其中,董事会负责保证商业银行建立并实施充分有效的内部控制体系,保证商业银行在法律和政策框架内审慎经营;负责明确设定可接受的风险水平,保证高级管理层采取必要的风险控制措施;负责监督高级管理层对内部控制体系的充分性与有效性进行监测和评估。监事会负责监督董事会、高级管理层完善内部控制体系,负责监督董事会、高级管理层及其成员履行内部控制职责。高级管理层负责执行董事会决策;负责根据董事会确定的可接受的风险水平,制定系统化的制度、流程和方法,采取相应的风险控制措施;负责建立和完善内部组织机构,保证内部控制的各项职责得到有效履行;负责组织对内部控制体系的充分性与有效性进行监测和评估。商业银行应当指定专门部门作为内控管理职能部门,牵头内部控制体系的统筹规划、组织落实和检查评估。

商业银行应当不断完善内部控制措施,建立健全内部控制制度体系。对于各项业务活动和管理活动的风险控制点,应当合理确定并采取适当的控制措施。应当建立健全信息系统控制,合理设定部门、岗位的职责及权限,形成相互制约的岗位安排,重要岗位应当设有专门的内控要求。银行设立新机构、开办新业务、提供新产品和服务,应当对潜在的风险进行评估,并制定相应的管理制度和业务流程。

(三) 对商业银行内部控制的评价与监督

对商业银行内部控制的评价与监督商业银行内部控制制度的重要组成部分,也是我国银行监管的重要内容。商业银行内部控制评价是指对商业银行内部控制体系建设、实施和运行结果开展的调查、测试、分析和评估等系统性活动。内部控制评价包括过程评价和结果评价。过程评价是对内部控制环境、风险识别与评估、内部控制措施、监督评价与纠正、信息交流与反馈等体系要素的评价。结果评价是对内部控制主要目标实现程度的评价。商业银行应当建立内部控制评价制度,规定内部控制评价的实施主体、频率、内容、程序、方法和标准等,并由董事会指定的部门组织实施。根据本行业务经营情况和风险状况,商业银行应当在制度中明确内部控制评价的频率,至少每年开展一次。当商业银行发生重大的并购或处置事项、营运模式发生重大改变、外部经营环境发生重大变化,或其他有重大实质影响的事项发生时,应当及时组织开展内部控制评价。商业银行年度内部控制评价报告经董事会审议批准后,应当按规定报送银行业监督管理机构。

商业银行内部审计部门、内控管理职能部门和业务部门均承担内部控制监督检查的职责,应根据分工协调配合,构建覆盖各级机构、各个产品、各个业务流程的监督检查体系。商业银行应当建立内部控制问题整改机制,明确整改责任部门,规范整改工作流程,确保整改措施落实到位。银行业监督管理机构通过非现场监管和现场检查等方式实施对商业银行内部控制的持续监管,并根据相关法律法规,按年度组织对商业银行内部控制进行评估,提出监管意见,督促商业银行持续加以完善。对内部控制存在缺陷的商业银行,银行业监督管理机构应当责成其限期整改;逾期未整改的,可以根据相关法律法规采取监管措施。

第四节 对银行业金融机构的监管措施

一、对银行业金融机构的监管措施概述

银行业监管措施,是指银行业监督管理机构为履行监督管理职责而能够依法采取的持续性监管的手段或方法。银行业监督管理机构履行监督管理职责必须合法、公正、公开、持续有效地进行,实施监督管理措施是监管机构履行监管职责,实现持续有效监管的具体表现。

巴塞尔委员会1997年《银行业有效监管核心原则》第四节"持续性银行监管的安排"的第三部分"持续进行的银行监管手段"中对银行持续性监管的基本方式、措施及其要求进行了专门规定,其核心内容包括以下几方面:银行监管体系应包括某种形式的现场检查和非现场监测;银行监管者必须与银行管理层保持经常性的接触,全面了解该机构的经营情况;银行监管者必须具备在单一和并表基础上收集、审查和分析各家银行的审计报告和统计报表的手段;银行监管者必须有能力通过现场检查或利用外部审计师对监管信息进行核实;银行监管的一个关键因素是监管者应有能力对银行组织实施并表监管。

我国《银行业监督管理法》第四章专章规定了对银行业金融机构的监管措施,其内容借鉴了《银行业有效监管核心原则》的规定,并有所扩大和丰富。《银行业监督管理法》确定的监管手段或监管措施包括两类:一是进行持续性监管的手段,包括非现场监测、现场监管、并表监管、强制性信息披露;二是处置措施,包括对银行业金融机构违反审慎经营规则予以制裁、接管、重组或撤销银行业金融机构,查询账户、冻结违法资金等。以下对这些手段逐一进行简要阐述。

二、对银行业金融机构持续性监管的手段

(一)非现场监管

非现场监管和现场检查是银行业监管部门对银行业金融机构进行有效持续监管的两种主要手段。《银行业有效监管核心原则》第16项原则明确要求:一个有效的银行监管体系应当包括某种形式的非现场监管(off-site supervision)和现场监管(on-site supervision),从而将非现场监管和现场监管提升为有效银行监管的核心原则加以要求和强调。我国《银行业监督管理法》第20条规定:"国

务院银行业监督管理机构负责对银行业金融机构的业务活动及其风险状况进行非现场监管,建立银行业金融机构监督管理信息系统,运用现代化手段分析、评价银行业金融机构的风险状况。"

非现场监管又称非现场监测、非现场监控、非现场检查,是指银行业监管机构对银行业金融机构报送的各种经营管理和财务数据、报表和报告,运用一定的技术方法就银行的经营状况、风险管理状况和合规情况进行分析,以发现银行风险管理中存在的问题,评价银行业金融机构的风险状况。非现场检查监管者应具有在单一和并表的基础上收集、检查、分析和评估审慎报告的手段。非现场监管在进行商业银行风险评级、风险预警以及指导现场检查中都有重要作用。通过非现场监管,能够及时和连续地监测银行的经营和风险状况,实现对银行风险状况的持续监控和动态分析。

非现场监管包括合规性监管和风险性监管两方面内容。合规性非现场监管的内容主要包括信贷规模、资产负债比例的执行情况等。风险性非现场监管的内容主要包括资本充足性、资产流动性、资产质量、盈利状况、市场风险等。

监管机构实施非现场监管应当建立银行业金融机构监督管理信息系统,分析、评价银行业金融机构的风险状况。完善的监督管理信息系统是非现场监管的重要工具。

为实施非现场监管、建立监管信息系统,监管部门获取金融机构有关经营和财务状况的信息是关键,因此,要求银行业金融机构按照规定报送各种报表是非常重要的监管措施。《银行业监督管理法》第33条规定,银行业监督管理机构根据履行职责的需要,有权要求银行业金融机构按照规定报送资产负债表、利润表和其他财务会计、统计报表、经营管理资料以及注册会计师出具的审计报告。

(二) 现场检查

所谓现场检查,是指银行业监管机构指派检查人员或者是委托外部审计师进入金融机构经营场所,按法定程序和方式进行实地检查监督。

现场检查是非现场监管的有效补充。非现场检查是传统的银行监管手段,其优势在于成本低廉、监管效率较高。但过于依赖非现场检查,容易造成监管信息的失真,得出错误的判断,尤其在被监管对象通过某种方法如通过特殊的会计处理方法逃避监管时,单一的非现场检查往往难以发现其真实的经营状况或风险状况,必须借助一定的现场检查和外部审计手段作为补充。20世纪末的一系列银行危机使各国监管当局充分认识到现场检查和外部审计对非现场检查的重要的补充作用,各国均通过立法或行政措施,强化了银行监管中的现场检查和外部审计手段。《银行业有效监管核心原则》第19项原则明确规定,银行监管者应当具有通过现场检查或外部审计师对监管信息的可靠性加以独立监管的手段。我国《银行业监督管理法》第24条规定:"银行业监督管理机构应当对银行业金融机构的业务活动及其风险状况进行现场检查。"

根据现场检查的目的、范围和重点,现场检查可分为全面现场检查和重点现场检查。全面现场检查对金融机构的各项主要业务及风险状况进行全面检查和评价。重点现场检查只针对金融机构的一项或几项业务进行重点检查和评判。全面现场检查的内容主要包括:董事会和高级管理层的履职情况;内部风险管理政策和程序的完善性及其实施情况;风险管理信息系统的有效性;内部控制的有效性;内部风险报告的独立性、准确性、可靠性;向监管部门报送的有关的报表、报告的真实性和准确性等。

现场检查必须依照法定程序和方式进行,银行业监督管理机构应当制定现场检查程序,规范现场检查行为。根据《银行业监督管理法》第34条的规定,银行业监管机构可以采取的现场检查措施主要有:(1)进入银行业金融机构进行检查;(2)询问银行业金融机构的工作人员,要求其对有关检查事项作出说明;(3)查阅、复制银行业金融机构与检查事项有关的文件、资料,对可能被转移、隐匿或者毁损的文件、资料予以封存;(4)检查银行业金融机构运用电子计算机管理业务数据的系统。

进行现场检查,应当经银行业监督管理机构负责人批准。现场检查时,检查人员不得少于2人,并应当出示合法证件和检查通知书;检查人员少于2人或者未出示合法证件和检查通知书的,银行业金融机构有权拒绝检查。

除上述现场检查措施外,监管部门与银行管理层的审慎性谈话也是现场检查的一个延伸措施,是现场检查的重要补充。《银行业监督管理法》第35条规定,银行业监督管理机构根据履行职责的需要,可以与银行业金融机构董事、高级管理人员进行监督管理谈话,要求银行业金融机构董事、高级管理人员就银行业金融机构的业务活动和风险管理的重大事项作出说明。由此可见,与现场检查中的一般性询问相比,这里指的审慎性谈话更为正式。

(三) 并表监管

并表监管,是指监管当局对整个银行集团,包括其境内外所有子公司和分支机构的所有业务和风险,进行全面监督管理。

并表监管(consolidated supervision, or, supervision on a consolidated basis)在对跨国银行的监管中具有特殊意义,它是实现跨国银行有效监管的基石,是跨国银行监管诸原则中最为核心的一项基础原则。在跨国银行监管中,并表监管具体表现为母国监管当局以本国银行集团的母行及其境内外机构的合并报表为基础,对银行整体的资本充足性和风险状况进行全面综合监管;同时,东道国监管当局对境内的外国银行机构在本地的经营实施有效监管,并就其母行的全球经营风险管理能力进行评价。随着银行跨国业务规模和跨国分支机构的与日俱增,并表监管制度越来越显现其重要性。早在1979年,巴塞尔委员会就发布《银行国际业务的并表监管》(Consolidated Supervision of Bank's International Activities),首次将并表监管作为银行监管的重要原则和方法。①1997年的《银行业有效监管核心原则》则将并表监管确立为银行有效持续监管的一项核心原则,明确规定:银行监管者必须对跨国银行组织实施全球性并表监管,对银行在世界各地的所有业务,特别是其外国分行、附属机构和合资机构的各项业务,进行充分的监测,并要求其遵守审慎经营的各项原则。根据《银行业有效监管核心原则》,银行监管者有能力进行并表监管是银行监管的一个关键因素:监管者应当有能力对银行直接从事或通过其子公司和关联公司间接从事的各种银行和非银行业务,以及其境内外机构从事的业务,进行全面检查;监管者应当同时考虑非金融业务对银行可能带来的风险;监管者应当确定并表监管的审慎标准,并明确哪些标准适用于单一银行,哪些标准适用于并表银行,哪些对两者都适用;无论采用哪一种监管方法,监管者都应当了解银行集团的整体结构和主要业务;另外,监管者还应当具备其他监管当局进行协调的能力。

我国《银行业监督管理法》第25条规定,国务院银行业监督管理机构应当对银行业金融机构实行并表监督管理,从法律上确立了并表监管的原则。2004年3月8日,中国银监会发布《外资银行并表监管管理办法》,对外资银行实行并表监管。2014年12月,中国银监会发布《商业银行并表管理与监管指引》,自2015年7月1日起施行。这就是说,我国作为东道国对外资银行的并表监管制度已建立,作为母国对本国商业银行的全球并表监管制度也作出了规定。

《外资银行并表监管管理办法》和《商业银行并表管理与监管指引》借鉴了巴塞尔委员会关于跨境银行监管的有关原则,并结合我国银行监管实践,强调我国银行监管中一贯坚持的审慎性持续监管原则。

根据《外资银行并表监管管理办法》,我国对在中国注册的外资法人银行监管方式与外国银行分行的并表监管方式进行区别,要求监管机构对外资法人机构(包括在我国注册设立的外国独资银行和中外合资银行)实施全球并表监管,对外国银行分行实施在华机构并表监管,同时关注集团全球经营和风险状况。并表监管的主报告行是外资银行的合并财务报表和综合信息汇总机构,指独资、合资银行的总行,以及经外国银行总行或授权的地区管理部指定、向银监会派出机构备案的合并财务报表和综合信息上报机构。借鉴国际上惯例做法,《外资银行并表监管管理办法》规定了非现场监管、现场检查、外部审计和三方会谈等主要监管手段。其中,所规定的非现场监管的内容远比《银行业有效监管核心原则》中规定的丰富。《并表管理办法》规定的非现场监管是一种多层次多渠道的信息汇总与交流系统,包括主报告行向所在地监管机构的信息报告制度、主报

---

① 蔡奕:《跨国银行监管的主要法律问题研究》,厦门大学出版社2004年版,第121页。

告行所在地监管机构与主报告行的信息沟通与交流机制、主报告行所在地监管机构向中国银监会的报告制度、银监会与外资银行东道国或母国的信息沟通与交流机制、银监会对外界的外资银行信息披露机制。银监会负责组织、指导和协调外资银行并表现场检查。符合并表监管条件的外资银行原则上应聘请同一会计师事务所,负责对其境内营业性分支机构和附属机构进行审计和并表审计。根据外资银行综合监管情况,举行由银监会及其派出机构、外部审计师和主报告行组成的三方会谈。会谈结束后,主报告行所在地监管机构完成并表三方会议纪要,并监督主报告行及时反馈整改意见的落实情况。

根据《商业银行并表管理与监管指引》,对在我国境内依法设立的商业银行及其下设各级附属机构进行全球并表监管,其中,商业银行的附属机构包括但不限于境内外的其他商业银行、非银行金融机构、非金融机构,以及按照指引应当纳入并表范围的其他机构。商业银行并表管理要素包括并表管理范围、业务协同、公司治理、全面风险管理、资本管理、集中度管理、内部交易管理和风险隔离等。银行业监督管理机构并表监管的重点关注于银行集团的整体资本、财务和风险情况,并特别关注银行集团的跨境跨业经营以及内部交易可能带来的风险。银行业监督管理机构通过非现场监测分析、现场检查、对主要股东持续关注、对商业银行集团进行风险评级、外部审计等主要监管手段进行并表监管。银行业监督管理机构应当对东道国的监管环境进行评估,并可以与境外相关银行业监督管理机构以签订双边监管备忘录或其他形式开展监管合作,加强跨境监管协调及信息共享,实施必要的跨境监管措施,确保商业银行的境外机构得到有效监管。

(四)强制性信息披露

强制性信息披露,是指银行业监督管理机构依法要求银行业金融机构按照规定,真实、准确、完整、可比地向社会公众披露财务会计报告、风险管理状况、董事和高级管理人员变更以及其他重大事项等信息。

强制性信息披露是对银行业有效持续监管的必要补充。强制银行对外公开披露信息,有助于银行的投资人、存款人和相关利益人了解银行的财务状况、风险状况、公司治理和重大事项等信息,分析判断银行的经营状况和风险状况,维护自身权益;同时,也有利于透过市场的外部约束加强对银行的监督,促使银行完善公司治理,强化内控制度,提高经营水平和绩效。

实施强制信息披露制度是国际上银行业监管的惯例,大多数国家银行立法都建立了金融机构的强制信息披露制度。例如,美国货币监理署(OCC)于1987年发布了第12号联邦管理条例(Title 12 of the Code of Federal Regulations, 12 CFR),对美国的联邦银行、外国银行在美分行的信息披露提出了法定最低要求。该条例要求银行须披露财务报告、审计报告、风险管理、重要经营管理活动、货币监理署对其采取的强制监管措施等信息。又如,我国香港特别行政区金融管理局也对本地注册银行和海外注册银行在香港的分行的信息披露分别制定了强制性和非强制性的规定。近年来,巴塞尔委员会发布了一系列文件,对银行业信息披露的主要内容、质量要求和方式进行了规定。

为提高银行业信息披露程度,顺应国际银行监管发展的趋势,中国银监会于2006年12月8日发布了《商业银行信息披露办法》,对商业银行信息披露的原则、内容、方式和程序作出了规定。《银行业监督管理法》第36条规定:"银行业监督管理机构应当责令银行业金融机构按照规定,如实向社会公众披露财务会计报告、风险管理状况、董事和高级管理人员变更以及其他重大事项等信息。"根据这些规定,银行业金融机构信息披露必须遵循真实、准确、完整、可比的原则。上市的银行业金融机构的信息披露须依照证券监管机构的有关规定进行信息披露。非上市的银行业金融机构信息披露的内容主要包括银行业金融机构的财务会计报告、各类风险管理状况、公司治理、年度重大事项等信息,以及资本充足状况、资产质量、资产损失准备金状况、盈亏状况等关键性指标。其中,年度财务会计报告须经获准从事金融相关审计业务的会计师事务所审计。

三、对银行业金融机构的处置措施

(一) 对银行业金融机构违反审慎经营规则的制裁

银行业金融机构应当严格遵守审慎经营规则。对违反审慎经营规则的,各国相关法律都赋予监管当局一定的权力,对违规机构进行严厉制裁。巴塞尔委员会《银行业有效监管核心原则》"监管者的正式权力"(Formal Powers of Supervisors)一节中规定:银行监管者必须掌握完善的监管手段,以便在银行未能满足审慎要求(如最低资本充足率)或当存款人的安全受到威胁时及时采取纠正措施;在紧急情况下,应包括撤销银行执照或建议撤销其执照。这里的纠正措施主要包括:限制银行当前开展的业务并停止批准其开办新业务或收购活动;限制或暂停向股东支付红利或其他收入;禁止资产转让及回购股权;撤换控股股东、管理层或董事,限制其手中的权力,并可在适当的情况下将这批人永远逐出银行业;在极端的情况下,对未能达到审慎要求的银行进行接管。另外,在极端的情况下,当银行可能已不再具备继续生存的能力时,监管者可参与决定该机构被另一家更稳健的机构接管或合并。当所有的办法都失败后,监管者应当有能力关闭或参与关闭一家不稳健的银行,以保护整个银行系统的稳定性。

借鉴《银行业有效监管核心原则》,我国《银行业监督管理法》第37条对银行业金融机构违反审慎经营规则的制裁措施作了规定。根据该条规定,银行业金融机构违反审慎经营规则的,中国银监会或者其省一级派出机构应当责令限期改正;逾期未改正的,或者其行为严重危及其稳健运行、损害存款人和其他客户合法权益的,经中国银监会或者其省一级派出机构负责人批准,可以区别情形,采取下列措施:(1)责令暂停部分业务、停止批准开办新业务;(2)限制分配红利和其他收入;(3)限制资产转让;(4)责令控股股东转让股权或者限制有关股东的权利;(5)责令调整董事、高级管理人员或者限制其权利;(6)停止批准增设分支机构。

违规的银行业金融机构整改后,应当向中国银监会或者其省一级派出机构提交报告。中国银监会或者其省一级派出机构经验收,认为符合有关审慎经营规则的,应当自验收完毕之日起3日内解除对所采取的前款规定的有关措施。

(二) 银行业金融机构的接管或重组

根据我国《商业银行法》和《银行业监督管理法》的规定,银行业金融机构已经或者可能发生信用危机,严重影响存款人和其他客户合法权益的,国务院银行业监督管理机构可以依法对该银行业金融机构实行接管或者促成机构重组。

所谓信用危机,一般是指银行业金融机构出现严重的信用风险,已经发生或存在大量潜在的银行挤兑等现象,银行不能兑换存款人存款或偿还其他到期债务。如果信用危机不能有效制止,银行业金融机构就会破产。由于银行业金融机构的破产与一般生产经营性企业相比较,社会危害性更大,所以各国立法和监管当局都制定法律或采取相应措施,以尽量避免银行业金融机构破产,防止个别银行的危机扩散到其他银行而引起银行恐慌和金融危机。

从各国实践来看,处置银行业金融机构信用危机的措施主要有三方面:一是监管当局的行政救助。例如,充当最后贷款人的角色,对陷入危机的金融机构提供紧急流动性资金支持以防止出现恐慌性挤兑;接管危机金融机构;促进其他银行对危机银行进行购并重组,或安排确实无法挽救的金融机构依法破产。二是银行业同业互助,即其他金融机构对陷入暂时流动性危机的银行提供支援或对其进行收购兼并。三是利用存款保险制度。建立存款保险制度是维护银行经营安全的重要措施,目前已为大多数国家普遍采用。存款保险制度是保护存款人利益的一种特殊保险制度,它是指由经营存款业务的金融机构,按照所吸收存款的一定比例,向特定的保险机构缴纳一定的保险金,当投保金融机构出现支付危机、破产倒闭或者其他经营危机时,由该保险机构向投保金融机构提供资金救援,或由保险机构直接向存款人支付部分或全部存款。建立存款保险制度的核心是防止个别银行的危机扩散到其他银行而引发金融危机,并有助于保护存款人利益,维护公众对银行体系的信心。我国《商业银行法》和《银行业监督管理法》暂时没有规定存款保险制度。当银行业金融机构陷入信用危机时,中国人民银行通过再贷款来实施最后贷款人角色,以对商业银行进行支持①;中国银监会可以依法对危机银行实行接管或重组。

接管或重组陷入信用危机的银行业金融机构是监管部门的一种行政救助行为,目的在于对被接管的银行业金融机构采取必要措施,以保护存款人的利益,恢复银行业金融机构的正常经营能力。接管由中国银监会决定,并组织实施。自接管开始之日起,由接管组织行使被接管银行的经营管理权力,但被接管银行的债权债务关系不因接管而变化。接管期限届满,中国银监会可以决定延期,但接管期限最长不得超过2年。有下列情形之一的,接管终止:一是接管决定规定的期限届满或者中国银监会决定的接管延期届满;二是接管期限届满前,该被接管银行已恢复正常经营能力;三是接管期限届满前,该被接管银行被合并或者被依法宣告破产。

(三) 银行业金融机构的撤销

银行业金融机构的撤销,是指银行业监管机构对存在违法经营、经营管理不善等情形,不予撤销将严重危害金融秩序、损害公众利益的银行业金融机构,依法予以解散的行政强制措施。我国《银行业监督管理法》第39条对中国银监会的该项职权进行了规定。

银行业金融机构的撤销是非常严厉的一种行政处罚措施,根据《银行业监督管理法》的规定,实施该项措施必须满足以下两个条件:一是存在违法经营、经营管理不善等情形,即银行业金融机构在经营过程中,严重违反有关法律、行政法规或部门规章,或者经营管理不善,存在管理制度不健全、管理层未勤勉尽职、长期经营亏损等情况。二是不予撤销将严重危害金融秩序、损害公众利益,即银行业金融机构因违法经营、经营管理不善,已形成严重的经营风险,若容许其继续经营,将可能继续扩大其风险,甚至引发系统性风险,严重危害金融秩序,损害公众利益,在这种情况下,应当依法将其予以撤销。

撤销银行业金融机构必须依法进行。2001年11月14日,国务院发布《金融机构撤销条例》,自2001年12月15日起施行。该条例共有7章38条,规定了金融机构撤销的决定、清算、债务清偿、注销登记、法律责任等,是中国银监会撤销金融机构的具体操作依据。根据该条例的规定,银行业金融机构被撤销的,中国银监会应当及时组成清算组进行清算。清算期间,清算组行使被撤销的金融机构的管理职权,清算组组长行使被撤销的金融机构的法定代表人职权。被撤销的金融机构的清算财产,应当先支付个人储蓄存款的本金和合法利息,然后

---

① 尽管理论上中央银行对于商业银行进行再贷款支持有客观的需要,但是可能形成商业银行的依赖,使其经营行为更趋向于冒险。因此,现在不少国家的央行在履行最后贷款人角色时,开始贯彻一种模糊策略,目的是促使商业银行转向依靠自身的经营管理、提高自身的资本管理和风险管理水平来抵御可能出现的风险。

清偿法人和其他组织的债务;清偿完债务后的剩余财产,按照股东的出资比例或持有的股份比例进行分配。

(四) 对相关人员的行为限制

我国《银行业监督管理法》第40条规定了限制被接管、重组或者被撤销的银行业金融机构的相关人员行为的措施。根据该条规定,银行业金融机构被接管、重组或者被撤销的,中国银监会有权要求该机构的董事、高级管理人员和其他工作人员,按照其要求履行职责;在接管、机构重组或者撤销清算期间,经中国银监会负责人批准,对直接负责的董事、高级管理人员和其他直接责任人员,可以采取下列两项特别措施,以限制其行为:一是直接负责的董事、高级管理人员和其他直接责任人员出境将对国家利益造成重大损失的,通知出境管理机关依法阻止其出境;二是申请司法机关禁止其转移、转让财产或者对其财产设定其他权利。

(五) 查询账户、冻结违法资金

我国《银行业监督管理法》第41条规定了中国银监会可以依法查询违法的银行业金融机构的存款账户、冻结其违法资金。采取这两项措施,必须符合法定条件并经过一定的批准程序。具体来讲,经中国银监会或者其省一级派出机构负责人批准,银监会或其派出机构有权查询涉嫌金融违法的银行业金融机构及其工作人员以及关联行为人的账户;对涉嫌转移或者隐匿违法资金的,经银监会或其派出机构负责人批准,可以申请司法机关予以冻结。

第五节 违反银行业监管法的法律责任

一、银行业监督管理机构监管人员违法行为的法律责任

银行业监管机构从事监督管理工作的人员履行监管职责必须依法进行;未依法履行监管职责或超越职权范围进行监管的,应当承担相应的法律责任。这里的法律责任,主要表现为行政责任和刑事责任。我国《银行业监督管理法》第43条对银行业监管机构从事监督管理工作的人员的违法行为及其所应承担的法律责任进行了规定。

(一) 滥用职权、玩忽职守的法律责任

中国银监会及其派出机构监管工作人员有下列情形之一的,依法给予行政处分;构成犯罪的,依法追究刑事责任:一是违反规定审查批准银行业金融机构的设立、变更、终止,以及业务范围和业务范围内的业务品种的;二是违反规定对银行业金融机构进行现场检查的;三是未依照规定报告突发事件的;四是违反规定查询账户或者申请冻结资金的;五是违反规定对银行业金融机构采取措施或

者处罚的;六是滥用职权、玩忽职守的其他行为。

(二) 贪污受贿、泄露国家秘密或商业秘密的法律责任

银行业监督管理机构从事监督管理工作的人员贪污受贿,泄露国家秘密、商业秘密和个人隐私,构成犯罪的,依法追究刑事责任;尚不构成犯罪的,依法给予行政处分。

二、擅自设立金融机构或从事金融业务的法律责任

银行业金融机构的设立、变更、终止以及业务范围,必须经国务院银行业监督管理机构按照法定程序进行审批方可进行;未经国务院银行业监督管理机构批准,任何单位或者个人不得设立银行业金融机构或者从事银行业金融机构的业务活动。擅自设立银行业金融机构,非法从事银行业金融业务活动的,必须承担相应的法律责任。我国《银行业监督管理法》第44条规定了上述违法行为的行政责任和刑事责任:

(一) 行政责任

擅自设立银行业金融机构或者非法从事银行业金融机构的业务活动的,由中国银监会追究其如下行政责任:一是予以取缔;二是没收违法所得;三是违法所得50万元以上的,并处违法所得1倍以上5倍以下罚款;没有违法所得或者违法所得不足50万元的,处50万元以上200万元以下罚款。

(二) 刑事责任

擅自设立银行业金融机构或者非法从事银行业金融机构的业务活动,构成犯罪的,应当依法承担刑事责任。我国《刑法》第174条和第176条对此类犯罪及量刑标准进行了规定。

三、银行业金融机构违法行为的法律责任

(一) 银行业金融机构违反有关审批规定的法律责任

银行业金融机构的设立、变更、终止、业务范围以及规定范围内的业务品种,必须依法经监管机构审查批准方可进行。银行业金融机构违反有关审批的规定,必须承担相应的法律责任。根据我国《银行业监督管理法》第45条的规定,银行业金融机构有下列情形之一,由中国银监会追究其行政责任;构成犯罪的,依法追究刑事责任:一是未经批准设立分支机构的;二是未经批准变更、终止的;三是违反规定从事未经批准或者未备案的业务活动的;四是违反规定提高或者降低存款利率、贷款利率的。

对银行业金融机构的上述违法行为,中国银监会可以追究其如下行政责任:责令改正;有违法所得的,没收违法所得;违法所得50万元以上的,并处违法所得1倍以上5倍以下罚款;没有违法所得或者违法所得不足50万元的,处50万

元以上200万元以下罚款;情节特别严重或者逾期不改正的,可以责令停业整顿或者吊销其经营许可证。

(二)银行业金融机构违反有关监管要求的法律责任

银行业金融机构必须按照有关的监管要求从事业务活动;违反有关审慎监管要求的,必须依法承担相应的法律责任。根据我国《银行业监督管理法》第46条的规定,银行业金融机构有下列情形之一,由中国银监会追究其行政责任;构成犯罪的,依法追究刑事责任:一是未经任职资格审查任命董事、高级管理人员的;二是拒绝或者阻碍非现场监管或者现场检查的;三是提供虚假的或者隐瞒重要事实的报表、报告等文件、资料的;四是未按照规定进行信息披露的;五是严重违反审慎经营规则的;六是拒绝中国银监会或其省一级派出机构对其违反审慎经营规则采取的制裁措施的。

对银行业金融机构的上述违法行为,中国银监会可以对其追究如下行政责任:责令改正,并处20万元以上50万元以下罚款;情节特别严重或者逾期不改正的,可以责令停业整顿或者吊销其经营许可证。

(三)银行业金融机构不按规定报送报表和资料的法律责任

银行业金融机构按照规定向监管部门报送报表、报告等文件、资料是实施非现场监管的主要内容。根据我国《银行业监督管理法》第47条的规定,银行业金融机构不按照规定提供报表、报告等文件、资料的,由中国银监会或其派出机构责令改正,逾期不改正的,处10万元以上30万元以下罚款。

四、违法的银行业金融机构从业人员的法律责任

根据我国《银行业监督管理法》第48条的规定,对违法的银行业金融机构,除金融机构本身应承担相应的法律责任外,该机构直接负责的董事、高级管理人员和其他直接责任人员也应当承担相应的法律责任。中国银监会根据违法情节的轻重,对违法的银行业金融机构的上述人员可以采取以下行政处罚措施:

第一,责令银行业金融机构对直接负责的董事、高级管理人员和其他直接责任人员给予纪律处分;

第二,银行业金融机构的行为尚不构成犯罪的,对直接负责的董事、高级管理人员和其他直接责任人员给予警告,处5万元以上50万元以下罚款;

第三,实施市场禁入,即取消直接负责的董事、高级管理人员一定期限直至终身的任职资格,禁止直接负责的董事、高级管理人员和其他直接责任人员一定期限直至终身从事银行业工作。

第十七章 证券监管法律制度

第一节 证券监管与证券监管法概述

一、证券的概念和种类

证券是一个含义很广的概念,它是用以表明各类财产所有权和债权的凭证的统称。证券持有人凭证券所载内容有权取得相应的权益。

从不同的角度,可以对证券作各种划分。从证券权利的内容上,证券可以分为商品证券和价值证券两大类。商品证券是指提货单、购货单、运货单等代表对商品享有请求权的书据。价值证券又分为货币证券和资本证券。货币证券指对一定数额的货币享有请求权的证券,如支票、汇票等商业票据。资本证券指代表一定资本所有权益与一定收益分配请求权的证券,如债券、股票。

证券法上的"证券"仅指资本证券。我国有关证券立法中证券的范围主要包括股票、债券、证券投资基金券以及其他经国务院依法认定的证券。

我国《公司法》规定,股份有限公司的股份采取股票的形式。股票是股份有限公司签发的证明股东权利义务的要式有价证券。根据股东权内容的不同,股票可以分为优先股和普通股;根据票面上是否记载有股东姓名,可以分为记名股票和无记名股票;根据投资人身份的不同,又可以分为内资股和外资股。

债券是企业、金融机构或政府为募集资金向社会公众发行的、保证在规定时间内向债券持有人还本付息的有价证券。根据发行人的不同,债券分为政府债券、金融债券和公司债券。

证券投资基金是我国近年来证券市场逐步成熟而发展起来的产物,它是一种利益共享、风险共担的集合证券投资形式或投资组织,即通过公开发售基金份额募集基金形成独立的基金财产,由基金管理人管理,基金托管人托管,为基金份额持有人的利益,以资产组合方式从事股票、债券等证券投资,基金份额持有人按其所持份额享有收益和承担风险。证券投资基金券是指基金发起人向社会公众发行的,表明持有人对基金享有资产所有权、收益分配权和其他相关权利,并承担相应义务的有价证券。

二、证券市场与证券监管

证券市场是证券发行和交易的场所,是资本市场的重要组成部分,它由证券发行市场和证券交易市场两部分组成。

证券发行市场,又称一级市场,它是通过发行证券进行筹资活动的市场。其功能在于一方面为资本的需求者提供募集资金的渠道,另一方面为资本的供应者提供投资的场所。通过证券发行市场,投资者的闲散资金转化为生产资本。

证券交易市场,又称二级市场,是指对已经发行的证券进行买卖、转让的市场。其功能在于为证券持有人提供了随时卖掉所持证券进行变现的机会,同时又为新的投资者提供投资机会。通过证券交易市场,投资者持有的证券实现了流通。

证券交易市场包括场内交易市场和场外交易市场两种形式。场内交易市场是通过证券交易所进行集中交易的市场,它有固定的交易场所和交易时间,在该市场上市交易的证券须符合严格的条件和程序,投资者通过证券商在证券交易所进行证券买卖。场外交易市场是指依法设立的非上市证券进行交易的市场。在场外交易场所交易的股票,一般为未上市股票,其交易价格不是通过集中竞价方式产生的,而是通过交易双方协商产生的。场外交易场所主要包括柜台交易场所(店头市场)和联合报价系统。柜台交易场所,是指交易双方在证券商开办的交易柜台上进行交易的场所。联合报价系统,是指经批准设立的,以电讯网络显示非上市证券交易价格的系统内进行交易的场所。

我国的证券市场是从20世纪80年代起步并迅速发展起来的。1984年,上海飞乐股份有限公司公开发行股票,成为新中国成立后的第一只股票。1990年12月19日,上海证券交易所正式成立;1991年7月3日,深圳证券交易所成立,标志着我国证券市场体系的基本框架初步形成。自此,我国的证券市场迅速发展,在市场规模、交易品种和技术设施等方面已经大大缩小了与发达国家证券市场的差距,取得了巨大的成绩。截至2014年3月18日,在我国沪深两交易所上市的公司已达2537家,总市值24万多亿元。上市公司结构逐步优化,宝钢、中国联通、招商银行等一批特大型企业相继发行上市,改变了上市公司结构,同时也反映了市场承接特大型公司能力的增强。证券公司和其他证券中介服务机构不断规范,中介服务机构的角色和作用进一步强化,市场化程度进一步提升。机构投资者比重逐步提高,从1998年3月首只证券投资基金成立到2013年10月,我国证券投资基金管理公司已有88家,证券投资基金数量1466只;保险资金、社保资金进入证券市场;QFII(Qualified Foreign Institutional Investors,指合格境外机构投资者)也开始参与证券市场,改善了投资者结构。

证券监管,也称为证券市场监管,是指证券市场监督管理机构对证券市场主体及其行为进行监督和管理的总称。与其他传统市场相比,证券市场面临更大的风险因素和不稳定性,一旦失控将对社会造成极为严重的后果。为保护投资者的利益,充分发挥证券市场的功能,促进经济的持续稳定发展,世界大多数国家和地区均重视政府在证券市场监管方面的重要作用,即使是采用自律管理体制的英国,也逐渐转向自律与监管的结合,强调政府监管之重要,试图通过"政府之手"抑制证券市场的过度投机、制止市场操纵、减少系统性风险,使证券市场保持相对稳定。我国证券市场的迅速发展,必然要求加强政府对市场主体、市场行为的规范与监管。尤其是与国外发达国家市场相比,我国证券市场毕竟还是一个新兴市场,是在经济转轨的特殊时期,在不断的试验、探索中发展起来的,因而不可避免地会存在中国证券市场特有的问题。因此,证券市场监管显得尤为重要。

三、证券监管法的概念与证券监管立法

证券监管法是调整证券市场监督管理机构对证券市场主体及其行为进行监督管理过程中发生的经济关系的法律规范的总称。采用不同的证券监管体制的国家,对证券市场进行监督管理的主体即证券市场监督管理机构也不同,大多数国家由政府监管部门实施监管,或由政府与行业自律组织共同监管,也有的国家基本上由证券业协会或证券交易所协会等非政府机构进行自律管理。证券监管法的法律规范主要以有关的法律、法规、规章等规范性文件作为其表现形式。

我国证券监管立法是从地方立法开始的。1990年11月,上海市人民政府发布了《上海市证券交易管理办法》,这是我国第一部较全面、系统的地方政府规章。随着证券市场的进一步发展壮大,我国政府越来越重视证券市场的管理、重视金融风险的防范,加强证券市场的法制建设工作,先后制定了一系列关于证券的法律、法规。特别重要的是,1998年12月29日由第九届全国人大常委会第六次会议通过,《中华人民共和国证券法》(以下简称《证券法》)2004年修改,2005年10月修订,2013年、2014年又进行了修改。《证券法》分12章,共240条,对证券法的原则、证券发行、证券交易、上市公司收购、证券交易所、证券公司、证券登记结算机构、证券服务机构、证券业协会、证券监督管理机构、法律责任等作了规定。《证券法》的制定和实施,标志着我国的证券法制建设进入了一个新阶段。目前,我国已制定颁发了一系列规范股票、债券、基金的发行与交易行为,以及规范证券交易所、证券公司、证券服务机构、基金管理公司等市场主体的法规和规章,形成了以《公司法》、《证券法》为核心的比较完整的证券法律法规体系。

经修订的《证券法》对其适用范围进行了扩大,将政府债券、证券投资基金份额以及权证、股指期货期权等证券衍生品种也纳入了该法的适用范围。该法第2条明确规定:"在中华人民共和国境内,股票、公司债券和国务院依法认定的其他证券的发行和交易,适用本法;本法未规定的,适用《中华人民共和国公司法》和其他法律、行政法规的规定。政府债券、证券投资基金份额的上市交

易,适用本法;其他法律、行政法规有特别规定的,适用其规定。证券衍生品种发行、交易的管理办法,由国务院依照本法的原则规定。"

《证券法》的制定,对于规范证券发行和交易行为,保护投资者的合法权益,促进证券市场健康发展都将起到重大作用。《证券法》施行后,国务院于1993年4月22日发布的、我国股票市场上第一个全国性法规《股票发行与交易管理暂行条例》已基本完成其历史使命。

除《证券法》外,我国《公司法》对股份有限公司的股份发行与转让、上市、公司债券的发行与转让也作了原则性规定,它与《证券法》一起构成我国证券市场监管的基本法律依据。

除这两部法律外,有关规范证券市场主体和证券发行、交易行为的法律、行政法规主要有:《中华人民共和国证券投资基金法》(2003年10月28日第十届全国人大常委会第五次会议通过,自2004年6月1日起施行;2012年12月28第十一届全国人大常委会第三十次会议修订)、国务院《关于股份有限公司境外募集股份及上市的特别规定》(国务院1994年8月4日发布)、国务院《关于股份有限公司境内上市外资股的规定》(国务院1995年12月25日发布)。有关的部门规章主要包括:《证券交易所管理办法》《证券公司债券管理暂行办法》《证券发行上市保荐制度暂行办法》《证券投资基金运作管理办法》《货币市场基金管理暂行规定》《证券投资基金管理公司管理办法》《外国投资者对上市公司战略投资管理办法》《上市公司证券发行管理办法》《首次公开发行股票并上市管理办法》《证券市场禁入规定》《上市公司收购管理办法》《证券发行与承销管理办法》《首次公开发行股票并在创业板上市管理暂行办法》以及中国证监会发布的有关公开发行证券公司信息披露的规则、内容与格式等。

第二节 证券监管体制

一、各国证券监管模式的比较

证券市场的监管,是一国金融监管的重要组成部分。与本国的政治经济体制、宏观调控手段、证券市场发育程度相适应,各国确立了各自不同的证券市场监管模式。概括起来,主要有两种类型:

(一)国家集中统一监管模式

在这种模式下,证券市场由政府部门或由直接隶属于立法机关的国家证券监管机构集中统一监督管理,而证券业协会等各种自律性组织只起协助作用。采用这种模式的国家有美国、日本、韩国、新加坡等。例如,美国根据1934年《证券交易法》设立了"证券交易管理委员会"(SEC),直接隶属于国会,独立于政府,作为全国统一管理证券市场的最高管理机构;同时,成立"联邦交易所"和"全国证券交易协会",分别对证券交易所和场外交易进行管理,形成了以集中统一管理为主,辅以市场自律的较为完备的证券管理体制。

国家集中统一监管体制能够有效协调全国各证券市场,排除诸多部门共同管理或者地方割据管理带来的弊端;能够统一制定有关的证券法规,保证市场运作的规范性;同时,由于监管者地位超脱于市场,更注重投资者利益的保护,更能公平、严格地发挥其监管作用。但另一方面,正由于监管者超脱于市场,很可能使其市场监管脱离实际,缺乏效率,并可能对市场突发事件反应较慢,处理不及时。

(二) 自律管理模式

在这种模式下,不设立全国性的证券管理机构,证券市场由市场的参与者如证券交易所、证券商协会自我监管。英国传统上被认为是采取这种模式的典型。我国香港地区也基本上采用这种模式。

自律管理模式充分发挥了市场参与者的作用,使其市场监管更能够切合实际,更加灵活和有效率。但是,这种监管模式也有自身难以避免的弊端:首先,由于没有全国统一的证券监管权威机构,难以实现全国证券市场的协调发展,不利于经济秩序的稳定有序;其次,这些自律机构由于权威性差,容易使监管手段不力,监管力度不强;再次,由于监管者和具体监管法规的制定者本身就是市场的参与者,难免会将监管重点放在保护其会员利益、保证市场高效运转上,往往忽视投资者利益的保护。因此,采用这种模式的国家或地区近年来也在不断地调整自身的监管模式,越来越强调政府监管的作用。

以英国为例。英国在传统上属于自律管理的典型,政府很少干预证券市场,主要通过以英国证券业理事会和证券交易所协会为核心的非政府机构进行自律管理,在证券立法上也没有专门的证券法或证券交易法。20世纪70年代以来,为促进英国基金的发展,增强英国金融业的竞争力,英国进行了一系列金融改革,容许金融业混业经营,逐渐加强政府对金融业的监管。2000年6月,英国通过《金融服务和市场法案》(Financial Services and Markets Act of 2000),取代了此前一系列用于监管金融业的法律,成为英国金融业的基本法。该法确立了新的金融监管体制,统一了监管标准,为英国新世纪金融业的发展和监管,提供了崭新的框架。该法还明确了新设的综合性金融监管机构——金融服务局(Financial Services Authority, FSA)的法律地位,即负责对所有金融机构和金融市场进行监管。FSA接手了原有各金融监管机构的职能,它取代了之前的证券投资委员会以及有关自律组织管理证券市场的职能,取得了英国中央银行英格兰银行对银行业的监管职能,以及财政部对保险业的监管职能,并负责过去某些不受监管的领域,由此,FSA成为英国唯一的、独立地对英国金融业实行全面监管的机构。

二、我国的证券监管体制

根据我国《证券法》及其他有关规定,我国证券监管体制体现如下两个特点:

(一) 实行国家集中统一监管制

由国务院证券监督管理机构依法对全国证券市场实行集中统一监督管理。国务院证券监督管理机构根据需要可以设立派出机构,按照授权履行监督管理职能。中国证券监督管理委员会,即中国证监会是国务院证券监督管理机构,依法对证券市场实行监督管理。

(二) 辅以证券业协会、证券交易所的自律管理

在国家对证券发行、交易活动实行集中统一监督管理的前提下,依法设立证券业协会和证券交易所,实行自律性管理。

证券业协会是证券业的自律性组织,是社会团体法人。证券公司应当加入证券业协会。证券业协会的权力机构为全体会员组成的会员大会,其章程由会员大会制定,并报国务院证券监督管理机构备案。证券业协会依法履行以下职责:教育和组织会员执行证券法律、行政法规;依法维护会员的合法权益,向证券监督管理机构反映会员的建议和要求;收集整理证券信息,为会员提供服务;指导会员应遵守的规则,组织会员单位的从业人员的业务培训,开展会员间的业务交流;对会员之间、会员与客户之间的证券业务纠纷进行调解;组织会员就证券业的发展、运作及有关内容进行研究;监督、检查会员行为,对违反法律、行政法规或者协会章程的,按照规定给予纪律处分;证券业协会章程规定的其他职责。

证券交易所是为证券集中交易提供场所和设施,组织和监督证券交易,实行自律管理的法人。证券交易所章程的制定和修改,必须经国务院证券监督管理机构批准。我国《证券法》对证券交易所自律性管理的职权进行了规定。例如:依法审核同意或安排证券上市交易的申请;依法决定证券的暂停上市和终止上市;依照证券法律、行政法规制定上市规则、交易规则、会员管理规则和其他有关规则,并报国务院证券监督管理机构批准;为组织公平的集中交易提供保障,公布证券交易即时行情,并按交易日制作证券市场行情表,予以公布;因突发性事件而影响证券交易的正常进行时,可以采取技术性停牌的措施;因不可抗力的突发性事件或者为维护证券交易的正常秩序,可以决定临时停市;对证券交易实行实时监控,并按照国务院证券监督管理机构的要求,对异常的交易情况提出报告;对上市公司及相关信息披露义务人披露信息进行监督,督促其依法及时、准

确地披露信息;根据需要,可以对出现重大异常交易情况的证券账户限制交易,并报国务院证券监督管理机构备案等。

三、国家证券监督管理机构

采用集中统一监管模式的国家,证券市场由全国性的监管机构统一监管,但其中有的采取金融分业监管的模式,即证券、保险、银行业分别由专门监管机构实施监管;有的则采用综合监管的模式,即由一个综合性的金融监管机构统一监管包括证券在内的各金融行业。我国基本上采取的是分业经营、分业管理的制度,证券市场由中国证监会作为国务院证券监督管理机构依法实施监督管理。但在实践中,有些做法如商业银行获准可以设立基金管理公司、保险资金可以按照规定直接进入证券市场等已经突破了金融分业经营的限制,因此,我国《证券法》第6条在保留原来关于"证券业和银行业、信托业、保险业实行分业经营、分业管理,证券公司与银行、信托、保险业务机构分别设立"的规定外,增加了"国家另有规定的除外",为以后的金融改革留出了法律空间。

中国证监会的地位和职能是随着我国证券监管体制的发展和完善逐步确立起来的。1992年8月,为适应证券市场发展的需要,国务院决定成立国务院证券委员会和中国证监会,国务院证券委事实上代表国务院行使对证券业的日常管理职能,中国证监会作为其执行机构行使职能。与此同时,国务院赋予中央有关部门如国家计委、中国人民银行、财政部、国家体改委、行业主管部门部分证券监管的职责,形成了各部门共管的局面。上海、深圳证券交易所则由当地政府归口管理,由证监会实施监督。1997年底,鉴于亚洲金融危机的严重形势,中共中央、国务院召开了全国金融工作会议,强调防范与化解金融风险,并决定对证券监管体制进行改革,实行垂直领导,加强对全国证券、期货业的统一监管。首先,将证券交易所由地方政府转为中国证监会管理。其次,随着国务院机构改革的逐步到位,1998年4月,中国证监会作为国务院正部级直属事业单位,成为全国证券期货市场的主管部门,国务院证券委被撤销,其职能归入证监会,中国人民银行原履行的证券业监管职能也划入中国证监会。1999年7月1日生效的《证券法》第7条明确了中国证监会的法律地位,由其依法对全国证券市场实行集中统一监督管理。1999年7月,中国证监会在天津、沈阳等中心城市设立9个证券监管办公室,下辖25个证券监管特派员办事处;在北京、重庆两个直辖市设立直属证券监管办事处,从而完成了对地方证券监管机构实行由中国证监会垂直领导的管理体制改革,建立了集中统一的证券监管体制。2004年3月,适应证券监管形势发展的需要,中国证监会将派出机构重新调整,按省级行政区划设置监管局。

证券监管机构履行职责时必须依法进行。根据我国《证券法》的规定,中国证监会的基本职能是依法对全国证券市场实行集中统一监督管理,维护证券市场秩序,保障其合法运行。中国证监会的职责主要包括:依法制定有关证券市场监管的规章、规则,并依法行使审批或者核准权;依法对证券的发行、上市、交易、登记、存管、结算,进行监督管理;依法对证券发行人、上市公司、证券公司、证券投资基金管理公司、证券服务机构、证券交易所、证券登记结算机构的证券业务活动,进行监督管理;依法制定证券业务人员的资格标准和行为准则,并监督实施;依法监督检查证券发行、上市和交易的信息公开情况;依法对证券业协会的活动进行指导和监督;依法对违反证券市场监管法律、行政法规的行为进行查处;法律、行政法规规定的其他职责。中国证监会还可以和其他国家或者地区的证券监督管理机构建立监督管理合作机制,实施跨境监督管理。

中国证监会依法履行职责时,有权采取下列措施:一是对证券发行人、上市公司、证券公司、证券投资基金管理公司、证券服务机构、证券交易所、证券登记结算机构进行现场检查;二是进入涉嫌违法行为发生场所调查取证;三是询问当事人和被调查事件有关的单位和个人,要求其对与被调查事件有关的事项作出说明;四是查阅、复制与被调查事件有关的财产权登记、通讯记录等资料;五是查阅、复制当事人和被调查事件有关的单位和个人的证券交易记录、登记过户记录、财务会计资料及其他相关文件和资料;对可能被转移、隐匿或者毁损的文件和资料,可以予以封存;六是查询当事人和被调查事件有关的单位和个人的资金账户、证券账户和银行账户,对有证据证明有转移或者隐匿违法资金、证券等涉案财产或者隐匿、伪造、毁损重要证据的,经中国证监会主要负责人批准,可以冻结或者查封;七是在调查操纵证券市场、内幕交易等重大证券违法行为时,经中国证监会主要负责人批准,可以限制被调查事件当事人的证券买卖,但限制的期限不得超过 15 个交易日;案情复杂的,可以延长 15 个交易日。

为了保持监管机构的公正和独立,国务院证券监督管理机构工作人员不得在被监管的机构中兼任职务。

第三节 对证券发行的监管

一、证券发行的审核制度

综观各国公司立法及证券立法,证券发行均需经国家有关部门的审核。基于不同的立法意图,各国证券发行审核制度主要有两种体制。

(一) 申报制

申报制也称为注册制,它的实质是公开主义(full disclosure philosophy),其主要内容是要求证券发行人将发行证券有关的所有信息向投资者公开,并对该信息的真实性、全面性、准确性和及时性承担法律责任;对于证券管理机构来讲,其职责是审查信息资料的全面性、真实性、准确性与及时性,保证投资者及时得到充分、真实、准确的资料,而不对证券发行行为及所发行证券的价值作出实质判断;投资的决定及其责任,由投资者自负。

申报制以美国 1933 年《证券法》为代表。这种审核制度的立法思想是基于市场规则,认为在市场经济条件下的证券市场,只要信息完全、真实、及时公开,市场本身会择优作出选择。管理者的职责即是保证信息公开与禁止信息滥用。投资者应根据自慎规则作出投资判断,并自负投资风险。申报制优越之处在于:一是强调了社会的监督作用,要求公司的经营和财务状况透明和公开,加强公司的自律;二是强调证券发行信息的完全、充分地公开,有利于投资者作出全面而谨慎的投资判断;三是由于证券管理机构只对申请文件作形式审查,不涉及证券发行的实质条件的审查,因此,审核的效率大大提高。但是,申报制的弊端也是显而易见的。申报制是基于这样的假设设计其审核体制的:所有投资者都有依据公开信息作出正确投资判断的能力。这要求投资者起码应读懂招股说明书、财务报表等公开资料,并对所投资证券的市场行情作出基本判断。但事实上大多数投资者不具备这样的能力。因而,申报制加大了投资者的投资风险和投资责任,对投资者的保护是不充分的。鉴于此,即使在美国,一些州的"蓝天法"即证券立法也采取了与联邦证券立法不同的证券发行审核原则——实质审核原则。

(二) 核准制

核准制的实质是准则主义(regulatory philosophy),强调对证券发行的实质管理。其主要内容是,证券的发行不仅要以发行人信息资料的完全、准确、及时、公开为要件,而且还必须符合若干适于发行的实质条件,否则不得发行证券。这些实质条件主要包括:发行公司的营业性质;管理人员的资格能力;发行公司的资本结构是否健全;各类证券的权利、义务是否公平;公开的资料是否充分、真实;发行公司的发展前景是否良好等。证券管理机构要对上述条件进行实质审查,以决定是否批准其发行证券。

核准制以欧洲国家如法国、德国为代表。这种审核制度以维护公共利益和社会交易安全为本位,强调对证券发行的实质审核。其优越之处在于严格证券发行程序,有利于投资者利益的全面保护。但核准制赋予政府证券管理机构对证券发行进行实质审查的权力,难免会产生效率低下和官僚主义的现象,并使证券发行的实质判断带有某些人为因素。又由于审核机构的事先核准,使投资者极易产生依赖心理,影响投资者的自我判断。另外,由法律规定证券发行的统一实质条件作为情况各异的各类公司的衡量标准,未免过于机械,很可能使一些急需筹资但高风险的项目失去通过发行证券融资的机会。

鉴于申报制与核准制都有各自不可避免的弊端,自20世纪七八十年代以来,各国和地区大都调整各自的证券发行审核制度,两种审核体制大有相互融合之趋势,如法国、德国开始重视证券发行的公开原则。我国台湾地区一向采取核准制,但于1988年修改其"证券交易法"时,改采核准制与申报制相结合的体制,规定有些证券的发行,适用申报制;除此之外的证券发行,仍适用核准制。

从我国《公司法》及《证券法》的规定来看,我国的证券发行实行核准制,由《证券法》及《公司法》规定证券发行的实质条件和程序,并由国务院证券监督管理机构或国务院授权的部门予以核准;未经核准,任何单位和个人不得向社会公开发行证券。具体来讲,对一般公司债券的发行申请由国务院授权的部门核准,对股票、可转换公司债券的公开发行报经中国证监会核准。2013年11月15日,《中共中央关于全面深化改革若干重大问题的决定》发布,强调要深化资本市场改革,"健全多层次资本市场体系,推进股票发行注册制改革,多渠道推动股权融资"。这一重要决定明确了今后我国证券发行体制改革的方向,即顺应市场化要求,实行股票发行的注册制。与此相应,我国《证券法》的修法工作也正在进行中。

我国的股票发行审核制度经历了一个演变过程。1998年《证券法》出台之前,我国采取发行规模和发行企业家数双重控制的办法,每年由证券主管部门下达公开发行股票的数量总规模,各地方和部委切分额度并确定预选企业,上报中国证监会批准。1998年《证券法》对这种严苛的行政审批和控制制度进行了改革,规定了证券发行实行核准制和批准制,即对股票公开发行采取核准制,由中国证监会核准;对公司债券的发行采用审批制,报国务院授权的部门审批。实践中,国家不再确定股票发行额度,发行申请人由主承销商推荐,由发行审核委员会审核,中国证监会核准。2003年12月5日,中国证监会发布《股票发行审核委员会暂行办法》,对之前的发行审核制度进行了改革。根据规定,股票发行审核委员会(简称发审委)对发行人的股票发行申请文件和证监会有关职能部门的初审报告进行审核,以投票方式对股票发行申请进行表决,提出审核意见;证监会在发审委审核意见的基础上,依照法定条件核准股票发行申请。2003年12月28日,中国证监会发布《证券发行上市保荐制度暂行办法》,根据该制度,发行人申请发行股票或可转换公司债券,保荐人负责发行人的上市推荐和辅导,核实公司发行文件中所载资料的真实、准确和完整性,协助发行人建立严格的信息披露制度,不仅承担上市后持续督导的责任,还将责任落实到个人。发审委制度和上市保荐制度进一步深化了发行制度从审批制向核准制的变革,弱化了行政审批,并对证券发行上市建立市场约束机制作了制度上的重要探索。现行《证券法》和《公司法》对证券发行审核制度作了进一步变革,将原来公司债券发行的审批制改为核准制,并对证监会2003年开始实行的证券发行上市保荐制度予以了确认。2005年修订的《证券法》所增加的第11条明确规定:"发行人申请公开发行股票、可转换为股票的公司债券,依法采取承销方式的,或者公开发行法律、行政法规规定实行保荐制度的其他证券的,应当聘请具有保荐资格的机构担任保荐人。保荐人应当遵守业务规则和行业规范,诚实守信,勤勉尽责,对发行人的申请文件和信息披露资料进行审慎核查,督导发行人规范运作。"

二、证券发行的原则

我国《公司法》第127条规定:"股份的发行,实行公平、公正的原则,同种类的每一股份应当具有同等权利。同次发行的同种类股票,每股的发行条件和价格应当相同;任何单位或者个人所认购的股份,每股应当支付相同价额。"《证券法》第3、4条分别规定:"证券的发行、交易活动,必须实行公开、公平、公正的原则。""证券的发行、交易活动的当事人具有平等的法律地位,应当遵守自愿、有偿、诚实信用的原则。"这些规定概括了证券发行应遵循的三项基本原则:

(一) 公开原则

公开原则,是指发行人发行证券时,应将与发行证券有关的一切信息向社会公开。这里的公开有两个含义:一是指发行人必须将证券发行的有关文件在指定的报刊上刊登,向社会公告;二是指任何投资者都有权通过合法途径获得有关的资料。公开的信息必须真实、准确、完整。公开的具体内容包括本次证券发行种类和数量、发行的方式、发行的对象、发行价格、发行条件、发行程序、发行文件(如公司章程,招股说明书)、发行资料(如财务会计文件)等。公开原则是证券发行中最重要的一条原则,是贯彻公平、公正原则的前提。实行公开原则,有利于保证投资者作出全面、准确的投资判断,强化对发行人的社会监督,有效地防止证券欺诈行为,保护投资者的利益。应当指出的是,公开原则是指证券发行信息的公开化,不是指证券发行只能采用公开发行的方式;发行证券,除公开发行以外,还可以采取定向发行等非公开发行的方式。

(二) 公平原则

公平原则具有两个含义:一是指证券发行当事人法律地位平等,发行人所发行的同一种证券应当具有同等的权利,享有同等的利益;二是指发行人同次发行的相同种类的证券,发行条件和发行价格应当相同。公平原则是自愿、有偿、诚实信用原则在证券发行中的体现,也是股东及其他证券发行当事人法律地位平等原则在证券认购领域的具体反映。只有实行公平原则,才能够保护投资者尤其是中小投资者的利益,确立平等竞争的市场机制。

(三) 公正原则

公正原则,是指证券发行必须遵守法律、行政法规,禁止证券发行中的不正当行为,以确保投资者得到公正对待。这里说的不正当行为包括内幕交易、欺诈和市场操纵等行为。这就要求证券监督管理部门以及其他有关部门切实采取措施,严厉查处证券发行中的不正当行为,保证国家金融秩序的稳定,维护广大投资者的利益。

三、证券发行的方式和条件

(一) 证券发行的方式

我国《证券法》增加了对证券发行方式的界定,为建立我国多层次的证券发行市场提供了基本法律依据。

根据我国《证券法》的规定,发行证券,可以采取公开发行的方式,也可以采取定向发行等非公开方式。公开发行证券,必须符合法律、行政法规规定的条件,并依法报经国务院证券监督管理机构或者国务院授权的部门核准;未经依法核准,任何单位和个人不得公开发行证券。具有下列情形之一的,为公开发行:一是向不特定对象发行证券;二是向累计超过200人的特定对象发行证券;三是法律、行政法规规定的其他发行行为。非公开发行证券,不得采用广告、公开劝诱和变相公开方式。

(二) 证券发行的条件

我国《公司法》《证券法》针对我国实际情况,对股票、公司债券的发行条件作出了颇具特色的规定。

1. 股票发行的条件

区分设立发行和新股发行,发行条件各有区别。

设立股份有限公司,可以采取发起设立也可以采取募集设立的方式。采用募集方式设立股份有限公司,由发起人认购公司应发行股份的一部分,其余股份向社会公开募集或者向特定对象募集。募集设立股份有限公司申请公开发行股票,应当符合我国《公司法》规定的条件和经国务院批准的国务院证券监督管理机构规定的其他条件。《公司法》对募集设立股份有限公司的条件作了规定,主要包括:注册资本为在公司登记机关登记的"实收"股本总额[①];应当有2人以上200人以下为发起人,其中须有半数以上的发起人在中国境内有住所;发起人认购的股份不得少于公司股份总数的35%,但法律、行政法规另有规定的,从其规定。应当指出,《公司法》规定的上述条件只是募集设立股份有限公司的最低条件,而采用公开募集方式设立股份有限公司,涉及公众投资者利益的保护,因此法律授权证券监管部门根据实际情况规定相应的发行条件,报经国务院批准。

股份有限公司成立后公开发行股份,即公开发行新股,必须具备《证券法》

[①] 这不同于以发起方式设立公司的注册资本的规定。股份有限公司采取发起设立方式设立的,注册资本为在公司登记机关登记的全体发起人"认购"的股本总额,发起人可以分期缴清所认购的出资。

规定的如下条件:(1)具备健全且运行良好的组织机构;(2)具有持续盈利能力,财务状况良好;(3)最近3年财务会计文件无虚假记载,无其他重大违法行为;(4)经国务院批准的国务院证券监督管理机构规定的其他条件。上市公司非公开发行新股,应当符合经国务院批准的国务院证券监督管理机构规定的条件,并报国务院证券监督管理机构核准。

2. 公司债券的发行条件

公司债券是公司依照法定程序发行的、约定在一定期限内还本付息的有价证券。除可转换公司债券外,一般的公司债券的发行,应按照《证券法》规定的条件,报经国务院授权的部门核准。

公开发行公司债券必须符合以下条件:(1)股份有限公司的净资产不低于人民币3000万元,有限责任公司的净资产不低于人民币6000万元;(2)累计债券余额不超过公司净资产的40%;(3)最近3年平均可分配利润足以支付公司债券1年的利息;(4)筹集的资金投向符合国家产业政策;(5)债券的利率不超过国务院限定的利率水平;(6)公开发行公司债券筹集的资金,必须用于核准的用途,不得用于弥补亏损和非生产性支出;(7)国务院规定的其他条件。

具有下列情形之一的,不得再次公开发行公司债券:(1)前一次公开发行的公司债券尚未募足;(2)对已公开发行的公司债券或者其他债务有违约或者延迟支付本息的事实,仍处于继续状态;(3)违反本法规定,改变公开发行公司债券所募资金的用途。

3. 可转换公司债券发行的条件

可转换债券,是指发行人依照法定程序发行的,在一定时期内依照约定的条件可以转换成股份的公司债券。可转换公司债券是公司债券的一种特殊形式,转换时发行公司应当按照约定向债券持有人换发股票,但债券持有人对是否转换为股票有选择权。我国《公司法》第162条规定:"上市公司经股东大会决议可以发行可转换为股票的公司债券,并在公司债券募集办法中规定具体的转换办法。上市公司发行可转换为股票的公司债券,应当报国务院证券监督管理机构核准。"我国《证券法》则进一步规定,上市公司发行可转换为股票的公司债券,除应当符合公开发行公司债券的条件外,还应当符合有关公开发行股票的条件。

4. 证券公司债券发行的条件

证券公司债券,是指证券公司依法发行的、约定在一定期限内还本付息的有价证券。2003年8月29日中国证监会发布、2004年10月18日修订的《证券公司债券管理暂行办法》对证券公司发行债券的监管进行了规定。证券公司发行债券必须符合规定的条件,并报经中国证监会批准。未经批准不得擅自发行或变相发行债券。证券公司债券经批准可以向社会公开发行,也可以向合格投资者定向发行。定向发行的债券不得公开发行或者变相公开发行。

关于证券公司公开发行债券的条件,除应当符合《公司法》规定的条件外,还应当符合下列要求:(1) 发行人为综合类证券公司;(2) 最近一期期末经审计的净资产不低于10亿元;(3) 最近1年盈利;(4) 各项风险监控指标符合中国证监会的有关规定;(5) 最近2年内未发生重大违法违规行为;(6) 具有健全的股东会、董事会运作机制及有效的内部管理制度,具备适当的业务隔离和内部控制技术支持系统;(7) 资产未被具有实际控制权的自然人、法人或其他组织及其关联人占用;(8) 中国证监会规定的其他条件。

关于证券公司定向发行债券的条件,除应当符合《公司法》规定的条件外,还应当符合前述证券公司公开发行债券的条件第(4)、(5)、(6)、(7)、(8)项规定的要求,且最近一期期末经审计的净资产不低于5亿元。定向发行的债券只能向合格投资者发行。合格投资者,是指自行判断具备投资债券的独立分析能力和风险承受能力,且符合下列条件的投资者:(1) 依法设立的法人或投资组织;(2) 按照规定和章程可从事债券投资;(3) 注册资本在1000万元以上或者经审计的净资产在2000万元以上。

第四节 对证券交易的监管

一、证券上市监管

(一) 证券上市制度概述

所谓证券上市,是指证券发行人已发行证券依照法定条件和程序,在证券交易所公开挂牌交易的法律行为。证券上市行为与证券发行行为不同,已发行的证券必须经过证券上市行为才能进入证券交易市场公开交易,可以说,上市行为是连接证券发行市场与交易市场的桥梁。

证券上市无论对于发行人还是投资者均有重要的意义。对于投资者而言,首先,证券上市为其提供了一个随时出售股票、债券以换取现金、减少投资风险的机会;其次,投资者可以通过股票、债券的买进卖出,投机获利;再次,规范的上市行为为投资者的证券交易增加了保险系数,使其交易相对于场外交易更为安全。对于证券发行公司来说,其证券上市的意义在于:第一,扩大了公司筹资的来源;第二,证券上市使公司获得了巨大的广告效应,极大地提高了公司的信誉和知名度;第三,股票上市使上市公司的股权分散,避免了因公司股票为少数人持有而控制公司、操纵行情的危险;第四,证券上市使公司置于全社会的监督之下,证券的上市条件与上市后的规范化要求,为公司在经营管理、财务会计诸方面,确立了国际标准,有利于提高公司的经营管理水平。

各国法律均对有关证券上市的一系列行为作出特殊规范。有关证券上市的条件与程序、上市公司的监管、上市证券的交易暂停与终止等一系列规范的总称，称为上市制度。各国上市制度的规定主要体现在有关证券法或证券交易法中。我国现行《公司法》《证券法》对原来的证券上市的立法例进行了修正，将原公司法中有关证券上市及交易的具体规定调整至《证券法》中，《公司法》只作出原则性规定，以与《证券法》衔接。

(二) 证券上市的条件和程序

为了保证上市证券的流通性和交易的安全，公司发行的证券必须具备一定的条件方可上市交易。

现行《证券法》降低了股票上市的条件，规定股份有限公司申请股票上市应具备的条件主要有：(1) 股票经国务院证券监督管理机构批准已向社会公开发行股票；(2) 公司股本总额不少于人民币3000万元；(3) 向社会公开发行的股份达公司股份总数的25%以上；公司股本总额超过人民币4亿元的，其向社会公开发行股份的比例为10%以上；(4) 公司最近3年无重大违法行为，财务会计报告无虚假记载；(5) 证券交易所可以规定高于前述上市条件，并报国务院证券监督管理机构批准。国家鼓励符合产业政策并符合上市条件的公司股票上市交易。

公司申请其公司债券上市交易应当符合的条件主要有：(1) 公司债券的期限为1年以上；(2) 公司债券实际发行额不少于人民币5000万元；(3) 公司申请其债券上市时仍符合法定的公司债券发行条件。

可转换公司债券在发行人股票上市或者拟上市的证券交易所上市。

证券公司债券申请上市应当符合下列条件：(1) 债券发行申请已获批准并发行完毕；(2) 实际发行债券的面值总额不少于2亿元；(3) 申请上市时仍符合公开发行的条件；(4) 中国证监会规定的其他条件。

公司申请其证券上市不仅应具备上述实质性条件，还必须履行法定的程序。根据我国法律的规定，证券上市必须进行上市申请。与世界上绝大多数国家和地区一样，我国也采取上市的自愿申请制度，由公司自主决定其已发行的证券是否申请在证券交易所上市交易。申请证券上市交易，应当向证券交易所提出申请，由证券交易所依法审核同意，并由双方签订上市协议；另外，证券交易所根据国务院授权的部门的决定安排政府债券上市交易。申请股票、可转换为股票的公司债券或者法律、行政法规规定实行保荐制度的其他证券上市交易，还应当聘请具有保荐资格的机构担任保荐人。证券上市交易申请经证券交易所审核同意后，签订上市协议的公司应当在规定的期限内公告证券上市的有关文件，并将其置备于指定场所供公众查阅。

（三）上市证券的暂停和终止上市

上市公司丧失公司法规定的上市条件的，其股票依法暂停上市或者终止上市。公司债券上市交易后，公司发生法律规定的情形的，其上市债券依法暂停上市或者终止上市。证券交易所根据《证券法》的授权，依法作出上市证券暂停上市、恢复上市和终止上市的决定。对证券交易所作出的不予上市、暂停上市、终止上市决定不服的，可以向证券交易所设立的复核机构申请复核。

证券交易所作出暂停上市、恢复上市和终止上市决定的主要依据除《证券法》外，还包括证券交易所各自的《上市规则》。根据《证券法》的规定，上市公司有下列情形之一的，证券交易所可以决定暂停其股票上市交易：(1) 公司股本总额、股权分布等发生变化不再具备上市条件；(2) 公司不按照规定公开其财务状况，或者对财务会计报告作虚假记载，可能误导投资者；(3) 公司有重大违法行为；(4) 公司最近3年连续亏损；(5) 证券交易所上市规则规定的其他情形。

上市公司有下列情形之一的，由证券交易所决定终止其股票上市交易：(1) 公司股本总额、股权分布等发生变化不再具备上市条件，在证券交易所规定的期限内仍不能达到上市条件；(2) 公司不按照规定公开其财务状况，或者对财务会计报告作虚假记载，且拒绝纠正；(3) 公司最近3年连续亏损，在其后一个年度内未能恢复盈利；(4) 公司解散或者被宣告破产；(5) 证券交易所上市规则规定的其他情形。

公司债券上市交易后，公司有下列情形之一的，由证券交易所决定暂停其公司债券上市交易：(1) 公司有重大违法行为；(2) 公司情况发生重大变化不符合公司债券上市条件；(3) 公司债券所募集资金不按照核准的用途使用；(4) 未按照公司债券募集办法履行义务；(5) 公司最近2年连续亏损。

公司有前段所述第1、4项所列情形之一经查实后果严重的，或者有前段所述第2、3、5项所列情形之一，在限期内未能消除的，由证券交易所决定终止其公司债券上市交易。公司解散或者被宣告破产的，由证券交易所终止其公司债券上市交易。

二、证券交易的限制与禁止

证券交易，又称证券买卖，是指已经依法发行的证券在不同的投资者之间有偿转让的行为。由于证券交易尤其是上市证券的交易公众性强，交易又具有很高的技术性等，证券交易中的违法行为往往更具有隐蔽性和破坏性，因此，各国都通过加强证券交易监管立法来防范和惩治各种非法证券交易行为。我国《证券法》第三章第四节专门规定了禁止的证券交易行为，《公司法》也对证券交易的一般性限制和禁止作了原则性规定。

（一）证券交易的一般性限制和禁止规定

根据我国《公司法》《证券法》等法律和有关法规的规定，证券交易首先须遵从如下一般性规定：

（1）证券交易当事人依法买卖的证券，必须是依法发行并交付的证券；非依法发行的证券，不得买卖。

（2）依法发行的证券，法律对其转让期限有限制性规定的，在规定的期限内不得买卖。根据《公司法》的规定，发起人持有的本公司股份，自公司成立之日起1年内不得转让；公司公开发行股份前已发行的股份，自公司股票在证券交易所上市交易之日起1年内不得转让。公司董事、监事、高级管理人员应当向公司申报所持有的本公司的股份及其变动情况，在任职期间每年转让的股份不得超过其所持有本公司股份总数的25%；所持本公司股份自公司股票上市交易之日起1年内不得转让；上述人员离职后半年内，不得转让其所持有的本公司股份。公司章程还可以对公司董事、监事、高级管理人员转让其所持有的本公司股份作出其他限制性规定。

（3）除特殊情形外，公司不得收购本公司股份。这些除外情形包括：减少公司注册资本；与持有本公司股份的其他公司合并；将股份奖励给本公司职工；股东因对股东大会作出的公司合并、分立决议持异议，要求公司收购其股份的。公司回购本公司股份，必须按照法律规定的条件和程序进行。另外，公司亦不得接受本公司的股票作为质押权的标的。

（4）受法律禁止的人员在法定期间内不得买卖股票。这主要是指：第一，证券交易所、证券公司、证券登记结算机构从业人员、证券监督管理机构的工作人员以及法律、行政法规禁止参与股票交易的其他人员，在任期或者法定期限内，不得直接或者以化名、借他人名义持有、买卖股票，也不得收受他人赠送的股票。任何人在成为前述人员时，其原已持有的股票，必须依法转让。第二，为股票发行出具审计报告、资产评估报告或者法律意见书等文件的证券服务机构和人员，在该股票承销期内和期满后6个月内，不得买卖该种股票。此外，为上市公司出具审计报告、资产评估报告或者法律意见书等文件的证券服务机构和人员，自接受上市公司委托之日起至上述文件公开后5日内，不得买卖该种股票。

（5）规制短线交易。受法律限制主体从事短线交易，公司有权对其短线交易收益行使归入权，即上市公司董事、监事、高级管理人员、持有上市公司股份5%以上的股东，将其持有的该公司的股票在买入后6个月内卖出，或者在卖出后6个月内又买入，由此所得收益归该公司所有，公司董事会应当收回其所得收益。但是，证券公司因包销购入售后剩余股票而持有5%以上股份的，卖出该股票不受6个月时间限制。公司董事会不按照该规定执行的，股东有权要求董事会在30日内执行。公司董事会未在上述期限内执行的，股东有权为了公司的利益以自己的名义直接向人民法院提起诉讼。另外,公司董事会不按照上述规定执行的,负有责任的董事依法承担连带责任。

(6) 证券交易须以法定的方式进行。在当今国际证券市场,证券交易的方式多种多样,有证券现货交易①、期货交易②、期权交易③、信用交易④等。由于证券期货交易、期权交易、信用交易投机性大,原证券法考虑到我国证券市场尚处于初级阶段,为保证证券市场的稳定发展,只允许以现货方式进行证券交易。但随着证券市场的逐渐成熟和投资者的理性投资理念的逐步形成,应允许适当的证券期货、期权交易,以活跃市场,并提供更多的风险规避工具。鉴于此,经修订的《证券法》第 42 条规定:"证券交易以现货和国务院规定的其他方式进行交易。"这就为金融创新留出了必要的法律空间。

(二) 禁止内幕交易

内幕交易,指知悉证券交易内幕信息的知情人和非法获取内幕信息的其他人员违反法律规定,泄漏内幕信息、根据内幕信息买卖证券或者建议他人买卖该证券的行为。我国《证券法》第 73 条明确规定:"禁止证券交易内幕信息的知情人和非法获取内幕信息的人利用内幕信息从事证券交易活动。"第 76 条第 3 款则进一步规定:"内幕交易行为给投资者造成损失的,行为人应当依法承担赔偿责任。"

界定内幕交易行为,关键在于确定哪些人构成内幕交易责任主体,哪些信息构成内幕信息。

1. 内幕交易责任主体

内幕交易责任主体主要是指掌握内幕信息并利用内幕信息进行交易的人,包括内幕人和非内幕人。

内幕人即内幕信息的知情人,指由于职业关系或通过合法途径能够接触或获得内幕信息的人员。我国《证券法》对内幕信息知情人包括的范围进行了具体列举:证券发行人的董事、监事、经理、高级管理人员;持有公司 5% 以上股份的股东及其董事、监事、高级管理人员,公司的实际控制人及其董事、监事、高级管理人员;发行人控股的公司及其董事、监事、高级管理人员;由于所任公司职务

---

① 证券现货交易,又称即期交易,指证券出让方将证券立即交付受让方,受让方即时支付现款的证券交易方式。

② 证券期货交易,指证券交易双方在签订买卖合同后并不立即执行,而是按合同中约定的价格在将来某一日期进行交割和清算。

③ 证券期权交易,又称选择权交易,是证券交易双方当事人约定在未来期限内,以特定价格买进或卖出指定证券,或放弃买进或卖出指定证券的交易。

④ 信用交易,又称保证金交易,是指交易者在买卖证券时,只需向证券经纪人交付一定的保证金或证券,其差额由经纪人提供融资或融券的交易方式。信用交易分为融资买进(买空)和融券卖出(卖空)两类。

可以获取公司有关内幕信息的人员;证券监督管理机构工作人员以及由于法定职责对证券的发行、交易进行管理的其他人员;保荐人、承销的证券公司、证券交易所、证券登记结算机构、证券服务机构的有关人员;国务院证券监督管理机构规定的其他人。

非内幕人即其他内幕信息获取人,是指以非法手段获取内幕信息或者因内幕人泄密而掌握内幕信息的人员。我国《证券法》第76条规定:"证券交易内幕信息的知情人和非法获取内幕信息的人,在内幕信息公开前,不得买卖该公司的证券,或者泄露该信息,或者建议他人买卖该证券。"

2. 内幕信息

内幕交易中的内幕信息,一般是指对投资者投资决策有重大影响的尚未公开的信息。根据我国《证券法》第75条的规定,内幕信息指"证券交易活动中,涉及公司的经营、财务或者对该公司证券的市场价格有重大影响的尚未公开的信息"。其具体范围包括我国《证券法》第67条第2款列举的12项重大事件以及第75条第2款列举的其他8项信息。

(三) 禁止市场操纵

证券市场操纵行为,也被称为操纵证券价格行为,是指任何单位和个人利用所掌握的资金、信息等优势或者滥用职权影响证券交易价格或证券交易量的行为。市场操纵是一种扭曲证券价格机制,破坏证券市场自由竞争关系,严重损害中小投资者合法权益,扰乱经济市场秩序的行为,在各国无一例外地被视为是一种违法行为甚至犯罪行为施以严厉监管。

我国对市场操纵行为一向采取严格禁止的态度。《股票发行与交易管理暂行条例》以及《禁止证券欺诈行为暂行办法》都曾对市场操纵行为的类型及其法律责任作了明确规定。《证券法》在总结以往法律规定经验基础上,对市场操纵行为的类型及行为人所应承担的法律责任进行了具体规定。具体来说,操纵市场的行为包括:(1)单独或者通过合谋,集中资金优势、持股优势或者利用信息优势联合或者连续买卖,操纵证券交易价格或者证券交易量;(2)与他人串通,以事先给定的时间、价格和方式相互进行证券交易,影响证券交易价格或者证券交易量;(3)在自己实际控制的账户之间进行证券交易,影响证券交易价格或者证券交易量;(4)以其他手段操纵证券市场。操纵证券市场行为给投资者造成损失的,行为人应当依法承担赔偿责任。

(四) 禁止不实陈述

不实陈述行为是各国证券立法规制的重点。我国《证券法》对不实陈述行为及其法律责任作了规定。概括地讲,不实陈述指承担信息披露义务的义务人对证券发行、交易及其相关活动的事实、性质、前景、法律事项作出虚假、严重误导或者有重大遗漏陈述的行为。不实陈述行为不仅可能发生在证券发行过程中,也可能发生在证券交易活动中,据此可以分为证券发行市场的不实陈述行为和证券交易市场的不实陈述行为。另外,不实陈述行为往往还伴有其他证券欺诈行为,如内幕交易和市场操纵行为,因而会产生法律责任的竞合。不实陈述主要表现为虚假记载、误导性陈述和重大遗漏三种行为样态。所谓虚假陈述,指在信息披露文件上或以其他任何方式作出与事实不符的记载或表述。所谓重大遗漏,指对依法应予披露的信息未作披露。所谓误导性陈述,指对所披露的事实由于陈述上的缺陷而使投资者对该事实有偏差的或完全相反的理解,从而影响其投资决策。

另外,我国《证券法》第 76 条还对除上述信息披露义务人以外的信息误导行为进行了规范,明确规定:禁止国家工作人员、新闻媒介从业人员和有关人员编造、传播虚假信息,扰乱证券市场;禁止证券交易所、证券公司、证券登记结算机构、证券服务机构及其从业人员、证券业协会、证券监督管理机构及其工作人员,在证券交易活动中作出虚假陈述或者信息误导;各种传播媒介传播证券交易信息必须真实、客观,禁止误导。

(五) 禁止欺诈客户

欺诈客户行为,是指证券公司及其从业人员在证券交易中违背客户真实意思表示,损害客户利益的各种欺诈行为。我国《证券法》严禁各种欺诈客户的行为,并明确规定欺诈客户行为给客户造成损失的,行为人应当依法承担赔偿责任。这些行为主要包括:违背客户的委托为其买卖证券;不在规定的时间内向客户提供交易的书面确认文件;挪用客户所委托买卖的证券或者客户账户上的资金;未经客户的委托,擅自为客户买卖证券,或者假借客户名义买卖证券;为牟取佣金收入,诱使客户进行不必要的证券买卖;利用传播媒介或者通过其他方式提供、传播虚假或者误导投资者的信息;其他违背客户真实意思表示,损害客户利益的行为。

三、证券信息持续公开制度

证券信息持续公开制度是证券市场公开原则的具体体现,它要求证券发行人及其他义务人在证券发行、上市时以及上市后,应将与证券发行、上市以及上市后有关的一切情况真实、准确、完整、及时地向社会公开,任何投资者都有权通过合法途径获得有关的资料,以供其作出投资判断。实现证券信息持续公开制度,旨在保护投资者的利益,强化对发行人和上市公司的社会监督,有效地防止证券欺诈行为。

实行信息持续公开制度,必须遵循真实、准确、完整、及时的原则。信息公开的真实原则,要求所公开的信息不得有虚假记载;准确原则,要求所公开的信息不得有误导性陈述;完整原则,要求所公开的信息不得有重大遗漏;及时原则,要求必须在法定时间或期间内公开有关的信息,不得延误。我国《证券法》增加规定了有关上市公司董事、监事和高级管理人员所应承担的信息披露义务,明确要求上市公司董事、高级管理人员应当对公司定期报告签署书面确认意见,上市公司监事会应当对董事会编制的公司定期报告进行审核并提出书面审核意见,上市公司董事、监事、高级管理人员应当保证上市公司所披露的信息真实、准确、完整。

法定必须公开的信息主要包括:

第一,证券发行的信息,如招股说明书、公司债券募集办法、公司财务会计文件等。

第二,证券上市的信息,如上市报告书、上市核准文件、公司章程等。

第三,定期报告,主要指中期报告和年度报告。股票或者公司债券上市交易的公司,应当在每一会计年度的上半年结束之日起2个月内,向国务院证券监督管理机构和证券交易所报送中期报告,并予以公告;在每一会计年度结束之日起4个月内,向国务院证券监督管理机构和证券交易所报送年度报告,并予以公告。

第四,临时报告,主要指重大事件报告。发生可能对上市公司股票交易价格产生较大影响、而投资者尚未得知的重大事件时,上市公司应当立即将有关该重大事件的情况向国务院证券监督管理机构和证券交易所报送临时报告,并予公告,说明事件的起因、目前的状态和可能产生的法律后果。《证券法》第67条对"重大事件"的范围作了规定,如公司的经营方针和经营范围发生重大变化,公司订立重要合同、公司的重大投资行为或重大的资产购置行为,公司发生重大债务或者重大亏损、重大诉讼,公司的董事、1/3以上监事或者经理发生变动,公司减资、合并、分立、解散、申请破产,公司涉嫌犯罪被司法机关立案调查,公司董事、监事、高级管理人员涉嫌犯罪被司法机关采取强制措施等。

第五,5%以上股东的权益变动报告和上市公司收购报告。通过证券交易所的证券交易,投资者持有或者通过协议、其他安排与他人共同持有1个上市公司已发行的股份达到5%时,应当向国务院证券监督管理机构、证券交易所、该上市公司依法报告或通知,并予以公告;其后该投资者持有或者通过协议、其他安排与他人共同持有该上市公司的已发行股份比例每增减5%,也应依法报告和公告。以协议方式收购上市公司时,达成收购协议后,收购人必须依法向国务院证券监督管理机构、证券交易所作出书面报告,并予以公告;在公告前不得履行收购协议。通过证券交易所的证券交易或者通过协议收购方式,投资者持有或者通过协议、其他安排与他人共同持有1个上市公司已发行的股份达到30%时,继续进行收购的,应当依法向该上市公司所有股东发出收购上市公司全部或者部分股份的要约。但在符合法律法规规定条件的情况下,国务院证券监督管理机构可以依法豁免收购人的要约义务。

依法必须作出的公告,应当在国家有关部门规定的报刊上或者在专项出版的公报上刊登,同时将其备置于公司住所、证券交易所,供社会公众查阅。

四、上市公司收购监管

上市公司收购,是指投资者依法收购上市公司已发行股份以达到取得该公司控制权或与该公司合并目的的行为。

上市公司收购有两种基本形式:一是协议收购方式,即收购者依照法律、行政法规的规定同被收购公司的股东以协议方式转让股权,进行上市公司的收购;二是要约收购方式,即收购者依法通过向上市公司股东发出收购要约的方式进行的收购。除上述两种方式外,还可以采取其他合法方式收购上市公司,如通过证券交易所集中竞价方式购买、国有股权行政划转、司法裁决、继承、赠与等。

上市公司收购是证券市场发展中的必然现象,它对于收购人、被收购的上市公司、上市公司股东、上市公司的管理人员、雇员、债权人乃至证券市场,都会产生重大影响。因此,各国都将上市公司收购行为作为一项重要的证券监管内容加以规定。同时,各国也以反垄断法来规制上市公司收购所产生的垄断问题。我国对上市公司收购的规范主要见于《证券法》《公司法》以及中国证监会有关上市公司收购管理的规定中。这些立法对上市公司收购行为监管的侧重点在于建立相应的信息披露机制以及上市公司股东尤其是小股东利益的保护机制上。其主要内容有以下几方面:

(一) 权益变动报告与公告制度

(1) 5%以上股东的报告和信息公开义务。如前所述,通过证券交易所的证券交易,投资者持有或者通过协议、其他安排与他人共同持有1个上市公司已发行的股份达到5%时,以及其后该投资者持有或者通过协议、其他安排与他人共同持有该上市公司的已发行股份比例每增减5%时,都应依法报告和公告。报告、公告期限为上述事实发生之日起3日内。

(2) 限制股票的持续买进。投资者持有或者通过协议、其他安排与他人共同持有1个上市公司已发行的股份达到5%时,在依法报告和公告期间内,不得再行买卖该上市公司的股票;其后在其持有或者通过协议、其他安排与他人共同持有的股份每增减5%时,在报告期间内和作出报告、公告后2日内,不得再行买卖该上市公司的股票。

(二) 强制要约收购制度

(1) 强制要约收购义务。我国《证券法》对上市公司收购制度作了较大调整,将原来规定的收购人的强制性全面要约收购制度改为强制性比例要约收购制度。根据我国《证券法》的规定,无论通过证券交易所的证券交易还是通过协议收购的方式,投资者持有或者通过协议、其他安排与他人共同持有1个上市公司已发行的股份达到30%时,继续进行收购的,应当依法向该上市公司所有股东发出收购上市公司全部或者部分股份的要约,并事先向国务院证券监督管理机构报送上市公司收购报告书。该规定旨在保证当上市公司被大量买进的投资者控制时,上市公司其他股东起码拥有向该收购者卖出所持全部或部分股票的权利。在协议收购方式下,经国务院证券监督管理机构批准,可以免除收购人的要约收购义务。

(2) 要约收购中小股东利益的保护。为了保证被收购公司的所有股东得到公平待遇,并能作出准确的出售股份的选择,我国《证券法》规定了一些措施以维护收购中小股东的利益。例如:在发出部分要约的情况下,收购上市公司部分股份的收购要约中应当约定,被收购公司股东承诺出售的股份数额超过预定收购的股份数额的,收购人按比例进行收购;收购要约约定的收购期限不得少于30日,并不得超过60日;在收购要约确定的承诺期限内,收购人不得撤回其收购要约,收购人需要变更收购要约的,必须事先向国务院证券监督管理机构及证券交易所提出报告,经批准后,予以公告;收购要约中提出的各项收购条件,适用于被收购公司的所有股东;收购人在收购期限内,不得卖出被收购公司的股票,也不得采取要约规定以外的形式和超出要约的条件买入被收购公司的股票;收购要约的期限届满,被收购公司的股权分布不符合上市条件的,其余仍持有该上市公司股票的股东,有权向收购要约人以收购要约的同等条件出售其股票,收购人应当收购。

(三) 要约收购义务的豁免

根据我国《证券法》第96条的规定,在协议收购的情况下,经国务院证券监督管理机构批准,可以免除收购人的要约收购义务。要约收购义务豁免的条件和程序由国务院证券监督管理机构进行具体规定。

(四) 收购的法律后果

要约收购期满或者协议收购完成后,被收购公司的股权分布不符合上市条件的,不再具备上市资格,该上市公司的股票应终止在证券交易所的上市交易。收购行为完成后,被收购公司不再具备股份有限公司条件的,如股份被收购者一人全部持有,应当依法变更企业形式。收购行为完成后,收购人与被收购公司合并,并将该公司解散的,被解散公司的原有股票由收购人依法更换。在上市公司收购中,收购人持有的被收购的上市公司的股票,在收购行为完成后的12个月内不得转让。

第五节 违反证券监管法的法律责任

一、证券违法行为的概念和种类

证券违法行为,是指在证券发行、交易及其相关活动中违反法律、法规的行为。严重的证券违法行为的危害极大,不仅破坏了证券市场秩序,而且损害了证券投资者的合法权益,甚至还会影响社会秩序的稳定。因此,各国都将证券违法行为及其法律责任在证券立法或其他有关立法中作了规定。

根据我国《证券法》以及其他有关法律、法规的规定,证券违法行为主要分为以下几类:

(1)违反信息公开文件真实保证义务。这是指在证券发行、上市、交易以及相关活动中,证券发行人未按规定披露信息,或者证券发行人以及为证券的发行、上市、交易活动出具审计报告、资产评估报告、法律意见书等文件的专业机构,对所披露的信息或者所出具的文件有虚假记载、误导性陈述或者有重大遗漏的行为。

(2)内幕交易。这是指知悉证券交易内幕信息的知情人和非法获取内幕信息的人违反法律规定,泄漏内幕信息、根据内幕信息买卖证券或者建议他人买卖该证券的行为。详见前述。

(3)操纵市场。这是指任何单位和个人利用所掌握的资金、信息等优势或者滥用职权影响证券交易价格或证券交易量的行为。详见前述。

(4)欺诈客户。这是指证券公司及其从业人员在证券交易中违背客户真实意思表示,损害客户利益的各种欺诈行为。详见前述。

(5)信息误导。这是指国家工作人员、新闻媒介从业人员和有关人员编造、传播虚假信息,扰乱证券市场的行为以及证券交易所、证券公司、证券登记结算机构、证券服务机构及其从业人员、证券业协会、证券监督管理机构及其工作人员,在证券交易活动中作出虚假陈述或者信息误导的行为。

(6)违反对证券发行的审核。这主要包括三方面的违法行为:一是指非法公开发行,即未经法定机关核准,擅自公开或者变相公开发行证券的行为;二是指虚假发行,即发行人不符合发行条件,以欺骗手段骗取发行核准的行为;三是指证券公司承销或者代理买卖未经核准擅自公开发行的证券的行为。

(7)违反对证券交易场所和证券经营机构的监管。这主要包括:非法开设证券经营场所;未经批准擅自设立证券公司或者非法经营证券业务;证券公司违反证券承销业务规定承销证券;证券公司违反规定从事证券自营业务;证券公司违反规定,未经批准经营非上市证券的交易;证券公司成立后,无正当理由超过3个月未开始营业,或者开业后自行停业连续3个月以上;证券公司超出业务许可范围经营证券业务;证券公司对其证券经纪业务、证券承销业务、证券自营业务、证券资产管理业务,不依法分开办理,混合操作;证券公司违反法律规定,为客户买卖证券提供融资融券;证券公司或者其股东、实际控制人违反规定,拒不向证券监督管理机构报送或者提供经营管理信息和资料,或者报送、提供的经营管理信息和资料有虚假记载、误导性陈述或者重大遗漏;提交虚假证明文件或者采取其他欺诈手段隐瞒重要事实骗取证券业务许可;未经证券监督管理机构批准,擅自设立证券登记结算机构;投资咨询机构、财务顾问机构、资信评级机构、资产评估机构、会计师事务所未经批准,擅自从事证券服务业务;保荐人出具有虚假记载、误导性陈述或者重大遗漏的保荐书,或者不履行其他法定职责。

(8) 违反对证券交易限制的规定。这主要包括:违反法律规定,在限制转让期限内买卖证券;上市公司的董事、监事、高级管理人员、持有上市公司5%以上股份的股东,违反有关短线交易的规定买卖本公司股票;法律、行政法规规定禁止参与股票交易的人员,直接或者以化名、借他人名义持有、买卖股票;为股票的发行、上市、交易出具审计报告、资产评估报告或者法律意见书等文件的证券服务机构和人员,违反法律规定买卖股票。

(9) 国务院授权部门、证券监督管理机构及其工作人员违反法定职责。这主要包括:证券监督管理机构或者国务院授权部门对不符合法律规定的证券发行设立证券公司等申请予以核准或批准;证券监督管理机构或者国务院授权部门违反规定采取现场检查、调查取证、查询、冻结或者查封等措施;证券监督管理机构或者国务院授权部门违反规定对有关机构和人员实施行政处罚;证券监督管理机构的工作人员和发行审核委员会的组成人员,不履行法定职责,滥用职权、玩忽职守,利用职务便利牟取不正当利益,或者泄露所知悉的有关单位和个人的商业秘密。

(10) 其他证券违法行为。例如:违反法律规定,法人以他人名义设立账户或者利用他人账户买卖证券;收购人违反上市公司收购的法定程序,未按照法律规定履行上市公司收购的公告、发出收购要约、报送上市公司收购报告书等义务或者擅自变更收购要约;收购人或者收购人的控股股东利用上市公司收购损害被收购公司及其股东的合法权益等行为。

二、证券违法行为的法律责任

证券违法行为的行为人应承担的法律责任包括:(1) 民事责任。即证券违法行为给他人造成侵害和损失时,违法行为人应当承担的民事赔偿和其他民事责任,包括停止侵害、返还财产、赔偿损失、支付违约金等。(2) 行政责任。即证券监督管理机构及其他有关主管机构对证券违法行为人所采取的行政处罚措施,包括警告、罚款、责令退还非法所筹股款或债款、没收非法所得、暂停或取消证券发行资格、暂停或取消其上市资格、暂停或撤销证券业务经营资格或从业资格、实施证券市场禁入等。(3) 刑事责任。即国家审判机关对犯有严重的证券违法行为并且触犯刑律、构成犯罪者所采取的刑事处罚措施,包括管制、拘役、徒刑、死刑、罚金、没收财产等。

第十八章　保险监管法律制度

第一节　保险监管与保险监管法概述

一、保险监管与保险监管法的概念

古往今来,风云叵测,世事无常。面对各种不确定性可能产生的各类风险,各类主体都在寻求化解之策,以求安康平顺地获得保障和保全。基于人类对防范和化解风险的保障措施的追求,保险制度得以应运而生。

从既存的保险制度来看,保险可以分为多种类型。[①] 例如:基于保险的性质,可有商业保险与社会保险之分;基于保险的标的,又有财产保险与人身保险之别;基于保险的实施方式,尚有强制保险与自愿保险之差,等等。保险的类型不同,相关主体的权利义务也各异,并形成了不同保险制度的分野。

一般说来,上述的商业保险,对应于传统的保险法;而上述的社会保险,则对应于新兴的社会保险法或社会保障法。基于体例安排,本章所涉及的保险是指商业保险,这也是传统的狭义上的保险。

传统的狭义上的保险,历史较为悠久。按照学界通说,保险制度在 14 世纪的海上贸易中就已经产生,并日益形成了一套缜密的保险法规范。我国在实行市场经济体制以后,对保险法制建设更加重视。为了规范保险活动,保护当事人合法权益,加强对保险业的监督管理,全国人大常委会于 1995 年 6 月 30 日通过了《中华人民共和国保险法》(以下简称《保险法》),在 2002 年 10 月 28 日对该法进行修改、2009 年 2 月 28 日对该法进行修订后,又于 2014 年 8 月 31 日、2015 年 4 月 24 日对该法进行了修改。现行的《保险法》与相关立法主体陆续制定的一系列配套的制度一起,共同构成了我国的保险法律制度。

依据《保险法》的规定,所谓保险,是指投保人根据合同约定,向保险人支付保险费,保险人对于合同约定的可能发生的事故因其发生所造成的财产损失承担赔偿保险金责任,或者当被保险人死亡、伤残、疾病或者达到合同约定的年龄、

---

① 在保险学上对于保险的分类也并不一致,但关于商业保险和社会保险、财产保险和人身保险、强制保险和任意保险的分类,是人们普遍较为关注的。

期限等条件时承担给付保险金责任的商业保险行为。① 对于具体的商业保险行为,需要民商法来加以规范,但对于整体上的保险业还需要加强保险监管,对于保险监管关系还需要经济法的有效调整。

从形式上的立法规定来看,《保险法》主要涉及两类规范:一是关于保险合同的法律规范;二是关于保险监管的法律规范。所谓保险监管,是指由法定的职能机构对保险业实施的监督和管理。保险监管同银行监管、证券监管等一样,作为金融监管的一种类型,属于国家对特殊行业的特殊监管,因而适用于有关监管的一般原理。

依据金融监管的一般原理,对保险业的监管,不仅包括对整个保险行业的规模、运行等方面的监管,而且还包括对整个保险市场上的市场主体及其市场行为的监管。上述各类监管,同样需要依法进行,因而就需要有专门的保险监管法规范。

保险监管法是调整在国家对保险业进行监督管理的过程中发生的经济关系的法律规范的总称。

目前,我国虽然没有制定专门的《保险监管法》,但却存在许多保险监管方面的法律规范,它们散见于相关的保险立法中。例如,在我国的《保险法》《中华人民共和国外资保险公司管理条例》②等法律、法规中,都有有关保险监管的法律规范。此外,中国保监会还制定了《保险公司管理规定》《保险保障基金管理办法》《保险经纪机构管理规定》《保险代理机构管理规定》等规章,其中包含了大量的保险监管的内容。从立法现状来看,我国保险监管立法的数量和层次都还有待于提高,还应当对保险监管目标、保险监管机构及其职权、保险监管的主要内容和类型等问题作出进一步的明确规定。

二、保险监管的目标及其理论基础

保险监管的主要目标,是通过对整个保险业的监督、管理,特别是通过对保险市场的有效规制,来防范和化解风险,保障保险业的安全和稳健运营,保护相关主体的合法权益,促进保险事业的有序发展。

保险监管的上述目标的确立,有其经济学和法学方面的理论基础。由于保险监管是金融监管的一种类型,同时,也是政府进行市场监管的特殊形式,因此,保险监管的目标同金融监管和市场监管的目标在总体上是一致的,在目标确立

---

① 对于海上保险、农业保险等特殊保险以及涉外金融机构等特殊机构的保险活动的法律适用问题,《保险法》在第184—186条有专门的规定。此外,国务院曾于2012年10月发布《农业保险条例》,自2013年3月1日起施行。

② 国务院通过的《中华人民共和国外资保险公司管理条例》已于2001年12月发布,自2002年2月1日起施行。2013年5月30日,国务院决定对该《条例》的第7条作出修改,自2013年8月1日起施行。

的理论基础方面也具有总体上的一致性。

从经济学理论来看,市场失灵理论、公共物品理论等,与保险监管目标的确立有重要关联。例如,从市场失灵理论来看,针对导致市场失灵的各种原因,必须有针对性地采取加强监管等规制措施,来解决市场失灵带来的危害。事实上,导致市场失灵的垄断及不正当竞争、信息偏在等,都会影响保险市场的有效运行,从而影响整个保险业的有序发展。因此,通过加强在结构和行为方面的保险监管,来解决保险领域的垄断和不正当竞争问题,并通过加强信息披露方面的保险监管,来解决信息偏在问题,化解道德风险,有助于促进保险业和保险市场的健康发展。

此外,从公共物品理论来看,确保公共安全,是社会公众的共同目标。但公共安全,包括公共经济安全,作为一种公共物品,是市场主体都需要但又无法有效提供的,因而只能由政府来提供。就保险业而言,在保险市场上如何降低相关风险,增进交易安全,对于各类相关主体来说都是非常重要的。保险机构与各类相关主体一样,都以自身的利益最大化为目标,因此,需要通过加强监管来避免相关主体出现"利令智昏"的问题。

从法学的角度来看,公平、正义、安全、秩序等往往被认为是法律的基本价值,对保险业加强监管,同上述价值的实现是一致的。事实上,上述价值的实现,本身也是公共物品的提供。从基本人权的角度来看,加强保险监管,有助于降低保险风险,促进安全和秩序价值的实现,保障基本人权,因此,加强保险监管尤其重要。

三、保险监管机构及其职权

根据《保险法》的规定,国务院保险监督管理机构依照该法负责对保险业实施监督管理。基于深化保险体制改革、切实加强保险业监管、防范和化解保险业风险的考虑,作为国务院保险监督管理机构的中国保险监督管理委员会(简称中国保监会)于1998年11月18日成立。中国保监会作为全国商业保险的主管部门,同中国银监会、中国证监会等一样是国务院直属正部级事业单位,根据国务院授权履行监管职能,依法统一监管全国保险市场,维护保险业的合法、稳健运行。[①]

为了加强保险监管,中国保监会依法可以在各省级行政区和计划单列市设置监管局,作为自己的派出机构。中国保监会对派出机构实行垂直领导、统一管理。

各派出机构直接对中国保监会负责,在中国保监会授权范围内行使监管

---

① 参见国务院《关于成立中国保险监督管理委员会的通知》(国发[1998]37号)。

职权。

中国保监会的主要任务是：拟定有关商业保险的政策法规和行业发展规划；依法对保险企业的经营活动进行监督管理和业务指导，维护保险市场秩序，依法查处保险企业违法违规行为，保护被保险人利益；培育和发展保险市场，推进保险业改革，完善保险市场体系，促进保险企业公平竞争；建立保险业风险的评价与预警系统，防范和化解保险业风险，促进保险企业稳健经营与业务的健康发展。

对应于上述主要任务，中国保监会主要有以下监管职权：

一是发展规划权。中国保监会及其派出机构有权拟订全国或辖区内的保险业发展的方针政策，制定行业发展战略和规划。

二是监管立法权。中国保监会有权起草保险业监管的法律、法规，制定业内规章。其派出机构在实施中国保监会规章的过程中，可根据辖区内的实际情况制定相关实施细则和具体办法。

三是机构审批权。中国保监会有权审批各类保险公司及其分支机构的设立，有权审批各类保险中介机构及其分支机构的设立，有权审批涉外保险机构的设立，有权审批保险机构的变更和终止事项。其派出机构有权管理辖区内有关保险公司分支机构和保险中介机构的设立、变更、撤销等事项。

四是条款监管权。中国保监会有权审批关系社会公共利益的重要险种的保险条款，特别是其中的保险费率；此外，对于其他险种的保险条款实施备案管理。

五是资金监管权。中国保监会有权监管保险保证金，依法监管保险公司的资金运用，依法监管保险公司的偿付能力。

六是任职监管权。中国保监会有权审查、认定各类保险机构高级管理人员的任职资格，有权制定保险从业人员的基本资格标准。

七是市场监控权。中国保监会有权建立保险风险评价预警和监控体系，跟踪分析、监测、预测保险市场运行状况。有权对保险机构和保险从业人员的不正当竞争等破坏市场秩序的行为进行调查、处罚。

四、保险监管的主要内容和类型

通过上述的保险监管职权，可以大体上概括出保险监管的主要内容。如前所述，保险监管不仅包括对整个保险业的规模、运行等方面的监管，也包括对整个保险市场的监管。其中，对保险市场的监管，在整个保险监管中居于重要地位，并直接影响着整个保险业的监管水平。由于对保险业监管的重点，就是监管保险机构及其行为，或者说主要是对保险市场的监管，因此，"对保险业的监管"与"对保险市场的监管"这两个概念，有时也被概括地、不加区分地使用，但从相关法律规定和严格意义上说，保险监管一般还是被定位为"对保险业的监管"，因为它包含了"对保险市场的监管"。

对保险业的监管,同上述保监会的职权直接相关。例如,上述宏观上的发展规划权的行使,就涉及整个保险业,实际上是一种更高层面的监管。同时,上述的监管立法权,为整个保险监管奠定了重要的制度基础。此外,机构审批权的行使,不仅直接影响保险业的规模,也会影响保险市场的结构,因而对保险业的监管和保险市场的监管,都会产生重要影响。

需要强调的是,对保险市场的监管,主要是对作为市场主体的保险机构及其市场行为的监管。由于保险机构是保险市场上的重要主体,因而在其市场准入与市场退出方面,涉及机构审批权的行使;而在经营管理方面,保险机构的人员如何任职、资金如何运用,则与任职监管权、资金监管权的行使直接相关。此外,保险机构如何从事市场交易行为,是否有不正当竞争等破坏市场秩序等问题,还与条款监管权、市场监控权的行使直接相关。

可见,对保险业监管的诸多方面,都与上述保监会的各类监管职权的行使直接相关。透过这些职权的行使,可以更清晰地看到保险监管的内容。

与上述的保险监管职权、内容等密切相关,保险监管还可以分为多种类型。较为重要的一种分类,是把保险监管分为结构监管、行为监管和绩效监管三种。其中,结构监管的对象,主要侧重于保险市场的结构、保险业的规模,侧重于各类保险机构的设立、变更和终止。行为监管的对象,主要侧重于保险机构的内部经营行为、外部市场行为等。绩效监管的对象,主要侧重于保险监管的经营业绩,因为它会对保险机构的偿付能力产生很大影响,从而可能对整个市场风险、交易安全等产生很大影响。

其实,上述对于保险监管的分类只是着眼点不同而已,其具体的实质内容是一样的。明确上述学理上的分类,对于更好地理解保险立法,对于更好地执行相关法律,都甚有裨益。

另外,还可以从方式等角度,将保险监管分为内部监管和外部监管、合规性监管和风险性监管等。这些分类都有助于进一步丰富保险监管理论。当然,从主体角度看,最为重要的监管,就是对保险公司的监管,以及对保险中介机构的监管。因此,下面两节将着重探讨对这两类保险机构的监管。

第二节 对保险公司的监管

在保险业和保险市场中,保险公司具有非常重要的地位,加强对保险公司的监管,有助于维护保险市场的正常秩序,保护被保险人的合法权益,促进保险业健康发展。为此,中国保监会依据《保险法》《公司法》等法律,专门制定了《保险公司管理规定》①,对保险公司监管方面的相关问题作出规定。

对保险公司的监管,同样可以分为结构监管、行为监管,具体涉及市场进出、经营管理、市场交易、市场竞争等方面的监管,与前述的机构审批权、资金监管权、条款监管权等相关监管权的行使直接相关。

一、对市场进出的"结构监管"

保险公司是保险市场上非常重要的主体。可以说,没有保险公司,就没有保险市场。保险公司的市场进入和市场退出等问题,具体体现为保险公司的设立、变更、终止等,直接影响保险市场的结构。对保险市场进出的监管,是出于对保险市场的结构变化可能产生的相关风险的考虑。

(一) 保险机构的设立监管

保险公司及其分支机构在本节统称为保险机构。对于保险机构的设立,需要从多个方面加强监管。

1. 保险公司的设立监管

保险公司,是指经保险监督管理机构批准设立,并依法登记注册的商业保险公司。保险公司可以依法设立分支机构,包括分公司、中心支公司、支公司、营业部、营销服务部以及各类专属机构。

设立保险公司应当经中国保监会批准。中国保监会审查保险公司的设立申请时,应当考虑保险业的发展和公平竞争的需要。

根据《保险法》的规定,设立保险公司应当具备下列条件:(1) 主要股东具有持续盈利能力,信誉良好,最近三年内无重大违法违规记录,净资产不低于人民币2亿元;(2) 有符合《保险法》和《公司法》规定的章程;(3) 有符合《保险法》规定的注册资本;(4) 有具备任职专业知识和业务工作经验的董事、监事和高级管理人员;(5) 有健全的组织机构和管理制度;(6) 有符合要求的营业场所和与经营业务有关的其他设施;(7) 法律、行政法规和国务院保险监督管理机构规定的其他条件。

设立保险公司,其注册资本的最低限额为人民币2亿元。中国保监会根据保险公司的业务范围、经营规模,可以调整其注册资本的最低限额,但不得低于上述限额。同时,保险公司的注册资本必须为实缴货币资本。

中国保监会应当对设立保险公司的申请进行审查,自受理之日起6个月内作出批准或者不批准筹建的决定,并书面通知申请人。决定不批准的,应当书面说明理由。

---

① 《保险公司管理规定》经2009年9月18日中国保险监督管理委员会主席办公会审议通过,自2009年10月1日起施行。

申请人收到中国保监会批准筹建保险公司的通知后,应当自收到批准筹建通知之日起1年内完成筹建工作;筹建期间不得从事保险经营活动。

筹建工作完成后,申请人具备《保险法》规定的设立条件的,可以向中国保监会提出开业申请。中国保监会应当自受理开业申请之日起60日内,作出批准或者不批准开业的决定。决定批准的,颁发经营保险业务许可证;决定不批准的,应当书面通知申请人并说明理由。

经批准设立的保险公司,凭经营保险业务许可证向工商行政管理机关办理登记,领取营业执照。保险公司自取得经营保险业务许可证之日起6个月内,无正当理由未向工商行政管理机关办理登记的,其经营保险业务许可证失效。

2. 保险公司分支机构、子公司和代表机构的设立监管

依据《保险法》规定,保险公司在中华人民共和国境内设立分支机构,应当经保险监督管理机构批准。保险公司分支机构不具有法人资格,其民事责任由保险公司承担。

保险公司申请设立分支机构,应当向保险监督管理机构提出书面申请,保险监督管理机构应当对保险公司设立分支机构的申请进行审查,自受理之日起60日内作出批准或者不批准的决定。决定批准的,颁发分支机构经营保险业务许可证;决定不批准的,应当书面通知申请人并说明理由。

经批准设立的保险公司的分支机构,凭经营保险业务许可证向工商行政管理机关办理登记,领取营业执照。

保险公司在中华人民共和国境外设立子公司、分支机构,应当经中国保监会批准。

此外,外国保险机构在中华人民共和国境内设立代表机构,应当经中国保监会批准。代表机构不得从事保险经营活动。

(二) 保险机构的变更监管

依据保险机构变更事项的不同,《保险法》分别规定了批准制度和报告制度以强化监管。

1. 批准制度

保险公司有下列情形之一的,应当经保险监督管理机构批准:(1) 变更名称;(2) 变更注册资本;(3) 变更公司或者分支机构的营业场所;(4) 撤销分支机构;(5) 公司分立或者合并;(6) 修改公司章程;(7) 变更出资额占有限责任公司资本总额5%以上的股东,或者变更持有股份有限公司股份5%以上的股东;(8) 国务院保险监督管理机构规定的其他情形。

2. 报告制度

保险公司应当按照保险监督管理机构的规定,报送有关报告、报表、文件和资料。保险公司应当聘用专业人员,建立合规报告制度。

保险公司的偿付能力报告、财务会计报告、精算报告、合规报告及其他有关报告、报表、文件和资料必须如实记录保险业务事项,不得有虚假记载、误导性陈述和重大遗漏。

另外,保险公司聘请或者解聘会计师事务所、资产评估机构、资信评级机构等中介服务机构,也应当向保险监督管理机构报告。

(三) 保险机构的终止监管

在保险公司因解散等原因而终止时,同样需要加强监管。为此,《保险法》有如下几方面的规定:

1. 有关解散的规定。保险公司因分立、合并需要解散,或者股东会、股东大会决议解散,或者公司章程规定的解散事由出现,经国务院保险监督管理机构批准后解散。经营有人寿保险业务的保险公司,除因分立、合并或者被依法撤销外,不得解散。保险公司解散,应当依法成立清算组进行清算。

2. 有关破产的规定。保险公司有《中华人民共和国企业破产法》第2条规定情形的,经中国保监会同意,保险公司或者其债权人可以依法向人民法院申请重整、和解或者破产清算;国务院保险监督管理机构也可以依法向人民法院申请对该保险公司进行重整或者破产清算。

3. 转让事项的规定。经营有人寿保险业务的保险公司被依法撤销或者被依法宣告破产的,其持有的人寿保险合同及责任准备金,必须转让给其他经营有人寿保险业务的保险公司;不能同其他保险公司达成转让协议的,由国务院保险监督管理机构指定经营有人寿保险业务的保险公司接受转让。

此外,保险公司依法终止其业务活动,应当注销其经营保险业务许可证。

二、对保险机构活动的"行为监管"

(一) 对经营管理活动的"行为监管"

1. 经营业务监管

依据《保险法》的规定,保险公司的业务范围为:(1) 人身保险业务,包括人寿保险、健康保险、意外伤害保险等保险业务;(2) 财产保险业务,包括财产损失保险、责任保险、信用保险、保证保险等保险业务;(3) 国务院保险监督管理机构批准的与保险有关的其他业务。

对于上述的人身保险业务和财产保险业务,保险人不得兼营。但经营财产保险业务的保险公司经中国保监会批准,可以经营短期健康保险业务和意外伤害保险业务。保险公司应当在中国保监会依法批准的业务范围内从事保险经营活动。

2. 风险管理监管

为了加强风险管理,《保险法》规定了一系列重要的监管制度,主要有:

第一,要求保险公司提取保证金、责任准备金和公积金。(1)保险公司应当按照其注册资本总额的20%提取保证金,存入中国保监会指定的银行,除公司清算时用于清偿债务外,不得动用。(2)保险公司应当根据保障被保险人利益、保证偿付能力的原则,提取各项责任准备金。(3)保险公司应当依法提取公积金。

第二,要求保险公司缴纳保险保障基金。保险保障基金应当集中管理,并在下列情形下统筹使用:(1)在保险公司被撤销或者被宣告破产时,向投保人、被保险人或者受益人提供救济;(2)在保险公司被撤销或者被宣告破产时,向依法接受其人寿保险合同的保险公司提供救济;(3)国务院规定的其他情形。

第三,要求保险公司具有与其业务规模和风险程度相适应的最低偿付能力。保险公司的认可资产减去认可负债的差额不得低于中国保监会规定的数额;低于规定数额的,应当按照中国保监会的要求采取相应措施达到规定的数额。此外,经营财产保险业务的保险公司当年自留保险费,不得超过其实有资本金加公积金总和的4倍。保险公司对每一危险单位,即对一次保险事故可能造成的最大损失范围所承担的责任,不得超过其实有资本金加公积金总和的10%;超过的部分应当办理再保险。

第四,要求保险公司的资金运用必须稳健,遵循安全性原则。保险公司的资金运用限于下列形式:(1)银行存款;(2)买卖债券、股票、证券投资基金份额等有价证券;(3)投资不动产;(4)国务院规定的其他资金运用形式。

第五,要求保险公司按照规定建立对关联交易的管理和信息披露制度。强调保险公司的控股股东、实际控制人、董事、监事、高级管理人员不得利用关联交易损害公司的利益。保险公司应当按规定真实、准确、完整地披露财务会计报告、风险管理状况、保险产品经营情况等重大事项。

第六,要求保险公司从事保险销售的人员应当品行良好,具有保险销售所需的专业能力。

(二)对市场活动的"行为监管"

保险机构所从事的市场活动主要有两类,一类是市场交易行为,一类是市场竞争行为。因此,对市场行为的监管,也主要包括这两个方面:

1. 对市场交易行为的监管

对市场交易行为的监管,主要涉及对交易条款的监管,特别是对关涉社会公益的险种的保险条款(包括立法上特别强调的保险费率)的监管。

依据《保险法》的规定,保险公司应当按照国务院保险监督管理机构的规定,公平、合理拟订保险条款和保险费率,不得损害投保人、被保险人和受益人的合法权益。此外,保险公司应当建立保险代理人登记管理制度,加强对保险代理人的培训和管理,不得唆使、诱导保险代理人进行违背诚信义务的活动。

2. 对市场竞争行为的监管

对市场竞争行为的监管,涉及对保险机构的限制竞争或不正当竞争行为的规制,也涉及对相关主体利益的保护。各类保险机构之间,应当展开公平的、正当的、有效的竞争,不得从事各类限制竞争、诋毁竞争对手商誉、虚假宣传和侵害相关主体权益的行为。为此,我国《保险法》特别规定:保险公司开展业务,应当遵循公平竞争的原则,不得从事不正当竞争。依据我国《保险法》和《保险公司管理规定》,对保险机构的市场竞争行为的监管,具体体现在以下方面:

(1) 在业务宣传和信息披露方面,保险机构的业务宣传资料应当客观、完整、真实,并应当载有保险机构的名称和地址;同时,应当按照中国保监会的规定披露有关信息。保险机构不得利用广告或者其他宣传方式,对其保险条款内容和服务质量等作引人误解的宣传。

另外,保险机构对保险合同中有关免除保险公司责任、退保、费用扣除、现金价值和犹豫期等事项,应当依照我国《保险法》和中国保监会的规定向投保人作出提示。

(2) 在竞争对手商业信誉的保护方面,保险机构不得以捏造、散布虚假事实等方式损害其他保险机构的信誉。此外,保险机构不得将其保险条款、保险费率与其他保险公司的类似保险条款、保险费率或者金融机构的存款利率等进行片面比较。

(3) 在规制限制竞争行为方面,保险机构不得利用政府及其所属部门、垄断性企业或者组织,排挤、阻碍其他保险机构开展保险业务。

(4) 在市场竞争的手段方面,保险机构不得劝说或者诱导投保人解除与其他保险机构的保险合同。此外,保险机构不得给予或者承诺给予投保人、被保险人、受益人保险合同约定以外的保险费回扣或者其他利益。

三、监管的重点和主要措施

依据《保险法》的规定,中国保监会应依照法定职责,遵循依法、公开、公正的原则,对保险业实施监督管理,维护保险市场秩序,保护投保人、被保险人和受益人的合法权益。中国保监会监管的重点是保险机构的如下情形:(1) 严重违法;(2) 偿付能力不足;(3) 财务状况异常;(4) 中国保监会认为需要重点监管的其他情形。针对这些监管重点,中国保监会主要采取以下措施:

(一) 对保险条款和保险费率的监管措施

依据《保险法》的规定,关系社会公众利益的保险险种、依法实行强制保险的险种和新开发的人寿保险险种等的保险条款和保险费率,应当报中国保监会批准。中国保监会审批时,应当遵循保护社会公众利益和防止不正当竞争的原则。其他保险险种的保险条款和保险费率,应当报中国保监会备案。

保险公司使用的保险条款和保险费率违反法律、行政法规或者中国保监会的有关规定的,由中国保监会责令停止使用,限期修改;情节严重的,可以在一定期限内禁止申报新的保险条款和保险费率。

(二) 对偿付能力的监控措施

依据《保险法》的规定,中国保监会应当建立健全保险公司偿付能力监管体系,对保险公司的偿付能力实施监控。

对偿付能力不足的保险公司,中国保监会应当将其列为重点监管对象,并可以根据具体情况采取下列措施:(1) 责令增加资本金、办理再保险;(2) 限制业务范围;(3) 限制向股东分红;(4) 限制固定资产购置或者经营费用规模;(5) 限制资金运用的形式、比例;(6) 限制增设分支机构;(7) 责令拍卖不良资产、转让保险业务;(8) 限制董事、监事、高级管理人员的薪酬水平;(9) 限制商业性广告;(10) 责令停止接受新业务。

(三) 限期改正与整顿措施

保险公司未依《保险法》规定提取或者结转各项责任准备金,或者未依法办理再保险,或者严重违反《保险法》关于资金运用的规定的,由保险监督管理机构责令限期改正,并可以责令调整负责人及有关管理人员。

保险监督管理机构作出限期改正的决定后,保险公司逾期未改正的,中国保监会可以决定选派保险专业人员和指定该保险公司的有关人员组成整顿组,对公司进行整顿。整顿组有权监督被整顿保险公司的日常业务。被整顿公司的负责人及有关管理人员应当在整顿组的监督下行使职权。

整顿过程中,被整顿保险公司的原有业务继续进行。但是,中国保监会可以责令被整顿公司停止部分原有业务、停止接受新业务,调整资金运用。

被整顿保险公司经整顿已纠正其违法行为,恢复正常经营状况的,由整顿组提出报告,经中国保监会批准,结束整顿,并由中国保监会予以公告。

(四) 对保险公司的接管措施

保险公司有下列情形之一的,中国保监会可以对其实行接管:(1) 公司的偿付能力严重不足的;(2) 违反《保险法》规定,损害社会公共利益,可能严重危及或者已经严重危及公司的偿付能力的。

接管组的组成和接管的实施办法,由中国保监会决定,并予以公告。被接管的保险公司的债权债务关系不因接管而变化。

接管期限届满,中国保监会可以决定延长接管期限,但接管期限最长不得超过2年。如果接管期限届满,被接管的保险公司已恢复正常经营能力,则由中国保监会决定终止接管,并予以公告。

(五) 对保险公司的撤销措施

保险公司因违法经营被依法吊销经营保险业务许可证的,或者偿付能力低于中国保监会规定标准,不予撤销将严重危害保险市场秩序、损害公共利益的,由中国保监会予以撤销并公告,依法及时组织清算组进行清算。

第三节 对保险中介机构的监管

保险中介机构,是保险代理机构、保险经纪机构和保险公估机构及其分支机构的统称。为了规范各类保险中介机构的经营行为,保护被保险人的合法权益,维护市场秩序,促进保险业健康发展,依据《保险法》等法律、行政法规,中国保监会分别制定了《保险专业代理机构监管规定》《保险经纪机构监管规定》和《保险公估机构监管规定》,上述三个《规定》均自 2009 年 10 月 1 日起施行。[①]

中国保监会根据《保险法》和国务院授权,对各类保险中介机构的市场准入、经营规则等方面进行监管,并通过采取具体的监管措施来实现监管目标。由于对各类保险中介机构的监管规定有许多相通之处,因而本节将主要依据《保险法》和上述的三个《规定》一并予以介绍。

一、保险中介机构的类型

保险中介机构主要包括三种类型,即保险专业代理机构、保险经纪机构和保险公估机构。

(一) 保险专业代理机构

依据我国《保险法》的规定,保险代理人是根据保险人的委托,向保险人收取佣金,并在保险人授权的范围内代为办理保险业务的机构或者个人。其中,保险代理机构包括专门从事保险代理业务的保险专业代理机构和兼营保险代理业务的保险兼业代理机构。

保险专业代理机构是指根据保险公司的委托,向保险公司收取佣金,在保险公司授权的范围内专门代为办理保险业务的机构,包括保险专业代理公司及其分支机构。

在我国境内设立保险专业代理机构,应当符合中国保监会规定的资格条件,取得经营保险代理业务许可证。保险专业代理机构应当遵守法律、行政法规和中国保监会有关规定,遵循自愿、诚实信用和公平竞争的原则。

(二) 保险经纪机构

依据我国《保险法》的规定,保险经纪人是基于投保人的利益,为投保人与

[①] 中国保监会于 2013 年 4 月 27 日修改了《保险专业代理机构监管规定》的第 7 条第 1 款,删除了第 12 条;同时,还修改了《保险经纪机构监管规定》第 8 条,删去了第 13 条。上述修改自发布之日起实施。此外,保监会还于 2013 年 9 月 29 日对《保险公估机构监管规定》作出修改。

保险人订立保险合同提供中介服务,并依法收取佣金的机构。

依据《保险经纪机构监管规定》,保险经纪机构是指基于投保人的利益,为投保人与保险公司订立保险合同提供中介服务,并按约定收取佣金的机构,包括保险经纪公司及其分支机构。

在我国境内设立保险经纪机构,应当符合中国保监会规定的资格条件,取得经营保险经纪业务许可证。保险经纪机构应当遵守法律、行政法规和中国保监会有关规定,遵循自愿、诚实信用和公平竞争的原则。保险经纪机构因过错给投保人和被保险人造成损失的,应当依法承担赔偿责任。

(三) 保险公估机构

保险公估机构是指接受委托,专门从事保险标的或者保险事故评估、勘验、鉴定、估损理算等业务,并按约定收取报酬的机构。

在我国境内设立保险公估机构,应当符合中国保监会规定的资格条件,取得经营保险公估业务许可证。保险公估机构应当遵守法律、行政法规和中国保监会有关规定,遵循独立、客观、公平、公正的原则。保险公估机构在办理保险公估业务过程中因过错给保险公司或者被保险人造成损害的,应当依法承担赔偿责任。

二、保险中介机构的市场准入监管

(一) 保险中介机构的组织形式和设立条件

除中国保监会另有规定外,各类保险中介机构应当采取下列组织形式:(1) 有限责任公司;(2) 股份有限公司。此外,保险公估机构还可采取合伙企业的组织形式。

设立各类保险中介机构,都应当具备下列条件:(1) 股东、发起人信誉良好,最近3年无重大违法记录;(2) 注册资本达到规定的最低限额;(3) 公司章程符合有关规定;(4) 董事长、执行董事、高级管理人员符合规定的任职资格条件;(5) 具备健全的组织机构和管理制度;(6) 有与业务规模相适应的固定住所;(7) 有与开展业务相适应的业务、财务等计算机软硬件设施;(8) 法律、行政法规和中国保监会规定的其他条件。

在注册资本方面,除中国保监会另有规定的以外,设立保险专业代理公司,其注册资本的最低限额为人民币5000万元;设立保险经纪公司,其注册资本的最低限额为人民币5000万元。上述注册资本必须为实缴货币资本。

(二) 分支机构的设立条件

各类保险中介机构申请设立分支机构应当具备下列条件:(1) 内控制度健全;(2) 注册资本达到规定的要求;(3) 现有机构运转正常,且申请前1年内无重大违法行为;(4) 拟任主要负责人符合规定的任职资格条件;(5) 拟设分支机构具备符合要求的营业场所和与经营业务有关的其他设施。

三、经营规则监管

经营规则领域的监管,主要涉及业务范围的监管和禁止行为的监管两大方面。

(一) 业务范围的监管

各类保险中介机构的一般经营规则,主要涉及业务范围、从业人员资格、专门账簿和业务档案管理、合同管理、投保职业责任保险和缴存保证金等方面的具体规定。其中,明确各类中介机构的业务范围,并据此进行监管是非常重要的。

根据现行规定,保险专业代理机构的业务范围包括:(1) 代理销售保险产品;(2) 代理收取保险费;(3) 代理相关保险业务的损失勘查和理赔;(4) 中国保监会批准的其他业务。

保险经纪机构的业务范围包括:(1) 为投保人拟订投保方案、选择保险公司以及办理投保手续;(2) 协助被保险人或者受益人进行索赔;(3) 再保险经纪业务;(4) 为委托人提供防灾、防损或者风险评估、风险管理咨询服务;(5) 中国保监会批准的其他业务。

保险公估机构的业务范围包括:(1) 保险标的承保前和承保后的检验、估价及风险评估;(2) 保险标的出险后的查勘、检验、估损理算及出险保险标的残值处理;(3) 风险管理咨询;(4) 中国保监会批准的其他业务。

(二) 禁止行为的监管

在依循一般经营规则进行经营的过程中,保险中介机构不得从事中国保监会禁止的一系列行为,主要包括以下几类:

第一,违法使用许可证的行为。各类保险中介机构不得伪造、变造、出租、出借、转让许可证。

第二,超越业务范围的行为。保险专业代理机构和保险经纪机构的经营范围不得超出规定的业务范围。

保险专业代理机构从事保险代理业务不得超出被代理保险公司的业务范围和经营区域;保险经纪机构从事保险经纪业务不得超出承保公司的业务范围和经营区域;保险公估从业人员不得以个人名义招揽、从事保险公估业务或者同时在两个以上保险公估机构中执业。

第三,欺骗客户的行为。保险专业代理机构、保险经纪机构及其从业人员在开展保险代理业务过程中,不得有下列欺骗投保人、被保险人、受益人或者保险公司的行为:(1) 隐瞒或者虚构与保险合同有关的重要情况;(2) 误导性销售;(3) 伪造、擅自变更保险合同,销售假保险单证,或者为保险合同当事人提供虚假证明材料;(4) 阻碍投保人履行如实告知义务或者诱导其不履行如实告知义务;(5)虚构业务或者编造退保,套取保险佣金;(6)串通投保人、被保险人或者受益人骗取保险金。

此外,保险专业代理机构不得从事虚假理赔的行为,保险经纪机构不得未取得投保人、被保险人的委托或者超出受托范围,擅自订立或者变更保险合同。

保险公估机构在开展公估业务过程中,不得有下列欺骗投保人、被保险人、受益人或者保险公司的行为:(1)向保险合同当事人出具虚假或者不公正的保险公估报告;(2)隐瞒或者虚构与保险合同有关的重要情况;(3)冒用其他机构名义或者允许其他机构以本机构名义执业;(4)从业人员冒用他人名义或者允许他人以本人名义执业,或者代他人签署保险公估报告;等等。

第四,不正当竞争行为。各类保险中介机构都不得从事下列不正当竞争行为:(1)虚假广告、虚假宣传;(2)以捏造、散布虚假事实等方式损害竞争对手的商业信誉,或者以其他不正当竞争行为扰乱市场秩序;(3)利用行政权力、股东优势地位或者职业便利以及其他不正当手段强迫、引诱、限制投保人订立合同或者限制其他保险中介机构正当的经营活动;(4)给予或者承诺给予保险公司及其工作人员、投保人、被保险人或者受益人合同约定以外的其他利益;(5)利用业务便利为其他机构或者个人牟取不正当利益;(6)泄露在经营过程中知悉的投保人、被保险人、受益人或者保险公司的商业秘密及个人隐私;等等。

四、监管机构的监督检查

(一)保险中介机构的相关义务

为了使中国保监会能够实施有效的监督检查,保险中介机构应履行以下义务:

1. 报送义务。各类保险中介机构应当依照中国保监会有关规定及时、准确、完整地报送有关报告、报表、文件和资料,并根据中国保监会要求提交相关的电子文本。

2. 保管义务。各类保险中介机构应当妥善保管业务档案、会计账簿、业务台账以及佣金收入的原始凭证等有关资料,保管期限自保险合同终止之日起计算,保险期间在1年以下的不得少于5年,保险期间超过1年的不得少于10年。

3. 交费义务。各类保险中介机构应当按规定将监管费交付到中国保监会指定账户。

4. 审计义务。各类保险机构应当在每一会计年度结束后3个月内聘请会计师事务所对机构的资产、负债、利润等财务状况进行审计,并向中国保监会报送相关审计报告。

5. 说明义务。中国保监会根据监管需要,可以对保险中介机构董事长、执行董事或者高级管理人员进行监管谈话,要求其就经营活动中的重大事项作出说明。

(二) 对保险中介机构的现场检查

中国保监会依法对保险中介机构进行现场检查,包括但不限于下列内容:(1) 机构设立、变更是否依法获得批准或者履行报告义务;(2) 资本金是否真实、足额;(3) 保证金提取和动用是否符合规定;(4) 职业责任保险是否符合规定;(5) 业务经营是否合法;(6) 财务状况是否良好;(7) 向中国保监会提交的报告、报表及资料是否及时、完整和真实;(8) 内控制度是否完善,执行是否有效;(9) 任用董事长、执行董事和高级管理人员是否符合规定;(10) 是否有效履行从业人员管理职责;(11) 对外公告是否及时、真实;等等。

(三) 对保险中介机构的重点检查

各类保险中介机构有下列情形之一的,中国保监会可以将其列为重点检查对象:(1) 业务或者财务出现异动;(2) 不按时提交报告、报表或者提供虚假的报告、报表、文件和资料;(3) 涉嫌重大违法行为或者受到中国保监会行政处罚;(4) 中国保监会认为需要重点检查的其他情形。

(四) 对保险中介机构的停业

各类保险中介机构因下列原因接受中国保监会调查的,在被调查期间中国保监会有权责令其停止部分或者全部业务:(1) 涉嫌严重违反保险法律、行政法规;(2) 经营活动存在重大风险;(3) 不能正常开展业务活动。

第四节 违反保险监管法的法律责任

违反保险监管制度的法律责任,主要涉及相关保险公司、保险中介机构和相关人员的责任。这些责任从性质上说分为两类,即一般违法责任和严重违法责任,构成一般违法责任的,主要会受到资格处罚、罚款处罚;构成严重违法责任的,会受到刑事处罚。

对于违法行为尚不构成犯罪的,一般是由保险监管机构责令违法主体改正,并进行财产罚,即没收违法所得,或处以一定额度的罚款;情节严重的,则进行资格罚,如限制业务范围或者责令停止接受新业务,吊销业务许可证,等等。对于各类违法行为需要承担的具体责任,在我国的《保险法》以及《保险专业代理机构监管规定》和《保险经纪机构监管规定》《保险公估机构监管规定》等法律、规章中都有具体规定。下面仅择要举例介绍:

一、保险公司的法律责任

保险公司违反监管规定的行为是多种多样的,因而所需承担的法律责任也不尽相同。现举例如下:

(一) 违反机构设立规定的责任

违反《保险法》规定,擅自设立保险公司、保险资产管理公司或者非法经营商业保险业务的,由保险监督管理机构予以取缔,没收违法所得,并处违法所得1倍以上5倍以下的罚款;没有违法所得或者违法所得不足20万元的,处20万元以上100万元以下的罚款。

(二) 违反业务范围规定的责任

保险公司违反《保险法》规定,超出批准的业务范围经营的,由保险监督管理机构责令限期改正,没收违法所得,并处违法所得1倍以上5倍以下的罚款;没有违法所得或者违法所得不足10万元的,处10万元以上50万元以下的罚款。逾期不改正或者造成严重后果的,责令停业整顿或者吊销业务许可证。

(三) 违反风险管理规定的责任

违反《保险法》规定,有下列行为之一的,由保险监督管理机构责令改正,处5万元以上30万元以下的罚款;情节严重的,可以限制其业务范围、责令停止接受新业务或者吊销业务许可证:(1) 未按照规定提存保证金或者违反规定动用保证金的;(2) 未按照规定提取或者结转各项责任准备金的;(3) 未按照规定缴纳保险保障基金或者提取公积金的;(4) 未按照规定办理再保险的;(5) 未按照规定运用保险公司资金的;(6) 未经批准设立分支机构或者代表机构的;(7) 未按照规定申请批准保险条款、保险费率的。

(四) 违反报送披露义务的责任

违反《保险法》规定,有下列行为之一的,由保险监督管理机构责令限期改正;逾期不改正的,处1万元以上10万元以下的罚款:(1) 未按照规定报送或者保管报告、报表、文件、资料的,或者未按照规定提供有关信息、资料的;(2) 未按照规定报送保险条款、保险费率备案的;(3) 未按照规定披露信息的。

二、保险中介机构的法律责任

保险中介机构违反保险监管制度的行为是类似的,因而在责任方面的规定也较为一致。现举例如下:

(一) 违反机构设立的法律责任

保险专业代理机构、保险经纪人违反《保险法》规定,未经批准设立分支机构或者变更组织形式的,由保险监督管理机构责令改正,处1万元以上5万元以下的罚款。

(二) 违反风险管理和账簿管理规定的法律责任

保险代理机构、保险经纪人未按照《保险法》规定缴存保证金或者投保职业责任保险,以及未按照规定设立专门账簿记载业务收支情况的,由保险监督管理机构责令改正,处2万元以上10万元以下的罚款;情节严重的,责令停业整顿或者吊销业务许可证。

三、相关人员的法律责任

(一) 从事违法行为的保险机构的相关人员的责任

保险公司、保险资产管理公司、保险专业代理机构、保险经纪人违反《保险法》规定的,保险监督管理机构除依法对该单位给予处罚外,对其直接负责的主管人员和其他直接责任人员给予警告,并处1万元以上10万元以下的罚款;情节严重的,撤销任职资格。

(二) 拒绝、阻碍监管执法的相关人员的责任

拒绝、阻碍保险监督管理机构及其工作人员依法行使监督检查、调查职权,未使用暴力、威胁方法的,依法给予治安管理处罚。构成犯罪的,依法追究刑事责任。

(三) 保险监管机构工作人员的责任

保险监督管理机构从事监督管理工作的人员如果有违反规定批准机构的设立,或者违规进行现场检查,以及违规进行保险条款、保险费率审批等情形的,依法给予处分。

第十九章　期货监管法律制度

第一节　期货监管与期货监管法概述

一、期货交易的概念、种类和特征

期货交易有广义和狭义之分,狭义上的期货交易仅指期货合约的买卖,是与现货交易相对应的一种交易活动,人们通常多采用此义;广义上的期货交易不仅指期货合约的买卖,也包含期权合约的买卖。我国《期货交易管理条例》对期货交易采用广义的界定,指在期货交易所或依法批准的其他期货交易场所内,采用公开的集中交易方式或者国务院期货监管机构批准的其他方式进行的以期货合约或期货合约为交易标的的交易活动。所谓期货合约,是指期货交易场所统一制定的、规定在将来某一特定的时间和地点交割一定数量标的物的标准化合约。所谓期权合约,是指期货交易场所统一制定的、规定买方有权在将来某一时间以特定价格买入或者卖出约定标的物(包括期货合约)的标准化合约。为更清晰起见,本节采用狭义的期货交易含义,与期权交易分开论及。

期货交易是从现货远期合约交易发展而来的。1848年,美国的芝加哥期货交易所创办,首先从事农产品的远期买卖,以适应农场主、农产品贸易商、加工商稳定货源及减少农产品价格波动风险的要求。但由于早期的现货远期合约为非规范化合约,其内容和格式都没有统一的规定,难以进行转让,流动性差,另外,由于远期合约的履行以双方的信用为基础,容易产生违约纠纷。基于此,芝加哥期货交易所于1865年推出标准化的期货合约交易,取代了原来的现货远期合约交易,自此,现代有组织的期货交易产生。期货交易产生至今已有150年的历史,但期货市场大规模发展是在20世纪70年代金融期货出现以后,在此之前,国际期货市场的交易品种基本限于商品期货。20世纪70年代以后,金融衍生产品大量出现,利率、货币、股票和股票指数等金融产品的期货和期权交易陆续推出,国际期货市场进入了一个崭新时代。

根据交易品种,期货合约的交易主要分为两大类:商品期货交易和金融期货交易。商品期货交易指以实物商品为交易标的物的期货交易。商品期货历史悠久,种类繁多,主要包括农副产品、金属产品、能源产品等几大类。金融期货交易指以金融产品为交易标的物的期货交易。金融期货交易自20世纪70年代被推出后,发展迅猛,并在许多方面都已走在商品期货交易的前面,占整个期货市场交易量的80%以上。目前已开发出来的金融期货品种主要有利率期货①、货币期货②、股票指数期货③等。

与现货交易、现货远期合约交易等其他的交易方式相比,期货交易具有如下特征:

第一,期货交易是在期货交易所或其他依法批准的期货交易场所内进行的,期货交易者必须遵循国家立法和期货交易所制定的严格的期货交易规则。各国一般禁止期货的场外交易或变相期货交易。我国《期货交易管理条例》第4条明确规定,期货交易应当在依法设立的期货交易所、国务院批准的或者国务院期货监督管理机构批准的其他期货交易场所进行。禁止在按照上述规定的期货交易场所之外进行期货交易。

第二,期货交易中实行期货合约标准化。期货交易是因标准化的期货合约出现而产生的。期货合约由期货交易所制定统一的标准化条款,合约中的各项条款,除价格条款外,其余的如商品数量、商品质量、保证金比率、交割地点、交割方式、交易方式等都是标准化的。

第三,期货交易大多是一种期货合约的买卖交易,实物交割的比例很低。由于期货合约可以在交割期到来之前平仓,即期货交易者通过买入或者卖出与其所持期货合约的品种、数量及交割月份相同但交易方向相反的期货合约,以避免履行到期进行实物交割的义务,因此,期货交易中实物交易量占交易量的比重很小。

第四,期货交易实行保证金制度。保证金是指期货交易者按照规定标准交纳的资金,用于结算和保证履约。期货交易者不需支付合约中的全额货款,只需支付一定比例(一般为3%—15%)的保证金即可。

第五,期货交易所为交易双方提供结算交割服务和履约担保,实行严格的结算交割制度,违约的风险很小,保障了期货交易的正常进行。

与期货相比,期权交易经历了更为漫长和曲折的发展历程。通常认为,最早的期权产品出现在18世纪的欧洲和美国,标的物以农产品为主。但在期权市场早期,由于投机者的滥用和一些经纪人的贿赂事件,期权市场声名狼藉。1973年4月,芝加哥交易所新设了一个交易所专门进行以股票为标的物的期权交易,

---

① 利率期货,是指以债券类证券为标的物的期货交易品种。其目的旨在回避银行利率波动所引起的证券价格变动的风险。利率期货一般分为短期利率期货和长期利率期货两种。

② 货币期货又称外汇期货,是指以汇率为标的物的期货交易品种。其目的旨在回避汇率风险。目前国际上货币期货交易的币种主要有英镑、美元、德国马克、日元、瑞士法郎、加拿大元、法国法郎、澳大利亚元以及欧元等。

③ 股票指数期货(简称股指期货),是指以股票价格指数为标的物的期货交易品种。其目的旨在规避股票市场风险。股指期货不进行股票本身的交割,其价格根据股票指数计算,以现金清算方式进行交割。

即芝加哥期权交易所(Chicago Board Options Exchange, CBOE),这标志着现代意义上的期权市场的诞生。自此,期权交易发展越来越迅猛,各国主要交易所纷纷开辟专门的期权交易市场,全球期权交易量快速增长,不仅超出了股票也超过了期货的交易量,期权标的物也从最初的股票扩展到目前包括大宗商品、金融产品以及贵金属在内的近百个品种。

期权交易之所以受到如此青睐,根本原因在于其自身的交易特性,可以灵活地创造不同的期权或期权组合金融产品,满足投资者在风险管理、组合投资等方面的多种需要。与其他交易尤其是期货交易相比,期权交易具有以下几个鲜明特点:

首先,期权交易是一种权利的买卖,期权的买方在支付期权费买入期权后,即取得买入或卖出其标的资产的权利,买方在约定期限内,既可以行权买入或卖出标的资产,也可以放弃行权。正是从买方的该权利角度,期权被称做选择权(Options)。当期权买方选择行权时,卖方必须履约。如果到期日之后买方没有行权,则期权作废,买卖双方权利义务随之解除。这就是说,期权买卖双方的权利义务是不对等的,买方单方面拥有买入或卖出标的资产的选择权,卖方单方面负有必须履约的义务。而期货交易中,买卖双方必须执行合约,除非合约期内对冲平仓,否则必须按照规定的价格和数量进行交割。

其次,期权交易具有独特的非线性损益结构。一般的现货交易、期货交易的损益状态往往随着标的物市场价格的变化而变化,这种变化呈线性结构。而期权交易中,当标的物市场价格向有利于买方的方向变动时,如在看涨期权中标的物市场价格上涨至执行价格以上时,买方开始盈利,其盈利大小取决于标的物市场价格上涨幅度;而卖方则开始亏损,其亏损大小取决于执行价格与标的物市场价格的差额。当标的物市场价格向不利于买方的方向变化时,如在看涨期权中标的物市场价格小于执行价格时,买方会放弃行权,处于亏损状态,但其最大损失为期权费(交易费用不考虑在内),亏损并不随标的物市场价格的进一步下跌而增加;卖方这时处于盈利状态,但其最大收益是买方的期权费,盈利并不随标的物市场价格的进一步下跌而增加。由此可见,期权交易双方的损益图是非线性的,在执行价格位置呈折线状态。

再次,在国际上,期权既可以在交易所即场内进行交易,也可以在场外交易。也就是说,期权交易的标的既可以是标准化合约[1],也可以是非标准化合约。这与期货不同,期货合约因其场内交易属性,均为标准化合约。正是由于场外期权

---

[1] 标准化合约,是指由市场组织者事先制定并统一提供的,与期货交易机制密切相关的一类特殊合同。标准化合约的条款一般包括交易商品的数量、交易保证金、交易时间、报价单位、最小变动价位、交割质量标准、交割地点、交割时间等,合约要素中仅有价格一项是事先未确定的,需要通过交易形成。

交易可以采用非标准化合约,更能满足交易者的个性化需求。自上世纪80年代尤其是进入21世纪以来,场外期权交易发展迅猛,规模巨大。目前,外汇期权以及铁矿石、原油等大宗商品期权大多在场外交易。根据我国《期货交易管理条例》的规定,我国目前期权交易、期货交易的标的都是标准化合约,交易的方式只能采用公开的集中交易方式①或者国务院期货监管机构批准的其他方式,尚不允许期权的场外交易。

期权可以从不同角度进行分类。

期权有两个最基本的类型:看涨期权和看跌期权。这是按照期权买方的行权方向不同进行的划分。看涨期权(call options),也称为买权、认购期权。看涨期权的买方在支付期权费后,有权在合约有效期内或将来某一特定时间,按某一确定价格(执行价格)买入一定数量标的物,但不负有必须买入的义务。看跌期权(put options),也称为卖权、认沽期权。看跌期权的买方在支付期权费后,有权在合约有效期内或将来某一特定时间,按执行价格向卖方出售标的资产,但不负有必须出售的义务。

按照买方行权时间的不同,期权有欧式期权、美式期权和百慕大期权。欧式期权,是指期权买方只能在期权到期日这一特定日期行使权利。美式期权,是指期权买方在期权到期日前的任何时间都可以行使权利。百慕大期权,则介于美式期权和欧式期权之间,允许买方在期权有效期内的几个特定日期行使权利。

按照标的物的不同,期权品种范围广泛,可以是实物资产,也可以是金融资产。据此也可以将期权分为商品期权(如原油现货期权、原油期货期权)、金融现货期权(如股票期权、债券期权、外汇期权)、金融期货期权(如股指期货期权、债券期货期权、外汇期货期权)等。

二、期货市场的功能与期货监管法的概念

期货市场是市场经济发展到一定阶段的产物,其特有的发现价格和套期保值功能在商品交易和金融业务中发挥着越来越重要的作用,成为商品生产经营者和金融部门最重要、最有效的风险管理工具和投资工具之一。

发现价格功能,是指在一个公开、公平、公正、高效、竞争的期货市场中,通过期货交易形成的商品的期货价格,具有真实性、预测性、连续性和权威性的特点,能够比较真实地反映出未来商品价格变动的趋势。期货市场的这一功能对生产经营者有较强的指导作用,商品的生产经营者可以利用在期货交易所发现的价格和所传播的市场信息,调整和制定各自的生产经营决策,在贸易洽谈中,大宗

---

① 根据我国有关规定,集合竞价、连续竞价、电子撮合、匿名交易、做市商等交易方式都是集中交易方式。

商品的成交价格往往也是依据其期货价格来确定的。

套期保值,是指以回避现货价格风险、实现保值为目的而进行的期货交易行为。期货交易之所以可以实现规避价格风险、达到保值的目的,是因为在期货市场上所形成的同种商品的期货价格走势与现货价格走势基本一致,而且随着期货合约到期日的临近,期货市场的套利交易使期货市场与现货市场价格逐渐接近,最终趋于相同,这样,经营者就可以利用这两个市场上的价格关系,分别在期货市场和现货市场作方向相反的买卖,使其在一个市场上出现亏损的同时,却在另一个市场上盈利,从而盈亏相抵,达到固定成本、回避价格风险的目的。以保值者在期货交易上的买卖方向来区分,套期保值有两种基本形式:买入保值[1]和卖出保值[2]。

期货监管,也称为期货市场监管,是指期货市场监督管理机构对期货市场主体及其行为进行监督和管理的总称。与传统的商品交易市场相比,期货交易市场因其高投机性和影响价格因素的巨大的不稳定性而具有更大的风险,因此,为保护投资者的利益,充分发挥期货市场的功能,控制期货市场风险,世界大多数国家和地区均强化对期货市场的监管,在强调政府监管重要性的同时,也重视行业自律管理的作用。

期货监管法是调整期货市场监督管理机构对期货市场主体及其行为进行监督管理过程中发生的经济关系的法律规范的总称。采用不同的期货监管体制的国家,对期货市场进行监督管理的主体即期货市场监督管理的机构也不同,在大多数国家,对期货市场进行监督和管理的机构不仅包括政府监管部门,也包括期货业协会等非政府的行业自律管理机构。期货监管法的法律规范主要以有关的法律、法规、规章等规范性文件作为其表现形式。

三、我国期货市场的发展与期货监管立法

新中国成立之后的首个商品期货市场始于1990年10月12日郑州粮食批发市场的成立。之后,各地纷纷成立了一批带有期货交易性质的市场。其中,1991年6月成立的深圳有色金属交易所,最早以期货交易所形式进行期货交易。1992年12月,上海证券交易所首先推出国债期货合约,标志着我国金融期货市场开始出现。期货市场的迅速发展,初步显现了期货市场回避价格波动风险的功能,国内的一些生产经营企业也开始应用期货进行保值。但是,由于对期货市场的功能、风险程度认识不足,受利益的驱使,当时的期货市场出现了盲目

---

[1] 买入保值,是指交易者先在期货市场买入期货,以避免将来在现货市场买进现货时因价格风险给自己带来经济损失的一种套期保值方式。

[2] 卖出保值,是指交易者先在期货市场上卖出期货,当现货价格下跌时以期货市场的盈利来弥补现货市场的损失,从而达到保值目的的一种套期保值方式。

发展的势头,期货交易所数量过多,交易品种重复,管理松懈,运作极不规范;期货经纪公司和非期货公司代理机构滥设,自营和代理业务不分,客户利益得不到保证;盲目发展境外期货交易,地下交易盛行。在制度建设上,规范期货市场的法律或法规基本属于空白,也没有统一的监管机构,使得期货市场从一开始就处于混乱无序的状态。这些问题严重扰乱了金融秩序,也严重威胁到期货市场自身的生存和发展,对期货市场进行治理整顿成为必然。

1993年4月,国家工商总局发布了《期货经纪公司登记管理暂行办法》,对期货经纪公司的设立条件、业务范围、业务准则、禁止行为等予以规定,为规范期货经纪行为打下了基础。同年11月,国务院发布《关于坚决制止期货市场盲目发展的通知》,开始对我国期货市场进行全面规范整顿,并明确由当时的国务院证券委及其执行机构中国证监会履行指导、规划、协调、监管全国期货市场试点工作的职责。中国证监会对全国期货市场采取了一系列整顿措施,如重新审核批准了330家期货经纪公司,并实行了许可证管理制度;通过关停并转将期货交易所的数量减少为15家;陆续暂停或停止了钢材、白糖等一些期货交易品种;关闭合资期货经纪机构,严厉打击非法外汇期货和外汇按金交易;禁止金融机构从事期货业务等。

经过几年的努力,我国期货市场盲目发展的势头得到了有效遏制,市场行为逐步规范,监管能力有所加强。但是,当时的期货市场仍存在一些不容忽视的问题,最为突出的是期货交易所和期货经纪机构仍然过多,运作不规范;少数机构和个人操纵市场,牟取暴利;非法从事境外期货、外汇按金交易的行为依然存在。在1995—1997年,期货市场发生了一系列风险事件,例如"3.27"国债事件、广联"籼米事件"、苏州红小豆602事件、海南中商F703咖啡事件等,给市场参与者带来巨大损失,造成极恶劣的社会影响。1998年国务院再次对期货市场进行较大的结构调整和规范整顿。1998年8月1日,国务院发布《关于进一步整顿和规范期货市场的通知》,对14家期货交易所进行整顿和撤并,只保留了上海期货交易所、郑州商品交易所、大连商品交易所3家期货交易所,划归中国证监会直接管理;将商品期货交易品种由35个调减为12个;取消所有非期货经纪公司会员的期货经纪资格,期货经纪公司一律不得从事自营业务,提高期货经纪公司的最低注册资本金;严格控制境外期货交易,除经审核批准的少数大型进出口企业可在境外期货市场从事套期保值业务外,其他所有公司一律不得从事境外期货业务;严禁金融机构、事业单位和党政机关参与期货交易,严禁国有企业违规从事期货交易,严禁信贷资金、财政资金以任何形式流入期货市场,金融机构不得为期货交易提供融资或担保;实行新的期货监管体制,由中国证监会统一负责对全国证券期货业的监管。此后,经过数年的清理整顿,我国期货市场从极度火爆的市况中冷却下来,交易规模大幅萎缩,期货市场处于萧条的状态。

至2000年年底,国家对期货市场的一系列清理整顿和结构调整工作基本到位,期货市场开始进入稳步规范发展阶段。期货市场布局趋于合理,期货从业人员的素质有了很大提高,期货市场的经济功能开始逐步发挥作用。2004年1月31日《国务院关于推进资本市场改革开放和稳定发展的若干意见》进一步确定了期货市场发展的方向,明确指出:"稳步发展期货市场。在严格控制风险的前提下,逐步推出为大宗商品生产者和消费者提供发现价格和套期保值功能的商品期货品种。""建立以市场为主导的品种创新机制"。据此,中国证监会在期货上市品种监管方面,积极推动玉米、棉花、燃料油等大宗商品期货上市交易,同时积极进行其他商品品种和金融期货品种的开发及其相关的监管措施的研究。

在期货市场监管立法上,随着国家对期货市场规范整顿的进程,逐步形成了统一的监管法规体系。

1999年6月2日,国务院发布了《期货交易管理暂行条例》(以下简称《暂行条例》),于1999年9月1日起施行。《暂行条例》和相关配套规章的颁布,为期货交易、期货市场的监管、期货市场各主体的行为规范提供了法律依据,对于规范我国期货市场的试点工作具有重要意义,标志着我国期货市场从此走向了法治发展的轨道,也标志着我国比较完整的期货市场监管法律体系的初步形成。

2007年3月6日,为适应变化了的市场环境,顺应期货市场规范发展新阶段的要求,国务院发布了《期货交易管理条例》(以下简称《条例》),于2007年4月15日起施行。同时,中国证监会根据《条例》的规定,结合我国金融期货市场筹备以及推出股指期货的需要,制定、修改和完善了若干配套规章。2012年10月24日,国务院作出《关于修改〈期货交易管理条例〉的决定》,对《条例》进行了重要修改。2013年5月,《条例》又有个别条款的删改。

四、期货市场的监管体制

根据《条例》的规定,我国期货市场实行国家集中统一的监督管理体制,国务院期货监督管理机构(即中国证监会,下同)对期货市场实行集中统一的监督管理;中国证监会派出机构依照《条例》规定和中国证监会的授权,履行监督管理职责;并与相关部门建立监督管理的信息共享和协调配合机制。同时,期货行业协会和期货交易所对其会员实行自律管理。

(一)证监会的集中统一监管

中国证监会是全国商品和金融期货市场的集中统一监管机构。中国证监会负责期货交易所、期货公司的设立审批,对期货交易所实行垂直领导。中国证监会对期货市场实施监督管理,依法履行下列职责:(1)制定有关期货市场监督管理的规章、规则,并依法行使审批权;(2)对品种的上市、交易、结算、交割等期货交易及其相关活动,进行监督管理;(3)对期货交易所、期货公司及其他期货经营机构、非期货公司结算会员、期货保证金安全存管监控机构、期货保证金存管银行、交割仓库等市场相关参与者的期货业务活动,进行监督管理;(4)制定期货从业人员的资格标准和管理办法,并监督实施;(5)监督检查期货交易的信息公开情况;(6)对期货业协会的活动进行指导和监督;(7)对违反期货市场监督管理法律、行政法规的行为进行查处;(8)开展与期货市场监督管理有关的国际交流、合作活动;(9)法律、行政法规规定的其他职责。

中国证监会应当建立、健全保证金安全存管监控制度,设立期货保证金安全存管监控机构。

中国证监会应当制定期货公司持续性经营规则,对期货公司进行监督管理。当期货市场出现异常情况时,中国证监会可以采取必要的风险处置措施。

(二)期货行业协会的自律管理

期货行业协会对其会员的监督和自律管理是政府监管的重要补充,与政府的监督管理各自发挥重要作用,共同保证期货市场正常运行。为了加强期货业之间的联系、协调、合作和自我约束,推动期货市场的规范发展,2000年12月29日,中国期货业协会正式成立,为全国期货行业自律性、非盈利性的社会团体法人。根据《条例》的规定,期货公司以及其他专门从事期货经营的机构应当加入期货业协会,并缴纳会员费。

行业协会的自律管理是现代市场经济条件下各国期货市场监管普遍采用的一种形式,尤其在期货业这个特殊的行业,其交易、结算、交割和代理服务等业务都有着很强的特殊性和专业性,期货交易纠纷多、风险大,处理起来相当复杂,仅依赖法律手段和行政手段不可能解决期货业内的所有问题,在依法治市的前提下,以行业自律形式解决期货业的某些特殊问题,使期货市场的自律机构充分发挥自我监管、自我发展、自我约束的功能,有利于市场制约机制发挥作用,保障期货市场的健康、有效和稳步发展。

(三)期货交易所的一线管理和自律管理

期货交易所对其会员和期货交易所交易活动的自律管理是第一线的管理,是整个期货市场管理体系的基础和核心,在监管会员及其客户、指定交割仓库、期货保证金存管银行及期货市场其他参与者的期货业务,及时发现和处理期货违法、违规行为,防范和化解期货市场风险等方面发挥重要作用。期货交易所自我管理的有效性,直接关系到期货交易能否实现其基本经济功能,对保障市场的竞争性、高效性和流动性起着极其重要的作用。

第二节 期货交易所

一、期货交易所的设立

期货交易所是专门为期货交易提供场所、设施和服务的机构,其组织形式有会员制和公司制两种,国际上的期货交易所以会员制的居多。

在我国,1999年的《暂行条例》规定,期货交易所只能采取会员制形式;按照《条例》的规定,我国期货交易所实行风险警示制度。

风险警示制度,是指当市场潜在风险增大,期货交易所认为必要时,可以分别或同时采取要求会员和客户报告情况、谈话提醒、发布风险提示函等措施,以警示和化解风险的制度。

期货交易所可以采取会员制或者公司制的组织形式。根据《条例》的规定,期货交易所是不以营利为目的,按照其章程的规定实行自律管理,并以其全部财产承担民事责任的法人。会员制期货交易所的注册资本划分为均等份额,由会员出资认缴,会员在出资范围内承担有限责任。公司制期货交易所采用股份有限公司的组织形式,股东在其出资额内承担有限责任。会员制期货交易所在法律性质上是事业单位法人,由会员大会行使权力;公司制期货交易所则采取公司制的组织形式,由股东大会行使权力。经国务院批准于2006年设立的中国金融期货交易所股份有限公司,就是以公司制组织形式设立的期货交易所。

对期货交易所的设立,各国都有严格的法律规定,一般要求应具备法定的条件并经过国家有关主管部门的批准。根据《条例》的规定,设立期货交易所,由国务院期货监督管理机构中国证监会审批;未经国务院批准或者国务院期货监督管理机构批准,任何单位或者个人不得设立期货交易场所或者以任何形式组织期货交易及其相关活动。

二、期货交易所组织制度

(一)会员制期货交易所组织制度

会员制期货交易所设会员大会、理事会。会员大会是期货交易所的权力机构,由全体会员组成。会员大会行使下列职权:(1)审定期货交易所章程、交易规则及其修改草案;(2)选举和更换会员理事;(3)审议批准理事会和总经理的工作报告;(4)审议批准期货交易所的财务预算方案、决算报告;(5)审议期货交易所风险准备金使用情况;(6)决定增加或者减少期货交易所注册资本;(7)决定期货交易所的合并、分立、解散和清算事项;(8)决定期货交易所理事会提交的其他重大事项;(9)期货交易所章程规定的其他职权。

理事会是会员大会的常设机构,对会员大会负责,行使有关法律法规规定的、期货交易所章程规定和会员大会授予的职权。理事会由会员理事和非会员理事组成;其中会员理事由会员大会选举产生,非会员理事由中国证监会委派。

(二) 公司制期货交易所组织制度

公司制期货交易所设股东大会。股东大会是期货交易所的权力机构,由全体股东组成。股东大会行使下列职权:(1) 审定期货交易所章程、交易规则及其修改草案;(2) 审议批准期货交易所的财务预算方案、决算报告;(3) 审议期货交易所风险准备金使用情况;(4) 决定增加或者减少期货交易所注册资本;(5) 决定期货交易所的合并、分立、解散和清算事项;(6) 选举和更换非由职工代表担任的董事、监事;(7) 审议批准董事会、监事会和总经理的工作报告;(8) 决定期货交易所董事会提交的其他重大事项;(9) 期货交易所章程规定的其他职权。股东大会会议的召开及议事规则应当符合期货交易所章程的规定。

公司制期货交易所设董事会,对股东大会负责,行使有关法律法规规定的、期货交易所章程规定和股东大会授予的职权。同时,期货交易所应当设立独立董事。

三、期货交易所的职责与行为规范

根据《条例》和《期货交易所管理办法》的规定,期货交易所履行下列职责:一是提供交易的场所、设施和服务;二是设计合约、安排合约上市;三是组织并监督交易、结算和交割;四是为期货交易提供集中履约担保;五是按照章程和交易规则对会员进行监督管理;六是中国证监会规定的其他职责。此外,期货交易所还应当履行下列职责:一是制定并实施期货交易所的交易规则及其实施细则;二是发布市场信息;三是监管会员及其客户、指定交割仓库、期货保证金存管银行及期货市场其他参与者的期货业务;四是查处违规行为。

期货交易所不得直接或者间接参与期货交易。未经中国证监会审核并报国务院批准,期货交易所不得从事信托投资、股票投资、非自用不动产投资等与其职责无关的业务。

期货交易所应当按照国家有关规定建立、健全下列风险管理制度:一是保证金制度;二是当日无负债结算制度;三是涨跌停板制度;四是持仓限额和大户持仓报告制度;五是风险准备金制度;六是中国证监会规定的其他风险管理制度。实行会员分级结算制度的期货交易所,还应当建立、健全结算担保金制度。

当期货市场出现诸如在交易中发生操纵期货交易价格的行为或者发生不可抗拒的突发事件以及中国证监会规定的其他情形等异常情况时,期货交易所可以按照其章程规定的权限和程序,决定采取下列紧急措施,并应当立即报告中国证监会:一是提高保证金;二是调整涨跌停板幅度;三是限制会员或者客户的最大持仓量;四是暂时停止交易;五是采取其他紧急措施。异常情况消失后,期货交易所应当及时取消紧急措施。

第三节 期货公司

一、期货公司的概念和法律地位

期货公司,是指根据我国《公司法》和《条例》规定设立的经营期货业务的金融机构。

作为期货市场中重要的中介机构,《条例》明确了期货公司金融机构的法律地位,为期货公司健康、稳定发展提供良好的制度环境。同时,为了保护公共利益,维护市场秩序,鉴于期货公司金融机构的属性,《条例》规定期货公司必须采取公司制,并且在设立环节实行审批制。未经中国证监会的批准,任何单位或者个人不得设立或者变相设立期货公司,经营期货业务。

从业务范围来看,1999年的《暂行条例》出于当时清理整顿的需要,规定期货经纪公司只能从事境内期货经纪业务,严禁从事境外期货经纪等业务。《条例》在建立、健全三项基础性风险预警体系和强化监管的前提下,将期货经纪公司改名为期货公司,并适当放宽了期货公司的业务范围:期货公司可以申请经营境内期货经纪、境外期货经纪、期货投资咨询以及中国证监会规定的其他期货业务,由中国证监会按照其业务种类颁发许可证。

期货公司应当建立、健全并严格执行业务管理规则、风险管理制度,遵守信息披露制度,保障客户保证金的存管安全,按照期货交易所的规定,向期货交易所报告大户名单、交易情况。从事期货投资咨询的其他期货经营机构,应当取得中国证监会批准的业务资格。

《条例》第18条规定:"期货公司从事经纪业务,接受客户委托,以自己的名义为客户进行期货交易,交易结果由客户承担。"这说明,期货公司从事经纪业务,接受客户委托进行期货交易,与客户之间的关系是一种经纪关系,而非代理关系。经纪和代理有明显的区别,代理是代理人在代理权限内,以被代理人的名义实施法律行为,被代理人对代理人的代理行为,承担法律责任。而期货公司从事经纪业务,接受客户委托从事期货交易,是以自己的名义而不是以客户的名义进行的,交易结果由客户承担,是一种经纪行为。

二、期货公司的设立

设立期货公司,应当符合我国《公司法》的规定,并具备《条例》规定的下列条件:一是注册资本最低限额为人民币3000万元;二是董事、监事、高级管理人员具备任职资格,从业人员具有期货从业资格;三是有符合法律、行政法规规定的公司章程;四是主要股东以及实际控制人具有持续盈利能力,信誉良好,最近3年无重大违法违规记录;五是有合格的经营场所和业务设施;六是有健全的风险管理和内部控制制度;七是中国证监会规定的其他条件。

设立期货公司,应当经中国证监会批准,并在公司登记机关登记注册。未经中国证监会批准,任何单位或者个人不得设立或者变相设立期货公司,经营期货业务。

我国对期货公司业务实行许可制度,由中国证监会按照其商品期货、金融期货业务种类颁发许可证。期货公司除申请经营境内期货经纪业务外,还可以申请经营境外期货经纪、期货投资咨询以及中国证监会规定的其他期货业务。期货公司不得从事与期货业务无关的活动,法律、行政法规或者中国证监会另有规定的除外。期货公司不得从事或者变相从事期货自营业务。期货公司不得为其股东、实际控制人或者其他关联人提供融资,不得对外担保。

三、期货公司的变更和解散

期货公司办理合并、分立、停业、解散或者破产,变更业务范围,变更注册资本且调整股权结构,新增持有5%以上股权的股东或者控股股东发生变化,设立、收购、参股或者终止境外期货类经营机构以及中国证监会规定的其他事项的,应当经中国证监会批准。期货公司办理下列事项,应当经中国证监会派出机构批准:一是变更法定代表人;二是变更住所或者营业场所;三是设立或者终止境内分支机构;四是变更境内分支机构的经营范围;五是中国证监会规定的其他事项。

第四节 期货交易监管

一、期货交易品种及期货交易参加者的资格限制

在期货交易所从事期货交易的,应当是期货交易所会员。符合规定条件的境外机构,可以在期货交易所从事特定品种的期货交易。要取得期货交易所会员资格,应当经期货交易所批准。其中,实行会员分级结算制度的期货交易所会员由结算会员和非结算会员组成。

下列单位和人员不得从事期货交易,期货公司不得接受其委托为其进行期货交易:(1)国家机关和事业单位;(2)国务院期货监督管理机构、期货交易所、期货保证金安全存管监控机构和期货业协会的工作人员;(3)证券、期货市场禁止进入者;(4)未能提供开户证明材料的单位和个人;(5)国务院期货监督管理机构规定不得从事期货交易的其他单位和个人。此外,下列人员不得以本人或者他人名义从事期货交易:(1)无民事行为能力人或者限制民事行为能力人;(2)期货公司的工作人员及其配偶;(3)中国证监会及其派出机构、期货交易所、期货保证金安全存管监控机构和中国期货业协会的工作人员及其配偶。

任何单位和个人不得违规使用信贷资金、财政资金进行期货交易。银行业金融机构从事期货交易融资或者担保业务的资格,由国务院银行业监督管理机构批准。

国有以及国有控股企业进行境内外期货交易,应当遵循套期保值的原则,严格遵守国务院国有资产监督管理机构以及其他有关部门关于企业以国有资产进入期货市场的有关规定。

国务院商务主管部门对境内单位或者个人从事境外商品期货交易的品种进行核准。境外期货项下购汇、结汇以及外汇收支,应当符合国家外汇管理有关规定。

二、期货公司的经纪业务规则

期货公司应当按照审慎经营的原则,建立并有效执行风险管理、内部控制、期货保证金存管等业务制度和流程,保持财务稳健并持续符合中国证监会规定的风险监管指标标准,确保客户的交易安全和资产安全。

期货公司应当遵循诚实信用原则,以专业的技能,勤勉尽责地执行客户的委托,维护客户的合法权益。期货公司应当避免与客户的利益冲突,当无法避免时,应当确保客户利益优先。

期货公司接受客户委托为其进行期货交易,应当事先向客户出示风险说明书,经客户签字确认后,与客户签订书面合同。期货公司不得未经客户委托或者不按照客户委托内容,擅自进行期货交易。期货公司不得向客户作获利保证;不得在经纪业务中与客户约定分享利益或者共担风险。

期货公司不得隐瞒重要事项或者使用其他不正当手段诱骗客户发出交易指令。期货公司为客户提供互联网委托服务的,应当建立互联网交易风险管理制度,并对客户进行互联网交易风险的特别提示。

期货交易应当严格执行保证金制度。期货公司向客户收取的保证金属于客户所有。

期货公司经营期货经纪业务又同时经营其他期货业务的,应当严格执行业务分离和资金分离制度,不得混合操作。

期货公司应当建立客户资料档案,除依法接受调查外,应当为客户保密。

期货应当建立、健全客户投诉处理制度,并将客户的投诉材料及处理结果存档。

期货公司与客户的委托关系终止的,应当办理相关的销户手续。期货公司不得将客户未注销的资金账号、交易编码借给他人使用。

三、期货市场的风险管理制度

期货交易所和期货公司必须依照国家有关规定建立、健全下列风险管理制度:

(一) 保证金制度

期货保证金是指期货交易者按照规定标准交纳的用于结算和保证履约的资金。保证金制度的实施,降低了期货交易成本,交易者只需缴纳很小比例的保证金而不需要足额交纳货款就可以买卖期货合约,发挥了期货交易的资金杠杆作用,促进了套期保值功能的发挥。另一方面,期货保证金是履行期货合约的担保,也是期货交易所控制投机规模的重要手段。当投机过度时,期货交易所可以通过提高保证金数额抑制投机行为。可以说,保证金制度是期货市场的灵魂,没有保证金制度期货交易就很难存在。

根据《条例》的规定,期货交易所向会员、期货公司向客户收取的保证金,不得低于国务院期货监督管理机构、期货交易所规定的标准,并应当与自有资金分开,专户存放。期货交易所向会员收取的保证金属于客户所有,除用于会员的交易结算外,严禁挪作他用。期货公司向客户收取的保证金,属于客户所有,除下列可划转的情形外,严禁挪作他用:(1) 依据客户的要求支付可用资金;(2) 为客户交存保证金,支付手续费、税款;(3) 国务院期货监督管理机构规定的其他情形。

(二) 风险准备金制度

风险准备金是期货交易所会员在入会时一次性交付并存入交易所账户,在退会时一次性清退的风险基金。这一制度的目的也是为了防范市场风险。会员和客户在期货交易中违约的,应先以该会员或客户的保证金承担责任;保证金不足的,期货交易所和期货公司应当以风险准备金和自有资金代为承担违约责任,并由此取得对该会员或该客户的相应追偿权。期货交易所应当按照手续费收入的20%的比例提取风险准备金,风险准备金必须单独核算,专户存储。

(三) 当日无负债结算制度

当日无负债结算制度,也称逐日盯市制度,指结算部门在当日及时计算、检查保证金账户余额并及时将结算结果通知会员,适时要求其追加保证金,保证保证金余额维持在一定水平上,防止负债现象发生的结算制度。同样,期货公司根据期货交易所的结算结果对客户进行结算,并应当将结算结果按照与客户约定的方式及时通知客户,适时要求其追加保证金。修订的《条例》将原来的"每日结算制度"改为"当日无负债结算制度",为期货交易所今后每日可能进行多次结算解除了限制。当日无负债结算制度,能够保证每一保证金账户的盈亏都能得到及时、具体、真实地反映,有利于将市场风险控制在交易全过程的一个相对最小的时间单位内,从而能更好地防范风险,维护期货市场的正常运行。

(四) 交易编码制度

期货交易实行交易编码制度。会员和客户应当遵守一户一码制度,不得混码交易。

(五) 涨跌停板制度

涨跌停板制度,是指合约在一个交易日中的交易价格不得高于或低于规定的涨跌幅度,超过该涨跌幅度的报价将被视为无效,不能成交。涨跌停板制度可以有效地防止期货价格的狂涨暴跌,减缓和抑制突发事件和过度投机行为对期货价格的影响,维护正常的市场秩序。同时,涨跌停板制度也有利于期货交易所、会员单位及客户的日常风险控制。

(六) 限仓制度和套期保值审批制度

限仓是指规定会员或客户可以持有的,按单边计算的某一合约持仓的最大数额,不允许超量持仓。如果客户在多个经纪商处开户,则要将该客户在各账户下的持仓合并计算。一般来说,会员及客户必须将其持有的持仓控制在其持仓限额以内,超出的持仓应在规定时限内完成减仓,否则期货交易所可强行平仓。

套期保值审批制度与限仓制度的实施有关。在防范市场风险的同时,为了更好地满足投资者的保值需要,可以采用套期保值审批制度,对于有大规模保值需求的投资者进行审批,对经批准的保值者给予较大的持仓限额,不再受原有持仓限额的限制。

(七) 持仓限额和大户持仓报告制度

持仓量,是指期货交易者所持有的未平仓合约的数量。持仓限额,是指期货交易所对期货交易者的持仓量规定的最高数额,旨在防止市场风险过度集中于少数交易者和防范操纵市场行为。大户持仓报告制度,是与持仓限额制度相关的又一个旨在控制交易风险、防止大户操纵市场的制度,指当交易所会员或客户的持仓达到期货交易所规定的持仓报告标准的,会员或者客户应当向期货交易所报告。客户未报告的,会员应当向期货交易所报告。期货交易所可以根据市场风险状况制定并调整持仓报告标准。

(八) 结算担保金制度

结算担保金制度,是指全体结算会员向实行会员分级结算制度的期货交易所缴纳结算担保金,用于应对结算会员的违约风险的一种制度。结算担保金归结算会员所有,期货交易所应当按照有关规定管理和使用,不得挪作他用。结算担保金包括基础结算担保金和变动结算担保金。结算会员在期货交易中违约时,期货交易所先以违约会员的保证金承担该会员的违约责任,保证金不足的,再以违约会员的自有资金、结算担保金、期货交易所风险准备金和期货交易所自有资金承担。结算担保金制度作为一种联保制度,可以增强期货交易所抵御风险的能力。

(九) 风险警示制度

期货交易所实行风险警示制度。风险警示制度,是指当市场潜在风险增大,期货交易所认为必要时,可以分别或同时采取要求会员和客户报告情况、谈话提醒、发布风险提示函等措施,以警示和化解风险的制度。

(十) 期货交易所可以采取的临时处置措施

有根据认为会员或者客户违反期货交易所交易规则及其实施细则并且对市场正在产生或者即将产生重大影响,为防止违规行为后果进一步扩大,期货交易所可以对该会员或者客户采取下列临时处置措施:限制入金;限制出金;限制开仓;提高保证金标准;限期平仓;强行平仓。

(十一) 期货交易所可以采取的紧急措施

在期货交易过程中出现以下情形之一的,期货交易所可以宣布进入异常情况,采取紧急措施化解风险:(1) 地震、水灾、火灾等不可抗力或者计算机系统故障等不可归责于期货交易所的原因导致交易无法正常进行;(2) 会员出现结算、交割危机,对市场正在产生或者即将产生重大影响;(3) 当期货价格出现同方向连续涨跌停板时并按规定采取相应措施后仍未化解风险;(4) 期货交易所交易规则及其实施细则中规定的其他情况。

第五节 期货交易违法行为的法律责任

一、期货交易所、非期货公司结算会员、期货保证金安全存管监控机构违法行为的法律责任

期货交易所、非期货公司结算会员有下列行为之一的,责令改正,给予警告,没收非法所得:违反规定接纳会员的;违反规定收取交易手续费的;违反规定使用、分配收益的;不按照规定公布即时行情,或者发布价格预测信息的;不按照规定向中国证监会履行报告义务的;不按照规定向国务院期货监督管理机构报送有关文件、资料的;不按照规定建立、健全结算担保金制度的;不按照规定提取、管理和使用风险准备金的;违反国务院期货监督管理机构有关保证金安全存管监控规定的;限制会员实物交割总量的;任用不具备资格的期货从业人员的;违反国务院期货监督管理机构规定的其他行为。

期货交易所有下列行为之一的,责令改正,给予警告,没收非法所得,并处罚款;情节严重的,责令停业整顿:未经批准,擅自制定或者修改章程、交易规则的;

未经批准,擅自上市、中止、取消或者恢复交易品种的;未经批准,擅自上市、修改或者终止合约的;允许会员在保证金不足的情况下进行期货交易的;直接或间接参与期货交易,或者违反规定从事与其职务无关的业务的;违反规定收取保证金或者挪用保证金的;伪造、涂改或者不按规定保存期货交易、结算、交割资料的;未建立或者未执行当日无负债结算、涨跌停板、持仓限额和大户持仓报告制度的;拒绝或者妨碍国务院期货监督管理机构监督检查的;违反国务院期货监督管理机构规定的其他行为。

非期货公司结算会员有下列行为之一的,责令改正,给予警告,没收非法所得,并处罚款;情节严重的,责令停业整顿:允许会员在保证金不足的情况下进行期货交易的;违反规定收取保证金或者挪用保证金的;伪造、涂改或者不按规定保存期货交易、结算、交割资料的;未建立或者未执行当日无负债结算、涨跌停板、持仓限额和大户持仓报告制度的;拒绝或者妨碍国务院期货监督管理机构监督检查的;违反国务院期货监督管理机构规定的其他行为。

期货保证金安全存管监控机构有下列行为之一的,责令改正,给予警告,没收非法所得,并处罚款;情节严重的,责令停业整顿:直接或间接参与期货交易,或者违反规定从事与其职务无关的业务的;拒绝或者妨碍国务院期货监督管理机构监督检查的;违反国务院期货监督管理机构规定的其他行为。

二、期货公司违法行为的法律责任

期货公司有下列行为之一的,责令改正,给予警告,没收非法所得,并处罚款;情节严重的,责令停业整顿或者吊销期货业务许可证:接受不符合规定条件的单位或者个人委托的;允许客户在保证金不足的情况下进行期货交易的;未经批准,擅自办理《条例》第19、20条所列事项的;违反规定从事与期货业务无关的活动的;从事或者变相从事期货自营业务的;为其股东、实际控制人或者其他关联人提供融资,或者对外担保的;违反国务院期货监督管理机构有关保证金安全存管监控规定的;不按照规定向国务院期货监督管理机构履行报告义务或者报送有关文件、资料的;交易软件、结算软件不符合期货公司审慎经营和风险管理以及国务院期货监督管理机构有关保证金安全存管监控规定的要求的;不按照规定提取、管理和使用风险准备金的;伪造、涂改或者不按规定保存期货交易、结算、交割资料的;任用不具备资格的期货从业人员的;伪造、变造、出租、出借、买卖期货经纪业务许可证或者经营许可证的;进行混码交易的;拒绝或者妨碍国务院期货监督管理机构监督检查的;违反国务院期货监督管理机构规定的其他行为。期货公司的股东、实际控制人或者其他关联人未经批准擅自委托他人或者接受他人委托持有或者管理期货公司股权的,拒不配合国务院期货监督管理机构的检查,拒不按照规定履行报告义务、提供有关信息和资料,或者报送、提供的信息和资料有虚假记载、误导性陈述或者重大遗漏的,依照前述规定处罚。

期货公司有下列欺诈客户行为之一的,责令改正,给予警告,没收非法所得,并处罚款;情节严重的,责令停业整顿或者吊销期货业务许可证:向客户做获利保证或者不按照规定向客户出示风险说明书的;在经纪业务中与客户约定分享利益、共担风险的;不按照规定接受客户委托或者不按照客户委托内容擅自进行期货交易的;隐瞒重要事项或者使用其他不正当手段,诱骗客户发出交易指令的;向客户提供虚假成交回报的;未将客户交易指令下达到期货交易所的;挪用客户保证金的;不按照规定在期货保证金存管银行开立保证金账户,或者违规划转客户保证金的;国务院期货监督管理机构规定的其他欺诈客户的行为。

期货公司及其他期货经营机构、非期货公司结算会员、期货保证金存管银行提供虚假申请文件或者采取其他欺诈手段隐瞒重要事实骗取期货业务许可的,撤销其期货业务许可,没收违法所得。

三、内幕交易行为的法律责任

期货交易内幕信息的知情人员或者非法获取期货交易内幕信息的人员,在对期货交易价格有重大影响的信息未公开前,利用内幕信息从事期货交易,或者向他人泄漏内幕信息,使他人利用内幕信息进行期货交易的,没收非法所得,并处罚款;单位从事内幕交易的,还应当对直接负责的主管人员和其他直接责任人员给予警告,并处罚款。

国务院期货监督管理机构、期货交易所和期货保证金安全存管监控机构的工作人员进行内幕交易的,从重处罚。

四、操纵市场行为的法律责任

任何单位和个人有下列行为之一,操纵期货交易价格的,责令改正,没收非法所得,并处罚款:单独或者合谋,集中资金优势、持仓优势或者利用信息优势联合或者持续买卖期货合约,操纵期货交易价格的;蓄意串通,按事先约定的时间、价格和方式相互进行期货交易,影响期货交易价格或者期货交易量的;以自己为交易对象,自买自卖,影响期货交易价格或者期货交易量的;为影响期货市场行情囤积现货的;国务院期货监督管理机构规定的其他操纵期货交易价格的行为。

单位有上述所列行为之一的,对直接负责的主管人员和其他直接责任人员给予警告,并处以罚款。

五、其他期货违法行为的法律责任

交割仓库有下列行为之一的,责令改正,给予警告,没收非法所得,并处罚款;情节严重的,责令期货交易所暂停或者取消其交割仓库资格;对直接负责的主管人员和其他直接责任人员给予警告,并处罚款;出具虚假仓单;违反期货交易所业务规则,限制交割商品的出库、入库;泄漏与期货交易有关的商业秘密;违反国家有关规定参与期货交易;国务院期货监督管理机构规定的其他行为。

国有以及国有控股企业违反《条例》和国务院国有资产监督管理机构以及其他有关部门关于企业以国有资产进入期货市场的有关规定进行期货交易,或者单位、个人违规使用信贷资金、财政资金进行期货交易的,给予警告,没收违法所得,并处罚款。对直接负责的主管人员和其他直接责任人员给予降级直至开除的纪律处分。

境内单位或者个人违反规定从事境外期货交易的,责令改正,给予警告,没收违法所得,并处罚款;情节严重的,暂停其境外期货交易。对直接负责的主管人员和其他直接责任人员给予警告,并处罚款。

非法设立期货交易场所或者以其他形式组织期货交易活动的,由所在地县级以上地方人民政府予以取缔,没收违法所得,并处罚款。对直接负责的主管人员和其他直接责任人员给予警告,并处罚款。非法设立期货公司及其他期货经营机构,或者擅自从事期货业务的,予以取缔,没收违法所得,并处罚款。对直接负责的主管人员和其他直接责任人员给予警告,并处罚款。

期货公司的交易软件、结算软件供应商拒不配合国务院期货监督管理机构调查,或者未按照规定向国务院期货监督管理机构提供相关软件资料,或者提供的软件资料有虚假、重大遗漏的,责令改正,并处罚款。对直接负责的主管人员和其他直接责任人员给予警告,并处罚款。

会计师事务所、律师事务所、资产评估机构等中介服务机构未勤勉尽责,所出具的文件有虚假记载、误导性陈述或者重大遗漏的,责令改正,没收业务收入,暂停或者撤销相关业务许可,并处罚款。对直接负责的主管人员和其他直接责任人员给予警告,并处罚款。

任何单位或者个人违反《条例》规定,情节严重的,由国务院期货监督管理机构宣布该个人、该单位或者该单位的直接责任人员为期货市场禁止进入者。

国务院期货监督管理机构、期货交易所、期货保证金安全存管监控机构和期货保证金存管银行等相关单位的工作人员,泄露知悉的国家秘密或者会员、客户商业秘密,或者徇私舞弊、玩忽职守、滥用职权、收受贿赂的,依法给予行政处分或者纪律处分。

违反《条例》规定,构成犯罪的,依法追究刑事责任。

对《条例》规定的违法行为的行政处罚,由国务院期货监督管理机构决定;涉及其他有关部门法定职权的,国务院期货监督管理机构应当会同其他有关部门处理;属于其他有关部门法定职权的,国务院期货监督管理机构应当移交其他有关部门处理。

第三编

宏观调控法

第二十章 计划法律制度

第一节 计划的概念和特征

一、计划的概念

从广义上讲,计划是人们制定的未来规定时期内的行动目标与实现该目标的措施的方案。这一定义的基本含义有四:一是计划是一种"方案",但方案不一定是计划(如"汉语拼音方案"就不是计划);二是计划的内容,即"行动目标与实现该目标的措施";三是计划的期限,即"未来规定时期",包括长期、中期、短期计划;四是制定计划的主体,即"人们",包括国家、地区、行业、单位和个人。

对于狭义上讲的计划,即计划法所说的计划的概念,可以下这样一个定义:计划是国家制定的未来规定时期内国民经济和社会发展目标与实现该目标的措施的方案。这就是说:计划是一种"方案";计划的内容,即"国民经济和社会发展目标和实现该目标的措施";计划的期限,即"未来规定时期",包括长期、中期、短期计划;制定计划的主体,即"国家",指法定的国家机关。

二、计划的特征

在社会主义市场经济条件下,虽然还有必要的指令性计划指标,但在总体上实行的是指导性计划。指导性计划的特征有三:一是宏观性。计划所要反映和调控的主要是宏观经济总量平衡和宏观经济结构协调问题,确定宏观经济目标和宏观经济政策,一般不对微观经济活动规定计划任务,全国计划的总指标绝大多数都不需要层层分解下达到地方和企业。二是战略性。计划的重点是处理好国民经济和社会发展中全局性、长远性的重大问题,如保持经济持续、适度、快速增长和社会总供求的动态平衡,促进产业结构优化升级和地区经济协调发展,实施科教兴国和可持续发展战略,提高国际经济竞争力和保障国家经济安全等。三是政策性。计划的主干是经过综合协调的宏观经济政策,而不是许多具体的计划指标;计划目标的实现主要是通过运用经济调节政策去诱导、激励和规范各类经济主体的行为,而不是靠分配强制性的任务。[①]

[①] 参见全国干部培训教材编审指导委员会组织编写:《社会主义市场经济概论》,人民出版社 2002 年版,第 277 页。

第二节 计划的内容和形式

一、计划的内容

总的来说,计划的内容包括两个方面:一是国民经济和社会发展目标;二是实现上述目标的措施。

国民经济和社会发展计划的制定,首先需要确定一个反映客观规律要求的涉及国民经济全局和长远发展的战略目标。经济和社会发展战略,是指一个较长历史时期内经济和社会发展全局的总目标和总任务。其主要内容有:经济增长目标,人民物质文化生活水平提高的目标,科学技术发展和科技结构变革的目标,社会事业发展的目标。计划内容就是这些战略目标的具体化。因此,各个时期计划的具体内容必须根据国家的经济发展战略目标和每个时期提出的政治经济任务以及政策措施而确定相应的计划内容。[①] 例如,2011 年 3 月 14 日第十一届全国人民代表大会第四次会议批准的《"十二五"规划纲要》规定的"今后五年经济社会发展的主要目标"是:经济平稳较快发展;经济结构调整取得重大进展,居民消费率上升;科技教育水平明显提升;资源节约环境保护成效显著;人民生活持续改善;社会建设明显加强;改革开放不断深化。与此同时,《"十二五"规划纲要》规定了实现上述目标的措施。又如,2013 年 3 月 5 日第十二届全国人民代表大会第一次会议批准的《2013 年国民经济和社会发展计划》规定的"2013 年经济社会发展的主要预期目标"是:经济保持平稳增长;发展的平衡性、协调性、可持续性进一步增强;价格总水平基本稳定;人民生活水平进一步提高;国际收支状况进一步改善。与此同时,《2013 年国民经济和社会发展计划》规定了实现上述目标的措施。

国民经济和社会发展计划的内容,除了文字报告外,还包括两个部分:一是计划指标。这是计划的有机组成部分,是计划任务的数字表现,也是计划任务的具体化。它通常由指标名称和计划数字两部分组成。不同的计划任务有不同的指标,这些体现计划内容,相互联系、相互依存的指标,就构成指标体系。指标体系不是一成不变的,它随着各个时期经济任务的变化而不断改进和完善。二是政策措施。这里指的是国家为实现一定时期的计划任务而制定的产业政策、行业发展政策、地区布局政策、对外贸易和利用外资政策以及其他重要技术经济政

---

① 参见王守渝:《计划的内容》,载杨紫烜、徐杰主编:《经济法学》(第六版),北京大学出版社 2012 年版,第 275 页。

策。它是计划任务得以完成的有力保障,是计划内容不可缺少的组成部分。[1]

二、计划的形式

在我国,根据实践的需要,可以按照不同的标准对计划进行划分。例如:

按照计划内容所涉及的范围,可以划分为综合性计划、行业计划和专项计划。综合性计划,就是国民经济和社会发展计划。行业计划,是规定本行业发展目标和实现该目标的措施的计划。专项计划,是为了解决经济和社会发展中的专门问题[2]制定的计划。

按照计划的期限,可以划分为长期计划、中期计划和短期计划。长期计划,一般是期限在十年或十年以上的计划或规划。中期计划,一般是期限为五年的计划或规划。短期计划,一般是期限为一年的计划,也称年度计划。

按计划适用的地域,可以划分为全国计划和地方计划。全国计划,也称中央计划,是指在全国范围内实施的,对地方计划的制定与实施具有指导作用的计划。地方计划,是指体现全国计划要求的,符合本地实际并在本地实施的计划。

第三节 计划法的概念和计划立法

一、计划法的概念

对于计划法,可以划分为形式意义的计划法和实质意义的计划法。形式意义的计划法,即关于计划的基本规范性文件。例如,法国的《计划化改革法》(1982年)[3],匈牙利的《国民经济计划法》(1973年),罗马尼亚的《经济社会发展计划法》(1979年),波兰的《社会—经济计划法》(1982年)等。在我国,《中华人民共和国计划法》的起草工作虽然从20世纪80年代初就开始了,但是,这部重要法律至今还没有出台。这种立法严重滞后的情况应该尽快改变。

实质意义的计划法,即作为一个法的部门的计划法。本书关于计划法的概念,如果没有特别的说明,都是从实质意义上讲的。笔者认为,计划法的调整对象是,在国家制定和实施未来规定时期内国民经济和社会发展目标与实现该目标的措施的方案过程中发生的经济关系,即在计划的制定和实施过程中发生的经济关系,简称计划调控关系,也就是通常所说的计划关系。计划法,是指调整

---

[1] 参见王守渝:《计划的内容》,载杨紫烜、徐杰主编:《经济法学》(第六版),北京大学出版社2012年版,第275—276页。

[2] 这里说的"专门问题",通常指经济和社会发展中的一些关键问题或重要的薄弱环节。

[3] 该法于1982年制定,共21条,分为三个部分:第一部分国家计划;第二部分地区计划;第三部分其他的和暂行的措施。其中,第一部分有3章,即第1章国家计划的内容,第2章国家计划制定和通过的程序,第3章国家计划的实施与计划合同。

在国家制定和实施未来规定时期内国民经济和社会发展目标与实现该目标的措施的方案过程中发生的经济关系的法律规范的总称。其基本含义有五：一是计划法属于法的范畴。因为它同其他法一样都是由法律规范组成的。二是计划法属于国内法体系。因为组成计划法的法律规范所调整的计划调控关系是在本国经济运行过程中发生的，对这种经济运行的协调是一个国家的协调，计划法律规范是由一个国家制定或认可的。三是计划法属于经济法体系。因为它调整的计划调控关系属于经济法调整的特定经济关系的范围。四是计划法属于宏观调控法体系。因为它调整的计划调控关系属于作为宏观调控法调整对象的宏观调控关系的范围。五是计划法又不同于同属于宏观调控法体系的其他法。因为作为计划法调整对象的计划调控关系，又不同于财政法、中央银行法、价格调控法等的调整对象。

二、计划立法

新中国成立以来，我国先后制定了《关于国民经济计划编制暂行办法》(1952年)、《关于改进计划体制的若干暂行规定》(1984年)、《关于改进计划管理体制的规定》(1958年)、《关于加强综合财政计划工作的决定》(1960年)、《关于拟订长期计划的通知》(1980年)[①]、《国家指令性计划和国家订货的暂行规定》(1993年)、《国家科技计划管理暂行规定》(2001年)、《土地利用年度计划管理办法》(2004年修订)等规范性文件。上述规范性文件虽在不同时期发挥了各自的作用，但是，总的来说，我国的计划立法很不适应国民经济和社会全面发展的需要，特别是《中华人民共和国计划法》(简称《计划法》)制定滞后的问题非常突出。可靠资料表明，1980年8月国家计委经济条法办公室草拟了关于起草《计划法》的设想，经同年11月召开的全国计划会议讨论后正式开始了《计划法》的起草工作。后来的情况又是怎么样呢？2002年9月11日，国家发展计划委员会在一份文件中指出："第七届和第八届全国人大常委会都曾将宏观调控方面的重要立法——《中华人民共和国计划法》纳入全国人大立法规划，国务院前几年的立法计划也将其列为重要立法项目。国家计委受全国人大常委会和国务院的委托，曾组织有经济学界、法学界专家等各方面人员参加的相对稳定的起草队伍，并多次召开了由有关部门、地方计划工作者和法律专家、学者参加的座谈会、研讨会，还组织力量多次深入有关省市和企业进行调查研究，做了大量的基础性工作，形成了《计划法(草稿)》。党的十四届三中全会以后，根据建立社会主义市场经济体制的要求，结合计划职能转变的情况，国家计委又对《计划

[①] 国务院就制定1981年至1990年发展国民经济十年规划发出的这个《通知》，除了指明制定规划的意义和工作要求以外，提出了规划的主要内容和需要解决的12个重大问题。

法(草稿)》进行了全面修改,并征求了各省、自治区、直辖市人民政府和国务院有关部门的意见。起草工作历经十余年,数十次易稿,已于 1995 年 6 月将《计划法(送审稿)》提交国务院审议。但是,由于对是否需要制定《计划法》这样的宏观调控法还存在不同的认识,因此《计划法(送审稿)》一直处于搁置状态。"①

应该承认,在关于计划的基本规范性文件的制定方面,我国明显地落后于其他一些国家。例如,有不少国家先后制定了《计划法》以及与计划直接有关的法律,如美国的《充分就业和国民经济平衡增长法》(1976 年),英国的《城乡计划法》(1971 年)、《金融服务受管计划法》(1991 年),法国的《关于实施中期计划法令》(1946 年)、《计划化改革法》(1982 年),德国的《经济稳定与增长促进法》(1967 年),比利时的《计划组织和经济分权法》(1970 年),匈牙利的《国民经济计划法》(1973 年),南斯拉夫的《社会计划体制基础和社会计划法》(1976 年),罗马尼亚的《经济社会发展计划法》(1979 年),波兰的《社会—经济计划法》(1982 年)等。

那么,在我国,从 1980 年开始起草《计划法》以来,为什么这一部重要法律总是出不了台呢？大家知道,反垄断有《反垄断法》,反不正当竞争有《反不正当竞争法》,保护消费者权益有《消费者权益保护法》,保证产品质量有《产品质量法》,关于预算有《预算法》,关于金融调控有《中国人民银行法》,关于价格调控有《价格法》。而《计划法》却长期出不了台,难道将计划的制定和实施纳入法治轨道就没有必要吗？为什么有些实行市场经济的西方国家和有些曾经实行计划经济的社会主义国家有《计划法》,而中国却没有《计划法》呢？为什么《计划法》曾经纳入了第七届和第八届《全国人大常委会立法规划》,而不执行《全国人大常委会立法规划》呢？看来,问题的关键在于对我国的立法决策具有重要影响的一些人员对于制定《计划法》的必要性和重要性还缺乏应有的认识。用国家发展计划委员会的话来说,就是"由于对是否需要制定《计划法》这样的宏观调控法还存在不同的认识"。

在实行计划经济体制的时期,"计划万能论"很有市场；在实行社会主义市场经济的情况下,"市场万能论"流行了起来。这是两种不同形式的片面性。现在,"计划万能论"没有什么市场了,而"市场万能论"却有相当大的影响。应该明确：在社会主义市场经济条件下,我们要重视市场的作用,但绝不能迷信市场；我们不能迷信计划,但绝不能不重视计划的作用。必须指出：社会主义市场经济是与社会主义基本制度相结合的,市场在国家宏观调控下对资源配置起基础性

---

① 国家发展计划委员会的这份文件,是对第九届全国人大第五次会议上由杨紫烜、赵学清、李浩、吴树青、申丹、刘庆宁等 6 位全国人大代表分别在 6 个代表团领衔提出的 6 份《关于制定〈中华人民共和国宏观调控法〉的议案》(每份《议案》由 30 位以上全国人大代表签名)的答复。

作用的经济体制;实行社会主义市场经济,必须"完善宏观调控",否定宏观调控不仅不是社会主义市场经济,而且也不是现代市场经济;"完善宏观调控",必须实现计划的功能,发挥计划的重要作用;发挥计划的作用,就要制定和实施好计划;为了保证计划的科学性和科学的计划得到切实实施,必须规范计划行为;为了全面规范计划行为,需要建立和完善计划法律体系;建立和完善计划法律体系,就需要制定《计划法》及其配套法规、规章等一系列规范性文件。

目前,国家发展和改革委员会已经将制定有关计划的法律列入了立法规划。希望抓紧制定该法的工作,并早日由国务院提交全国人民代表大会讨论通过后公布施行。

第四节 计划法的地位

一、计划法的部门法属性

关于计划法的部门法属性,有两种不同的观点:一种观点认为,计划法属于行政法的范畴,是行政法的组成部分;另一种观点认为,计划法属于经济法的范畴,是经济法的组成部分。我们认为,这第二种观点是正确的。因为行政法是调整行政管理关系的法律规范的总称,其调整对象是行政管理关系,而计划法调整的计划调控关系,是在计划的制定和实施过程中发生的经济关系,它不属于行政管理关系的范围。如果由于计划法的主体中包括国家行政机关而认为计划法属于行政法的范围,也是不可取的。因为划分法的部门的标准是法的调整对象,而不是法的主体,判断计划法的部门法属性不能以其主体作为标准。

应该指出,计划法具有特定的调整对象,是宏观调控法体系中的一个独立的法的部门。因为计划法调整的计划调控关系属于宏观调控法调整的宏观调控关系的范围,调整计划调控关系的法律规范即计划法律规范属于宏观调控法律规范的范围,所以,作为计划法律规范总称的计划法属于宏观调控法体系。而宏观调控法属于经济法体系,因此,计划法是属于经济法体系的宏观调控法体系中的一个独立的法的部门。

二、计划法的重要地位

1984年10月20日,党的十二届三中全会作出了《关于经济体制改革的决定》。有些学者不能全面理解上述《决定》的精神,片面强调大力发展商品生产和商品交换,而无视计划和计划法应有的重要地位。1992年10月党的十四大报告指出:"我国经济体制改革的目标是建立社会主义市场经济体制。"对此,有些学者片面地认为,今后要实行社会主义市场经济了,计划和计划法就不怎么重要了;更有甚者,根本否认计划法的必要性,谁要一提计划法就认为这是传统的计划经济的思维模式。

我们认为,将计划和计划法的重要性强调到不适当的高度是片面的,但是,不能把计划和计划法同实行社会主义市场经济割裂开来、对立起来。要正确认识计划法的重要地位,首先要正确认识计划调控在宏观调控体系中以至在整个国民经济和社会发展中的重要地位。党的十四大报告指出:"国家计划是宏观调控的重要手段之一。"①中共十四届三中全会指出:"宏观调控的主要任务是:保持经济总量的基本平衡,促进经济结构的优化,引导国民经济持续、快速、健康发展,推动社会全面进步。"要"建立计划、金融、财政之间相互配合和制约的机制,加强对经济运行的综合协调"。② 中共十六届三中全会指出:要"进一步健全国家计划和财政政策、货币政策等相互配合的宏观调控体系。国家计划明确的宏观调控目标和总体要求,是制定财政政策和货币政策的主要依据"。③ 这充分说明:宏观调控对于经济和社会的全面发展至关重要;计划调控在宏观调控体系中的地位至关重要。显然,经最高国家权力机关审查、批准的国民经济和社会发展计划,体现了国家最高层次的战略指导,它是制定国家财政政策和货币政策的"主要依据"。

由于计划调控在宏观调控体系中以至于在国民经济和社会发展中的地位极为重要,而规范计划行为、调整计划调控关系的计划法将计划的制定和实施纳入法治轨道,可以为制定好、实施好计划提供法律保证,以利于充分实现计划的功能,发挥计划的作用,推动国民经济和社会的全面发展。所以,计划法在宏观调控法体系中是一个重要的法的部门,在经济法体系中也具有重要的地位。

三、计划法属于公法的范围

在计划法是否属于公法范围的问题上,有两种观点:笔者和许多学者认为,计划法属于公法的范围;有的学者却认为,计划法体现了经济法的公法与私法相结合的社会法性质。

应该指出,上述第二种观点值得商榷。这可以从两方面来分析:一是从经济法的法域属性以及经济法与计划法的关系来看。本书在第三章阐明了经济法属于公法的范围,而计划法属于宏观调控法的范围,宏观调控法属于经济法的范围,因此,认为计划法体现了经济法的公法与私法相结合的社会法性质的观点不

---

① 载《人民日报》1992年10月21日。
② 中共中央:《关于建立社会主义市场经济体制若干问题的决定》(1993年11月14日),载《人民日报》1993年11月17日。
③ 中共中央:《关于完善社会主义市场经济体制若干问题的决定》(2003年10月14日),载《人民日报》2003年10月22日。

妥。二是从计划法的调整对象与公法调整对象的关系来看。计划法是调整计划调控关系的,它属于公法所调整的服从关系的范围,因此,计划法属于公法的范围。

第五节 计划法的基本制度

一、计划的编制和审批

计划的编制一般应该包括如下步骤:一是深入实际,调查研究,掌握正确的计划信息;二是根据收集的各种信息,对经济和社会的未来发展趋势进行全面分析,认真进行计划预测;三是在科学的计划预测的基础上,对人力、物力和财力进行统筹安排,做好计划的综合平衡;四是运用正确的理论和方法,对计划目标和实现目标的措施进行最优选择,初步进行计划决策①。这有助于使编制的计划力求符合客观规律的要求,符合经济和社会发展发展的实际需要。

不同的计划由不同的国家机关进行编制和审批:由国务院编制(国家发展和改革委员会负责计划编制的具体工作)、全国人民代表大会审查和批准全国的国民经济和社会发展计划;由县级以上地方各级人民政府编制(同级发展和改革委员会负责计划编制的具体工作)、县级以上地方各级人民代表大会审查和批准本行政区域内的国民经济和社会发展计划;由乡、民族乡、镇的人民代表大会根据国家计划,决定本行政区域内的经济、文化事业和公共事业的建设计划;由国务院有关部门编制、国务院审查和批准全国的行业计划。

二、计划的实施

(一) 计划的执行

计划经过审批生效以后,应当采取措施使计划得以执行。我国《宪法》在第89条中规定:国务院"执行国民经济和社会发展计划"。我国《地方各级人民代表大会和地方各级人民政府组织法》在第8、59、61条中分别规定:县级以上地方各级人民代表大会在本行政区域内,保证国家计划的执行;县级以上地方各级人民政府执行国民经济和社会发展计划;乡、民族乡、镇的人民政府执行本行政区域内的经济和社会发展计划。

计划的执行,主要靠计划中所体现出的经济政策、经济杠杆、经济参数的诱导,使相关主体能够基于理性的选择,审时度势,趋利避害,以实现计划的预期目

---

① 初步计划决策是相对于最终计划决策而言的。由法定的国家机关编制计划草案是初步计划决策,由法定的国家机关批准计划是最终计划决策。

标。① 有的承担指令性计划指标任务的单位,必须采取切实有效的措施,保证计划任务的完成。

(二) 计划在执行过程中的修改②

在计划执行的过程中,发生以下特殊情况之一需要对计划进行修改的,可以依照法定程序进行修改:一是国际关系发生重大变化;二是遭受重大自然灾害;三是国家的重大政策发生变化;四是发生其他特殊的重大情况。

我国《宪法》《地方各级人民代表大会和地方各级人民政府组织法》和《各级人民代表大会常务委员会监督法》的有关条款分别规定:在全国人民代表大会闭会期间,由全国人大常委会审查和批准由国务院提出的国民经济和社会发展计划在执行过程中所必须作的部分调整方案;县级以上地方各级人大常委会根据本级人民政府的建议,决定对本行政区域内的国民经济和社会发展计划的部分变更;国民经济和社会发展五年规划经过实施情况的中期评估认为需要调整的,人民政府应当将调整方案提请本级人民代表大会常务委员会审查和批准。

(三) 计划执行情况的监督、检查

为了保证计划的执行,必须加强对计划执行情况的监督、检查。我国《宪法》和《各级人民代表大会常务委员会监督法》的有关条款分别作出了如下规定:一是全国人民代表大会审查和批准国民经济和社会发展计划执行情况的报告。二是县级以上地方各级人民代表大会审查和批准本行政区域内的国民经济和社会发展计划执行情况的报告。三是国务院和县级以上地方各级人民政府应当在每年六月至九月期间,向本级人民代表大会常务委员会报告本年度上一阶段国民经济和社会发展计划的执行情况。四是全国人大常委会和县级以上地方各级人大常委会的组成人员对国民经济和社会发展计划执行情况报告的审议意见交由本级人民政府研究处理。人民政府应当将研究处理情况向常务委员会提出书面报告。常务委员会听取的国民经济和社会发展计划执行情况报告及审议意见,人民政府对审议意见研究处理情况的报告,向本级人民代表大会代表通报并向社会公布。五是国民经济和社会发展五年规划经人民代表大会批准后,在实施的中期阶段,人民政府应当将规划实施情况的中期评估报告提请本级人民代表大会常务委员会审议。

此外,需要指出,为了保证计划法的实施,计划法对于违反计划法的法律责任作出规定是完全必要的。无论是国家机关及其工作人员,还是其他有关单位和个人,凡是违反计划法的,都应当根据其情节轻重依法追究法律责任。

---

① 参见周林彬:《计划和投资法律制度》,见杨紫烜主编:《经济法》(第四版),北京大学出版社、高等教育出版社 2010 年版,第 439 页。

② 这里说的计划的"修改",包括对计划的部分"调整"和"变更"。

第二十一章　固定资产投资法律制度

第一节　固定资产投资法的概念和原则

一、固定资产投资法的概念

固定资产投资,是指新增固定资产和更新改造现有固定资产的投资活动。它包括基本建设投资和更新改造投资两部分。

基本建设投资,是指利用国家预算内基建拨款、自筹资金、国内外基本建设贷款以及其他专项资金进行的,以扩大生产能力或新增效益为主要目的的新建、扩建工程及有关工作。它主要包括:平地起家的新建项目,增建分厂、主要车间、矿井、铁路干支线、码头泊位等扩建项目,为改变生产力布局进行的全厂性迁建项目,遭受严重灾害后需要重建的恢复性建设项目,没有折旧和固定收入的行政、事业单位增建业务用房和职工宿舍项目等。

更新改造投资,是指利用企业折旧基金、国家更新改造措施拨款、企业自有资金、国内外更新改造贷款等资金,对现有的企业事业单位的原有设备进行技术改造和固定资产更新以及相应的辅助性的配套生产及生活福利等工程和有关工作。

在固定资产投资中,基本建设投资,主要用于以外延为主的固定资产扩大再生产;更新改造措施投资,主要用于以内涵为主的固定资产再生产。正确确定两者划分标准,合理安排两者的规模和比例,统筹规划安排新建、扩建和更新改造项目,是社会再生产顺利进行的重要条件。

固定资产投资法的调整对象,是在国家调节和控制固定资产投资活动过程中发生的经济关系,简称固定资产投资调控关系,也就是人们通常所说的固定资产投资关系。

固定资产投资法是调整在国家调节和控制固定资产投资活动过程中发生的经济关系的法律规范的总称。简言之,固定资产投资法是调整固定资产投资调控关系的法律规范的总称;或者说,固定资产投资法是调整固定资产投资关系的法律规范的总称。

应该认为,固定资产投资法的调整对象属于宏观调控法调整对象的范围,固定资产投资法律规范是宏观调控法律规范的组成部分。因此,固定资产投资法是宏观调控法的组成部分。它是国家调控固定资产投资活动的法律依据,也是投资主体进行固定资产投资活动的行为规则,是顺利进行固定资产投资的法律保障。

新中国成立以来,国家及其主管部门为了调整固定资产投资关系,制定了多种有关法律、法规、规章等规范性文件,包括《基本建设工作暂行办法》(1952年1月颁布)、《关于加强基本建设计划管理的几项规定》(1962年5月颁布)、《关于基本建设程序的若干规定》(1978年4月颁布)、《基本建设贷款试行条例》(1979年8月颁布)、《关于改革建筑业的基本建设管理体制若干问题的暂行规定》(1984年9月颁布)、《关于投资管理体制的近期改革方案》(1988年7月颁布)、《关于建设项目实行业主责任制的暂行规定》(1992年11月颁布)、《中华人民共和国建筑法》(1997年11月颁布,2011年4月修改)、《中华人民共和国招标投标法》(1999年8月颁布)、《关于投资体制改革的决定》(2004年7月颁布)、《关于调整固定资产投资项目资金比例的通知》(2009年5月颁布)、《中央投资项目招标代理资格管理办法》(2012年3月颁布)等。由此可见,我国虽然制定了一批关于固定资产投资的规范性文件,但仍缺少一部关于固定资产投资的基本法律。1993年,第八届全国人大常委会将制定《中华人民共和国固定资产投资法》(简称《固定资产投资法》)列入了五年立法规划之中,可是该法至今尚未制定。这种状况必须尽快改变。应该制定一部符合我国国情的、体现转变经济发展方式要求的、解决投资率过高和居民消费率过低问题的《固定资产投资法》。与此同时,为了完善《中华人民共和国建筑法》(简称《建筑法》),加强该法的实施力度,保证建筑工程的质量,应该对我国的《建筑法》进行必要的修改。

二、固定资产投资法的原则

固定资产投资法的原则,是指贯穿于一切固定资产投资法规中的、进行固定资产投资活动的高级准则。它是固定资产投资立法的指导原则,也是调整固定资产投资关系、处理固定资产投资纠纷的高级准则。总结经济建设正反两方面的经验,我们认为,固定资产投资法的主要原则应是:

(一)投资规模与国力相适应的原则

固定资产投资的规模与增长速度必须与我国国力相适应,不能超出国家所能提供的财力、物力和人力的范围,以及国民经济发展的需要与可能。这是我国几十年建设经验的基本总结。因此必须以法律形式加以确认,并保障其实施。所以我们要对全社会的固定资产投资规模进行统一的综合平衡,使建设规模与国力相适应,使投资总需求与总供给基本平衡,保持在建项目投资总规模适度增长,根治投资膨胀,这是保证经济稳定的决定性因素。超过国家的财力、物力和人力的可能,把投资规模搞得过大,就会造成社会经济生活全面紧张,导致国民经济重大比例失调,使经济发展大起大落,欲速则不达。

(二) 促进经济结构和地区结构合理化的原则

各经济部门和经济地区的协调发展,是整个国民经济协调发展的重要内容。因此,必须安排好投资的部门分配和地区分配,促进经济结构和地区结构的优化。根据各部门、各地区的资源条件、市场条件和地区开发状况,合理分配投资,引导投资方向与社会经济发展的整体目标和长远目标相一致,防止盲目建设、重复建设,只顾局部与眼前利益,不顾全局与长远利益的倾向,对经济发展的薄弱环节和部门(能源、交通、原材料)以及经济发展的落后地区,实行投资倾斜政策。

(三) 加强责任制和提高经济效益的原则

固定资产投资占资数额大、时间长,投资效益好坏必然对生产发展和人民生活提高影响巨大。因此必须讲求投资责任和经济效益。各级决策部门、设计部门、施工部门对工程的决策、设计、施工都应有明确的法律责任。对投资活动中的各种协作关系,都应用合同制固定下来,以作为执行和检查的依据。投资必须讲求经济效益,使投入的财力、物力和人力,最终能形成有效的生产能力。长期以来存在的建设工期长、造价高、浪费大的问题,必须大力加以解决。建设项目从论证决策、勘探设计、计划安排、到组织建设、竣工验收等环节,都要围绕工期短、投资省、见效快这个目标进行工作。要把高经济效益作为固定资产投资工作的出发点和归宿。

第二节 关于投资主体的法律规定

一、投资主体及其投资范围的划分

投资主体,是指享有投资决策权,具备筹资能力,拥有投资项目经营权、收益权和自主处置权,并能承担投资风险和法律责任的法人或自然人。因此,投资主体是投资决策者、筹资者和风险承担者的统一。在集中计划体制时期,我国投资主体主要是国家,地方和企业的投资权都集中在中央,城乡集体企业只有很少的一点投资自主权。

改革开放以来,随着我国社会主义市场经济体制的建立和发展,国家对原有的投资体制进行了一系列改革,打破了传统计划经济体制下高度集中的投资管理模式,初步形成了投资主体多元化、资金来源多渠道、投资方式多样化、项目建设市场化的新格局。在投资主体方面打破了以国家为单一投资主体的格局,出现了国家、企业、个人投资并存的局面。目前一方面要合理确定中央、地方、企业等各类投资主体的投资范围,建立投资主体责权利相统一的自我约束机制。另一方面要建立以经济、法律手段为主的全社会固定资产投资的宏观调控体系,从而有步骤地废除投资项目分级审批制度,建立谁投资、谁决策、谁受益、谁承担风险的业主责任制,实行投资主体自行决策、申报备案制度,从而把投资行为从计划经济体制转移到市场经济体制的轨道上来,真正按照社会主义市场经济的客观规律解决投资机制问题。

在社会主义市场经济体制下,投资主体有以下几类:

第一,政府投资。包括中央政府投资和地方各级政府投资。政府投资,尤其是中央政府投资,其作用在于调控投资结构,弥补市场不足,诱导投资行为等。所以,政府投资的重点,主要是关系国家安全和市场不能有效配置资源的经济和社会领域,包括公益性和公共基础设施建设,保护和改善生态环境,促进欠发达地区的经济和社会发展,推进科技进步和高新技术产业化。这些项目往往投资大、见效慢、风险大,一般企业难以投资。中央政府投资除本级政权等建设外,主要安排全国性和跨地区的基础工业和基础设施建设,如面向全国的、关系到国民经济全局的重大能源、原材料工业基地项目;面向全国的、跨地区的交通运输设施、邮电通信设施;大江大河治理的骨干工程;重大的农业基地工程;重要的科技、文教和国防工程等项目。

各级地方政府的投资重点为地区性的农业、林业、水利项目;本地区需要的能源、原材料工业;交通运输、邮电通信设施;科研、教育、文化、卫生、体育以及城市公用设施和服务设施等的建设。

1988年7月16日,中央政府成立了能源、交通、原材料、机电轻纺、农业、林业六个国家专业投资公司,负责管理和经营本行业中央政府投资的经营性项目的固定资产投资。

国家专业投资公司是从事固定资产投资开发和经营活动的企业,是组织中央经营性投资活动的主体,既具有控股公司的职能,使资金能够保值增值,又要承担国家政策性投资的职能。

对非经营性政府投资项目加快推行"代建制",可以进一步规范政府投资行为。"代建制"即政府有关部门通过招标等方式,选择专业化的项目管理单位负责建设实施,严格控制项目投资、质量和工期,竣工验收后移交给使用单位。实施"代建制"有利于政府进一步转变职能。

合理界定政府投资范围,可以更有效地弥补"市场失灵";同时,也为企业提供了更广阔的投资空间。

第二,企业和事业单位的投资。首先,在市场经济条件下,确立企业在投资活动中的主体地位,是深化社会主义市场经济体制改革的需要。它将有利于促进社会主义市场经济的持续健康发展。今后,凡属竞争性产业,特别是加工工业领域,企业应是投资主体,他们可以根据市场供求情况和国家的产业政策,自筹资金,自定项目和自己承担投资风险。其次,企业的更新改造项目,扩大生产能力的项目,新建生产性、营业性的项目以及必要的职工生活福利设施等项目也是企业投资的领域。最后,也鼓励企业向中央项目、地方项目进行参股投资。

第三,公民个人投资。指国内自然人投资,即凡是符合投资主体要求的自然人,都可以参与投资活动,或直接参与工业、建筑业、交通运输业、商业、服务业等建设项目的投资,或购买各种有价证券进行间接投资。

第四,外商投资。这是指外国企业、其他经济组织和个人在中国境内的投资。例如,通过直接投资,在我国境内设立中外合资、中外合作、外商独资企业等。外商投资的领域比较宽广,只要我国法律允许,对促进我国经济、技术、社会发展有利的项目都可以进行投资。

二、投资主体的权利和义务

国家依法保护投资者的利益,各投资主体享有同等的合法权益,在规定的投资范围内行使投资自主权,指投资决策权、投资项目的经营管理权和投资所形成的资产或权益的处理权等。具体包括:

第一,选择建设地点和投资环境;

第二,选择投资方式和贷款的金融机构;

第三,确定投资内容,选择产品设计和经营方式;

第四,选择工程承包、设计、施工单位;

第五,获取和支配投资带来的收益。

以上只是一般投资者应享有的权利,至于每个建设项目投资者的具体权利则可以由建设工程承包合同具体规定。

投资主体除享有投资权利外,还必须承担下列义务:

第一,遵守国家长远规划、地区和城市规划;

第二,节约建设用地,合理使用资源;

第三,依法缴纳税金或利润;

第四,接受国家财政、审计、统计、工商行政、环保、公安、监察等方面的依法监督;

第五,向政府主管部门申请立项登记注册和递交竣工资料。

各级政府及其职能部门应切实保障投资者的合法权益不受侵犯,禁止任何机关、团体摊派人力、物力、财力。投资当事人有权拒绝支付超越国家规定的各种费用。

三、建立和实施项目法人责任制

我国从1992年起开始试行项目业主责任制,1996年,在建设领域,全面推行了项目法人责任制。

项目法人责任制,即由项目法人从建设项目的筹划、筹资、设计、建设实施直至生产经营、归还贷款以及国有资产的保值、增值实行全过程负责的一种项目组织管理形式。它的建立和实施,将有利于各类投资主体的自我约束意识,使建设的责任和经营的责任密切结合,从而克服现行建设项目管理体制中筹资、建设与生产、经营相脱节的弊端。所以,项目法人责任制是市场经济条件下,建立投资风险约束机制的重要举措。

国有单位经营性基本建设大中型项目,在建设阶段必须组建项目法人。项目法人可按《公司法》的规定设立有限责任公司(包括国有独资公司)和股份有限公司。

新上项目在项目建议书被批准后,应及时组建项目法人筹备组,具体负责项目法人的筹建工作。项目法人筹备组应主要由项目的投资方派代表组成。项目可行性研究报告经批准后,正式成立项目法人。

项目法人组织要精干。建设管理工作要充分发挥咨询、监理、会计师和律师事务所等各类社会中介组织的作用。

项目法人的建设、生产和经营权受法律保护。项目法人在项目建设过程中,必须执行国家投资管理的各项规定。项目建成后,其生产经营的管理必须按照有关规定执行。因主观原因造成项目重大损失浪费的,要依法追究法人的责任。

第三节 关于投资资金管理的法律规定

新中国建立以来,我国的基本建设投资一直实行由国家财政拨款,建设单位无偿使用的办法。为改善基本建设的管理,加强投资使用的责任制和提高投资效益,从 1979 年开始,国家预算内基本建设投资逐步由财政拨款改为银行贷款。从 1986 年起,凡是由国家预算安排的基本建设项目,全部由财政拨款改为银行贷款,科研、学校、行政单位等没有还款能力的建设项目除外。这样,基本建设资金来源渠道,由过去主要依靠国家财政拨款的、单一的资金来源渠道,发展到目前的依靠国家财政拨款、银行贷款、自筹资金、利用外资等多种资金来源渠道。由于资金的来源渠道不同,对资金的具体管理办法亦不同。

一、财政拨款的管理

财政拨款,是指建设项目的资金由国家财政通过建设银行分次、逐笔拨付给建设单位无偿使用的。用拨款投资安排的建设项目,必须严格按国家计委、财政部、建设银行联合颁布的《关于调整国家预算内基本建设投资拨款改贷款范围等问题的若干规定》(1985 年 12 月)的范围进行,防止自行扩大国家财政拨款建设项目的范围。如发现有不符合拨款范围的建设项目,可由经办建设银行会同建设单位按照项目级别上报计划部门、财政部门和建设银行裁定。

属于国家财政拨款的建设项目,特别是政府采用直接投资和资本金注入方式的投资项目,一般由建设银行按基本建设计划、基本建设程序、基本建设预算和基本建设进度进行拨款。

二、银行贷款的管理

根据1984年国家计委、财政部、建设银行《关于国家预算内基本建设投资全部由拨款改为贷款的暂行规定》,除了经营性机关、学校、事业单位和某些经营性的但没有经济效益的企业、事业单位外,经营性、生产性的企业投资一律由财政拨款改为银行贷款,简称"拨改贷"。其目的是为了加强建设资金的管理,提高投资效益。

基本建设贷款是有偿使用的,实行有借有还,谁借谁还,贷款实行差别利率的原则,对不同地区、部门和产品的贷款规定不同的还款期和差别利率,以鼓励短线产品的生产,限制长线产品的生产和重复建设,促进产业结构的优化。

"拨改贷"资金,实行分级管理。由国务院和各部门安排的建设项目,其"拨改贷"资金,由中央财政预算拨付;由地区安排的建设项目,其"拨改贷"资金,由地方财政拨付,建设银行贷放。包建单位根据工程进度,按实际需要向建设银行借款。将来建设银行收回的贷款,属中央预算安排的,上交中央财政;属地方预算安排的,原则上交地方财政部门。

"拨改贷"资金,一律实行合同管理,一律先办理借款手续,签订合同。由于特殊原因,在建设期签订合同确有困难的,可先与经办建设银行签订临时借款协议,并根据批准的年度基本建设计划,签订年度借款合同,向银行贷款。没有办理借款手续的,经办银行不予贷款。

基本建设投资实行银行贷款除"拨改贷"方式外,另一种是由银行利用存款发放的贷款。这两种银行贷款都是按银行贷款方式进行管理,但在确定贷款利率上存在根本区别。"拨改贷"项目的贷款利率,按建设项目的产品盈利情况实行差别利率。例如,按照1984年制定的《关于改革建筑业的基本建设管理体制若干问题的暂行规定》,电子、纺织、轻工等行业的项目年利率为4.2%;钢铁、机械、汽车等行业的项目年利率为3.6%;农业、林业、水利等行业的项目年利率为2.4%。而利用银行存款进行贷款项目的利率主要根据贷款时间的长短来确定。

随着我国经济形势和物价形势的变化,基本建设投资项目的贷款利率也不断调整。目前,实行3级9档次的差别利率,按项目所属行业不同分为3级,每一级又按贷款年限分为3个档次,分别规定不同利率。

三、自筹资金的管理

随着经济体制改革的进行,自筹资金在整个基本建设投资中所占的比重不断增大,管理好这批资金,是加强宏观调控的重要环节。

目前,基本建设自筹资金有两类,一类是各级财政的自筹资金,一类是各企业、事业单位的自筹资金。用自筹资金进行基本建设,要求资金来源正当、落实。自筹资金要专户存入建设银行,坚持先存后批,先批后用的原则,由建设银行监督使用。

企业自有资金中可用于基本建设的资金,只限于生产发展基金和职工福利基金等。更新改造基金、大修理基金、新产品试制基金,以及由银行贷款形成的流动资金等,均不得作为基本建设资金使用。

目前,银行贷款和自筹投资已成为固定资产投资资金来源的主渠道,起着举足轻重的作用。

四、利用外资的管理

改革开放以来,各地区、各部门利用国外资金搞建设的数量不断增大。为了正确引导和搞好国家的宏观调控,使外商投资项目更适应我国经济和社会发展的需要,根据有关规定,国家将外商投资项目分为鼓励、允许、限制和禁止四类,对不同类的外商投资项目规定了不同的审批权。

凡总投资(包括增资额,下同)1亿美元及以上的鼓励类、允许类项目和总投资5000万美元及以上的限制类项目,由国家发展改革委员会核准项目申请报告,其中总投资5亿美元及以上的鼓励类、允许类项目和总投资1亿美元及以上的限制类项目由国家发展改革委员会对项目申请报告审核后报国务院核准。

凡总投资1亿美元以下的鼓励类、允许类项目和总投资5000万美元以下的限制类项目由地方发展改革部门核准,其中限制类项目由省级发展改革部门核准,此类项目的核准权不得下放。

地方政府按照有关法规对上款所列项目的核准另有规定的,从其规定。地方核准的总投资3000万美元以上的外商投资项目,省级发展改革部门必须在规定时期内,将项目核准文件抄报国家发展改革委员会。

五、资本金制度

随着投资体制改革的不断推进,1996年8月国务院下达了《关于固定资产投资项目试行资本金制度的通知》,要求从1996年开始对各种经营性投资项目,包括国有单位的基本建设、技术改造、房地产开发项目和集体投资项目,试行资本金制度,以保证投资项目首先必须落实资本金才能进行建设。

投资项目资本金,是指在项目总投资中,由投资人认缴的出资额,对投资项目来说是非债务性资金,项目法人无需承担这部分资金的任何利息和债务。投资者按其出资的比例依法享有所有者权益。投资项目资本金可以用货币出资,也可以用实物、工业产权、非专利技术、土地使用权作价出资,但非货币出资必须经过有资格的资产评估机构评估,并出具证明。以工业产权、非专利技术作价出资的比例不得超过该项目资本金总额的20%。

投资项目资本金占总投资的比例一般为25%—40%不等,不同行业有不同要求,具体由项目审批单位根据投资项目经济效益、银行贷款意愿和评估意见等,在审批可行性报告时核定。资本金必须一次征缴,并根据建设进度按比例逐步到位。投资项目资本金只能用于项目建设,不得挪作他用,更不得抽回。

有关部门要按照国家规定对投资项目资本金到位和使用情况进行监督。对资本金未按照规定进度和数额到位的投资项目,投资管理部门不发给投资许可证,金融部门不予贷款。对将已存入银行的资本金挪作他用的,银行可以停止对该项目拨付贷款。对弄虚作假,以及抽逃资本金的,要根据情节轻重,对有关责任者处以行政处分或经济处罚,必要时停建、缓建有关项目。

资本金制度是国家宏观调控手段,也是风险约束机制。该制度建立以来,对改善宏观调控、促进经济结构调整、控制企业投资风险、防范金融风险,发挥了积极作用。2004、2009年,国家根据宏观调控和经济形势发展的需要,对部分行业的固定资产投资项目资本金比例进行了调整。今后,国家还将根据需要,适时调整固定资产投资项目最低资本金比例,以保持国民经济平稳较快增长。

第四节 关于投资项目建筑施工的法律规定

长期以来,建筑施工单位一直采用行政手段进行管理,实行一套不负经济责任,不计经济效果,实报实销的供给制办法,严重影响了建筑施工企业和职工的积极性。近年来,随着投资体制改革的进行,建筑施工管理也在进行改革,主要表现在以下几个方面:

一、建设项目投资包干责任制

建设项目投资包干责任制,是指建设单位对建设项目按建设规模、投资总额、建设工期、工程质量和材料消耗实行的一种包干责任制。它是我国投资管理上的一次重大改革,有利于克服建设上的敞开花钱和"吃大锅饭"的弊端,对调动各方面的积极性,缩短建设周期,降低工程造价,提高投资效益有极大的促进作用。

根据有关规定,实行建设项目投资包干责任制的有关各方,要通过协议和合同,明确规定包保的内容、条件、责任和经济权益,紧密配合,互相协作,共同完成包干任务。

建设项目的总承包单位一般应对以下几方面进行包干:包投资;包工期;包质量;包主要材料用量和包形成综合生产能力。

建设项目的主管部门一般应保证下列主要建设条件:保建设资金;保设备、材料;保外部配套条件;保生产定员配套和保工业项目投资试车所需的原料、燃料供应等。

投资包干的形式可以根据建设项目的特点和具体条件,采取不同形式,如:建设单位对项目主管部门包干;工程承包公司接受项目主管部门或建设单位的委托,实行包干;施工单位接受项目主管部门或建设单位的委托,实行包干;下级主管部门对上级主管部门包干。这种投资包干责任制有利于促使建筑施工单位实行责、权、利相结合的经营管理责任制。

二、建设项目招标承包制

建设项目实行招标投标,由发包单位择优选用勘察设计单位、建筑施工单位,是改革过去单纯用行政手段分配建设任务的一个重要措施。招标投标活动应当遵循公开、公平、公正和诚实信用的原则。今后不论是全民或集体的单位,不论来自哪个地区或部门,只要经过审查具有投标资格的,都可以参加投标竞争,承包工程任务。根据我国《招标投标法》的规定,招标分为公开招标和邀请招标两种。公开招标,是指招标人以招标公告的方式邀请不特定的法人或者其他组织投标。邀请招标,是指招标人以投标邀请书的方式邀请特定的法人或者其他组织投标。

中标人应当按合同约定履行义务,完成中标项目。中标人不得向他人转让中标项目,也不得将中标项目肢解后分别向他人转让。如有合同约定或经招标人同意,可以将中标项目的部分非主体、非关键性工作分包给他人完成。接受分包的人应当具备相应的资格条件,并不得再次分包。中标人应当就分包项目向招标人负责,接受分包的人就分包项目承担连带责任。

大力推行工程项目招标投标制,有利于促进施工单位的经营管理,保证工程质量,提高劳动效率。

三、建筑安装企业百元产值工资含量包干制

这种包干办法是施工企业内部的一种工资分配办法,即改变过去国家对建筑施工企业按人头核定工资总额的办法,由国家按建筑施工企业完成产值的一定比例,结合其他经济技术指标来确定整个企业的工资总额。这就是建筑施工企业的工资总额,随着完成产值的大小而浮动,实行多劳多得、少劳少得,使工人

的劳动和其经济利益直接挂钩。工人创造的产值越多,对国家的贡献越大,企业的留成越多,个人的收入也就越多。这样有利于搞活企业,调动企业和职工的劳动积极性。

四、建筑安装企业的用工制度

为了合理调整现有施工队伍的结构,形成一支以国有建筑企业为主体、以城镇集体或农村建筑队为补充的多种形式的施工队伍,要改革单一的固定工制,施工企业要实行固定工、合同工、临时工相结合的用工制度。

第五节 关于投资程序和管理方式的法律规定

一、投资程序概述

投资程序,是指投资全过程中各项工作的先后顺序。它是投资进程的客观规律的反映,是我国投资实践的科学总结。

作为固定资产投资重要组成部分的基本建设,是一个规模大、周期长、涉及面广、协作性强的劳动过程。为了顺利地进行基本建设,一个项目从计划建设到建成投产,必须严格按照基本建设程序进行,前后次序不能颠倒。比如,没有勘察就不能设计,没有设计就不能施工,等等。

投资程序不仅仅是工作程序,当这些程序被法律规定下来之后,就成为进行投资所必须执行的法律程序。它是固定资产投资法的组成部分。

二、基本建设程序的几个阶段

(一) 提出项目建议书

项目建议书是确定建设项目、编制设计文件的主要依据。所有新建、改扩建项目都要根据国民经济和社会发展的长远规划、行业规划、地区规划等要求,经过调查、预测、分析,按项目隶属关系,由各部门、各地区和各企业提出项目建议书。

项目建议书是对项目的轮廓设想,一般应包括下列主要内容:

第一,项目提出的必要性和依据;

第二,拟建规模、产品方案和建设地点的初步设想;

第三,建设条件的初步分析;

第四,投资估算和资金筹措设想;

第五,项目的进度安排;

第六,经济效果和社会效益的估计。

(二) 进行可行性研究，编制设计任务书

可行性研究是建设前期工作的重要内容，是基本建设程序的组成部分。它的任务是对建设项目的技术、工程、经济和外部协作条件是否合理和可行等方面，进行全面分析和论证，为编制设计任务书提供科学依据。

可行性研究报告（或设计任务书）一般应包括以下主要内容：

第一，确定拟建项目建设规模和产品方案；

第二，资源、原材料、燃料及公用设施落实情况；

第三，建设项目地点及其条件；

第四，技术工艺、主要设备选型、建设标准和相应的技术经济指标；成套设备进口项目要有维修材料、辅材及配件供应的安排；引进技术、设备的，要说明来源国别、设备的国内外比较或与外商合作制造的设想；

第五，建设项目的布置方案，主要单项工程、公用辅助措施、协作配套工程的构成和土建工程量估算；

第六，环境保护、防震、文物保护等要求和采取的相应措施方案；

第七，内部组织机构、人员编制和培训设想；

第八，建设工期和实施进度；

第九，投资估算和资金筹措；

第十，经济效果和社会效益。

国内大中型建设项目的可行性研究报告审批后，需编制设计任务书并上报。设计任务书是项目决策的依据，必须编制准确。

(三) 建设项目的设计

设计任务书批准下达后，建设项目就进入了编制设计文件的阶段。建设项目的设计是国家基本建设计划的具体化，是组织施工的主要依据。

建设项目应严格按照设计任务书的要求进行设计，不得随意修改或变更。

设计工作根据项目的大小和技术复杂程度分阶段进行。大中型项目，一般采用两阶段设计，即初步设计和施工图设计。对于技术复杂，有特殊要求的项目，亦可增加技术设计，采用三个阶段设计。小型项目中有些技术要求和建设条件比较简单的，也可将初步设计和施工图设计合并进行，不再分阶段。

初步设计是按设计任务书要求所作的具体实施方案，是解决建设项目最重要的经济和技术问题，确定建设项目在指定地点和规定期限内进行建设的可能性和合理性，并拟出工程概算。初步设计是编制技术设计和施工图设计的重要依据。

技术设计是要具体解决初步设计中所确定的工艺、土建和结构等方面的一些主要的技术问题，补充、修正初步设计和修正工程总概算。

施工图设计是在批准的初步设计基础上编制的，但比初步设计更加具体、准确;在施工图设计中还要编制施工图预算。施工图是现场施工的依据。

（四）组织施工

建设项目进入施工阶段之后，必须做好施工前的准备工作。施工准备一般包括以下主要内容：

第一，进行征地、拆迁和平整场地；

第二，选定施工单位，签订施工合同；

第三，完成施工用水、电、路等工程；

第四，组织设备和材料订货；

第五，申请贷款，签订贷款协议书。

施工准备就绪，即可开工。

施工是设计的实现，也是基本建设的实施。施工单位必须严格按照施工图纸和合理的施工顺序组织施工。施工单位对所承担的工程应按质量和工期全面竣工，不留尾工。

生产性建设项目在施工准备时，根据需要，经上级主管部门同意后，建设单位可以及时组织专门力量有计划有步骤地开展生产准备工作，保证项目建成后能及时投产。

（五）竣工验收、交付使用

竣工验收、交付使用是基本建设程序的最后一个阶段，是对基本建设成果的全面检查。做好竣工验收工作，对促进建设项目及时投产，发挥投资效果具有重要作用。

建设项目按设计文件规定的内容建成后，生产性项目经投料试车或带负荷试运转合格，形成生产能力，并能正常生产合格产品的；非生产性项目符合设计要求，能够正常使用的，都应立即验收。

凡是符合验收条件的项目，不及时办理验收手续，其后果由责任者自负。

三、政府对固定资产投资项目的管理方式

随着投资体制改革的深化，政府对基本建设投资项目的管理方式大大简化，由过去单一的审批制改为审批、核准和备案三种方式。政府根据不同投资主体、资金来源和项目性质，采取不同的管理办法，进一步简化了管理程序。

第一，审批制。对于政府投资的项目，特别是采用直接投资和资本金注入方式的项目，继续实行审批制。在审批程序上，与传统的投资项目审批制基本一样，仍需审批项目建议书、可行性研究报告、开工报告等。但对企业投资的项目，一般不再采用审批制，可根据情况采用核准制或备案制。这样，大大减少了政府直接管理的投资项目，也简化了政府对投资项目的管理程序。

第二，核准制。凡企业不使用政府性资金投资建设的项目，政府一律不再审批,而仅对重大项目和限制类项目从维护社会公共利益角度进行核准。《政府核准的投资项目目录》对于实行核准制的范围作了明确规定,可分为三类,即对内资企业在我国境内投资项目的核准,对内资企业在我国境外投资项目的核准,以及对外资企业在我国境内投资项目的核准。

企业投资建设实行核准制的项目,仅须向政府提交"项目申请报告",而无需报批项目建议书、可行性报告和开工报告。项目申请报告,主要从维护经济安全、合理开发利用资源、保护生态环境、优化重大布局、保障公共利益、防止出现垄断等方面进行核准,大大简化了程序。

第三,备案制。按规定,凡企业不使用政府性资金投资建设的项目,或以投资补助、转贷或贷款贴息方式使用政府投资资金的投资建设项目,除重大项目和限制类项目实行核准制外,其余一律实行备案制。备案制的程序更加简便,内容更简略。

实行核准制或备案制的项目,企业向政府有关部门只需提交资金申请报告,政府有关部门只对是否给予资金支持进行批复,不再对是否允许项目投资建设提出意见。

各类企业进行固定资产投资时,都应严格遵守国土资源、环境保护、安全生产、城市规划等法律、法规,严格执行产业政策和行业准入标准,不得投资建设国家禁止发展的项目。

目前,能源问题已成为制约经济和社会发展的重要因素。为实现能源的可持续发展,2006年国务院颁布了《关于节能工作的决定》,要求建立固定资产投资项目节能评估和审查制度。有关部门和地方人民政府要对固定资产投资项目(含新建、改建、扩建项目)进行节能评估和审查。对未进行节能审查或未能通过节能审查的项目一律不得审批、核准或备案。对擅自批准项目建设的,要依法追究直接责任人员的责任。

第六节 违反固定资产投资法的法律责任

违反固定资产投资法的法律责任,是投资法具有强制性的集中表现,是投资法实施的基本保障。投资法规定的法律责任有三种:经济责任、行政责任和刑事责任。凡是违反投资法的,必须视不同情况,承担相应的法律责任。

一、违反投资资金管理规定的法律责任

固定资产投资的资金来源必须正当。由拨款投资安排的建设项目,必须严格按规定的范围进行,不得自行扩大国家财政拨款的建设项目的范围。

贷款投资要符合国家的产业政策、投资范围。贷款必须按合同规定的内容使用,不得挪用。项目完成后,要按合同规定归还贷款本息。提前归还本息的,节余的利息全部留给借款单位,用于发展生产和职工奖励。过期尚未还清的,银行有权追回贷款,并对逾期部分加收罚息。借款单位不按合同使用贷款,银行有权收回部分或全部贷款,并对违约部分加收罚息。建设银行未按期提供贷款,应承担因此造成的经济损失。

贷款建设项目实行包干责任制的,建设项目由工程承包公司或施工单位实行投资包干后的投资节余,全部作为企业收入;贷款项目由建设单位负责还款的,包干节余全部留给建设单位,其中部分用于归还贷款;建设单位不负责还款的,包干节余部分留成,其余交给还款单位,用于归还贷款。

二、违反物资供应规定的法律责任

根据有关的规定,建筑材料的供应方式,逐步改为由物资部门将材料直接供应给工程承包单位,由工程承包单位实行包工包料。物资供应部门未能按合同提供材料,影响施工,拖延工期,造成损失的;或因工程承包单位要求增加或变更供货,造成损失的,均分别承担责任。

属于成套设备承包的,承包公司由于自身的原因未按合同规定的质量、数量、时间供应,影响工程进度的,也要承担责任。

承包单位完成包干任务后,按材料消耗定额节余的物资,除本单位需要留用的以外,由项目主管部门会同物资管理部门作价收购或处理。引进成套设备项目节余的进口材料,由建设单位和施工单位协商分成。

三、违反基本建设合同规定的法律责任

无论是基本建设项目还是更新改造项目的完成,都需要签订一系列的合同,规定彼此的权利和义务。对此合同双方必须严格履行,不得随意变动,任意撕毁,对违反者要依法追究责任。

基本建设合同中主要有建设工程勘察设计合同和建筑安装工程承包合同。根据有关规定,违反合同的双方当事人,应分别承担下列主要责任:

(一) 承包方的责任

第一,因勘察设计质量低劣或未按期提交勘察设计文件拖延工期造成的损失,由勘察设计单位继续完善设计,并减收或免收勘察设计费,直至赔偿损失。

第二,工程质量不符合规定的,应负责无偿修理或返工。由于修理或返工造成逾期交付的,偿付逾期违约金。

第三,工程交付时间不符合规定,按合同中违约责任条款偿付逾期违约金。

(二) 发包方的责任

第一,工程中途停建、缓建或由于设计变更及错误造成的返工,应采取措施

弥补损失,同时赔偿由此而给承包方造成的损失。

第二,工程未经验收,发包方提前使用或擅自动用,由此而发生的质量或其他问题,由发包方承担责任。

第三,超过规定日期验收,按合同的违约责任条款偿付逾期违约金。

四、违反建设程序规定的法律责任

建设程序是基本建设项目顺利实施的有效保证。因此,任何一个建设项目都必须坚持按程序办事。违反规定的程序,乱上项目,造成重大损失的,要追究投资者和审批者的责任,直至追究法律责任。

违反基本建设程序的建设项目,建设银行有权不拨、不贷资金,物资部门有权不供应物资,设计和施工单位有权不承担设计、施工任务。

为了保证建设项目按基本建设程序进行,建设程序的各个阶段也要规定严格的责任制。提供勘察、测量等资料数据的单位,应对资料、数据的准确性负责;研究、论证单位,应对研究、论证报告的可靠性负责;设计单位应对设计进度和质量负责;施工单位应对工程的质量和工期负责。总之,各有关单位都要对建设项目负责,全面完成各阶段的任务,对违反者应追究责任。

第二十二章 产业法律制度

第一节 产业法概述

一、产业与产业政策

产业是关于生产经营活动中提供同一产品或者同一劳务的各个企业、行业、部门的总称。在社会经济发展历史中,"产业"的内涵随着经济的发展而变化。产业作为一个概念最初由重农学派提出,主要是指农业。后来随着资本主义机器大生产的发展,产业的内涵主要是指工业。目前理论界一般认为,产业不仅包括第一、第二产业,而且包括第三产业。

产业政策是国家宏观经济政策的重要组成部分。产业政策起源于16—17世纪的重商主义学派,该学派主张政府必须通过扶植和保护政策来发展本国工业。如当时德国经济学家李斯特在比较英国和美国发展的不同道路后认为,德国经济发展落后,如不实行保护关税,扶植本国工业,德国的资本主义工业就无从谈起。在此学说的影响下,德、日等后进资本主义国家都是依靠国家对工业的扶植和保护才迅速发展起来的。二战以后,各国在不断强化国家宏观经济管理职能的同时,不约而同地把政策对象指向产业结构的调整,从而实现经济的快速协调发展。产业政策正是在此背景下逐步形成,而率先正式使用产业政策一词的是二战后的日本。随着日本运用产业政策调节经济生活取得成功,产业政策这一词汇也逐步走向世界[①],越来越受到人们的关注。产业政策是政府设计有关产业发展,特别是关于产业结构演变的政策、目标和政策措施的总和。产业政策对于推动产业结构优化,保护国内工业,弥补市场机制不足,促进经济快速、协调发展方面都有显著作用。其中,产业政策的核心功能是调整供给方面的政策。因为经济发展需要从需求和供给两方面进行调控和管理。前者是总需求政策,后者靠的是产业政策。在市场体制下,产业结构和组织主要由市场来调节,然而产业政策在弥补市场机制不足方面仍发挥很大作用。

产业政策有广义和狭义之分。广义上的产业政策,是指国家对本国的产业发展和经济发展实行宏观调控的所有政策的总称。狭义上的产业政策,仅指产

---

① 1985年,包括东南亚各国、大洋洲、中美洲、北美、中国及日本的50位学者,汇集东京召开了第15届太平洋贸易开发会议。此次会议的议题即为环太平洋区域经济成长及产业政策问题。这次会议的召开,标志着产业政策这一概念正式走向世界,成为一个通用名词。

业结构政策。我们认为,对产业政策的定义不应过宽或者过窄。产业政策应该是国家为了优化本国产业布局、推进产业结构合理发展而制定和实施的政策。其内容是以规划、调整、保护、扶持等方式和手段对本国的产业发展进行协调和引导。

二、产业法的概念、特征和地位

(一) 产业法的概念

产业法是调整国家产业政策制定和实施过程中发生的经济关系的法律规范的总称。它包括体现产业政策实体性内容的法律规范与产业政策制定和实施程序的法律规范。前者规定国家整体上或某类产业的基本发展方向、发展目标与重点及产业政策实施保障措施。例如,我国的《90年代国家产业发展纲要》,从整体上对上述内容作了规范;而我国《农业法》则主要规定农业产业发展中的基本问题。后者将产业政策的制定和实施纳入法制化的轨道,保障其正确的制定和实施。产业法是产业实体法与产业程序法的统一与结合。

(二) 产业法的特征

市场经济体制下,产业政策具有客观性(产业政策的制定和推行必须符合客观规律)、阶段性(产业政策的制定要因时、因地制宜,不能一成不变)、综合性(产业政策是一个很强的多种经济政策综合运用的政策体系)、规范性(产业政策一般采取法规形式以确保其权威性和有效性)、指导性(产业政策以间接调控为主)的特点。据此特点,可以进一步概述产业法的以下法律特征:

1. 产业法的综合性

产业法的综合性有三方面的含义:一是产业法调整对象的综合性,即产业政策的制定和实施过程中发生的经济关系,既有竞争关系,也有产业及行业管理关系;二是产业法调整方法的综合性,即产业政策主要由国家依法运用经济、行政、法律手段制定和推行,其法律规范的表现形式,以体现间接调控特点的任意性规范、授权性规范和鼓励性规范为主,但也有一些限制性和义务性规范的形式;三是其基本法律制度规范所涉及的领域,涵盖了第一、二、三产业在内的各行各业。

2. 产业法的协调性

产业法的协调性有两方面的含义:一方面,产业法的协调性体现为协调产业法和其他各项法律制度的配套实施。由于产业政策要通过多种政策手段才能实现,一项产业政策至少要涉及包括财政、货币、对外贸易、收入分配、竞争和反垄断政策的相互综合运用,与此相关的法律制度就显得十分复杂,只有注重众多法律制度相互之间的配套使用,才能使产业法与相关法律制度在互动中取得实施。这种配套进行和互动在产业立法中的主要表现,就是产业法一般采取了按行业、部门立法的形式;有关产业法的执法,也采取了按部门相互协调分别执法的形式。另一方面,产业法的协调性还体现在产业法本身的具体内容中。例如,在产业结构法中,要注意新兴产业与夕阳产业、支柱产业与一般产业的协调发展,以实现对不同产业的鼓励、促进、限制或者禁止。在产业组织法中,要注意大中小企业的协调发展,充分发挥各种类型企业的作用,避免出现"失衡"的状况。在区域经济协调发展法中,要注意发达地区与落后地区、沿海沿边地区与内陆地区的协调发展,充分发挥各个地方的地区优势,等等。

3. 产业法表现形式的灵活性

产业法以国家的产业政策为其基本的规范内容。由于产业政策具有很强的阶段性,所以产业法较之其他宏观调控法,在立法和执法以及法律的表现形式等诸多方面,具有很强的灵活性,这种灵活性的特点决定了产业法以行政法规为其基本的表现形式。当然,对于重要的产业政策,应采取法律的形式;同时,对产业政策的制定和修改规定统一和严格的程序,是十分必要的。

4. 产业法规范的选择性

产业政策应该以市场调节手段为主,而市场调节手段在产业政策中的运用,主要表现为以经济杠杆为主要内容的经济法律规范的设立和运用。这种规范有关禁止性规范的条款也较为少见,而更多地表现为选择性规范。这充分表现了产业法旨在通过以经济杠杆为主要内容的选择性规范,来引导市场主体的生产经营行为符合国家产业政策要求的制度特点。

(三) 产业法的地位

产业法属于经济法中宏观调控法的范畴,是一项重要的法律制度。产业法的地位与作用主要体现在两个方面:首先,产业法有利于国家产业和经济的可持续发展。产业政策和产业法是国家为了调节地区之间、产业之间以及产业内部企业集团之间的协调发展,为了实现产业结构的现代化、合理化和产业资源的有效配置而运用的行政和法律手段。产业法的立法目的从根本上来说在于国家产业和经济的可持续发展。其次,产业法有利于保障国家的经济安全。市场机制具有自发性,单纯通过市场机制来实现资源配置和产业结构的调整往往存在缺陷。市场的盲目性和自发性可能导致经济资源的不合理配置以及产业发展的失衡,进而影响国家经济发展的基础。这种失衡可能表现为地区之间的失衡或者产业之间的失衡。因此国家需要通过产业政策和产业法的手段来引导产业发展,弥补市场缺陷。产业政策和产业法可以起到保障经济安全的作用。

三、产业政策与产业法的关系

政策与法的关系在法学领域是一个重要的问题。首先从内容上来讲,国家的政策特别是国家基本政策往往是法律制定的基础和依据,法律法规是政策的法律化。其次从程序上来讲,不管是基本国策还是具体的行业政策、地方政策,其制定、实施、修改等程序都必须符合相关法律的规定,否则就是程序不合法。再次从手段上来讲,法律往往是政策贯彻和实施的保障手段,政策的法律化有利于其获得更强的执行力。

相对于其他部门法,经济法具有更强的政策性,特别是宏观调控法。由于国家宏观调控的目标、任务、手段和措施在不同时期和不同的国内外形势下具有不同的特点,国家宏观调控的政策具有较大的变动性,所以包括计划法、产业法在内的宏观调控法不可能一成不变。

产业法与产业政策具有密切的关系。许多学者在阐述产业法的时候,就直接将产业法称为产业政策法。一方面,产业法有利于规范、协调和保障产业政策的制定和实施,产业法有时还是制定和推行产业政策的依据。另一方面,许多产业政策本身就是以产业法的形式出现,产业法在制定和实施的过程中要受到包括产业政策在内的国家宏观经济政策的影响。

需要指出的是,产业法或者说产业政策的法律化仅仅是产业政策实施的手段之一。一般情况下,产业政策的实施可以有多种形式,包括经济手段、法律手段和行政手段。其中,经济手段主要是通过调整财政支出、财政补贴、税基税率、货币发行、利率汇率等途径协调产业政策的实施,最终对产业发展进行宏观调控。行政手段主要是指政府对产业政策实施所施加的行政性影响,其具体包括强制性手段和非强制性手段两种:强制性手段是政府利用自身独有的行政权力,对产业发展进行强制性干预,包括配额制、专营制等;非强制性手段是政府通过指导、建议、宣传教育等形式对产业发展进行间接的干预。严格来说,政府对产业发展所采用的经济手段也是非强制性手段之一。

四、产业法的体系

产业政策覆盖面宽,调整范围广,因而内容相当广泛,因此增加了对产业政策关系进行统一法律调整的难度。但是,由于产业政策是一系列具有相互关联的经济政策的总和。这种关联性要求通过运用具有前述综合性和协调性特点的产业法律规范,才能实现。这就是建立和健全产业法体系的基本理由。

产业法的体系,从其法律规范的构成上看,它是宏观调控法律体系中一个规范群庞大的体系。关于产业法的体系目前理论界存在不同的观点。有的学者认为,产业法的体系包括产业结构政策法和产业组织政策法。其中,产业结构政策法包括产业扶持政策法、产业调整政策法和产业技术政策法;而产业组织政策法包括反垄断政策法、中小企业政策法和直接管制政策法。[①] 有的学者认为,产业法的体系包括产业结构政策法律制度、产业组织政策法律制度、产业技术政策法

---

① 漆多俊主编:《宏观调控法研究》,中国方正出版社2002年版,第140—168页。

律制度和产业布局政策法律制度。① 还有的学者认为,产业法的体系应分为两个部分:第一部分是综合性的产业调节法(产业政策纲要);第二部分则由专项产业调节法和产业促进法构成,其中专项产业调节法包括产业结构法、产业组织法、产业技术法和产业布局法等。② 本书以产业经济学的理论为指导,以及按照产业政策制定和实施的运行机制、特点,特别是产业政策在宏观经济中的运行规律的要求,认为产业法体系应该由产业结构法、产业组织法、产业技术法、区域经济协调发展法构成。

上述产业法体系基本结构的内容,不仅可以反映在有关产业法律规范的基本法律文件(诸如我国国务院1994年制定和颁布的《90年代国家产业政策纲要》)之中,而且也可以运用单项立法的形式,对涉及各个产业(尤其是新兴和特殊产业)发展的上述产业结构、组织、技术、区域经济布局的内容进行单项立法(诸如有关农业、交通、邮电、信息、房地产业等法律和法规)。

五、我国产业法的立法现状

从20世纪90年代开始,我国陆续制定了一些产业政策和有关的法律、法规、规章和其他规范性文件。例如:关于促进科技发展的《科学技术进步法》《促进科技成果转化法》《关于组织国家高技术产业发展项目计划实施意见》《国家产业技术政策》等;关于促进三大产业发展的《农业法》《汽车工业产业政策》《全国第三产业发展规划基本思路》等;以及其他产业领域的《外商投资产业指导目录》《水利产业政策》《关于加快发展环保产业的意见》《清洁生产促进法》等。

从总体上看,我国关于产业政策的立法还存在许多不足,如产业立法的层次较低,产业政策的法治化程度不高,立法分散等。目前,我们还没有制定基本法律这一层次的《产业法》,关于产业政策的立法大多数是行政法规或者规章;同时,在现有的有关产业政策的法规和规章中,对产业政策的法治化也存在缺陷,如缺少对政府在产业政策制定和实施中的权力进行规范的规定,法律责任制度规定不明确等。我们不赞成将所有的产业政策泛法律化,但是对于基本的产业政策应该逐步转化为相关法律,才能规范产业政策的制定和实施,完善国家宏观调控法的体系。

完善产业立法,必须立足于我国的现实环境,充分考虑我国产业协调和发展的国内背景和国际背景。

---

① 王先林:《产业政策法若干基本问题初探》,载王全兴主编:《经济法前沿问题研究》,中国检察出版社2004年版,第248页。
② 卢炯星:《论宏观经济法中产业调节法理论及体系的完善》,载《政法论坛》2004年第1期。

从国内发展背景来看,目前我国的产业和产业结构存在不少问题:首先,基础产业生产力量不足,给加工业的发展带来了"瓶颈"式的约束,而加工业又存在生产能力过大而高水平高技术的加工业则生产能力较弱;其次,产业的地区分布不够合理,优势不能很好发挥;再次,企业组织结构分散,生产集中度差,专业化水平低,产品缺乏国际竞争力。

从国际发展背景来看,我国已加入WTO。在这种情况下,如何在遵守WTO基本规则的前提下保护民族产业的发展,提高本国产业的竞争力是一个十分重要的问题。随着经济全球化和国际市场竞争日趋激烈,单个企业(尤其是中小企业)依靠自身的努力很难在国际贸易和竞争中占得优势地位,因此政府应该在充分发挥市场功能的同时,积极引导企业行为,通过实施产业政策以及产业政策的法律化来协调产业结构的调整,保障民族产业的发展。我国加入WTO以后,对一些行业进行重点扶植的产业政策将受到限制。例如,对许多领域政府不能再进行干预和"补贴",但是政府并非无所作为。首先,政府可以协调区域产业发展,弥补地区差距。其次,政府可以通过倾斜性政策扶持中小企业的发展。再次,政府可以通过资金投入鼓励中长期产业的开发和发展。

第二节 产业法的基本制度

一、产业结构法

产业结构法是产业结构政策的法律化,其法律调整的目标是使产业结构的优化。其中,主要包括产业结构的长期构想,对战略产业的保护和扶植,对衰退产业的调整和援助等有关政策规范。

根据国民经济和社会发展计划,产业结构法就一定时期内国家总的优化产业结构的政策进行立法,以此作为中央和各级地方政府贯彻国家产业结构政策的依据。产业结构法的立法目的在于明确各个产业部门在社会经济发展中的地位和作用,从而促进产业结构和经济结构的合理化调整与发展。

我国的《国民经济和社会发展第十二个五年计划纲要》中明确规定,坚持把经济结构战略性调整作为加快转变经济发展方式的主攻方向。因为我国已经进入必须通过结构调整才能促进经济发展的阶段,要以加快转变经济发展方式为中心,以提高国民经济的整体素质和国际竞争力、实现可持续发展为目标,积极主动、全方位地对经济结构进行战略性调整。要把调整产业结构与调整所有制结构、地区结构、城乡结构结合起来。要坚持在发展中推进经济结构调整,在经济结构调整中保持快速发展。因此,完善有关产业结构调整的法律法规具有重要意义。

产业结构法包括综合性立法和单项立法，各类产业结构法具有产业法律制度的一般特征。

（一）综合性产业结构法

我国尚未制定综合性的产业结构基本法律。1994年国务院曾制定颁布过《90年代国家产业政策纲要》以及与此相配套的《当前国家重点鼓励发展的产业、产品和技术目标》，其内容较为全面地规定了综合性产业结构的有关问题。2010年的《国民经济和社会发展第十二个五年规划纲要》对国家经济结构和产业结构的调整作出了新的规定。2011年，国家发改委对《产业结构调整指导目录》（2005年本）有关条目进行了大幅度调整，2013年又进行了修订，详细规定了鼓励类、限制类、淘汰类产业，成为政府引导投资方向，指导产业结构调整的重要依据。依据现有的政策法规，并借鉴国外有关立法，可以概括出产业结构法的以下基本内容：

（1）对产业结构长期政策的规定。要根据产业发展的演变规律，特别是现阶段发展水平和进一步发展的要求，提出较长一段时期内产业发展的目标和方向。例如，《90年代国家产业政策纲要》中规定，我国20世纪90年代的产业发展目标和方向是：大力加强基础产业，加快发展支柱产业，带动国民经济的全面振兴，合理调整对外经济贸易结构，加快高新技术产业发展的步伐，继续大力发展第三产业。依据《国民经济和社会发展第十二个五年规划纲要》，在"十二五"期间我国经济结构调整的主要预期目标是：经济结构战略性调整取得重大进展。

（2）对战略产业保护和促进的规定。这是产业结构法的核心内容。这里的战略产业，是指具有较高需求弹性和收入弹性，能够带动国民经济其他部门发展的产业。战略产业一般包括新兴产业，即那些在技术基础上发展起来的朝阳型产业；成长产业，即那些由于技术革新而取得飞跃发展并在国民经济中起着举足轻重作用的传统产业；出口产业，即那些已经具备国际贸易竞争力的出口型产业。对于战略产业的有关保护措施主要有：限制所保护的同类国外产品的进口，限制国外私人直接投资等。扶植的政策形式也较多，主要有财政投资、倾斜金融、倾斜税收以及行政干预等。

（3）对基础产业的巩固和促进的规定。基础产业是指在国民经济发展过程中，为其他产业部门的生产提供基础性必需品（包括产品或者服务）的产业部门。基础产业与战略产业不同，后者在国民经济发展过程中更多地体现为一种龙头作用，可以带动和促进其他产业甚至整个社会经济的发展，而前者在国民经济发展过程中更多地体现为一种基础性的支撑作用，其本身往往是国民经济中的薄弱环节，容易被人们所忽视。因此，产业法应体现对基础产业的巩固和促进，以协调整个产业结构的和谐发展。

（4）对衰退产业的调整和援助规定。衰退产业也就是日本产业法中所讲的不景气产业。对衰退产业的调整、援助,主要包括限制进口、财政补贴、减免税等。例如,日本针对战后出现的衰退产业(包括煤炭业、纺织业、造船业、有色金属业、石油化工业等)制定了一系列的产业法律,对这些产业进行了适当的调整,通过产业法对衰退产业及时地进行援助和调整,对国家的经济发展具有重要意义。首先,从宏观上看这种调整有利于减少经济损失和社会动乱;其次,这种调整有利于经济资源(包括人力资源、物质资源等)的合理配置和利用,可以尽量减少资源过多地向衰退型产业流动;再次,这种调整有利于国家集中力量支持基础产业和战略产业的发展,从而促进产业更新。

(5) 对幼稚产业的推动和扶持规定。幼稚产业,指在工业发展比较落后的国家中刚刚建立起来但是仍未成熟和稳定的产业。例如,中国的信息技术产业、环保产业、新能源、新材料产业等。这里所说的不成熟和不稳定是相对于工业发达国家而言的。幼稚产业由于正出于起步阶段,因此相对比较薄弱,往往无法依靠自身的力量与发达国家同一类型的产业进行竞争和抗衡,这就需要国家通过产业政策和产业法,对幼稚产业进行推动和扶持,以加快其发展,确保其顺利度过"成长期"。例如,我国"十二五"规划纲要中规定,要大力发展节能环保、新一代信息技术、生物、高端装备制造、新能源、新材料、新能源汽车等战略性新兴产业。

(二) 单项产业结构法

为了贯彻国家总的产业结构政策,还需要对各个产业结构进行单独立法。单项产业结构法的针对性很强,我国已经制定了《农业法》《铁路法》《航空法》等法律。与此相关的主要问题是:

(1) 对于那些需要重点扶持或重点限制的产业制定单项法律或法规。需要限制的产业是指那些供给远远大于需求的产业,目前如纺织业等。需要扶持的产业主要有两类:一类是国民经济中薄弱环节或基础环节的产业,如农业、交通、邮电、能源等;另一类是可以带动国民经济现代化或者全面发展的支柱产业,如机械电子、石油化工、汽车制造和建筑业等。对于这两类需要扶持的产业的具体部门的产业结构立法,有些表现为全国人大及其常委会制定的法律,有些表现为国务院颁布的行政法规。

(2) 市场经济条件下,各个产业部门的产业结构立法应反映依法运用经济手段优化产业结构的特点,即依法对不同的产业,采取有差异的财政、税收、信贷、利率、工资等经济手段,同时政府也要采取指引、劝导协调的方式,必要时还要依法采取行政手段。

(3) 各个产业部门的产业结构优化的经济政策的依法运用,涉及与这些经济政策相关的经济法律(如财政法、金融法等)的协调一致问题。为此,有必要将产业结构政策通过法律的形式加以规范化。这种法律的典型,如农业法、交通运输法、公用事业①法等。这些法律除了调整同一产业结构关系,还调整该产业内部的管理关系。其主要内容,包括产业发展的基本方针和政策,产业内部各个企业遵循的共同准则和标准,产业管理体制和政府有关产业管理部门的职权和职责,有关产业的自律组织(行业协会)及职权等。

由于在市场经济条件下,不同的产业有不同的经济活动特点,因而有不同的产业规则及相应的法律规范。这些产业法律规范可划分为以下几类:

第一,农业的产业管理法律规范。从规范的体系来看,它包括我国《农业法》中的农业产业管理法律规范,还包括关于种植业、林业、畜牧业、渔业等行业的单行法律、法规中的有关法律规范。因为农业是关系国计民生和整个社会稳定的基础性产业,因此从规范的内容来看,它应该体现以下宗旨:一是巩固和加强农业基础地位,加大对农业的投入和支持,加快农业科技进步和农村基础设施建设;二是推动农业和农村经济结构调整,积极发展农业化经营,形成生产、加工、销售有机结合和相互促进的机制,推进农业向商品化、专业化、现代化转变;三是完善以家庭承包经营为基础、统分结合的双层经营体制,逐步实现土地承包经营权流转,逐步发展规模经营,推动农村经营体制创新;四是开拓和发展农村市场,搞活农产品流通,健全农产品市场体系;五是加快小城镇建设,以现有县城和有条件的建制镇为基础,科学规划,合理布局,同发展乡镇企业和农村服务业结合起来,引导农村劳动力合理、有序流动,建立健全农业社会化服务体系,等等。

第二,工业的产业管理法律规范。从规范的体系来看,可以就工业中各业的共同问题制定工业产业管理法律规范,也可以根据工业中各业的特殊问题,分业制定各业的产业管理法律规范(如纺织业、轻工业、汽车业等各业的产业管理法律规范),还可以根据各业中的某一方面,制定有关法律规范(如计算机软件著作权这一信息产业管理法律规范)等。对工业的产业管理和调控要坚持以市场为导向,以企业为主体,以技术进步为支撑,突出重点,有进有退,努力提高我国工业的整体素质和国际竞争力。工业改组改造要遵循市场经济规律,正确引导投资方向,依靠现有基础,防止盲目扩大规模和重复建设。坚持引进技术与自主创新相结合,先进技术与适用技术相结合。重点强化对传统产业的改造升级,进一步发挥劳动密集型产业的比较优势。积极发展高新技术产业和新兴产业,形成新的比较优势。以信息化带动工业化,发挥后发优势,实现社会生产力的跨越式发展。

---

① 公用事业是不以营利为目的,带有公益性质的产业部门,其中包括:自来水、电力、燃气供应事业,下水道,公共卫生,公共园林等。改革开放以来,我国公用事业有了很大发展,同时也适当提高了收费价格,但仍然存在收费价格偏低,行业管理不规范等问题。为此,也需要制定相应的法律和法规来规范公用事业行为。

第三,第三产业管理法律规范。这包括流通部门的产业管理法律规范(如饮食业、物资供销和仓储业、邮电通信、交通运输业管理法律规范),为生产和生活服务部门的产业管理法律规范(如金融保险业、房地产业、公用事业产业、居民服务业、旅游业产业管理法律规范)。我国第三产业管理法律规范涉及的内容应该包括:优化服务业行业结构,提高服务业的整体素质和国际竞争力。作为国家的产业向导,第三产业管理法律规范应确立加快发展第三产业的重点:一是对国民经济发展具有全局性、先导性影响的基础服务行业,主要是交通运输业、邮电通讯业、科学研究事业、教育事业和公用事业;二是与经济发展和人民生活关系密切,就业容量大,成本低效益好的行业,主要是商业、物资业、对外贸易业、金融业、保险业、旅游业、房地产业、仓储业、居民服务业、饮食业和文化卫生事业等;三是新兴的咨询业和中介服务业,包括科技、法律、会计、审计等咨询业、信息业和各类技术服务业等;四是农村的第三产业,主要是为农业产前、产中、产后服务的行业,为提高农民素质和生活质量服务的行业。

从上述三类产业管理法律规范的形式上看,各类产业管理法律规范,除采取法律形式外,还较多采取了行政法规和部门规章的形式。

二、产业组织法

产业组织法是同一产业组织政策的法律化,其法律调整的目标是促进企业的合理竞争,实现规模经济和专业化协作。其主要内容包括有关市场秩序、产业合理化、产业保护的政策规范。这里所谓的"同一产业",指具有相同使用功能的产品或劳务的集合,实际上是指具有竞争关系的卖方企业的集合。产业组织政策正是调整和处理同一产业内各企业之间的关系,其目的是实现产业组织的合理化。产业组织法规范不仅反映在综合性产业法(如《90年代国家产业政策纲要》)中,而且体现在单项产业法及相关法律(如《铁路法》、《保险法》)之中;产业组织法不仅采取法律的形式,而且较多采用行政法规的形式。

关于产业组织法具体的法律制度,目前理论界有不同观点。有的观点认为,产业组织法包括鼓励竞争反垄断法、企业兼并法、企业集团法、中小企业促进法等。① 有的观点认为,产业组织法包括反垄断法、中小企业法、企业合并法、企业集团法、外商投资企业产业法等。② 还有的观点认为,产业组织法包括反垄断政策法、中小企业政策法和直接管制政策法。③ 不论采取何种形式的产业组织法,其基本的内容可以概述为以下几点:

---

① 卢炯星:《论宏观经济法中产业调节法理论及体系的完善》,载《政法论坛》2004年第1期。
② 刘定华、肖海军等:《宏观调控法律制度研究》,人民法院出版社2002年版,第227页。
③ 漆多俊主编:《宏观调控法研究》,中国方正出版社2002年版,第148页。

第一,对产业组织政策目标的规定。我国产业组织的政策目标是:促进企业合理竞争,实现规模经济和专业化协作;规模经济效益显著的企业,应该形成以少数大型企业集团为主体的市场结构;对其他产业,形成大、中、小企业合理分工或者大、中、小型企业并布和企业数目较多的市场结构。

第二,对同一产业内企业竞争规则的规定。要设立同一产业内企业的竞争规则,依法鼓励竞争,限制垄断。国家对企业和市场实行反垄断管理,应该处理好两方面的关系:一方面,对于违反市场竞争规则通过各种方式进行市场垄断的,国家应该通过强制性手段限制和排除这种危害;另一方面,要科学地区分市场垄断和产业规模化生产经营两者的关系,同时要充分考虑涉及国家经济发展根本利益和实质安全的需要。对于某些垄断,国家应予以允许、提倡和扶持,有的甚至可以采取国家垄断的形式(例如,能源产业等)。

第三,对同一产业内企业规模合理化的规定。为了防止过度竞争,依法控制同一产业内部企业组织的规模和数量,确保规模经济的充分利用。对大、中、小型企业在不同产品上具有互补优势的产业,应当发展大企业与中、小企业的经济联合关系,组建企业集团,提高该产业国内企业在国际市场上的竞争力。

国家在引导、鼓励和支持企业集团发展的过程中,应该为提高企业集团国际竞争力创造公平竞争的环境和必要的条件。其具体的政策和措施包括以下几方面:一是资金投入方面的支持。国家应该从金融、信贷等方面为企业集团提供资金支持,同时要支持企业集团通过合法途径多渠道融资。二是财政税收方面的支持。国家应该为企业集团的发展提供财政税收上的支持,如在某些领域或者某个发展阶段为企业集团提供税收优惠。三是技术创新方面的支持。国家应该改革项目审批办法,支持技术创新,鼓励企业集团建立技术中心,重视技术人才的培养。四是内部管理方面的支持。例如,改革工资总额管理方法,支持分离分流,建立政府有关部门与企业集团定期沟通渠道,加强对企业集团的监管等。

第四,对产业组织保护的规定。一方面,对幼稚产业的国内企业实行各种保护政策和优惠,以减少国外企业对本国幼稚产业的冲击;另一方面,在关于产业组织保护方面的规定中,还要鼓励和扶植中小企业、特别是科技型中小企业的发展。由于中小企业在资金规模、劳动力规模、生产技术、经营贸易信息等各种市场条件方面无法与大型企业抗衡,因此需要国家依照"积极扶持、加强引导、完善服务、依法规范、保障权益"的方针,通过法律、行政和经济手段为中小企业创立和发展创造有利的环境。

第五,对行业协会的规定。行业协会是在同一行业、企业内自愿参加并参与民主管理的非营利性自律组织。其主要职责是代表本行业企业参政议政,对本行业进行指导和监督,为本行业协会成员提供服务,参与社会管理,进行对内外的联络。在市场经济条件下,单个企业的作用有限,在某些情况下需要团结一致才能保护单个企业的利益,加之同一行业的企业之间的矛盾、利益需要相互合作来协调,所以在同业(往往是同一产业内)共同利益基础上就出现了行业协会。它是维护产业组织合法权益的一个重要的产业组织补充形式。有关行业协会及其行为规则一般不单独制定法律,而是将其规定在有关的法律之中,如证券业协会规定在《证券法》中。

但是,对于一些带有全局性的行业协会,也可制定单行法律,如商会法。目前我国关于商会和行业协会的立法主要有两种类型:一种是国务院及其部委制定的行政法规、规章,如《外国商会管理暂行规定》、国家轻工业局《关于行业协会管理的暂行办法》等;另一种是各个地方政府制定的地方性法规和规章,如已经施行的《上海市行业协会暂行办法》等。

三、产业技术法

产业技术法是产业技术政策的法律化,其法律调整的目标是促进应用技术开发,鼓励科研与生产相结合,努力提高我国产业的技术水平。产业技术政策,是产业政策的又一项重要内容。它包括两方面的内容:一是产业技术结构的选择和开发政策,主要涉及具体的技术标准,规定各产业的技术发展方向,鼓励采用先进技术等方面;二是促进资源向技术开发领域投入的政策,主要包括技术引进政策,促进技术开发政策和基础技术研究的资助与组织政策。

关于产业技术法的体系,一般认为,应该包括科学技术进步法、产业技术创新法、落后技术淘汰法、技术成果转化制度、技术引进法等。还有的观点认为,产业技术法的体系还应该包括产业技术保护法、信息技术促进法和技术设备更新与改造制度。

(一) 科学技术进步法

全国人大常委会于1993年制定了《中华人民共和国科学技术进步法》,2007年进行了修订。修订后,该法自2008年7月1日起实施。它的主要内容包括:

第一,我国推行科学技术进步的基本方针是:坚持科学发展观,实施科教兴国战略,实行自主创新、重点跨越、支撑发展、引领未来的科学技术工作指导方针,构建国家创新体系,建设创新型国家。

第二,国家推行科学技术进步的主要措施,有以下几个方面:一是国家制定和实施知识产权战略,建立和完善知识产权制度,营造尊重知识产权的社会环境,依法保护知识产权,激励自主创新。二是国家建立和完善有利于自主创新的科学技术评价制度。按照公平、公正、公开的原则,实行分类评价。三是建立科学技术进步工作协调机制,研究科学技术进步工作中的重大问题,协调国家科学技术基金和国家科学技术计划项目的设立及相互衔接,协调军用与民用科学技术资源配置、科学技术研究开发机构的整合以及科学技术研究开发与高等教育、产业发展相结合等重大事项。四是国家完善科学技术决策的规则和程序,建立规范的咨询和决策机制,推进决策的科学化、民主化。五是国家建立科学技术奖励制度,对在科学技术进步活动中作出重要贡献的组织和个人给予奖励。六是国家建立以企业为主体,以市场为导向,企业同科学技术研究开发机构、高等学校相结合的技术创新体系,引导和扶持企业技术创新活动,发挥企业在技术创新中的主体作用。

(二) 产业技术创新法

产业技术创新,是指通过应用新的知识或者新的生产技术,运用新的生产方式或者新的管理模式,改进企业的生产经营,提高产品的质量和生产效率,从而促进国家产业的发展。

产业技术创新法,首先要依法加快开发能够推动结构升级和促进可持续发展的共性技术、关键技术和配套技术,重点在农产品加工及转化、节水农业、农作物新品种选育、装备制造、洁净煤、交通运输、纺织印染后整理、资源勘探开发、污水治理等方面取得进展,为产业结构调整特别是传统产业升级提供技术支撑。其次要依法积极推进高技术研究,在有相对优势或战略必争的关键领域取得突破,在一些关系国家经济命脉和安全的高技术领域,提高自主创新能力,努力实现产业化。再次要依法优化科技资源配置,进一步解决科技与经济脱节问题,解决科研领域内的部门所有和单位分割等问题。建立企业技术创新体系,鼓励并引导企业建立研究开发机构,推动企业成为技术进步和创新的主体。建立为中小企业服务的技术创新支持系统,提高中小企业创新能力。

(三) 落后技术淘汰法

产业技术的发展和进步既涉及技术的创新和设备的更新,也涉及落后技术的淘汰。对落后的产业技术定期进行强制性的依法淘汰既是出于国家产业发展的考虑,也是生产安全的需要。目前我国尚未对产业技术淘汰制定相应的法律法规,只有一些政策文件涉及此类问题,如《淘汰落后生产能力、工艺和产品的目录》等。随着我国工业化进程的加快,我国的经济和产业发展将逐步从粗放型生产经营转向集约化生产经营,在此过程中,产业更新和技术淘汰势在必行。因此,应该完善相应的产业立法,对产业技术更新的目录、产业技术更新的程序、相关的产业技术价值评估、产业技术质量鉴定、不同产业技术更新的年限以及相应的法律责任等问题作出明确的规定。

(四) 技术成果转化法

产业技术成果转化有两种含义:一方面,产业技术成果转化是指将有关产业技术的理论研究和开发、试验、研制成果投入实际生产,转化为现实生产力,形成新产品、新工艺、新方法、新产业的过程;另一方面,产业技术成果转化是指产业技术成果市场化的问题,即将产业技术成果投入市场,通过市场的中介功能和资源配置功能,将产业技术成果转化为生产力。

对于产业技术成果的市场化问题,一直是我国的薄弱环节。《科技成果转化法》第17、18条对技术中介市场和中介机构的设立、业务范围作了初步规定,但是目前仍缺乏专门的有针对性的产业技术成果市场化的法律,相应的配套措施也不齐全。为此,要建立和健全产业技术成果市场化的法律制度,如制定《产业技术市场交易法》《产业技术成果出资管理法》《产业技术风险投资管理法》等,相关立法可以参照发达国家的立法例,从而为创业(风险)资本促进技术成果的市场化、产业化提供先进的制度条件。

(五) 技术引进法

技术引进是产业技术国际化的一个方面。对于经济比较落后、生产技术不发达的发展中国家来说,引进先进的产业技术具有重要的意义。改革开放以来,我国对国外先进产业技术的引进日益重视。相应地,我国曾制定过有关引进技术管理的法规,如《技术引进合同管理条例》等。但是,目前在产业技术引进方面仍然存在不少问题。例如:没有根据本国生产的需要盲目引进国外的设备和技术,造成技术设备与实际生产不对口;没有充分地了解信息,有的所谓先进技术和先进设备是发达国家已经淘汰的,仍被国内企业当成先进技术引进国内,导致了大量国有资产流失;没有做好国内企业生产的规划和涉及,重复引进技术;等等。为了规范和引导产业技术引进工作,国家应制定《技术引进法》,通过《技术引进法》建立各种技术质量审查制度、技术引进信息公告制度、技术资产评估制度、技术引进效益评估制度,建立各种鼓励性技术、限制性技术和禁止性技术的目录,并建立各种相应的法律责任制度。

四、区域经济协调发展法

区域经济协调发展法是区域经济政策的法律化。所谓区域经济政策,是指政府旨在改善一国范围内经济的空间结构所制定的公共干预的准则及所有的公共干预行为。政府制定和实施区域经济政策的目的,是纠正市场机制造成的国民经济空间结构的某些缺陷,以达到提高经济效率和实现社会公平的总目标。由于区域经济政策直接体现产业布局政策,其目标是实现产业结构布局的合理化,所以区域经济政策是产业政策的重要组成部分,进而区域经济政策的法律化——区域经济协调发展法,具有产业法律制度的基本特征。有关区域经济协调发展法的法律形式,既可以表现为综合性基本法律,也可以表现为单项性的行政法规,并在一些相关的宏观调控法和产业法律制度中设有相关的规范。

改革开放以来,我国采取了向东部沿海地区实行优惠政策的地区倾斜政策,并在有关的法律和行政法规中作了相应的规定。虽然这有利于发挥东部沿海地区的经济技术优势,并使改革开放政策能够在东部沿海地区先行突破,因而在一定时期是必要的,但是却拉大了东部和中西部的经济差距,不利于中、西部经济资源的合理利用和国民经济整体均衡发展,进而成为制约我国经济发展和市场化改革深入的重要因素。为此,党中央和国务院于1996年就提出"坚持区域经济协调发展,逐步缩小地区发展差距"作为今后15年我国经济和社会发展必须贯彻的一条重要方针。此后,为了协调区域经济发展,促进落后地区和重点地区的经济建设,1999年和2002年中央政府又分别提出西部大开发战略和振兴东北老工业基地的重大战略。

与上述区域经济发展规划相适应的,我国产业法律法规对相关的问题进行了规定。此外,还出台了各种政策性的意见、措施、方案或者产业目录。例如,《关于实施西部大开发若干政策措施》《振兴东北老工业基地科技行动方案》等。目前,《西部开发促进法》已经被第十届全国人大常委会列入新的五年立法规划,这将是我国关于区域经济发展的立法中效力最高的法律。区域经济立法的目的是更好地发挥国家在区域经济宏观调控中的作用。在区域经济发展的基础上,应该依法促进经济发展与环境保护、社会进步协调推进,改变过去"先建设后治理"的情况;依法促进区域经济社会和人的全面发展,有重点、有步骤地解决涉及重点区域开发全局的重大问题,更大程度地发挥市场配置资源的基础性作用,不断增强各个区域的自我发展能力,最终实现区域的可持续发展。

综合这些规范化的区域经济协调发展政策和相关的法律法规,可以总结出区域经济协调发展法的基本制度。

第一,区域经济发展总体规划制度。

例如,《国民经济和社会发展第十二个五年规划纲要》规定了"充分发挥不同地区比较优势,促进生产要素合理流动,深化区域合作,推进区域良性互动发展,逐步缩小区域发展差距"这一区域经济协调发展总体战略,并就如何编制和实施区域经济协调发展计划,优化区域经济结构,合理确定各区域的功能定位作出了原则规定。

第二,区域经济发展具体规划制度。

一是区域经济发展财政制度。例如,规定对欠发达地区、贫困地区进行财政倾斜,提高中央财政支出中用于支持这些地区的比重,实行规范的财政转移支付制度,以及健全相关的财政补贴、税收减免、扶贫资金使用和管理等制度。

二是区域经济发展金融制度。例如,对欠发达地区在信贷资金使用上放宽条件,以及优惠利率贷款对中西部地区农业综合开发、基础设施、资源综合开发项目重点发放,切实落实外债清偿责任制。

三是区域经济发展投资和开发制度。例如,建立中央和地区投资基金,重点支持经济欠发达地区的农业综合开发、基础设施、资源综合开发、扶贫开发项目的建设,鼓励发达地区和外商向经济欠发达地区投资等,建立专门的区域开发权威机构,专门负责区域经济开发政策的贯彻落实。

四是区域经济发展贸易制度。例如,对欠发达地区的生产用进口品规定比较低的关税以及放松配额限制,鼓励外商向这些地区投资和从事贸易活动,并给予相关的优惠政策。

五是区域经济发展市场制度。例如,制定适当的有利于市场公平竞争和规范经营的市场规则,特别是对本地区内人民生活需求稳定,而供给容易波动的产品(如欠发达地区的农产品),要制定相应的保护性市场规则。

六是区域经济发展劳动力制度。例如,建立和健全有利于经济欠发达地区劳动力原地重新分配的制度,并在相关的职业培训、教育政策、大中专学生的分配政策上给予配套落实等。

七是区域经济发展立法制度。例如,国家通过中央一级的立法,将上述各项区域经济发展制度法律化,并借鉴外国的成功立法经验(如日本制定的《欠发达地区工业促进法》《北海道开发法》等),制定区域经济协调发展的全国性和综合性法律和行政法规,并在其他法律和行政法规中设立相关规范。而且,在不违反宪法和基本法律原则的前提下,国家要通过地方一级的立法,从欠发达地区的实际出发,制定有利于地区经济振兴的地方性法规、自治条例和单行条例。

第二十三章 国有资产管理法律制度

第一节 国有资产管理法概述

一、国有资产与国有资产管理

(一) 国有资产的概念

国有资产,是指财产的所有权属于国家的财产。国有资产是国家所有权的客体。

国家是国有资产所有权的唯一主体。在我国,国有资产即中华人民共和国所有的资产。国有资产形态不仅包括有形财产,如固定资产和流动资产,还包括由各种财产权利,如属于国家的债权、无形财产等。

(二) 国有资产形成的方式

我国国有资产主要是通过以下四种方式形成的:一是国家凭借其权力依法取得和认定属于国家的资产。这主要包括:依法没收的财产;除法律规定属于集体所有的土地、森林、山岭、草原、荒地、滩涂以外的土地、矿藏、水流、森林、山岭、草原、荒地、滩涂等自然资源;依法赎买的原资本主义工商业;依法征收、征用的土地;依法收取的罚金;认定和接收的无主财产和无人继承的财产等。二是国家投入的资本金及其收益所形成的财产。这主要包括国家投入国有企业、中外合资与合作经营企业、股份制企业及其他企业的资本金及其收益。三是国家对行政和事业单位拨入的经费形成的国有资产。四是国家接受各种形式的馈赠形成的国有资产。这包括我国公民赠与国家的财产。

(三) 国有资产的分类

(1) 经营性国有资产。这是指国家作为投资者,投资于各种类型的企业,用于生产、经营或者服务性活动而形成的国有资产及其权益。我国是以公有制为基础的社会主义国家,全民所有制占主导地位,而经营性国有资产是国有资产中最重要的组成部分,是国有资产存量增长的基本渠道,也是国有资产管理的重点。经营性国有资产分布范围广,它不仅包括生产和流通领域,也包括服务行业和企业化管理的事业单位,或者利用非经营性国有资产创收的单位。经营性国有资产营运的直接目的就是实现资本的增值,并通过多种经营方式,如授予经营权,控股或者参联经营,委托经营,承包经营,租赁经营等来实现营利的目的。

(2)非经营性国有资产。这是指由国家以拨款或者其他形式形成的由占有、使用并依法确认为国家所有的各类资产。非经营性国有资产主要配置于各级党政机关、科学、教育、文化等事业单位和人民团体等非生产经营领域。并以这些财产为物质基础和手段,来实现各自的、行政的和社会的服务职能,而不得以营利为目的。该类国有资产一经形成一般由占有单位无偿使用。

(3)资源性国有资产。这是指有开发价值的,依法属于国家的自然资源,即在现有条件下,通过对资源的开发,能带来一定经济价值的,根据法律规定,其权属为国家所有的各种自然资源。是不是资源性国有资产在很大程度上取决于科学技术的发展和法律的规定。只有人们利用科学技术手段对它进行开发、利用并带来一定经济价值的自然资源,而且这种资源经过法律予以确认,才能成为资源性国有资产。没有这两项条件不能成为资源性国有资产。

此外,国有资产还应该包括我国各级人民政府及政府有关部门和国有企业,事业单位用国有资产向境外投资及其投资受益形成的,或者依法认定为国家所有的境外国有资产。

(四)国有资产管理

国有资产管理,是指国有资产的所有者,即国家对属于国有资产所有权的行使,管理权限的划分,资产的运营状况,收益的享有,处分的归属等行为所进行的控制和监督。

1. 国有资产管理体制

我国国有资产管理体制的总体目标和基本框架,是建立中央政府与地方政府分别代表国家履行出资人职责,享有所有者权益,权利、义务和责任相统一,管资产和管人、管事相结合的国有资产管理体制。在体制上要确立与建立和完善基本经济制度相适应,按照社会主义市场经济的要求,在坚持国家统一所有的基础上,政府分级行使出资人职责,委托专门机构管理经营,建立权责明确的国有资产管理体制。这个体制的基本内涵是:

(1)坚持国家统一所有。首先,明确国有资产最终所有权属于国家,归国家统一所有;其次,由各级政府对国有资产的管理、营运和监督都必须严格执行国家统一的法律法规,国家通过制定国有资产管理法授权政府代表国家统一行使国有资产所有权,必要时有权对资源进行统一配置。

(2)分级行使出资人职责。通过逐级授权,明确管理国有资产的范围,中央和地方政府分级行使出资人职责,负责所辖国有资产的管理、收益和处分。

(3)委托专门机构管理经营。政府行政管理部门与行使出资人职责的机构分设。各级政府成立专管国有资产管理的国有资产监督管理委员会(以下简称国资委),代表政府统一管理国有资产。由国资委授权具备条件的大型企业集团公司作为国有资产营运主体,具体行使所投资企业的出资人职责。

2. 国有资产管理机构

根据有关规定,我国建立中央政府和地方政府省、市两级的国有资产管理机构,即国资委。国资委的基本职责是:制定国有资产营运战略方针、结构调整方案和投资发展规划,编制国有资产经营预算,选派和更换国有资产营运主体的董事、监事和财务总监,考核国有资产营运主体的营运业绩,决定国有资产营运主体的设立、分立、合并和变更等重大事项。其基本职责为:

(1) 国资委对国有资产营运主体行使出资人职责,通过授权明确国有资产营运主体的权利和义务。国有资产营运主体是从有条件的大型企业集团公司中进行选择,可以是国有控股公司、投资公司、集团总公司、资产经营公司以及金融资产管理公司等。国有资产营运主体按照投资份额依法对全资、控股及参股企业行使出资人职责,对所投资企业承担国有资产保值增值的责任,同时享有资本收益、重大决策和选择经营管理者的权利,但不介入企业的日常经营。

(2) 管理的范围。国有资产管理体制要围绕调整国有经济的布局和结构这个中心,强调对不同领域和不同部门的国有资产进行分类管理。关系国家经济命脉和国家安全的大型国有企业、基础设施和重要资源的,由中央政府代表国家行使出资人职责,其他国有资产由地方政府代表国家履行出资人职责。

国家对国有资产的控制和监督是全方位的,多层次的。全国人民代表大会和地方各级人民代表大会主要是对政府的国有资产管理工作进行监督;各级政府的国有资产管理机构,主要是对国有投资主体和国有资产营运者进行监督;企业要加强内部的自我约束和监督机制,特别是要发挥职代会对企业领导班子的监督;而社会的中介机构主要是对国有资产的经营状况和财产的变动起公正和监督作用。

二、国有资产管理法的概念和特征

(一) 国有资产管理法的概念

国有资产管理法是调整在国家对国有资产进行管理过程中发生的经济关系的法律规范的总称。国有资产管理关系发生在国有资产所有者内部,即最高决策主体与中央管理主体及地方各级管理主体之间,各级管理主体与国有资产占有者、经营者之间及其内部对国有资产进行管理时所发生的各种关系。同时也包括,国有资产经营者之间,国有资产经营者与有关社会中介机构之间所发生的管理和监督关系。其内容主要有对国有资产的授权营运、经营管理、收益处分以及对国有资产清产核资、产权界定、产权登记、资产评估,对国有资产流失的查处等各类国有资产管理行为进行的规范。国家为了调整这些经济关系而制定的一系列法律规范,形成了国有资产管理法律制度。

(二) 国有资产管理法的特征

(1) 国有资产管理法是一种财产法与管理法相结合的法律制度。国有资产管理的一项重要内容要确认国有资产的权属,明确国有资产所有权的主体,并通过立法明确该所有权的客体,如经营性国有资产、资源性国有资产和非经营性国有资产等。从这个角度看国有资产管理法是财产法。同时国有资产管理法的另一个重要内容是对国有资产的管理,其大量实体内容是以管理为中心来展开,从另一个角度看,它又是管理法。

(2) 国有资产管理法是以国有资产所有权的实施为中心内容的法律制度。国有资产管理法律关系的基本权利主体是国有资产的所有者国家,其权利主体主要不是作为法人和自然人的一般民事主体,当它们作为国有资产管理法律关系的当事人出现时则必然是国有资产的占有者、使用者,是被管理的对象,而其实体内容则以国家所有权的实施为中心,其有效实施的受益者是全体社会成员。

(3) 国有资产管理法的渊源是由众多规范性文件所组成的。目前我国尚未颁布国有资产的基本法律。国有资产管理法的渊源除了我国《宪法》和法律中的有关规定以外,主要是由国家行政机关制定和颁布的规范性文件。其中:国务院发布了《国有资产评估管理办法》《国有企业财产监督管理条例》以及《企业国有资产产权登记管理办法》等;其余的百余件为财政部门和有关主管部门发布的部门规章;此外,还有大量地方性法规、地方政府规章等规范性文件。

三、我国的国有资产管理立法

为了维护国家基本经济制度,加强对国有资产的保护,巩固和发展国有经济,发挥国有经济在国民经济中的主导作用,我国《宪法》及有关法律对国有资产管理作了规定。其中,第十一届全国人大常委会第五次会议于 2008 年 10 月 28 日通过、自 2009 年 5 月 1 日起施行的《中华人民共和国企业国有资产法》(简称《企业国有资产法》),是加强企业国有资产管理的一部重要法律。此外,国务院制定了多个国有资产管理法规,国务院有关部门制定了许多国有资产管理的部门规章,各个地方制定了为数众多的国有资产管理的地方性法规和地方政府规章。上述法规、规章,就它们的内容而言,大体可分为:经营性资产管理方面的,如《国有企业财产监督管理条例》《国有资产收益收缴管理办法》等;行政事业和资源性资产管理方面的,如《关于加强国有森林资源产权管理的通知》《行政事业单位国有资产管理办法》等;清产核资方面的,如《清产核资总体方案(试行)》等;产权界定方面的,如《国有资产产权界定及产权纠纷处理暂行办法》等;产权登记方面的,如《企业国有资产产权登记管理办法》等。此外,还制定了一些境外国有资产管理方面的规范性文件。总之,在国有资产管理方面的立法,我国已经制定了不少规范性文件。但是,还缺少一部对于国有资产管理方面的各种规范性文件起统率作用的基本法律。因为我国虽然制定了《企业国有资产法》,但它并不能代替由全国人民代表大会制定的基本法律——《中华人民共和国国有资产法》(简称《国有资产法》)。从 1993 年起,第八、九、十届全国人大常委会先后将《国有资产法》列入了三个五年立法规划之中,可是该法至今尚未制定。为了加强国有资产管理,应该抓紧制定《国有资产法》,以利于贯彻我国《宪法》第 7 条的规定:"国有经济,即社会主义全民所有制经济,是国民经济中的主导力量。国家保障国有经济的巩固和发展。"以及第 12 条的规定:"社会主义的公共财产神圣不可侵犯。国家保护社会主义的公共财产。禁止任何组织或者个人用任何手段侵占或者破坏国家的和集体的财产。"

第二节 国有资产管理法的基本制度

一、国有资产的清产核资

(一) 清产核资的概念

清产核资,是指根据法定的条件和程序,对国有资产进行清查、界定、估价、核实、核销的活动。清产核资工作是国有资产管理的一项基础工作,由国家有关主管部门对国有资产进行清查,产权界定,对国有资产和国有资源的价值进行重估,核实国有资产的价值总额,确定企业所占有的国有资本金,并进行登记。通过清产核资活动可以进一步了解国情,摸清国力,为国家进行宏观决策,制定国民经济和社会发展计划提供依据。通过清产核资,做到企业的产权明晰,为实行现代企业制度打下基础。

为了做好清产核资工作,国家先后制定了一系列清产核资方面的规范性文件。这主要有:《关于清产核资中全民所有制企业资产清查登记工作方案》《清产核资总体方案(试行)》《关于清产核资中全民所有制企业、单位对外投资的清理和界定的暂行规定》《清产核资中土地估价实施细则》以及《关于深化清产核资工作的意见》等。

(二) 清产核资的范围

清产核资的范围,是指清产核资的对象,包括占有国有资产的一切单位,其重点和主要对象是国有企业,其具体范围包括:一是各地区、各部门所属的国有企业和实行企业化管理的事业单位,以及国有企业、单位以国有资产为主体投资举办并掌握实际控制权的各类国有控股企业。二是各类国有金融企业,包括银行机构和各级政府、各业务部门及国有企业所属的信托投资公司、投资担保公司、财务公司、融资性租赁公司和证券公司等。三是各地区、各部门和各国有企业、单位投资举办的境外企业和开设的各类境外机构。四是各地区、各部门的各类行政、事业单位投资举办的具有企业法人资格的各种经济实体。

(三) 清产核资的内容

清产核资的内容包括资产清查、资产价值重估、土地清查估价以及资金核实等工作。

1. 资产清查

资产清查,是指对被清查企业和单位的各项资产、负债和所有者权益所进行的全面清理、核对和查实。这里的各类资产包括固定资产、流动资产、专项资产、无形资产、企业留成外汇额度、长期投资、在建工程以及各类债权。清产核资工作要对上述资产进行全面清查、登记、核对、查实,并将清查结果按照国家统一规定的清产核资统计报表格式及资产目录填报报表,按规定时间上报有关主管部门。

2. 资产价值重估

资产价值重估,是指对被清产核资单位资产的账面价值与实际价值背离较大的主要固定资产进行重新估价。这是清产核资工作的一项重要内容。资产价值重估就是依据物价变动幅度,对原购建的固定资产进行重新估价,以确定该固定资产在特定时点上的实际价值,并依此为根据调整该固定资产的账面价值。通过资产价值重估工作来解决国有固定资产因物价变动而造成的固定资产账面价值与实际价值的背离,以准确真实地反映国有资产的实际价值,并以此来促进国有资产的优化配置和合理流动,客观准确地考核经营者业绩,处理好国家和企业的利益关系,保障国有资产的保值增值。

3. 土地清查估价

为了贯彻实行国有土地有偿使用制度和国有土地使用权有偿转让制度,需要对国有企业占有、使用的国有土地所进行的清查、估价和登记工作。这项工作的主要内容是全面清查单位使用土地的权属,划定土地界线,确定使用面积,同时要逐步开展对土地分等定级的估价工作。在此基础上,实行国有土地的有偿使用制度和国有土地使用权的有偿出让制度,贯彻实施土地管理法,把国有企业占用国有土地纳入价值化的管理轨道。

4. 资金核实

通过上述各项工作,清产核资工作还要对企业的固定资产、流动资产、无形资产、长期投资等资产财物的货币表现和价值反映进行核实和处理,并重新确定企业的实收资本、资本公积金等所有者权益,确定企业占用的国有资本金数额。

二、国有资产的产权界定

(一) 国有资产产权界定的概念

国有资产产权界定,是指国家依法对应属于国家的财产确认其所有权归属的法律行为。这是国有资产管理的一项基础性工作。界定产权的归属包括财产所有权的界定和与财产所有权相关的其他产权的界定。前者是指特定的财产是否属于国家所有；后者是指在国家所有权基础上派生出来的经营权的界定，即各类主体行使对国有资产占有、使用以及依法处分的各项权利的界限和范围。为了规范这项工作，国家先后制定了《国有资产产权界定和产权纠纷处理暂行办法》《集体企业国有资产产权界定暂行办法》《集体科技企业产权界若干问题的暂行规定》等规范性文件。

（二）国有资产产权界定的原则

国有资产产权界定主要遵循两项原则：一是"谁投资，谁拥有产权"的原则。对国有资产来讲，除了国家没收，征收和依法认定属于国家的财产之外，国家投资是国有资产形成的基本方式。国有资产产权不仅包括原始投资，还包括由于投资而形成的投资受益，即所有者权益。在有其他所有权投资情况下，在界定各自产权时，应按照原始投资的份额来确定它们各自拥有的产权比例。通过产权界定，既要维护国有资产不受侵犯和经营使用者的合法权益，又不得侵犯其他财产所有者的合法权益。第二项原则是国有资产依法划转的原则。所谓依法划转，就是改变原来计划经济体制下行政划拨的做法，而是经由授权的投资机构或者授权投资部门，通过授权经营方式将一部分国有资产的经营权、管理权、持股权和使用权转移到有关单位，并依照划转的情况来确定产权归属。

（三）国有资产产权界定的范围

1. 国有企业中的国有资产

根据有关法律规定，国有企业中的国有资产主要包括：(1) 国家授权投资机构和部门以货币、实物和国有土地使用权、知识产权等向企业投资形成的国家资本金；(2) 国有企业运用国家资本金及在经营中借入的资金等所形成的税后利润，经国家批准后留给企业作为增加投资的部分，以及从税后利润中所提的盈余公积金、公益金和未分配利润等；(3) 以国有单位名义担保，完全用国内外借入资金投资创办的，或完全由其他单位借款创办的国有企业，其受益积累的净资产；(4) 国有企业接受馈赠而增加的国家资本金及其收益；(5) 国有企业从留利中提取的福利基金、职工奖励基金以及用公益金购建的集体福利设施而相应增加的所有者权益；(6) 国有企业中党、政、工会组织等占用企业的财产。

2. 集体所有制企业中的国有资产

这包括：(1) 国有单位以货币、实物和国有土地使用权、知识产权所创办的以集体所有制名义注册登记的企业单位，其资产所有权应界定为国家所有，但法律、法规和协议规定属于集体企业，并经国有资产管理部门认定属于无偿资助的除外；(2) 国有单位用国有资产在集体企业中投资以及按照投资份额应取得的资产收益留给集体企业发展生产的资本金及其权益，应界定为国有资产；(3) 对供销合作社、信用合资社等单位中由国家拨入的资本金,界定为国有资产;(4)集体企业和合作社改组为股份制企业时,有土地折价部分形成的国家股份和其他所有者权益,界定为国有资产;(5)其他按法律、法规规定应属于国有的资产。根据有关规定,对集体企业中界定为国有资产的财产,企业可继续使用,国家不抽回。但应按一定方式,如交付占用费、交付受益、收取租金、作价入股等形式进行处理。

3. 中外合资经营企业和中外合作经营企业中的国有资产

这包括:(1)中方以国有资产出资投入的资本总额,包括现金、实物、场地使用权和无形财产,应界定为国有资产;(2)中方以分得利润向企业再投资或者优先购买另一方股份的投资活动中所形成的资产;(3)可分配利润以及从税后留利中提取的各项资金,按中方投资比例所占的相应份额,但不包括已提取用于职工福利、奖励等分配给个人的消费基金;(4)中方职工的工资差额和企业中依法按中方工资总额提取的中方职工住房补贴等,界定为国有资产。

4. 股份制企业和联营企业中的国有资产

这包括:(1)国有单位或者授权投资部门向企业投资形成的国有股份,界定为国有资产;(2)国有企业向企业投资形成的国有企业法人股份;(3)股份制企业公基金、公益金中,国有单位按投资应占有的份额,也应界定为国有资产。

三、国有资产的产权登记

(一)国有资产产权登记的概念

国有资产登记,是指国有资产管理部门代表国家对占有、使用国有资产单位的国有资产状况进行调查,确认其产权归属关系并进行登记的法律行为。国有资产登记制度是国有资产管理的一项重要内容,它是产权界定工作的延伸和发展。产权界定是产权登记的前提,产权登记则是对产权界定工作在法律上的确认。经过产权登记的国有资产的占有、使用权益受到法律保护。通过产权登记明确了出资者、经营者对国有资产所享有的权利和应承担的义务,以此来考核评估国有资产占有和使用的经营效益,有利于维护国家和占有单位的合法权益,使国有资产保值增值,防止国有资产流失。

(二)国有资产产权登记的范围和种类

根据《企业国有资产产权登记办法》的规定,凡国有企业、国有独资公司、持有国家股权的单位以及以其他形式占有国有资产的企业,应向国有资产管理部门申报,办理产权登记。产权登记可分为如下几类:

(1)设立产权登记。占有和使用国有资产新设的企业以及新设立的行政事业单位,均应在批准成立后的30日内,向国有资产管理部门办理单位开办产权登记,并提交批准设立文件,国有资产总额及其来源证明,已办妥的土地、房产证明复印件及其他应提交的文件资料。

（2）占有权登记。占有、使用国有资产的企业均应办理占有权登记。这是针对已经设立的占有、使用国有资产的企业而言的。登记的内容包括：出资单位名称、住所、出资金额及法定代表人，企业名称、住所及法定代表人，企业的资产状况、负债及所有者权益，企业的实收资本等。

（3）变动产权登记。国有资产产权变动登记适用于单位名称、住所、法定代表人、经济性质、主管单位等项事宜发生变化，以及国有资产总额增减超过20%的单位。只有办理了产权变更登记后才能去工商行政管理部门办理有关变更登记。

（4）注销产权登记。适用于撤销、被合并、被兼并以及破产等情况需要终止的企业单位。申办时应填报注销产权登记表，并提交相关的证明和文件。

（5）产权登记的年度检查制度。为了更好地加强对国有资产的清理，严格企业产权登记制度，有关法规还规定产权登记年度检查制度。国有资产管理部门要按年度对办理了产权登记的企业，进行产权登记检查。检查的主要内容有：国有资产产权占有、使用的情况；国有资产的增减变动手续是否完备；国有资产保值增值情况以及国有资产产权是否受到侵害等情况。企业应在工商年检前办产权登记年度检查。

（三）产权登记的程序

（1）申请受理。需要申办产权登记的企业单位，向国有资产管理部门申报。经确认后，填写《国有资产产权登记表》。

（2）主管单位审查。申报企业将所填产权登记表报主管部门请求审查，主管部门经核实后签署意见。

（3）审核认定。国有资产管理部门对申请登记企业提交的各种文件、资料、证件及主管单位审查后的产权登记表进行审核，经审查合格后，在产权登记表上签署意见并加盖产权登记专用章，确认产权归属。

（4）核发证书。国有资产管理部门对审查合格的企业单位核发《国有资产授权占用证书》，并根据产权登记的不同类型，核发产权登记表，对审定的变动登记表的予以换发，对注销登记的予以收回，对年底产权检查的签署年度检查意见。

四、国有资产评估制度

（一）资产评估的概念

资产评估，是指经过资产评估行业管理机构授予资产评估资格的社会公证性机构，接受财产所有人的授权，依照法定的标准、程序和方法对资产的价值量进行评定和估算的法律行为。资产评估是市场经济活动中的一项重要活动，也是为市场经济服务的,对特定资产某一时点的价值进行评定和估算。因此,它必须坚持客观、独立、公正和科学的原则。为此,国家制定了一系列关于资产评估的法规来规范资产评估工作,如1991年国务院制定的《国有资产评估管理办法》及其《实施细则》,1993年制定的《资产评估机构管理暂行办法》等。

(二) 国有资产评估的范围

1. 法定评估

法定评估,是指国有财产的占有单位发生了法律规定的情况必须进行的资产评定和估算。根据有关规定,国有资产占有单位出现了以下情况,必须进行的资产评估:(1) 资产拍卖、转让;(2) 企业兼并、出售、联营、股份经营;(3) 与外国企业和其他经济组织或者个人举办中外合资经营或者中外合作经营企业;(4) 企业清算;(5) 企业整体资产的租赁或者国有资产租赁给外商或非国有单位;(6) 国家行政事业单位占有的非经营性资产转为经营性资产;(7) 依照国家规定需要进行资产评估的其他情况。

2. 任意评估

任意评估,是指国有资产占有单位发生了法定评估以外的情况,而当事人认为需要进行资产评估时,也可以进行评估。该类评估是根据当事人的愿望来进行的,所以又称为自愿评估。

(三) 国有资产评估的机构和管理

1. 国有资产评估机构

国有资产评估机构是从事资产评估的中介组织。从事资产评估的机构,除了要在人员、人员素质、相应资金和住所外,它的成立和业务的开展,必须经中央或省、自治区、直辖市人民政府的国有资产管理部门的批准,并由国有资产管理部门向从事资产评估业务的资产评估公司、会计事务所、审计事务所、财物咨询公司等颁发国有资产评估资格证书。这些机构可以接受国有资产占有单位的委托,从事国有资产评估业务,并进行有偿服务。开展评估业务活动时,不受地区和行业的限制,但必须严格遵守评估业务的工作纪律和工作规则。

2. 对国有资产评估业务的管理

国有资产评估工作,应按照国有资产管理权限,由国有资产管理的行政主管部门负责监督管理。国有资产评估的组织工作,按照占有单位的隶属关系,由行业主管部门负责,但两者均不直接从事国有资产评估业务。各级国有资产管理部门有权对资产评估机构的工作进行检查、监督和指导,对其工作中存在的问题,一经发现应及时予以纠正。对评估机构的违法行为,国有资产管理部门有权或者提请有关部门给予处罚,情节严重者可吊销其资产评估资格证书,直至提请司法部门追究其法律责任。

(四) 国有资产评估的程序

1. 申请立项

申请立项是指依法需要进行国有资产评估的占有单位,向国有资产管理部门提出进行国有资产评估的申请,提交资产评估申请书。国有资产管理部门接到评估申请书后,应及时通报申请单位,并填报《资产评估立项表》。申报单位在接到立项通知后,可自行委托资产评估机构,对立项通知书规定的范围进行评估。

2. 资产清查

受委托的资产评估机构,应对委托单位的资产、债权、债务进行全面清查,在此基础上要核实资产账面与资产实际是否相符,考核其经营成果,盈亏状况是否真实,并作出鉴定。

3. 评定估算

评定估算,是指受托的资产评估机构根据评估的具体项目和相关资料,依照法定的资产评估标准和方法,对被评估的资产价值进行评定和估算。在此基础上资产评估机构要提出资产评估报告书,并由具备资产评估并直接参加该项工作的专业人员签字,资产评估机构的负责人要审核并签名,加盖公章。

4. 验证确认

验证确认,是指国有资产管理部门接到请求确认的资产评估报告书后,首先,应对资产评估报告书以及相关资料进行全面审核,对评估所依据的资料、数据、计算公式、计算步骤等进行验证,必要时,还可实地抽样验证。其次,要与被评估单位的主管部门、财政部门进行协商,力争做到评估结果真实可靠,计算准确,客观公正。最后,国有资产管理部门对资产评估结果作出是否确认的决定。资产评估一经确认,正式下达资产评估确认通知书,经国有资产管理部门确认的评估结果,自批准日起一年内有效。

五、国有资产流失查处制度

(一) 国有资产流失的概念

国有资产流失,是指国有资产的投资者、经营者和管理者由于过错,违反有关国有资产管理法,造成国有资产损失或者致使国有资产处于流失状态的行为。首先要明确,造成国有资产流失的违法行为的主体必须是国有资产的投资者、经营者或管理者。其次,这些当事人造成国有资产流失的违法行为具有主观故意或者过失。再次,造成国有资产流失必须是直接违反了有关国有资产管理的法律规定,并产生了结果或不加以制止必然会发生国有资产流失的不良后果。

(二) 应予查处的造成国有资产流失的各类违法行为

根据有关法律、法规和有关国有资产管理的规定,下列造成国有资产流失的违法行为应追究当事人的法律责任,这些行为主要有:一是在进行国有资产评估时,不按有关规定进行评估,或者故意压低评估值,造成国有资产流失的行为;二是在进行国有资产转让,处置国有的有形财产或无形财产时违反规定,无偿地或者以低于市场的价格转让给非国有单位或者个人,造成国有资产流失的行为;三是在实行国有企业承包、租赁经营时,违反规定,低价发包和出租,或者在承包、租赁过程中弄虚作假,以各种名目侵占企业财产,造成国有资产的流失,对其中的发包方、出租方、经营者、管理者应追究其法律责任;四是在国有企业进行改制时,违反规定,将国有资产低价折股,低价出售或者私分企业财产,造成国有资产流失的行为;五是在财务管理中,违反财务制度,如不提或者少提折旧、大修理费,少摊成本或者不摊成本,私设小金库,公款私存,隐瞒收益,资产不入账等非法侵占国有资产造成国有资产的流失行为;六是国有企业在行使经营权时滥用权力,侵占国家所有者权益,或者在股份制企业和中外合资、合作经营企业中对损害国有股权益和中方权益不反对、不制止造成国有资产流失的行为;七是有关主管部门行使出资权、管理权和监督权时的失职、渎职行为,如对审批权、决定权的行使不当或超越权限过度行使,或向企业下达不当指令,强令企业执行,造成国有资产流失的行为。在查处国有资产流失的违法行为时,应坚持重在制止和挽回流失的原则,应坚持依靠各级政府,注意与有关部门相互配合的原则,办案人员要廉洁自律,依法办事。

(三) 对国有资产流失的查处

制止国有资产的流失,对国有资产的违法行为进行查处是一个复杂的系统工程,需要用行政的、经济的、主要是法律的手段,逐步建立健全国有资产运营的法律保护体系,以法治产,有效地防止国有资产流失。具体来讲,应做好以下几方面工作:

(1) 依法加强国有资产管理的基础性工作。国有资产管理的基础性工作主要包括国有资产的清产核资工作、产权登记工作、资产评估工作和产权界定等工作。依法做好这几项基础性工作,对防止国有资产流失具有重要意义。通过这些基础性工作以贯彻重在制止的原则,防患于未然。同时,通过基础性工作便于发现各类造成国有资产流失的违法行为,为挽回流失,查处违法行为创造条件。

(2) 健全和完善国有资产的法律监督机制。国家必须健全和完善财政监督、审计监督、会计监督和银行监督,并加强中介组织和社会舆论的监督。要强化各类监督主体功能,并明确其职责范围,要坚持实行稽查特派员制度。通过这些监督的加强,把国家对国有资产的直接管理向间接管理过渡,从实物管理向价值管理转变。同时,要完善司法机关的监督功能,检察机关和审判机关通过检察权和审判权的行使,查处各类造成国有资产流失的行为,挽回损失。

(3) 运用司法手段,惩办侵犯国有资产的犯罪行为。我国宪法明确规定,社会主义公有财产神圣不可侵犯,国家保护社会主义公有财产,禁止任何组织或个人用任何手段侵占或破坏国家和集体财产。在我国《刑法》"第五章侵犯财产罪"中,包括了对侵犯国有资产的犯罪依法追究刑事责任的内容,这就为我们制止国有资产流失、惩罚犯罪提供了明确的法律依据。我们要充分发挥刑法惩办犯罪的威力,保护国有资产。

此外,根据《企业国有资产法》的有关规定,履行出资人职责的机构直接负责的主管人员和其他的直接责任人员,违反该法规定造成国有资产损失的,依法给予处分。履行出资人职责的机构委派的股东代表,以及国家出资企业的董事、监事、高级管理人员,违反该法规定造成国有资产损失的,依法承担赔偿责任;属于国家工作人员的,并依法给予处分。

第三节 国有资产分类管理的法律制度

一、企业的国有资产管理

企业国有资产所称的企业,是指国家出资的企业,包括国家出资的国有独资企业、国有独资公司,以及国有资本控股公司、国有资本参股公司。为叙述方便,仍按国有企业财产管理、规范化公司的国有股权管理、涉外企业中的国有产权管理等三种类型分别阐述:

(一) 国有企业财产管理

1. 国有企业财产的概念

根据《企业国有资产法》和《国有企业财产监督管理条例》的有关规定,国有企业的财产,是指国家以各种形式对企业投资和投资受益形成的财产。这些财产,具体包括国家资本金以及资本公积金,盈余公积金和未分配利润中国家拥有的所有者权益。

2. 国有企业财产的监管机构

国务院和地方人民政府依照法律和行政法规的规定,分别代表国家对国有企业履行出资人职责,享有出资人权益。国务院国有资产监督管理机构和地方人民政府按照国务院的规定设立的国有资产监督管理机构,根据本级人民政府的授权,代表本级人民政府对国有企业履行出资人职责。它们代表本级人民政府对企业享有资产收益、参与重大决策和选择管理者等出资人权利,还有制定或者参与制定企业章程的权利。我国国有企业监管根据统一所有、分级管理的原则,对国务院确定的关系国民经济命脉和国家安全的大型国有企业,重要基础设施和重要自然资源等领域的国有企业,由国务院代表国家履行出资人职责。其他的国家出资企业,由地方人民政府代表国家履行出资人职责。与此同时,为了加强对国有企业国有资产的管理,依据有关行政法规的规定,还设立国有企业监事会,它不同于有限责任公司和股份有限公司的监事会,它是作为国家监督机构派出的,接受其领导的企业的外设监督机构。其组成人员,由监督机构委派代表,财政部门、金融机构和国有资产管理部门派出代表,监督机构还聘请有关方面的专家以及被监督企业的领导人员和职工代表参加。

3. 国有企业财产监督机构的职责

该机构的工作任务主要是,监督企业国有资产的经营状况和保值增值的状况,同时要监督企业的经营者,并向企业委派监事会成员。其具体职责是:首先,对企业财务会计报表的真实性、可靠性进行监督,制定对企业国有资产保值增值的考核指标体系,从而对该项状况进行具体监督。其次,监督机构依据法定的权限和程序决定或批准企业的高级管理人员的任免和奖惩;同时,根据需要向企业派出监事会。

监事会作为对企业国有资产保值增值实施监督的组织,其职责主要是:审查企业的财务报告,监督、评价企业的经营效益和企业财产保值增值的情况;根据监督工作的需要,查阅企业的财务账目和有关资料,并有权对其高级管理人员及有关人员提出质询,对其经营业绩进行考评。

(二) 规范化公司的国有股权管理

1. 公司国有股权的概念

规范化公司是依据我国《公司法》的规定而设立的公司。所以冠以"规范化公司"的字样,以区别于虽冠以"公司"字样,但不是依据《公司法》而设立的其他企业。公司的国有股权是企业国有资产管理的重要内容。公司的国有股权,是指国家或者国有企业、事业单位和社会团体法人以国家资产或者依法可支配的国有财产投资于公司而形成的股权。由于出资人的不同,公司国有股又分为国家股和国有法人股。

国家股,是指国家授权投资的机构或者国家授权投资的部门以国有财产向公司投资而形成的股份。国有法人股,是指国有企业、事业单位和社会团体法人以其依法可支配的财产向独立于自己的公司投资而形成的股份。两者的股份均为国有,均需接受国有资产管理部门监管。但由于具体的投资主体不同,在股权管理上也有所区别。国家为了加强对公司国有股股权的监管,先后制定了《股份制试点企业国有股权管理实施意见》(1994年3月)、《股份有限公司国有股权管理暂行 办法》(1994年11月)等规范性文件。

2. 公司国有股权管理的内容

(1) 公司国有股权管理的原则。为了保证现代企业制度的依法建立和健康发展,切实保障国家利益,防止企业在实行公司化改制过程中国有资产的流失,必须坚持以下原则加强国有股权的管理。首先,应坚持国有资本的增值和高额回报的原则;同时,要坚持与其他种类的股份同股同权,同股同利的原则,既要维护公司和其他股东的合法权益,也要防止各种损害国有股权的行为发生;此外,还要贯彻国家的产业政策,在国民经济的重要领域和关系国计民生的重要部门要保证国有股股权的控股地位。

(2)公司国有股权管理的内容。首先,要做好公司设立过程中的管理工作。这些工作包括:协助公司创建人(发起人)制定好公司设立的总体方案,审定进入股份制改造的国有资产范围,做好产权界定、资产评估工作,明确国有股的持股单位,审定净资产折股方案,或者溢价发行方案,等等。同时,要做好公司设立后的国有股的管理工作。这主要是:建立公司国家股的档案,监督国有股的持股单位和公司的股权管理工作,要保证国有股收益能及时足额收取、上缴,合理支配使用。

(三)涉外企业中的国有产权管理

1. 涉外企业国有产权的概念

中外合资经营企业和中外合作经营企业的中国投资者的投资来源,有相当数量是用投资者可支配的国有资产进行投资的,从而形成了这两类企业中的国有产权。中外合资经营企业的国有产权,是指该企业中中方的国有合营者的投资以及因投资而形成的财产权益;中外合作经营企业的国有产权,是指该企业中中方的国有合作者的出资或者提供的合作条件及其所形成的财产效益。加强这两类企业中国有资产的保护也是国有资产管理法律制度应予规范的重要内容。

2. 涉外企业国有产权管理的内容

(1)涉外企业国有资产的评估和登记。中国投资者以国有资产投资设立中外合资企业或者中外合作企业,凡以固定资产、无形资产等作价出资的,在向外经贸部门申请立项前,必须对其投入的国有资产进行评估,并经国有资产管理部门对评估结果进行确认。对已开办的涉外企业漏评、低评的国有资产,要进行补评和重新评定。在此基础上,所有占用、使用国有资产的企事业单位,以国有资产出资设立的涉外企业,必须办理国有资产产权登记;然后,到国有资产管理部门办理开办登记,经国有资产管理部门审核同意后,向企业颁发《产权登记证》,并以此作为企业的资信证明。

(2)关于出资比例的确定与收益分配的管理。涉外企业各方出资比例应依据投资各方实际认缴的出资额来确定。中国投资者在与外商签约后,在外经贸主管部门批准立项前,要求各级国有资产管理机构或者企业主管部门对合资企业的协议或合同中关于产权设置的条款进行审查,并依据国有资产评估确认结果来核定合资企业中方投资比例,以避免国有资产被合资企业不合理占用,而导致国有资产流失。关于收益分配,法律则要求中方合营者要严格按各方出资比例确定收益分配比例,同时要求有关主管部门对中方上报的合同进行检查,发现有中方收益分配比例偏低的,要采取措施,及时纠正。

此外,涉外企业设立后,发生股权变动,如增资扩股以及国有资产增值保值等情况,要进行监督和管理,以维护中方国有资产所有者的利益。

二、行政事业单位中的国有资产管理

(一) 行政事业单位的范围及其国有资产的构成

1. 行政事业单位范围

行政事业单位包括行政单位和事业单位。行政单位包括国家权力机关、国家行政机关、检察机关、审判机关、中央和地方政治协商会议机关,以及各党派组织的机构和纳入国家行政编制的社会团体。事业单位包括各行业的事业单位,如文教卫生事业单位、科学事业单位、抚恤和福利事业单位等,以及纳入事业单位编制的社会团体。

2. 行政事业单位国有资产的构成

它主要是指上述单位的固定资产,包括资产价值在限额以上的房屋、建筑物、专用和一般设备、文物、陈列品、图书等;流动资产,包括现金、各类存款、有价证券、应收和预付款等。此外,还包括属于各单位支配的无形财产、对外投资等。

(二) 行政事业单位国有资产管理的内容

1. 建立健全规章制度,强化产权管理

对行政事业单位的国有资产,国家通过国有资产管理机构行使所有制管理职能,行政事业单位行使占有、使用者的职能。为此,在界定产权、进行登记的同时,要建立健全各项规章制度,如产权界定制度、产权登记制度、产权使用和处置制度、损失赔偿制度、资产报告和监督考核制度等,使行政事业单位的国有资产管理有章可循,有法可依。

2. 对行政事业单位处置国有资产的管理

行政事业单位的国有资产处置,是指其对自己占有、使用的国有资产实行产权转让或核销的一种行为。这包括出售、无偿调拨、报损、报废等形式。它们处置国有资产时,必须按照管理权限严格履行报批手续,获得有关主管部门批准才能处置。同时,要通过有资格的评估作价机构评估作价后才能处置,以避免国有资产流失。对报损报废的资产要经过技术鉴定机构的确认,强制报废的资产处置要有证明文件。对出售的收入、报损报废资产残值变价收入,均为国家所有,并按照有关财务制度进行处理。同时,要严格按照资产处置的程序办理,由处置单位提出申请,主管部门审核,国有资产管理部门审批,行政事业单位进行财务处理。

三、资源性国有资产管理

关于资源性国有资产的范围以及对资源性国有资产的保护和管理,我国《宪法》作出了原则性规定。根据《宪法》规定的精神,我国《土地管理法》《森林法》《草原法》《矿产资源法》和《水法》等法律,对资源性国有资产的保护和管理等作出了进一步规定。对此,本书在"自然资源法律制度"这一章中进行了论述,详见该章相关内容。

四、境外国有资产管理

(一)境外国有资产的概念和构成

1. 境外国有资产的概念

境外国有资产,是指我国一些有条件的单位以国有资产向境外投资及其投资受益所形成的资产或者是依法认定取得的国家所有者权益和其他财产。新中国成立以来,主要是改革开放以来,我国一些具备条件的企业、事业单位和政府部门,经国家有关部门批准在境外进行了广泛的投资活动,其地区分布涉及世界一百几十个国家和地区,所涉及的行业也较为广泛。这些投资单位包括:各类外贸企业和工贸企业、大中型企业集团、工程建设和技术开发企业、大型金融性公司以及地方各级人民政府。它们的境外投资活动形成了我国境外的国有资产。

2. 境外国有资产的构成

我国境外国有资产构成基本有两种类型:一是经营性境外国有资产,主要是指投资于企业、证券业等从事经营性活动所形成的境外国有资产;另一类是非经营性境外国有资产,主要是投资于使领馆及其他驻外代表机构,不从事经营活动所形成的国有资产。具体来讲,境外国有资产主要包括:境内向境外企业投资所形成的财产;境外企业在境外再投入国有资本金及其权益所形成的资产;境内出资者或是派出单位使用国有资产在境外设立的非经营性机构所形成的国有资产;境内投资者存放于境外属于国家所有的资产;在境外用国有资产以个人名义持有的股权及以个人名义拥有的物业产权;境外机构依法接受赠予、赞助和依法判决、裁决而取得属于国家所有的财产;其他应属于国家所有的财产。

(二)境外国有资产管理的内容

1. 对境外国有资产投资行为的管理

这项工作是境外投资管理工作的基础。依照有关法律规定,要对投资项目,包括投资的规模、投资的行业及投资区域由投资单位进行申请,报有关主管部门审批,经批准领取批准证书。如果用实物进行投资,还必须将实物评估作价后,到国有资产管理部门办理立案登记手续,并填报《国有资产实物境外投资出口核验表》经海关核准方能办理出关手续。凡是用国有资产向境外投资的单位,均要经过有关部门批准,方可进行该项活动。

2. 对境外国有资产投资资金的管理

这项管理工作主要有两方面:一是境外国有资产投资资金的筹措;二是资金的汇出。在资金的筹措上,作为向境外投资的单位,应实事求是,从自身的经济状况出发,量力而行。其资金来源大体有国家机构给予财政支持,适当拨款;向境外的金融机构贷款;在境外金融市场上融资;利用经营国有资产过程中的多余利润等。在资金汇出时,应严格按照我国外汇管理的规定接受有关主管机关对外汇资金来源的风险审查,并到国有资产管理部门办理境外国有资产产权登记手续。外汇管理部门根据《投资项目批准书》和产权登记表,经审查合格办理国有资金汇出。

第二十四章 自然资源法律制度

第一节 自然资源法概述

一、自然资源与自然资源法的概念

(一) 自然资源

1. 自然资源的概念

自然资源是指在一定的技术经济条件下,自然界中对人类有用的一切自然要素。它包括土地、水、矿物、森林、海洋、阳光、空气等。把这些对人类有用的自然要素称为"资源",主要是从经济社会发展的角度出发的。任何一个社会,生产和生活的发展都离不开自然资源这个基本的物质条件。自然资源是人类社会生存发展的自然基础,并伴随人类社会的始终。自然资源的概念具有动态性,随着获取和利用资源的技术进步和经济的发展,资源的概念范围会不断扩大,原先无用的物质可以变为有用的资源。

2. 自然资源的种类

自然资源的范畴十分广泛,为了有效地保护和合理开发利用,按照不同的目的和要求,可以将自然资源进行多种科学分类。按自然资源客观赋存条件与特征为标准,可分为地下资源(地壳资源)和地表资源(生物圈资源)两大类:前者,包括铝、铁、锡、镁等金属原料资源和煤、石油、天然气等矿物燃料资源;后者,则由土地、水、气候、生物等资源构成。按资源是否具有可再生性质为标准,可将自然资源分为可再生资源、不可再生资源及恒定性(取之不尽)资源三大类:第一类,可再生资源,有两种:一种是生物资源,包括各种动物、植物、微生物及其周围环境组成的各种生态系统,如农田、森林、草原等。它们有生命,有自然更新能力,只要在适宜的自然环境中与合理的经营管理条件下,便可以保持生物资源的生态平衡,使之不断更新繁衍,并被人类永续利用。反之,则可能日趋退化,崩溃解体,甚至消失和灭绝。因此,对生物资源的开发利用必须强调合理性,利用量不能超过再生量,才能保证生态系统和生物物种的持续利用。另一种是非生物资源,如土地、水等,它们虽然没有生命,但各有其恢复和循环使用的规律,只要人类活动遵循这些规律的要求,就能使它们成为人类永续利用的自然财富。第二类,不可再生资源,如铁、煤、石油等各种金属和非金属矿物。它们没有生命,没有再生能力,它们的形成经历了漫长的地质年代,其总储量将随着开发利用而逐渐耗竭,人类应尽量减少其消耗并完善回收技术,以延长其使用的期限。第三类,恒定性(取之不尽)的资源,如太阳能、风力等。它们在自然界大量存在着,无论人类怎样利用,都不会引起资源数量的减少,对于它们应采取先进技术和鼓励措施,尽量加以开发利用。

应该指出,对于上述三种自然资源,在法律价值观上是有区别的,法律规定也不同。依照科学发展观的要求,必须树立资源节约观和生态文明观,应把法律规定的出发点定位在全面、协调和可持续发展上,对前两种资源是解决合理开发利用和限制开发利用的问题,而对恒定资源则是鼓励科学开发利用的问题。

(二) 自然资源法

1. 自然资源法的概念

自然资源法是调整人们在自然资源的开发、利用、保护、节约和管理中所形成的各种经济关系的法律规范的总称。自然资源法由各种资源的法律规范所构成,主要包括土地资源、水资源、矿产资源、森林资源、草原资源、野生动植物资源等方面的法律规范。自然资源法规范人们保护和合理利用自然资源的行为的目的,是为了实施可持续发展战略,保障人们作用于自然资源有利于人类社会,阻止人类社会与自然资源的相互关系继续恶化,改善和增强人类社会赖以生存发展的自然基础,寻求人与自然的和谐发展及其关系的合理性存在。因此,自然资源法不仅调整在自然资源开发利用活动中人与人的关系,而且还通过对人与人关系的调整有效协调"人与自然"的关系,保障人类社会可持续发展的基础。

2. 自然资源法的调整对象

自然资源是人类社会生产和生活的最基本的物质基础,人们为生存和发展在开发利用自然资源的活动中,涉及社会生产和生活的各个方面。因而自然资源法所调整的社会关系十分广泛和复杂,概括起来,主要有以下几个方面:第一,资源权益关系。人们在开发、利用和保护各种自然资源的活动中所形成的财产权益关系的调整,是由宪法、物权法和自然资源法特别规定的。第二,资源宏观调控关系。为保障社会的可持续发展,依照科学发展观的要求,国家对开发利用自然资源的战略、规划和总体政策导向必须具有法律效力,经济运行中的产业结构和经济发展方式的确定和调整要按法定程序进行。这些对自然资源的宏观管理是坚持走中国特色新兴工业化道路的基本要求。第三,资源市场规制关系。资源配置必须以市场为基础,在承认各种自然资源价值的基础上,在市场交易中既要遵守市场规则,更要接受社会和政府的管理和监督,特别是对自然资源开发利用权的取得要经过政府的行政许可,并按照许可证的要求进行活动。资源品种繁多,差异很大,科学规制各种自然资源的交易活动,维护各方合法权益,是保护生态环境,稳定资源市场秩序,保障自然资源的可持续供给的必要条件。第四,其他经济关系。为引导人们科学合理的利用和保护自然资源,还需要政府采取激励政策加以推动。国家通过财政补贴、税收优惠、信贷支持、设立专项资金等经济手段进行调整,维护整体的生态环境。这就涉及财政、税收、金融、投资、储备、涉外等经济关系,这些关系既是资源调控关系的组成部分,也是相关法律的重要内容,是自然资源法中不可缺少的。

二、自然资源法与可持续发展

当前,全球都面临着"可持续发展"这个宏大的命题。从《21世纪议程》[①]和各国政府作出的承诺看,所谓"可持续发展是既满足当代人的需要,又不对后代人满足其需要的能力构成危害的发展"[②],是"在不超出地球生态系统承载能力的情况下,改善人类生活质量"的发展[③]。可持续发展要求:保护地球的生命力及多样性,对自然资源特别是非可再生资源的消耗降到最低程度,保持在地球的承载力之内,改善人类生活质量,改变个人的态度和行为。可持续发展的实质是处理好人与自然的关系,做到自然资源分配的代内公平和代际公平,首先要在不损害后代人的前提下,满足当代人的需要;同时要在当代人中有效率利用资源和改变生活方式,实现人与自然的和谐发展。保证"经济的可持续发展既不能忽视环境的制约因素,更不能建立在破坏自然资源的基础上"[④]。

"可持续发展"的理论和《21世纪议程》中,包含了多方面的内容,除了国家主权、国际合作、贫困与人口的发展、科技发展和各项发展指标等内容外,涉及资源环境关系的,主要有三个方面:社会发展中今天和明天、当代和后代的关系;社会经济体制中市场、政府及其社会参与的作用;资源环境与社会发展、经济增长的协调等,坚持科学发展观是实施可持续发展战略的核心。科学发展观强调"自然、经济、社会"复杂关系的整体协调,是一条人类社会新的发展思路,科学发展观的理念对保障社会新的发展而进行的资源法制建设的影响也是全新的、巨大的、深远的。这些影响主要是:

第一,要处理好社会发展中今天和明天、当代和后代的关系。既要在资源法律中构建促进资源开发利用的资源权益,还要创设资源保护治理的资源义务,以资源义务的原理体现后代人的权益和实现人与自然的和谐相处。以前的资源法律,基于促进资源开发利用的目的,重点是立足于资源权益原理,正是由于强调

---

① 联合国环境规划署:《21世纪议程》(中译本),国家环境保护局译,中国环境科学出版社1993年版。
② 世界环境与发展委员会(WCED):《我们共同的未来》,王之佳、柯金良等译,吉林人民出版社1997年出版,第52页。
③ 世界自然保护同盟、联合国环境规划署、世界野生生物基金会(IWCU、UNEP、WWF):《保护地球》,中国环境科学出版社1992年版,第2页。
④ 世界资源研究所:《世界资源报告》1992—1993年中译本,中国环境科学出版社1993年版,第17页。

资源权益而未对应设置资源义务的法律原理,刺激和纵容了人们仅利用资源而不保护治理资源,导致能源和自然资源的超常规利用,生态环境遭到破坏,陷入难以持续发展的困境。我们必须加强生态文明建设,形成节约资源能源和保护生态环境的产业结构、发展方式、消费模式,实现可持续发展。

第二,现今世界各国的经济体制大多是以市场机制为主的混合经济,历史经验和理论分析都论证了市场机制在开发利用保护资源方面的重要作用,资源法律应充分反映市场机制。与此同时,混合经济中政府作用的独立性及其与市场机制的相互补缺性,也应给予足够的重视并体现在资源法律的发展中。可持续发展理论结合现代经济学说,对如何在资源法律中的协调,相互补充又相互独立地发挥市场机制和政府作用提出了更高的要求。尤其是《21世纪议程》中充分注意了新社会发展观和社会民主化进程中所呈现的社会参与活动,而社会参与在以前的资源法律中是很少予以注意和体现的。

第三,可持续发展理论提出了环境资源与社会发展、经济增长相协调的发展道路,否定了单纯经济增长道路,也否定了片面强调环境资源问题而要求社会停止增长的观点。这两个否定是对先污染、后治理和先破坏、后改善的资源环保方式的批判,也是对严苛求、高成本从而阻碍迟滞社会发展和经济增长的资源环境保护方式的批判。实现可持续发展战略,自然资源法在制度设计,权利义务配置,组织机构设置,活动程序安排等方面也应注意资源、环境与社会发展、经济增长的相互适应,相互协调。

联合国《21世纪议程》要求各国"必须发展和执行综合的、有制裁力的和有效的法律和条例,而这些法律和条例必须根据周密的社会、生态、经济和科学原则"。我国政府在1992年联合国环境与发展会议之后,率先发表了《中国21世纪议程》,积极探索实施可持续发展战略的途径,在认真总结国内外经济社会发展的经验教训基础上,为实现全面建设小康社会的目标,适时提出了科学发展观的理论,以经济、社会、自然协调发展为途径,实现人与人之间关系的和谐,维系人与自然之间的协调发展。自然资源的立法与实施,必须认真地按照科学发展观的理论要求,作出合理的安排。

三、我国自然资源法的原则

我国自然资源法的原则,是指为我国自然资源法所确认的、体现实施科学发展观的基本方针、政策,并为国家资源管理所遵循的基本准则。它是客观经济规律与自然生态规律在法律上的反映,贯穿于每一种自然资源的法律之中,保障我国自然资源的合理开发和利用,以促进国民经济的全面、协调、可持续发展。

(一)重要自然资源属于社会主义全民所有的原则

我国《宪法》第9条明确规定:"矿藏、水流、森林、山岭、草原、荒地、滩涂等自然资源,都属于国家所有,即全民所有;由法律规定属于集体所有的森林和山岭、草原、荒地、滩涂除外。""国家保障自然资源的合理利用,保护珍贵的动物和植物。禁止任何组织或者个人用任何手段侵占或者破坏自然资源。"第12条规定:"社会主义的公共财产神圣不可侵犯。国家保护社会主义的公共财产。禁止任何组织或者个人用任何手段侵占或者破坏国家的和集体的财产。"这些原则规定是我国自然资源立法的重要依据。国家的重要自然资源是关系国民经济命脉的生产资料,是保证国民经济稳定发展的物质基础,是国计民生的基本保障,是我国坚持社会主义方向的关键因素。所有自然资源的立法,都必须确保一切国有资源不得受到任何侵犯。坚决保护国家充分实现对自然资源的占有、使用和处分的权利,同时要明确规定国家对自然资源的特殊保护,并应采取强有力的措施保证这一原则得以充分实现。

(二) 正确处理国家、集体和个人三者关系的原则

如何保护、开发、利用自然资源,涉及国家、集体、个人三方面的基本物质利益关系。我国在社会主义初级阶段,坚持公有制为主体和多种所有制经济共同发展。这就从根本上奠定了国家、集体和个人三者在开发利用自然资源方面的利益基本一致的客观基础。维护和发展社会主义公有制,关系到自然资源不受侵犯和合理开发利用自然资源,发展社会主义市场经济的大事,关系到国家富强和人民幸福的根本问题。由于我国是幅员辽阔、资源丰富和多民族的国家,如何保证集体和公民个人在法律允许的范围内对一些自然资源的占有、开发和利用的权利,对于保障人民的生产和生活具有十分重要的意义。

在资源的保护、开发与利用活动中,既要充分发挥国家、集体、个人三者对资源保护、开发与利用的积极性、主动性和创造性,又要切实保障国家、集体、个人三者在这一活动中的合法权益。

(三) 综合利用和多目标开发的原则

综合利用和多目标开发是提高资源利用效率的基本措施。自然资源的整体性,决定了研究、开发和利用的综合性。任何一个因素、一种资源的变化,都会影响到整体的变化。例如,无计划地砍一片树或者毁一片草,围一片湖,不合理地种植谷物,固然会收获一些成果,但却造成水土流失、江河淤塞、农田瘠薄。又如,天然湖泊被围垦,会破坏水资源的自身调节能力,对灌溉、通航、养鱼及生态环境都带来不利的影响。因此,只有综合研究自然资源,实施多目标开发,坚持统筹城乡发展、区域发展、经济社会发展、国内发展和对外开放等新的统筹兼顾的理念,才能合理开发、有效保护和综合利用自然资源。

(四) 统一规划和因地因时制宜的原则

各种自然资源的分布,大都要受地域性的制约,每一地方都是特有的自然和社会经济条件的组合,必须因地因时不同,采取不同的对策,在开发利用和经营

管理时都必须适合它们的特点。例如,在成熟林多的地区,可以根据用养结合的原则,对林木进行采伐作业;但在河流上游的水源林和保持水土的林区,树木的主要功能是涵养水源,防止土壤冲刷,就只允许少量更新择伐,绝对不允许皆伐。区域性的特点还表现在,对自然资源开发、利用,不能完全受行政区域的限制,如有的湖泊可跨越几个地县或省市,有的河流可穿越几个国家。必须打破条条块块的界限,加强流域管理和区域性的生态系统治理,建立起有利于统一规划、综合开发、合理利用的自然资源管理体制,根据地域特征以及资源和环境承载能力安排产业结构和经济规模,加快转变经济发展方式、消费模式,才能使自然资源得到保护和合理利用,实现可更新资源得以繁衍,达到永续利用的目的。

(五) 经济效益、生态效益和社会效益相统一的原则

保护自然资源是国家实施可持续发展战略的重要组成部分,是建设资源节约型、环境友好型社会最基本的要求。人类的经济活动不能脱离自然力的影响,一些经济活动符合自然界生态平衡的要求,预期的经济效益才能得到保证。因此,必须提倡在任何经济建设中既考虑经济效益,又考虑生态效益,从生态平衡的角度去衡量开发利用自然资源的经济效果,反对以破坏自然资源和生态环境为代价的所谓经济效益。最佳的经济效益是局部的和整体的、眼前的与长远的经济效益的统一。自然资源开发利用最终方式的选择,要在预测生态变化的可能趋势的条件下,根据经济社会发展全局的需要,加快推进经济结构的调整和发展方式、消费模式的转变。当今全球经济正向"清洁和绿色"迈进,我国也在加速绿色现代化和资源高效、可循环利用的进程。

(六)"开源节流"的原则

节约资源是我国的基本国策。国家实施节约与开发并举、把节约放在首位的发展战略。对自然资源的管理要始终正确处理开发利用和保护的关系。目前,我国正处于工业化高速发展阶段,能耗物耗过高、资源浪费严重,正积极引导发展循环经济,扩大循环经济的规模。在生产、流通和消费等过程中进行减量化、再利用、资源化活动,并以"资源—产品—再生资源"和"生产—消费—再循环"的模式,替代传统的线性增长模式。在自然资源的开发利用中,要通过找新的,用贫的,开发潜在的,人造代用的等措施扩大资源来源,不断改善资源保护与利用之间的关系,推动政府和企业用现代化手段加快对自然资源管理流程的再造,提高资源利用效率,以适应建设资源节约型社会的新要求。

四、自然资源法的体系

对自然资源法体系问题,我国学术界有不同认识,归纳起来主要有三种观点:法群说、生态法学说、法的体系说。

法的体系说认为,各种资源法的调整对象具有共性,它们都是自然资源法的

组成部分,共同形成为一个完整的、统一的、相对独立的法的体系。自然资源法主要由四个部门法构成。

(一) 综合资源法

同时规范两种以上自然资源或将自然资源作为一个整体予以规范的,为综合资源法,如国土整治法、水土保持法等。

(二) 资源行业法

一种自然资源的利用已形成为独立的经济行业或产业,该项资源的法律规范是将资源管理与行业管理相结合的,为资源行业法,如森林法、草原法、渔业法、矿产资源法等。

(三) 专项资源法

一种自然资源的功能用途与国民经济中的许多行业或产业相联系,该项资源的法律规范不含有行业管理的内容,主要是对该项资源的合理利用和保护,并协调利用该项资源多方面的社会关系的,为专项资源法。例如,土地法、水法等属于专项资源法。

(四) 资源保护法

以资源保护为主要目的的资源法律规范,组成资源保护法,如自然保护区法、野生动植物保护法等。

第二节　自然资源法的基本制度

一、资源物权制度

资源物权,不是指一种单一权利,而是对各种自然资源法律规定的、性质有别的、诸权利的总称,是一个综合性的概念,与自然资源法的概念相一致。资源物权是《物权法》中的一个"特别群体",它既受《物权法》所确认,更受《宪法》和各种自然资源法的规制。这一方面是由于作为自然资源的各种"物",是人类赖以生存和发展的物质基础。另一方面,我国是坚持公有制为主体的社会主义国家,根据我国《宪法》的规定,除了由法律规定属于集体所有的森林和山岭、草原、荒地、滩涂以外,矿藏、水流、森林、山岭、草原、荒地、滩涂等自然资源,都属于国家所有,即全民所有。国家禁止任何组织或者个人用任何手段侵占或者破坏自然资源。这项原则是我国自然资源立法的基石,是保证国民经济全面、协调、可持续发展的物质基础,是实现全面建设小康社会的基本保障,是坚持我国社会主义方向的关键因素。这是我们把握资源物权的根本出发点。当今全球都面临"可持续发展"的严重挑战,世界各国都在反思自工业革命以来,人类传统的生产和消费方式给环境带来的危害,普遍关注"人与自然"的和谐发展及其关系的合理性存在,积极探索有效协调"人与自然"的关系,保障经济、社会、自然的可持续发展。为了实现可持续发展,人类已经认识到"人的发展与人类需求的不断满足同资源消耗、环境的退化、生态的胁迫等联系在一起"。① 应当主动协调人与自然的关系,要严格规范人们开发利用自然资源的各种行为。早在1992年联合国环境与发展大会通过的《21世纪议程》就明确要求,各国"必须制定和执行综合的、可实施的和有效的法律法规。这些法律法规是以周全的社会、生态、经济和科学原则为基础的"②。因此,对自然资源的开发、利用、节约和管理等活动的全过程都要接受社会和政府的管理和监督,特别是对自然资源开发利用权的取得要经过政府的行政许可,并按照许可证要求的行为方式、利用对象、利用时限、利用区域和范围、利用数量以至利用工具和方式等,一切从事准许开发利用自然资源的活动都不得违反许可规定的各种禁限行为,这是规范人们按自然规律办事,实现"人与自然"和谐发展的必要手段,是社会进步的一种表现。应当以科学发展观审视寻求"人与自然"和谐相处的法学理论和制度安排,要勇于创新,不能用旧观念去衡量新规则,要正视全球所面临的"环境与发展"这个宏大的命题。

基于自然资源法中的《土地管理法》《森林法》《草原法》《水法》《矿产资源法》《渔业法》《野生动物保护法》等规定的权属关系,各有特点,差别很大,分别论述更有利于理解和深入研究。另外,本书不是要系统、深入论述资源物权,只是从基本法律制度的角度对各种自然资源法的权属关系作一个系统介绍,更侧重于理解法律条文和实际应用。

(一) 地权(土地所有权和使用权)

1. 土地所有权

依照《宪法》和《土地管理法》的规定,属于国家所有的土地是:城市市区的土地,属于国家所有的农村和城市郊区的土地,为了公共利益的需要依法征收集体所有土地。任何组织或者个人不得侵占、买卖或者以其他形式非法转让国有土地。国家所有土地的所有权由国务院代表国家行使。国有土地分为国有建设用地和国有农业用地。

依照《宪法》和《土地管理法》的规定,属于当地农民集体所有的土地是:国有土地以外的农村和城市郊区的土地,宅基地和自留地、自留山。还有城市中已存在的集体所有的土地仍应由集体组织所有。依法属于农民集体所有的土地,由乡(镇)农村集体经济组织经营、管理。农民集体所有的土地,由县级人民政

---

① 《2004中国可持续发展战略报告》,科学出版社2004年版。
② 联合国环境规划署:《21世纪议程》(中译本),国家环境保护局译,中国环境科学出版社1993年版,第61页。

府登记造册,核发证书,确认所有权。

2. 土地使用权

国有土地可以由单位或者个人承包经营,从事种植业、林业、畜牧业、渔业生产。单位和个人依法使用的国有土地,由县级以上人民政府登记造册,核发证书,确认使用权。

农民集体所有的土地由本集体经济组织的成员承包经营,从事种植业、林业、畜牧业、渔业生产,耕地承包经营期限为 30 年。在土地承包经营期限内,对个别承包经营者之间承包的土地进行适当调整的,或者是农民集体所有的土地由本集体经济组织以外的单位或者个人承包经营的,都必须经过村民会议 2/3 以上成员或者 2/3 以上村民代表的同意,并报乡(镇)人民政府批准。

无论是承包国有土地还是农民集体所有的土地,发包方和承包方都应当订立承包合同,约定双方的权利和义务。承包经营国有土地或本集体经济组织以外的单位和个人承包经营农民集体所有的土地的,土地承包经营的期限由承包合同约定。承包经营土地的单位和个人有保护和按照承包合同约定的用途合理利用土地的义务。

3. 土地所有权和使用权争议的解决

调查处理土地权属争议,应以法律、法规和土地管理规章(国土资源部于 2011 年 11 月 30 日公布了修正后的《土地权属争议调查处理办法》)为根据,从实际出发,尊重历史,面对现实,由当事人协商解决。协商不成的,单位之间的争议,由县级以上人民政府处理;个人与单位之间的争议,由乡级人民政府或者县级以上人民政府处理。

当事人对有关人民政府处理决定不服的,可以自接到处理决定通知之日起 30 日内,向人民法院起诉。在土地所有权和使用权争议解决前,任何一方不得改变土地利用现状。

4. 土地所有权与土地使用权的相关问题

土地所有权与土地使用权涉及的问题多而繁杂,国土资源部于 2010 年 12 月 3 日发布了修订后的《确定土地所有权和使用权的若干规定》,在此不再介绍。

5. 有关林权、草原权属问题的相关规定和基本原理与土地所有权、使用权的规定和原理大致相同,不再赘述。

(二) 矿权

1. 矿产资源的所有权

我国《矿产资源法》规定,矿产资源属于国家所有,由国务院代表国家行使对矿产资源的所有权。地表或者地下的矿产资源的国家所有权,不因其所依附的土地的所有权或者使用权的不同而改变。凡我国领域及管辖海域的矿产资源均属于国家所有。我国矿产资源国家所有权具有三个重要特征:主体的唯一性,客体的无限性,权利的独立性。矿产资源的国家所有权是我国矿产资源开发利用制度和监督管理的重要法律基础。

2. 探矿权

探矿权,是指按法定的程序取得勘查许可证,在批准的勘查区块范围内和有效期限内,对批准的矿种及其伴生、共生矿产进行勘查的权利。依法取得勘查许可证的勘查主体为探矿权人。探矿权的权利内容主要为:取得探矿权的勘查主体有对一定区域内的一定勘查对象进行勘查行为的权利;任何单位和个人不得进入探矿权人已取得探矿权的区域对探矿权所指向的对象进行同一勘查目的的勘查行为,不得进行妨害探矿权人进行正常作业的活动,但国家另有规定的除外;探矿权人依据勘查行为所获得的勘探资料等,探矿权人依法享有所有权或法律规定的权利,可以依法进行有偿转让或以其他形式加以利用。

3. 采矿权

采矿权,是指按法定的程序取得采矿许可证,在批准的区域(矿区范围)和有效期限内开采被许可的矿产及其共生、伴生矿产的权利。依法取得采矿许可证的企业和公民称为采矿权人。

采矿权的权利内容主要为:取得采矿权的主体有对一定区域内的一定种类的矿产进行采掘的权利;任何单位和个人不得进入他人已取得采矿权的区域对采矿权指向的矿产进行开采活动,不得进行其他妨害采矿权人进行正常作业的活动,但国家另有规定的除外;采矿权人对其进行采掘而获得的矿产品,依法享有所有权或经营权,并可以依法进行有偿转让;对其享有的采矿权可以依法转让的权利;等等。

(三) 水权

1. 水权的特征

水权,是指水的所有权和各种利用水的权利的总称。水权的法律特征主要为:第一,水权设立的有限性。任何自然资源,只有在人们有能力加以利用和控制的情况下,才能具有法律上的权属意义,对于那些尚不能控制的水,则难以设立水权。第二,水权客体的不确定性和不稳定性。水是一种流动的自然资源,具有循环再生的特点,由于水的流动,水权所针对的水在一定时期、一定领域内是不确定的,如属于国家所有的水,由于自然原因而流进集体所有的水库时,该水则成为集体所有权的客体,反之也一样;同时,由于水按照自然周期的丰枯而变化,在丰水期一定水域的水十分丰富,在枯水期同一水域的水会十分亏欠,使水权的客体呈不稳定性。第三,水权原理的公共性。水作为一种流动的自然资源,由于具有重复使用性和多功能性,因此,在水权的设置和水权的取得、行使等方面,不是强调权利的排他性和垄断性,而是强调公共性,强调水权的享有者应水利同享,水害共当。

根据我国《水法》的规定,水的所有权分为两种:第一,水资源的国家所有权。对于水资源的国家所有权,不能简单归纳为占有、使用、收益和处分的权利,其主要内容包括国家对水资源统一调度和分配的权利,水资源开发利用和保护中的国家管理等。第二,水的集体所有权,即农业集体经济组织所有的水塘、水库中的水,属于集体所有。所谓集体所有的水塘、水库的水是指农民集体投资兴办的水塘、水库所拦蓄或引取的水。这部分水或是经过拦蓄,尚未进入江河、湖泊的水,或通过取水权从江河、湖泊引取的水;这些水是已经开发并从自然状态下分离出来的水,与自然状态下的水资源有所区别。水的集体所有权的内容,主要是指对水的占有、使用、收益和处分的权利。

2. 取水权

取水权,是指公民、法人或者其他组织按照国家取水许可制度和水资源有偿使用制度的规定,向水行政主管部门或者流域管理机构申请领取直接从江河、湖泊或地下取用水资源的许可证,并缴纳水资源费后所获得的取用水资源的权利。

直接从江河、湖泊或地下取用水资源,一般是指利用水工程(如引用工程、人工河道、渠道、跨河流的引水或水电站、闸、堤等)或者机械提水设施。少量取水不需要申请取水许可证。例如:为家庭生活、畜禽饮用取水;为农业灌溉少量取水;用人力、畜力或者其他方法少量取水。

(四)渔业权

渔业权,是指进行渔业生产活动所应取得的权利。根据我国《渔业法》的规定,它主要包括养殖权、捕捞权等。渔业权主要意味着权利人经行政许可可以进行采捕、养殖水生动植物的行为,并通过这些行为对渔获物进一步享有物的所有权。基于此,渔业权是一种区别于一般物权的特别物权,是由渔业法予以特别规范、赋予特定名称和专门内容的资源物权。

1. 养殖权

养殖权,是指权利人经过批准,在国家和集体所有并确定可以用于养殖业的水域和滩涂从事养殖经营的权利。

我国《渔业法》规定,单位和个人使用国家规划确定用于养殖业的全民所有的水域、滩涂的,使用者应当向县级以上地方人民政府渔业行政主管部门提出申请,由本级人民政府核发养殖证,许可其使用该水域、滩涂从事养殖生产。集体所有的或者全民所有由农业集体经济组织使用的水域、滩涂,可以由个人或者集体承包,从事养殖生产。从事养殖生产应当保护水域生态环境,科学确定养殖密度,合理投饵、施肥、使用药物,不得造成水域的环境污染。

2. 捕捞权

捕捞权,是指一定的社会主体依法经批准获得在规定水域从事捕捞水生动植物的活动的权利。

我国《渔业法》规定,海洋大型拖网、围网作业以及到我国与有关国家缔结的协定确定的共同管理的海区或者公海从事捕捞作业的捕捞许可证,由国务院渔业行政主管部门批准发放。

其他作业的捕捞许可证,由县级以上地方人民政府渔业行政主管部门批准发放。明确要求具备下列条件的,方可发给捕捞许可证:有渔业船舶检验证书;有渔业船舶登记证书;符合国务院渔业行政主管部门规定的其他条件。县级以上地方人民政府渔业行政主管部门批准发放的捕捞许可证,应当与上级人民政府渔业行政主管部门下达的捕捞限额指标相适应。

二、资源开发利用的统一规划制度

有效协同"人与自然"的关系,是保障人类社会可持续发展的基础。自然资源的整体性要求我们,必须通过统一规划,科学合理地开发、利用、保护、节约自然资源,才能保障生态、经济和社会的协调发展。我国各种自然资源法律都确定了资源开发利用的统一规划制度。例如:《土地管理法》设专章规定了土地利用总体规划;《森林法》规定,各级人民政府应当制定林业长远规划;《矿产资源法》规定,区域地质调查按照国家统一规划进行;《水法》规定了水资源规划;《渔业法》第11条规定,国家对水域利用进行统一规划;《草原法》第20条明确规定:"草原保护、建设、利用规划应当与土地利用总体规划相衔接,与环境保护规划、水土保持规划、防沙治沙规划、水资源规划、林业长远规划、城市总体规划、村庄和集镇规划以及其他有关规划相协调。"我国自然资源法将资源开发利用的统一规划制度作为基本制度,是基于生态规律的一般要求,是坚持走中国特色社会主义道路必须确立的宏观调控手段。从自然资源赋存的自然性来看,各种自然资源赋存相连,共同构成庞大、复杂、流动、互相影响和联系的生态体系。"试图单独地改变这个体系中任何部分都会引起该体系中其他部分的改变。""这些后果通常是在事情过了很久之后才以预料不到的方式表现出来,因而也就难以确定原因和结果之间的关系。"[1]为了加强对规划的环境影响评价工作,提高规划的科学性,从源头预防环境污染和生态破坏,促进经济、社会和环境的全面、协调、可持续发展,国务院制定了《规划环境影响评价条例》,自2009年10月1日起施行。该《条例》对规划的环境影响评价应当分析、预测和评估的内容,提出了具体要求。

制定各种自然资源的开发利用规划,要以科学发展观为指导,依据国民经济和社会发展规划,遵循下列原则:一是做好资源综合科学考察和自然资源合理开

---

[1] 〔美〕阿兰·兰德尔:《资源经济学》,施以正译,商务印书馆1989年版,第18页。

发利用评价;二是生态效益、经济效益、社会效益相结合;三是改善生态环境,维护生物多样性,促进资源的可持续利用;四是以现有资源为基础,因地制宜,统筹兼顾,科学合理地开发利用自然资源;五是多目标开发,提高资源利用率,加强建设和保护;六是各种资源开发利用规划之间应相互衔接与协调;七是各种资源开发利用规划必须符合《规划环境影响评价条例》的各项要求,未通过规划审批机关批准的规划无效,违者将依法追究责任。

三、资源开发利用的许可制度

资源开发利用的许可制度,是指各种自然资源的县级以上地方人民政府的行政主管部门,根据资源开发利用者的申请,经审查依法准许其从事资源开发利用的行为并颁发许可证(如采伐许可证、取水许可证、勘查许可证、采矿许可证、河道采砂许可证、捕捞许可证、养殖证等)。这项制度是现代国家管理自然资源的重要手段,已被世界许多国家广泛采用。

我国的实践表明,资源开发利用的许可制度有利于国家对自然资源的宏观管理,有利于维护生态环境和自然资源的可持续利用,有利于保护资源开发利用者的合法权益,在国家依法对自然资源的管理中发挥了重要作用。在《行政许可法》颁布实施后,使这项制度更加健全和完善。行政许可的设定权由法律、行政法规和地方性法规规定,对行政机关该许可的不许可、不该许可的乱许可的行为,规定了严格的法律责任。许可机关办理许可事务必须依照法律行使权力,要做到合理、公正、公平、公开,要符合法律目的,遵守法定程序、严守法定范围,每部自然资源法律均有明确规定。《行政许可法》还具体规定了许多简便、快捷和方便申请人的许可方式和制度。在科学发展观的指导下,人们在实施资源开发利用许可制度时会更好地把握人与自然之间关系的平衡,为实现经济、社会、自然协调发展进行积极的探索。

四、资源利用中的禁限制度

资源利用中的禁限制度,是指自然资源法根据自然资源的特点和保护自然资源的需要,对开发利用资源的行为方式、利用对象、利用时间、利用范围、利用工具所规定的禁止和限制的制度。为了防止自然资源退化,实现自然资源的可持续利用,以法律的方式强制性地禁止和限制一定的资源利用方式,是维系人与自然之间协调发展的重要内容。基于此,资源禁限制度成为自然资源法基本制度的重要组成部分。资源禁限制度有两种主要分类:

第一,依禁限内容为标准,可以区分为:资源用途的禁限,利用工具的禁限,利用方式的禁限,利用时间的禁限,利用区域的禁限,利用对象的禁限等。第二,依自然资源的种类和资源管理的要求,可以区分为:地事禁限、水事禁限、矿事禁限、渔事禁限、林事禁限、草原利用禁限等。例如,我国《土地管理法》中规定的土地用途管制制度,通过编制土地利用规划划定土地利用区,确定土地使用限制条件,土地所有者、使用者必须严格按照国家确定的用途利用土地,违者将受到严厉处罚。我国《森林法》确定的森林年采伐限额制度,是国家根据用材林的消耗量低于生长量的原则,严格控制森林年采伐量所确定的最高年采伐数额,年度木材生产计划不得超过批准的年采伐限额。再如,我国《森林法》第31条规定了不同林种的森林采伐的法定方式,采伐者必须遵守。我国《草原法》中为保护草原规定了一系列的"禁止"行为。我国《水法》第四章"水资源、水域和水工程的保护",提出了许多"禁止"和"限制"的要求。我国《渔业法》第25条规定,从事捕捞作业的单位和个人,必须按照捕捞许可证关于作业类型、场所、时限、渔具数量和捕捞限额的规定进行作业,等等。实践表明,这项自然资源法的基本制度在保护自然资源方面发挥了重要作用。

五、资源利用中的补救、补偿制度

（一）资源补救制度

资源补救制度,是指自然资源法为保护自然资源而设立的,对因一定原因而造成的自然资源的损害或破坏,要求一定主体必须以补救、恢复自然资源为内容的义务或责任制度。资源补救制度的意义在于以法律的强制力直接实施可持续发展战略,由于自然资源的整体性、有限性和可变性,自然资源遭受的损害不是以简单的货币赔偿就可以弥补其实际损失的。例如,森林的乱砍滥伐,以货币赔偿为内容的赔偿,仅是林木作为木材的价值,而森林再生能力的减弱,森林作为动物栖息地,绿化环境、涵养水土、调节气候等保护生态和环境的功能的丧失是无法以货币计量的,也不是货币所能赔偿的;由于自然资源的损害,不仅是权益主体的利益损失,更是人类社会的重大损害。因此,仅以货币赔偿不能补偿人类社会所受的损害。设立资源补救制度的核心内容,在于强制义务或责任主体在自然资源遭受损害时,必须以实际行为来恢复、更新、补救自然资源本身,其目的不仅仅是为了资源权益主体的个体利益,更是为了保护自然资源的生态系统,维护人类社会与自然的和谐关系,实现人类的可持续发展。

有关资源补救制度,在我国《土地管理法》中设立的土地资源的补救制度有耕地开垦、土地复垦、土地治理、资源复原等制度。我国《水法》中设立的水资源的补救制度有影响水运资源的补救、影响渔业资源的补救、影响用水和水量的补救、影响地下水的补救。我国《森林法》《草原法》中设立的森林和草原资源的补救制度有更新造林、林木补种、恢复植被等。

（二）资源补偿制度

资源利用中的补偿,是指在资源利用活动中,因合法的资源利用而对他人相应的损失应给予的补偿。资源利用的补偿不同于民法中的违法或违约而造成的损害赔偿。资源利用的补偿是合法行为应承担的义务,如征用土地应给予相应的补偿。二者所依据的行为性质根本不同,不应混淆。另外,资源利用补偿也不同于资源补救,二者的区别是:第一,二者设立的依据不同,设立补救义务是基于资源损害和生态系统遭到破坏,目的在于保护资源,维护环境;设立补偿义务的依据是个体利益的损害,其目的在于保护一定社会主体的个体利益。第二,二者的义务内容不同,补救义务的内容是补救资源维护生态,补偿义务的内容是补偿利益损失。第三,履行原则不同,资源补救最终必须实际履行,不能以金钱内容替代;补偿义务则可以以金钱内容予以履行。

六、资源综合利用制度

资源综合利用制度,包括法律关于开展资源综合利用的原则、措施、办法和程序等规定的一整套准则。资源综合利用,是指根据资源的特性、功能及赋存形式和分布条件,采取各种科学的手段和方法,对其进行综合开发、合理和充分利用,变一用为多用、小用为大用、无用为有用、有害为有利,实现物尽其用。资源综合利用包括:在开发各种自然资源过程中的综合利用;在生产过程中对原材料和能源的综合利用;生产、流通和消费过程中的废旧物资的回收利用。开展资源综合利用是按照自然规律办事,是节约和合理利用资源、防止资源浪费、减少废弃物的产生、避免环境污染和生态破坏的根本途径,对于我们这样人口多、资源相对不足的发展中国家来说尤为重要。

为了促进循环经济发展,实现资源的综合利用、循环利用,提高资源利用效率,保护和改善环境,实现可持续发展,第十一届全国人大常委会第四次会议于2008年8月29日通过了《中华人民共和国循环经济促进法》。该法共6章58条,自2009年1月1日起施行。

七、资源管理的监督检查制度

为建立依法合理开发、利用、保护、节约和管理自然资源的稳定、有效机制,《土地管理法》《草原法》《水法》等一些法律,设专章规定了监督检查制度。这些法律规定,国务院有关自然资源行政主管部门和县级以上地方人民政府有关自然资源行政主管部门设立自然资源监督管理机构,负责自然资源法律、法规执行情况的监督检查,对违反自然资源法律、法规的行为进行查处。同时规定:自然资源监督检查人员履行法律规定的监督检查职责时,有权采取的一些措施;要求有关单位和个人对监督检查人员的监督检查工作应当给予支持、配合,不得拒绝或者阻碍自然资源监督检查人员依法执行职务;监督检查人员在履行监督检查职责时,应当向被检查单位和个人出示执法证件。为搞好监督检查工作,法律还规定:要加强执法队伍建设,提高监督检查人员的政治、业务素质;严格要求监督检查人员应当忠于职守、秉公执法;对在监督检查工作中有违法或者失职行为的要令其限期改正。这项执法监督检查制度的实施,促进了对自然资源依法管理,是实现自然资源依法合理开发利用的重要措施。

第三节 各种自然资源的主要法律制度

一、土地管理法

(一) 土地管理法概述

1. 土地管理法的概念

土地法是调整土地关系的法律规范的总称。土地关系是人们在对土地开发、利用和管理、保护中形成的以土地为要素的经济关系。这种关系主要包括土地权属关系,土地征用和占用关系,土地流转关系,土地监督管理关系等。在公法、私法的分类中,有土地公法和土地私法之分。土地公法主要为土地管理法,土地私法主要是规定土地作为不动产的权属和土地使用权转让的法律。我国土地实行社会主义公有制,基于国情必须对土地实行严格管理。对土地的宏观调控,属于宏观调控的重要内容。

2. 我国的土地立法

我国具有悠久的农耕历史,古代的土地立法是很丰富的。到了近现代,国民党政府于1930年制定了《土地法》。新中国成立后,为了消灭封建土地所有制,进行土地改革,在建国初期制定颁布了《土地改革法》。中共十一届三中全会后,为适应改革开放的新要求,保护和合理利用土地资源,1986年6月25日第六届全国人大常委会第十六次会议通过了《中华人民共和国土地管理法》(简称《土地管理法》)。1988年12月29日,第七届全国人大常委会第五次会议对该法进行了修改。1998年8月29日,第九届全国人大常委会第四次会议对该法进行了修订。根据科学发展观的要求,2004年8月28日,第十届全国人大常委会第十一次会议又对该法进行了修改。2011年1月8日,国务院又发布了修订后的《中华人民共和国土地管理法实施条例》。新中国成立以来,先后出台了有关土地管理的法律、法规14部,土地管理走上了法治化轨道。在现代管理中,土地既是资源,又是资产,还是资本,实行三位一体的管理,才能适应社会主义市场经济体制。总之,通过立法推动土地使用制度的改革,使我国土地由无偿、无期限、无流动向有偿、有期限、有流动转变,有效地促进了土地资源的优化配置。①

3. 国外的土地立法

土地法律规范在古代各国的立法中均占有重要地位。公元前5世纪中叶，罗马帝国的第一部成文法典《十二铜表法》，即专以第七表规定了土地和房屋问题。进入资本主义社会，土地关系作为一种商品关系加以调整。第二次世界大战后，资本主义国家的资源、环境问题日趋激化，不少国家相继制定了专门的农地保护、国土规划和整治法规，强化了国家对土地关系的干预，如日本1949年的《农地改良法》、1974年的《国土利用计划法》，美国1976年的《联邦土地政策管理法》等。由于各国政治经济制度、历史文化传统、资源拥有情况不同，不同社会制度国家的土地法律制度存在很大差异，即使同一社会制度的国家，其土地法制也各具特色。下面择其主要内容介绍如下：

(1) 土地所有制。资本主义国家的土地所有制主要有两类：一类是美国、法国等国实行土地国有和私有并存；另一类是英国及英联邦地区，实行土地国有，不能出卖，但英国还实行土地所有权的委托制，即政府将土地所有权委托他人，受托人有权管理移交给他的土地。

(2) 土地流转制度。土地流转制度大体上可分为市场型和非市场型两种。大多数社会主义国家认为土地不是商品，所以土地流转基本上是非市场的，主要通过国家征用和划拨进行。在资本主义国家里，土地是商品，一般是允许买卖的，土地流转主要是通过市场进行。例如美国，不仅私有土地可以买卖，国有土地也可以出售。英联邦国家虽然不允许国有土地所有权出让，但通过使用权的出租、拍卖、再转让等形式，也使土地流转形成了相应的市场。土地市场是整个资本主义市场体系的重要组成部分。

(3) 土地保护制度。严格保护土地，尤其是保护耕地，是各国土地立法的共同趋向。美国土地法规定要管理和保护土地的科学、风景、历史、生态等方面的价值或质量，对某些公有土地还应保持其原始状态，对违反者不仅可处以罚款，还可以判处徒刑；同时，有计划地对耕地实行轮作制，通过政府补贴鼓励粮田转为豆田。日本为了严密保护和合理利用农地，专门制定了《农地法》(1952年)，对农地的利用、保护作了详细规定。随着资本主义国家干预经济的加强，西欧不少发达国家成立了半官方的土地整治公司，有的还设土地归并局，并禁止非法弃耕，推广保护型土地耕作法(如休耕、轮作)等。

(4) 地权限制。对土地所有权的行使进行法律限制，也是世界各国土地立法的一个共同趋向。随着国家干预经济的加强，那种完全、充分、自由、绝对的所

---

① 夏珺：《保护发展 保护资源（共和国部长访谈录）——访国土资源部部长徐绍史》，载《人民日报》2009年9月23日。

有权已不复存在。例如,美国允许经农业部长批准,在他人地上设置地役权。日本《国土计划法》第 14 条规定:"签订有关土地所有权或地上权及其他政令规定的以使用和收益为目的的权利转移或设定的合同时,当事人必须得到都、道、府、县知事的许可。"①日本《农地法》规定,农地私有者已废止耕作时,国家可按法定手续予以收购。随着"所有权社会化"的发展,国家对土地所有权已由外在限制发展到内在限制,如日本政府公布地价,调控地权市场。

(二) 土地管理法律制度②

1. 土地用途管制制度

土地用途管制,是指国家为保证土地资源的合理利用,实现经济、社会和自然的协调发展,通过编制土地利用规划划定土地利用区,确定土地使用限制条件,土地的所有者、使用者必须严格按照国家确定的用途利用土地,违者将受到严厉处罚的制度。这是世界上土地管理制度较为完善的国家和地区广泛采用的一种土地利用管理制度,并在合理利用土地资源和保护耕地等方面取得了良好的效果。土地用途管制制度是由一系列的具体制度和规范组成的。其中,土地按用途分类是实行用途管制的基础;土地利用总体规划是实行用途管制的依据;农用地转为建设用地必须预先进行审批是关键;而保护农用地则是国家实行土地用途管制的目的,其核心是切实保护耕地,保证耕地总量动态平衡。最后,强化土地执法监督,严肃法律责任是实行土地用途管制的保障。③ 为了切实实施土地用途管制制度,我国《土地管理法》第 4 条明确规定:"国家编制土地利用总体规划,划定土地用途,将土地分为农用地、建设用地和未利用地。严格限制农用地转为建设用地,控制建设用地总量,对耕地实行特殊保护。"

2. 耕地保护制度

人多地少是我国的基本国情之一,必须坚持实行最严格的耕地保护制度。坚守 18 亿亩耕地红线,健全和落实严格规范的农村土地管理制度,为全面建设小康社会,实现经济社会全面、协调、可持续发展提供稳定的耕地资源。

(1) 耕地占用补偿制度。非农业建设占用耕地后,应补偿开垦新的耕地的制度为占用耕地补偿制度。占有耕地补偿的意义在于控制耕地总量的减少,落实耕地总量动态平衡的原则。我国《土地管理法》规定,国家实行占用耕地补偿制度。非农业建设经批准占用耕地的,按照"占多少,垦多少"的原则,由占用耕地的单位负责开垦与所占用耕地的数量和质量相当的耕地;没有条件开垦或者开垦的耕地不符合要求的,应当按照省、自治区、直辖市的规定缴纳耕地开垦费,

---

① 林增杰、沈守愚主编:《土地法学》,中国人民大学出版社 1989 年版,第 118 页。

② 本章第二节专门讲述了"自然资源法基本制度",有关土地权益、土地利用总体规划、监督检查等,在此不再讲述。

③ 王先进:《中华人民共和国土地管理法讲话》,中国政法大学出版社 1998 年版,第 30 页。

专款用于开垦新的耕地。省、自治区、直辖市人民政府应当制定开垦耕地计划,监督占用耕地的单位按照计划开垦耕地或者按照计划组织开垦耕地,并进行验收。同时还规定:省、自治区、直辖市人民政府要确保本行政区域内耕地总量不减少;耕地总量减少的,要在规定期限内组织开垦与所减少耕地的数量与质量相当的耕地,由国务院主管部门组织验收。

(2) 基本农田保护制度。基本农田,是指根据一定时期人口和经济社会发展对农产品的需求,依据土地利用总体规划确定的,不得占用的耕地。我国《土地管理法》第34条列举了划入基本农田保护区的耕地,要求精心保护,严格管理。2011年1月8日,国务院发布了修订后的《基本农田保护条例》。保护基本农田对我国城乡人民农产品需求的满足和全面建设小康社会有着重要意义。

3. 建设用地管理制度

建设用地管理是土地管理工作的重要组成部分,是实施土地资源利用管理,依法保证城乡各项建设用地的关键措施,也是各级人民政府制定土地利用总体规划,合理配置土地资源,调控基本建设规模的有力手段。加强建设用地管理,对于贯彻"十分珍惜、合理利用土地和切实保护耕地"的基本国策,科学、高效、节约开发利用土地资源,促进国民经济持续发展具有重要作用。我国《土地管理法》明确规定:任何单位和个人进行建设,需要使用土地的,必须依法申请使用国有土地;建设占用土地,涉及农用地转为建设用地时,应办理农用地转用审批手续;征收基本农田的,征收基本农田以外的耕地超过35公顷的,征收其他土地超过70公顷的,由国务院批准;国家征收土地的,依照法定程序批准后,由县级以上地方人民政府予以公告并组织实施;征收土地的,按照被征收土地的原有用途给予补偿,并原则上规定了补偿费用的标准,以切实维护农村集体经济组织和农民的利益。另外,对建设项目使用国有土地,农村集体经济组织使用乡(镇)土地利用总体规划确定的建设用地等也作出相应的规定。

二、森林法

(一) 森林法概述

1. 森林法的概念

森林法是调整人们在森林保护、营造、合理利用和林业经济活动中所发生的各种经济关系的法律规范的总称。一般包括:森林经营管理、森林保护、植树造林、森林采伐和法律责任等内容。森林法对保护森林资源,保障森林权益,维护林业经济秩序发挥着重要作用。

2. 我国的森林立法

我国夏、商、周等朝代已有了保护森林的制度,整个奴隶时代和封建时代,有关森林保护的禁令和管理是一直存在的。我国近代森林立法是从辛亥革命之后开始的,1932年国民党政府颁布了《森林法》。新中国成立后,党和国家也先后制定和颁布过许多有关森林和林业的法规和文件;1979年2月23日第五届全国人民代表大会常务委员会第六次会议原则通过了《中华人民共和国森林法(试行)》,1984年9月20日第六届全国人民代表大会常务委员会第七次会议通过了《中华人民共和国森林法》(以下简称《森林法》),标志着我国森林法制的重大发展。为了使我国《森林法》的配套法规、规章逐步完善,我国制定了一系列规范性文件。例如:1986年4月,经国务院批准,林业部发布了《中华人民共和国森林法实施细则》;1987年9月,林业部发布了《森林采伐更新管理办法》;1988年1月,国务院发布了《森林防火条例》;1989年2月,国务院发布了《森林病虫害防治条例》等。1998年4月29日、2009年8月27日,全国人民代表大会常务委员会两次对《森林法》进行修改。2011年1月8日,国务院对《森林法实施条例》作了修订。

3. 国外的森林立法

现代各国的森林法,虽然都是根据各国的国情而制定的,但大多数国家的森林法在总结以往依法治林的经验和吸收现代林业科学技术的基础上,逐步健全和完善,所以在发展趋势和实质性内容上有许多共同点。主要有以下几点:

(1) 对森林采伐严格管理。许多国家都把对森林的采伐管理作为一项重要内容写入森林法。例如,英国《林业法》共51条162款,其中有关采伐管理的条文就有28条105款,其中"林业委员会控制伐树的权力"一章中,对限制伐树、采伐许可证的要求、林业委员会审批伐树指令的标准等,都作了明确具体的规定。另外,德国黑森州《森林法》也规定:"只有经中级林业机关批准,才能砍伐森林。"其他一些国家的林业法规也有这方面的规定。

(2) 发挥森林的多种效益。现代各国的森林法已逐步发展到把扩大森林资源,发挥森林的多种效益作为一项主要内容规定在森林法中。例如,1975年生效的德国《森林法》,一改过去单纯追求经济效益的经营原则,在确定了林业为整个国民经济和社会福利服务原则的前提下,以发挥森林的多种效益和发展林业生产力为出发点,强调扩大休憩林和防护林的面积,以使联邦德国的林业发展与整个国民经济的发展相协调。

(3) 对林业的经济扶持。鉴于森林生长周期长的特点,许多国家为了加快森林资源的培育,均在森林法中规定了对林业的经济扶持政策。例如,享有"森林王国"美称的瑞典,在森林法中规定,在出售木材时,林务监督机关需提取一定的款项存入银行,以确保更新造林的资金来源。芬兰《森林改造法》规定,改造森林所需拨款列入国家年度预算,称为森林改造基金。还有一些国家在制定森林法时,同时制定了对林业实行经济扶持的单行法规,如日本的《林业特别会计法》、法国的《私人造林免税法》等。

(4) 违法从严处罚。许多国家的森林法对违反森林法和破坏森林资源者不仅作出了处罚规定,而且还体现了从严惩处的精神。例如,日本《森林法》规定,凡在森林中偷盗林产品者为森林盗窃犯,处3年以下有期徒刑或10万日元以下的罚金;凡在保安林内盗窃林木者,处5年以下有期徒刑或20万日元以下罚金。

此外,国外森林法在林业规划、林种划分、林业委员会、林业协会、林区土地利用、林业监督机关等方面都有许多明确完整的规定,值得我们借鉴。

(二) 森林管理法律制度①

1. 林种的划定

林种的划定是森林资源清查工作中的一项重要内容。我国《森林法》第4条根据森林的用途和经营目的,将森林分为五种:防护林、用材林、经济林、薪炭林、特种用途林。林种的分类和划定,是森林经营管理的基础,也是确定森林采伐方式的依据,还是能否转让林权的依据,这项规定具有重要的法律意义。

2. 植树造林

我国是一个森林资源严重短缺的少林国家。目前,我国森林覆盖率仅相当于世界平均水平的2/3;人均森林面积只有世界平均水平的1/4;人均森林蓄积量只有世界平均水平的1/7;2008年我国森林覆盖率为20.36%。② 绿化国土,提高森林覆盖率的基本途径之一是植树造林。我国《森林法》不仅在总则中,而且用专章规定了植树造林,其主要内容为:各级人民政府应当制定植树造林规划,因地制宜地确定本地区提高森林覆盖率的奋斗目标;各级人民政府应当组织各行各业和城乡居民完成植树造林规划所确定的任务,并针对自然力对森林生长独立起作用的特点,采取在一定期限内对生长林木的一定地区实行封山育林。同时规定了植树造林的社会义务,政府制定、组织实施植树造林规划的职责与各行各业和城乡居民进行植树造林的义务是相对应的。

3. 森林保护

森林保护主要包括下列内容:

(1) 森林防火。这是指森林火灾的预防和扑救。根据我国《森林法》第21条和《森林防火条例》的规定,地方各级人民政府应当切实做好森林火灾的预防工作。在森林防火期内,禁止在林区野外用火;因特殊情况需要用火的,必须经过县级人民政府或县级人民政府授权的机关批准。地方各级人民政府应在林区设置防火设施,一旦发生森林火灾,必须立即组织当地军民和有关部门扑救。因扑救森林火灾负伤、致残、牺牲的,由所在单位或由起火单位按照国务院有关主

---

① 本章第二节专门讲述了"自然资源法基本制度",有关林权、林业长远规划、森林年采伐限额、采伐许可证、森林采伐方式等在此不再讲述。

② 参见《访国家林业局局长贾治邦》,载《人民日报》2009年11月18日。

管部门的规定给予医疗、抚恤。

(2) 森林病虫害防治。这是指对森林病害和虫害的预防和除治。我国《森林法》第22条和《森林病虫害防治条例》对森林病虫害防治进行了专门规定。要求各级林业主管部门负责组织森林病虫害的预防工作,林业主管部门负责规定林木种苗的检疫对象,划定疫区和保护区,对林木种苗进行检疫。各级林业主管部门可以根据森林病虫害防治的实际需要,建设森林病虫害防治设施。

(3) 人为破坏森林的禁止。这是指人们在进行利用森林或其他社会、经济活动中不正确地利用森林、破坏森林或损害森林所承载的维护生态环境的行为。我国《森林法》和《森林法实施细则》针对几种主要的人为破坏森林的行为作出了禁止性规定:禁止毁林开垦和毁林采石、采砂、采土及其他毁林行为;禁止在幼林地和特种用途林内砍柴、放牧;进入森林和森林边缘地区的人员,不得擅自移动或者损坏"为林业服务"的标志。

三、草原法

(一) 草原法概述

1. 草原法的概念

草原法是调整人们在从事草原规划、保护、建设、利用、管理和发展现代畜牧业活动中所发生的各种经济关系的法律规范的总称。其内容包括草原权属、草原规划、草原建设、草原利用、草原保护、监督检查、法律责任、附则等。草原法明确规定,国家对草原实行科学规划、全面保护、重点建设、合理利用的方针,促进草原的可持续利用和生态、经济、社会的协调发展。

2. 我国的草原立法

游牧是一种古老的生产活动,我国对草原的利用长期处于原始的自然状态。中华人民共和国成立前,除了传统的游牧民族的习惯法以外,成文的草原或牧业法律法规并不多见。中华人民共和国成立后,党和国家十分重视草原保护建设和牧业发展,在不同时期的许多政策法规中有所体现。1985年6月18日,我国颁布了《中华人民共和国草原法》(以下简称《草原法》)。1993年10月,国务院又发布了《草原防火条例》。2002年12月28日,第九届人大常委会第三十一次会议对《草原法》作了修订,要求各级人民政府应当加强对草原保护、建设和利用的管理,将草原的保护、建设和利用纳入国民经济和社会发展计划。草原是我国重要的陆地生态屏障。为适应建设资源节约型、环境友好型社会的要求,全国人大常委会于2009年8月、2013年6月又两次修订《草原法》,对非法征收、征用、使用草原的审批、补偿以及禁止非法草原行驶等提出新的要求,进一步引导和推动草原建设步伐,加快建立草原生态补偿机制,遏制草原生态加速恶化的势头。

3. 国外的草原立法

国外草原立法,形式多样,内容庞杂。有的国家以《草地法》为主,同时在土地法、放牧法中间夹杂有草原法规范,如澳大利亚、日本;有的国家则无统一的草地法典,而在森林法中夹杂有草原法规范。但不论形式如何,重视对草原的法制管理,保护草地资源和草地生态环境,发展草地生产力是现代各国尤其是草原资源丰富的国家的共同趋向。美国早在20世纪初就开始制定草原法规,如1916年内布拉斯加州的《家畜饲养土地法》。日本也于1931年颁布了《草地法》。澳大利亚各州从20世纪20年代开始分别制定了州《草地法》。加拿大、新西兰、英国、苏联等国的有关法令中,也有大量的草原法律规范。当代各国草原立法的主要内容包括下述几个方面:

(1) 草原的保护和利用制度。澳大利亚法律规定,草原(牧区土地)属政府所有,政府将草原租给牧场主使用,并对不同类型的草原,按其产量分别控制一定的载畜量。阿根廷法律规定,全国所有草地一律实行围栏放牧。美国1934年通过的《泰勒放牧法》也对防止草原放牧过度,控制放牧区的牧畜头数和种类、收取放牧费、草原改良等作了规定。

(2) 草原建设和改良制度。日本《草地法》第20条规定,按照草地管理规章从事草地改良者,或依法从事草地改良事业以及灭虫工作的,国家在必要的限度内,从资金融通、牧草种子、草地树木种苗的供给等方面给予必要的奖励。新西兰的立法对草原经营者申请政府贷款规定了严格的条件,如办牧场必须采取先围栏种草后放牧养畜的方法,并须受过农业高等教育经考试合格等。这些立法对建设人工草场、改良天然草地,大幅度提高草地生产力起到了很好的作用。

(3) 牧草种子生产和经营制度。优良牧草种子的生产和经营,是建立人工饲草饲料基地和改良天然草场的基础工作,许多国家对优良牧草种子的生产经营十分重视。澳大利亚政府对牧草种子生产、经销、检验、贮存等,都有标准化的具体规定。新西兰政府制定了全国牧草种子检查和种子保证制度,不仅规定了牧草种子分级质量标准,还规定了出口限制。丹麦、加拿大等国也规定了牧草种子检查制度。法国1950年颁布了《饲料作物品种登记法令》。[①]

(二) 草原管理法律制度[②]

1. 草畜平衡制度

为建设、保护和合理利用草原,改善生态环境,维护生物多样性,发展现代畜牧业,我国《草原法》确立了草原平衡制度。要求草原承包经营者要合理利用草

---

① 《中华人民共和国草原法》,农业出版社1985年版,第24页。
② 本章第二节专门讲述了"自然资源法基本制度",有关草原权属、草原保护、建设、利用规划制度、草原开发利用中的禁止与限制制度、草原开发利用的行政许可制度、草原开发利用与保护生态环境制度、监督检查等在此不再讲述。

原,不得超过国务院草原行政主管部门规定的草原载畜量标准和草畜平衡管理办法①,要以草定畜,不得超载过牧,保持草畜平衡。牲畜饲养量超过县级以上地方人民政府草原行政主管部门核定的草原载量标准的,将依法处罚。

2. 基本草原保护制度

为保护和建设草原,国家实行基本草原保护制度。我国《草原法》明确规定,将重要放牧场,割草地,用于畜牧业生产的人工草地、退耕还草地以及改良草地、草种基地,对调节气候、涵养水源、保持水土、防风固沙具有特殊作用的草原,作为国家重点保护野生动植物生存环境的草原,草原科研、教学试验基地,国务院规定应当划为基本草原的其他草原,全部划为基本草原,国家对基本草原采取最严格的保护措施,不能随意占用和改变用途。凡违反《草原法》规定的草原禁牧休牧制度或其他人为破坏草原行为,使基本草原遭到毁坏的,将按《草原法》的规定受到处罚。

3. 草原的临时调剂制度

草原的临时调剂,是指为减少和防止因自然灾害引起的饲料不足而产生的畜牧业生产损失,把在受灾害草原上放牧的牲畜赶往未受灾害的草原上放牧一定时期,在受灾害草原的饲用植物恢复生长后再回原草原放牧,是草原防灾的一项必要措施,也是一项重要的权益,更有利于增进民族团结,建立和谐社会。草原临时调剂的方法主要有:第一,一般按照自愿、互利原则,由双方协商解决。第二,行政组织协商。如果临时调剂草原需要跨县时,由有关县级人民政府或者共同的上级人民政府组织协商解决。

4. 草原防火与草原鼠虫害和疫病防治制度

草原有三大灾害:草原火灾、草原鼠虫害和疫病、草原的人为破坏。对草原三大灾害的预防和除治,是草原保护的重要内容。其中,草原的人为破坏主要以草原禁限制度和加强草原监管体系给予治理;草原防火和草原病虫害防治则各为独立的制度。

(1) 草原防火。草本植物多为1年生植物,随着季节变换,草木枯萎,非常容易因自然原因或人工原因引起草原火灾。所以,草原火灾也是破坏草原的重大灾害。《草原法》第53条规定了草原防火制度。

(2) 草原鼠虫害和疫病防治。草原鼠虫害是草原的大敌,每年草原鼠害面积在8.5亿亩以上。② 这不仅严重危害破坏草原,而且与畜养牲畜争食抢草,威胁牧业生产;一定的疫病,不仅会造成牧畜大量死亡、减产,甚至会威胁人类的生命健康。防治草原鼠虫害和牲畜疫病,是草原保护和畜牧业发展的重要任务。

---

① 2005年1月19日,农业部发布《草畜平衡管理办法》,自2005年3月1日起施行。
② 《草原生态欠账仍在增加》,载《人民日报》2009年8月28日。

我国《草原法》第54条规定了草原鼠虫害和疫病防治制度。

四、矿产资源法

(一) 矿产资源法概述

1. 矿产资源法的概念

矿产资源法是调整人们在勘探、开采、利用和保护矿产资源的活动中所形成的各种经济关系的法律规范的总称。主要包括：矿权、矿产资源管理、矿产资源勘探、开采、利用、保护等。世界上大多数国家，是以矿业法为矿产资源和矿业的法律的名称。我国将其命名为"矿产资源法"，突出了矿产资源保护和合理利用的内容，表现出显著的特点。

2. 我国的矿产资源立法

我国矿冶活动的历史源远流长，矿冶方面的立法也历史悠久，各朝代均有矿冶立法。到了现代，1930年时曾颁布有《矿业法》。新中国建立之后，尤其是改革开放之后，矿产资源的立法逐步加强。1986年3月，第六届全国人大常委会第十五次会议通过了《矿产资源法》。1987年4月，国务院发布了三个重要行政法规：《矿产资源勘查登记管理暂行办法》《全民所有制矿山企业采矿登记管理暂行办法》和《矿产资源监督管理暂行办法》。1996年8月，第八届全国人大常委会第二十一次会议修改并重新颁布了《矿产资源法》。1998年2月，国务院又发布了三个重要行政法规：《矿产资源勘查区块登记管理办法》《矿产资源开采登记管理办法》和《探矿权采矿权转让管理办法》。在新形势下，根据科学发展观的要求，2009年8月27日全国人大常委会对《矿产资源法》进行了第二次修改，进一步推动科技创新，发展绿色矿业和循环经济，提高资源开采和利用效率，增强国家资源保障能力。矿业是经济社会发展的基础性产业，经济全球化带来了矿产资源配置的全球化。我们要依法保障坚持实施互利共赢的开放战略，进一步扩大矿业国际交流与合作，为促进世界可持续发展作出贡献。

3. 国外的矿产资源立法

矿业是人类社会经济生产中的一项古老的产业，有关矿产资源的立法长期以来存在于各国的法律体系中，总结各国现代有关矿产资源的立法，主要包括有以下内容：

(1) 矿产资源的所有权。矿产资源所有权的归属问题，不同社会制度的国家或同一社会制度的不同国家的立法有不同的规定。英美法系国家一般实行"土地所有者主义"，即地下矿藏归土地所有者所有。大陆法系国家一般实行"矿业权主义"，即土地的所有权与矿藏所有权分离，不论土地为谁所有，土地下面的矿藏均归国家所有。

(2) 矿权。这是指在一定条件下勘探开发矿藏的权利。各国法律的规定大体相同。美国、加拿大、巴西、智利、日本等国的矿业法都规定法人或公民可以向国家申请探矿、采矿,获得批准后,即取得探矿和采矿权,同时应向国家缴纳探矿、采矿税。外国人取得开发权的条件一般都较本国人严格。有些国家在法律中明确规定,某些矿产资源一律不允许外国人开发。例如,阿根廷、秘鲁、印度尼西亚等国法律都规定,放射性物质与贵重金属一律不允许外国人开采。

(3) 关于矿产资源的开发阶段的规定。有关这方面的规定各国不尽相同,大多数国家将整个开发工作分为勘测、勘探、评价、开采等四个阶段。

(4) 对开采普通矿物原料的规定。许多国家的矿业法,对普通矿物原料的开采都有些专门的规定,与开采"非常见矿产"或"有价值的矿产"不同:开采条件一般比较宽;申报审批手续比较简单(有的国家甚至规定不需要报经有关机关审批);审批权限在地方机关。例如,根据美国法律的规定,普通种类的沙石、砾石、浮石、火山凝灰炭等的矿床等,都没有包括在美国矿业法律所指的有价值的矿床的含义之内。开采这类矿物原料,无需像开采"有价值的矿床"那样必须按照矿业法律提出在已勘探地区采矿的申请,经审批后才能开采。

(5) 有关处罚规定。一些国家的矿业法对未经批准擅自进行采矿的行为,都根据本国的情况,作出了处罚的规定。例如,日本《矿业法》规定,未获得矿业权,擅自采掘矿物的,处5年以下拘役或50万元以下罚金,亦可两刑并处。

(6) 关于禁止出口的规定。有些国家的矿业法,明确规定了一些矿物及其产品禁止出口。例如,巴西矿业法规定,一些能够生产原子能的矿产,如铀、钍、镉、锂、铍、锆、硼及这些物质通过处理得到的产品,一律不准出口,铍矿只有经过共和国总统的批准才能出口。

(二) *矿产资源管理法律制度*①

1. 勘查、开采矿产资源的监督管理

(1) 矿产资源勘查的监督管理。矿产资源勘查是保障经济建设、国防建设和社会发展的基础性工作,我国《矿产资源法》规定,区域地质调查按照国家统一规划进行。区域地质调查的报告和图件按照国家规定验收,提供有关部门使用。要求矿产资源普查在完成主要矿种普查任务的同时,应当对工作区内包括共生或者伴生矿产的成矿地质条件和矿床工业远景作出初步综合评价;矿床勘探必须对矿区内具有工业价值的共生和伴生矿产进行综合评价,并计算其储量,未作综合评价的勘探报告不予批准。同时规定,矿产资源勘查的原始地质资料要妥善保护和保存。

(2) 矿产资源开采的监督管理。为了促进我国矿产资源利用程度的提高,

---

① 本章第二节专门讲述了"自然资源基本制度",有关矿权、勘查许可证、采矿许可证以及保护矿山环境的禁止和限制等在此不再讲述。

我国《矿产资源法》规定,开采矿产资源,必须采取合理的开采顺序、开采方法和选矿工艺。矿山企业的开采回采率、采矿贫化率和选矿回收率应当达到设计要求。同时还规定:在开采主要矿产的同时,对具有工业价值的共生伴生矿产应当统一规划,综合开采,综合利用,防止浪费;对暂时不能综合开采或者必须同时采出而暂时还不能综合利用的矿产以及含有有用组分的尾矿,应当采取有效的保护措施,防止损失破坏。

2. 矿产资源的开采与毗邻的权益

矿产资源开采的活动,是污染、破坏环境的重要灾害源之一,并且对土地、森林、草原的占用可能形成破坏,为了防止和减少开采活动可能造成的危害,我国《矿产资源法》规定,开采矿产资源,必须遵守有关环境保护的法律规定,防止污染环境。开采矿产资源,应当节约用地。耕地、草原、林地因采矿受到破坏的,矿山企业应当因地制宜地采取复垦利用、植树种草或者其他利用措施。同时还要求,勘查、开采矿产资源时,发现具有重大科学文化价值的罕见地质现象以及文化古迹,应当加以保护并及时报告有关部门。

五、水法

(一) 水法概述

1. 水法的概念

水法是调整人们在开发、利用、节约、保护、管理水资源与防治水害等活动中发生的各种经济关系的法律规范的总称。水法所称水资源,包括地表水和地下水;地表水主要指江河、湖泊、冰川等地表水(含经过开发利用的商品水和经过工程调节的供水);海水的开发利用和保护管理,不属于水法的调整范围。

2. 我国的水立法

历史上我国就是一个水管理十分发达的国家。新中国建立以来,我国对水的管理一直是比较重视的。党的十一届三中全会以来,在加强社会主义法制的进程中,我国水资源的立法工作得到了进一步加强。1988年1月,第六届全国人大常委会第二十四次会议通过了《中华人民共和国水法》(以下简称《水法》)。根据经济和社会发展的新情况,2002年8月29日、2009年8月27日全国人大常委会两次对《水法》作了修订,充分表明我国进入了依法治水的新阶段。目前除《水法》以外,其他重要的水事法律、法规还有:1997年8月29日公布的《中华人民共和国防洪法》(2009年8月27日修改);1991年6月29日通过的《中华人民共和国水土保持法》(2010年12月25日修订);1993年8月1日国务院公布的《取水许可制度实施办法》;等等。依照科学发展观的要求,站在加强生态文明建设的战略高度,不断健全和完善水资源立法,让江河湖泊休养生息,保障实现水资源的可持续利用,适应国民经济和社会发展的需要。

3. 国外的水立法

世界各国普遍重视水资源的立法工作。一些国家把有关水的管理、开发、利用和保护以及防治水害等问题集中在一个"法"里规定,如德国、匈牙利等,法的名称均为《水法》;也有的国家把对水的开发、利用和管理以及防治水害等问题分别制定若干单行法律进行规定,如日本制定了《河川法》《工业用水法》《水资源开发促进法》等近十个法律,通称"水利立法";英国制定了十多个关于水的单行法规,其中一个原称《水资源法》,后经修改补充改称《水法》。

各国水法的主要内容包括:水的所有权,用水许可制度,水工程的开发、利用、管理,水资源综合管理,水费和水税等。关于水的所有权,大多数国家提倡水的公有制,主张加强政府对水的管理和控制。在一些国家的水法中,水的公共性是重要内容。关于用水许可制度,用水许可和水权登记,是世界各国普遍采用的一种水管理的基本制度。许多国家的法律都规定,除法律专门规定可以不经许可的用水以外,用水者都必须根据许可证规定的方式和范围用水。关于水、水工程的开发、利用、管理,各国的法律均比较注重开发和保护,兴利与除害相结合。关于水资源综合管理,由于水资源是循环再生的动态资源,大气水、地表水和地下水相互转化,三种形态是水循环的不同阶段,水在任何一个阶段受到损害都会影响到其他阶段。因此,有些国家的水法规定,地表水、地下水和大气水必须联合管理;一些国家的水法规定,地表水、地下水必须联合运用,统一调度。关于水费和水税,各国均用征收水费和水资源税的办法,鼓励水的有效利用、节约用水、阻止水的浪费和水质污染,这种措施已愈来愈被各国水的立法所重视。许多国家都实行了有偿使用水制度。例如,一些国家明确规定,对不交水费者,一律停止供水,并取消许可。

(二) 水资源管理法律制度[1]

1. 水资源管理体制

国家对水资源实行流域管理与行政管理相结合的管理体制,这是水资源的特点决定的。水是一切生物赖以存在的物质基础,生命之源,没有水就没有人类社会,与其他自然资源相比有更为明显的公共性;水是动态资源,又是可以形成公利或公害的资源;水是多功能资源,可以用于人类社会生产和生活的各个方面;水是可以重复利用及综合利用的资源,具有多重的使用价值。加强对水资源的科学管理,有利于合理开发、利用、节约和保护水资源,有利于兴利除害,实现水资源的可持续利用和人与自然的和谐发展。

---

[1] 本章第二节专门讲述了"自然资源法基本制度",有关水权、取水许可制度、监督检查等在此不再讲述。

2. 水资源开发利用的原则

水资源与人类的生存攸关,对水资源的开发利用必须全过程的进行规范,努力把握人与水资源之间关系的平衡,实现人与自然的和谐发展。我国《水法》对水资源开发利用设专章进行规范,提出了一些基本的原则:第一,兴利与除害相结合的原则。开发利用水资源,应当服从防洪的总体安排;应当兼顾上下游、左右岸、远近水源和有关地区之间的利益,充分发挥水资源的综合效益。第二,生活用水优先和统筹兼顾原则。开发利用水资源,应当首先满足城乡居民生活用水;并兼顾农业、工业生态环境用水及航运等需要;在干旱和半干旱地区开发、利用水资源,应当充分考虑生态环境用水需要。第三,开源与节流相结合的原则。开发利用水资源必须从本地区水资源实际情况出发,要全面规划、科学论证,地表水与地下水统一调度开发,兼顾调出和调入流域的用水需要,合理组织开发;要坚持节流优先与污染处理再利用的方针,综合利用水资源;在水资源不足的地区,要对城市规模和建设耗水量大的工业、农业和服务业项目加以限制。在开发利用水资源过程中要始终防止对生态环境的破坏。第四,综合开发利用的原则。水资源的公共性、动态性、多功能性等特点,决定了水资源的开发利用必须坚持综合规划和综合开发。我国水能资源居世界前列,在水能丰富的河流,应当有计划的进行多目标梯级开发;建设水力发电站,应当保护生态环境,兼顾防洪、供水、灌溉、航运、竹木流放和渔业等方面的需要;开发利用水运资源,要妥善处理水生生物保护,修建过鱼、过船、过木设施及其他补救措施等,真正实现水资源的多功能效益。

3. 饮用水水源保护区制度

为保证城乡居民饮用水安全,我国《水法》规定,国家建立饮用水水源保护区制度。要求省、自治区、直辖市人民政府要划定饮用水水源保护区,并采取措施,防止水源枯竭和水源污染。县级以上地方人民政府水行政主管部门和流域管理机构应当对饮用水水源保护区的水质状况进行监测,未达到饮水水源保护区水质要求的,应当及时报告有关人民政府采取治理措施,并向环境保护行政主管部门通报。为确保饮用水安全,我国《水法》明确规定,禁止在饮用水水源保护区内设置排污口,违反此项规定的由县级以上地方人民政府责令限期拆除、恢复原状;逾期不拆除、不恢复原状的,强行拆除、恢复原状,并处以罚款。

4. 水资源配置制度

为合理利用、节约使用水资源,国家对用水实行总量控制和定额管理相结合的制度。我国《水法》规定,国务院发展计划主管部门和国务院水行政主管部门负责全国水资源的宏观调配;国家确定的重要江河、湖泊的年度水量分配方案,要纳入国家的国民经济和社会发展年度计划;县级以上和地方人民政府水行政主管部门要按照水资源供需协调、综合平衡、保护生态、厉行节约、合理开源的原则制定本行政区域的中长期供水规划;要求县级以上地方人民政府水行政主管部门或者流域管理机构应当根据批准的水量分配方案和年度预测来水量,制定年度水量分配方案和调度计划,实施水量统一调度,有关地方人民政府必须服从。我国《水法》具体规定,对不按照水量分配方案分配水量;拒不执行水量分配方案和水量调度预案的;拒不服从水量统一调度的种种行为,对负有责任的主管人员和其他直接责任人员依法给予行政处分。

5. 节约用水制度

我国水资源匮乏,必须始终将节水放在重要位置。我国《水法》对各个领域的节约用水提出了明确要求,用水应当计量,并按照批准的用水计划用水,确立了一系列节约用水制度;用水实施计量收费和超定额累进加价制度;推行节水技术提高农业用水效率;工业用水要采用先进技术、工艺和设备,提高水的重复利用率;逐步淘汰落后的、耗水高的工艺、设备和产品;城市应推广节水型生活用水器具,提高生活用水效率;新建、扩建、改进建设项目,应当制订节水措施方案;供水单位应加强供水设施的维护管理、减少水的漏失;等等。

六、渔业法

(一) 渔业法概述

1. 渔业法的概念

渔业法是调整在从事养殖和捕捞水生动物、水生植物的渔业生产活动中发生的各种经济关系的法律规范的总称。我国《渔业法》适用于中华人民共和国的内水、滩涂、领海、专属经济区以及中华人民共和国管辖的一切其他海域。外国人、外国渔业船舶进入我国管辖水域,从事渔业生产或者渔业资源调查活动,必须经国务院有关主管部门批准并遵守本法和我国其他有关法律、法规的规定;同我国订有条约、协定的,按照条约、协定办理。

2. 我国的渔业立法

我国的渔业立法具有较长的历史。新中国建立以后,尤其是改革开放以来,又有了新的发展。1979 年国务院和有关部门就分别颁布了《渔业许可证若干问题的暂行规定》《渔政管理工作暂行条例》等,1980 年发布了《渔港监督管理规则》,1983 年发布了《海洋捕捞渔船管理暂行办法》和《渔业船舶船员考试规则》等。1986 年 1 月 20 日,第六届全国人大常委会第十四次会议通过了《中华人民共和国渔业法》(以下简称《渔业法》)。2000 年 10 月 31 日,第九届全国人大常委会第十八次会议对《渔业法》作了第一次修改。根据科学发展观的新要求,第十届全国人大常委会第十一次会议于 2004 年 8 月 28 日对《渔业法》进行了第二次修改,第十一届全国人大常委会第十次会议于 2009 年 8 月 27 日进行了第三次修改,第十二届全国人大常委会第六次会议于 2013 年 12 月 28 日进行了第四次修改,使我国渔业法制建设更加健全和完善。

3. 国外的渔业立法

渔业在世界不少国家的经济和社会发展中占有重要地位,因此,有渔业的国家都十分重视渔业立法和渔政管理。日本早在1901年就制定了《渔业法》,二战后又制定了《水产资源保护法》《沿岸渔业振兴法》《海洋水产资源开发促进法》等,现在仅渔业方面的法律、法规、规章等就有一百多种。美国也十分重视渔业立法,1976年颁布了《渔业保护和管理法》,1980年颁布了《水产养殖条例》等。此外,挪威、加拿大和英国的渔业立法也比较健全。各国的渔业立法的主要内容有:

(1) 保护渔业资源,维护本国的渔业权益,促进合理开发和利用,防止酷渔滥捕、水域污染等破坏资源的活动。

(2) 为了保证渔业法规的正确实施,不少国家均设立了自上而下的渔政机构,明确其相应的职责。美国规定由商务部长与海岸警备队负责人共同实施渔业法令,全国设有8个渔业管理的理事会。日本从上到下都有健全的渔政机构,渔业监督官和监督员由政令任命并授予监督权,经所属地区长官与检察长协商指定后,可以兼任司法警察,代表政府执行任务。

(3) 许多国家都实行捕捞许可证或执照制度;禁止自由捕捞,自由造船用船;划定禁渔区和禁渔期;严格规定渔船、渔具、渔法以及捕捞幼鱼的比重及渔获量等。

(4) 日本、美国、加拿大等国均划定了自己的200海里领海或渔业经济区,对别国渔船的捕捞严加限制。日本禁止无约定国家在其领海捕鱼,对有约定国家也限制捕捞量;美国建立200海里水域保护区后,捕捞配额首先满足美国渔民,剩余部分才分配给外国渔船,但仍须有渔业协定,并要领取许可执照后方可捕鱼,捕鱼者还要纳税。

渔业经济比较发达的国家除重视渔业立法外,还很重视执法工作,对违法行为处罚也比较严厉。这些国家比较有效地实现了渔业资源的严格管理,从而使一些国家已遭破坏的渔业资源得以恢复,日本至今沿海渔场资源不减,渔业生产经久不衰。

(二) 渔业管理法律制度[①]

1. 养殖业的法律规定

(1) 国家对渔业生产实行以养殖为主,养殖、捕捞、加工并举,因地制宜,各有侧重的方针。鼓励全民所有制单位、集体所有制单位和个人充分利用适于养

---

① 本章第二节专门讲述了"自然资源法基本制度",有关渔业权、捕捞许可证、养殖证以及一些禁止和限制制度在此不再讲述。

殖的水域、滩涂,发展养殖业。单位和个人使用国家规划确定用于养殖业的全民所有的水域和滩涂的,使用者应当向县级以上地方人民政府渔业行政主管部门提出申请,由本级人民政府核发养殖证。集体所有的或者全民所有由农业集体经济组织使用的水域、滩涂,可以由个人或者集体承包,从事养殖生产。

(2) 国家鼓励渔业科学技术研究,提高渔业科学技术水平;鼓励和支持水产优良品种的选育、培育和推广;水产苗种的进口、出口必须实施检疫,防止病害传入境内或传出境外;引进转基因水产苗种必须进行安全性评价。

(3) 从事养殖生产应当保护水域生态环境,科学确定养殖密度,合理投饵、施肥、使用药物,不得造成水域的环境污染。

2. 捕捞限额制度

捕捞限额,是指国家根据捕捞量低于渔业资源增长量的原则,确定渔业资源的总可捕捞量,一切从事捕捞作业的单位和个人均不得超过下达的捕捞限额指标,对超过上级下达的捕捞限额指标的,要在其次年捕捞限额指标中予以核减。在法律上规定捕捞限额制度,是以法律方式强制渔业生产必须遵循渔业资源的发展规律,保障渔业资源的可持续利用。

3. 渔业资源的增殖与保护制度

(1) 渔业资源增殖的政府职责和费用。我国有大量的水域、滩涂,尚有相当的潜力未发掘利用。为了提高人均水产品拥有量,发展渔业,充分利用适于养殖、捕捞的水域、滩涂,我国《渔业法》第28条规定了政府增殖渔业资源的职责和征收渔业资源增殖保护费:县级以上人民政府渔政主管部门应当对其管理的渔业水域统一规划,采取措施,增殖渔业资源;县级以上渔政主管部门可以向受益的单位和个人征收渔业资源增殖保护费,专门用于增殖和保护渔业资源。

(2) 渔业水域的环境保护。渔业水域,是指中华人民共和国管辖水域中的鱼、虾、蟹、贝类的产卵场、索饵场、越冬场、洄游通道和鱼、虾、蟹、贝、藻类及其他水生动植物的养殖场所。渔业水域的保护是渔业资源保护的重要事项,我国《渔业法》和《渔业法实施细则》对渔业水域环境保护作了规定。各级人民政府应当依照《海洋环境保护法》《水污染防治法》《野生动物保护法》的规定,采取措施,保护和改善渔业水域的生态环境,保护珍贵、濒危水生野生动物,防治污染,并追究污染渔业水域的单位和个人的责任。

此外,我国《渔业法》还规定了一些影响渔业资源增殖的限制和禁止的行为。

七、野生动植物保护法

(一) 野生动物保护法

1. 野生动物保护法概述

(1) 野生动物保护法的概念。野生动物保护法,是指调整人们在保护、拯救濒危野生动物,保护、发展和合理利用野生动物资源中的各种经济关系的法律规范的总称。主要包括野生动物的权属和野生动物利用的权益,与野生动物保护有关的狩猎、养殖业的管理,野生动物保护的政府职责和社会义务,野生动物拯救、发展和保护的有关措施等内容。

(2)我国野生动物保护的立法。新中国成立以来,党和国家十分重视野生动物资源的保护,曾颁布过许多有关野生动物保护的法律规范和政策、行政文件。改革开放以来,野生动物保护的法制建设进一步发展,在《宪法》《刑法》《森林法》《草原法》《环境保护法》中都规定了有关野生动物保护的内容。1988年11月正式颁布了《中华人民共和国野生动物保护法》(以下简称《野生动物保护法》),标志着我国野生动物保护立法的新发展。2004年8月、2009年8月,全国人大常委会对该法进行了两次修改,规定了非常严格的行政责任和刑事责任。

2. 野生动物保护法律制度

(1)野生动物的所有权。这是指野生动物资源,即生存于自然状态下的野生动物,尚未被人们合法获取时的所有权。它与通过狩猎、养殖所享有的野生动物的所有权有根本的不同。我国《野生动物保护法》规定,野生动物资源属于国家所有。从实际的内容来看,野生动物的国家所有权的意义在于:它是设立野生动物保护、拯救、管理的政府职责的法律基础,是一定的野生动物利用权益应经国家规定程序取得,并承担保护和合理利用野生动物资源的义务的法律依据,是国家有关机构管理权限和收取一定费用的法定原因。野生动物国家所有权的唯一主体是中华人民共和国,唯一取得方式是法定所有,除国家之外,任何主体不得以任何方式取得野生动物资源的所有权;野生动物的所有权是独立性权利,不因野生动物生存或进入土地、森林、草原、水域的所有权、使用权的权属不同而改变;国家一定机构依照法律的规定代表国家行使野生动物的国家所有权。

(2)野生动物利用的权益。这是指以经济利用或其他利用为目的,依法对野生动物资源享有的权益。主要包括狩猎权和驯养繁殖权等。狩猎权,是指依法取得狩猎许可,进行猎捕野生动物的行为,并根据猎捕行为对其猎获的野生动物享有的所有权或其他权益。驯养繁殖权,是指依法享有的驯养繁殖野生动物,并对驯养繁殖的动物或其产品拥有的所有权或其他权益。

(3)野生动物利用中的禁止与限制。保护野生动物,除了在野生动物利用权益的取得上实行许可证制度外,我国《野生动物保护法》还规定了其他方面利用活动的禁止和限制,主要内容为:禁猎捕事项,出售、收购的禁止和限制,运输、携带和进出口的限制。

(二)自然保护区法

1. 自然保护区法概述

(1)自然保护区法的概念。自然保护区法,是指调整人们在规定、建设、管理、保护自然保护区的过程中所发生的各种社会关系的法律规范的总称。一般包括自然保护区的类型划分、划定和建立自然保护区的权限,自然保护区的保护和管理,自然保护区内进行有关活动的规范等内容。

(2) 我国的自然保护区立法。新中国成立初期,我国就开始注意有关自然保护区的建设。1956年10月,林业部曾制定过《天然森林伐区(自然保护区)划定草案》,对开展森林保护区起了一定的推动作用。在不同的时期中,许多省(区)曾制定过有关自然保护区的规范性文件。改革开放以来,有关自然保护区的法制建设更加广泛地开展,《环境保护法》《森林法》《野生动物保护法》《野生药材资源保护管理条例》等法律、法规中都规定了有关自然保护区的内容。1994年10月9日,国务院公布了《中华人民共和国自然保护区条例》,2011年1月8日对该《条例》进行了修订,表明了我国自然保护区立法的新发展。

2. 自然保护区法律制度

(1) 自然保护区的建设。自然保护区,是指对具有代表性的自然生态系统、珍惜濒危野生动植物物种的天然集中分布区、有特殊意义的自然遗迹等保护对象所在的陆地水体或者海域,依法划出一定面积予以特殊保护和管理的区域。在建设和管理自然保护区的工作中,应当妥善处理与当地经济建设和居民生产、生活的关系。我国《自然保护区条例》规定了建立自然保护区的条件,具备建立自然保护区条件之一的一定地区,根据在科研上的价值,或者在国际上的影响,可分别列为国家自然保护区和地方自然保护区。

(2) 自然保护区的管理。国家自然保护区,由国务院有关行政主管部门或者所在省、自治区、直辖市有关行政主管部门管理;地方自然保护区,由县级以上有关行政主管部门管理。建立自然保护区,是为了使自然保护区内的资源、环境等具有一个自然生长、更新、繁殖、增长的条件,防止人类活动对自然资源、自然环境造成破坏。自然保护区的主要保护方法之一,就是限制进入。此外,对自然保护区的旅游活动也规定了禁止和限制事项。

第二十五章　能源法律制度

第一节　能源法概述

一、能源与能源法的概念

(一) 能源和能源问题

能源,是指能够提供某种形式能量的物质或物质运动。提供能量的物质包括能源资源和能源产品。能源资源,是指未经劳动过滤的赋存于自然状态下的能源。能源产品是经过劳动过滤并符合人类需要的能源。提供能量的物质运动,即物质本身的作功,包括太阳能、水能、风能等非燃料能源。

世界上能源种类很多,分类方法也不少。可以按不同的目的和开发利用要求,进行多种科学分类。按能源的生成方式,可以分为一次能源和二次能源;按能源的利用状况,可以分为常规能源和新能源;按能源存在状态,可以分为固体能源、液体能源、气体能源、核燃料和载能体;按能源进入消费领域的方式,可以分为商品能源和非商品能源;等等。

上述分类在能源问题及其对策研究中具有重要意义。如一次能源和二次能源的分类,一次能源的生产和消费构成往往被统一折算成标准煤,用以分析一国能源生产和消费构成,分析能源结构及总量,确定一国能源生产和消费水平、能源拥有量,以及可能产生的能源问题和应采取的对策。工业化国家一般以石油为主要能源结构,而波兰、中国、南非、印度等少数几个国家则以煤炭为主要能源结构,法国以核电为主要能源结构,俄罗斯以天然气为主要能源结构,由此产生了不同或不同侧重点的能源问题及对策。而且,一次能源和二次能源所要解决的问题不一样,前者是合理勘探、开发,后者是合理转化利用。又如常规能源与新能源的分类,常规能源的拥有量往往被认为是能源稳定供应的基础,新能源的开发利用往往被认为是能源结构多样化的根据。而能源的稳定供应与能源结构的多样化都是能源问题及其对策的重要部分。

新世纪,人类能源开发和利用进入了一个重大转折时期。有效地应对气候变化,满足日益增加的能源需求,将使未来的能源结构、利用方式产生深刻的变革。开发清洁能源、提高能源效率、促进节约能源、减少排放,正成为各国的新目标。世界经济正向着"清洁与绿色"迈进,一些国家在"绿色新政"中将发展新能源作为重要措施,这必将催生新的能源产业,加速能源转型进程,开启人类能源利用的新纪元,凸显能源与能源问题在人类未来发展中的地位。①

(二) 能源法

1. 能源法的概念

实质意义的能源法,是指关于能源合理开发、加工转换、储运、供应、贸易、利用及其规制,保证能源安全、有效、持续供给的能源法律规范的总称。实质意义的能源法表明:第一,能源法的调整对象是经济关系的特定部分,即能源物质利益关系。这种关系是基于能源开发、加工转换、储运、供应、贸易、利用(统称"能源开发利用")及其规制而发生的,并以这些行为作载体存在和表现的。因此,能源法在调整经济关系时是以确立行为主体资格及其行为规则和建立能源法律制度为内容的。第二,能源法的调整以能源开发利用及其规制的合理化为出发点,以保证能源安全、有效和持续供给为归宿。能源的安全、有效和持续供给是法律合理安排和实施效果的评价标准。为此,能源法在设定规范和制度安排时,是以明确的价值倾向和手段选择为形式的。

形式意义的能源法,是指能源法律规范借以表现的各种形式。这包括制定法和非制定法。其中,制定法是主要的,它包括关于能源的法律、法规、规章等规范性文件。我国在能源立法方面已经取得了很大的成绩,先后制定了《电力法》《煤炭法》《节约能源法》《可再生能源法》等法律和不少关于能源的法规、规章等规范性文件。目前,我国正在着手起草《能源法》《石油法》《核能法》,修改《电力法》。在这里,需要强调指出的是,制定一部在整个能源法领域中处于统率地位的,由全国人大审议通过的基本法律——《中华人民共和国能源法》,具有特别重要的意义。

2. 能源法的地位和作用

能源法作为独立的法的部门而存在是不以人的意志为转移的。首先,能源问题的解决需要能源法。能源问题是一国经济和社会可持续发展的"瓶颈",是一国国家安全和社会秩序稳定的前提,能源问题的解决已成为国家的一项根本性战略任务。因而,国家将能源问题的解决上升到法律,安排能源法及其制度形成长期和稳定的行为机制,使能源问题的解决制度化、法制化是历史的必然。其次,能源物质利益关系的完整性、系统性和过程性特点及其调整方法的特殊要求,决定了必须有一个独立的法的部门——能源法对其进行完整、系统和全过程的调整。而这种调整并不是其他法的部门所能替代的,也不是自然资源法、环境法所能包含的。再次,能源法已为各国普遍采用,使能源开发利用及其规制合理化、有序化,为能源问题的解决提供了制度空间。最后,能源法及其制度已同其他法律及其制度结合成有内在逻辑结构的法律和制度体系。例如,与环境资源

---

① 万纲:《加强科技创新 促进新能源发展》,载《人民日报》2009 年 7 月 24 日。

法、经济法律和制度,不仅在制度实施上有结合,而且在法的部门的关系上也具有密不可分的性质。纵观世界各国特别是工业化国家,能源法及其制度已经成为这些国家法的体系的重要部分,离开能源法及其制度,一个国家法的体系是不完整的。

当今世界,人类正处在从化石能源时代向可再生能源时代的转折点,从工业文明走向生态文明的关键点,一场深刻的能源科技革命正在孕育和迸发之中。应该在健全和完善能源法经济观的基础上,积极创建能源法生态观,推动能源领域这场革命的发展。

二、能源法经济观

(一)能源法经济观的概念、意义和构成

1. 能源法经济观的概念

能源法经济观是一系列从经济角度分析、研究能源法思想与精神的理论和观念。能源法律规范的设立,法律制度的安排,法律结构的组合,法的体系的构建及其法的功能和绩效等能源法的整个运作过程都直接或间接地受能源法经济观的支配。因此,学习和理解能源法经济观,特别是树立正确的能源法经济观是学好和领会能源法本质属性的基石。

从经济角度分析能源法的思想和精神是基于三个基本认识:第一,能源法的根据是经济内容和结构。能源法是国家意志的表现,是国家为了实现既定目的所付出的主观努力,并追逐一定的物质利益。正是在这个意义上,能源法把经济内容和结构对能源法的决定作用放在第一位,要求能源法律规范、法律制度、法律结构、法的体系及其制度功能和绩效全面体现经济规律和规则的内在要求,并以其为目的和动力,贯穿于能源法从孕育到形成,从运作到变迁的全过程。第二,能源法是经济发展的保证。作为国家意志,能源法既是经济的反映,又是经济发展的规范和制度。经济发展是以人的行为和客观物质的有机结合为条件的,而这种结合如何实现则取决于法律规范和制度。能源法通过规范人们的能源开发利用及其规制行为,形成相应的法律制度,保证能源开发利用及其规制长期稳定、安全持续、合理有效。只有对经济有深刻和准确的反映,能源法对经济的保证功能和绩效才是明显的。第三,能源法与经济相互制约共同构成能源法的思想和精神支柱。经济对能源法的根据作用和能源法对经济发展的保证作用,使能源法表现的国家意志既有丰富的内容,又有经济可行的认识基础,从而为能源法的思想和精神提供来源,能源法经济观是能源法的世界观和方法论。

2. 能源法经济观的意义

能源法经济观是以经济为尺度对能源法律规范、法律制度及其运作、变迁进行理论分析和价值评价的,这就使能源法公正、正义、科学的属性建立在需求与

供给、成本与绩效、最大化、效率、均衡等分析和评价的基础上,使能源法规范和制度都可以在经济上找到答案,使能源法的分析不再是空洞抽象的逻辑演绎,而是丰富具体的制度分析、制度比较和实证考察,从而使能源法立法、守法、执法、司法和对现行制度的诊断与评价成为富有经济成效的理性活动。能源法经济观是能源立法的思想基础、能源法守法的评价标准、能源法执法的指导原则、能源法司法的价值准绳、对现行能源法及其制度进行诊断的依据。

3. 能源法经济观的构成

能源法经济观由四部分构成,即能源持续发展观、能源市场供给观、能源政府规制观和能源技术创新观。它们的地位和作用是不同的:持续发展是目标,市场供给是途径,政府规制是保证,技术创新是条件,它们共同构成能源法经济观的完整理论体系。

(二) 能源持续发展观

能源持续发展观,是指在维护地球生态系统的基础上,通过能源法及其制度安排,使能源开发利用及其规制合理化,用以保证能源安全、效率、持续供给,满足社会持续发展的理论和观念。能源持续发展观的含义是:维持地球生态系统的完整性是能源持续发展观的基石;能源开发利用及其规制的合理化是能源持续发展的根本途径;能源法及其制度是能源开发利用及其规制合理化的制度基础;能源安全、效率、持续供给是社会持续发展的必要条件,也是能源持续发展观的归宿。

作为能源法经济观核心的能源持续发展观由三方面理论和观念构成:能源持续发展是不超出生态系统和整个生物圈负载力情况下的发展;能源持续发展是合理开发利用能源资源及其产品的发展;能源持续发展是以能源法律制度为实施条件的发展。

能源持续发展观是能源法经济观的核心,各种能源法律及其制度都将以它作为理论根据,以它的实现作为目标和安排的基础,能源立法、守法、执法、司法和对现行能源法及其制度进行诊断和评价,都要以它作为哲学方法。因此,在能源法律制度建设中能源持续发展观具有普遍的指导意义。

(三) 能源市场供给观

能源市场供给观,是指在承认能源资源价值的基础上,通过安排能源产权制度,确定和培育产权主体,界定产权边界和交易规则,将能源资源及其产品纳入市场供给制度,用以追求能源开发利用及其规制的合理化和能源安全、效率、持续供给的理论和观念。能源市场供给观的含义是:承认能源资源价值是能源市场供给观的哲学基础,如果不承认能源资源的价值就不会有能源市场供给;能源产权制度是能源市场供给观的手段,能源产权制度安排得是否合理,直接决定了能源市场供给的效率;能源市场制度是能源市场供给实现的空间,离开能源市场制度,能源市场供给无法实现;能源开发利用及其规制的合理化和能源安全、效率、持续供给是能源市场供给观的目的,实现这一目的是能源法及其制度体现能源市场供给观的标志。

作为能源法经济观基础的能源市场供给观由下面一些理论和观念构成:承认能源资源的价值不仅是能源市场供给观的哲学基础,也是能源法及其制度之所以规范能源资源的哲学基础;能源资源及其产品的价值实现都是在市场交易中进行的,而产权安排则是能源市场交易的基础;能源的市场供给是不确定的,却不是无序的,它是通过一系列制度安排实现的。能源市场供给以追逐能源效率为根本目标。

能源市场供给观是能源法经济观的基础部分,是能源法及其制度结构的主要理论根据。因而被广泛适用于能源法及其制度建设的各个方面,如能源资源法律制度、能源产品法律制度、能源供应与贸易法律制度建设等。

(四) 能源政府规制观

能源政府规制观,是指在承认能源市场供给的基础上,通过安排规制能源开发利用的行政权制度,确定行政主体地位及其权限、规制范围和程序,保证政府规制在弥补市场供给不足的同时代表公共选择,用以保证能源开发利用合理化和能源安全、效率、持续供给的理论和观念。能源政府规制观的含义是:承认能源市场供给是能源政府规制观的理论前提,能源的政府规制和市场供给是相容的,二者互为存在和发展的条件;能源开发利用的行政权制度是政府规制的手段,行政权制度的合理安排是界定政府规制与市场供给的关键;政府规制是以行政权为空间的,其经济功能是弥补市场供给不足,其政治功能是代表公共选择;政府规制的目的是能源开发利用的合理化和能源安全、效率、持续供给,表明政府规制是为市场供给服务的。

作为能源法经济观重要组成部分的能源政府规制观由以下理论和观念构成:能源市场供给是能源政府规制目标实现的基础,是能源政府规制合理化的条件;政府对能源开发利用的规制是在行政权严格界定的范围内进行的,防止渎职、越权、权力滥用和权力的冲突和掣肘,防止所有权与行政权的混同和行政权向市场供给的渗透,从而使行政合法性和行政经济合理性制度化,保证政府规制目的实现;能源政府规制具有公共选择性,能源市场供给的不足和能源开发利用的特殊性决定了能源政府规制不仅要维护产权,限制不公平竞争和垄断,还要管制能源价格和能源开发利用者的市场准入,保护资源,防止环境污染和破坏,维持宏观经济稳定等。

能源政府规制观是能源法经济观的重要组成部分,在能源法及其制度特别是能源政府规制的理论和实践中具有重要地位,其适用主要包括:能源行政主体制度、能源政府规制基本制度建设,以及协调政府对社会能源总供给的控制,保障能源开发利用秩序的稳定。

(五)能源技术创新观

能源技术创新观,是指在承认技术对能源和环境影响的前提下,通过产权、市场、企业和政府的制度安排与推动先进能源技术规范上升为法律规范的安排,激励能源开发利用者进行技术创新,以提高能源效率、降低成本和减少外部性费用的理论和观念。能源技术创新观的含义:技术创新与能源开发利用和环境保护是互动的;技术创新来源于市场供给特别是产权和政府规制以及科技政策的激励;在制度约束下技术创新才有意义;技术创新不是单纯的技术现象,而是经济的内生变量。

作为能源法经济观的能源技术创新观由下列理论和观念构成:能源技术创新与能源开发利用和环境保护是互动的,能源技术创新来源于产权、市场、政府、企业的激励;能源技术创新的制约因素不少,技术创新却是必然的,其关键是能源开发利用者对能源物质利益的追逐;能源技术创新的激励机制是通过制度安排的,产权制度特别是专利权制度使技术创新成果及其收益专属于确定的产权主体,使技术创新成为持久、有效、安全和有利可图的创造性活动。

能源技术创新观是能源法经济观的不可缺少的组成部分,在能源法激励技术创新的制度安排中起重要作用。技术创新的制度安排贯穿在能源法各项基本制度中,是能源法保障社会可持续发展和不断进行制度创新的基础条件。

三、能源法体系

(一)能源法体系的概念、特点

能源法体系,是指调整能源合理开发、加工转换、储运、供应、贸易、利用及其规制,保证能源安全、有效、持续供给的法律规范和法律制度组成的完整、统一、协调、有内在逻辑构成的系统。能源法体系是一国能源法及其制度健全和完善的标志,也是一国法律制度建设的重要组成部分。

能源法体系的特点是:第一,调整矿产能源开发的能源法律规范和制度具有能源法和自然资源法的两重性,既可以成为能源法律规范和制度,也可以成为矿产资源法特别的规范和制度。第二,能源法体系不是能源法律规范和制度的堆砌,而是一个有机的组合。"完整"意味着,能源法律规范和制度覆盖面宽,贯穿能源开发利用的全过程;"统一"意味着,能源法规范和制度的意志趋向都是为了保证能源安全、有效、持续供给;"协调"意味着,各种能源法律规范和制度无论出现的早晚,在哪一部法律中规定都是一致的,而不是冲突的;"有内在逻辑构成"意味着,能源法律规范和制度的地位、功能、效力、适用范围是不同的,是按一定逻辑规则进行排列的,每一项能源法律规范和制度都与整体有内在的联系。

(二) 能源法体系的构成和联系

能源法体系由能源矿业法、能源公共事业法、能源利用法、能源替代法等构成。

1. 能源矿业法

能源矿业法是规范矿产能源开发利用活动和方式的法律规范的总称。矿产能源(煤炭、石油等)构成了人类社会的主要能源结构,能源矿业法在能源法体系中具有重要作用。它包括煤炭法、石油法、核能法。

2. 能源公共事业法

能源公共事业法是规范能源公共事业活动和方式的法律规范的总称。能源公共事业如电力、煤气、天然气、热力供应等,都属于自然垄断性强、经济发展和人民生活所必需,以及具有公共性的能源产业。能源公共事业法包括电力法、天然气供应法、热力供应法等。

3. 能源利用法

能源利用法是规范能源利用活动和方式的法律规范的总称。能源利用法的功能在于使全社会用能合理化,提高能源效率,进而在能源开发强度不增大的基础上,满足社会经济和人民生活需要,最终达到能源的持续供给。能源利用法的名称因各国法律文化不一而趋于多样化,如节约能源法、能源使用合理化法、能源管理法等。

4. 能源替代法

能源替代法是规范替代能源开发利用活动和方式的法律规范的总称。能源替代是谋求能源多样化,主要是指替代石油、煤炭等常规化石燃料的能源。能源替代法包括对太阳能法、生物质能法、风能法、地热能法、海洋能法等,或统称为可再生能源法。

第二节 节约能源法

一、节约能源法概述

(一) 节约能源法的概念

节约能源法,是指调整人们在利用能源以及从事相关活动中,为实现节约能源所发生的各种经济关系的法律规范的总称。要推进全社会节约能源,涉及社会生产和生活的方方面面,节约能源法的调整范围是十分广泛的,在利用能源以及从事相关活动的过程中所形成的各种关系也是相当复杂的。概括起来,主要有以下几个方面:第一,节能管理关系。人们在从事物质资料生产和满足生活消费需求的过程中,从能源生产到消费的各个环节,如何降低消耗、减少损失和污染物排放、制止浪费,实现有效、合理地监督管理,形成了复杂的节能管理关系。主要表现在:各级政府的监督管理,各级政府管理节能工作部门的监督管理,以及各级政府中的有关部门按照职责分工对节能的监督管理。这些监督管理都具体体现在政府对节能工作的领导、部署、协调、监督、检查、推动节能工作的行为上,节约能源法根据能源利用过程中的不同情况作出了专门的规定。第二,其他经济关系。人们在从事物质资料生产和满足生活消费需求的过程中,利用能源以及从事相关的活动时,会涉及财政、税收、金融、环保、科技、标准、计量、统计等关系,其中有些内容是由节约能源法给予特别调整的。

(二) 我国的节约能源立法

我国的节能法制建设,主要是于20世纪80年代开始的。国务院于20世纪80年代初先后发布了节电、节煤、节油等五个节能措施;原国家计委、经委、能委发布了《对工矿企业和城市节约能源的若干具体要求》(共58条);国务院于1986年颁布并实施了《节约能源管理暂行条例》(以下简称《条例》),第一次以行政法规的形式对节约能源工作进行了全面规范。1997年11月1日,第八届全国人民代表大会常务委员会第二十八次会议审议通过了《中华人民共和国节约能源法》。该法自1998年1月1日起施行。这部法律的实施,在推进全社会节约能源,保护环境,促进经济社会可持续发展等方面发挥了重要作用。随着我国经济社会的快速发展,能源形势和环境问题日益严峻,节能工作面临许多新情况、新问题,城镇化进程加快,建筑、交通运输、公共机构等领域的能源消费增长势头很猛,成为节能工作的薄弱环节。为适应新情况、新问题,根据科学发展观的要求,第十届全国人大常委会第三十次会议于2007年10月28日对《中华人民共和国节约能源法》(以下简称《节能法》)进行了修订。经修订的《节能法》,自2008年4月1日起施行。该法原有六章50条,修改后的《节能法》共七章87条,对原法做了较大幅度的改动,充分体现了当前能源供求形势紧张的社会现实,是经济发展对节约能源要求的体现。同时为加强节能管理,降低有关领域使用过程中的能源消耗,提高能源利用效率,国务院及有关部门还公布了《民用建筑节能条例》《公共机构节能条例》《固定资产投资项目节能评估和审查暂行办法》等。

(三) 国外的节约能源立法

从对各国节能经验的研究来看,自1973年第一次石油危机宣告了廉价能源时代的结束之后,世界许多国家都开始注重通过节能来减少经济增长对能源的需求。20世纪70年代,美国、日本、韩国和东南亚一些国家相继制定了旨在促进节能的法律,在度过能源危机、提高用能效率、促进经济发展等方面起到了积极的推动作用。例如,日本近十年来的国民生产总值能耗降低了1/3,已居世界先进水平,其成功的重要经验就是制定和实施了《能源使用合理化法》,把政府的节能政策以法律的形式确定下来,从而形成了稳定、协调、有效的节能推进机制。1998年,日本在修改节约能源法律时还导入了"领先原则",要求新开发的汽车、家电等的节能性必须超过现已商品化的同类产品中节能性最好的产品。①实践证明,通过立法极大地促进了全社会节能工作的开展,使日本成为世界上节能典范国家之一。

另外,全球气候变暖等环境问题已引起国际社会的广泛关注。1992年世界环境与发展大会的召开,标志着保护人类生存环境已成为影响国际政治、经济和社会发展的重大问题。通过节能减排来减少能源利用对环境的污染,是保证经济建设与环境保护协调发展的最根本措施,也是推动世界第二次节能浪潮的重要原因。目前,一些国家的能源结构呈现多元化发展趋势,中国、印度等发展中国家煤炭占有能源消费构成的比例相当高,清洁能源所占比例低,煤炭和煤炭加工与开采产生大量污染物,导致严重的大气污染和水污染,这种状况极须改变。这既是全球共识,也是各国政府的政治承诺。根据科学发展观的要求,能源的发展一要处理好经济建设、人口增长、能源资源利用、生态环境保护的关系;二要坚持能源开发与节约并举,把节约放在首位,最大限度地提高能源效率,在生态环境保护中开发利用能源,在能源开发利用中保护生态环境。这是各国实施可持续发展战略的基本思路,也是落实联合国《气候变化框架公约》的重要措施。

二、节约能源法律制度

(一) 节能工作管理体制

我国《节能法》总则明确规定:"节约资源是我国的基本国策。国家实施节约与开发并举、把节约放在首位的能源发展战略。"坚持抓好节能监管工作,是各级人民政府的重要职责。鉴于基层普遍存在节能管理主体分散、分工不够明确、管理职责交叉等问题,造成节能监管工作比较薄弱,因此,需要进一步明确节能监管主体,理顺相关部门在节能监管中的职责。我国《节能法》在总则中确立了节能工作管理体制,明确规定,国务院管理节能工作的部门主管全国的节能监督管理工作。国务院有关部门在各自的职责范围内负责节能监督管理工作,并接受国务院管理节能工作部门的指导。县级以上地方各级人民政府的节能工作管理职责与中央政府规定的各有关部门的节能管理职责相一致。同时要求,国务院和县级以上地方各级人民政府应当将节能工作纳入国民经济和社会发展规划、年度计划,并组织编制和实施节能中长期专项规划、年度节能计划。国务院和县级以上地方各级人民政府每年向本级人民代表大会或其常务委员会报告节能工作。为强化政府对节能工作的监管力度,国家实行节能目标责任制和节能

---

① 参见《人民日报》2004年8月3日。

考核评价制度,将节能目标完成情况作为对地方人民政府及其负责人考核评价的内容。要求省级人民政府每年向国务院报告节能目标责任的履行情况。

(二) 节能监管制度

强化对节能工作依法管理和建立健全节能监督机制,并从用能的各个环节加大节能监管执法力度,是促进节能的重要手段。我国《节能法》对"节能管理"专设一章作为第二章,具体规范节能管理和监督工作,规定国务院和县级以上地方各级人民政府应当加强对节能工作的领导、部署、协调、监督、检查,推动节能工作,要求县级以上人民政府管理节能工作的部门和有关部门应当在各自的职责范围内,加强对节能法律、法规和节能标准执行情况的监督检查,依法查处违法用能行为。该法第12条第2款明确规定:履行节能监督管理职责不得向监督管理对象收取费用。在第二章"节能管理"中还规定了以下几项制度:

第一,节能标准和限额管理制度。

规定节能标准和单位产品能耗限额,是确认能源节约与浪费的尺度,是政府对节能实行管理的重要措施,也是衡量用能单位是否达到节能要求的基本准则。强制性运用能源产品、设备能源效率标准与高能耗产品单位能耗限额标准就能使节约能源法律更具有操作性,使能源管理工作具有科学根据。这一制度逐步健全,将进一步推动节能工作的健康发展。纵观各国的节约能源管理,都制定了各类节能标准和单位能耗限额,并纳入本国的节能法律体系和标准化管理系列,这项制度是国际上通行的节能管理制度。

第二,固定资产投资项目节能评估和审查制度。

要加快转变经济发展方式,促进国民经济又快又好的发展,必须管住固定资产投资项目的能耗状况,特别是近年来随着经济社会的发展和城镇化进程加快,建筑、交通运输、公共机构等领域的能源消费增长很快。因此,对国家投资项目,要依法进行节能评估和审查。我国《节能法》规定,凡不符合强制节能标准的项目,依法负责项目审批或者核准的机关不得批准或者核准建设;建设单位不得开工建设;已经建成的,不得投入生产、使用。违反规定的对直接负责的主管人员和其他直接责任人员依法给予处分。对于已经开工建设或者投入生产、使用的,由管理节能工作的部门责令停止建设或者停止生产、使用,限期改造;不能改造或者不能按期改造达标的生产性项目,由管理节能工作的部门报请本级人民政府按照国务院规定的权限责令关闭。这既解决了当前存在的突出问题,也健全和完善了节能管理制度。

第三,落后用能产品淘汰制度。

落后用能产品淘汰制度,是指国家对落后的不符合能源效率标准的用能产品、设备和生产工艺实行一整套的淘汰规则。这是促进节能和技术改造的一项行之有效的措施,也是国际上的通行做法。我国《节能法》明确规定,禁止生产、进口、销售国家明令淘汰或者不符合强制性能源效率标准的用能产品、设备;禁止使用国家明令淘汰的用能设备、生产工艺。违反规定的,由产品质量监督部门责令停止生产、进口、销售,没收违法生产、进口、销售的用能产品、设备和违法所得,并处违法所得1倍以上5倍以下罚款;情节严重的,由工商行政管理部门吊销营业执照。使用国家明令淘汰的用能设备或者生产工艺的,由管理节能工作的部门责令停止使用,没收国家明令淘汰的用能设备;情节严重的,按照国务院规定的权限责令停业整顿或者关闭。对于生产单位超过单位产品能耗限额标准用能,情节严重,经限期治理逾期不治理或者没有达到治理要求的,按国务院规定的权限责令停业整顿或者关闭。

第四,节能产品认证和能源效率标识管理制度。

为加强节能管理,推动节能技术进步,提高能源效率,国家实行节能产品认证和能源效率标识管理制度。我国《节能法》规定,对家用电器等使用面广、耗能量大的用能产品,实行能源效率标识管理。要求生产者和进口商要对其标注的能源效率标识及相关信息的准确性负责。同时还规定,用能产品的生产者、销售者,可以根据自愿原则,按照国家有关节能产品认证的规定,向国家认可的认证机构提出节能产品认证申请;取得节能产品认证证书的,可在用能产品或者其包装物上使用节能产品认证标志。违反规定,应标注能源效率标识而未标注的,由产品质量监督部门责令改正,处以相应的罚款。对未办理能源效率标识备案,或使用的能源效率标识不符合规定的,由产品质量监督部门责令限期改正;逾期不改正的,处以相应的罚款。伪造、冒用能源效率标识或者利用能源效率标识进行虚假宣传的,由产品质量监督部门责令改正,处以相应的罚款;情节严重的,由工商行政管理部门吊销营业执照。这些措施是适应市场经济的要求,引导用户和消费者购买节能型产品,促进全社会节约能源。

第五,能源统计制度。

我国《节能法》规定,要建立健全能源统计制度,完善能源统计指标体系,改进和规范能源统计方法,确保能源统计数据真实、完整。对于瞒报、伪造、篡改能源统计资料或编造虚假能源统计数据的,依照国家《统计法》的规定处罚。通过精确的能源统计可以反映经济建设和社会生活消费各种能源的情况,有利于研究能源消费与经济社会发展、资源、环境、人口等方面的状况,为能源综合平衡、能源供需预测和保障国家能源安全提供可靠依据。同时通过定期向社会公布各地区、各主要能耗行业的能源消费和节能情况的信息,有利于接受社会监督,增强全民的节能意识,推动全社会节约能源。

(三) 用能单位一般性管理制度

节约能源几乎涉及国民经济和社会生活的各个领域,而每个领域的用能方式和特点差异很大,为推动全社会节约能源,我国《节能法》除规定了一些重点耗能领域的节能管理制度外,还就合理使用能源与节约能源作出了一般性规定。法律规定,用能单位应当按照合理用能的原则,加强节能管理,制定并实施节能计划和节能技术措施,降低能源消耗。要求用能单位要建立节能目标责任制,对节能工作取得成绩的集体、个人给予奖励;用能单位要定期开展节能教育和岗位节能培训,要加强能源计量管理,按照规定配备和使用经依法检定合格的能源计量器具,建立能源消费统计和能源利用状况分析制度,对各类能源的消费实行分类计量和统计,并确保能源消费统计数据真实、完整。明确规定:用能单位未按照规定配备、使用能源计量器具的,由产品质量监督部门责令限期改正;逾期不改正的,处以相应的罚款。特别应该指出的是,对于多年来一些能源生产单位向本单位职工无偿提供能源或实行能源消费包费制的做法,《节能法》明令禁止。违反规定的由管理节能工作的部门责令限期改正;逾期不改正的,处以相应的罚款。这些一般性规定在节能管理制度中处于基础性地位,对于推动用能单位的节能工作会起到重要作用。

(四) 工业节能管理制度

目前,我国正处于工业化高速发展阶段,能耗物耗过高,资源浪费严重。据统计,我国工业能源消费总量占能源消费总量的比例大于70%,特别是加工工业和原材料工业约占工业部门能源消费总量的80%左右。而近年来,工业能源终端利用效率约为50%—53%,远落后于ECE地区20世纪90年代的水平(65%),在工业耗能设备能源效率方面,中国燃煤工业锅炉平均运行效率65%左右,比国际先进水平低15—20个百分点,我国工业领域提高能源有效利用效率的任务很重。在坚持走中国特色新兴工业化道路,建设资源节约型和环境友好型社会中必须加强对工业节能的管理。我国《节能法》第三章专设了"工业节能"一节,规定国务院和省级人民政府要推进能源资源优化开发利用和合理配置,推进有利于节能的行业结构调整,优化用能结构和企业布局。要求国务院管理节能工作的部门会同国务院有关部门制定电力、钢铁、有色金属、建材、石油加工、化工、煤炭等主要耗能行业的节能技术政策,推动企业节能技术改造。鼓励工业企业采用高效、节能的电动机、锅炉、窑炉、风机、泵类等设备,采用热电联产、余热余压利用、洁净煤以及先进的用能监测和控制等技术。电网企业也要按照规定安排清洁、高效和符合规定的热电联产、利用余热余压发电的机组以及其他符合资源综合利用规定的发电机组与电网并网运行,上网电价执行国家有关规定。电网企业未按照法律规定安排符合规定的热电联产和利用余热余压发电的机组与电网并网运行,或者未执行国家有关上网电价规定的,由国家电力监管机构责令改正;造成发电企业经济损失的,依法承担赔偿责任。

(五) 建筑节能管理制度

建筑节能管理制度,是指建筑物的设计和建造应当依照有关法律、行政法规的规定,采用节能型的建筑结构、材料、器具和产品,提高保温绝热性能,减少采暖、制冷以及照明的单位能耗。在现代化特别是城镇化建设过程中,建筑耗能比重将有大幅度增长。针对能源效率低,能量浪费大的现状,一些国家的法律规定,在规划和设计上要全面考虑房屋建筑的合理用能和节能技术,根据建筑功能需要和当地日照等气候条件,合理确定建筑物的结构和布局。提高建筑设备和器材的能源利用效率,研究改进采暖、空调、动力、电器照明、给排水卫生系统的工艺设计,采用节能型设备,注意废热、余热的回收利用,搞好设备维护和运行管理,按照经济合理的原则积极开发利用太阳能等可再生能源,减少常规能源的消耗。建筑节能是西方工业化国家节能管理的重要内容,各国能源法律有的设专章、有的列专款,具体规定建筑节能的标准和措施。我国《节能法》在第三章第三节对建筑节能提出具体要求,并明确规定,国务院建设行政主管部门负责全国建筑节能的监督管理工作。

(六) 交通运输节能管理制度

据统计,全世界石油产量的50%消费在交通运输部门,造成全球环境污染的60%—70%的烟雾和50%以上的酸雨来自交通运输业。① 我国未来正是城镇化进程加速发展时期,城市人口将急剧增加,节能减排的压力很大,同时我国又是石油短缺国家,必须对交通运输业的用能进行严格管理。我国《节能法》第三章第四节对交通运输节能作出具体规定,要求国务院有关交通运输主管部门按照各自的职责负责全国交通运输相关领域的节能监督管理工作,并加强交通运输组织管理,引导陆路、水路、航空运输企业提高运输组织化程度和集约化水平,提高能源利用效率。还应会同国务院管理节能工作的部门分别制定相关领域的节能规划;国务院及其有关部门指导、促进交通运输方式协调发展和有效衔接,优化交通运输结构,建设节能型综合交通运输体系。同时规定,县级以上地方各级人民政府应当优先发展公共交通,加大对公共交通的投入,完善交通服务体系,鼓励利用公共交通工具出行和使用非机动交通工具出行,以及开发各种节能交通工具和使用清洁燃料、石油替代燃料等措施。

(七) 公共机构节能管理制度

公共机构包括全部或者部分使用财政性资金的国家机关、事业单位和团体组织。公共机构是能源消费的重要部门,抓好公共机构的节能工作,对于全社会将起到示范和带动作用。据测算,2005年政府机构能源消费量约占全国终端能源消费总量的6.7%,而且其增长速度较快。② 为加强政府机构的节能管理,体现政府带头节能,我国《节能法》第四章第五节对公共机构节能作出了规定。要

---

① 参见关于《中华人民共和国节约能源法(修订草案)》的说明,2007年6月24日。
② 参见同上。

求国务院和县级以上地方各级人民政府管理机关事务工作的机构会同同级有关部门制定和组织实施本级公共机构节能规划,并按照管理权限制定本级公共机构的能源消耗定额和能源消耗支出标准。同时规定,公共机构应当制订年度节能目标和实施方案,加强能源消费计量和监测管理,并向本级人民政府管理机关事务工作的机构报送上年度的能源消费状况报告。要求公共机构应当加强本单位用能系统管理,保证用能系统的运行符合国家相关标准,要按照规定进行能源审计,并根据能源审计结果采取提高能源利用效率的措施。法律还规定,对于公共机构采购用能产品、设备,未优先采购列入节能产品、设备政府采购名录中的产品、设备,或者采购国家明令淘汰的用能产品、设备的,由政府采购监督管理部门给予警告,可以并处罚款;对直接负责的主管人员和其他直接责任人员依法给予处分,并予以通报。这些针对国家机关、事业单位和团体组织用能的特点规定的节能基本准则,对于规范公共机构厉行节约,杜绝浪费,带头使用节能产品、设备,提高能源利用效率将发挥积极的推动作用。

(八) 重点用能单位节能管理制度

重点用能单位管理制度,是指国家将用能单位区分为重点用能单位与一般用能单位,实行分类指导管理的制度。日本、韩国、菲律宾等国家都在能源立法中确立了重点耗能企业管理制度,要求企业配备经政府考核合格的能源专业管理人员并向政府节能管理部门报告能源利用状况。例如,日本还建立了全国统一的能源管理士考试制度,形成了能源管理人才专业化的社会培养和任用机制。我国《节能法》第三章第六节"重点用能单位节能",规定了我国重点用能单位的管理制度。要求重点用能单位应当每年向管理节能工作的部门报送上年度的能源利用状况报告;经审查对节能管理制度不健全、节能措施不落实、能源利用效率低的重点用能单位,管理节能工作的部门应当开展现场调查,组织实施用能设备能源效率检测,责令实施能源审计,并提出书面整改要求,限期整改。重点用能单位无正当理由拒不落实整改要求或者没有达到要求的,由管理节能工作的部门处以相应的罚款。同时还规定,重点用能单位设立能源管理岗位,在具有节能专业知识、实际经验以及中级以上技术职称的人员中聘任能源管理负责人,并报管理节能工作的部门和有关部门备案,违反这项规定的由管理节能工作的部门责令改正;拒不改正的,处以相应的罚款。法律还对能源管理负责人的职责提出了具体要求,这就使重点用能单位的节能工作管理从体制上得到了保障。

(九) 节能激励措施

做好节能工作,需要政府采取激励政策加以引导和推动。从国际上看,国家运用财政、信贷、税收等经济调节手段支持、鼓励、引导节能技术进步,是各国政府推动节能工作的通常做法,一些发达国家的政府几乎毫无例外地在财政上安排资金,在信贷、税收上提供优惠支持节能工作。我国《节能法》第四章"节能技术进步"和第五章"激励措施",具体规定了国家通过财政补贴、税收优惠、信贷支持、设立节能专项资金等经济手段,以及采取组织重大节能科研项目、节能示范项目、推广先进节能技术和产品、重点节能工程等措施,引导和推动全社会节约能源。

第三节 煤 炭 法

一、煤炭法概述

(一) 煤炭法的概念

煤炭法是关于煤炭资源开发利用及其规制,用以保证煤炭资源合理开发有效利用,安排煤炭业有序和健康发展,达到原煤和成品煤安全供给的法律规范的总称。根据煤炭法的定义,煤炭法的调整对象可以分为两类:第一类是煤炭开发利用关系,这种关系的内容是国家和开发利用者支配煤炭资源及其产品,进行交易,排除他人干涉和获得煤炭业均衡利益。煤炭开发利用关系是煤炭业存在和发展的基础,是煤炭业主要物质内容,因而是煤炭法调整的重要和基本部分。第二类是煤炭开发利用规制关系。煤炭开发利用规制关系是煤炭业稳定和健康发展的条件,是煤炭业的有机组成部分,是煤炭法调整的重要方面,是煤炭法调整的基本社会关系。

(二) 我国的煤炭立法

我国煤炭资源的开发利用已有几千年的历史,作为矿业的煤炭业也有几百年历史,当代已形成了一整套煤炭科学技术理论和作业、操作安全规程。新中国成立后,政府及其有关部门颁布了一千余个规范性文件,专门对煤炭业进行规范,为煤炭业在计划经济条件下的稳定发展奠定了基础。其中,大部分因时代条件的变化或与现行法律冲突已不适用,但有一部分特别是技术性规范,仍是政府规制及煤炭企业组织生产和经营的准则。1986年《矿产资源法》的颁布,才使煤炭业等矿业走向法制。1987年国务院颁布了《矿产资源勘查登记管理办法》《全民所有制矿业企业采矿登记管理暂行办法》《矿产资源监督管理暂行办法》,这些法律和行政法规的颁布和实施,为煤炭资源所有权、矿业权及煤炭业监督管理制度的建立提供了法律根据。1994年,国务院先后颁布了《矿产资源法实施细则》《矿产资源补偿费征收管理规定》《煤炭生产许可证管理办法》《乡镇煤矿管理条例》。这些行政法规的颁布进一步完善和丰富了现行的矿业法律制度特别是煤炭业法律制度。1996年8月29日,第八届全国人大常委会第二十一次会议审议通过了《中华人民共和国煤炭法》(以下简称《煤炭法》)。该法自1996年12月1日起施行。多年来,《煤炭法》在推动合理开发利用和保护煤炭资源,规范煤炭生产、经营活动,促进和保障煤炭行业的发展等方面发挥了积极作用。当前,面对全球所关注的气候变化的严峻性、紧迫性,全国人大常委会于 2009 年 8 月 27 日、2011 年 4 月 22 日、2013 年 6 月 29 日对《煤炭法》进行了三次修改,以完善我国的煤炭法律制度,引导和规范煤炭开发生产和利用纳入清洁发展的轨道,积极应对全球气候变化的挑战。

(三) 国外的煤炭立法

煤炭立法及其制度安排一般是产煤国采取的对策,其煤炭立法及其制度采取的法律形式是不同的。有些国家在矿业法中就矿业权在煤炭业中的实现作出特别规定。例如,法国《矿业法》第二编第一章对固体矿物燃料的国家开采作出的规定。有些国家以单行法律的形式对煤炭业作出专门规定。例如:1986 年韩国《煤炭产业法》对煤炭资源合理开发、煤炭及煤炭加工制品的供需调整、煤炭产业的支援和指导监督合作的规定;1946 年澳大利亚联邦《煤炭工业法》对煤炭业管理机关及其权利、投资、劳资等作出的规定。有些国家则以单行法律的形式对煤炭业中某一突出问题作出规定,如日本《煤矿安全法》,美国《联邦煤矿租赁修正法》《煤矿安全与保健法》《露天开采控制与复田法》等。有些国家为了振兴煤炭业颁布了一些过渡性的法律,如日本 1968 年《煤炭矿业合理化临时措施法》。

二、煤炭管理法律制度

(一) 煤炭行业规划(全国煤炭资源勘查规划与煤炭生产开发规划)

煤炭是我国工业发展的重要基础,科学、合理地编制和实施煤炭行业规划,是煤炭工业健康发展的必要前提。首先要加强煤炭资源勘查工作,为煤炭开发提供可靠的资源,对煤炭资源勘查进行规划。我国《煤炭法》第 14 条规定:"国务院煤炭管理部门根据全国矿产资源勘查规划编制全国煤炭资源勘查规划。"鉴于煤炭的开发具有投资大、建设周期长等特点,为了合理开发利用煤炭资源,按照煤炭工业布局统筹安排煤矿建设,保障各类煤矿的协调发展,需要对煤炭开发进行规划。我国《煤炭法》第 15 条规定:"国务院煤炭管理部门根据全国矿产资源规划分配的煤炭资源,组织编制和实施煤炭生产开发规划。""省、自治区、直辖市人民政府煤炭管理部门根据全国矿产资源规划规定的煤炭资源,组织编制和实施本地区煤炭生产开发规划,并报国务院煤炭管理部门备案。"考虑到煤炭工业是国民经济的基础产业,煤炭工业的发展应当同国民经济和社会发展相协调,我国《煤炭法》第 16 条还规定:"煤炭生产开发规划应当根据国民经济和社会发展的需要制定,并纳入国民经济和社会发展计划。"

(二) 煤炭生产许可制度

国家对煤炭生产实行许可制度是一种行之有效的管理手段,对依法规范煤炭生产活动、保障安全生产,具有十分重要的作用。我国《煤炭法》明确规定,国家实行煤炭生产许可制度。煤矿投入生产前,煤矿企业应当依照本法规定向煤炭管理部门申请领取煤炭生产许可证,由煤炭管理部门对其实际生产条件和安全条件进行审查,符合本法规定条件的发给煤炭生产许可证。未取得煤炭生产许可证的,不得从事煤炭生产。对国民经济具有重要价值的特殊煤种或者稀缺煤种,国家实行保护性开采。严格要求:开采煤炭资源必须符合煤炭开采规程,遵守合理的开采顺序,达到规定的煤炭资源回采率。同时,具体规定了取得煤炭生产许可证的条件;煤炭生产许可证的发证机关;煤炭生产许可证的监督管理;等等。

(三) 煤炭安全生产管理制度

煤炭生产、特别是井下作业是一项高风险的工作,必须确保职工的安全。我国《煤炭法》规定,煤类企业的安全生产管理,实行矿务局长、矿长负责制。在组织煤炭生产过程中,必须遵守有关矿山安全的法律、法规和煤炭类行业安全规章、规程,加强对煤炭安全生产工作的管理,执行安全生产责任制度,采取有效措施,防止伤亡和其他安全生产事故的发生。为防范煤矿重特大事故的发生,2005年初国务院常务会议决定,要按照企业负责、政府支持的原则,完善国家、地方和企业共同增加煤矿安全投入的机制,加快改善煤矿安全生产条件。决定把国家安全生产监督管理局升格为国家安全生产监督管理总局。同时,专设由总局管理的国家煤矿安全监察局,提高监察的权威性,强化煤矿安全监察执法。要求落实地方政府煤矿安全监督管理职责,建立地方政府领导分工联系本地区重点煤矿安全生产工作制度。

(四) 煤炭经营管理制度

国家对煤炭经营主体的资格实行审批制度。设立煤炭经营企业,须向国务院指定的部门或者省、自治区、直辖市人民政府指定的部门提出申请;有关部门依法进行资格审查;符合条件的,予以批准。申请人凭批准文件向工商行政管理部门申请领取营业执照,方可从事煤炭经营。煤炭经营企业从事煤炭经营,应当遵守有关法律、法规的规定,改善服务,保证供应。禁止一切非法经营活动。煤矿企业和煤炭经营企业供应用户的煤炭质量不符合国家标准或行业标准的,或者不符合同约定,或值级不符、质价不符,给用户造成损失的,要依法给予赔偿。我国《煤炭法》第72条规定:"在煤炭中掺杂、掺假,以次充好的,责令停止销售,没收违法所得,并处违法所得一倍以上五倍以下的罚款,可以依法吊销煤炭生产许可证或者取消煤炭经营资格;构成犯罪的,由司法机关依法追究刑事责任。"

(五) 煤矿矿区保护制度

由于煤矿企业、特别是国有重点煤矿企业的外部环境差,盗窃、哄抢煤矿企业设施和财物、冲击煤矿矿区、扰乱煤矿企业生产、工作秩序的现象十分突出。

为了依法维护煤矿企业的生产秩序和工作秩序,我国《煤炭法》规定,任何单位或者个人不得危害煤矿矿区的电力、通讯、水源、交通及其他生产设施。禁止任何单位和个人扰乱煤矿矿区的生产秩序和工作秩序。另外,还专门规定了对煤矿生产设施的保护;对煤矿企业依法使用土地的保护;对煤矿企业专用设施的保护以及防止在矿区进行危及煤矿安全的作业等。

第四节 电 力 法

一、电力法概述

(一) 电力法的概念

电力法是关于电力经营和供给、电力工程和设施的管理及其规制,用以维护电力用户利益,保证电业健康发展和公共安全的法律规范的总称。这个定义表明,电力法调整的电业关系有三种:第一种,电力经营和供给者、政府与第三人之间的电力经营关系。电力经营关系的内容是电力投资者经政府审查许可在特定区域垄断电力经营成为电力经营和供给者,排除第三人干涉。这种关系使投资者享有从事电业获得利益的机会,因此,它是电业权发生的基础,是电力法主要规范对象。第二种,电力经营和供给者同电力使用者之间的电力供给关系。电力供给关系是电力经营和供给者与用户之间以特殊商品——电力为标的的交易关系,这种关系使电力经营和供给者从事电力获得利益从可能成为现实,从而使电业真正成为获利行业,在不断吸纳电力投资的同时,使电业不断发展,以便持续和更多地进行电力供给;也使用户对一般电力需求得到满足。因此,这种关系是电业发展的动力结构,是电业法规范的重点。第三种,电力经营和供给者、政府和第三人之间的电力工程与设施的管理以及规制关系。这种关系是以电力经营和供给者对电力工程和设施的合理支配,以及政府对其合理支配的监督和管理为内容的。电力工程和设施是电力经营和供给及电业存在和发展的物质基础,因此,电力工程和设施的管理和规制关系也是电业法规范的重要方面。

(二) 我国的电力立法

我国政府十分重视电力事业的发展,积极推进电业管理和立法工作。进入20世纪80年代后,政府部门先后制定了有关电业生产、安全、电网管理、调度防护、供用电、集资办电、电价、用电控制等方面的一系列规范。主要规范性文件有:1980年原电力工业部颁发的《电力工业技术管理法规(试行)》,1982年原水利电力部颁发的《电业安全工作规程》《电能计量装置管理规程(试行)》,1983年原水利电力部颁发的《电力生产调度工作条例(试行)》《全国供用电规则》,

1985年国务院批转原国家经委、国家计委、水利电力部、国家物价局《关于鼓励集资办电和实行多种电价的暂行规定》,1987年国务院批转原国家经委、国家计委《关于进一步加强节约用电的若干规定》,1987年国务院颁布的《电力设施保护条例》,1989年原能源部颁布的《〈节约能源管理暂行条例〉电力工业实施细则(试行)》,原能源部和财政部颁布的《关于实行电费、电度表保证金制度的通知》,1993年国务院颁布的《电网调度管理条例》。特别需要指出的是,1995年12月28日,全国人大第八届常委会第十七次会议通过了《中华人民共和国电力法》(以下简称《电力法》),自1996年4月1日起施行。由于《电力法》颁布时,我国的电力市场化改革还没有开始,国家电力公司还没有成立,政企分开、厂网分开的改革尚未进行,因此当当时出台的《电力法》从其内容上无法满足我国电力产业改革和发展的要求。2009年8月27日,全国人大常委会对《电力法》的个别条文作了修改。国务院及其电力主管部门先后发布了有关电力供应与使用、电力生产与电网管理、电力设施保护、电力监管、电力争议纠纷处理等一系列行政法规和政府规章。当国家经济发展进入新常态时期,为适应进一步全面深化改革,全面依法治国的新要求,从更大的广度和深度推进市场化改革,2015年4月24日第十二届全国人民代表大会常务委员会第十四次会议决定,对《中华人民共和国电力法》等六部法律中有关工商登记前置审批的规定作出修改。对《中华人民共和国电力法》的修改是:删去第25条第3款中的"供电营业机构持《供电营业许可证》向工商行政管理部门申请领取营业执照,方可营业。"以上立法情况表明,我国的电力生产、供应、使用和监管已经全面纳入了市场化、法制化轨道。

(三) 国外的电力立法

一个世纪以来,电力事业在世界各国都得到迅速发展,成为现代化生产和高科技产业发展的重要基础,并在一定程度上是衡量一个国家经济发展水平的重要标志。因此,各国的电力法律制度也十分健全和完善。

由于电力是通过从生产设施(发电、变电、送电、配电)到用户室内电力网络系统提供的商品,一方面形成"网络系统的规模经济效益",另一方面电业提供的商品总是暂时稀缺的、不可替代的,在特定地区电力经营和供给者又总是独家经营,因此,电业是典型的区域垄断性的公共事业。基于这种原因,各国的电力(业)法具有以下趋同的内容:

第一,维护用户利益。

在电力经营和供给者同用户关系中,电力经营和供给者始终居于有利地位。在特定区域电力经营和供给者独家经营和供给,依仗其技术性和经济性优势,往往可能利用停电、限电、提高价格或差别价格等手段,盘剥用户利益,获取超额垄断利益,而用户基于对电力的亟需,无法对抗电力经营和供给者。通过电力法及其制度安排,就可以使电力经营和供给者优势得到限制,使之能与用户平等互利进行交易。

第二,保证电业合理发展。

自然垄断的形成和发展也会阻碍电业自身的发展。电业垄断价格带来的超额利润会造成资源浪费,会降低电业内部效率,使其停滞发展。通过电力法及其制度限制自然垄断,特别是限制垄断价格,确定电力稳定的经济和供给行为机制,保证资源优化配置和电业利益的公平分配,从而使电业合理发展。

第三,保证公共安全。

电业工程和设施都有一定的危险性,同时又具有共同性,要求经营和供给者对电业工程和设施维护承担义务和责任。电力法及其制度对电业工程和设施的管理进行规范,确定电业者的维护义务和政府的规制行为,以确保公共安全。

二、电力管理法律制度

(一) 电力建设

为保障和促进我国电力建设的合理有序进行,适应国民经济和社会发展的需要,并适当超前发展,我国《电力法》第二章"电力建设",系统规范了电力建设的各项工作,明确规定:电力发展规划,应当体现合理利用能源、电源与电网配套发展、提高经济效益和有利于环境保护的原则;城市电网的建设与改造规划,应当纳入城市总体规划。城市人民政府应当按照规划,安排变电设施用地、输电线路走廊和电缆通道;电力建设项目应当符合电力发展规划,符合国家电力产业政策,电力建设项目不得使用国家明令淘汰的电力设备和技术;输变电工程、调度通信自动化工程等电力配套工程和环境保护工程,应当与发电工程项目同时设计、同时建设、同时投入使用;地方人民政府对电力企业依法使用土地和迁移居民的工作,应当予以支持和协助。

(二) 电网管理制度

我国已形成了五大跨省电网和一批省级电网。随着电力建设的发展,电网的规模和能力将逐步扩大,各电网之间的联结还会发展。电网不论规模大小,也不论经营管理者是谁,都应当实行统一调度,这是电力生产经营的特点所决定的。由于发电、供电、用电是在同一时间内完成的,加强电网调度管理就十分重要。为此,我国《电力法》规定:电力生产与电网运行应当遵循安全、优质、经济的原则,做到电网运行的连续、稳定,保证供电的可靠性。

电网运行实行统一调度、分级管理。任何单位和个人不得非法干预电网调度,针对在现实生活中电厂与电网、电网与电网在并网过程中往往产生纠纷的情况,我国《电力法》还规定,国家提倡电力生产企业与电网、电网与电网并网运行,并网双方应当按照统一调度、分级管理和平等互利、协商一致的原则,签订并网协议,确定双方的权利和义务。

(三) 电价与电费的规定

电力行业具有区域垄断性、公益性和电力供应暂时短缺的特点,电价不能仅靠市场机制形成,需要政府进行干预。全国各地电价比较混乱,由电网到用户,中间环节层层加费,这是一种不良倾向。通过立法对电价的构成要素、管理体制等作出原则性规定,有利于促进电价改革,有利于逐步建立合理的电价形成机制,有利于推动电力事业走上良性发展的道路。

因此,我国《电力法》参照外国的立法经验并结合我国的实际情况,规定了构成电价的要素、三种电价(发电厂的上网电价、电网间的互供电价、电网的销售电价)的确定方法和审批权限、电价管理制度以及禁止在电费中加收其他费用等。

(四) 农村电力建设和农业用电制度

我国农村用电人口占全国用电人口的80%,农村用电有许多不同于一般用电的特点,农村的电力建设和农业用电与农业发展有着密切的关系。我国《电力法》专设了"农村电力建设和农业用电"一章。为了大力开发农村电源,促进农村电气化,《电力法》规定:国家对农村电气化实行优惠政策,对少数民族地区、边远地区和贫困地区的农村电力建设给予重点扶持;国家提倡农村开发水能资源,建设中、小型水电站,促进农村电气化,国家鼓励和支持农村利用太阳能、风能、地热能、生物质能和其他能源进行农村电源建设,增加农村电力供应。为了支持农业生产,保证农业用电,我国《电力法》规定:县级以上地方人民政府及其有关部门在安排用电指标时,应当保证农业和农村用电的适当比例,优先保证农村排涝、抗旱和农业季节性生产用电,电力企业不得擅自减少农业和农村用电指标。

(五) 电力设备保护制度

为维护电力生产秩序,保护发电、变电、电力线路设施以及其他有关辅助设施,国家依法划定电力设施保护区并设立专用标志。未经批准或者未采取安全措施进行作业,并危及电力设施安全的,电力管理部门责令停止作业、恢复原状并赔偿损失。在保护区内修建建筑物、构筑物或者种植植物、堆放物品,危及电力设施安全的,由当地人民政府责令强行拆除、砍伐或者清除;构成犯罪的,依法追究刑事责任。

(六) 电力监管制度

为建立和维护正常的电力市场秩序,依法保护电力投资者、经营者的合法权益和社会利益,保障地方电力系统安全稳定运行,促进我国电力市场的深化改革和电力事业的健康发展,国务院于2005年2月15日颁布了《电力监管条例》,自2005年5月1日起施行。根据《电力监管条例》的规定,国家电力监管机构依法对下列事项实施监管:依照法律和国务院有关规定,颁布和管理电力业务许可证;对发电企业在各电力市场中所占份额的比例;对发电厂并网、电网互联以及发电厂与电网协调进行中执行有关规章、规则的情况;对电力市场向从事电力交易的主体公平、无歧视开放的情况以及输电企业公平开放电网的情况;对电力企业、电力调度交易机构执行电力市场运行规则的情况以及电力调度交易机构执行电力调度规则的情况;对供电企业按照国家规定的电能质量和供电服务质量标准向用户提供供电服务情况。同时还规定,电力监管机构具体负责电力安全监督管理工作,以及依照法律、行政法规和国务院的规定,与国务院价格主管部门对电价实施监管。

第五节 可再生能源法[①]

一、可再生能源法概述

(一) 可再生能源法的概念

可再生能源法,是指调整人们在开发、利用、保护和管理可再生能源过程中,所发生的各种经济关系的法律规范的总称。本法所称的可再生能源,包括风能、太阳能、水能、生物质能(通过低效率炉灶直接燃烧方式利用秸秆、薪柴、粪便等除外)、地热能(含地温热源的热能)、海洋能等非化石能源。对水能的开发利用(水力发电),在不同地区、不同的电站总装机容量,对生态环境会造成不同程度的影响,要根据实际情况进行统筹安排,合理布局,有序开发。《中华人民共和国可再生能源法》第 2 条第 2 款规定,水力发电对本法的适用,由国务院能源主管部门规定,报国务院批准。

《中华人民共和国可再生能源法》(以下简称《可再生能源法》)第十届全国人大常委会第十四次会议于 2005 年 2 月 28 日通过,自 2006 年 1 月 1 日起施行。

2009 年 12 月 26 日,第十一届全国人大常委会第十二次会议通过了《关于修改〈中华人民共和国可再生能源法〉的决定》。该《决定》自 2010 年 4 月 1 日起施行。它突出强调了统筹规划的原则、市场配置和政府调控相结合的原则、国家扶持资金集中统一使用的原则。该《决定》的通过和施行,有助于完善我国可再生能源法律制度,保障并推进我国可再生能源的健康发展。

(二) 我国可再生能源立法的背景和意义

在全面建设小康社会的过程中,我国经济的持续、快速增长,给能源供应和

[①] 2003 年 8 月全国人大环境与资源保护委员会委托清华大学起草《中华人民共和国可再生能源法》(专家建议稿),本章作者为起草组成员。在撰写本章时,作者借鉴了起草过程中调研搜集的有关资料和研讨时一些专家的见解,特此说明,并对全国人大环资委和参加研讨的有关专家表示感谢。

环境状况带来了巨大的压力。面对可持续发展的严峻挑战,科学发展观所强调的是"自然、经济、社会"复杂关系的整体协调,所追求的是经济增长、社会进步和环境安全三者之间的平衡发展。我国以煤炭为主体的能源结构,长期面临着供应短缺和环境污染两大问题,这种状况越来越不能适应经济、社会和环境协调发展的需要。我国拥有太阳能、风能、潮汐能、生物质能等丰富的资源,既用之不竭也不会带来污染,具有大规模发展可再生能源的天然优势。大力开发利用可再生能源,实现能源的可持续供应和不断改善环境,是我国努力建设生产发展、生活富裕、生态良好的社会主义和谐社会,最终实现可持续发展的重要途径。当前,世界范围内的可再生能源技术发展迅速,可再生能源年增长速度超过了30%,在各类能源中增长最为迅速,在能源供应构成中的比例也逐年上升。开发利用可再生能源已成为世界能源可持续发展战略的重要组成部分,成为大多数发达国家和一部分发展中国家21世纪世界能源发展战略的基本选择。我国《可再生能源法》从列入立法计划到通过,仅用1年半的时间,这种进展速度在我国立法史上是不多见的。这充分表明,人们对加快开发、利用可再生能源的高度关注,认识到开发利用可再生能源对于推进我国经济社会可持续发展具有的重要意义。从走新型工业化道路的角度来看,我国《可再生能源法》的实施,将有利于调整能源结构和保障能源安全,有利于保护环境特别是改善大气环境质量,是农村和边远地区全面建设小康社会的重要选择,也是开拓新经济增长领域和创造更多就业机会的有效途径。据国际能源署(IEA)预测,到21世纪下半叶,可再生能源将逐渐取代传统化石能源而占据主导地位。可再生能源领域的技术创新能力,将成为国家综合竞争能力的重要方面,也将是国家经济、社会发展和环境安全的重要保障。因此,制定和实施《可再生能源法》,积极推进可再生能源发展的法制建设,具有显著的前瞻性和战略性意义。

(三) 国外的可再生能源立法[①]

可持续发展从理论纲领变为行动纲领是当今世界各国面临的重大课题,人们都在认真地审视以化石燃料为主体的能源结构,给传统的生产和消费在能源供应和生态环境方面造成的困境,积极寻求开发利用可再生能源,形成可持续发展的新途径。许多国家特别是经济发达的国家纷纷制定开发利用可再生能源的发展战略,加大投入,提高科技水平,并以立法保障可再生能源发展战略的实施。例如,美国1980年通过的《风能系统法》规定了一系列风能系统项目的管理计划,鼓励小企业参与风能开发项目并保护他们的合法权益。1990年美国的《能源法典》第125章规定了"可再生能源和能源高效利用技术的竞争性",目的是确保在未来能源获得稳定而安全的能源供给。从可再生能源的开发利用来看,

---

[①] 参见何建坤主编:《国外可再生能源法律译编》,人民法院出版社2004年版。

欧洲国家比较普及,技术更先进,法律也相对完备。1988年6月9日欧洲共同体部长理事会依据《建立欧洲经济共同体的条约》,正式提出在共同体内部开发可再生能源的建议。1998年6月8日欧洲联盟部长理事会,依据题为《未来的能源:可再生能源白皮书》中确定的战略及共同行动纲领,作出了关于可再生能源的决议。决议第一条指出:理事会承认,有必要推动可再生能源利用的持续发展,并扩大其在整个共同体能源消耗中的份额。这一行动将会在保护环境、实现京都议定书项下的义务、保护有限的能源及保证有限能源的供应安全、促进经济和社会的整体发展,包括边远、隔绝和岛屿地区的就业及经济结构性改善等方面作出巨大贡献。2001年3月23日欧盟部长理事会制定了《欧洲共同体关于使用可再生能源发电指令的共同立场》。该指令旨在促进电力内部市场的电力生产中可再生能源使用的增加,并且为将来共同体在这方面的框架打下基础。要求各成员国最迟于2002年10月27日前通过和颁布一项关于制定将来每十年可再生能源生产的电能消耗百分比的国家指示性目标报告。正是在这些法律框架下,德国和英国承诺,2010年和2020年可再生能源发电量的比例将分别达到10%和20%等。2000年3月3日德国发布了《可再生能源优先法》。英国的英格兰、威尔士和苏格兰分别制定了《可再生能源义务条例》。大洋洲和南美洲的一些国家也都相继制定了可再生能源法:澳大利亚联邦议会制定的《可再生能源电力法》(2000年)、阿根廷的《风能和太阳能法》(1998年)、墨西哥的《农村能源法》(2002年)、哥伦比亚的《促进能源高效合理利用和推动可再生能源开发利用法》(2001年)、多米尼加的《可再生能源法》(2001年)、波多黎各的《可再生能源法》(2001年)等。亚洲国家在开发可再生能源的立法方面并不落后。日本于1997年公布了《关于促进新能源利用的特别措施法》,并在1999年、2001年先后两次进行了修正,2003年又修订了《独立行政法人新能源、产业技术综合开发机构法》。韩国于1997年颁布了《替代能源开发利用及普及促进法》,2002年、2003年进行了两次修订,其目的是旨在推动替代能源(即太阳能、风能等可再生能源)的技术开发、利用和普及,搞活能源多样化和替代能源产业,以减少对人体或环境有害气体的排放,从而促进环境保护事业、国民经济可持续发展和国民福利的增进。据不完全统计,全球大约有六十几个国家制定了可再生能源法。由于各个国家的历史传统、文化背景、资源状况、经济发展水平等存在差异,各国的可再生能源的内容也各有特点,但在基本方面大致相同。都强调在开发利用可再生能源的初始阶段政府的推动作用十分重要,要加大投入,引导技术创新,建立有效的激励机制鼓励人们参与开发利用可再生能源,要在财政、税收、信贷、价格、市场准入等方面实行优惠政策,要规范技术标准,设立专项基金,以及相应的制约性制度等全面推进可再生能源的开发利用。

二、可再生能源法律制度

（一）可再生能源总量目标制度

我国《可再生能源法》第 7 条第 1 款规定："国务院能源主管部门根据全国能源需求与可再生能源资源实际状况，制定全国可再生能源开发利用中长期总量目标，报国务院批准后执行，并予公布。"在法律中规定公布可再生能源发展的国家目标，是保证可再生能源发展的重要手段，欧盟等许多国家已经在法律或规划中具体规定了可再生能源发展目标，为开拓可再生能源市场，提供了法律条件。为最终实现可再生能源发展的国家目标，法律规定，国务院能源主管部门会同国务院有关部门，编制全国可再生能源开发利用规划，省级地方人民政府要根据本行政区域可再生能源开发利中长期目标，编制本行政区域可再生能源开发利用规划。同时还明确规定，编制可再生能源开发利用规划，应当征求有关单位、专家和公众的意见，进行科学论证。经批准的规划要公布实施。这项制度的一系列规定，将中央和地方、目标和规划、政府和民众一环扣一环的紧密衔接（结合）起来，是促进可再生能源开发利用的有力保障。

（二）可再生能源技术标准制度

技术标准制度是规范和培育可再生能源市场的前提之一。我国《可再生能源法》第 11 条规定："国务院标准化行政主管部门应当制定、公布国家可再生能源电力的并网技术标准和其他需要在全国范围内统一技术要求的有关可再生能源技术和产品的国家标准。对前款规定的国家标准中未作规定的技术要求，国务院有关部门可以制定相关的行业标准，并报国务院标准化行政主管部门备案。"有了统一的技术标准，有利于开展对可再生能源设备和产品的检测、认证工作，有利于可再生能源技术推广与服务，有利于推动国外先进可再生能源技术向国内转移，支持国内科研机构和企业向国外出口可再生能源技术和产品，促进可再生能源产业的发展。

（三）可再生能源并网发电审批和电网企业全额收购可再生能源电力制度

利用可再生能源发电，是可再生能源大规模开发利用的主要途径和领域。国家鼓励和支持可再生能源并网发电，法律规定了建设可再生能源并网发电项目取得行政许可的审批程序。明确要求：电网企业应当"全额收购其电网覆盖范围内符合并网技术标准的可再生能源并网发电项目的上网电量。发电企业有义务配合电网企业保障电网安全"。为可再生能源发电营造基本的市场环境，是引导和鼓励各种市场主体积极开发可再生能源并网发电的重要措施。

（四）开发利用可再生能源的经济激励制度

可再生能源虽然有诸多优点且前景广阔，但目前因成本较高还需要大力扶持。政府实行财政补贴和税收优惠等政策，是许多国家开发利用可再生能源采取的通行制度。我国《可再生能源法》规定,国家财政设立可再生能源发展专项资金,用于支持开发利用可再生能源的各种活动。同时还规定,对列入国家可再生能源产业发展指导目录、符合信贷条件的可再生能源开发利用项目,金融机构可以提供有财政贴息的优惠贷款。国家对列入可再生能源产业发展指导目录的项目给予税收优惠。这些制度的实施,对我国广大农村、牧区特别是偏远的少数民族地区,调整经济结构,促进科技进步,全面建设小康社会将发挥积极的促进作用。

第二十六章 财政法律制度

第一节 财政与财政法概述

一、财政的一般原理

（一）财政的概念

财政是国家为满足公共欲望而取得、使用和管理资财的活动的总称。它包括中央财政和地方财政。财政是国家参与国民收入分配和再分配的重要手段，在宏观调控和保障经济社会稳定发展方面都具有重要作用。

财政作为一个经济范畴，是与私人经济相对立的，它在很大程度上影响着社会财富的分配；财政作为一个历史范畴，是与国家的产生和发展形影相随的。没有国家，就没有财政；同时，没有财政，国家也难以存续。财政是保障国泰民安的重要手段。

（二）财政的特征

整个社会经济可分为两类：一类是各种市场主体之间的经济活动，此即私人经济；另一类是国家或政府相互之间及其与市场主体相互之间的经济活动，此即公共经济。这种分类对于理解财政问题具有重要意义。

财政作为公共经济，与私人经济中的企业财务、私人家计等有许多不同。财政的基本特征是：(1) 财政的主体是国家，它以国家的强制力为保障，同时，财政活动需以国家的法律为依据，促进国家自身职能的实现。(2) 财政的目的是满足公共欲望，实现公共需要。(3) 财政的内容包括财政收入、财政支出、财政管理三个部分，其涉及领域广阔，并围绕满足公共欲望这一中心展开。上述特征，是私人经济所不具备的。

基于上述财政的基本特征，还可以概括出财政的如下引申特征：(1) 强制性。与私人经济的资财转移不同，在公共经济领域，国家从私人经济领域取得资财是依其主权地位和所有者地位，并且是以强制、无偿取得为主，而不是靠私人的自愿奉献，因此，必须以国家强制力为后盾，依强行法为之。(2) 非营利性。财政具有公共目的性，与私人经济以利润最大化为目标不同。财政收支、管理活动主要是为了向社会提供公共物品，增进社会福利，而不是以营利为目的。因此，"取之于民，用之于民"，是财政的根本要义。(3) 永续性。在存续时间上，财政与国家或政府并存，具有一种永久连续性，不像私人经济那样容易出现非连续性。

(三) 财政的职能

财政的职能是财政所内涵的基本功能。财政的职能主要有如下三种：

1. 分配收入的职能

由于财政的内容是财政收入、支出和管理活动，即集中部分社会财富而后再进行分配，因此，分配收入是财政最原初、最基本的职能。

财政分配收入的职能，具体地表现为对分配关系的调节，即财政能够调节国家、企业、居民等各分配主体之间的物质利益关系。在整个社会分配体系中，财政分配占有重要地位，它包括公共经济领域以及公共经济与私人经济之间的分配。

财政分配活动包括两个阶段：其一是国家凭借主权地位或所有者地位占有一定数量的社会产品的财政收入阶段；其二是国家按照一定的政治经济原则，将占有的社会产品用于社会生产和生活的财政支出阶段。两者构成了财政参与国民收入分配和再分配的总体。财政收支规模及财政活动领域的广狭，决定了财政分配收入职能发挥作用的深度和广度。

2. 配置资源的职能

财政配置资源的职能，就是通过资源的分配，引导人力和物力的流向，以形成一定的资产结构和产业结构，实现资源的有效配置。财政能够把社会的资源在政府部门与非政府部门之间进行分配；同时，还能够根据国家的经济和政治原则，调节积累和消费等比例关系。

通常，税收、预算支出、国债、转移支付等财政手段都是资源配置的有效手段，其运用的过程也就是对资源进行配置的过程和宏观调控的过程。正因如此，财政手段是各国用以进行宏观调控、实现资源有效配置的重要杠杆。

3. 保障稳定的职能

财政保障稳定的职能，是上述两项职能实现的结果。具体说来，在经济层面上，通过在各类经济主体之间有效分配收入，配置资源，有助于保障经济领域的公平和效率，从而有助于保障宏观经济各项目标的实现，实现经济的稳定增长；在社会层面上，财政上述两项职能的实现，不仅有助于保障经济公平，而且更有助于保障社会分配领域里的社会公平，保障基本人权，从而也有利于社会稳定。

财政的上述三项基本职能是层层递进的。其中，分配收入的职能是前提、基础；配置资源的职能是建立在分配收入的职能的基础之上，并日渐受到重视；而保障稳定的职能则是以前两大职能为基础的。

(四) 财政存在的必要性

财政为什么会存在？其存在有何理由和必要？对此有多种解释。近些年来，在经济学或财政学上，主要倾向于用公共物品理论来解释财政存在的必要性问题。

一般认为，财政之所以会存在，是因为社会公众对公共物品存在着公共欲望,这些公共欲望不能从市场主体那里得到满足,而只能由国家来满足;这些公共物品不能由私人经济提供,而只能由公共经济提供。于是,以满足公共欲望、提供公共物品为己任的财政便应运而生。

与公共经济、私人经济的区别相似,人类的欲望也可分为两类,即私人欲望和公共欲望。前者是指个人能够独自满足的需求,是具有排他性的欲望;而后者则是公众可以共同享有的需求,是不具有排他性的欲望。公共欲望实际上是存在于私人经济中的无数私人欲望中的共同欲望。一般说来,私人欲望可以通过私人个体在市场上选购商品和劳务而得到满足;而公共欲望则不能通过市场主体的活动来得到满足,因为市场不能有效地提供公众都需要的公共物品,即在提供公共物品方面市场是失灵的。只有公共经济部门提供公共物品才是更有效率的,才能更好地满足公共欲望。

上述的公共物品(或译为公共商品、公共产品等),是私人物品的对称,它是用来满足公共欲望的资财;而私人物品则是用来满足私人欲望的资财。私人物品的产权是明晰的,具有独占性、排他性和可转让性的特点;而公共物品则具有消费的非排他性和非竞争性。由于对于公共物品费无论是否付费和付费多少,其消费主体都能获得等量的、相同的消费,且一个主体的消费既不影响他人的消费,也不能排除他人的消费,因此,私人对于公共物品的消费都存在着"搭便车"的心理,普遍不愿意投资于公共物品领域,从而使市场不能有效提供公共物品。于是,公众普遍需要的公共物品,只能由公共经济部门来提供,或者说,只能由政府来提供。而政府却是非营利的组织,其提供公共物品只能依赖于财政,这就使财政的存在甚为必要。

二、财政法的概念

财政法,是调整在国家为了满足公共欲望而取得、使用和管理资财过程中发生的社会关系的法律规范的总称。它是经济法的重要部门法,在宏观调控和保障社会公平方面具有重要作用。

(一)财政法的调整对象

财政法的调整对象,是在国家取得、使用和管理资财的过程中发生的社会关系,亦即在财政收入、财政支出、财政管理的过程中发生的社会关系。这些社会关系统称为财政关系。因此,财政法也就是调整财政关系的法律规范的总称。

财政法所调整的财政关系包括以下几个方面:(1)财政收支管理关系,是在财政活动中形成的最主要、最广泛的社会关系。它包括财政收入关系、财政支出关系以及财政管理关系。(2)财政活动程序关系,这是在依法定程序进行财政活动的过程中形成的社会关系。(3)财政管理体制关系,是在相关的国家机关之间进行财政管理权限的横向和纵向划分的过程中所发生的社会关系。它是上述两类财政关系存在的前提。

(二) 财政法的特征

财政法的特征是财政法区别于其他部门法的特点或称特有的征象。它反映财政法的本质,是对财政法概念的进一步揭示。

财政法的特征因分析角度和比较对象的不同,可以作出不同的概括。在财政法的定义中,实际上已经蕴含了财政法的特征。对此可以概括为以下几个方面:(1)国家主体性。国家在财政关系中始终是主体的一方,且在财政活动中居于主导地位,从而使财政法具有公法的性质,并明显区别于私法。(2)法域特定性。财政法作用于财政领域,这与刑法、行政法等公法的其他部门法的法域是不同的。这种法域的特定性,使财政法的宗旨、原则、调整方法等都有自己的独特性,从而使其能够与公法领域的其他部门法相区别。(3)调整对象的独特性。财政法的调整对象是财政关系,是其他部门法都不调整的。由此不仅可以使其区别于公法中的其他部门法,而且也能够区别于经济法中的其他部门法。

可见,与私法的各个部门法相比,财政法属于公法,具有公法的一切特征;与经济法以外的公法的部门法相比,财政法不仅有自己独立的调整对象,而且在法域、宗旨等方面都不同,从而可以与经济法以外的其他部门法相区别;与经济法的各个部门法相比,它有自己独特的调整对象,从而可以使其与联系最为密切的经济法的各个部门法相区别。

三、财政法的地位

财政法的地位,是指财政法在法的体系中是否具有自己的位置,其独立存在是否具有不可替代的理由和价值。依据一般法理,要判定财政法的地位,主要是看财政法是否能够成为一个独立的法的部门。

由于财政法有独立的调整对象,即财政关系,并且这种关系是其他部门法都不调整的,因此,财政法的调整与其他任何部门法的调整都既不存在交叉,也不存在冲突,从而有其不可替代的理由和价值。由于有自己独立的调整对象、性质相同的法律规范就能够组成一个部门法,因此,财政法能够成为一个独立的法的部门,在整个法的体系中有自己独立的位置。

财政法是一个独立的法的部门,这是一个殆无异议的命题。但是,对于财政法究竟属于哪个层次的部门法,则存在着争论。例如,曾有人认为它属于行政法,多数人认为它属于经济法,还有人认为它属于与经济法、行政法、民法等相并列的一个独立的法的部门。考虑到财政法在特征、宗旨、本质等各个方面,在总体上都与经济法一致,而且现代财政法都在宏观调控方面具有重要作用,因此,本书认为财政法是经济法的部门法,并且是经济法的宏观调控法中的重要部门法。

财政法作为法的体系中的一个独立的部门法,它同与其相邻近的部门法之间既存在着明显的区别,也存在着密切的联系。特别是财政法与宪法、行政法、民法等的密切联系,都是值得重视和需要深入研究的。

四、财政法的体系

财政法的体系是财政法的各类法律规范所组成的和谐统一的整体。它应当是内外协调的,即对外要求财政法与其他部门法要和谐共处,对内要求组成财政法的各类法律规范要协调互补。

财政法的体系取决于其调整对象。由于财政法的调整对象是财政关系,因而财政法的体系也就应当是由调整各类财政关系的财政法律规范所构成的和谐统一的整体。从财政法理论上说,既然财政关系可以分为财政管理体制关系、财政收支管理关系以及财政活动程序关系,则调整财政关系的法律规范也就相应地可以分为三类,即财政管理体制法律规范、财政收支管理法律规范、财政活动程序法律规范,它们都是财政法体系不可缺少的组成部分。

需要指出的是,由于经济法具有自足性,即在立法中往往将实体法规范与程序法规范熔于一炉,因此,在形式意义上的财政法中,往往也是上述三种调整财政关系的法律规范并存。事实上,由于在财政法中,实体法规范与程序法规范密切关联,且有关财政收支的规范与有关财政管理的规范亦存在内在联系,因而在立法上一般并不把上述三类规范割裂开来。

对于财政法体系的结构,一般是从财政收入和财政支出的角度来分析。从财政收入的角度说,由于税收和国债是财政收入(包括弥补赤字)的最重要的来源,因此,调整税收关系和国债关系的税法和国债法也就是调整财政收入管理关系的主要部门法;从财政支出的角度说,由于财政支出的主要途径是政府采购和转移支付,因而政府采购法和转移支付法应当是调整财政支出管理关系的重要部门法。此外,由于预算法对预算关系的调整既涉及财政收入,又涉及财政支出,是从总体上对财政收支活动进行规范的法,因此,它是财政法中的核心法。这样,上述的预算法、税法、国债法、政府采购法和转移支付法等就构成了财政法的体系。该体系从一定意义上可以视为各类财政政策手段所构成的体系的法律化。

上述的财政法体系是广义上的。此外,还有狭义上的财政法体系,即不包括税法的财政法体系。考虑到税法的诸多特殊性以及税法在保障财政收入和宏观调控等方面的重要地位,本书后面还将专章介绍税法,因此,本章在后面也主要从狭义上的财政法体系来探讨相关的问题。

第二节 预算法律制度

一、预算和预算法概述

(一) 预算和预算法的概念

预算,在此指国家预算,它是国家对会计年度内的收入和支出的预先估算。

它包括中央预算和地方预算。

"预算"一词往往会被在多种语境中使用。国家的预算在形式上体现为反映财政收支的特定表格,但在实质上,它反映的是国家预算的编制、议定和执行等一系列活动,它反映了政府活动的范围、方向和政策目标。

预算法,是调整在国家进行预算资金的筹集、分配、使用和管理过程中发生的经济关系的法律规范的总称。

预算法的调整对象是在国家进行预算资金的筹集、分配、使用和管理的过程中发生的经济关系,简称预算关系。它包括预算程序关系和预算实体关系两个方面。前者是预算主体在履行预算的编制、议定、执行等程序过程中发生的经济关系,后者是在组织、取得和分配使用预算资金过程中所发生的经济关系。这两类预算关系是密切相关的。

预算和预算法既有区别又有联系。预算作为一种活动,是整个国家财政活动的重要内容,是国家筹集和分配财政资金的重要手段;而预算法则是调整预算关系的法律规范的总称。因此,预算活动作为预算法规范的对象,必须依预算法的规定来进行。此外,预算作为一种法律文件,是指经过国家权力机关批准的预算,或称预算文件,它具有法律约束力,是一种广义上的预算法,但只在特定时期才具有法律约束力。国家每年通过具体的预算文件的变动,可以对经济与社会运行进行宏观调控。

(二) 预算法的地位

在财政法体系中,预算法是核心法、骨干法。由于财政活动的主要内容是进行预算资金的筹集、分配、使用和管理,并且,财政工作的主要任务就是组织和实现立法机关批准的财政收支计划,因此,从某种意义上说,没有预算就没有财政。预算的这种地位也决定了预算法在财政法中的核心地位。由于财政法的基本原理和基本精神主要是从预算法中概括出来的,因而也有人认为预算法就是狭义上的财政法。

正由于预算法极为重要,因而各国都非常重视预算立法。许多国家不仅在宪法上对基本的预算体制作出规定,而且还专门制定形式意义上的预算法。我国在确立实行市场经济体制以后,第八届全国人大第二次会议于1994年3月22日通过了《中华人民共和国预算法》(以下简称《预算法》),自1995年1月1日起施行。其后,国务院又制定了该法的《实施条例》。2014年8月31日,全国人大常委会对《预算法》作出了较大修改。《预算法》是我国财政法规范性文件体系中的一部至为重要的法律,其宗旨是规范政府收支行为,强化预算约束,加强对预算的管理和监督,建立健全全面规范、公开透明的预算制度,保障经济社会的健康发展。基于上述宗旨,该法规定了各类预算法律制度,这些制度是本节着重阐述的内容。

二、预算的体系

（一）预算的横向结构

预算由预算收入和预算支出组成。为了全面规范政府的收支行为，加强对预算的管理和监督，我国强调实行"全口径预算"，即政府的全部收入和支出都应当纳入预算。据此，我国的预算包括一般公共预算、政府性基金预算、国有资本经营预算、社会保险基金预算。上述各类预算应当保持完整、独立。其中，政府性基金预算、国有资本经营预算、社会保险基金预算应当与一般公共预算相衔接。

一般公共预算是对以税收为主体的财政收入，安排用于保障和改善民生、推动经济社会发展、维护国家安全、维持国家机构正常运转等方面的收支预算。它分为中央和地方两个层次。

中央一般公共预算包括中央各部门（含直属单位，下同）的预算和中央对地方的税收返还、转移支付预算。其预算收入包括中央本级收入和地方向中央的上解收入。其预算支出包括中央本级支出、中央对地方的税收返还和转移支付。

地方各级一般公共预算包括本级各部门（含直属单位，下同）的预算和税收返还、转移支付预算。其预算收入包括地方本级收入、上级政府对本级政府的税收返还和转移支付、下级政府的上解收入。其预算支出包括地方本级支出、对上级政府的上解支出、对下级政府的税收返还和转移支付。

上述中央和地方各级一般公共预算中所包含的本级各部门预算，由本部门及其所属各单位预算组成。

政府性基金预算是对依照法律、行政法规的规定在一定期限内向特定对象征收、收取或者以其他方式筹集的资金，专项用于特定公共事业发展的收支预算。此类预算应当根据基金项目收入情况和实际支出需要，按基金项目编制，做到以收定支。

国有资本经营预算是对国有资本收益作出支出安排的收支预算。此类预算应当按照收支平衡的原则编制，不列赤字，并安排资金调入一般公共预算。

社会保险基金预算是对社会保险缴款、一般公共预算安排和其他方式筹集的资金，专项用于社会保险的收支预算。此类预算应当按照统筹层次和社会保险项目分别编制，做到收支平衡。

（二）预算的纵向结构

预算的纵向结构与国家的政权结构相对应。它是划分各级预算管理权限的前提条件；同时，也为加强对预算的管理和监督提供了制度保障。

依据财政法原理中的"一级政权，一级财政"的原则，我国《预算法》规定，国家实行一级政府，一级预算。据此，根据我国的政权结构，可以把我国的预算分为五级,即(1) 中央预算;(2) 省、自治区、直辖市预算;(3) 设区的市、自治州预算;(4) 县、自治县、不设区的市、市辖区预算;(5) 乡、民族乡、镇预算。这五级预算,可以进一步分为两大类,即中央预算和地方预算。

全国预算由中央预算和地方预算组成。地方预算由各省、自治区、直辖市总预算组成。地方各级总预算由本级预算和汇总的下一级总预算组成;下一级只有本级预算的,下一级总预算即指下一级的本级预算。没有下一级预算的,总预算即指本级预算。由于乡级预算没有下一级预算,因而其总预算就是指本级预算。

上述预算的横向结构和纵向结构,为政府的预算活动提供了基本的框架。事实上,预算法确定的各类预算主体的地位及其职权与职责、权利与义务,以及预算活动的程序等各项制度,均与其直接相关。

三、预算管理职权

与上述预算体系密切相关的是预算管理体制。所谓预算管理体制,是指国家机关之间、中央和地方之间在预算管理职权方面的划分。其主要内容就是预算管理职权在同级的或不同级别的相关国家机关之间的横向和纵向的分配。我国《预算法》对预算管理职权主要有以下规定:

(一) 各级权力机关的预算管理职权

1. 各级人大的预算管理职权

县级以上各级人大的预算管理职权是:(1) 审查权。即有权审查本级总预算草案及本级总预算执行情况的报告。(2) 批准权。即有权批准本级预算和本级预算执行情况的报告。(3) 变更撤销权。即有权撤销或者改变本级人大常委会关于预算、决算的不适当的决议,县级以上地方各级人大还有权撤销本级政府关于预算、决算的不适当的决定和命令。

此外,乡级人大审查和批准本级预算和本级预算执行情况的报告;监督本级预算的执行;审查和批准本级预算的调整方案;审查和批准本级决算;撤销本级政府关于预算、决算的不适当的决定和命令。

2. 各级人大常委会的预算管理职权

县级以上各级人大常委会的预算管理职权是:(1) 监督权。即有权监督本级总预算的执行。(2) 审批权。即有权审批本级预算的调整方案以及本级政府的决算。(3) 撤销权。全国人大常委会有权撤销国务院和省级人大及其常委会制定的同宪法、法律相抵触的关于预算、决算的行政法规、决定和命令以及地方性法规和决议;地方人大常委会有权撤销本级政府和下一级人大及其常委会关于预算、决算的不适当的决定、命令和决议。

(二) 各级政府机关的预算管理职权

县级以上各级政府的预算管理职权是:(1) 编制权。即有权编制本级预算、决算草案以及本级预算的调整方案。(2) 报告权。即有权向本级人大作关于本级总预算草案的报告;有权将下一级政府报送备案的预算汇总后报本级人大常委会备案;有权向本级权力机关报告本级总预算的执行情况。(3) 执行权。即有权组织本级总预算的执行。(4) 决定权。即有权决定本级预算预备费的动用。(5) 监督权。即有权监督本级各部门和下级政府的预算执行。(6) 变更撤销权。即有权改变或撤销本级各部门和下级政府关于预算、决算的不适当的决定、命令。

此外,乡级政府的预算管理职权主要是编制权、报告权、执行权、决定权,其具体内容同上。

(三) 各级财政部门的预算管理职权

各级财政部门是各级政府机关具体负责财政工作的职能部门,其预算管理职权实际上是政府相关职权的进一步具体化,主要有:(1) 编制权。即有权具体编制本级预算、决算草案以及本级预算的调整方案。(2) 执行权。即有权组织本级总预算的执行。(3) 提案权。即有权提出本级预算预备费动用方案。(4) 报告权。即有权代其向本级政府和上一级政府财政部门报告本级总预算的执行情况。

四、预算收支的范围

基于上述预算的横向结构和纵向结构以及预算管理职权的划分,还要进一步明确预算收支的范围,这对于预算的编制、审批、执行和调整等都非常重要。

预算的收支范围,与各级政府的财权、事权的划分,以及相关的收支能力都密切相关。我国《预算法》规定,国家实行中央与地方分税制,这对于稳定中央与地方的预算收入,充分调动各级政府预算管理的积极性,增强财政的宏观调控能力,提高国家的竞争力等,都有重要意义。

由于各类预算的收支范围不同,因此,《预算法》主要对一般公共预算的收支范围作出了规定,并强调其他各类预算的收支范围,按照法律、行政法规和国务院的规定执行。

(一) 预算收入的范围

我国《预算法》规定,一般公共预算收入包括各项税收收入、行政事业性收费收入、国有资源(资产)有偿使用收入、转移性收入和其他收入。

上述预算收入的范围,体现了各类收入来源的不同。其中,税收收入是预算收入中最主要的部分,在各国预算收入中的占比都较高,我国亦然。由于税收对于国家极为重要,因此调整税收关系的税法也备受重视,本书将设专章加以介绍。此外,国有资源(资产)有偿使用收入,是国家依据其所有者的地位而获得的收益,它虽然与行政事业性收费收入的取得依据不同,但都属于"非税收入"。上述各类收入与转移性收入、其他收入一起,构成了总体的预算收入。

另外,依据分税制的要求,预算收入的范围包括中央预算收入、地方预算收入、中央和地方共享收入三类。根据1994年实行分税制时的设想①,中央固定收入主要包括关税、消费税收入等,中央与地方的共享收入包括增值税收入等。除上述中央固定收入和共享收入中属于中央预算收入的部分以外的税收收入,属地方预算收入。

(二) 预算支出的范围

从预算支出的功能或经济性质的角度,可以对预算支出作出不同的分类,而这些不同类型的预算支出,则构成了预算支出的范围。

依据《预算法》规定,一般公共预算支出按照其功能分类,包括:(1) 一般公共服务支出;(2) 外交、公共安全、国防支出;(3) 农业、环境保护支出;(4) 教育、科技、文化、卫生、体育支出;(5) 社会保障及就业支出;(6) 其他支出。此外,一般公共预算支出按照其经济性质分类,还可以分为:(1) 工资福利支出;(2) 商品和服务支出;(3) 资本性支出;(4) 其他支出。

另外,从预算层级的角度,预算支出还可分为中央预算支出和地方预算支出。前者主要用于提供中央级次的公共物品,包括有关国家安全、外交和主要国家机关运转所需经费及实施宏观调控所需支出等。后者主要用于提供地方层级的公共物品,包括本地区政权机关运转所需支出及本地区经济、事业发展支出等。

五、预算管理程序

预算管理程序是国家在预算管理方面依序进行的各个工作环节所构成的有秩序活动的总体。它由预算的编制、审批、执行和调整等环节组成。

(一) 预算的编制

预算的编制,是指国家制定取得和分配使用预算资金的年度计划的活动。它是一种基础性的程序。在这一阶段编制的预算,实际上是预算草案,因而还不具有法律效力。

预算的编制必须强调科学性和严肃性,即必须在符合实际的基础上进行科学预测和可行性分析,以力求反映客观规律的要求。同时,必须严格依法定程序编制。为此,预算的编制应遵循以下原则:

1. 真实合法原则

各级预算收入的编制,应当与经济社会发展水平相适应,与财政政策相衔接。同时,各级政府、各部门、各单位应当依照预算法规定,将所有政府收入全部列入预算,不得隐瞒、少列,以体现预算的完整性。

---

① 参见国务院于1993年12月15日发布的《关于实行分税制财政管理体制的决定》。近几年来,各类收入的具体范围又有微调。

2. 节约统筹原则

各级预算支出应当依照预算法规定,按其功能和经济性质分类编制。同时,各级预算支出的编制,应当贯彻勤俭节约的原则,严格控制各部门、各单位的机关运行经费和楼堂馆所等基本建设支出。此外,各级一般公共预算支出的编制,应当统筹兼顾,在保证基本公共服务合理需要的前提下,优先安排国家确定的重点支出。

3. 调控绩效原则

各级预算应当根据年度经济社会发展目标、国家宏观调控总体要求和跨年度预算平衡的需要,参考上一年预算执行情况、有关支出绩效评价结果和本年度收支预测,按照规定程序征求各方面意见后,进行编制。此外,各级政府依据法定权限作出决定或者制定行政措施,凡涉及增加或者减少财政收入或者支出的,应当在预算批准前提出并在预算草案中作出相应安排。

4. 控制债务原则

中央一般公共预算中必需的部分资金,可以通过举借国内和国外债务等方式筹措,举借债务应当控制适当的规模,保持合理的结构。国务院财政部门具体负责对中央政府债务的统一管理。此外,地方各级预算按照量入为出、收支平衡的原则编制。对于地方政府举借债务的规模、用途、偿还、程序等,国家严格控制。

(二) 预算的审批

预算的审批,是指国家各级权力机关对同级政府所提出的预算草案进行审查和批准的活动。它是使预算草案转变为正式预算的关键阶段。经过人大批准的预算,非经法定程序,不得改变。

1. 预算草案的初审

(1) 初审主体

全国人大财政经济委员会,设区的市以上各级人大有关专门委员会,对本级预算草案初步方案及上一年预算执行情况、本级预算调整初步方案进行初步审查,提出初步审查意见;未设立专门委员会的,由本级人大常委会有关工作机构研究提出意见。

县、自治县、不设区的市、市辖区人大常委会对本级预算草案初步方案及上一年预算执行情况进行初步审查,提出初步审查意见;其有关工作机构对本级预算调整初步方案研究提出意见。

(2) 初审时间

国务院财政部门应当在每年全国人大会议举行的45日前,将中央预算草案的初步方案提交全国人大财政经济委员会进行初步审查。

设区的市以上的政府财政部门应当在本级人大会议举行的30日前,将本级预算草案的初步方案提交本级人大有关专门委员会进行初步审查,或者送交本级人大常委会有关工作机构征求意见。

县级政府应当在本级人大会议举行的30日前,将本级预算草案的初步方案提交本级人大常委会进行初步审查。

2. 预算草案的审查和批准

中央预算由全国人大审查和批准。地方各级预算由本级人大审查和批准。

(1) 各级人民代表大会的审查

国务院在全国人大举行会议时,向大会作关于中央和地方预算草案以及中央和地方预算执行情况的报告。地方各级政府在本级人大举行会议时,向大会作关于总预算草案和总预算执行情况的报告。

(2) 各级人大专门委员会的审查结果报告

全国人大财政经济委员会向全国人大主席团提出关于中央和地方预算草案及中央和地方预算执行情况的审查结果报告。设区的市以上人大有关专门委员会,县级人大常委会,向本级人大主席团提出关于总预算草案及上一年总预算执行情况的审查结果报告。

(3) 预算的备案

乡级政府应当及时将经本级人大批准的本级预算报上一级政府备案。县级以上地方各级政府应当及时将经本级人大批准的本级预算及下一级政府报送备案的预算汇总,报上一级政府备案。

县级以上地方各级政府将下一级政府依照规定报送备案的预算汇总后,报本级人大常委会备案。国务院将省级政府依照规定报送备案的预算汇总后,报全国人大常委会备案。

(4) 预算的批复

各级预算经本级人大批准后,本级政府财政部门应当在20日内向本级各部门批复预算。各部门应当在接到本级政府财政部门批复的本部门预算后15日内向所属各单位批复预算。

(三) 预算的执行

预算执行,是指各级财政部门和其他预算主体组织预算收入和划拨预算支出的活动。它是将经过批准的预算付诸实施的重要阶段。

1. 批准后的预算的执行

预算经本级人大批准后,按照批准的预算执行。各级预算的收入和支出实行收付实现制。特定事项按照国务院的规定实行权责发生制的有关情况,应当向本级人大常委会报告。

在预算收入方面,预算收入征收部门和单位,必须依照法律、行政法规的规定,及时、足额征收应征的预算收入。不得违反法律、行政法规规定,多征、提前征收或者减征、免征、缓征应征的预算收入,不得截留、占用或者挪用预算收入。此外,各级政府不得向预算收入征收部门和单位下达收入指标。

在预算支出方面,各级政府财政部门必须依照法律、行政法规和国务院财政部门的规定,及时、足额地拨付预算支出资金,加强对预算支出的管理和监督。此外,各级政府、各部门、各单位的支出必须按照预算执行,不得虚假列支,同时,应当对预算支出情况开展绩效评价。

2. 国库制度

上述的预算收入、支出均须通过国库来进行。国库是预算执行的中间环节,是国家进行预算收支活动的出纳机关。依据《预算法》规定,国家实行国库集中收缴和集中支付制度,对政府全部收入和支出实行国库集中收付管理。政府的全部收入应当上缴国家金库(简称国库),任何部门、单位和个人不得截留、占用、挪用或者拖欠。对于法律有明确规定或者经国务院批准的特定专用资金,可以依照国务院的规定设立财政专户。

县级以上各级预算必须设立国库;具备条件的乡、民族乡、镇也应当设立国库。中央国库业务由中国人民银行经理,地方国库业务依照国务院的有关规定办理。各级国库应当按照国家有关规定,及时准确地办理预算收入的收纳、划分、留解、退付和预算支出的拨付。

各级国库库款的支配权属于本级政府财政部门。除法律、行政法规另有规定外,未经本级政府财政部门同意,任何部门、单位和个人都无权冻结、动用国库库款或者以其他方式支配已入国库的库款。

(四) 预算的调整

1. 应当进行预算调整的情况

经全国人大批准的中央预算和经地方各级人大批准的地方各级预算,在执行中出现下列情况之一的,应当进行预算调整:(1) 需要增加或者减少预算总支出的;(2) 需要调入预算稳定调节基金的;(3) 需要调减预算安排的重点支出数额的;(4) 需要增加举借债务数额的。

2. 预算调整初步方案的初审

国务院财政部门应当在全国人大常委会举行会议审查和批准预算调整方案的30日前,将初步方案送交全国人大财经委进行初审。

设区的市以上政府财政部门应当在本级人大常委会举行会议审批预算调整方案的30日前,将初步方案送交本级人大有关专门委员会进行初审,或者送交本级人大常委会有关工作机构征求意见。

3. 预算调整方案的审批和执行

中央预算的调整方案应当提请全国人大常委会审批。县级以上地方各级预算的调整方案应当提请本级人大常委会审批;乡级预算的调整方案应当提请本级人大审批。未经批准,不得调整预算。

经批准的预算调整方案,各级政府应当严格执行。未经法定程序,各级政府不得作出预算调整的决定,否则,本级人大及其常委会或者上级政府应当责令其改变或者撤销。

此外,地方各级政府在预算执行中因上级政府增加不需要本级政府提供配套资金的专项转移支付而引起的预算支出变化,不属于预算调整。地方各级预算的调整方案经批准后,由本级政府报上一级政府备案。

六、决算制度

决算,在形式上是对年度预算收支执行结果的会计报告;在实质上则是对年度预算执行结果的总结。决算制度主要包括决算草案的编制和审批两个方面的内容。

(一)决算草案的编制

决算草案由各级政府、各部门、各单位,在每一预算年度终了后按照国务院规定的时间编制。编制决算草案的具体事项,由国务院财政部门部署。

编制决算草案,必须符合法律、行政法规,做到收支真实、数额准确、内容完整、报送及时。据此,应当遵循以下原则:(1)合法原则。即编制草案必须符合法律、行政法规的规定,不得与之相抵触。(2)准确完整原则。即草案中涉及的收支数额必须准确,且内容必须完整。(3)报送及时原则。即必须严格按照规定的期限,把握好编制的进度,在相关环节之间依法及时报送。

(二)决算草案的审批

决算草案只有经过权力机关依法定程序审查和批准,政府在预算年度内的预算执行责任才能得以免除,一个预算年度的预算管理程序才告结束。

1. 决算草案的初审

设区的市以上政府财政部门应当在本级人大常委会举行会议审批本级决算草案的 30 日前,将上一年度本级决算草案提交本级人大财经委或有关专门委员会进行初审,或者送交本级人大常委会有关工作机构征求意见。

县级政府财政部门应当在本级人大常委会举行会议审批本级决算草案的 30 日前,将上一年度本级决算草案送交本级人大会常委会有关工作机构征求意见。

2. 决算草案的审查与批准

根据《预算法》的规定,决算草案的审批主体是各级权力机关,具体为:(1)县级以上各级政府财政部门编制本级决算草案,经本级政府审计部门审计后,报本级政府审定,由本级政府提请本级人大常委会批。(2)乡级政府编制本级决算草案,提请本级人大审查和批准。

3. 决算的批复与备案

各级决算经批准后,财政部门应当在 20 日内向本级各部门批复决算。各部门应当在接到本级政府财政部门批复的决算后 15 日内向所属单位批复决算。

地方各级政府应当将经批准的决算及下一级政府上报备案的决算汇总,报上一级政府备案。县级以上各级政府应当将下一级政府报送备案的决算汇总后,报本级人大常委会备案。

七、预算与决算监督

预算与决算的监督,是指对各级政府实施的预算与决算活动所进行的监督。县级以上各级人大及其常务委员会对本级和下级预算、决算进行监督。乡级人大对本级预算、决算进行监督。

1. 立法机关的监督

各级立法机关的监督职权主要是组织调查权和询问质询权。其中,各级人大和县级以上各级人大常委会会有权就预算、决算中的重大事项或者特定问题组织调查,有关的政府、部门、单位和个人应当如实反映情况和提供必要的材料。

此外,各级人大和县级以上各级人大常委会会举行会议时,人大代表或者常委会组成人员,依照法律规定程序就预算、决算中的有关问题提出询问或者质询,受询问或者受质询的有关的政府或者财政部门必须及时给予答复。

另外,县级以上各级政府应当在每年6月至9月期间向本级人大常委会报告预算执行情况。

2. 政府的监督

各级政府监督下级政府的预算执行;下级政府应当定期向上一级政府报告预算执行情况。

3. 政府专门机构的监督

主要是财政部门和审计部门的监督。各级政府财政部门负责监督检查本级各部门及其所属各单位预算的编制、执行,并向本级政府和上一级政府财政部门报告预算执行情况。而县级以上政府审计部门则依法对预算执行、决算实行审计监督。对预算执行和其他财政收支的审计工作报告应当向社会公开。这与我国《宪法》和《审计法》的相关规定是一致的。

八、违反预算法的法律责任

违反预算法的法律责任,简称预算法律责任,是指预算法主体违反预算法规定的义务所应承担的法律后果。

针对相关主体的预算违法行为,我国《预算法》对其法律责任有多方面的规定,主要体现为以下方面:

1. 违反预算管理程序规范的法律责任

各级政府及有关部门有下列行为之一的,责令改正,对负有直接责任的主管人员和其他直接责任人员追究行政责任:(1)未依照预算法规定编报预算草案、预算调整方案、决算草案以及批复预算、决算的;(2)违法进行预算调整的;(3)未依法对有关预算事项进行公开和说明的;(4)违反规定设立政府性基金项目和其他财政收入项目的;(5)违反法律、法规规定使用预算预备费、预算周转金、预算稳定调节基金、超收收入的;(6)违反预算法规定开设财政专户的。

2. 违反预算收支实体规范的法律责任

各级政府及有关部门、单位有下列行为之一的,责令改正,对负有直接责任的主管人员和其他直接责任人员依法给予降级、撤职、开除的处分:(1)未将所有政府收支列入预算或者虚列收支的;(2)违法多征、提前征收或者减征、免征、缓征应征预算收入的;(3)截留、占用、挪用或者拖欠应当上缴国库的预算收入的;(4)违法改变预算支出用途的;(5)擅自改变上级政府专项转移支付资金用途的;(6)违法拨付预算支出资金,办理预算收入收纳、划分、留解、退付,或者违反预算法规定冻结、动用国库库款或者以其他方式支配已入国库库款的。

上述分类,只是大略的划分,因为许多程序违法行为与实体违法行为密切相关,因此难以截然分开。在上述的一般性规定之外,《预算法》还有如下具体规定:

第一,各级政府、各部门、各单位违反该法规定举借债务或者为他人债务提供担保,或挪用重点支出资金,或在预算之外及超预算标准建设楼堂馆所的,责令改正,对负有直接责任的主管人员和其他直接责任人员给予撤职、开除的处分。

第二,各级政府有关部门、单位及其工作人员有下列行为之一的,责令改正,追回骗取、使用的资金,有违法所得的没收违法所得,对单位给予警告或者通报批评;对负有直接责任的主管人员和其他直接责任人员依法给予处分:(1)违法改变预算收入上缴方式的;(2)以虚报、冒领等手段骗取预算资金的;(3)违反规定扩大开支范围、提高开支标准的;(4)其他违反财政管理规定的行为。

第三节 国债法律制度

一、国债和国债法概述

(一)国债的概念和职能

国债,又称国家公债,它是国家为实现其职能而以国家信用为基础所举借的债务。它是国家筹集财政收入、弥补财政赤字和进行宏观调控的重要手段。

国债具有如下特征:(1)国债作为一种国家债务,其举借具有自愿性和偿还性,需遵守一般的诚实信用原则,因而与税收和罚没收入等不同;同时,其公共目的性又使其与一般私人债务相异。(2)国债作为国家信用的最主要、最典型的形式,与商业信用、银行信用、消费信用等不同,它反映的是以国家或政府为债务人或债权人的借贷关系,以政府信誉作担保;同时,它以信用形式获取收入和进行支出,在重视宏观经济效益的同时兼顾微观经济效益。(3)国债同金融债、企业债相比,其信用度最高,流动性更好,变现力、担保力更强。

一般认为,国债具有如下基本职能:(1)弥补财政赤字的职能。由于用发行国债来弥补财政赤字,比采取增加税收、增发货币或财政透支等方式更好,因而各国均重视通过发行国债来弥补财政赤字。弥补赤字是发行国债的最初动因。但是发行国债的规模必须适度,管理也必须适当。(2)宏观调控的职能。由于国债是财政分配的组成部分,国债收入的取得和使用、偿还等在客观上均具有经济调节的功能,因而运用国债手段可以进行宏观调控。特别是可以调节生产、消费和投资方向,促进经济结构的合理化和经济总量的平衡。

(二)国债法的概念和主要内容

国债法是调整在国债的发行、使用、偿还和管理的过程中发生的经济关系的法律规范的总称。它是财政法的重要部门法,其许多基本原理与财政法是一致的。

国债法的调整对象是在国债的发行、使用、偿还和管理过程中发生的经济关系,简称国债关系。其中,国债的发行关系是因国债发行而产生的国家与其他相对应的权利主体(包括作为债权人的外国政府)之间的经济关系,它是一种基础性的关系;国债使用关系是在国家将取得的国债收入进行使用的过程中发生的经济关系以及国债的权利主体在国债交易活动中发生的经济关系;国债偿还关系是在国家偿还国债本息的过程中发生的经济关系;国债管理关系是在对国债的发行、使用和偿还进行管理的过程中发生的经济关系。

调整上述国债关系的各类法律规范,在总体上构成了国债法律制度。其主要内容是:国债的分类和结构;国债的发行主体、发行对象与发行方式;国债发行的种类、规模或数额、利率;国债的用途、使用原则;国债市场与国债持券人的国债权利;国债还本付息的期限、偿还方式、方法;国债管理机构及其职权、职责;违反国债法的法律责任;等等。

上述国债的一些基本内容,在相关国家的立法中也有所体现。随着对于国债职能的认识的深化,各国也越来越重视国债立法。例如,美国早在1917年就颁布了《自由公债法》,到1986年时又制定了《政府债券法》。日本在其《财政法》《特例公债法》等相关法律中,对各类公债分别作了规定。韩国在1979年也颁布了《政府债券法》。

我国的国债立法尚不完善。尽管改革开放以来,我国又开始重视运用国债手段,多次颁布《国库券条例》和《特种国债条例》等,但立法级次和适用范围等都离国债发展和国债立法的要求相距甚远。2014年修改的《预算法》虽然增加了有关政府举借债务的规定,但仍然不够系统。为此,下面主要结合有关国债法的基本原理和既有规定加以介绍。

二、国债的分类

国债的分类对于国债立法甚为重要。由于有的国家是按照不同种类的国债分别进行立法的,因而国债的分类会直接影响到国债法的体系,并且,其本身也是国债法律制度的重要内容,与国债的发行、管理等密切相关。

依据不同的标准,可以对国债作出以下不同的分类:

按偿还期限的不同,可分为定期国债和不定期国债。前者是严格规定还本付息期限的国债,它又可分为短期国债(1年以内)、中期国债(1年至10年)、长期国债(10年以上);后者是不规定还本付息期限的国债,其债权人可按期取息,但无权要求清偿本金。此类国债曾在英国等少数国家发行过。

按发行地域的不同,可分为国内债务和国外债务,简称内债和外债。前者是在本国境内发行的债务,其债权人一般是本国的企业和居民,且以本国货币支付本息;后者是在本国境外发行的债务,其债权人一般为外国政府、国际组织或外国的企业和居民,且一般以外币支付本息。

按使用途径的不同,可分为赤字国债、建设国债、特种国债。其中,赤字国债是用于弥补财政赤字的国债;建设国债是用于国家经济建设的国债;特种国债是在特定范围内为满足特定需要而发行的国债。

按流通性能的不同,可分为上市国债和不上市国债。前者是可在证券交易所自由买卖的国债,如我国发行的无记名国债,就是不记名、不挂失的可上市国债;后者是不能上市进行自由买卖的国债,如我国发行的凭证式国债,就是可记名、可挂失的不可上市流通的国债。

此外,国债还可按推销方式的不同,分为强制国债与任意国债;按偿付方式的不同,分为普通国债与有奖国债等。此外,也有学者按使用途径的不同,将国债分为赤字国债、建设国债、特种国债。其中,赤字国债是用于弥补财政赤字的国债;建设国债是用于国家经济建设的国债;特种国债是在特定范围内为满足特定需要而发行的国债。这些国债类型对于宏观调控目标的实现都很重要。

三、国债的发行、使用、偿还与管理

(一) 国债的发行

国债的发行,指国债的售出或被认购的过程。国债发行的重要问题是发行条件和发行方法。前者涉及国债种类、发行对象、数额、发行价格、利率、付息方式、流动性等内容;后者则关系到国债能否顺利地发行,因而同样是国债发行方面十分重要的问题。

(二) 国债的使用

国债的使用包括政府对国债资金的使用以及国债债权人对其债券权利的行使两个方面。其中,政府的国债资金的使用途径主要是弥补财政赤字,进行经济建设和用于特定用途。而国债债权人对其债券权利的行使,主要是体现在证券的转让、抵押等方面。随着国债交易市场的日益开放,国债交易愈加活跃,交易方式更加多样。这对于进行公开市场操作、有效实施宏观调控,甚有裨益。

(三) 国债的偿还

国债的偿还是国家依法定或约定,对到期国债还本付息的过程。偿还国债本息的资金来源可以是预算盈余,或者是专门的偿债基金、预算拨款,也可以是借新债还旧债。在偿还方法方面,可以是直接由政府或其委托的金融机构进行偿还,也可以通过市场收购来偿还,还可以通过抽签等方法来偿还。

(四) 国债的管理

国债管理是为调控国债的规模、结构、利率等所采取的各种措施。它贯穿于国债的发行、使用、偿还等各个环节,对于经济的稳定增长和社会安定都甚为重要。

国债管理主要包括:(1)规模管理。衡量国债规模的相对指标主要是国债的依存度(国债发行额与国家财政支出之比)、国债的负担率(国债余额与GDP之比)、国债的偿债率(国债的还本付息额与GDP之比)。(2)结构管理。主要包括期限结构、利率结构、投资者结构等方面的管理。此外,为了加强对外债的统计监测,我国还实行外债登记管理。

第四节 财政支出法律制度

财政支出法律制度主要包括两类:一类是政府采购制度;另一类是转移支付制度。下面,就简要介绍这两类制度:

一、政府采购法

(一) 政府采购及其重要作用

所谓政府采购,也称公共采购,是指政府为了实现公共目的,按照法定的方式和程序,以购买者身份购进货物、工程和服务的行为。

政府采购制度作为财政制度的重要组成部分,在西方国家确立较久。在市场经济条件下,政府是最大的消费者,其采购支出的数额十分巨大。各国之所以纷纷建立政府采购制度,是因为该项制度主要具有以下重要作用:一是它能够强化对财政支出的管理,提高财政资金流向的透明度和财政资金的使用效率。[①]二是它同相关的经济政策和社会政策相配合,能够调节国民经济的运行,影响经济结构的调整和经济总量的平衡;能够保护民族经济,提高国际竞争力;能够通过存货吞吐来弥补市场缺陷,维护企业和消费者的合法权益;能够促进充分就业和环境保护。三是它能够加强财政监督,促进反腐倡廉。

在国际层面,早在1979年,在关贸总协定(GATT)的"东京回合"谈判中,相

[①] 依据国际公认的经验数据,政府采购可使资金使用效益提高10%。目前,我国的政府消费约占GDP的10%,因此,如果真正实行政府采购制度,可以使政府支出大为节约。

关国家就缔结了《政府采购协议》,并把 GATT 的最惠国待遇原则、国民待遇原则等基本原则引入了政府采购领域。此后,一些国家和国际经济组织也相继建立了相应的政府采购制度或订立协议,强调政府采购领域的市场准入,建立公平的、非歧视的政府采购制度。①

随着市场经济的发展和财政体制的改革,我国对政府采购立法日益重视。《中华人民共和国政府采购法》(以下简称《政府采购法》)已由全国人大常委会于 2002 年 6 月 29 日通过,自 2003 年 1 月 1 日起施行。近年来,在简政放权、转变政府职能的背景下,全国人大常委会于 2014 年 8 月 31 日对该法作出了修改。② 此外,国务院已颁布《政府采购法实施条例》③,财政部亦发布相关配套规章④,它们共同构成了我国的政府采购法律制度。

(二)我国政府采购制度的基本内容

1. 政府采购法的立法宗旨

根据我国《政府采购法》的规定,其立法宗旨包括五个方面:(1)规范政府采购行为;(2)提高政府采购资金的使用效益;(3)维护国家利益和社会公共利益;(4)保护政府采购当事人的合法权益;(5)促进廉政建设。

上述五个方面的宗旨,是密切相关的。其中,规范政府采购行为,是该法最为直接的调整目标。其理由如下:第一,只有有效规范政府采购行为,才可能有效避免在财政支出方面存在的各种问题,提高政府采购资金的使用效益;在此基础上,才能更好地维护国家利益,保障国家可以更好地提供公共物品,维护社会公共利益。第二,只有有效规范政府采购行为,才能有效保护政府采购当事人的合法权益,实现各方利益的均衡保护。第三,只有有效规范政府采购行为,才能使政府采购更加公开、公平和公正,从而更有效地防止和避免寻租或腐败问题,促进廉政建设。

2. 政府采购的法律定义

根据《政府采购法》的规定,所谓政府采购,是指各级国家机关、事业单位和团体组织,使用财政性资金采购依法制定的集中采购目录以内的或者采购限额标准以上的货物、工程和服务的行为。

上述定义中所说的"采购",是指以合同方式有偿取得货物、工程和服务的行为,包括购买、租赁、委托、雇用等。

从上述定义中可以看出,政府采购的标的包括三大类,即货物、工程和服务。

---

① 例如,欧共体早在 1966 年就在《欧共体条约》中对政府采购作出了专门规定。后来欧盟又相继颁布了关于公共采购各领域的《指令》,包括 1992 年的《关于协调授予公共服务合同的程序的指令》和 1993 年的《关于协调授予公共供应品合同的程序指令》以及《公用事业指令》,等等。此外,联合国国际贸易法委员会还在 1994 年第 27 届年会上通过了《关于货物、工程及服务采购的示范法》。
② 参见 2014 年 8 月 31 日通过的《全国人大常委会关于修改〈保险法〉等五部法律的决定》。
③ 《中华人民共和国政府采购法实施条例》于 2014 年 12 月 31 日通过,自 2015 年 3 月 1 日起施行。
④ 例如,自 2004 年 9 月 11 日起施行的《政府采购信息公告管理办法》、自 2004 年 9 月 1 日起施行的《中央单位政府采购管理实施办法》等等。

所谓货物,是指各种形态和种类的物品,包括原材料、燃料、设备、产品等;所谓工程,是指建设工程,包括建筑物和构筑物的新建、改建、扩建、装修、拆除、修缮等;所谓服务,是指除货物和工程以外的其他政府采购对象,包括政府自身需要的服务和政府向社会公众提供的公共服务。

3. 政府采购法的原则

政府采购法的原则,是整个政府采购法的立法、执法等各个环节都应遵循的基本准则。它在总体上同经济法的基本原则是一致的,具体包括如下几个方面:

(1) 采购法定原则。采购法定原则,是指政府采购的各项基本要素都要严格由法规定。包括实体要素法定和程序要素法定两个方面。其中,前者主要指采购主体法定、采购客体法定、采购资金法定等;后者主要是指采购程序法定,具体包括招投标法定等。基于采购法定原则的要求,我国《政府采购法》规定,在采购资金的使用方面,政府采购应当严格按照批准的预算执行;在采购范围方面,政府采购实行集中采购和分散采购相结合。属于中央预算的政府采购项目,其集中采购目录由国务院确定并公布;属于地方预算的政府采购项目,其集中采购目录由省级人民政府或者其授权的机构确定并公布。纳入集中采购目录的政府采购项目,应当实行集中采购。此外,采购人必须按照该法规定的采购方式和采购程序进行采购。

(2) 保障公益原则。政府采购不同于私人采购的重要特点,就是它具有突出的公共性、公益性、公法性。因此,政府采购要保障国家利益和社会公共利益,要有利于经济、社会的良性运行和协调发展。我国《政府采购法》中有多项规定体现了上述原则的要求。例如,该法规定,政府采购应当有助于实现国家的经济和社会发展政策目标,包括环境保护,扶持不发达地区和少数民族地区,促进中小型企业发展等。政府采购当事人不得相互串通损害国家利益、社会公共利益和其他当事人的合法权益。此外,对因严重自然灾害和其他不可抗力事件所实施的紧急采购,涉及国家安全和秘密的采购以及军事采购,均不适用该法。

(3) 公平交易原则。公平交易原则,是微观的、具体的采购活动所需要遵循的原则。它包括下列具体原则:首先,政府采购应当遵循公开透明原则,这是对财政支出透明度和财政资金使用效益的重要保障。据此,应确保社会公众能够及时获取与采购相关的信息,包括采购的标准和结果等方面的信息。其次,政府采购应当遵循公平竞争原则。由于政府是最大的消费者,因此,政府采购领域也是厂商之间展开竞争的重要领域。如何确保厂商之间的公平竞争,如何在厂商的公平竞争中来取得价廉物美的货物、工程和服务,提高财政资金的使用效益,就显得非常重要。为此,我国《政府采购法》规定,任何单位和个人不得采用任何方式,阻挠和限制供应商自由进入本地区和本行业的政府采购市场。此外,政府采购当事人不得以任何手段排斥其他供应商参与竞争。再次,政府采购应当遵循独立公正原则。为了确保政府采购在程序或实体制度上的公正,需要建立回避制度以及采购代理机构独立于政府的制度。对此,我国的《政府采购法》都有相关规定。最后,政府采购应当遵循诚实信用原则。政府采购既然涉及"采购",当然会涉及基本的买方和卖方的利益以及其他相关主体的利益,以及相关主体的诚实信用问题,因此,同样适用诚信原则。

4. 政府采购法的主体

(1) 从事政府采购活动的主体。即政府采购当事人,是在政府采购活动中享有权利和承担义务的各类主体,包括采购人、供应商和采购代理机构等。上述的采购人,是指依法进行政府采购的国家机关、事业单位、团体组织。上述的采购代理机构,是根据采购人的委托办理采购事宜的非营利事业法人。上述的供应商,是指向采购人提供货物、工程或者服务的法人、其他组织或者自然人。另外,作为政府采购活动重要主体的供应商,应当具备下列法定条件:具有独立承担民事责任的能力;具有良好的商业信用和健全的财务会计制度;具有履行合同所必需的设备和专业技术能力;有依法交纳税收和社会保障资金的良好记录;参与政府采购活动前3年内,在经营活动中没有重大违法记录;法律、行政法规规定的其他条件。

(2) 监管政府采购活动的主体。政府采购活动必须有专门的监管,这是其与私人采购的一个重要的不同。由于政府采购活动涉及财政支出,涉及纳税人的钱怎么花的问题,因此,其监管主体以财政部门相对更为适宜。此外,如采购活动涉及其他政府部门,则其他政府部门亦应依法进行监管。为此,我国《政府采购法》第13条规定,各级人民政府财政部门是负责政府采购监督管理的部门,依法履行对政府采购活动的监督管理职责。各级人民政府其他有关部门依法履行与政府采购活动有关的监督管理职责。其中,审计机关应当对政府采购进行审计监督。监察机关应当加强对参与政府采购活动的国家机关、国家公务员和国家行政机关任命的其他人员实施监督。

5. 政府采购的方式、程序与合同

(1) 政府采购的基本方式。根据我国《政府采购法》的规定,政府采购采用以下方式:公开招标;邀请招标;竞争性谈判;单一来源采购;询价;国务院政府采购监督管理部门认定的其他采购方式。其中,公开招标作为政府采购的主要采购方式。采购人不得将应当以公开招标方式采购的货物或者服务化整为零或者以其他任何方式规避公开招标采购。

(2) 政府采购的程序。政府采购涉及的程序较多。例如,从政府采购预算的编制、审批、执行,到各类政府采购方式,都有自己的一套程序,应当依据程序要素法定原则,严格按各类程序的规定办事。在我国的《政府采购法》中,对不同类型的政府采购方式所涉及的程序问题,都有一定的规定。例如,该法对于实行招标方式和邀请招标方式采购的,对于招投标过程中所涉及的一些程序问题作出了专门的规定;同时,对于采用竞争性谈判方式采购所应当依循的谈判程序,对采用询价方式采购所应当依循的询价程序,都作出了较为细致的规定。

(3) 政府采购合同。依据我国《政府采购法》规定,采购人和供应商之间的权利和义务,应当按照平等、自愿的原则以合同方式约定。政府采购合同适用《合同法》,并应当采用书面形式。政府采购项目的采购合同自签订之日起7个工作日内,采购人应当将合同副本报同级政府采购监督管理部门和有关部门备案。

6. 政府采购制度中的财政法规范

如前所述,由于政府采购制度的出发点和归宿都与财政支出管理直接相关,因此,在政府采购制度中,必然会包含大量的财政法规范。

从我国《政府采购法》的直接规定来看,下列方面的财政法规范很值得注意:

(1) 在规范预算行为方面,负有编制部门预算职责的部门在编制下一财政年度部门预算时,应当将财政年度政府采购的项目及资金预算列出,报本级财政部门汇总。部门预算的审批,按预算管理权限和程序进行。政府采购应当严格按照批准的预算执行。

(2) 在采购目录确定方面,政府采购实行集中采购和分散采购相结合。其中,属于中央预算的政府采购项目,其集中采购目录由国务院确定并公布;属于地方预算的政府采购项目,其集中采购目录由省级人民政府或者其授权的机构确定并公布。纳入集中采购目录的政府采购项目,应当实行集中采购。

(3) 在限额标准确定方面,属于中央预算的政府采购项目,由国务院确定并公布;属于地方预算的政府采购项目,由省级人民政府或者其授权的机构确定并公布。

(4) 在招标数额的确定方面,公开招标应作为政府采购的主要采购方式。采购人采购货物或者服务应当采用公开招标方式的,其具体数额标准,属于中央预算的政府采购项目,由国务院规定;属于地方预算的政府采购项目,由省级人民政府规定;因特殊情况需要采用公开招标以外的采购方式的,应当在采购活动开始前获得设区的市以上人民政府采购监督管理部门的批准。

(5) 在法律责任方面,采购人对应当实行集中采购的政府采购项目,不委托集中采购机构实行集中采购的,由政府采购监督管理部门责令改正;拒不改正的,停止按预算向其支付资金,由其上级行政主管部门或者有关机关依法给予其直接负责的主管人员和其他直接责任人员处分。此外,对于供应商的责任追究,已经出现了"列入不良行为记录名单"等新的责任形式,这也是经济法责任形式的新发展。

二、转移支付法

(一) 转移支付与转移支付法概述

1. 转移支付的概念

财政支出主要可以分为两大类,即购买支出和转移支付。所谓转移支付

(transfer payments),又称无偿支出,从广义上说,就是中央政府或地方政府将部分财政收入无偿让渡给其他各级次政府时所发生的财政支出,它是进行宏观调控的一种重要手段。

从转移支付的方向看,政府间的转移支付包括纵向转移支付和横向转移支付。但人们通常最为关注的,是上级政府对下级政府的纵向转移支付,特别是中央政府对地方政府的转移支付,并且,往往把上级政府对下级政府的转移支付作为狭义的转移支付来看待。

2. 转移支付法的概念

转移支付法是调整在财政转移支付的过程中所发生的社会关系的法律规范的总称。它是财政法的重要部门法。

转移支付法与国家的财政体制、经济社会政策等联系至为密切,具有特殊性。它是联结财政法与社会保障法、经济法与社会法的纽带。

转移支付法的调整对象是在转移支付过程中所发生的社会关系,而依转移支付法的规定在转移支付主体之间发生的权利义务关系则为转移支付法律关系,这种法律关系是转移支付法着力加以保护的。

3. 转移支付法产生的经济基础

财政支出的划分历来是各国各级政府之间财政关系中诸多问题的焦点,它反映的是各级政府间的权责关系。一般说来,依据效率的要求,中央和地方政府应根据居民的偏好,分别提供不同层次的公共物品。由于各个地区的居民对一定的区域性公共物品的偏好程度和需求量是各不相同的,因此,地方政府是地方性公共物品的最佳提供者。

中央政府及地方政府提供公共物品,均需要相应的财力支持,但由于体制等诸多原因,各国不同地区的经济状况各异,发展不均衡,因而必然存在"财政失衡"的问题。财政失衡包括纵向失衡和横向失衡两个方面。所谓纵向失衡,是指上下级政府间的财政收支状况的不平衡。例如,当一级政府存在财政赤字,而其他级次政府却存在财政盈余时,即为纵向失衡。所谓横向失衡,是指同级政府之间的财政收支状况的不平衡。例如,当较富足的省、市出现财政盈余,而较贫困的省、市出现财政赤字时,即为横向失衡。

在存在财政纵向失衡的情况下,各级政府所能提供的公共物品不同,依据其所掌握的财力来配置资源的能力也不同;在存在财政横向失衡的情况下,各同级地方政府所能提供的公共物品的质与量存在差别,从而使各区域的经济和社会发展水平亦存在差异。

一般认为:过度的财政失衡是有害的,它不仅是严重的经济问题,而且易引发严重的社会问题乃至政治问题;不仅会严重地影响经济与社会的良性运行和协调发展,而且会影响国家与社会的安全与安定。为此,必须通过财政转移支付制度来解决财政失衡问题,以使各级政府在自然资源禀赋、人口密度、历史文化、经济结构和经济发展程度存在诸多差异的情况下,能够依其级次提供相应的、差别不大的公共物品,即在公共物品的提供方面要大略实现"均等化"。

各国的实践表明,在经济发展不平衡,财政失衡现象普遍存在的情况下,必须建立转移支付制度;而建立转移支付制度,则必须走法制化道路。可见,转移支付法的产生是与经济发展的要求相适应的,有其深厚的经济基础。为此,我国《预算法》规定,国家实行财政转移支付制度。财政转移支付应当规范、公平、公开,以推进地区间基本公共服务均等化为主要目标。中央预算和有关地方预算中应当安排必要的资金,用于扶助革命老区、民族地区、边疆地区、贫困地区发展经济社会建设事业。

(二) 转移支付法律制度的基本内容

转移支付法律制度,应当以一部《转移支付法》为基础,再辅之以配套的制度。但我国至今仍然没有制定《转移支付法》,只是在《预算法》中有若干规定。从应然的角度来看,《转移支付法》应包括以下基本内容:(1) 立法宗旨;(2) 法律的适用范围;(3) 法律的基本原则;(4) 转移支付的主体及其权利义务;(5) 转移支付的形式、方式和条件;(6) 转移支付的预算安排;(7) 转移支付的监督管理;(8) 法律责任。下面着重介绍转移支付的主体、形式、预算安排、监督管理等内容。

1. 转移支付的主体

转移支付的主体包括两类:(1) 发动转移支付的主体,包括中央政府和地方政府;(2) 接受转移支付的主体,通常为下级地方政府。我国《预算法》规定,财政转移支付包括中央对地方的转移支付和地方上级政府对下级政府的转移支付。可见,《预算法》所规定的转移支付,是狭义上的政府间的纵向转移支付。

2. 转移支付的形式

政府间转移支付的形式主要有如下两类:

(1) 一般性转移支付。即按照现行的财政体制所实施的无条件拨款。由于各地区的经济发展水平和财政收入水平、各级地方政府辖区内的人口数量、与履行社会管理职能相适应的财力等都是不同的,因而不同地域的人们所享受到的由当地政府提供的公共物品是不尽相同的。为了保障各级政府的顺利运转和保证其具有大体一致的社会服务功能,上级政府必须发挥财政的分配职能,对各地区的可支配财力予以适当的调节,调剂余缺,从而形成一般性的或称体制性的转移支付,它是政府间转移支付的最基本和最主要的形式。

(2) 专项转移支付。专项转移支付,是指为了实现某一特定的政治经济目标或专项任务,而由上级财政向下级财政进行的专案拨款。由于我国地域辽阔,人口众多,财政职能范围广,担负的任务繁杂,因而专项转移支付亦经常发生。尤其在遭遇自然灾害等非常情况,以及国家的重大政策调整影响地方财政利益,或者地方担负本应由中央承担的事务的情况下,由中央政府向地方政府进行专项拨款,确实非常必要。

对于上述两类转移支付,也有人从拨款的角度,将其分别称为均衡拨款和专项拨款。从国际经验看,均衡拨款由接受拨款的政府自主使用,上级政府不对其规定具体用途,所以是无条件的转移支付,其目的是实现基本公共服务均等化。而专项拨款则是附条件的、有特定使用范围的,因此又称附条件转移支付。专项拨款可具体分为委托事务拨款、共同事务拨款和鼓励或扶持性拨款。从拨款的目的、条件、用途方面,有助于进一步理解两类转移支付的差别。

目前,我国的转移支付制度还非常不完善,一般性转移支付所占的比重相对较低,而专项转移支付比重偏高,影响了转移支付制度对于区域均衡发展的推动。因此,必须构建规范的转移支付制度,进一步提高转移支付制度的透明度,更好地发挥其宏观调控作用,实现其推进公共物品提供均等化的职能。

3. 转移支付的预算安排

根据《预算法》规定,在中央和地方各级一般公共预算中,均包括转移支付预算。其中,一般性转移支付应当按照国务院规定的基本标准和计算方法编制。专项转移支付应当分地区、分项目编制。

在预算下达时间方面,中央对地方的一般性转移支付应当在全国人大批准预算后30日内正式下达。中央对地方的专项转移支付应当在全国人大批准预算后90日内正式下达。

省级政府接到中央一般性转移支付和专项转移支付后,应当在30日内正式下达到本行政区域县级以上各级政府。县级以上地方各级预算安排对下级政府的一般性转移支付和专项转移支付,应当分别在本级人大批准预算后的30日和60日内正式下达。

4. 转移支付的监督管理

由于转移支付的资金来自上级财政,因此,上级政府的财政部门是转移支付最主要、最经常的监管主体。

在监管方式上,不同形式的转移支付可以有不同的监管方式。一般性转移支付因其可以就地抵留,成为地方固有财力的组成部分,地方财政可以独立地安排使用,因而对一般性转移支付的监管只能依据《预算法》,通过同级人大和上级财政对预决算的审查和对预算执行的监督来实现。而专项转移支付则可由上级财政部门采用跟踪检查、验收项目等办法进行监管。对于各种转移支付形式的具体监管办法,均可由转移支付法作出规定。

我国《预算法》在预算、决算的审批、法律责任的追究等方面,都对转移支付的监督管理作出了规定。例如,在预算审批方面,需要审查"对下级政府的转移性支出预算是否规范、适当";在决算审批方面,"财政转移支付安排执行情况"是决算审查的重点内容。此外,在法律责任方面,"擅自改变上级政府专项转移支付资金用途的",要承担相应的预算法律责任。

第二十七章　税收法律制度

第一节　税收与税法概述

一、税收的概念和特征

(一) 税收的概念

税收,或称租税、赋税、捐税等,简称税,是国家为实现其公共职能而凭借其政治权力,依法强制、无偿地取得财政收入的活动或称手段。

税收的上述定义说明,税收的征收主体是国家;国家征税的目的是提供公共物品,实现公共职能;税收的权力依据是国家的政治权力;税收的实现必须依法进行,而依法征税必须有确定的征收标准,同时又必然带有强制性;税收活动是取得财政收入的一种活动或手段,税收收入是财政收入的一种形式,国家取得税收收入是无偿的。

税收活动是国家参与社会产品分配和再分配的重要手段,税收杠杆是国家据以进行宏观调控的重要工具,税收收入是国家财政收入的最主要的来源。没有税收,国家机器就不能有效运作,公共物品也不能有效供给,国家也将难以存续。正因如此,税收有着非常重要的地位。

(二) 税收的特征

税收的特征是税收与其他财政收入形式相比较而表现出来的、反映税收本质的征象。由于税收的特征反映了税收与其他事物相区别的本质特点,是对税收概念的解析和深化,且有助于更好地理解和概括税收的定义,因而始终很受关注。对于税收的特征,一直有不同的概括。例如,许多学者把税收的特征概括为"三性",即强制性、固定性和无偿性。这种概括在相当程度上反映了税收的特征,但是,对税收"三性"的概括仅具有相对的意义,不能作绝对的理解。

事实上,在上述的税收定义中,已经反映了税收的特征,对此可以作以下概括:

(1) 国家主体性。即在征税主体方面,国家是税收的主体,征税权只属于国家并由中央政府和地方政府来具体实现;国家或政府在税收活动中居于主导地位。税收的国家主体性特征非常重要,它在很大程度上影响了税收的其他特征的形成。

(2) 公共目的性。即在税收的目的方面,税收作为提供公共物品的最主要的资金来源,着重以满足公共欲望、实现国家的公共职能为直接目的。为此,税收必须根据纳税主体的负担能力依法普遍课征,但它并不具有惩罚性,因而与罚没收入是不同的。

(3) 政权依托性。在权力依据方面,税收须以政权为依托,它所依据的是政治权力而不是财产权利或称所有者权利。由于税收收入实际上是资源从私人经济部门向公共经济部门的强制转移,只有以政权为依托才能有效实现。因此,它与作为财政收入的奉献性收入、契约性收入等有着明显的不同。

(4) 单方强制性。在主体意志方面,税收并不取决于纳税主体的主观意愿或征纳双方的意思表示,而只取决于征税主体的认识和意愿(但税收的实效要取决于主观与客观是否能够相统一),因而具有单方强制性。税收的这一特征也使其区别于国有资产收入等非强制性的财政收入。同时,由于单方的强制性可能会使纳税人的利益受到损害,因而征税必须依法进行,实行税收法定原则。税法的基本原则是税收法定原则、税收公平原则和税收效率原则。其中,税收法定原则在税收法制建设方面尤其具有重要意义。

(5) 无偿征收性。在征税代价方面,税收是无偿征收的。即国家征税既不需要事先支付对价,也不需要事后向各个纳税人作直接、具体的偿还。在国家与纳税人之间不存在私法上的等价有偿的交换关系,同时,纳税人缴纳税款的多少与其可能消费的公共物品的数量亦无直接关系。因此,就具体的、特定的时空而言,税款的征收是无偿的。税收的这一特征可以使其与规费收入相区别。

(6) 标准确定性。在征收标准方面,税收的征收标准是相对明确、稳定的,并体现在税法的课税要素的规定之中,从而使税收具有标准确定性或称固定性的特征。税收与税法的一一对应关系、税收法定原则的普遍采行、征纳双方的合法权利的均衡保障等,都与税收的这一特征密切相关。

了解税收的上述特征,有助于进一步深化对税收概念的认识。在税收的概念和特征中,实际上已经涉及税收与经济、政治、社会的密切关系以及税收与法律的内在联系,这是学习和研究税收与税法问题的前提和基础。

二、税收的分类

税收的分类是税收原理中的一个重要问题。因为税收如何分类,直接影响到一国的税收体系和税制建设,也影响到一国的税收立法、执法和法学研究。对于税收究竟应当如何分类,自亚当·斯密以来,许多学者就一直在研究,并形成了"税系理论"。由于税收体系是由税种构成的,因此,严格说来,通常所说的"税收的分类"应当称之为"税种的分类"。在税收理论上,对于诸多税种,依据不同的标准,可以作出多种分类,现将其中较为重要的分类略述如下:

(一) 直接税与间接税

依据税负能否转嫁,税收可以分为直接税和间接税。凡税负不能转嫁给他人,而是由纳税人直接来承担税负的税种,即为直接税。如各类所得税即属之。凡税负可以转嫁他人,纳税人只是间接承担税负的税种,即为间接税。如各类商品税即属之。这种分类对于研究税收归宿、税法实效等问题具有重要意义。

(二) 从量税与从价税

依据税收计征标准的不同,税收可分为从量税和从价税。凡以征税对象的数量、重量、容量等为标准从量计征的税种,为从量税,或称"从量计征"。如资源税等税种中的一些税目就实行从量计征。凡以征税对象的价格为标准从价计征的税种,为从价税,或称"从价计征"。多数税种,如增值税等都是实行从价计征。这种分类有利于研究税收与价格变化的关系,便于国家相机实行相应的经济政策。

(三) 商品税、所得税和财产税

依据征税对象的不同,税收可以分为商品税、所得税和财产税,这通常被认为是税收最重要、最基本的分类。由于征税对象是税制的核心要素,是区分不同税种的主要标准,它直接影响到相关税种的特征、作用和征管方法等,因此,征税对象历来深受重视,许多国家、国际组织以及学者都较为认同以征税对象作为税收分类的最重要的依据,从而使上述分类在税收法制建设中亦具有重要地位。

(四) 中央税和地方税

依据税权归属的不同,税收可分为中央税和地方税。凡税权(包括税收立法权、税收征管权和税收收益权)归属于中央政府的税收,为中央税,也简称国税。凡税权归属于地方政府的税收,为地方税,也简称地税。此外,有时某些税种的税收收入由中央政府和地方政府按分成比例共同享有,可统称为中央与地方共享税。这种分类与一国的税收管理体制密切相关,且直接影响着税收的征管。

(五) 价内税和价外税

依据税收与价格的关系,税收可分为价内税和价外税。凡在征税对象的价格中包含税款的,为价内税。如我国现行的营业税即属之。凡税款独立于征税对象的价格之外的税,为价外税,如我国现行的增值税即属之。这种分类有助于认识税负转嫁和重复征税等问题。

(六) 独立税和附加税

依据课税标准是否具有依附性,税收可分为独立税和附加税。凡不需依附于其他税种而仅依自己的课税标准独立课征的税,为独立税,也称主税。多数税种均为独立税。凡需附加于其他税种之上课征的税,为附加税。独立税可以单独征收,而附加税只能附加征收。

除了上述分类以外,税收还可分为对人税与对物税、实物税和货币税、经常税和临时税、财政税和调控税、累进税和累退税等。此外,在我国的税收实务中,还按照征收机关的不同,把税收分为工商税收和关税税收等。

三、税法的概念和体系

(一) 税法的概念

税法是调整在税收活动中发生的社会关系的法律规范的总称。它是经济法的重要部门法,在经济法的宏观调控法中居于重要的地位。

为了更好地理解税法的概念,有必要了解税法与税收的关系、税法的调整对象等问题。

1. 税法与税收的关系

税法与税收的密切联系表现在:税收活动必须严格依税法的规定进行,税法是税收的法律依据和法律保障。在现代法治国家,税收与税法是一一对应的,税收必须以税法为其依据和保障,而税法又必须以保障税收活动的有序进行为其存在的理由和依据。

此外,税法与税收亦有区别。税收作为一种经济活动,属于经济基础范畴;而税法则是一种法律制度,属于上层建筑范畴。国家和社会对税收收入与税收活动的客观需要,决定了与税收相对应的税法的存在;而税法则对税收活动的有序进行和税收目的的有效实现具有极为重要的反作用。

2. 税法的调整对象

由前述税法的概念可知,税法的调整对象是在税收活动中发生的社会关系,这种社会关系简称税收关系。它可以分为两大类,即税收体制关系和税收征纳关系。前者是指各相关国家机关因税收方面的权限划分而发生的社会关系,实质上是一种权力分配关系;后者是指在税收征纳过程中发生的社会关系,主要体现为税收征纳双方之间的关系。同时,税收征纳关系还可进一步分为税收征纳实体关系和税收征纳程序关系两类。

对税法的调整对象进行解析,不仅有助于理解税法的概念,而且也有助于认识税法的体系。

(二) 税法的体系

税法的体系是指各类税法规范所构成的协调、统一的整体。其结构与分类同税法的调整对象直接相关。

由于税法所调整的税收关系包括税收体制关系和税收征纳关系,因此,调整税收关系的法律规范也就可以分为两类,即税收体制法和税收征纳法。同时,税收征纳法又可进一步分为税收征纳实体法和税收征纳程序法。其中,税收征纳实体法依其所涉及的税种的不同,又可进一步分为商品税法、所得税法和财产税法。它们在整个税法体系中都占有重要地位,需要适时变动,以保障宏观调控的有效实施的部分。

在税法体系的各个组成部分中,税收体制法是规定税收权力分配的法律规范的总称,它在税法体系中居于基础和主导地位。没有税收体制法,就不可能有税收征纳法。此外,在税法体系中,税收征纳实体法居于主体地位,税收征纳程序法居于保障地位。上述各个组成部分都是税法体系不可或缺的重要内容。它们相互补充、相辅相成的,共同构成了和谐、统一的整体。

四、税法上的课税要素

(一) 课税要素的概念及其分类

税法上的课税要素,是税法上规定的国家课税必须具备的条件,也称课税要件,是税法必不可少的最核心的内容。税法上的课税要素问题是税法理论中的重要问题。

对于税法上的课税要素,可以依不同的标准,作出不同的分类。例如,依据各类要素是否具有普遍意义,可将税法上的课税要素分为一般要素和特别要素。前者是各类税法都必须规定的共同要素;后者仅是某类税法专门规定的特殊要素。在通常情况下,一般要素往往更受关注,并可以分为人的要素、物的要素和关系要素。

除了上述的分类以外,更为重要、更为通常的一种分类,是将课税要素分为实体法要素和程序法要素。

(二) 实体法要素

税法中的实体法要素,是构成税收征纳实体法的必不可少的内容。这些要素是决定征税主体能否征税和纳税主体的纳税义务能否成立的必要条件。实体法要素主要包括以下几个:

1. 税法主体

税法主体是在税收法律关系中享有权利和承担义务的当事人。包括征税主体和纳税主体两类。

从理论上说,征税主体是国家,因为征税权是国家主权的一部分。在具体的征税活动中,国家授权政府的职能部门来实际行使征税权。在各国一般都是由税务机关和海关来具体负责税收征管。

纳税主体又称纳税义务人,简称纳税人,是依照税法规定直接负有纳税义务的自然人、法人和非法人组织体。纳税主体在具体的税法中还可能有其他的分类。例如,在增值税法中有一般纳税人和小规模纳税人的区分;在所得税法中有居民纳税人和非居民纳税人的区分;等等。

2. 征税客体

征税客体,也称征税对象或课税对象,是指征税的直接对象或称标的。它说明对什么征税的问题。

征税客体在税法的构成要素中居于十分重要的地位。它是各税种相区别的主要标志,也是进行税法分类的最重要的依据,同时,还是确定征税范围的重要要素。依据征税对象性质的不同,可以将其分为商品、所得和财产三大类。但在具体的税法中,还需要通过税目和计税依据来对其加以具体化。

3. 税目与计税依据

税目与计税依据是对征税对象在质与量上的具体化。所谓税目,就是税法规定的征税的具体项目。它是征税对象在质的方面的具体化,反映了征税的广度。所谓计税依据,也称计税标准、计税基数,简称税基,是指根据税法规定所取得的用以计算应纳税额的依据,亦即用以计算应纳税额的基数。它是征税对象在量的方面的具体化,直接影响着纳税人最终税负的承担。

4. 税率

税率是应纳税额与计税基数之间的数量关系或比率。它是衡量税负高低的重要指标,是税法的核心要素;它反映国家征税的深度,与国家的经济政策直接相关,是极为重要的宏观调控手段。

税率可分为比例税率、累进税率和定额税率,这是税率的一种最重要的分类。

所谓比例税率,是指对同一征税对象,不论其数额大小,均按照同一比例计算应纳税额的税率。

所谓累进税率,是指随着征税对象的数额由低到高逐级累进,所适用的税率也随之逐级提高的税率,即按征税对象数额的大小划分若干等级,每级由低到高规定相应的税率,征税对象数额越大,适用的税率越高,反之则相反。累进税率可分为全额累进税率、超额累进税率、超率累进税率等。其中,全额累进税率因其违背公平原则,故一般已不采用。

所谓定额税率,是指按征税对象的一定计量单位直接规定的固定的税额,因而也称固定税额,一般适用于从量计征。

5. 税收特别措施

税收特别措施包括两类,即税收优惠措施和税收重课措施。前者以减轻纳税人的税负为主要目标,并与一定的经济政策和社会政策相关;后者是以加重纳税人的税负为目标而采行的措施,如税款的加成、加倍征收等。

由于税法具有规制性,因而两类措施在税法中都会存在。但是通常税收优惠措施采行更为普遍,如税收减免、税收抵免、亏损结转等,在广义上均属于税收优惠。其中,税收减免运用得最为广泛。

(三) 程序法要素

税法中的程序法要素,作为保障税收征纳实体法有效实施的必不可少的要件,同样是非常重要的。对于此类要素,学者的概括不尽相同。但其中公认的一般要素是纳税时间和纳税地点。

1. 纳税时间

纳税时间,是指在纳税义务发生后,纳税人依法缴纳税款的期限,因而也称纳税期限。纳税期限可分为纳税计算期和税款缴库期。前者说明纳税人应多长时间计缴一次税款,反映了计税的频率;后者说明应在多长期限内将税款缴入国库,它是纳税人实际缴纳税款的期限。

2. 纳税地点

纳税地点,是指纳税人依据税法规定向征税机关申报纳税的具体地点。它说明纳税人应向哪里的征税机关申报纳税以及哪里的征税机关有权进行税收管辖的问题。通常,在税法上规定的纳税地点主要是机构所在地、经济活动发生地、财产所在地、报关地等。

除了上述的纳税时间和纳税地点以外,还有学者认为纳税环节、计税方法、处罚程序等也属于程序法要素,但它们在总体上是属于特别要素,不像纳税时间和纳税地点那样在形式意义的税法中规定得那么普遍。

五、税收体制改革

税收体制是指在相关国家机关之间划分税收方面的权力的各种制度。它主要包括税收的立法体制和税收的征管体制。

相关的国家机关在税收方面的权力,简称税权,主要包括税收立法权、税收征管权和税收收益权(或称税收入库权)。一国的税收体制是否合理,主要看上述的税权在相关的国家机关之间的配置是否合理。如果税权配置不合理,就需要进行改革。

我国在改革开放以后,曾多次进行税制改革。其中,1984年和1994年的两次税制改革规模最大。1994年进行的规模空前的税制改革,不仅涉及税收征纳实体法的变革,而且在税收体制法、税收征纳程序法方面,也涉及颇多。

目前,我国实行分税制的财政管理体制,而分税制改革的核心内容则正是税收体制的改革,即将税种统一划分为中央税、地方税、中央与地方共享税,并建立中央税收和地方税收体系,分设中央与地方两套税务机构分别征管。上述制度安排与税收征管权和税收收益权的划分直接相关。①

此外,在税收立法方面,我国近些年来仍然强调税收立法权高度上收中央,因而税收立法权主要由国家立法机关及其授权的国家行政机关来行使。

第二节 税收征纳实体法

一、税收征纳实体法律制度概述

整个税法体系,主要包括税收体制法和税收征纳法两个部分。其中,税收体制法是调整税收体制关系的法律规范的总称。由于有关税收体制法的立法目前尚不健全,同时,对于税收体制法的内容,前面已有所涉及,故本节对于税收体制法的内容不再展开介绍。

税收征纳实体法在整个税法体系中居于主体地位,税收征纳实体法规范在税收立法中是最为大量的部分。它具体包括商品税、所得税和财产税三个方面的法律制度。其中,由于商品税或所得税一般都是各国的主体税种,因而商品税

---

① 参见国务院于1993年12月发布的《关于实行分税制财政管理体制的决定》。

法律制度和所得税法律制度也更受重视。此外,财产税一般都是地方税,在国家的税收收入中的占比不高,但因其与个人利益密切相关,因而财产税法律制度也越来越受到关注。

税收征纳实体法律制度在实现税法的宗旨方面具有重要作用。在我国现行的税收立法中,税收征纳实体法律的规范所占比重较大,但同时也有相当数量的税收征纳程序法规范与之相随。由于本节意在阐述税收征纳实体法律制度,因而下面将着重阐述商品税、所得税、财产税法律制度。

二、商品税法

商品税是以商品(包括劳务)为征税对象,以依法确定的商品的流转额为计税依据而征收的一类税,在国际上也通称"货物与劳务税"。此外,因其是以一定的流转额为计税依据,故也有人称之为流转税。

商品税主要包括增值税、消费税、营业税和关税,是我国税收收入的主要来源,商品税法律制度在整个税法体系中也占有重要地位。在我国,随着"营改增"的全面推进,营业税制度已不再实施。此外,商品税法律制度已经实现了内外两套税制的统一,即对于外商投资企业等同样也是适用的。

(一)既存的增值税制度

增值税是以应税商品或劳务的增值额为计税依据而征收的一种商品税。它是商品税中的核心税种,对于保障财政收入、避免重复征税、保护公平竞争等具有特别重要的意义。我国在"营改增"之前的的增值税制度,主要体现为《增值税暂行条例》及其配套的法规、规章的相关规定[①],其实体法规范的主要内容是:

1. 税法主体

我国增值税的征税主体是税务机关(进口环节的增值税由海关代征);纳税主体是在我国境内销售货物、提供应税劳务以及进口货物的单位和个人。其中,单位是指企业、行政单位、事业单位、军事单位、社会团体及其他单位;个人是指个体工商户和其他个人。

此外,从税法地位和税款计算的角度,增值税的纳税主体还可以分为两类,即一般纳税人和小规模纳税人。其中,后者是指年销售额在规定标准以下,并且会计核算不健全,不能按规定报送有关增值税的税务资料的纳税主体,以及税法规定视同小规模纳税人的纳税主体。小规模纳税人以外的其他纳税主体,即为增值税的一般纳税人。

一般纳税人可以使用增值税专用发票,可以用"扣税法"进行税款抵扣;而小规模纳税人则不得使用增值税专用发票,只能用简便的方法来计税。

---

① 国务院于 1993 年 12 月 13 日发布的《中华人民共和国增值税暂行条例》《中华人民共和国消费税暂行条例》和《中华人民共和国营业税暂行条例》,自 1994 年 1 月 1 日起施行。2008 年 11 月 10 日,国务院发布了经修订的上述三个《条例》,自 2009 年 1 月 1 日起施行。

2. 征税范围

增值税的征税范围包括三个方面,即销售货物、提供应税劳务和进口货物。从总体上看,在"营改增"之前的增值税主要是对货物的销售征税。[①]

销售货物包括:(1) 一般销售,即销售有形动产,包括电力、热力和气体;(2) 视同销售,包括税法列举的各个项目,如销售代销货物,将自产的货物用于非应税项目,或者用于集体福利、个人消费、无偿赠送他人等;(3) 混合销售,即一项销售行为既涉及货物又涉及非应税劳务的行为。从事货物的生产、批发或者零售的企业、企业性单位和个体工商户的混合销售行为,视为销售货物,应当缴纳增值税;其他单位和个人的混合销售行为,视为销售非增值税应税劳务,不缴纳增值税。

提供应税劳务,是指提供应当征收增值税的劳务,包括提供加工、修理修配劳务。单位或者个体工商户聘用的员工为本单位或者雇主提供加工、修理修配劳务,不属于提供应税劳务。

进口货物,实际上是货物销售的一个特殊环节,在货物报关进口时,同样要征收进口环节增值税。由于货物在出口环节多不征税,因而税法未直接规定出口货物亦属于其征税范围。但在某些情况下,出口货物也应征收增值税。

3. 税率

我国增值税的税率分为三档,即基本税率、低税率和零税率。

基本税率为17%,适用于一般情况(即不适用低税率和零税率的情况)下的销售货物、进口货物以及所有提供应税劳务的情况。

低税率为13%,适用于以下货物的销售和进口[②]:(1) 粮食、食用植物油;(2) 自来水、暖气、冷气、热水、煤气、石油液化气、天然气、沼气、居民用煤炭制品;(3) 图书、报纸、杂志;(4) 饲料、化肥、农药、农机、农膜;(5) 国务院规定的其他货物。

零税率即税率为零,仅适用于法律不限制或不禁止的报关出口的货物。国务院另有规定的某些货物,不适用零税率。

此外,在"营改增"试点过程中,对于原来征收营业税的项目改征增值税的,大都适用11%或6%的税率。

4. 增值税应纳税额的计算

(1) 一般纳税人销售货物或者提供应税劳务,其应纳税额适用"扣税法"计算,其公式为:

---

① 从2012年1月1日起,我国在上海开始进行扩大增值税征税范围的"营改增"试点,对原来征收营业税的交通运输业和部分现代服务业开始征收增值税,并对具体适用的税率也进行了调整。此后,试点工作逐渐推向全国。

② 某些货物具体适用的税率,参见财政部、国家税务总局2009年1月19日发布的《关于部分货物适用增值税低税率和简易办法征收增值税政策的通知》。

$$应纳税额 = 当期销项税额 - 当期进项税额$$

在上述公式中,当期销项税额 = 当期销售额×税率

(2)小规模纳税人销售货物或者提供应税劳务,其应纳税额适用简易的方法计算,其公式为:

$$应纳税额 = 销售额 \times 征收率$$

上述公式中的征收率通常为3%。

(3)进口货物,无论是一般纳税人还是小规模纳税人,都应按组成计税价格(简称组价)计算,不得抵扣进项税额。其公式为:

$$组成计税价格 = 关税完税价格 + 关税 + 消费税$$

$$应纳税额 = 组成计税价格 \times 税率$$

此外,自2009年1月1日起,增值税一般纳税人购进(包括接受捐赠、实物投资)或者自制(包括改扩建、安装)固定资产发生的进项税额,可依法从销项税额中抵扣,这标志着我国实现了从生产型增值税向消费型增值税的转型。

5. 税收减免

我国增值税的税收减免仍然较多,例如,农业生产者销售的自产农产品、古旧图书、直接用于教学、科研的进口仪器和设备、销售自己使用过的物品等,都属于免税项目。此外,个人的销售额未达到规定的起征点的,也免征增值税。

(二)"营改增"后增值税制度的新变化

营业税制度在我国实施了多年,直到2012年1月1日,依据财政部、国家税务总局发布的《营业税改征增值税试点方案》,我国在上海率先实施了交通运输业和部分现代服务业营改增试点,并逐渐将上述领域的试点推向全国。此后,铁路运输业、邮政业以及电信业又先后在全国范围实施营改增试点。到2014年6月1日,营改增试点已覆盖"3+7"个行业,即交通运输业、邮政业、电信业3个大类行业和研发技术、信息技术、文化创意、物流辅助、有形动产租赁、鉴证咨询、广播影视7个现代服务业。

经国务院批准,自2016年5月1日起,在全国范围内全面推开营改增试点,即对原来缴纳营业税的各类主体,都改征增值税,从而实现了我国对货物与服务的商品税制的统一。通过营改增,基本消除了重复征税,打通了增值税抵扣链条,有助于创造更为公平的税收环境,促进社会分工协作,支持服务业发展和制造业转型升级;同时,将不动产纳入抵扣范围,确立了比较规范的消费型增值税制度,有利于扩大企业投资,增强企业经营活力。从整体上说,营改增有助于进一步减轻企业税负,促进经济发展。

依据财政部和国家税务总局2016年3月23日发布的《营业税改征增值税试点实施办法》,"营改增"全面试点后,原来营业税的纳税人全部缴纳增值税,其主要内容如下:

1. 纳税主体

在中华人民共和国境内销售服务、无形资产或者不动产的单位和个人,应当按照规定缴纳增值税,不缴纳营业税。纳税人分为一般纳税人和小规模纳税人。

2. 征税范围

(1) 销售服务,是指提供交通运输服务、邮政服务、电信服务、建筑服务、金融服务、现代服务、生活服务。各类服务的范围如下:

交通运输服务,包括陆路运输服务、水路运输服务、航空运输服务和管道运输服务。

邮政服务,包括邮政普遍服务、邮政特殊服务和其他邮政服务。

电信服务,包括基础电信服务和增值电信服务。

建筑服务,包括工程服务、安装服务、修缮服务、装饰服务和其他建筑服务。

金融服务,包括贷款服务、直接收费金融服务、保险服务和金融商品转让。

现代服务,包括研发和技术服务、信息技术服务、文化创意服务、物流辅助服务、租赁服务、鉴证咨询服务、广播影视服务、商务辅助服务和其他现代服务。

生活服务,包括文化体育服务、教育医疗服务、旅游娱乐服务、餐饮住宿服务、居民日常服务和其他生活服务。

(2) 销售无形资产,是指转让无形资产所有权或者使用权的业务活动。无形资产,是指不具实物形态,但能带来经济利益的资产,包括技术、商标、著作权、商誉、自然资源使用权和其他权益性无形资产。

其中,技术,包括专利技术和非专利技术。自然资源使用权,包括土地使用权、海域使用权、探矿权、采矿权、取水权和其他自然资源使用权。其他权益性无形资产,包括基础设施资产经营权、公共事业特许权、配额、经营权(包括特许经营权、连锁经营权、其他经营权)、经销权、分销权、代理权、会员权、席位权、网络游戏虚拟道具、域名、名称权、肖像权、冠名权、转会费等。

(3) 销售不动产,是指转让不动产所有权的业务活动。这里的不动产,是指不能移动或者移动后会引起性质、形状改变的财产,包括建筑物、构筑物等。

其中,建筑物,包括住宅、商业营业用房、办公楼等可供居住、工作或者进行其他活动的建造物。构筑物,包括道路、桥梁、隧道、水坝等建造物。转让建筑物有限产权或者永久使用权的,转让在建的建筑物或者构筑物所有权的,以及在转让建筑物或者构筑物时一并转让其所占土地的使用权的,按照销售不动产缴纳增值税。

3. 税率与计税方法

(1) 提供交通运输、邮政、基础电信、建筑、不动产租赁服务,销售不动产,转让土地使用权,税率为11%。

(2) 提供有形动产租赁服务,税率为17%。

(3) 境内单位和个人发生的跨境应税行为,税率为零。具体范围由财政部和国家税务总局另行规定。

(4) 纳税人发生其他应税行为的,税率为6%。

此外,小规模纳税人适用的增值税征收率为3%,财政部和国家税务总局另有规定的除外。

在计税方法方面,一般纳税人发生应税行为适用一般计税方法计税。小规模纳税人发生应税行为适用简易计税方法计税。具体方法与原来的增值税的计税方法相同。

4. 征税主体

营业税改征的增值税,由国家税务局负责征收。纳税人销售取得的不动产和其他个人出租不动产的增值税,国家税务局暂委托地方税务局代为征收。

(三) 消费税法

消费税是以特定的消费品的流转额为计税依据而征收的一种商品税。它在各国开征亦较为普遍,具有特定的财政意义、经济意义和社会意义。

我国的消费税制度主要表现为《消费税暂行条例》及与之配套的相关法规、规章的规定,其实体法规范的主要内容是:

在税法主体方面,消费税的征税主体是税务机关(进口环节的消费税由海关代征);纳税主体是在我国境内从事生产、委托加工和进口应税消费品的单位和个人。此处"单位和个人"的具体范围与增值税的相关规定相同。

消费税的征税范围可以概括为以下几类消费品:(1) 过度消费会对人类健康、社会秩序和生态环境等造成危害的消费品,包括烟、酒、鞭炮和焰火、木制一次性筷子、实木地板、电池、涂料等税目。(2) 奢侈品、非生活必需品,包括贵重首饰及珠宝玉石、化妆品、高尔夫球及球具、高档手表、游艇等税目。(3) 高能耗的高档消费品,包括小汽车、摩托车等税目。(4) 石油类消费品,包括成品油一个税目,下设汽油、柴油、石脑油、润滑油、燃料油等多个子目。[①]

在税率方面,消费税的税率包括两类,即比例税率和定额税率。在应纳税额的计算方面,适用比例税率的消费品的计算公式为:

$$应纳税额 = 销售额 \times 税率$$

同增值税类似,上述销售额的确定也是较为复杂的。在进口应税消费品等方面,往往要用到组价,限于篇幅,不再展开介绍。

此外,适用定额税率的消费品的应纳税额的计算公式为:

$$应纳税额 = 销售数量 \times 定额税率$$

在税收减免方面,消费税的减免项目很少,主要是纳税人出口应税消费品,除国家限制出口的以外,免征消费税。此外,纳税人自产自用的应税消费品,用

[①] 2008年12月18日,国务院发布了《关于实施成品油价格和税费改革的通知》,强调依托现有的消费税制度来实现成品油税费改革,而不是再新设立燃油税。由此使成品油税目及其税率调整备受瞩目。

于连续生产应税消费品的,不纳税。

(四) 关税法

关税是以进出关境的货物或物品的流转额为征税对象而征收的一种商品税。作为一种较为古老的税种,它在各国开征十分普遍,且具有较强的政策性。关税可分为进口税、出口税和过境税,但各国一般主要是征收进口税,且以对进口货物征税为主,因为进口税对于国际经济和一国的经济发展影响更大。

我国的关税法律制度主要表现为《进出口关税条例》《海关进出口税则》《海关法》等相关的法律、法规的规定。① 其实体法规范的主要内容是:

在征税范围方面,关税的征税范围包括准许进出我国关境的各类货物和物品。其中,货物是指贸易性的进出口商品,物品则包括非贸易性的下列物品:(1) 入境旅客随身携带的行李和物品;(2) 个人邮递物品;(3) 各种运输工具上的服务人员携带进口的自用物品;(4) 馈赠物品以及以其他方式入境的个人物品。

在纳税主体方面,关税的纳税主体是依法负有缴纳关税义务的单位和个人。就贸易性商品来说,其纳税主体是:(1) 进口货物的收货人;(2) 出口货物的发货人。就非贸易性物品而言,其纳税主体为进境物品的所有人。

在税率方面,我国关税实行差别比例税率,将同一税目的货物分为进口税率和出口税率。其中,进口关税设置最惠国税率、协定税率、特惠税率、普通税率、关税配额税率等税率。对进口货物在一定期限内可以实行暂定税率。出口关税设置出口税率。对出口货物在一定期限内可以实行暂定税率。

在税率的适用方面,上述各类税率分别有各自的适用对象,具体有以下几种情况:

(1) 对于原产于共同适用最惠国待遇条款的世界贸易组织成员的进口货物,原产于与中华人民共和国签订含有相互给予最惠国待遇条款的双边贸易协定的国家或者地区的进口货物,以及原产于中华人民共和国境内的进口货物,适用最惠国税率。

(2) 对于原产于与中华人民共和国签订含有关税优惠条款的区域性贸易协定的国家或者地区的进口货物,适用协定税率。

(3) 对于原产于与中华人民共和国签订含有特殊关税优惠条款的贸易协定的国家或者地区的进口货物,适用特惠税率。

(4) 对于原产于上述(1)、(2)、(3)项所列区域以外的国家或者地区的进口货物,以及原产地不明的进口货物,适用普通税率。

此外,按照国家规定实行关税配额管理的进口货物,关税配额内的,适用关

---

① 国务院于 1985 年 3 月 7 日发布了《中华人民共和国进出口关税条例》(曾于 1987 年、1992 年、2003 年、2010 年修改)。《中华人民共和国海关进出口税则》也是该《条例》的组成部分。此外,全国人大常委会于 1987 年 1 月 22 日通过的《中华人民共和国海关法》,于 2000 年、2013 年修改。

税配额税率;关税配额外的,按照上述各类税率的适用对象。

在计税依据方面,关税的计税依据是关税的完税价格。其中,进口货物的完税价格,由海关以"符合法定条件的成交价格"以及该货物运抵中华人民共和国境内输入地点起卸前的运输及其相关费用、保险费为基础审查确定。出口货物的完税价格,由海关以该货物的成交价格以及该货物运至中华人民共和国境内输出地点装载前的运输及其相关费用、保险费为基础审查确定。如果进出口货物的成交价格不能依法有效确定,则可以依法估定。

在完税价格确定或估定以后,即可计算关税的应纳税额,其计算公式为:

从价计征的:应纳税额 = 完税价格 × 关税税率
从量计征的:应纳税额 = 货物数量 × 单位税额

在税收减免方面,关税的税收减免项目较多,可分为法定减免、特定减免和临时减免三大类。其中,法定减免是指应依据税法的明确规定来实施的税收减免;特定减免是国务院及其授权机关在法定减免以外,为实现特定的目的而特准给予的税收减免;临时减免是对某个具体纳税人的某次进出口货物临时给予的减免,它不具有普遍的减免效力。

三、所得税法

所得税是以所得为征税对象,向获取所得的主体征收的一类税。所得税主要可以分为企业所得税和个人所得税两类。由于我国在企业所得税领域曾长期实行内外有别的两套税制,内资企业所得税和涉外企业所得税也一直长期并存,因而国家一直在择机进行"两税"的统一。直到2007年3月16日,第十届全国人大第五次会议才通过了《中华人民共和国企业所得税法》(以下简称《企业所得税法》),该法自2008年1月1日起实施,从而实现了企业所得税法律制度的统一。2007年12月6日,国务院公布了《中华人民共和国企业所得税法实施条例》。该《条例》自2008年1月1日起施行。

(一) 企业所得税法

1. 纳税主体

依据我国《企业所得税法》规定,在中华人民共和国境内,企业和其他取得收入的组织(以下统称企业)为企业所得税的纳税人。个人独资企业、合伙企业不适用该法。

企业所得税法的纳税主体可以分为两类,即居民企业和非居民企业。其中,居民企业,是指依法在中国境内成立,或者依照外国(地区)法律成立但实际管理机构在中国境内的企业。非居民企业,是指依照外国(地区)法律成立且实际管理机构不在中国境内,但在中国境内设立机构、场所的,或者在中国境内未设立机构、场所,但有来源于中国境内所得的企业。

居民企业应当就其来源于中国境内、境外的所得缴纳企业所得税。非居民企业在中国境内设立机构、场所的,应当就其所设机构、场所取得的来源于中国境内的所得,以及发生在中国境外但与其所设机构、场所有实际联系的所得,缴纳企业所得税。此外,非居民企业在中国境内未设立机构、场所的,或者虽设立机构、场所但取得的所得与其所设机构、场所没有实际联系的,应当就其来源于中国境内的所得缴纳企业所得税。

2. 征税范围与税率

企业所得税的征税范围,包括纳税主体以货币形式和非货币形式从各种来源取得的收入,包括营业收入、劳务收入、投资收入、捐赠收入等。此外,下列收入属于不征税收入:(1)财政拨款;(2)依法收取并纳入财政管理的行政事业性收费、政府性基金;(3)国务院规定的其他不征税收入。

企业的税率分为两类,一类是一般税率,一类是预提所得税税率。其中,一般税率为25%,在国际上属于中等偏下水平;预提所得税税率为20%,适用于非居民企业缴纳企业所得税的情况。

3. 应税所得额的确定

(1)确定应税所得额的一般规定

企业每一纳税年度的收入总额,减除不征税收入、免税收入、各项扣除以及允许弥补的以前年度亏损后的余额,为应纳税所得额。在具体确定应税所得额时,准予扣除项目金额的确定较为复杂,应注意以下几个方面:第一,企业实际发生的与取得收入有关的合理的支出,包括成本、费用、税金、损失和其他支出,准予在计算应纳税所得额时扣除。这是一个总的原则。第二,在计算应纳税所得额时,下列支出不得扣除:一是向投资者支付的股息、红利等权益性投资收益款项;二是企业所得税税款;三是税收滞纳金;四是罚金、罚款和被没收财物的损失;五是上述公益性捐赠支出以外的捐赠支出;六是赞助支出;七是未经核定的准备金支出;八是与取得收入无关的其他支出。第三,企业在汇总计算缴纳企业所得税时,其境外营业机构的亏损不得抵减境内营业机构的盈利。第四,在亏损结转方面,企业纳税年度发生的亏损,准予向以后年度结转,用以后年度的所得弥补,但结转年限最长不得超过5年。

(2)确定预提所得税应税所得额的特殊规定

非居民企业在中国境内未设立机构、场所的,或者虽设立机构、场所但取得的所得与其所设机构、场所没有实际联系的,应当按照下列方法计算其应纳税所得额:第一,股息、红利等权益性投资收益和利息、租金、特许权使用费所得,以收入全额为应纳税所得额;第二,转让财产所得,以收入全额减除财产净值后的余额为应纳税所得额;第三,其他所得,参照上述两类方法计算应纳税所得额。

4. 应纳税额的计算

在企业的应税所得额确定以后,用该应税所得额乘以适用税率,减除依照《企业所得税法》关于税收优惠的规定减免和抵免的税额后的余额,即为应纳税额。

5. 税收优惠制度

（1）税收优惠的基本类型

税收优惠的类型是多种多样的，除了税收减免（包括直接免税和裁量减免）外，还包括税率优惠、加计扣除、所得抵扣、加速折旧、减计收入、税额抵免等类型。上述类型涉及税率或税基上的优惠，有的是直接涉及税额上的优惠。

目前，对国债利息收入免税，对从事农、林、牧、渔业项目的所得可以免征、减征，对于符合条件的小型微利企业，减按20%的税率征税；对于国家需要重点扶持的高新技术企业，减按15%的税率征税，等等，都是有关税收优惠的重要规定。

（2）税收优惠的过渡性安排

我国《企业所得税法》公布前已经批准设立的企业，依照当时的税收法律、行政法规规定，享受低税率优惠的，按照国务院规定，可以在该法施行后5年内，逐步过渡到法律规定的税率；享受定期减免税优惠的，按照国务院规定，可以在该法施行后继续享受到期满为止，但因未获利而尚未享受优惠的，优惠期限从该法施行年度起计算。

6. 特别纳税调整制度

为了确保纳税的真实性，确保国家的税收收入，防止纳税主体从事违法的税收逃避活动，在税法上还规定了特别纳税调整制度。根据该项制度，征税机关可依照法律规定和具体情况，据实调整或推定调整纳税人的应税所得额或应纳税额。

特别纳税调整制度，主要适用于关联企业领域，包含多个方面的内容，如转移定价的税法规制（包括预约定价）、关联企业的信息披露制度、对通过避税地或避税港以及资本弱化手段进行避税的规制，等等。由于这些制度的重要目标是反避税，因而也有人称之为反避税制度。

（二）个人所得税法

个人所得税是以个人所得为征税对象，并由获取所得的个人缴纳的一种税。它是各国开征十分普遍的一个税种，在保障财政收入和实现社会政策方面具有重要作用。

我国的个人所得税制度表现为全国人大于1980年9月10日通过的《中华人民共和国个人所得税法》（全国人大常委会曾多次作出修改）以及其他与之配套的法规、规章的规定。其实体法规范的主要内容是：

在税法主体方面，征税主体是税务机关，纳税主体可分为两类，即居民纳税人和非居民纳税人。其中，凡在我国境内有住所，或者无住所而在境内居住满1年的个人，即为居民纳税人；凡在我国境内无住所又不居住，或者无住所而在我国境内居住不满1年的个人，为非居民纳税人。

在征税范围方面,我国实行分类所得税制,包括 11 个税目,即工资、薪金所得,个体工商户的生产、经营所得,对企事业单位的承包经营、承租经营所得,劳务报酬所得,稿酬所得,特许权使用费所得,利息、股息、红利所得,财产租赁所得,财产转让所得,偶然所得,以及经国务院财政部门确定征税的其他所得。

在税率方面,上述的前三类所得适用超额累进税率;而其他各类所得则适用比例税率。由于税目不同,所适用的税率也不尽相同。

在应纳税额的计算方面,应首先按税法规定确定应税所得额,然后即可计算应纳税额,其计税公式是:

$$应纳税额 = 应税所得额 \times 税率$$

在税收减免方面,我国《个人所得税法》的规定较多,如国债利息、福利费、抚恤金和救济金,军人的转业费、复员费等,均应免税。此外,残疾、孤老人员和烈属的所得等,经批准可以减征。

四、财产税法

财产税是以财产为征税对象,并由对财产进行占有、使用或收益的主体缴纳的一类税。财产税的历史是非常悠久的,但它在现代各国一般都不具有主体税种的地位,主要是地方税收收入的主要来源。

我国财产税的税种较多,主要包括资源税、房产税、土地使用税、土地增值税、耕地占用税、契税、车船税等。自 1994 年税制改革以来,资源税、土地增值税、契税制度都得到了完善,房产税、车船税制度也解决了长期存在的内外有别的两套税制问题,实现了制度适用上的统一。但从总体上看,整个财产税的立法级次普遍较低,如何开征房地产税、环境保护税,财产税的相关制度如何配套,是否应开征遗产税,应如何完善印花税制度等,都还存在不少值得深入探究的问题。限于篇幅,在此不作展开介绍。

第三节 税收征纳程序法

一、税收征纳程序法律制度概述

税收程序法律制度,包括税收征纳程序制度以及与其相关的各项程序制度,但税收征纳程序制度是其核心。

在我国,税收征纳程序曾长期处于不受重视的地位,立法也较为滞后。而征纳双方的权利能否得到有效保障,与税收征纳程序方面的法律规范能否有效制定和实施密切相关。随着民主、法治观念的提高,人们越来越认识到了税收征纳程序法律制度的重要价值。

在税收征纳程序法律制度领域,我国目前已有的立法主要是全国人大常委会于 1992 年 9 月 4 日通过的《中华人民共和国税收征收管理法》(简称《税收征收管理法》),以及与其相配套的《实施细则》和其他法规、规章。①

在适用范围方面,我国的《税收征收管理法》规定,凡依法由税务机关征收的各种税收的征收管理,均适用该法。由海关负责的关税、船舶吨税及海关代征税收的征管,依照法律、行政法规的有关规定执行。

一般说来,税收征收管理法应当明确有关税收的征收制度、管理制度、稽查制度以及责任制度等内容,因此,我国的《税收征收管理法》规定了税务管理制度、税款征收制度、税务检查制度以及违反该法应当承担的法律责任。这些也是本节要介绍的主要内容。

二、税务管理制度

税务管理或称税收基础管理,它是税收征纳的基础和前提。它主要包括三个方面,即税务登记,账簿、凭证管理,纳税申报。

(一) 税务登记

企业,企业在外地设立的分支机构和从事生产、经营的场所,个体工商户和从事生产、经营的事业单位(统称从事生产、经营的纳税人),向生产、经营所在地税务机关申报办理税务登记。上述纳税人之所以必须在法定期限内依法办理税务登记,是因为税务登记是整个税收征管的首要环节,是纳税人与税务机关建立税务联系的开始。税务登记主要包括设立登记、变更登记、注销登记以及停业、复业登记和外出经营报验登记等。

为了确保税务登记信息的准确完整,防止税收逃避,工商行政管理机关和金融机构等相关主体依法负有一定的协助义务。一方面,工商行政管理机关应当将办理登记注册、核发营业执照的情况,定期向税务机关通报。另一方面,银行和其他金融机构应当在从事生产、经营的纳税人的账户中登录税务登记证件号码,并在税务登记证件中登录从事生产、经营的纳税人的账户账号。税务机关依法查询从事生产、经营的纳税人开立账户的情况时,有关银行和其他金融机构应当予以协助。

(二) 账证管理

所谓账簿、凭证管理,主要包括账簿设置的管理以及账簿、凭证的使用和保存的管理。由于账簿、凭证所反映出的信息直接影响到税基的确定和应纳税额的计算,因此,必须加强账簿、凭证管理,以使其反映的会计信息真实、准确、可靠。

依据现行税法规定,纳税人应当自领取营业执照或发生纳税义务之日起15日内,按照国务院财政、税务主管部门的规定设置账簿,根据合法、有效的凭证记

---

① 我国《税收征收管理法》曾于 1995 年 2 月 28 日修改,2001 年 4 月 28 日修订,2013 年 6 月 29 日和 2015 年 4 月 24 日修改。

账和进行核算。此外,采用计算机记账的,应当在使用前将其会计核算软件、使用说明书及有关资料报送主管税务机关备案。另外,纳税人应当按照国务院财政、税务主管部门规定的期限(通常为10年)保管账簿、凭证,且对于需保管的资料不得伪造、变造或者擅自损毁。对于发票,更应依照《中华人民共和国发票管理办法》[①]等规定严格管理。

(三) 纳税申报

由于纳税申报是现行税收征管体制的重要组成部分,是税收征纳的基础,因此,纳税人必须在法定或者税务机关依法确定的申报期限内办理纳税申报,报送纳税申报表、财务会计报表以及税务机关根据实际需要要求纳税人报送的其他纳税资料。即使是享受减税、免税待遇的纳税人,也应当依法办理纳税申报。

纳税人进行纳税申报的内容主要包括:(1)税种、税目;(2)应税项目;(3)适用税率;(4)计税依据;(5)扣除项目及标准;(6)应纳税额;(7)应退税及应减免税的项目及税额;(8)税款所属期限,等等。

此外,纳税人按照规定的期限办理纳税申报确有困难,需要延期的,应在规定期限内向税务机关提出书面延期申请,经税务机关核准,在核准的期限内办理。纳税人因不可抗力,不能按期申报的,可以延期办理,无需事先申请。但应在不可抗力情形消除后,立即向税务机关报告。税务机关应当查明具体事实,决定是否予以核准。

三、税款征收制度

在税收征纳程序制度中,税收管理制度是基础,而税款征收制度则是核心和关键。所谓税款征收,通常是指征税机关依法将纳税人的应纳税款征收入库的各类活动的总称。税款征收制度具体包括税款征收基本制度、税款征收特别制度、税款征收保障制度等。

(一) 税款征收基本制度

税款征收基本制度,是在税款征收方面通行的一般制度。它主要包括征纳主体制度、税务管辖制度、征收方式制度、税额确定制度、征纳期限制度、文书送达制度等。

在上述各类制度中,征纳主体制度在整个税款征收制度中非常重要。由于征税机关的税款征收活动与纳税人的税款缴纳活动密不可分,因此必须从征纳双方的角度分别规定征纳主体各自的资格、权利、义务等,从而形成征纳主体制度。

通常,实施税务管辖的主体是征税机关。不同类别的征税机关之间各自负

---

① 《中华人民共和国发票管理办法》由财政部于1993年12月23日发布,2010年12月8日修改,自2011年2月1日起施行。

责一系列的税种的征收,这是"主管"的问题;而相同类别的征税机关之间各自的征收范围如何确定,这是"管辖"的问题。在法律上明确税务管辖,至为重要的法律意义就是防止偷漏税和避免重复征税,因而对于贯彻税收法定原则、税收公平原则和税收效率原则等亦具有重要意义。

此外,由于纳税人的情况千差万别,因而税款征收方式也不可能整齐划一,而恰恰应当针对不同类别的情况,采取不同的征收方式,以确保国家税款及时足额入库,同时,又要方便纳税人,降低税收成本。

另外,征纳期限也很重要。在纳税期限之前,征税机关不得违法提前征税,纳税主体亦无提前申报纳税之义务;在纳税期限届满后,纳税主体不得违法拖欠税款,否则将被作为税收违法行为而被加收滞纳金。依据我国《税收征收管理法》的规定,纳税人、扣缴义务人未按照纳税期限缴纳或解缴税款的,税务机关除责令限期缴纳外,从滞纳税款之日起,按日加收滞纳税款0.05%的滞纳金。但纳税人因有特殊困难(如遇到不可抗力),不能按期缴纳税款的,经省级税务机关批准,可以延期缴纳税款,但最长不得超过3个月。

(二) 税款征收特别制度

税款征收特别制度,是为了解决在税收征纳活动中发生的一些特殊问题而设立的一些制度。这些制度包括税收减免制度、退税制度、缓征制度和补税制度、追征制度等。

在上述各类制度中,税收减免制度最受关注。税收减免作为一种税收特别措施,既涉及实体法问题,也涉及程序法问题。同时,它与纳税人的切身利益直接相关。

税收减免依其性质和原因,可分为困难性减免和调控性减免。前者是指纳税人因灾情等原因而发生应予照顾的困难时,经征税机关审批而实施的税收减免。后者是指国家为实现一定的经济调控目标而实施的税收减免。调控性的减免还包括补贴性减免和鼓励性减免等。

税收减免依其条件和程序,还可分为法定减免和裁量减免两类。法定减免是指税法已对减免条件作出明确规定,只要符合法定条件即可直接实施的减免。法定减免的项目通常在税法中均予明确列举,除采取列举方式外,在立法上还可采取直接规定起征点和免征额的方式。法定减免也有人称之为固定性减免。

裁量减免或称审批性减免,通常是指由纳税人依法向征税机关提出申请,经征税机关审批同意后所实施的税收减免。裁量减免与法定减免不同,是否减免、如何减免,均必须在纳税人申请的基础上,由征税机关依法作出裁量,并作出决定;而法定减免则无需纳税人申请,征税机关可直接依法实施减免。一般说来,法定减免是长期性的,裁量减免是临时性的,审批减免期满即应恢复征税。

我国《税收征收管理法》规定,纳税人依照法律、行政法规的规定办理减税、免税。地方各级人民政府、各级人民政府主管部门、单位和个人违反法律、行政法规规定,擅自作出的减税、免税决定无效,税务机关不得执行,并向上级税务机关报告。

除了税收减免制度以外,我国的税收法律、法规对退税制度亦有规定。例如,我国《税收征收管理法》规定,退税、补税须依照法律和行政法规的规定执行。纳税人超过应纳税额缴纳的税款,税务机关发现后应当立即退还。此外,该法还规定了行使退还请求权的除斥期间,即纳税人自结算缴纳税款之日起3年内发现的,可以向税务机关要求退还多缴的税款并加算银行同期存款利息,税务机关及时查实后应当立即退还。另外,我国《海关法》还规定,海关多征的税款,海关发现后应当立即退还;纳税人自缴纳税款之日起1年内,可以要求海关退还。

(三) 税款征收保障制度

为了确保税收征纳活动的顺利进行,特别是为了确保应纳税款及时、足额入库,我国税法还规定了税款征收保障制度,主要包括税收保全制度、强制执行制度、欠税回收保障制度等。

1. 税收保全制度和强制执行制度

所谓税收保全制度,是指为了维护正常的税收秩序,预防纳税人逃避税款缴纳义务,以使税收收入得以保全而制定的各项制度。税收保全制度具体表现为各类税收保全措施的实施以及征纳双方在税收保全方面所享有的权利和承担的义务。

根据我国《税收征收管理法》的规定,为了实现保全税收的目的,税务机关可以依法采取以下依次递进的各项税收保全措施:(1) 责令限期缴纳税款。即当税务机关有根据认为从事生产经营的纳税人有逃避纳税义务的行为时,可以在规定的纳税期之前,责令限期缴纳应纳税款。(2) 责成提供纳税担保。即在上述限期缴纳的期间内,若发现纳税人有明显的转移、隐匿其应税商品、收入或财产的迹象,则税务机关可以责成纳税人提供纳税担保。(3) 通知冻结等额存款。即如果纳税人不能提供纳税担保,则经县以上税务局(分局)批准,税务机关可以书面通知纳税人的开户银行或者其他金融机构,冻结纳税人的相当于应纳税款金额的存款。(4) 扣押查封等额财产。即如果纳税人不能提供纳税担保,则经县以上税务局(分局)批准,税务机关可以扣押、查封纳税人的价值相当于应纳税款的商品、货物或者其他财产。

所谓强制执行制度,是指在纳税主体未履行其纳税义务,经由征税机关采取一般的税收征管措施仍然无效的情况下,通过采取强制执行措施,以保障税收征纳秩序和税款入库的制度。

依据我国《税收征收管理法》的规定,纳税人、扣缴义务人未按照规定的期限缴纳或者解缴税款的,在税务机关责令其限期缴纳,但逾期仍未缴纳时,经县以上税务局(分局)局长批准,税务机关可以采取以下强制执行措施:(1) 书面通知被执行人的开户银行或者其他金融机构从其存款中扣缴税款。(2)扣押、查封、依法拍卖或变卖被执行人的价值相当于应纳税款的商品、货物或者其他财产,以拍卖或变卖所得抵缴税款。此外,在采取强制执行措施时,税务机关对被执行人未缴纳的滞纳金亦同时强制执行。这是税法对强制执行措施的种类及实施范围的一般规定。

2. 欠税回收保障制度

欠税回收保障制度由一系列具体制度构成。例如:(1)离境清税制度。欠缴税款的纳税人或者其法定代表人需要出境的,应当在出境前向税务机关结清应纳税款、滞纳金或者提供担保;未结清税款、滞纳金,又不提供担保的,税务机关可以通知出境管理机关阻止其出境,此即"离境清税制度"。(2)税收优先权制度。税务机关征收税款,除法律另有规定的以外,税收优先于无担保债权,此即税收的一般优先权。纳税人欠缴的税款发生在纳税人以其财产设定抵押、质押或者纳税人的财产被留置之前的,税收应当先于抵押权、质权、留置权执行。纳税人欠缴税款,同时又被行政机关决定处以罚款、没收违法所得的,税收优先于罚款、没收违法所得。(3)欠税告知制度。该制度包括纳税人将欠税情况及相关重大经济活动向其权利人告知或者向税务机关报告等制度,也包括税务机关对欠税情况的公告制度。该制度有助于充分保护第三人的经济利益和国家的税收利益。根据我国《税收征收管理法》及其《实施细则》的规定,纳税人有欠税情形而以其财产设定抵押、质押的,应当向抵押权人、质权人说明其欠税情况。抵押权人、质权人可以请求税务机关提供有关的欠税情况。此外,纳税人有合并、分立情形的,应当向税务机关报告,并依法缴清税款。纳税人合并时未缴清税款的,应当由合并后的纳税人继续履行未履行的纳税义务;纳税人分立时未缴清税款的,分立后的纳税人对未履行的纳税义务应当承担连带责任。(4)代位权与撤销权制度。由于税款的缴纳同样是一种金钱给付,因而征税机关同样可以作为税收债权人,行使公法上的代位权和撤销权。据此,在欠缴税款的纳税人因怠于行使到期债权,或者放弃到期债权,或者无偿转让财产,或者以明显不合理的低价转让财产而受让人知道该情形,对国家税收造成损害的情况下,税务机关就可以依法行使代位权、撤销权。同时,欠缴税款的纳税人尚未履行的纳税义务和应承担的法律责任,也并不因此而免除。

四、税务检查制度

(一)税务检查的概念

税务检查通常是指征税机关根据税法及其他有关法律的规定而对纳税主体履行纳税义务的情况进行检验、核查的活动。

税务检查制度是整个税收征管制度的重要组成部分,它由有关税务检查的一系列法律规范所构成,反映了征纳双方在税务检查活动中的权利与义务。在日益强调以纳税申报为基础的新的税收征管模式的情况下,税务检查制度也日益凸显出其重要性。

税务检查制度的有效施行,有利于征税机关及时了解和发现纳税主体履行纳税义务的情况及存在的问题,从而可以及时纠正和处理税收违法行为,确保税收收入足额入库;有利于帮助纳税人严格依法纳税,提高其经营管理水平;有利于发现税收征管漏洞,维护税收秩序,促使税收征管制度进一步优化和完善。

(二) 征税机关的税务检查权

征税机关的税务检查权必须依法定的范围和程序行使,不得滥用,也不得越权。依据我国《税收征收管理法》及其《实施细则》规定,税务机关的税务检查权主要包括以下几个方面:

1. 资料检查权

税务机关有权检查纳税人的账簿、记账凭证、报表和有关资料,检查扣缴义务人代扣代缴、代收代缴税款账簿、记账凭证和有关资料。税务机关既可以在纳税人、扣缴义务人的业务场所行使资料检查权,也可以在必要时,经县以上税务局(分局)局长批准,将上述纳税主体以往会计年度的账簿、记账凭证、报表和其他有关资料调回税务机关检查。

2. 实地检查权

税务机关有权到纳税人的生产、经营场所和货物存放地实地检查纳税人应纳税的商品、货物或者其他财产,检查扣缴义务人与代扣代缴、代收代缴税款有关的经营情况。

3. 资料取得权

税务机关有权责成纳税人、扣缴义务人提供与纳税或者代扣代缴、代收代缴税款有关的文件、证明材料和有关资料。

4. 税情询问权

税务机关有权询问纳税人、扣缴义务人与纳税或者代扣代缴、代收代缴税款有关的问题和情况。

5. 单证查核权

税务机关有权到车站、码头、机场、邮政企业及其分支机构检查纳税人托运、邮寄应纳税商品、货物或者其他财产的有关单据、凭证和有关资料。

6. 存款查核权

经县以上税务局(分局)局长批准,凭全国统一格式的检查存款账户许可证明,税务机关有权查核从事生产经营的纳税人、扣缴义务人在金融机构的存款账户。此外,税务机关可以依法查询案件涉嫌人员的储蓄存款。

(三) 税务机关在税务检查方面的义务

税务机关在行使其税务检查权的同时,必须履行相应的义务,而不能滥用职权。依据我国《税收征收管理法》及其《实施细则》的规定,税务机关在税务检查

方面的义务主要有以下几项:

1. 资料退还的义务

税务机关把纳税人、扣缴义务人以前会计年度的账簿、记账凭证、报表和其他有关资料调回税务机关检查的,税务机关必须向纳税人、扣缴义务人开付清单,并在3个月内完整退还;若调当年的会计资料,则须于30日内退还。

2. 保守秘密的义务

税务机关派出的人员在进行税务检查时,有义务为被检查人保守秘密。尤其是在行使存款查核权时,税务机关应当指定专人负责,凭全国统一格式的检查存款账户许可证明进行检查,并应为被检查人保守秘密。

3. 持证检查的义务

税务人员进行税务检查时,应当出示税务检查证和税务检查通知书,否则,纳税人、扣缴义务人及其他当事人有权拒绝检查。

第四节 重复征税与税收逃避的防止

一、重复征税概述

重复征税在税法的理论和实践中一直是一个重要问题。从广义上说,重复征税可以分为三类:(1)税制性重复征税,它是由于复税制引起的。一个国家只要实行复税制,开征多个税种,则税制性重复征税就不可避免。(2)法律性重复征税,它是由于税收管辖权的冲突造成的。只要对于同一纳税主体的同一征税对象存在着税收管辖权的冲突,则法律性重复征税就可能发生。(3)经济性重复征税,它是由于对不同的纳税主体的同一税源征税而造成的。只要不同的纳税主体在缴纳不同的税时经济上的税源是同一的,则经济性的重复征税就可能发生。其典型的例子是对公司及其股东的所得的重复征税。

由于各国通行复税制,因而通常需要避免的重复征税并不是税制性的重复征税,而是法律性的重复征税和经济性的重复征税。尤其是法律性的重复征税,更是应着重解决的问题。正因如此,各国之间签订了大量的税收协定,其中一个首要的目标,就是要避免或防止重复征税(或称双重征税)。

由于法律性的重复征税对于征纳双方的权益影响巨大,因而受到了广泛的重视,特别是因不同国家行使不同的税收管辖权所产生的重复征税问题,更是需要解决的重点问题。

二、避免重复征税的方法

从总体上看,解决重复征税的问题可以有两种方式,一种是单边方式,即通过国内法来单方面地限制本国的税收管辖权的行使;另一种是双边或多边的方式,即通过两个或两个以上的国家进行国际税收协调来避免重复征税,这在避免国际重复征税方面运用得非常普遍。限于篇幅,在此主要介绍避免法律性重复征税的方法。

无论是哪种避免重复征税的方式,其方法主要就是两种,即免税法和抵免法。免税法(tax exemption)也称豁免法,是指对于本国居民源于境外的已纳税的跨国所得,允许从其应税所得中扣除,免予征税,从而避免重复征税的方法。由于免税法是以牺牲本国的税收利益为代价,因而实行免税法的国家较少。抵免法或称税收抵免(tax credit),是指对于本国居民在境外已纳的税款,准予在汇总纳税时从其应纳税额中扣除,从而避免重复征税的方法。在抵免法适用的主体上,可分为直接抵免和间接抵免,前者适用于同一经济实体的纳税人的税收抵免;后者主要适用于母公司与子公司之间的税收抵免。在准予扣税的数额上,可分为全额抵免和限额抵免。其中,后者适用更普遍。在本国税率与外国税率相同的情况下,限额抵免的效果与全额抵免的效果相同。

三、防止税收逃避的制度

税收逃避,是指通过规避税法来全部或部分地逃脱、避免承担纳税义务的各种行为。它与税收征管密切相关。由于税收逃避会使税收大量流失,而且历来是各国规制的重点,因此,各国之间订立的税收协定,除了要避免重复征税以外,防止偷漏税也是一个重要目标。

税收逃避包括逃税(或称偷税)、避税等,其行为结果是国家税收的流失。因此,从国家利益、社会公益的角度,应当防止税收逃避行为的发生。但同时也应当注意逃税、避税与节税的区别。简单说来,逃税是通过对法律规定的直接违反来减少或免除纳税义务;避税则是通过税法的漏洞或罅隙来减少或免除纳税义务,它虽然不违反法律条文的规定,在形式上是不违法的,但在实质上却是间接违反税法宗旨的行为;节税也称税收筹划,是通过完全合法的经济或法律安排来降低或免除税负的行为,它不属于税收逃避行为,因而应把上述的避税与节税相区别。

为了防止税收逃避,税法上规定了一系列的制度。从广义上说,整个税收征管制度在保障纳税人的权利的同时,其中的许多规范都是为了防止税收逃避而规定的。包括税务管理的各项制度、税款征收中的税收保全、强制执行制度、税务检查制度等,都直接起着防止税收逃避的作用。除此以外,还有专门的防止税收逃避的制度,如前述的关联企业制度(或称转让定价制度、反避税制度)、税额调整制度、对税收违法行为的责任追究制度、税务协助制度、税收情报交换制度等[①]。

---

① 针对"税基侵蚀与利润转移"(BEPS)问题,二十国集团(G20)和OECD均高度重视。与此相关,中国政府已于2013年8月27日正式签署了《多边税收征管互助公约》,该《公约》的重要目标,就是通过开展国际税收征管协作,打击跨境逃、避税行为,维护税收秩序。

第五节 违反税法的法律责任

税法主体违反税收征纳制度的类型是很多的。依据主要的制度类别来划分,主要包括违反税收征管制度的法律责任、违反发票管理制度的法律责任、违反税务代理制度的法律责任等。其中,违反税收征管制度的法律责任是非常重要的,下面就对此类责任择要予以阐述。

依据我国《税收征收管理法》及其《实施细则》的规定,对于违反税收征管法的一般违法行为,其主要的制裁方式是罚款和其他行政处罚;对于违反税收征管法的严重违法行为,其主要的制裁方式则是罚金和其他刑事处罚。对于不同主体的不同违法行为,法律规定了不同的制裁手段,从而使违法主体承担的具体法律责任也各不相同。现根据现行立法规定,择要阐述如下:

一、纳税人违反税法的法律责任

(一) 纳税人违反税务管理规定的法律责任

税务管理制度包括税务登记、账簿及凭证管理、纳税申报等具体制度。违反这些制度,多属一般违法行为,纳税人应承担相应的法律责任。例如,如果纳税人有下列行为之一的,税务机关有权责令其限期改正,逾期不改正的,可处罚款:(1)未按照规定的期限申报办理税务登记、变更或者注销登记的;(2)未按照规定设置、保管账簿或者保管记账凭证和有关资料的;(3)未按照规定将其全部银行账号向税务机关报告的;(4)未按照规定的期限办理纳税申报的。

(二) 纳税人违反税款征收规定的法律责任

纳税人违反税款征收规定的行为,较为普遍,包括逃税行为、欠税行为、抗税行为、骗税行为等。各类行为人所承担的法律责任也不尽相同。

1. 逃税行为的法律责任

所谓逃税行为,也称偷税行为,是指纳税人伪造、变造、隐匿、擅自销毁账簿、记账凭证,或者在账簿上多列支出或者不列、少列收入,或者经税务机关通知申报而拒不申报或者进行虚假申报,不缴或者少缴应纳税款的行为。

对于逃税行为的处罚,有以下两类情况:(1)对一般逃税行为的处罚。纳税人逃税未构成犯罪的,由税务机关追缴其不缴或者少缴的税款、滞纳金,并处以不缴或者少缴税款50%以上5倍以下的罚款。(2)对逃税罪的处罚。依据《刑法修正案(七)》的规定,纳税人采取欺骗、隐瞒手段进行虚假纳税申报或者不申报,逃避缴纳税款数额较大并且占应纳税额10%以上的,处3年以下有期徒刑或者拘役,并处以罚金;数额巨大并且占应纳税额30%以上的,处3年以上7年以下有期徒刑,并处罚金。

2. 欠税、抗税、骗税行为的法律责任

所谓欠税行为,即纳税人在纳税期限届满后,仍未缴或少缴应纳税款的行为。税务机关应责令欠税人限期缴纳并加收滞纳金,逾期仍未缴纳的,可采取强制执行措施。此外,如果欠税人采取转移、隐匿等手段,致使税务机关无法追缴税款,则构成妨碍追缴欠税的行为。未构成犯罪的,除追缴欠款外,处以欠缴税款 50% 以上 5 倍以下的罚款;构成犯罪的,处拘役、有期徒刑并处罚金。

所谓抗税行为,即以暴力、威胁方法拒不缴纳税款的行为。未构成犯罪的,则追缴税款、滞纳金,并处拒缴税款 1 倍以上 5 倍以下的罚款;构成犯罪的,除追缴税款、滞纳金以外,处拘役、有期徒刑,并处罚金。

所谓骗税行为,即骗取出口退税的行为,它是指企事业单位或者个人通过采取对所生产或者经营的商品假报出口等欺骗手段,骗取国家出口退税款的行为。由税务机关追缴其骗取的退税款,并处以骗取税款 1 倍以上 5 倍以下的罚款;骗税行为构成犯罪的,应依法追究刑事责任。

二、扣缴义务人违反税法的法律责任

扣缴义务人是税法规定的负有代扣代缴、代收代缴税款义务的单位和个人。扣缴义务人违反其法定义务,同样要承担相应的法律责任,主要包括以下几种情况:(1) 未按规定设置、保管代扣代缴、代收代缴税款的账簿、记账凭证及有关资料的,或者未按规定报送代扣代缴、代收代缴税款报告表的,由税务机关限期改正,逾期不改正的,处以 2000 元以下的罚款,情节严重的,可在法定限度内处更高额度的罚款。(2) 扣缴义务人采取偷税手段进行偷税的,应承担的法律责任与纳税人偷税应承担的法律责任相同。(3) 扣缴义务人应扣未扣、应收未收税款的,由扣缴义务人缴纳应扣未扣、应收未收税款,除非其已将纳税人拒绝抵扣、代收的情况及时报告税务机关。

三、税务人员违反税法的法律责任

税务人员的违反税法的行为主要有:(1) 唆使或协助纳税人、扣缴义务人实施逃税、骗税和妨碍追缴欠税;(2) 收受或索取纳税人、扣缴义务人的财物;(3) 玩忽职守,不征或者少征税款,致使国家税收遭受重大损失;(4) 私分所扣押、查封的商品、货物或者其他财产;(5) 违法擅自决定税收的开征、停征或者减免、退补;(6) 滥用职权,故意刁难纳税人、扣缴义务人。对于上述的前 4 项行为,构成犯罪的,依法追究刑事责任;未构成犯罪的,给予行政处分;对于第 5 项行为,除撤销其决定外,应追究直接责任人员的行政责任;对于第 6 项行为,应对违法者给予行政处分。

第二十八章 中央银行法律制度

第一节 金融体制改革与中国人民银行立法

一、中国的金融体制改革

新中国成立以后,曾长期实行计划经济体制。中国人民银行从1948年12月1日成立起,实行政企合一:既是国家金融管理机关,又从事工商信贷和储蓄存款业务。

1983年底金融体制进行了一次重大改革:从中国人民银行中分出中国工商银行,从事工商信贷业务;中国人民银行则专门行使中央银行的职能。

1993年12月,根据中共中央作出的《关于建立社会主义市场经济体制若干问题的决定》的精神,国务院发出《关于金融体制改革的决定》。据此,提出了我国金融体制改革的目标:建立在国务院领导下,独立执行货币政策的中央银行宏观调控体系;建立政策性金融与商业性金融分离,以国有商业银行为主体、多种金融机构并存的金融组织体系;建立统一开放、有序竞争、严格管理的金融市场体系。

从2003年起,国务院先后设立中国银行业监督管理委员会、中国证券监督管理委员会、中国保险监督管理委员会,中国人民银行原来担任的对银行业、证券业、保险业的某些监管职能转移到这三个机构。由此,形成了国务院领导下的"一行三会"的金融管理架构。

二、中国人民银行立法

1986年国务院制定的《银行管理暂行条例》,总结了到当时为止的金融改革经验,在实践中起过积极作用。

1995年3月18日第八届全国人民代表大会第三次会议通过了《中国人民银行法》,2003年12月27日第十届全国人民代表大会常务委员会第六次会议对这部法律进行了修改。修改后的《中国人民银行法》共八章53条。该法第1条规定的其立法宗旨是:"为了确立中国人民银行的地位,明确其职责,保证国家货币政策的正确制定和执行,建立和完善中央银行宏观调控体系,维护金融稳定。"

基于中国人民银行已成为国务院领导下行使金融调控权的唯一主体,基于中央银行法调整的金融调控关系属于国家宏观调控的重要领域,在中国经济法体系内的宏观调控法律制度中,中国人民银行法即中央银行法占有重要的地位。

第二节 中央银行法概述

一、中央银行的性质、地位、组织机构和职责①

(一) 中央银行的性质

中央银行的名称,在各国并不统一。例如:中国称为中国人民银行;日本称为日本银行;印度称为储备银行;土耳其、阿根廷称为中央银行;英国称为英格兰银行;法国称为法兰西银行;比利时称为国家银行;美国称为美国联邦储备银行。

中央银行不同于银行体系中的其他银行。它是国家银行、发行银行、银行的银行。中央银行是国家银行,它主管一国的金融业,代表国家从事国内、国际有关金融活动。中央银行是发行银行,是各个国家货币的唯一发行者。中央银行是银行的银行,是银行业金融机构存款准备金的最终保管者,并对商业银行发放贷款,是最后贷款者。

中央银行是金融调控的唯一主体。在外国是这样,在中国更是如此。根据《中华人民共和国中国人民银行法》(简称《中国人民银行法》)的有关规定,要建立和完善中央银行宏观调控体系,由中国人民银行依法行使金融调控权,其他金融机构和国家机关不能成为金融调控的主体。

(二) 中央银行的地位

中央银行与其他金融机构的关系,表明了它在整个金融机构体系中的地位。大家知道,金融机构体系包括银行体系和非银行金融机构体系。前者,包括中央银行、商业银行、政策性银行等;后者,包括保险公司、信用合作社、财务公司、证券公司、基金管理公司、信托投资公司、金融资产管理公司、金融租赁公司、典当行等。相对而言,前者比后者更为重要;在银行体系中,中央银行的地位比其他银行的地位更为重要。中央银行在整个金融机构体系中,居于主导地位。

从中央银行与有关国家机关的关系来看,各国中央银行的地位并不是相同的。例如:"有的国家的中央银行独立于政府,直接对议会负责,如美国;有的国家的中央银行是政府的组成部分,但独立于政府财政部门,如英国;也有的国家的中央银行隶属于政府财政部门,受到财政部门的影响或控制。"②在我国,中国人民银行与国务院的关系是领导与被领导的关系;同时,它依法独立执行货币政

---

① 参见杨紫烜:《国家协调论》,北京大学出版社 2009 年版,第 310—311 页。
② 李昌麒、刘瑞复主编:《经济法》,法律出版社 2004 年版,第 246 页。

策,履行职责,开展业务,不受地方政府、各级政府部门、社会团体和个人的干涉。中国人民银行与财政部、审计署的关系,《中国人民银行法》第38条第2款、第40条分别规定:中国人民银行的预算经国务院财政部门审核后,纳入中央预算,接受国务院财政部门的预算执行监督;中国人民银行的财务收支和会计事务,应当执行法律、行政法规和国家统一的财务、会计制度,接受国务院审计机关和财政部门依法分别进行的审计和监督。关于中国人民银行与全国人大常委会的关系,根据该法第6条的规定,中国人民银行应当向全国人民代表大会常务委员会提出有关货币政策情况和金融业运行情况的工作报告,接受监督。

(三) 中央银行的组织机构

中央银行的组织结构形式,有一元制和二元制之分。所谓一元制,是指一个国家只设一个中央银行,根据其履行职责的需要可以设立分支机构。这是世界上绝大多数国家所实行的组织结构形式。所谓二元制,是指在一个国家中央和地方分别设立中央银行,在执行统一的货币政策的同时,地方设立的中央银行在其辖区内享有相对独立的职权。这是在一些联邦制国家所实行的组织结构形式。在我国,实行的是一元制的组织结构形式。中国人民银行是中华人民共和国的中央银行。它根据履行职责的需要设立分支机构,作为中国人民银行的派出机构。中国人民银行对分支机构实行统一领导和管理。中国人民银行的分支机构根据中国人民银行的授权,维护本辖区的金融稳定,承办有关业务。

关于中国人民银行的内部领导制度,中国人民银行实行行长负责制。行长的人选,根据国务院总理的提名,由全国人民代表大会决定;全国人民代表大会闭会期间,由全国人民代表大会常务委员会决定,由中华人民共和国主席任命。行长领导中国人民银行的工作,副行长协助行长工作。

中国人民银行设立货币政策委员会。货币政策委员会的职责、组成和工作程序,由国务院规定,报全国人民代表大会常务委员会备案。货币政策委员会由中国人民银行、国家有关部门、商业银行的负责人和专家组成,中国人民银行行长、国家外汇管理局局长、中国证券监督管理委员会主席为货币政策委员会的当然委员,主席由中国人民银行行长担任。中国人民银行货币政策委员会在国家宏观调控、货币政策制定和调整中,发挥着重要作用。

(四) 中央银行的职责

在我国,根据《中国人民银行法》第4条的规定,中国人民银行履行下列职责:(1)发布与履行其职责有关的命令和规章;(2)依法制定和执行货币政策;(3)发行人民币,管理人民币流通;(4)监督管理银行间同业拆借市场和银行间债券市场;(5)实施外汇管理,监督管理银行间外汇市场;(6)监督管理黄金市场;(7)持有、管理、经营国家外汇储备、黄金储备;(8)经理国库;(9)维护支付、清算系统的正常运行;(10)指导、部署金融业反洗钱工作,负责反洗钱的资金监测;(11)负责金融业的统计、调查、分析和预测;(12)作为国家的中央银行,从事有关的国际金融活动;(13)国务院规定的其他职责。

二、中央银行法的概念和和地位[①]

(一)中央银行法的概念

为了正确认识中央银行法这一概念,需要明确四个问题:其一,作为一个法的部门的中央银行法与作为一部法律的《中央银行法》的关系。笔者认为,作为一个法的部门的中央银行法,也就是作为宏观调控法体系的组成部分的中央银行法,不能与作为一部法律的《中央银行法》相混淆。因为前者是实质意义上的中央银行法,后者是形式意义上的《中央银行法》。在我国,形式意义上的中央银行法就是1995年3月18日第八届全国人民代表大会第三次会议通过、2003年12月27日第十届全国人民代表大会常务委员会第六次会议修改的《中华人民共和国中国人民银行法》。本书关于中央银行法的概念,如果没有特别的说明,都是从实质意义上讲的。其二,中央银行法的调整对象。笔者认为,中央银行法的调整对象是,在金融宏观调控过程中发生的经济关系,简称金融调控关系。其三,中央银行法的定义。笔者认为,中央银行法,是指调整在金融宏观调控过程中发生的经济关系的法律规范的总称。简言之,中央银行法是调整金融调控关系的法律规范的总称。其四,中央银行法的定义的基本含义。笔者认为,该定义的基本含义有五:一是中央银行法属于法的范畴。因为它同其他法一样都是由法律规范组成的。二是中央银行法属于国内法体系。因为组成中央银行法的法律规范所调整的金融调控关系是在本国经济运行过程中发生的,对这种经济运行的协调是一个国家的协调,中央银行法律规范是由一个国家制定或认可的。三是中央银行法属于经济法体系。因为它调整的金融调控关系属于经济法调整的特定经济关系的范围。四是中央银行法属于宏观调控法体系。因为它调整的金融调控关系属于作为宏观调控法调整对象的宏观调控关系的范围。五是中央银行法又不同于同属于宏观调控法体系的其他法。因为作为中央银行法调整对象的金融调控关系,又不同于计划法、财政法、价格调控法等的调整对象。

(二)中央银行法的地位

在宏观调控法的组成部分中,究竟是金融法、金融调控法,还是中央银行法?对此,经济法学界存在着不同的认识:不少学者认为,金融法是宏观调控法的组成部分;有些学者认为,金融调控法是宏观调控法的组成部分;也有学者认为,中央银行法是宏观调控法的组成部分。

本书认为,第一种观点有一定道理。因为金融调控法或中央银行法是金融

---

① 参见杨紫烜:《国家协调论》,北京大学出版社2009年版,第311—312页。

法体系的核心,从这个意思上说金融法是宏观调控法的组成部分是有一定道理的。但是,除了中央银行法以外,金融法体系的其他组成部分并不属于宏观调控法的范围。例如:银行业监管法和证券法中的证券监管法、保险法中的保险监管法、期货法中的期货监管法虽然属于经济法的范围,但并不是宏观调控法的组成部分,而是市场监管法的组成部分;证券法中的证券交易法、保险法中的保险合同法、期货法中的期货交易法,不仅不是宏观调控法的组成部分,而且不属于经济法的范围。因此,笼统地说金融法是宏观调控法的组成部分不很准确。上述第二、第三种观点都是正确的。虽然这两种观点使用的语词不同,但是实质一样,因为中央银行是金融调控的唯一主体,中央银行的调控就是金融调控,中央银行法也就是金融调控法。

应该指出,中央银行法具有特定的调整对象,是宏观调控法体系中的一个独立的法的部门。因为中央银行法调整的金融调控关系属于宏观调控法调整的宏观调控关系的范围,调整金融调控关系的法律规范即中央银行法律规范属于宏观调控法律规范的范围,所以,作为中央银行法律规范总称的中央银行法属于宏观调控法体系。而宏观调控法属于经济法体系,因此,中央银行法是属于经济法体系的宏观调控法体系中的一个独立的法的部门。

金融是现代经济的核心。金融调控即金融宏观调控,是现代市场经济宏观调控体系的重要支柱之一。中央银行法将金融调控活动纳入法治轨道,可以为发挥金融调控在我国宏观调控中的重要作用提供法律保证,推动国民经济又快又好的发展和社会全面进步。所以,中央银行法在宏观调控法体系中是一个重要的法的部门,在经济法体系中也具有重要的地位。

第三节 中央银行的宏观调控和公共服务

一、中央银行的宏观调控[①]

(一)金融调控与货币政策

保持经济总量的基本平衡,即保持社会总供给和总需求之间的大体平衡,是宏观经济调控的核心内容之一。在市场经济条件下,社会总供给和总需求的平衡,从价值形态上看,就是货币供应量和货币需求量的平衡。要保证社会总供给和总需求的平衡,就必须使货币供应量和货币需求量相平衡。[②]

货币政策,是指中央银行为实现宏观调控目标而采取的调节和控制货币供

---

① 参见杨紫烜:《国家协调论》,北京大学出版社2009年版,第312—314页。
② 参见王维澄、李连仲:《社会主义市场经济教程》,北京大学出版社1995年版,第250、276—277页。

应总量①的方针、措施的总称。中央银行的主要职能是正确制定和执行货币政策;只有正确制定和执行货币政策,才能正确处理货币供求关系,充分发挥中央银行在金融调控中的作用,以利于实现宏观经济调控目标。

(二) 货币政策目标

货币政策目标的选择,各个国家都是根据不同时期的具体经济环境和市场情况确定的,并适时进行调整。在20世纪30年代以前的国际金本位制时期,各国中央银行的货币政策目标主要是稳定币值。20世纪30年代初世界经济大危机之后,英、美等国将谋求充分就业作为其货币政策目标之一。20世纪50年代后期,欧美一些国家的中央银行又把经济增长确定为货币政策目标之一。20世纪60年代以后,美国等几个西方国家国际收支持续出现逆差,也影响了其国内经济的发展,又将国际收支平衡列为货币政策目标之一。这样,在西方一些主要国家,货币政策目标便成为稳定币值、充分就业、经济增长和国际收支平衡等四项。这四项货币政策目标之间的关系比较复杂。其中,有的货币政策目标之间比较协调,有的相互之间存在矛盾。②因此,以上四个货币政策目标很难在一个时期内同时实现,这就产生了货币政策目标选择中的权衡利弊和取舍问题。在实践中,在确定货币政策目标时,选择单一目标、双重目标或多重目标的国家都有;同时,不少国家还根据不同情况的出现和认识的变化而适时调整。

我国1988年现金发行增加过多,导致1989年物价上涨17.8%。1992—1994年发行现金增加更多,导致三年连续物价上涨10%以上,其中1994年高达21.7%。在总结本国经验、借鉴外国经验的基础上,《中国人民银行法》第3条明确规定:"货币政策目标是保持货币币值的稳定,并以此促进经济增长。"币值,亦称"货币购买力指数",指单位货币所含有的价值或所代表的价值。"保持货币币值稳定",并非要求币值固定,而是要使货币供应总量与商品、劳务供给总量基本适应,使物价总水平保持基本稳定。通货膨胀则是物价持续上升、货币持续贬值的过程。衡量货币币值是否稳定,主要看是否有效地抑制住了通货膨胀现象,物价的增长是否控制在国民经济和居民收入能够承受的限度之内。总体上看,我国现时实行的是稳健的货币政策。根据国民经济实际发展的状况,微调是可能的,也是必须的,但不会大起大落。需要进一步指出的是:"保持货币币值的稳定"和"促进经济增长",不是两个并列的货币政策目标。其中,保持货币币值(实际购买力)稳定,是要防止通货膨胀或通货紧缩,保持物价总水平基本稳定,这是我国货币政策的直接目标;促进经济增长,是保持货币币值稳定的

---

① 货币供应总量,即全社会的货币供应量。
② 参见国家计委培训中心宏观经济管理编辑部:《宏观经济调控》,中国计划出版社1995年版,第81—82页。

目标,即我国货币政策的根本目标。实践证明:保持货币币值稳定,能够促进经济增长;反之,货币币值急剧下降或上升,出现严重的通货膨胀或通货紧缩,都不利于经济增长。

(三)货币政策工具

货币政策工具中的"工具"的含义,可以理解为为了达到目标所采取的措施或手段。据此,对于货币政策工具的含义,可以认为,它是中央银行为实现货币政策目标而采取的金融调控措施或手段。在我国,联系到《中国人民银行法》所规定的货币政策目标,对我国的货币政策工具这一概念可以下这样一个定义:中国的货币政策工具,是指中国人民银行为保持货币币值的稳定,并以此促进经济增长而采取的金融调控措施或手段。

对于货币政策工具,可以划分为一般性货币政策工具和选择性货币政策工具两类。前者,是国外市场经济国家中央银行经常采用的、传统的货币政策工具,包括存款准备金、再贴现、公开市场业务等三大政策工具。后者,是国外市场经济国家中央银行有选择地使用的货币政策工具,又称特殊货币政策工具,包括利率限额、信用配额、流动性比例、证券市场信用调控、不动产交易信用调控、预交进口保证金、道义劝告等。

关于我国货币政策工具的内容,《中国人民银行法》第23条从我国的实际情况出发,作出了明确规定:中国人民银行为执行货币政策,可以运用下列货币政策工具:一是要求银行业金融机构按照规定的比例交存存款准备金;二是确定中央银行基准利率;三是为在中国人民银行开立账户的银行业金融机构办理再贴现;四是向商业银行提供贷款[①];五是在公开市场上买卖国债、其他政府债券和金融债券及外汇;六是国务院确定的其他货币政策工具。上述一至五项均属经济手段,保障中央银行从直接控制为主过渡到间接调控为主,有效地掌握货币供应的总量及运行秩序。

银行的一个基本功能是组织货币供应。其中,中央银行发行货币,商业银行创造存款货币(正因为如此,国际货币基金组织将商业银行称之为"存款货币银行")。到底需向社会供应多少货币,多年来我国实际上采用"信贷规模"这一计划行政手段,现在制定的银行法中没有这种明文表示。从理论上说,商业银行作为企业法人自主经营,只要不违法,就可运用其贷款自主权,无须控制它的贷款规模。然而,一旦完全放开贷款规模限额,又有可能造成宏观失控。毫无疑问,随着企业和银行逐步灵敏反映市场信号的能力增强,随着银行票据、信用卡、工资卡等支付、结算工具增多,现行的信贷规模管理办法需要改进。在这一点上,

---

① 《中国人民银行法》第28条规定:"中国人民银行根据执行货币政策的需要,可以决定对商业银行贷款的数额、期限、利率和方式,但贷款的期限不得超过一年。"

银行改革还将深化,立法还将发展。从1998年开始取消国有商业银行贷款规模限制即是一个明证。

(四) 货币政策的制定与执行

《中国人民银行货币政策委员会条例》①第3条规定,货币政策委员会的职责是,在综合分析宏观经济形势的基础上,依据国家的宏观经济调控目标,讨论下列货币政策事项,并提出建议:货币政策的制定、调整;一定时期内的货币政策控制目标;货币政策工具的运用;有关货币政策的重要措施;货币政策与其他宏观经济政策的协调。

根据《中国人民银行法》的有关规定,中国人民银行在国务院领导下,依法制定和执行货币政策。中国人民银行为执行货币政策,可以运用该法规定的六项货币政策工具,并可以规定具体的条件和程序。如前所述,中国人民银行依法独立执行货币政策,履行职责,开展业务,不受地方政府、各级政府部门、社会团体和个人的干涉。有关货币政策情况,中国人民银行应当向全国人民代表大会常务委员会提出工作报告,接受监督。

(五) 进一步完善中央银行的宏观调控

《中国人民银行法》开宗明义,在第1条中即提出"建立和完善中央银行宏观调控体系",反映了社会主义市场经济发展的客观要求。

中央银行的宏观调控职能,集中表现在制定和执行货币政策方面。恰恰就是在这方面,仍然存在不少问题,需要大力加强工作。正如1995年《人民日报》在刊登这部法律时发表的评论员文章的标题所昭示的:"依法强化中央银行职能。"②须知,在国家宏观调控体系中,中央银行具有其他经济管理部门无法替代的特殊使命和作用。

在我们这个有十几亿人口的大国,抑制通货膨胀始终都是宏观调控的重要任务,在某个时候甚至是首要任务。在此形势下,中央银行的责任重大。例如,在某个阶段,要实行适度从紧的货币政策,以保持人民币币值稳定。一般来说,发行货币应当坚持经济发行的原则,避免钞票发得过多的情况。要充分运用多种货币政策工具,以调节货币供应量。中央银行不得对政府财政透支,不得向地方政府、各级政府部门提供贷款,不得向任何单位和个人提供担保。当然,增强国家宏观调控能力,不只是中央银行的任务,而是要靠计划、财政、金融和其他有关方面的综合协调。

事物往往是波浪式发展,经济生活亦如此。自1997年下半年以来,我国曾连续两年呈现轻度通货紧缩状态,社会总需求小于社会总供给。国家实行积极

---

① 国务院于1997年4月15日发布,自发布之日起施行。
② 载《人民日报》1995年3月22日。

的财政政策、货币政策,努力扩大内需。中央银行审时度势,使得我们的货币政策既能防范金融风险,又能支持经济发展。因此,要疏通货款渠道,提高贷款质量,防止金融政策的制度性收缩,从一个极端走向另一极端。如前所述,总体上要实行稳健的货币政策。

二、中央银行的公共服务

(一) 要求金融机构交存存款准备金

存款准备金,是指商业银行等金融机构按照中央银行的规定,将其吸收的存款总额中的相应比例,缴存中央银行。这笔上缴金额与存款总额之比,即为存款准备金率。其目的在于保障中央银行调节社会货币供应量,保障存款人可以随时提取存款。这是中央银行进行宏观调控的传统三大货币政策工具之一。

我国于金融体制改革之后建立存款准备金制度。1985年存款准备金率为10%。此后,进行了如下调整:1987年为12%,1988年为13%,1998年为8%,1999年为6%,2003年为7%,2004年为7.5%,2006年11月为9%,2007年12月为14.5%,2008年6月为17.5%,2010年12月大型金融机构为18.5%、中小型金融机构为15%,2011年12月大型金融机构为20%、中小型金融机构为17.5,2012年5月大型金融机构为20%、中小型金融机构为16.5%。存款准备金率是随着银根的放松或紧缩程度而进行调整的。

(二) 为银行业金融机构办理再贴现

再贴现,是指中央银行买进商业银行和其他银行业金融机构已贴现过的票据,商业银行和其他银行业金融机构从而取得中央银行的一笔相应贷款。中央银行通过规定和调整再贴现率,调节商业银行的贷款成本,从而间接调节社会货币流通量。这是宏观调控的又一传统货币政策工具。我国从1986年开始开办再贴现业务。

(三) 开展公开市场业务

公开市场业务,又称公开市场操作,是指中央银行在公开市场上买进或者卖出有价证券、外汇。这种业务的目的在于,通过扩张或者紧缩信用,调节社会货币供应量。这也是宏观调控的传统货币政策工具之一。

中央银行开展公开市场业务,需要具备足够的调控能力、比较发达的金融市场、比较放松的外汇管理体制。在我国,根据《中国人民银行法》第23条的规定,中国人民银行可以"在公开市场上买卖国债、其他政府债券和金融债券及外汇"。

(四) 向商业银行提供贷款

根据《中国人民银行法》的规定,中央银行可以向商业银行提供贷款。中央银行发放的贷款,主要包括年度性贷款和短期贷款。这是直接干预、调控社会货币供应量的一种重要手段。

中央银行对商业银行的存、贷款利率称为基准利率。向中央银行上缴的存款准备金的利率,向中央银行借款的利率等,直接影响到商业银行对其他客户的存款、贷款利率。所以,确定基准利率也就成为中央银行的业务之一。

(五)提供清算服务

根据中央银行法的要求,中央银行应当组织或者协助组织银行业金融机构相互之间的清算系统,协调银行业金融机构相互之间的清算事项,提供清算服务。

第四节 违反中央银行法的法律责任

一、违反中央银行法的行为

(一)关于货币方面

属于违法的行为有:伪造、变造人民币,出售伪造、变造的人民币,或者明知是伪造、变造的人民币而运输的;购买伪造、变造的人民币或者明知是伪造、变造的人民币而持有、使用的;在宣传品、出版物或者其他商品上非法使用人民币图样的;印制、发售代币票券,以代替人民币在市场流通的。

(二)关于金融监管方面

现实生活中存在的许多违反有关金融监督管理规定的行为,主要表现在违反了《中国人民银行法》第32条的有关规定。

(三)关于贷款、担保等方面

属于违法的行为有:中国人民银行违反规定向地方政府、各级政府部门提供贷款,向非银行金融机构以及其他单位和个人提供贷款(但国务院决定中国人民银行可以向特定的非银行金融机构提供贷款的除外),对单位和个人提供担保以及擅自动用发行基金的;地方政府、各级政府部门、社会团体和个人强令中国人民银行及其工作人员违法提供贷款或者担保的。

二、对违反中央银行法的行为的处理

(一)追究行政责任

根据不同情况,依法给予罚款、没收违法所得、拘留等行政处罚。对负有直接责任的主管人员和其他直接责任人员,依法给予行政处分。在追究行政责任时,必须责令纠正违法行为。

(二)追究刑事责任

对构成犯罪的,必须依法追究刑事责任。

(三) 追究经济赔偿责任

在有关贷款、担保等违法行为中,造成损失的,负有直接责任的主管人员和其他直接责任人员应当承担部分或者全部赔偿责任。这种经济赔偿责任与传统的民事赔偿责任应当是有所不同的。

在经济法体系内,包括中央银行法在内的宏观调控法律制度中,如何追究和处理政府及政府部门(管理主体)的不作为、滥作为的法律责任问题,需要进一步深入探索。

第二十九章 价格法律制度

第一节 价格与价格法概述

一、价格概述

价格是商品价值的货币表现,它反映着一定的生产关系,体现为商品经营者与消费者之间的经济关系。价格信号的正常显现与传递作用是市场机制得以健康运行的基本条件。狭义的价格仅指商品价格和经营性服务的收费标准;广义的价格,则除上述之外还包括各种生产要素的价格,如劳动力价格——工资,资金价格——利率、汇率等。我国价格法所指的价格是狭义的价格。与价格相联系的概念是价格构成,即形成商品价格的各种要素及其组成情况,又称价格结构。具体的价格结构包括生产商品或提供服务的社会平均成本、利润、税金及正常的流通费用等。

价格是宏观经济调控的重要手段之一,在经济调节中起着积极作用,为各国所倚重。价格改革在我国总体改革中的地位十分重要,价格体制变革不仅涉及人们的切身利益,且影响到经济全局和社会稳定。目前,随着价格改革的深入,我国除少数不适宜在市场竞争中形成价格的绝少数商品及服务项目实行政府指导价及政府定价外,绝大多商品及服务项目的价格已由市场调节,由经营者自主制定。

二、价格法概述

(一)价格法的概念

价格法,是指国家为调整与价格的制定、执行、监督有关的各种经济关系而制定的法律规范的总称。狭义的价格法,即1998年5月1日施行的《中华人民共和国价格法》这一部调整我国价格关系的重要法律。价格法的调整对象为价格关系,具体包括:(1)各级价格主管部门及其他有关部门内部价格权限划分关系;(2)各级价格主管部门及其他有关部门与经营者之间在制定、调整和执行商品价格或非商品收费中发生的价格关系;(3)各级价格主管部门及其他有关部门与经营者之间的价格监督管理关系;(4)经营者相互之间以及他们与消费者之间因提供商品或服务而发生的价格关系。

(二)价格法的地位

价格法是经济法的重要组成部分,但对其具体归属目前尚无一致认识。一方面,经营者的价格行为是重要的市场行为,对价格行为进行规范,是市场监管法的应有之义,反不正当竞争法、反垄断法、消费者权益保护法都有对经营者价格行为规范的内容,因此,价格法不可避免带有市场监管法的色彩。另一方面,价格是重要的调控手段之一,价格问题是关乎国民经济全局的重大问题,国家通过价格法意在实现宏观经济调控,物价稳定亦是宏观调控的重要目标之一,因此,价格法应与计划法、财政法等一样,属于宏观调控法的组成部分。由此可见,价格法具有双重属性,但价格法对宏观经济的关注更为明显,其对经营者价格行为的规范,也旨在实现物价稳定这一宏观目标,正因如此,价格法的宏观调控法属性更明显,将其纳入宏观调控法体系基本合理。

(三) 价格法的作用

价格法是国家运用法律手段进行宏观经济调控,加强价格管理,规范价格行为,发挥价格合理配置资源作用,稳定市场物价总水平,保护消费者和经营者合法权益,促进市场经济健康发展的重要手段。

第一,价格法有利于规范市场主体的价格行为,维护价格秩序。价格改革的深化使得我国价格决策主体多元化,目前大多价格均由企业自主制定,这就需要统一的规则来对各市场主体的价格行为予以规范,为此,价格法明确规定了各价格主体的权利义务,并禁止各种不正当价格行为,使价格形成方式更加合理。

第二,规范公平竞争环境,优化价格形成机制。市场经济条件下,价格在资源配置中起着重要作用,为使价格能灵活地反映市场供求关系和资源的稀缺度从而更好地配置资源,需要塑造一个能使价格合理平稳运行的市场环境。价格法规范了价格形成的原则、方式和程序,禁止了不正当价格行为,为确保价格作用的发挥提供了良性的环境。

第三,保护经营者和消费者正当权益,协调生产和消费的关系。市场经济呼吁以法律手段维护市场主体正当权益,唯此,企业才能建立起一个有活力的经营机制。同时,价格问题牵涉广大消费者切身利益。价格法通过限制或禁止非法价格行为,保护经营者和消费者正当权益,协调生产与消费的关系,使国民经济健康发展。

第四,加强和改善宏观经济调控,稳定市场价格总水平。市场机制以利益机制刺激活力,有极大灵活性,但同时具有自发、盲目、滞后及整体运行不稳定的一面。为此应加强和改善宏观调控,保持总供给和总需求基本平衡,避免经济过热及通货膨胀。价格法规范了政府的价格行为,明确宏观调控的模式及手段,为主要用经济手段协调国民经济运行,保证其健康、稳定发展创造了条件。

第二节 价格法的基本制度

一、我国的价格管理体制

价格管理体制,是指一国价格管理机构的设置、权限划分及职能的规定。我国的价格管理机构是各级政府物价主管部门和其他有关部门。价格法对其分工作出了明确规定:国务院价格主管部门统一负责全国的价格工作;国务院其他有关部门在各自的职责范围内,负责有关的价格工作;县级以上地方各级人民政府价格主管部门负责本行政区域内的价格工作;县级以上地方各级人民政府其他有关部门在各自的职责范围内,负责有关的价格工作。

对价格管理,我国曾实行"大一统"的计划管理体制,由国务院价格主管部门直接制定绝大多数商品和服务的价格。价格改革逐步放松了政府对商品或服务的定价权。目前,除极少数不适宜由市场调节价格的商品外,多数商品的价格已经开放,由经营者在国家政策的指导下自主制定,只对其价格行为通过法律进行规范;极少数商品或服务的价格,政府通过定价目录规定其范围,由政府的价格主管部门和其他有关部门进行管理。市场调节价、政府指导价和政府定价是我国目前价格形成的三种基本形式。

二、经营者价格行为

(一) 经营者定价的原则与依据

西方国家市场发育较为成熟,其市场机制运作所依赖的信号体系较为完善,政府一般较少涉入价格管理,价格行为向来是经营者的自主行为。我国一方面遵从市场先导的一般规律,明确将大多商品或服务的价格划入市场调节的范围;另一方面则以法律手段突出加强宏观调控的政策意图。在规定了少数商品实行政府指导价和政府定价外,价格法还规定了经营者定价的基本原则和定价依据,明确指出:经营者定价,应当遵循公平、合法和诚实信用的原则;经营者定价的基本依据是生产经营成本和市场供求状况。

(二) 经营者的价格权利与义务

经营者依法享有下列价格权利:(1) 自主定价权,即自主制定属于市场调节的价格,在政府指导价规定的幅度内制定价格以及制定属于政府指导价、政府定价产品范围内的新产品的试销价格(特定产品除外)。(2) 检举、控告权,即经营者对侵犯其自主定价权的行为有权提出检举、控告。(3) 建议权,即经营者有权对政府指导价和政府定价提出意见或建议。(4) 陈述、申辩权,即价格主管部门作出行政处罚决定之前,应当告知当事人依法享有的权利,当事人要求陈述、申辩的,价格主管部门应及时受理并充分听取当事人的意见,对当事人提出的事实、理由和证据进行复核。

经营者享有价格权利的同时,须依法承担下列价格义务:经营者应力求为消费者提供合格的商品及服务,以合法手段赚取利润;经营者负有使其核定生产经营成本的记录真实准确的义务;经营者应依法执行政府指导价、政府定价和法定的价格干预措施、紧急措施;经营者应遵守政府价格主管部门有关商品和服务价码和其他标示的规定;经营者不得收取任何标价之外的费用。

(三) 经营者价格违法行为

我国《价格法》及相关规定禁止或限制经营者的下列价格违法行为:

1. 不正当价格行为

根据我国《价格法》《价格违法行为行政处罚规定》《禁止价格欺诈行为的规定》《制止价格垄断行为暂行规定》等,经营者的下列不正当价格行为受到法律禁止:

(1) 价格垄断行为,即经营者通过相互串通或者滥用市场支配地位,操纵市场调节价,扰乱正常的生产经营秩序,损害其他经营者或者消费者合法权益,或者危害社会公共利益的行为。这包括垄断价格协议及滥用市场支配地位等。其中,滥用市场支配地位进行的不正当价格行为主要有限定转售价格、低价倾销、价格差别待遇、违反法律规定牟取暴利等。

(2) 价格欺诈行为,即经营者利用虚假的或者使人误解的标价形式或者价格手段,欺骗、诱导消费者或者其他经营者与其进行交易的行为。经营者的价格欺诈行为,在现实中表现非常广泛。例如:对同一商品或者服务,在同一交易场所以低价招徕顾客并以高价进行结算;使用欺骗性或者误导性的语言、文字、图片、计量单位等标价,诱导他人与其交易;标示的市场最低价、出厂价、批发价、特价、极品价等价格表示无依据或者无从比较;降价销售所标示的折扣商品或者服务,其折扣幅度与实际不符;采取价外馈赠方式销售商品和提供服务时,不如实标示馈赠物品的品名、数量或者馈赠物品为假劣商品;虚构原价、虚构降价原因、虚假优惠折价,谎称降价或者将要提价,诱骗他人购买;谎称收购、销售价格高于或者低于其他经营者的收购、销售价格,诱骗消费者或者经营者与其进行交易;等等。

(3) 哄抬价格行为,即捏造、散布涨价信息,哄抬价格,推动商品价格过高上涨。

(4) 变相抬价、压价行为,即采取抬高等级或者压低等级等手段收购、销售商品或者提供服务,变相提高或者压低价格。

2. 其他价格违法行为

除《价格法》外,《价格违法行为行政处罚规定》对经营者的下列价格违法行为作出了规定:(1) 不执行政府指导价、政府定价,如超出政府指导价浮动幅度制定价格;高于或者低于政府定价制定价格;擅自制定属于政府指导价、政府定价范围内的商品或者服务价格;提前或者推迟执行政府指导价、政府定价;对政府明令取消的收费项目继续收费;等等。(2) 不执行法定的价格干预措施、紧急措施,如不执行提价申报或者调价备案制度;不执行规定的限价、最低保护价;不执行集中定价权限措施;不执行冻结价格措施;等等。(3) 违反明码标价规定,如不标明价格、不按照规定的内容和方式明码标价、在标价之外加价出售商品或者收取未标明的费用等。(4) 拒绝提供价格监督检查所需资料或者提供虚假资料。

三、政府定价行为

政府定价行为,是指政府价格主管部门或其他有关部门,依照定价权限和范围制定政府定价和政府指导价的活动。为了规范政府定价行为,我国《价格法》及相关法对其范围、内容、程序等内容作了具体规定。

(一) 政府定价的范围、原则和依据

下列商品和服务价格,政府在必要时可以实行政府指导价或者政府定价:一是与国民经济发展和人民生活关系重大的极少数商品价格;二是资源稀缺的少数商品价格;三是自然垄断经营的商品价格;四是重要的公用事业价格;五是重要的公益性服务价格。

制定或调整价格应当遵循公平、公正和效率的原则。制定政府指导价、政府定价,应当依据有关商品或者服务的社会平均成本和市场供求状况、国民经济与社会发展要求以及社会承受能力,实行合理的购销差价、批零差价、地区差价和季节差价;与国际市场联系紧密的,还应当参考国际市场价格。

(二) 政府定价权限划分

政府指导价、政府定价的定价权限和具体适用范围,以中央的和地方的定价目录为依据。中央定价目录由国务院价格主管部门制定、修订,报国务院批准后公布;地方定价目录由省、自治区、直辖市人民政府价格主管部门按照中央定价目录规定的定价权限和具体适用范围制定,经本级人民政府审核同意,报国务院价格主管部门审定后公布;省、自治区、直辖市人民政府以下各级地方人民政府不得制定定价目录。

国务院价格主管部门和其他有关部门,按照中央定价目录规定的定价权限和具体适用范围制定政府指导价、政府定价;其中重要的商品和服务价格的政府指导价、政府定价,应当按照规定经国务院批准。省、自治区、直辖市人民政府价格主管部门和其他有关部门,应当按照地方定价目录规定的定价权限和具体适用范围制定在本地区执行的政府指导价、政府定价;市、县人民政府可以根据省、自治区、直辖市人民政府的授权,按照地方定价目录规定的定价权限和具体适用范围制定在本地区执行的政府指导价、政府定价。

(三) 政府定价程序

1. 相关主体定价申请或政府直接定价

制定或调整价格,可以由要求制定或调整价格的行业主管部门、行业协会、消费者协会或经营者提出书面申请报告报有定价权的政府部门,也可以由有定价权的政府部门根据价格法的规定直接确定。

2. 初步审议

有定价权的政府部门收到制定或调整价格的申请报告后,应当对申请报告进行初步审查。初步审查包括以下内容:现行价格水平、建议制定或调整的价格水平、单位调价幅度、调价额;制定或调整价格的依据和理由;制定或调整价格对相关行业及消费者的影响;制定或调整价格的相关数据资料,包括财务决算报表和该行业近三年来的生产经营成本变化情况。

3. 价格听证

实行政府价格决策听证的项目是中央和地方定价目录中关系群众切身利益的公用事业价格、公益性服务价格和自然垄断经营的商品价格;政府价格主管部门可以根据定价权限确定并公布听证目录,列入听证目录的商品和服务价格的制定应当实行听证;制定听证目录以外的关系群众切身利益的其他商品和服务价格,政府价格主管部门认为有必要的,也可以实行听证。政府价格决策听证采取听证会的形式,遵循公正、公开、客观和效率的原则。政府价格决策要充分听取各方面的意见,除涉及国家秘密和商业秘密外,听证会应公开举行,听证过程应接受社会监督。

4. 集体审议

制定或调整商品和服务价格实行集体审议制度,有定价权的政府部门应建立价格审议委员会或其他集体审议方式,负责听取制定或调整价格的汇报,咨询有关情况,审议并作出是否制定或调整价格的决策意见。

5. 申请批准

影响全国的重要商品和服务价格方案应当按照规定报国务院批准;有定价权的政府部门是行业主管部门的,价格决策前应当书面征求价格主管部门的意见。

6. 公布

制定或调整价格实行公告制度,除涉及国家秘密外,政府指导价、政府定价制定或调整后,由制定或调整价格的政府部门在媒体和指定报刊上公布。

7. 定期检测与跟踪调查

制定或调整价格方案公布后,有定价权的政府部门应当在一定时期内对价格执行情况进行监测和跟踪调查，了解价格政策落实情况，发现问题及时提出改进措施。

四、价格总水平调控

为满足价格管理需要，增强国家宏观调控能力，我国《价格法》对价格总水平的调控作了规定。

（一）价格宏观调控的目标和手段

我国《价格法》第 26 条规定："国家根据国民经济发展的需要和社会承受能力，确定市场价格总水平调控目标，列入国民经济和社会发展计划，并综合运用货币、财政、投资、进出口等方面的政策和措施，予以实现。"可见，应尽力避免不切实际的经济发展目标造成通货膨胀和物价过分上涨，要保持物价总水平的基本稳定以利于社会经济发展。调控价格总水平应尽量采取经济手段，通过货币政策手段合理调节投资需求，通过进出口政策手段调剂余缺，通过财政政策手段控制收支。通过各种手段保持国内总供给与总需求的平衡以及重要的结构平衡，以达到预期的价格总水平调控目标。

考虑到某些重要商品对国民经济和人民生活影响较大，而这些商品的生产和供给又可能出现不稳定状况，我国《价格法》规定政府可建立重要物品储备制度，设立价格调节基金，以便市场上出现重大的供求不平衡时，可以通过吞吐储备商品来平衡供求，通过调动基金来平衡价格。

（二）紧急情况下的价格干预措施

调控价格主要运用经济手段，但在特殊情况下，也不排斥必要的行政干预手段。我国《价格法》第 30 条规定："当重要商品和服务价格显著上涨或者有可能显著上涨，国务院和省、自治区、直辖市人民政府可以对部分价格采取限定差价率或者利润率、规定限价、实行提价申报制度和调价备案制度等干预措施。""省、自治区、直辖市人民政府采取前款规定的干预措施，应当报国务院备案。"

此外，我国《价格法》还规定，政府在粮食等重要农产品的市场购买价格过低时，可以在收购中实行保护价格，并采取相应的经济措施保证其实现。当市场价格总水平出现剧烈波动等异常状态时，国务院可以在全国范围内或者部分区域内采取临时集中定价权限、部分或者全面冻结价格的紧急措施。

五、价格监督检查

（一）价格监督检查的概念

价格监督检查，是价格主管部门或其他有关部门、社会团体和人民群众等主体对价格违法行为所进行的监督和检查、审理与处置等一系列活动的总称。价格监督检查是价格管理的一项重要内容，实行该制度，对价格法律法规的贯彻执行、规范价格行为、保护经营者及消费者权益等,具有重要意义。

(二) 价格监督检查机构及其职责

县级以上各级人民政府价格主管部门,依法对价格活动进行监督检查,并依价格法的规定对价格违法行为实施行政处罚。政府价格主管部门进行价格监督检查时,可以行使下列职权:一是询问当事人或者有关人员,并要求其提供证明材料和与价格违法行为有关的其他资料;二是查询、复制与价格违法行为有关的账簿、单据、凭证、文件及其他资料,核对与价格违法行为有关的银行资料;三是检查与价格违法行为有关的财物,必要时可以责令当事人暂停相关营业;四是在证据可能灭失或者以后难以取得的情况下,可以依法先行登记保存,当事人或者有关人员不得转移、隐匿或者销毁。

此外,经营者接受政府价格主管部门的监督检查时,应当如实提供价格监督检查所必需的账簿、单据、凭证、文件以及其他资料。政府部门价格工作人员不得将依法取得的资料或者了解的情况用于依法进行价格管理以外的任何其他目的,不得泄露当事人的商业秘密。

(三) 社会监督与舆论监督

价格违法活动有时非常隐蔽,单靠价格主管部门的监督检查并不够,为使监督检查工作充分有效,还应有其他社会组织进行的社会监督及舆论监督。根据我国《价格法》的规定,消费者组织、职工价格监督组织、居民委员会、村民委员会等组织以及消费者,有权对价格行为进行社会监督。政府价格主管部门应当充分发挥群众的价格监督作用。新闻单位有权进行价格舆论监督。

(四) 价格违法行为举报制度

任何单位和个人均有权对价格违法行为进行举报,政府价格主管部门应当对举报者给予鼓励,并负责为举报者保密。县级以上各级价格主管部门是价格违法行为举报的主管机关,价格违法行为举报由价格违法行为发生地的价格主管部门受理,有管辖权的两级以上价格主管部门同时收到举报的,由上级价格主管部门决定受理机关。价格主管部门办理价格违法行为举报的主要职责是:对举报内容进行审查,提出分类处理意见;依法办理本级价格主管部门直接受理、上级机关交办或者其他部门转交的价格违法行为举报;指导下级价格主管部门办理价格违法行为举报工作;对价格违法行为举报情况进行统计、分析,视情况公布相关信息;对举报价格违法行为的有功人员进行鼓励;负责价格违法行为举报工作的其他有关事宜。

公民、法人或者其他组织认为经营者存在价格垄断、价格欺诈、哄抬价格、变相抬压价或其他价格违法行为时,可以书信、来访、电话等形式,向价格主管部门举报。举报价格违法行为应提供以下内容:被举报人的名称、地址;被举报人违反价格法律、法规、规章或者其他规范性文件的事实及有关证据;举报人要求答复的,应当提供联系方式。

价格主管部门对受理的价格违法行为举报,应当依法处理。举报人、被举报人愿意协商解决的,可由双方达成协商解决协议并予执行,同时向价格主管部门提供协商解决的必要证据。价格违法行为举报的办结包括:举报人在举报办理过程中提起复议或诉讼,有关机关未作出不予受理决定或裁定;举报人、被举报人达成协商解决协议并已执行完毕;举报人主动要求终止举报;被举报人已将多收价款退还举报人;应视为办结的其他情形。举报人对办理结果不满意,可以再次举报,也可以依法申请行政复议或提起行政诉讼。举报人再次举报,但没有提供新的价格违法行为事实或新的理由,价格主管部门可以不再受理。举报办结后,对通过举报发现的价格违法行为,价格主管部门应当依法实施行政处罚。

第三节 违反价格法的法律责任

一、经营者的法律责任

经营者实施价格垄断行为、价格欺诈行为、哄抬价格或变相抬压价行为的,责令改正,没收违法所得,可以并处违法所得5倍以下的罚款;没有违法所得的,予以警告,可并处罚款;情节严重的,责令停业整顿或由工商行政管理机关吊销营业执照。

经营者不执行政府指导价、政府定价或不执行法定的价格干预措施、紧急措施,责令改正,没收违法所得,可以并处违法所得5倍以下的罚款;没有违法所得的,可处相应罚款;情节严重的,责令停业整顿。

经营者违反明码标价规定,责令改正,没收违法所得,可以并处5000元以下的罚款。

拒绝提供价格监督检查所需资料或提供虚假资料,责令改正,给予警告;逾期不改的,可处5万元以下罚款,对直接负责的主管人员和其他直接责任人员给予纪律处分。

经营者因价格违法行为致使消费者或其他经营者多付价款的,责令限期退还;难于查找多付价款的消费者、经营者的,责令公告查找;公告期限满仍无法退还的价款,以违法所得论处。

经营者从事价格违法行为,情节严重,拒不改正,政府价格主管部门除给予处罚外,还可在其营业场地公告其价格违法行为,直至改正。

逾期不缴纳罚款的,每日按罚款数额的3%加处罚款;逾期不缴纳违法所得的,每日按违法所得数额的2‰加处罚款。

经营者有我国《行政处罚法》第27条所列情形的,应依法从轻或减轻处罚。

经营者有下列情形之一的,应从重处罚:价格违法行为严重或者社会影响较大;屡查屡犯;伪造、涂改或转移、销毁证据;转移与价格违法行为有关的资金或者商品。

此外,经营者对政府价格主管部门作出的处罚决定不服,应当先依法申请行政复议;对复议决定不服的,可依法向人民法院起诉。

二、政府及其部门和价格工作人员的法律责任

地方各级人民政府或有关部门违反价格法规定,超越定价权限和范围擅自制定、调整价格或不执行法定价格干预措施、紧急措施的,责令改正,并可通报批评;对直接负责的主管人员和其他直接责任人员,依法给予行政处分。

价格执法人员泄露国家秘密、经营者的商业秘密或者滥用职权、玩忽职守、徇私舞弊,构成犯罪的,依法追究刑事责任;尚不构成犯罪的,依法给予行政处分。

第三十章 会计和审计法律制度

第一节 会 计 法

一、会计法概述

(一) 会计的概念

会计,是指运用货币形式,通过记账、算账、报账、用账等手段,核算和分析各企业、各有关单位的经济活动和财务开支,反映和监督经济过程及其成果的一种活动。

会计的基本工作任务是会计核算和会计监督。前者为基础,要求核算准确;后者是保障,要求监督有力。它们相辅相成,组成会计工作的整体。

(二) 会计立法

会计工作是经济管理工作的重要基础。经济越发展,业务越复杂,会计越重要。在改革开放的新的历史条件下,为加强会计工作,保障会计人员依法行使职权,发挥会计工作在维护国家财政制度和财务制度、改善经营管理中的作用,1985年1月21日全国人大常委会通过了《会计法》。1993年12月29日对《会计法》进行了修改。但这次修改只是就部分内容作了修正和补充,原有框架不变,可改可不改的未动。1999年10月31日全国人大常委会根据国务院提出的《会计法(修订草案)》,对《会计法》作了全面的修订。

与我国《会计法》配套的有一系列细则或相关规定。其中,主要是1992年制定,2006年修订的《企业会计准则》和《企业财务通则》;以及1990年12月31日发布的《总会计师条例》,2000年6月21日发布的《企业财务会计报告条例》。

会计制度是各国财政、财务管理的准则,国情不同,有关规则也不尽相同。但当今经济日趋全球化,会计方面的规则有许多已比较接近或者基本相同。20世纪下半叶以来,国际间开始出现协调制定国际会计准则的势态,主要由两个方面在进行努力:一是政府性的。如联合国有关机构制定跨国公司行为规范;欧洲经济共同体(现为欧洲联盟)统一成员国会计规则;经济合作与发展组织发布跨国公司会计准则。二是民间性的。由9个国家的16个主要会计职业团体于1973年协议成立的国际会计准则委员会,开展了大量的工作,至今已颁布了40多项国际会计准则。虽然这些准则对各国没有约束力,但有很大的参考价值。

(三) 会计法的概念和适用范围

会计法是调整会计关系的法律规范的总称。会计关系是指会计机构、会计人员在办理会计事务过程中发生的经济关系,以及国家在监督管理会计工作过程中发生的经济关系。以企业会计为例,既包含企业内部的关系,又涉及国家与企业的关系。《会计法》是会计工作的基本法律依据。它以法律的形式确定了会计工作的地位、任务和作用,规定了会计工作的基本准则。会计法属于经济法体系中的一个组成部分。广义地说,会计法体系中,除一般会计准则、规则外,还包括总会计师、注册会计师等特别规则。

1985 年的《会计法》适用范围比较窄,主要是对国有单位会计工作的规范,显然已不符合市场经济发展的形势要求。1999 年再次修改为:"国家机关、社会团体、公司、企业、事业单位和其他组织(以下统称单位)必须依照本法办理会计事务。"这就扩大了适用范围,将非国有经济组织的会计工作纳入《会计法》的调整范围,使各类经济组织均能在国家法律的保障之下规范管理、顺利发展。

(四) 会计法的作用

会计法的作用就是从法律上严格规范会计行为,保障发挥会计的功能。它体现在《会计法》的立法宗旨之中。我国 1999 年修订的《会计法》第 1 条指出:"为了规范会计行为,保证会计资料真实、完整,加强经济管理和财务管理,提高经济效益,维护社会主义市场经济秩序,制定本法。"这次修订,使《会计法》更能适应建立社会主义市场经济的新情况、新问题的要求,同时使该法规定的包容量也更大一些。

现在,有些单位财务、会计管理混乱,发生不少违法以至犯罪的问题,做假账现象十分突出,严重危害社会经济秩序,因此规范和整顿会计工作秩序极为重要和紧迫。其中,一个最基本的要求是:不做假账。这个要求应当属于法律底线和职业纪律、职业道德底线。我们必须充分运用《会计法》,维护正常的经济秩序,提高会计信息质量,加大对会计工作中弄虚作假现象的惩治力度,坚决纠正各种违规行为,有力地打击严重经济违法和经济犯罪活动。

二、会计管理体制

(一) 会计制度与会计工作管理体制

1. 统一的会计制度

国家统一的会计制度,由国家财政部根据《会计法》制定并公布。国务院有关部门可以依照《会计法》和国家统一的会计制度制定对会计核算和会计监督有特殊要求的行业实施国家统一的会计制度的具体办法或者补充规定,报财政部审核批准。县级以上地方人民政府财政部门管理本行政区域内的会计工作。这样安排,一方面有利于保证会计制度的统一性和规范性,另一方面也便于各地方、各部门根据实际情况办事,从而保证国家统一的会计制度的实施。

2. 会计工作管理体制

我国的会计管理,分为中央、地方、基层单位等层次。其中:财政部主管全国的会计工作;地方各级人民政府的财政部门管理本行政区域内的会计工作;单位负责人管理本单位的会计工作并对本单位的会计工作和会计资料的真实性、完整性负责。我国的会计管理体制是有统有分、统分结合的,既维护国家统一的财经制度,又尊重各基层单位的财务管理权。

(二) 会计机构和会计人员

1. 机构设置和人员条件

各单位根据会计业务的需要设置会计机构,或者在有关机构中设置会计人员并指定会计主管人员。不具备设置条件的,应当委托经批准设立从事会计代理记账业务的中介机构代理记账。这与国际上通行的做法是一致的。

会计人员应当取得会计从业资格证书,具备必要的专业知识。会计人员应当遵守职业道德,提高业务素质。

2. 会计机构、会计人员的主要职责

根据我国《会计法》的规定,会计机构、会计人员的主要职责是:(1) 按照《会计法》第二章"会计核算"的规定和第三章"公司、企业会计核算的特别规定",进行会计核算;(2) 按照《会计法》第四章"会计监督"的规定,实行会计监督;(3) 拟订本单位办理会计事务的具体办法;(4) 参与经济决策,包括参与拟订经济计划、业务计划,考核、分析预算、财务计划的执行情况;(5) 办理其他会计事务。

3. 保障措施

会计工作责任重大,不仅对会计人员本身要提出很高的要求,而且还应有一系列保障及监督措施。

第一,会计机构、会计人员必须遵守法律、法规,按照《会计法》规定办理会计事务,进行会计核算,实行会计监督。

第二,有关主管部门依法对人事问题实行适度管理。国有企业、事业单位的会计机构负责人、会计主管人员的任免应当经过主管单位同意,不得任意调动或者撤换;会计人员忠于职守,坚持原则,受到错误处理的,主管单位应当责成所在单位予以纠正;玩忽职守,丧失原则,不宜担任会计工作的,主管单位应当责成所在单位予以撤职或者免职。

第三,依法办理会计事务不仅仅是会计人员的事情,单位负责人负有重要的责任。单位负责人领导会计机构、会计人员和其他人员执行《会计法》,保证会计资料合法、真实、准确、完整,保障会计人员的职权不受侵犯。任何单位或者个人不得对依法履行职责、抵制违反《会计法》规定行为的会计人员打击报复。对认真执行《会计法》,忠于职守,坚持原则,作出显著成绩的会计人员,应当给予精神的或者物质的奖励。

第四,出纳人员不得兼管稽核、会计档案保管和收入、支出、费用、债权债务账目的登记工作。即会计与出纳要分设。

(三) 总会计师

1. 设置和条件

国有的和国有资产占控股地位或者主导地位的大、中型企业必须设置总会计师。总会计师由具有会计师以上专业技术任职资格的人员担任。当其取得会计师任职资格后,应当主管一个单位或者单位内部一个重要方面的财务会计工作时间不少于3年,方可担任总会计师。

总会计师是单位行政领导成员,协助单位主要行政领导人工作,直接对单位主要行政领导人负责。

2. 职责与权限

总会计师职位不能虚设,而应当有职有权。总会计师组织领导本单位的财务管理、成本管理、预算管理、会计核算和会计监督等方面的工作,参与本单位重要经济问题的分析和决策。总会计师主管审批财务收支工作。总会计师对违反国家财经纪律、法规及具体制度和有可能在经济上造成损失、浪费的行为,有权制止或者纠正。

三、会计核算

(一) 会计核算的内容

会计核算是会计工作的基本任务之一。下列经济业务事项,应当办理会计手续,进行会计核算:款项和有价证券的收付;财物的收发、增减和使用;债权债务的发生和结算;资本、基金的增减;收入、支出、费用、成本的计算;财务成果的计算和处理;需要办理会计手续、进行会计核算的其他事项。

会计年度自公历1月1日起至12月31日止。

会计核算以人民币为记账本位币。业务收支以人民币以外的货币为主的单位,可以选定其中一种货币作为记账本位币,但是编报的财务会计报告应当折算为人民币。

(二) 对会计核算工作的要求

我国1999年的《会计法》对会计核算工作提出了更新、更高的要求。现行会计核算制度主要内容有:

1. 一般规定

各单位必须根据实际发生的经济业务事项进行会计核算,填制会计凭证,登记会计账簿,编制财务会计报告。

在会计核算工作中,会计凭证、会计账簿、财务会计报告和其他会计资料必须符合国家统一的会计制度的规定,保证会计资料合法、真实、准确、完整,达到"账物相符、账款相符"。任何单位和个人不得伪造、变造会计凭证、会计账簿及其他会计资料,不得提供虚假的财务会计报告。

现正在推行会计电算化。用电子计算机进行会计核算的,对使用的软件及其生成的会计凭证、会计账簿、财务会计报告和其他会计资料,必须符合国家统一的会计制度的规定。

2. 确保会计资料真实、完整

我国以前的《会计法》对此规定得过于原则和笼统,可操作性不强,1999 年的《会计法》在"总则"一章增加规定:"各单位必须依法设置会计账簿,并保证其真实、完整。""任何单位或个人不得以任何方式授意、指使、强令会计机构、会计人员伪造、变造会计凭证、会计账簿和其他会计资料,提供虚假财务会计报告。"在"会计核算"一章中又特别指出:"任何单位不得以虚假的经济业务事项或者资料进行会计核算。"这样,更有助于实现"保证会计资料真实、完整"的基本要求。

3. 明确规定记账规则

我国以前的《会计法》没有明确规定记账规则,而规定了记账规则的《企业会计准则》《企业财务通则》层次较低且没有相应的法律责任约束。1999 年的《会计法》增加了记账基本规则的规定,强调指出:"会计账簿登记,必须以经过审核的会计凭证为依据,并符合有关法律、行政法规和国家统一的会计制度的规定。"这里所指"会计账簿",包括总账、明细账、日记账和其他辅助性账簿。针对不少单位私设"小金库"的情况增加规定:"各单位发生的各项经济业务事项应当在依法设置的会计账簿上统一登记、核算,不得违反本法和国家统一的会计制度的规定私设会计账簿登记、核算。"这样规定的目的,就是为了使《会计法》能够管住如何记账。

4. 对企业会计核算作出特别规定

针对企业会计的特点,借鉴国际上规范企业(含公司)会计行为的一般做法,我国 1999 年的《会计法》增加了"公司、企业会计核算的特别规定"一章。该章明确规定,公司、企业进行会计核算不得有下列行为:随意改变资产、负债、所有者权益的确认标准或者计量方法,虚列、多列、不列或者少列资产、负债、所有者权益;虚列或者隐瞒收入,推迟或者提前确认收入;随意改变费用、成本的确认标准或者计量方法,虚列、多列、不列或者少列费用、成本;随意调整利润的计算、分配方法,编造虚假利润或者隐瞒利润;违反国家统一的会计制度规定的其他行为。

四、会计监督

(一) 会计监督的内容

会计监督是会计工作的又一基本任务。会计监督属于动态监督,寓于全部会计工作之中。它的范围是:

1. 审核原始凭证

会计机构、会计人员必须按照国家统一的会计制度的规定对原始凭证进行审核,对不真实、不合法的原始凭证有权不予接受,并向单位负责人报告;对记载不准确、不完整的原始凭证予以退回,并要求按照国家统一的会计制度的规定更正、补充。原始凭证记载的各项内容均不得涂改。

2. 依法作出处理

会计机构、会计人员对违反《会计法》和国家统一的会计制度规定的会计事项,有权拒绝办理或者按照职权予以纠正。

会计机构、会计人员发现会计账簿记录与实物、款项及有关资料不相符的,按照国家统一的会计制度的规定有权自行处理的,应当及时处理;无权处理的,应当立即向单位负责人报告,请求查明原因,作出处理。

(二) 对会计监督工作的要求

会计监督工作一定要坚持原则,不讲情面。如果把关不严,势必给单位、给国家造成不应有的损失。必须做到以下两点:一是单位负责人应当保证会计机构、会计人员依法履行职责,不得授意、指使、强令会计机构、会计人员违法办理会计事项。二是任何单位和个人对违反《会计法》和国家统一的会计制度规定的行为,有权检举。收到检举的部门、负责处理的部门应当依法处理,并应当为检举人保密。

(三) 内、外监督相结合

按照我国1993年的《会计法》的规定,实施会计监督的主体主要是会计机构和会计人员。多年来的实践证明,这种监督机制的作用十分有限。因为,有的可能是单位负责人威胁、指使、引诱、利用会计人员违法,有的可能是会计人员欺骗单位负责人违法,有的还可能是单位负责人与会计人员合伙作案。有鉴于此,1999年的《会计法》对"会计监督"一章作了较大的修改和补充。根据现行《会计法》,会计监督的关键是要建立、健全单位内部会计制约机制,明确会计人员、单位负责人、社会中介组织、政府有关部门在会计监督中的责任。另外,还应加大对违反会计法的行为的处罚力度,包括追究刑事责任。根据现实要求,应着重注意以下三点:

第一,各单位应当建立、健全本单位内部会计监督制度。单位内部会计监督制度应当符合下列要求:记账人员与经济业务事项和会计事项的审批人员、经办人员、财物保管人员的职责权限应当明确,并相互分离、相互制约;重大对外投资、资产处理、资金调度和其他重要经济业务事项的决策和执行的相互监督、相互制约的程序应当明确;财产清查的范围、期限和组织程序应当明确;对会计资料定期进行内部审计的办法和程序应当明确。各单位的会计机构、会计人员对本单位实行会计监督。

第二,各单位必须依照法律和国家有关规定接受财政、审计、税务、人民银行和银行业监管、证券监管、保险监管等部门的监督。要如实提供会计凭证、会计账簿、财务会计报告和其他会计资料以及有关情况,不得拒绝、隐匿、谎报。财政、审计、税务、人民银行和银行业监管、证券监管、保险监管等部门在法定的职权范围内实施监督检查。

第三,动员社会力量参与监督,包括发挥社会审计等中介组织的作用。

内部监督、政府监督、社会监督三者结合,将形成强有力的会计工作监督机制。

五、企业财务会计报告

(一) 对企业财务会计报告的要求

企业财务会计报告,是指企业对外提供的反映企业某一特定日期财务状况和某一会计期间经营成果、现金流量的文件。对企业财务报告的基本要求是真实、完整。它关系到企业管理的合规性和科学性,关系到投资者和社会公众的利益,关系到社会经济秩序的稳定。

为了保证企业财务会计报告的真实、完整,要求遵照以下四项强制性规范:一是企业负责人必须对本企业财务会计报告的真实性、完整性负责;二是注册会计师、会计师事务所应当对其所出具的企业财务会计报告的审计报告负责;三是企业不得编制和对外提供虚假的或者隐瞒重要事实的财务会计报告;四是任何组织或者个人不得授意、指使、强令企业编制和对外提供虚假的或者隐瞒重要事实的财务会计报告。

(二) 企业财务会计报告的编制和对外提供

1. 企业财务会计报告的编制

企业财务会计报告分为年度、半年度、季度和月度报告。其主要内容和形式为资产负债表、利润表、现金流量表及相关附表。

企业编制财务会计报告,应当根据真实的交易、事项以及完整、准确的账簿记录等资料,并按照国家统一的会计制度规定的编制基础、编制依据、编制原则和方法。

企业应当按照国家统一的会计制度规定的会计报表格式和内容,根据登记完整、核对无误的会计账簿记录和其他有关资料编制会计报表,做到内容完整、数字真实、计算准确,不得漏报或者任意取舍。

2. 企业财务会计报告的对外提供

对外提供财务会计报告,按照国家法律、行政法规和国家统一的会计制度的规定执行:(1) 其所反映的会计信息应当真实、完整;(2) 及时提供;(3) 按规定的格式和内容提供。

对以下几种情况已明确需要提供财务会计报告:(1) 企业对其投资者;(2) 国务院派出监事会的国有重点大型企业、国有重点金融机构和省一级人民政府派出监事会的国有企业对其监事会;(3) 国有企业、国有控股的或者占主导地位的企业对其职工代表大会。

非依照法律、行政法规或者国务院的规定,任何组织或个人不得要求企业提供部分或者全部财务会计报告及其有关数据。

国家一方面要对企业实行必要的监督管理;另一方面又要切实保障企业的经营管理权,包括尊重企业财务自主权,保护企业商业秘密。

六、违反会计法的法律责任

(一) 违法行为

违反会计法的行为,有各种表现:违反会计核算、会计监督的一般规定的各种行为;伪造、变造会计凭证、会计账簿,编制虚假会计报告;隐匿或者故意销毁依法应当保存的会计凭证、会计账簿、财务会计报告;授意、指使、强令会计机构、会计人员及其他人员伪造、变造会计凭证、会计账簿,编制虚假财务会计报告或者隐匿、故意销毁依法应当保存的会计凭证、会计账簿、财务会计报告;单位负责人对依法履行职责、抵制违反《会计法》规定行为的会计人员以降级、撤职、调离工作岗位、解聘或者开除等方式实行打击报复;财政部门及有关行政部门的工作人员在实施监督管理中滥用职权、玩忽职守、徇私舞弊或者泄露国家秘密、商业秘密;违反《会计法》有关规定,将检举人姓名和检举材料转给被检举单位和被检举人个人的;违反企业财务会计报告规定的行为,特别是编制和对外提供虚假的或者隐瞒重要事实的财务会计报告的行为;其他与会计职务有关的违法行为。

(二) 对违法行为的处理

以上违法行为主体,涉及单位负责人、会计人员、有关政府管理工作人员及其他人员。

根据不同主体的不同违法行为,分别采取下列处理和处罚方式;通报,责令限期改正,罚款(对单位、对个人),行政处分,吊销会计从业资格证书,刑事处罚。

违反《会计法》规定,同时违反其他法律规定的,由有关部门在各自职权范围内依法进行处罚。

第二节 审 计 法

一、审计法概述

(一) 审计的概念

审计的原意是详细审查会计账目。审计已成为现代各国管理监督国民经济活动的重要手段。在我国,审计是指审计机关依法独立检查被审计单位的会计凭证、会计账簿、财务会计报告以及其他与财政收支、财务收支有关的资料和资产,监督财政收支、财务收支真实、合法和效益的行为。

审计这种经济监督手段,其指导原则体现出间接性、超脱性、独立性、建设性等特征。间接性,即它不直接干预而只是进入被审计单位内部进行监督。超脱性,即它与被审计单位没有行政上的任何领导或管理关系。独立性,即它依法独立行使监督权,不受外界干涉。建设性,即它通过行使审计监督职能,对纠正违法行为,挽回国家财产损失,堵塞经济管理漏洞,提出改进和完善经济管理措施,并促进廉政建设,可起到极为重要的作用。监督功能与建设功能的统一,体现了审计的特点,也决定了审计的格局。

(二) 审计立法

我国现有的审计法律规范,首先表现于宪法之中。1982年的《宪法》第91条规定:"国务院设立审计机关,对国务院各部门和地方各级政府的财政收支,对国家的财政金融机构和企业事业组织的财务收支,进行审计监督。"第109条又规定:"县级以上的地方各级人民政府设立审计机关。"在宪法中有两条规定"审计监督",足见审计的特别重要性。

其次是专门的审计法律、法规。1985年8月29日国务院发布《关于审计工作的暂行规定》,1988年10月21日国务院通过《审计条例》,发展了前一规定。1994年8月31日第八届全国人大常委会第九次会议通过《中华人民共和国审计法》,1997年10月21日国务院发布《审计法实施条例》。作为《审计法》的具体化和重要补充与发展,1999年6月中共中央办公厅、国务院办公厅向全国发出关于印发《县级以下领导干部任期经济责任审计暂行规定》和《国有企业及国有控股企业领导人员任期经济责任审计暂行规定》的通知。《通知》指出,上述两个《规定》,已经党中央、国务院批准,要求各地遵照执行。

总结《审计法》实施以来的经验,适应形势的发展变化和审计工作面临的新情况、新问题,2006年2月28日第十届全国人大常委会第二十次会议通过了《关于修改〈中华人民共和国审计法〉的决定》;2010年2月2日国务院第100次常务会议修订通过了《审计法实施条例》。在保持原《审计法》及《审计法实施条例》框架结构和基本内容的基础上,对审计监督机制、审计监督职责、审计监督手段、审计监督行为规范等方面作出了重大的修改,进一步完善了审计制度。此外,为落实国家审计制度,2010 年 12 月中共中央办公厅、国务院办公厅印发了《党政主要领导干部和国有企业领导人员经济责任审计规定》,2013 年 9 月中央军委下发了《关于加强和改进军队领导干部经济责任审计工作的意见》。

目前世界上已有一百五十多个国家和地区实行国家(政府)审计制度。大体可分为三大类型:一是立法型审计,如美国、加拿大、英国等;二是司法型审计,如西班牙、法国和 1999 年之前的澳门地区等;三是行政型审计,如瑞典、瑞士等。我国的审计机关是政府的一个组成部分,故属于行政型审计。

审计准则,又称审计标准,可分为政府审计准则、民间审计准则、内部审计准则。其中,民间审计准则又称独立审计准则。自 20 世纪 70 年代以来,国际会计师联合会下属的国际审计实务委员会制定《国际审计指南》,提出了一套由民间审计机构制定的独立审计准则。中国注册会计师协会拟订了《中国注册会计师独立审计准则》,其体系由以下三个层次组成:(1) 独立审计基本准则;(2) 独立审计具体准则与独立审计实务报告;(3) 执业规范指南。

(三) 审计法的概念和适用范围

审计法是调整审计关系的法律规范的总称。审计关系是一种经济监督关系,发生于审计主体与被审计单位之间。

《审计法》及《审计法实施条例》是审计工作的基本法律依据。它以法律的形式确定了审计工作的地位、任务和作用,规定了审计工作的基本准则。审计法属于经济法体系的一个组成部分。

根据《审计法》及《审计法实施条例》的规定,国务院各部门和地方各级人民政府及其各部门的财政收支,国有的金融机构和企业事业组织的财务开支,以及其他依照该法规定应当接受审计的财政收支、财务收支,都应当接受审计监督。

(四) 审计法的作用

我国《审计法》第 1 条指出:"为了加强国家的审计监督,维护国家财政经济秩序,提高财政资金使用效益,促进廉政建设,保障国民经济和社会健康发展,根据宪法,制定本法。"审计法不仅具有经济上的意义,而且具有政治上的意义。从经济方面说,通过审计,查出违反财经法纪的问题,为国家挽回经济损失,同时堵住国有资产流失的漏洞,直接维护国家财政经济秩序;同时,着眼于提高财政资金使用效益,有利于转变经济发展方式。从政治方面说,通过审计监督处理或者建议处理违法案件,对于打击违法、犯罪,教育干部群众,改进国家机关工作作风,促进廉政建设,具有直接的、重大的作用。

(五) 审计制度的发展和完善

自我国 1982 年《宪法》规定设立审计制度以来,在全国范围内开展的审计工作对保障和促进社会主义现代化建设发挥了重要的作用。与此同时,审计制度也在实践中逐步得到发展。其主要表现为:第一,经济责任审计进入全面推进、稳步发展的新阶段。1999年,实行任期经济责任审计的领导人员是"县级以下"。2001年,提出逐步推行到"县级以上"。从2005年1月1日起,扩大到"地厅级"。从2002年开始,对"省部级"主要领导成员开始试点审计。从2013年9月起,军队有关领导干部提拔、离任前先要审计。由于经济责任审计的对象为大权在握的领导人员,故其效果和影响备受社会关注。修改后的《审计法》增加了对有关国家机关领导干部和国有企业负责人等实行任期经济责任审计的规定。第二,大审计的力度和透明度。2003年6月,一批违规大案在审计署向全国人大常委会所作的审计报告中曝光,随即一场严查乱管理、乱投资、违规挪用资金的"审计风暴"席卷全国。2004年6月,审计署再次向全国人大常委会提交了一份令人触目惊心的审计清单,包括预算管理问题突出、国债资金竟成"唐僧肉",金融机构出现新的风险点,等等。2005年以来,审计署又相继提出了很有分量的审计报告。全国人大常委会要求,对审计出来的问题,要依法严肃处理,坚决整改。对此,国务院及有关部门、机构采取了一系列整改措施。第三,服务改革发展大局。从1983年9月15日审计署成立至今30年来,审计机关加强对中央重大经济政策措施执行情况的跟踪审计,着力监督检查会计信息的真实性、合法性,揭露和查处重大违法违规案件线索,揭示经济社会运行中的突出矛盾和运行风险,加强对重点民生资金和民生项目的审计监督,加强对权力运行的监督制约,深入揭示有法不依、执法不严的问题,注重从体制机制层面分析原因、提出建议,可以说开创了中国特色审计制度。但仍存在一些问题有待解决,如审计的权威性、审计的实际效果等。

《审计法》及《审计法实施条例》的修改,既保持了法的稳定,又能与时俱进:适应改革开放的形势发展,适应依法行政的工作方针,与其他法律的规定相统一,与国际通行的审计做法相衔接。

二、审计管理体制

(一) 审计监督制度

1. 审计监督制度的内容

我国《宪法》和《审计法》确定,国家实行审计监督制度。这一制度包括:(1)审计主体。国务院和县级以上地方人民政府设立的审计机关是行使审计权的主体。(2)审计对象(客体)。主要有三:一是国务院各部门和地方各级人民政府及其各部门的财政收支;二是国有的金融机构和企业事业组织的财务收支;三是其他依照审计法规定应当接受审计的财政收支、财务收支。(3)审计目标。审计机关对上述所列财政收支或者财务收支的真实、合法和效益,提出审计意见,依法进行检查和监督。审计的任务可以概括为财政财务审计、效益审计、领导人任期经济责任审计、违纪审计等内容。其中,党政主要领导干部和国有企业领导人员经济责任,是指领导干部在任职期间因其所任职务,依法对本地区、本部门(系统)、本单位的财政收支、财务收支以及有关经济活动应当履行的职责、义务。(4)审计依据。审计机关依据有关财政收支、财务收支的法律、法规,以及国家有关政策、标准、项目目标等方面的规定进行审计评价,在法定职权范围内作出处理、处罚的决定。

2. 审计监督权

审计机关进行审计时,享有检查权、调查权、处理权、处罚权及建议权。审计机关依照有关审计的法律、法规规定的职责、权限和程序,进行审计监督。审计机关依照法律规定独立行使审计监督权,不受其他行政机关、社会团体和个人的干涉。

(二)审计工作管理体制

1. 政府与人大的关系

国务院和县级以上地方政府应当每年向本级人大常委会提出审计机关对预算执行(这是重点)和其他财政收支的审计工作报告,并且还应当将审计工作报告中指出的问题的纠正情况和处理结果作出报告,接受本级人大常委会的监督。

2. 上下级审计机关的关系

地方各级审计机关对本级人民政府和上一级审计机关负责并报告工作,审计业务以上级审计机关领导为主。审计机关根据工作需要,经本级人民政府批准,可以在其审计管辖范围内设立派出机构。

3. 与有关部门、机构的关系

审计机关履行审计监督职责过程中,遇有超出本部门的权限的事宜,可以提请公安、监察、财政、税务、海关、价格、工商行政管理等机关予以协助。此外,对冻结存款的事宜,还可以请求法院、金融机构予以协助。

三、审计机关审计

(一)审计机关和审计人员

1. 审计机关

国务院设立审计署,在国务院总理领导下,主管全国的审计工作。省、市、县三级的审计机关,分别在三级行政首长和上一级审计机关的领导下,负责本行政区域内的审计工作。

上级审计机关应当对下级审计机关的审计业务依法进行监督。

2. 审计人员

审计人员属于国家工作人员,应当具备与其从事的审计工作相适应的专业知识和业务能力,因而国家实行审计人员专业技术资格制度。审计人员应当依法履行职务;遇有需要回避的情况时,应当回避。审计人员的公务行为,受法律保护。地方各级审计机关负责人的任免,应当事先征求上一级审计机关的意见。

(二) 审计机关职责

1. 审计事项的范围

审计机关的审计事项,包括有:(1) 本级政府财政部门具体组织本级预算的执行情况,本级预算收入征收部门征收预算收支的情况,与本级政府财政部门直接发生预算缴款、拨款关系的部门、单位的预算执行情况和决算,下级政府的预算执行情况和决算,以及其他财政收支情况;(2) 其他取得财政资金的单位和项目接受、运用财政资金的真实、合法和效益情况;(3) 中央银行及其分支机构履行职责所发生的各项财政收支。以上第(2)项须经本级政府批准而后列入审计管辖范围;第(3)项属于审计署的职责范围。

2. 审计管辖的范围

审计机关根据被审计单位的财政、财务隶属关系,确定审计管辖范围;不能根据财政、财务隶属关系确定审计管辖范围的,根据国有资产监督管理关系,确定审计管辖范围。两个或两个以上国有资产投资主体投资的金融机构、企业事业组织和建设项目,由对主要投资主体有审计管辖权的审计机关进行审计。

各级审计机关应当按照确定的审计管辖范围进行审计监督或者专项审计调查。

(三) 审计机关权限

1. 检查权和调查权

审计机关有权要求被审计单位按照规定提供与财政收支、财务收支有关的资料。

审计机关进行审计时,可以依照规定查询被审计单位在金融机构的账户。

2. 处理权和处罚权

审计机关可以依照规定封存被审计单位有关资料和违反国家规定取得的资产。

审计机关依法可以就有关审计事项向政府有关部门通报或者向社会公布对被审计单位的审计、专项审计调查结果,包括对社会审计机构相关审计报告核查的结果。

(四) 审计程序

可以分为以下几个步骤:第一,编制年度审计项目计划;第二,向被审计单位送达审计通知书;第三,派出审计组对审计事项实施审计;第四,审计组向审计机关提出审计报告,审计机关据此出具审计意见书及审计决定;第五,审计机关将审计意见书和审计决定送达被审计单位和有关单位。审计决定自送达之日起生效。

为了保证审计决定的准确、公平、公正,允许被审计对象依法对审计组拟报送审计机关的审计报告提出书面意见,以及对审计决定不服可以依法采取行政复议、行政诉讼或者提请本级人民政府裁决等救济方式。其中,本级政府的裁决为最终决定。

四、单位内部审计

(一) 内部审计概述

内部审计是我国审计体系的组成部分,它是搞好国家(政府)审计的一个基础。我国《审计法》第 29 条规定:"依法属于审计机关审计监督对象的单位,应当按照国家有关规定建立健全内部审计制度"。政府部门、国有企业事业单位实行内部审计制度,旨在加强内部的管理和监督,维护财经法纪,保障和促进改善经营管理,提高经济效益。

1985 年 12 月 5 日国家审计署发出《关于内部审计工作的若干规定》;后经修改,于 1989 年 12 月 2 日发出《关于内部审计工作的决定》。

(二) 内部审计机构的设置和管理体制

1. 机构设置

审计机关未设立派出机构的政府部门,以及国有企业、事业单位,设立独立的内部审计机构。审计业务较少的单位,可以设置专职内部审计人员。

2. 管理体制

内部审计机构在本单位主要负责人的直接领导下进行内部审计监督,独立行使内部审计职权,对本单位领导机构负责并报告工作。

内部审计工作,应当接受审计机关的业务指导和监督。

五、社会审计

社会审计是会计师事务所、审计师事务所等社会审计机构对被审计单位提供的一种查账服务。社会审计机构接受国家机关和企事业单位委托承办业务。其业务质量的检验标准是要求其所提出的社会审计报告及其结论真实、合法。社会审计是由《审计法》确定的审计方式之一,1989 年 7 月审计署曾发布《关于社会审计工作的规定》。审计机关审计、单位内部审计和社会审计,构成我国完整的审计体系。

对依法独立进行社会审计的机构的指导、监督、管理,依照《注册会计师法》等有关法律和国务院的规定执行。1999 年 4 月审计署发布的《审计机关监督社会审计业务质量的暂行规定》指出,审计机关对社会审计组织承担的资产评估、验资、验证、会计、审计等业务所出具的证明文件是否真实、合法进行监督检查。

2006年修改后的《审计法》第30条规定:"社会审计机构审计的单位依法属于审计机关审计监督对象的,审计机关按照国务院的规定,有权对该社会审计机构出具的相关审计报告进行核查。"

六、违反审计法的责任

(一) 被审单位及有关人员的违法责任

1. 拒不接受审计的责任

被审计单位违反审计法的规定,拒绝、拖延提供与审计事项有关的资料的,或者提供的资料不真实、不完整的,或者拒绝、阻碍检查的,由审计机关责令改正,可以通报批评,给予警告;拒不改正的,依法追究罚款等行政责任,直至依法追究刑事责任。

对本级各部门(含直属单位)和下级政府违反预算的行为或者其他违反国家规定的财政收支行为,审计机关在法定职权范围内,依法区别情况采取处理措施。

对被审计单位违反国家规定的财务收支行为,审计机关在法定职权范围内,依法区别情况采取处理措施。

2. 对已审计出违法问题的处理

现实经济管理、经济活动中违反财经法律制度的问题较为普遍,较为严重。因此,只要是查出来的,就应当作出相应的处理,不可不了了之。追究责任要落实,整改措施要落实。

对本级各部门(含直属单位)和下级政府违反预算的行为或者其他违反国家规定的财政收支行为,审计机关依法可以采取的处理措施包括:(1) 责令限期缴纳应当上缴的款项;(2) 责令限期退还被侵占的国有资产;(3) 责令限期退还违法所得;(4) 责令按照国家统一的会计制度的有关规定进行处理;(5) 其他处理措施。

对被审计单位违反国家规定的财务收支行为,审计机关可以依法采取上述处理措施,并可以依法给予通报批评、警告,以及没收违法所得、罚款等处罚。

对上述违反国家财政收支、财务收支规定的行为负有直接责任的主管人员和其他直接责任人员,应当依法追究个人的法律责任;构成犯罪的,还包括依法追究其刑事责任。

(二) 审计机构及其审计人员的责任

审计机关的审计报告、审计决定确有错误的,应当依法改正。内部审计、社会审计确有错误的,也应当依法改正。

审计人员滥用职权、徇私舞弊、玩忽职守,或者泄露所知悉的国家秘密、商业秘密的,依法给予处分;构成犯罪的,依法追究刑事责任。

对内部审计、社会审计负有直接责任和领导责任的人员,违反审计法及相关法律规定的,也应依法追究其责任。

第三十一章　对外贸易法律制度

第一节　对外贸易法概述

一、对外贸易和对外贸易法的概念

（一）对外贸易的概念及其分类

对外贸易，是指一国或地区同其他国家或地区间进行货物、技术或服务交换的一种经济活动。从各国对外贸易实践出发，根据不同的标准可作如下分类：

（1）有形贸易和无形贸易。这是以贸易对象的形态为标准所作的分类。有形贸易即货物贸易。无形贸易即技术贸易和服务贸易，包括一国或地区同其他国家或地区间的技术转让和运输、保险、金融、旅游、咨询服务等形式。

（2）直接贸易和间接贸易。这是以贸易双方之间有无第三国参加为标准所作的分类。直接贸易，是指商品生产国与商品消费国间直接买卖货物的活动，无第三国参加。间接贸易，指商品生产国与商品消费国间通过第三国进行的货物买卖活动。

（3）易货贸易和现汇贸易。这是以不同的支付手段为标准所作的分类。易货贸易，是指在对外贸易中不用外汇支付，而以货物作价进行清偿的贸易。现汇贸易，是指在对外贸易中，以货币作为清偿工具的贸易。

（4）双边贸易和多边贸易。这是以组成一个贸易整体的国家数量多少为标准所作的分类。双边贸易，是指两国间保持贸易收支平衡的贸易。多边贸易，是指两个以上国家作为一个贸易整体，保持相互间贸易收支平衡的一种贸易。

（5）边境贸易与过境贸易。这是以贸易活动的地域为标准进行的分类。边境贸易，是指一国边境上的贸易，一般是生活必需品和生产资料的小额贸易，可以享受在限额内的减免关税和简化海关手续等优待。过境贸易，是指内国向外国输出商品，或者外国向内国输入商品，经过第三国的贸易。

（二）促进对外贸易是当今世界经济发展的必然要求

对外贸易是一个历史现象，它产生于国家出现之后，但只是在资本主义生产方式确立以后才得到空前的发展。对外贸易是各国生产在国际流通领域中的延伸，是再生产过程的重要组成部分，它对再生产过程起着极为重要的作用。对外贸易又是国际分工的纽带，它体现了各国在经济上的相互依赖。对外贸易的发展、作用、范围和性质由当时的国际经济生产方式和生产力发展水平所决定，传统的对外贸易形式仅仅是指商品和劳务的进口和出口活动。第二次世界大战以后,尤其是20世纪60—70年代以后,生产社会化、国际化的进一步发展,促进了各种生产要素如资金、技术、管理、信息等的国际交流,从而扩大了国际经济技术与服务的交流活动,进一步扩大了对外贸易的内容和范围。

世界各国在经济上的相互促进、相互渗透是当今国际经济关系的重要特点之一。随着科学技术的进步,交通运输和通讯设施的完善,生产力的发展已经打破地域的界限,已超越国境流向世界各地。生产力在世界范围内的流动加速了生产、资本、商品、劳务的国际化趋势。国际分工已进入生产国际化,使国家与国家之间、地区与地区之间的经济联系日益紧密,日趋复杂。欧洲联盟的建立和发展壮大、跨国公司的蓬勃发展、石油输出国组织对世界石油市场的有效控制、发展中国家经济的迅速崛起、南南合作的不断加强、我国的改革开放、世界贸易组织的建立,改变了少数几个大国称雄世界经济、称霸世界政治舞台的局面,也改变了大多数国家单方面地依赖于少数经济大国的传统的国际经济结构,形成了世界经济相互联系的新格局。世界经济进入了一个相互促进、相互渗透的时代。

随着国际经济相互依赖程度的加深,世界经济发展呈现以下特征:

首先,各国在处理国际经济关系时,不能只顾本国经济利益的单方面考虑,而必须同时兼顾与其他国家的经济关系,更多地去寻找在共同利益基础上的合作与协调。

其次,世界各国不论是一直实行市场经济的资本主义国家,还是曾经长期实行计划经济、后来转轨实行市场经济的国家,都在不同程度上实行对外开放政策,适应外部环境,加强国际经济的竞争与合作,争取在相互依赖的世界经济中处于优势地位。

再次,南北合作进一步加强,发达国家与第三世界国家通过国际范围内的合作途径来共同解决世界上的重大问题,尤其是经济问题。在国际经济新秩序的建立健全过程中,发展中国家正在发挥着越来越明显的作用。

最后,世界贸易组织(WTO)的建立及运作,标志着国际组织在国际经济事务中正发挥着越来越大的作用。为各国的多边经济合作提供了有益的平台。

世界经济相互依赖性的加强,经济全球化的发展,使得任何一个国家,不论其生产力多么发达、国内市场多么广阔、资金多么雄厚、技术多么先进,都不可能在闭关锁国的情况下发展经济。因此,各国的贸易往来、经济合作、技术交流越来越频繁。在这种情况下,出现了大量的跨国贸易关系,形成了调整范围和内容十分广泛的各国的对外贸易法。

(三) 对外贸易法的概念

对外贸易法是调整在对外贸易活动中发生的对外贸易管理关系的法律规范的总称。国家在协调本国对外贸易活动中所产生的经济关系即对外贸易管理关系,由对外贸易法调整。对外贸易法属于经济法范畴。

传统的对外贸易仅指跨越国境的商品流通、交换,特别是指有形物的流通与交换,随着经济和技术的发展,对外贸易的内容和范围有了质的变化和量的扩张。对外贸易标的已不限于有形货物,还有技术、服务等,远远超出了传统的对外贸易范围。

经济关系的日益复杂化,使得一国对外贸易管理也增添了新的内容和要求。例如:我国对外贸易管理既包括市场准入管理,也包括市场运行管理;既有对对外贸易的日常管理,又有贸易促进等内容;既有对市场主体的管理,又有对市场行为的管理。我国对外贸易法所调整的经济关系,是国家对货物、技术进出口与国际服务贸易活动实施管理的经济管理关系。

对外贸易法有实质意义上的对外贸易法和形式意义上的对外贸易法之分。以上我们所说的对外贸易法,是从实质意义上讲的。形式意义上的对外贸易法,在中国,就是《中华人民共和国对外贸易法》(以下简称《对外贸易法》)。该法于1994年5月12日由第八届全国人民代表大会常务委员会第七次会议通过,2004年4月6日第十届全国人民代表大会常务委员会第八次会议进行了修订。

二、对外贸易立法

统观世界,没有哪个国家对本国的对外贸易是放任不管的,许多国家都制定了法律、法规,对本国外贸实行或多或少、或深或浅、或严或疏的管制。这些管制措施反映了国家在对外贸易关系上的政治和经济利益,是国家对外政策和经济政策的组成部分。分析世界各国对外贸易法的发展轨迹,应该注意到在不同的历史时期每个处在不同发展水平的国家,由于在世界市场上地位不同,它在对外贸易上会相应地采取不同的政策和措施。

一般而言,在二元结构的框架下,根据民族国家对自由贸易所采取的促进或阻碍的不同立场,可将其政策取向分为贸易自由主义和贸易保护主义两类。但贸易自由主义和贸易保护主义两种立场都内存于民族国家贸易政策之中,并根据一国所处的特定经济发展阶段和国际政治经济社会环境的不同而有所变化。在其变动过程中,又以国家利益诉求作为其出发点和中心环节。在历史上,自由贸易主要由时代强国所推行。贸易自由化已经历了两次浪潮。第一次世界性的贸易自由化浪潮,主要是由英法所推行。第二次贸易自由化浪潮是由美国所推行的。从美国贸易史看,贸易保护主义占据着主要地位,在大多数时期,美国是一个高关税的国家。在其建国后前期,受英国等所推行的自由贸易运动的影响,出现了自由贸易的趋势。二战以后,在美国的推动下,《关税与贸易总协定》(GATT)于1947年10月得以正式签署,多边贸易体制据以正式确立,这也意味着第二次贸易自由化浪潮的出现。但是1973年世界经济危机爆发,国际市场上的竞争更加激烈,各主要资本主义国家的贸易保护主义又开始抬头。

尽管贸易保护和贸易自由两种倾向都内存于民族国家的贸易政策之中,但不管一国是倡导贸易自由为主还是主要倡导贸易保护,都离不开对外贸易政策和立法的调整。从以上世界外贸状况的历史回顾中我们可以看出,随着各国政治,特别是经济情况的变化,各国政府为了维护其本国的利益,必然会在对外贸易政策上发生这样或那样的变化。反映在外贸立法上,各国都会在不同时期相应地制定法律对进出口实行或松或紧的管制。事实上,世界各国都非常重视对外贸易的立法,把企业的有关外贸活动,包括国家的贸易政策、限制或鼓励措施、外贸活动的范围以及对外贸易的管理方式等等都用法律的形式固定下来,以促进对外贸易活动的开展,以达到发展本国经济的目的。

新中国成立以后,对外贸易一直是我国与外国(或地区)经济往来的主要途径,促进了我国社会主义建设的发展。在实行对外开放的基本国策以来,我国对外贸易进入了一个新阶段,对外贸易成交额成倍增长,创汇能力日益提高。同时,对外贸易方面的法律制度也不断地健全和完善。20世纪80年代以来,我国逐步地形成了一个比较完整的对外贸易法律制度。这一法律制度的基本结构包括外贸体制的法律规定、进出口许可制度、进出口商品检验制度和进出口货物监管制度等。我国的《对外贸易法》是对我国对外贸易法制建设经验的系统化和规范化的总结,它是我国调整对外贸易经济关系的基本法律依据。此外,国务院及相关国家部委制定了《中华人民共和国货物进出口管理条例》《中华人民共和国技术进出口管理条例》《中华人民共和国反倾销条例》(以下简称《反倾销条例》)《中华人民共和国反补贴条例》(以下简称《反补贴条例》)《中华人民共和国保障措施条例》(以下简称《保障措施条例》)等一系列行政法规和部门规章,使我国对外贸易法律体系不断完善。同时,我国同外国签订的贸易协定、条约以及国际贸易惯例,对我国对外贸易的发展也起了重要作用。

三、我国《对外贸易法》的原则

(一) 实行统一的对外贸易制度,维护外贸秩序的原则

实行统一的对外贸易制度是我国社会主义市场经济的必然要求和国家主权统一的体现。市场经济逐步建立的过程也是社会从身份向契约过渡的过程,要求市场主体能在大体相同的条件和机会下自主经营,公平竞争。对外贸易的建立和发展一方面离不开对外方市场主体身份的认可,赋予其国民待遇,另一方面也要维护国家主权的完整,实现法制统一。

实行统一的对外贸易制度是我国国家整体利益的体现,同时也是维护我国国际形象,兑现国际承诺的需要。国家依法维护公平的、自由的对外贸易秩序,重视发挥市场机制的作用,创造企业平等竞争的条件,促进对外贸易。

(二) 鼓励发展对外贸易,保障对外贸易经营者的合法权益的原则

我国《对外贸易法》已按照世界贸易组织成员方的通行做法,将货物和技术进出口贸易领域的对外贸易经营权由许可制改为登记制。为调动地方和外贸生产企业发展对外贸易的积极性,下放外贸进出口总公司的经营权,扩大地方的外贸经营权。外贸企业实行自主经营、自负盈亏、取消出口补贴,打破"吃大锅饭",使外贸企业责、权、利趋于一致,从而提高竞争能力,并促使企业的发展建立在经济效益和社会效益共同提高的基础上。

(三) 平等互利的原则

我国根据平等互利的原则,促进和发展同其他国家和地区的贸易关系。双方当事人应当在平等基础上进行经济合作与贸易往来,等价有偿,平等互利。法律不允许以大欺小、以强凌弱,或是通过对外经济贸易活动攫取政治或经济上的特权;对外经济贸易往来应对双方都有利,《对外贸易法》保护双方当事人的合法经济利益。

(四) 互惠对等原则和最惠国、国民待遇原则

我国《对外贸易法》第6、7条规定,中华人民共和国在对外贸易方面根据所缔结或者参加的国际条约、协定,给予其他缔约方、参加方或者根据互惠、对等原则给予对方最惠国待遇、国民待遇等待遇。任何国家或者地区在贸易方面对中华人民共和国采取歧视性的禁止、限制或其他类似的措施的,中华人民共和国可以根据实际情况对该国家或者该地区采取相应的措施。对等原则是处理国际间相互关系的一项基本原则,一般来说,对方主体给予我优惠待遇,我则以优惠待他;反之,对方主体对我采用歧视性待遇,我则以其人之道还治其人之身。

第二节 对外贸易法律关系

一、对外贸易法律关系的概念

对外贸易法律关系是根据对外贸易法的规定所发生的权利义务关系。

任何法律关系都由主体、客体和内容三要素组成。对外贸易法律关系相应地也由对外贸易法律关系主体、对外贸易法律关系客体和对外贸易法律关系的内容所组成。本节着重对对外贸易法律关系主体和相应职能或权利义务内容作进一步阐述。

二、对外贸易法律关系主体的概念

对外贸易法律关系的主体,是指依法参加对外贸易管理和合作活动,享有对外贸易权利,承担对外贸易义务的当事人。

对外贸易法律关系的当事人包括依法参加我国对外贸易活动的中方主体和外方主体;中方主体又包括国务院国家对外贸易主管部门、地方对外贸易管理部门以及对外贸易经营者。

我国对外贸易法律关系主体相互之间的关系,也是我国对外贸易体制的主要问题。对外贸易体制,是指对外贸易的组织形式、管理权限、经营分工、利益分配的全部制度的总和。我国对外贸易体制的改革,大约经历了对外贸易体制初步建立时期、对外贸易体制改革发展时期和对外贸易体制逐步完善时期三个阶段。伴随着对外贸易体制的变革和相关立法的调整,我国对外贸易法律关系主体的范围和类别也发生了巨大的变化。

今后,我国对外贸易体制改革的目标是,继续改革和完善对外经济贸易体制,坚持以质取胜战略和市场多元化战略。改革进口体制,建立有利于改善进口结构、促进技术引进消化、创新的机制;提高进口竞争力,增加出口商品附加值,形成出口增长主要依靠质量效益的机制。进一步降低关税税率总水平,调整关税结构,清理税收减免,规范和减少进出口商品管理的非关税措施,完善统一、科学、公开的外贸管理制度和手段。逐步实行外贸经营依法登记制,发展贸易、生产、金融、科技、服务相融合的具有国际竞争力的企业集团,促进规模经营。广开渠道,发展直接贸易和多种形式的国际经济技术合作,积极参与和维护区域经济合作和全球多边贸易体系,双边和多边贸易相互促进,实现市场多元化。

三、我国的对外贸易管理机构及其职能

我国《对外贸易法》第 3 条规定:"国务院对外贸易主管部门依照本法主管全国对外贸易工作。"目前,中华人民共和国商务部是统一领导和归口管理全国对外贸易的国家机关。在省、直辖市、自治区人民政府内设立相应的商务厅(委、局),在所属人民政府和国家商务部的双重领导下统一管理本行政区域内的对外贸易。因此,我国现行的对外贸易管理体制是中央和省、自治区、直辖市两级管理体制。

(一)国务院对外贸易主管部门的职能

中央一级的对外贸易主管部门是商务部。它在国务院领导下统一领导和管理全国的对外贸易活动。商务部的主要对外贸易管理职能是:

(1)保证国家的对外贸易政策、法律、法规的执行。研究拟订国家的外贸方针、政策和法规,经国务院批准后组织实施和监督执行。

(2)会同国家计划主管部门编制全国的外贸计划,经国务院审查同意后报全国人民代表大会审议批准。组织实施和监督执行外贸计划。

(3)会同国务院有关部门授予对外贸易经营者在特定贸易领域从事国营贸易的专营权或者特许权。

(4) 决定对部分货物的进出口的指定经营。

(5) 根据国务院的授权,代表国家与外国政府及有关的国际组织谈判签订对外贸易条约和协定,并督促履行我国承担的条约义务。

(6) 审批对外贸易企业的设立、合并和撤销。对外贸企业实行管理和监督。

(7) 执行进出口许可制度,审批和发放进出口许可证,统筹分配和集中管理出口商品的配额,保护国内工业,防止重要物资外流,稳定国内市场。

(8) 审批外国贸易商、制造厂商、货运代理以及同对外贸易有关的其他经济组织常驻中国代表机构的设立、变更和撤销,并对其活动实行监督和检查。

(9) 在商标管理机关的统一注册和管理下,对出口商品商标进行协调和其他管理。

(10) 组织国际市场调研工作和信息、情报交流。

(二) 省、自治区、直辖市对外贸易管理机构的职能

省级人民政府及商务部对地方商务厅(委、局)实行双重领导。省、自治区、直辖市商务厅(委、局)是同级人民政府负责对外贸易管理的地方人民政府的职能机构,它的主要职能是:

(1) 贯彻执行国家的对外贸易政策、方针、法规。组织、监督本行政区域内外贸企业实施国家对外贸易法律、法规及规章。

(2) 协助本行政区的计划部门编制本行政区的对外贸易计划,并组织实施和监督执行。

(3) 根据法律的规定或商务部的授权,审批本行政区域内外贸企业的设立、合并和撤销,并报国家商务部备案。

(4) 根据法律的规定或商务部的授权,审批并发放本行政区的进出口许可证,管理、分配本行政区的出口配额。

四、对外贸易经营者的权利和义务

(一) 对外贸易经营者的法律地位

对外贸易经营者,是指依法办理工商登记或者其他执业手续,依照对外贸易法和其他有关法律、行政法规的规定从事对外贸易经营活动的法人、其他组织或者个人。

对外贸易经营者经依法办理备案登记后可从事货物进出口与技术进出口;但是,法律、行政法规和国务院对外贸易主管部门规定不需要备案登记的除外。对外贸易经营者的名称、组织机构设置、经营范围等方面应该符合《中华人民共和国公司法》《中华人民共和国合伙企业法》《中华人民共和国个人独资企业法》等市场主体法相应的要求。

对外贸易经营者的法律地位体现在,对外贸易经营者是一个独立地从事对

外贸易活动的经济实体或个人。对外贸易经营者有权在获准的经营范围内从事进出口经营业务。它享有自主经营、独立核算、自负盈亏的经营权,并以国家授予其经营的财产或自有的财产对外承担经济责任。一旦在对外贸易过程中产生争议,对外贸易经营者能够以自己的名义起诉或应诉。国家和政府部门对对外贸易经营者的债务不承担责任,外贸经营者对自己的全部债务承担完全的责任;反过来,外贸经营者对国家的债务也不承担责任。由此可见,我国的对外贸易经营者是在对外贸易经营活动中自主经营、自负盈亏、享有权利并承担义务的自然人、法人或其他组织。

(二) 对外贸易经营者的权利和义务

对外贸易经营者的权利主要表现为对外贸易经营权。

西方国家对外贸易法历来重视对外贸易经营主体问题,把它作为外贸制度的基础。各国的外贸法对此都作出了相当宽松的规定,美国、欧盟及日本等国家规定了其自然人、法人及合伙企业都能自由获得对外自由贸易权。

我国法律也规定自然人、法人和其他组织依法享有自主经营的权利,自主经营进出口业务。国家可以对部分货物的进出口实行国营贸易管理。实行国营贸易管理货物的进出口业务只能由经授权的企业经营;但是,国家允许部分数量的国营贸易管理货物的进出口业务由非授权企业经营的除外。

实行国营贸易管理的货物和经授权经营企业的目录,由国务院对外贸易主管部门会同国务院其他有关部门确定、调整并公布。各级行政部门不得干预对外贸易经营者的内部事务,给经营者以充分的自主权。

对外贸易经营者的义务主要有:

1. 登记义务

从事货物进出口或者技术进出口的对外贸易经营者,应当向国务院对外贸易主管部门或者其委托的机构办理备案登记;但是,法律、行政法规和国务院对外贸易主管部门规定不需要备案登记的除外。备案登记的具体办法由国务院对外贸易主管部门规定。

对外贸易经营者未按照规定办理备案登记的,海关不予办理进出口货物的报关验放手续。

2. 信守合同、保证质量义务

对外贸易经营者从事对外贸易经营活动应当信守合同,保证商品质量,完善售后服务。

3. 提供相关信息义务

对外贸易经营者可以接受他人的委托,在经营范围内代为办理对外贸易业务。接受委托的对外贸易经营者应当向委托方如实提供市场行情、商品价格、客户情况等关的经营信息。委托方与被委托方应当签订委托合同,双方的权利义务由合同约定。

对外贸易经营者应当按照国务院对外贸易主管部门的规定,向有关部门提交与其对外贸易经营活动有关的文件与资料。有关部门应当为提供者保守商业秘密。

4. 接受监督管理的义务

服从国家主管部门依法对货物进出口、技术进出口以及对国际服务贸易的管理。

5. 遵守对外贸易秩序义务

遵守对外贸易秩序,依法经营,公平竞争。

6. 遵守外汇管理规定义务

对外贸易经营者在对外贸易经营活动中,应当依照国家有关规定结汇、用汇。

第三节 货物进出口与技术进出口管理

一、国家限制或禁止进出口的货物、技术

国家准许货物与技术的自由进出口。但是,法律、行政法规另有规定的除外。

国务院对外贸易主管部门基于监测进出口情况的需要,可以对部分自由进出口的货物实行进出口自动许可并公布其目录。实行自动许可的进出口货物,收货人、发货人在办理海关报关手续前提出自动许可申请的,国务院对外贸易主管部门或者其委托的机构应当予以许可;未办理自动许可手续的,海关不予放行。进出口属于自由进出口的技术,应当向国务院对外贸易主管部门或者其委托的机构办理合同备案登记。

我国《对外贸易法》第16条规定,国家基于下列原因,可以限制或者禁止有关货物、技术的进口或者出口:(1) 为维护国家安全、社会公共利益或者公共道德,需要限制或者禁止进口或者出口的;(2) 为保护人的健康或者安全,保护动物、植物的生命或者健康,保护环境,需要限制或者禁止进口或者出口的;(3) 为实施与黄金或者白银进出口有关的措施,需要限制或者禁止进口或者出口的;(4) 国内供应短缺或者为有效保护可能用竭的自然资源,需要限制或者禁止出口的;(5) 输往国家或者地区的市场容量有限,需要限制出口的;(6) 出口经营秩序出现严重混乱,需要限制出口的;(7) 为建立或者加快建立国内特定产业,需要限制进口的;(8) 对任何形式的农业、牧业、渔业产品有必要限制进口的;(9) 为保障国家国际金融地位和国际收支平衡,需要限制进口的;(10) 依照法

律、行政法规的规定,其他需要限制或者禁止进口或者出口的;(11)根据我国缔结或者参加的国际条约、协定的规定,其他需要限制或者禁止进口或者出口的。

我国《对外贸易法》第17条规定,国家对与裂变、聚变物质或者衍生此类物质的物质有关的货物、技术进出口,以及与武器、弹药或者其他军用物资有关的进出口,可以采取任何必要的措施,维护国家安全。在战时或者为维护国际和平与安全,国家在货物、技术进出口方面可以采取任何必要的措施。

国务院对外贸易主管部门会同国务院其他有关部门,依照《对外贸易法》第16条和第17条的规定,可以制定、调整并公布限制或者禁止进出口的货物、技术目录。经国务院批准,还可以在《对外贸易法》第16条和第17条规定的范围内,临时决定限制或者禁止前款规定目录以外的特定货物、技术的进口或者出口。

国家对限制进口或者出口的货物,实行配额、许可证等方式管理;对限制进口或者出口的技术,实行许可证管理。实行配额、许可证管理的货物、技术,应当按照国务院规定经国务院对外贸易主管部门或者经其会同国务院其他有关部门许可,方可进口或者出口。国家对部分进口货物可以实行关税配额管理。进出口货物配额、关税配额,由国务院对外贸易主管部门或者国务院其他有关部门在各自的职责范围内,按照公开、公平、公正和效益的原则进行分配。具体办法由国务院规定。

对文物和野生动物、植物及其产品等,其他法律、行政法规有禁止或者限制进出口规定的,依照有关法律、行政法规的规定执行。

二、进出口货物许可制度

(一)进出口许可证管理

进出口货物许可证管理,是指国家规定某些商品进出口,必须从对外贸易主管机关领取进出口许可证,没有许可证的一律不准货物进口或出口的一种职能行为。进出口货物许可证管理是当前世界上大多数国家采用的管理对外贸易的重要手段之一。它体现了国家对涉外经济活动中对外贸易的宏观调控,它是国家以实现宏观经济利益为目的的一种重要管理职能。

进出口许可证管理是一种既严格又灵活的贸易限制手段,它比较适应变化多端的世界市场状况及世界经济形势。它一方面是严格而又有强制力的法律制度;但同时它又可以根据市场及世界经济形势的发展而由主管部门加以改变和调整,因而受到世界各国政府的重视。进出口许可证管理已被经济发展水平不同、社会制度不同的各类国家普遍采用,趋于日益重要的地位,成为各国对外贸易最常用和最有效的一种管理手段。

进出口货物许可证管理也是我国对外贸易管理最重要的手段之一。在我国,核准和发给许可证的机关是国务院所授权的对外贸易主管部门。对一些临时性的进出口商品,在国务院对外贸易主管部门的授权范围内,可由省级对外贸易主管部门核准和发给许可证。省级对外贸易主管部门在国务院对外贸易主管部门规定的范围内,可以签发本省、直辖市、自治区的进口货物许可证。国务院对外贸易主管部门还可以授权派驻主要口岸的特派员办事处在规定的范围内签发进口货物许可证。全国各地区、各单位需要进口货物的,均须按照国家规定的审批权限,经主管部门和归口审查部门批准。凡法律或法规规定凭进口货物许可证进口的货物,除国务院和国务院对外贸易主管部门另有规定的以外,都必须先申领进口货物许可证,然后经由国家批准经营该项进口业务的公司进行订货,海关凭进口货物许可证和其他单证查验放行。国务院对外贸易主管部门代表国家统一签发进口许可证;国务院对外贸易主管部门授权省级外贸主管机关签发本地区所属各部门,部分进口货物许可证;国务院对外贸易主管部门驻主要口岸特派员办事处签发在其联系地区内有关部门的部分进口货物许可证;省级对外贸易主管部门和特派员办事处签发进口货物许可证的范围按国务院对外贸易主管部门的有关通知办理;省级对外贸易主管部门和特派员办事处签发进口货物许可证的工作由国务院对外贸易主管部门直接领导和监督,定期向国务院对外贸易主管部门汇报工作,遇有重要问题随时报告。由此可见,我国核准和发给许可证的国家机关是中华人民共和国国务院对外贸易主管部门和它授权的单位,以及它的驻口岸特派员办事处。对所有进出口商品进口、出口许可证的监督执行机关是中华人民共和国海关,即任何进出口商品都需经设立在口岸的海关查验,有进出口许可证的才予以放行,没有进出口许可证的商品一律不准出入海关。

综上所述,核准和发放许可证的机关是国务院对外贸易主管部门或者由其会同国务院其他有关部门;监督执行许可证的机关是中华人民共和国海关。

(二)进口货物许可制度

我国实行统一的货物进口许可证制度,其适用范围是有数量限制或其他限制的进口货物。国务院对外贸易主管部门是全国进口许可证的归口管理部门,负责制定进口许可证管理的规章制度,发布进口许可证管理商品目录和分级发证目录,设计、印制有关进口许可证书和印章,监督、检查进口许可证管理办法的执行情况,处罚违规行为。

进口许可证是国家管理货物进口的法律凭证,凡属于进口许可证管理的货物,除国家另有规定外,各类进出口企业应在进口前按规定向指定的发证机构申领进口货物许可证,海关凭进口货物许可证和其他单证查验放行。

在目前情况下,为简化手续,凡国务院批准有权经营进出口业务的各类公司,除了严格按照经过批准的经营范围和出口商品目录办理进口业务外,这些公司中的外贸专业进出口总公司及其直属的省级分公司和各省、自治区、直辖市所属的外贸进口公司所进口的货物,如果是国家限制进口商品以外的,可以免领进口许可证,海关凭有关的单证查验放行。除了上面提及的三类公司外,其他各类有进口业务的公司所进口的全部货物都必须申领进口许可证,海关凭进口货物许可证和有关单证查验放行。没有经过国务院授权机关批准经营进口业务的各部门、企业都不准自行进口货物。

发证机构签发进口货物许可证的依据是国务院对外贸易主管部门发布的年度《进口许可证管理商品目录》和《进口许可证管理商品分级发证目录》。进口许可证管理实行"一关一证"管理。"一关一证"管理,是指进口许可证只能在一个海关报关。发证机构不得无配额、超配额、越权或超发证范围签发进口许可证。

申请进口许可证应提交进口许可证申请表、进口管理部门的批准文件、进口企业具有进口经营资格的证明文件。

在下列情况下,发证机关不签发或撤销已签发的进口货物许可证:(1) 国务院对外贸易主管部门决定停止或暂时停止进口的货物;(2) 违反国家对外政策的进口货物;(3) 不符合有关双边贸易协定、支付协定的进口货物;(4) 不符合国家卫生部门、农牧渔业部门规定的药品、食品、农产品、畜产品、水产品、动植物卫生标准和检疫标准的进口货物;(5) 有损国家利益或违法经营的进口货物。

进口货物许可证的有效期间是1年。货物在许可证有效期间内未进口的,领证单位可备函向发证机关申请展期,进口许可证只能延期一次,延期最长不超过3个月。逾期自行失效,海关不予放行。领取许可证1年后还未对外订货的,不予展期,如还需进口货物的,应重新申请领取进口货物许可证。

对违反国家关于进口货物的法律、法规的行为分别按下列规定处罚:(1) 进口货物在向海关办理报关手续时,没有申领进口货物许可证的,海关根据情况,将其货物没收或退运;如果发证机关核准补发许可证的,海关对其罚款后放行;(2) 伪造进口货物许可证的,海关将其进口货物全部没收;情节严重的,另处以罚款并依法追究刑事责任;(3) 转让进口货物许可证的,由海关据情课处罚款;(4) 擅自涂改进口货物许可证、货物品名、数量和对外成交单位的,海关将其进口货物没收;擅自涂改进口货物许可证中货物规格、金额、有效期的,海关罚款后放行;伪报进口国、伪报进口国别,掩盖其违反国家贸易国别地区政策的,海关将其货物没收或退运,或处以罚款后放行。

进口货物许可制度对外商投资企业另有规定。例如:中外合资经营企业在经批准的合资企业的合同范围内,作为投资的机器设备和物料被认为是已批准进口的,不必申领许可证;中外合资经营企业生产出口产品所需要的进口设备和原材料是免领进口许可证的,海关凭批准文件和进出口合同查验放行,如果其产品改为内销,须经过批准并补领进口许可证。

(三) 出口货物许可制度

我国货物出口许可证制度,其适用范围是有数量限制或其他限制的出口货物。国务院对外贸易主管部门是全国出口许可证的归口管理部门,负责制定出口许可证管理条例、规章制度,发布出口许可证管理商品目录,监督、检查进口许可证管理办法的执行情况,处罚违规行为。

出口许可证是国家管理货物出境的法律凭证,凡实行出口配额许可证管理和出口许可证管理的商品,各类进出口企业应在出口前按规定向指定的发证机构申领出口许可证,海关凭出口货物许可证和其他单证查验放行。

发证机构签发出口货物许可证的依据是国务院对外贸易主管部门发布的年度《出口许可证管理商品目录》和《出口许可证管理商品分级发证目录》。出口许可证管理实行"一关一证"和"一批一证"制管理。

申请出口许可证应提交出口合同和出口许可证申请表、出口配额证明文件、出口企业具有出口经营权的证明文件。出口许可应由企业、机关、团体、学校、或个人分别提出申请,发货前报国务院对外贸易主管部门或经授权的省、自治区、直辖市商务厅(委、局)审批。申请单位和申请人在申报出口许可时,其内容不得弄虚作假,骗取许可。如有违犯,必须追究责任,情节严重将依法惩处。申报出口许可经审批机关审核同意后,发给"出口货物许可证"。

我国各级海关对商品和货物出口执行监管。凡规定需申报出口许可的商品和货物,在向海关报关出口时,必须交验出口许可证。海关如发现出口商品与出口许可证不符,应督促有关单位补办出口许可证或纠正差错后,方可放行。对应申报出口许可的商品,在未取得出口许可证前,不予放行。

出口许可证的有效期应根据合同交货期等实际情况确定,自发证日起最长不超过6个月,过期失效,海关不予放行。出口许可证需要跨年度使用时,出口许可证有效期的截止日期不得超过次年2月底。出口许可证因故在有效期内未使用,出口企业应在出口许可证有效期内向原发证机构提出延期申请,发证机构收回原证,在发证计算机管理系统注销原证后,重新签发出口许可证。出口许可证未在有效期内用完,出口企业也可向原发证机构申请延期。未在许可证有效期内提出延期申请的,出口许可证自行失效。

三、我国的进出口配额制度

(一) 配额的概念和种类

配额,是指在对外贸易中,为了维护本国利益以及保障对外贸易秩序,对一些限制性商品的进口或出口进行宏观调控,实行数量限额的制度。配额根据国际贸易中的惯例,可分为以下几种:

(1) 进口配额和出口配额。进口配额,是指进口国家为了维护本国利益或保护本国市场不受冲击,在一定时期内,对某些商品的进口数量或金额所进行的限制。超过配额部分即不准进口,或要进口则征收高关税或罚款。出口配额,是指出口国家根据国际市场的需求和国内货源的情况所采取的自我控制出口商品数量的做法;或者根据进口国家要求,经协商,出口国家同意自我控制出口商品数量。

(2) 全球配额和国别配额。全球配额,是指进口国家对某种商品规定了一个总体进口数量,对来自任何国家或地区的商品,只要不超过总配额都可使用,超过了就不准进口。国别配额,是指进口国家在某种商品总配额内,根据该国与有关国家或地区的政治经济的不同关系程度,为了区别对待来自不同国家和地区的商品,按国别和地区分配给一定数量的配额,超过配额规定的就不准进口。

(3) 协商配额和协定配额。协商配额,是指进口国和出口国双方经过协商后确定的商品数量。协定配额,是指进口国和出口国双方经过谈判,规定了出口国向进口国在一定时期内出口商品数量和年增长率,并以协定形式固定下来便于双方遵守。

(4) 主动配额和被动配额。主动配额,是指出口国根据本国及出口市场的容纳量,主动采取的出口数量的限制。被动配额,是指因进口国家的限制,出口国被动采取的出口数量的限制。

世界贸易组织原则上禁止设立或维持配额、进出口许可证或其他措施以限制或禁止其他缔约国领土的产品输入,或向其他缔约国领土输出或销售出口产品。应该说明的是,虽然世界贸易组织作了禁止数量限额与禁止设立或维持许可证的规定,但在缔约国之间的贸易活动中,配额与许可证仍然是各缔约国为维护本国利益和政治需要所采用的外贸管理手段。我国所实行的配额与许可证制度是各国通用的外贸管制手段,与世界贸易组织的规定及中国的承诺并不违背。世界贸易组织在对消灭数量限额原则作出规定的同时,还规定了适用中的例外情况。例如:农牧渔产品的进出口可给予必要的限制;缔约国为解决外汇储备短缺困难,保障其对外金融地位和国际收支平衡,可进行必要的进出口数量和价格限制;发展中国家为了发展民族经济,也可以采取必要的进出口数量和价格限制措施。

我国在扩大对外开放过程中逐步地但又是坚决地放宽了配额与许可证管制,《对外贸易法》在健全和完善配额与许可证管理程序和机构的基础上,对进出口货物实行必要的限制与禁止,采取必要的进出口数量限额。这符合世界贸易组织例外情况的规定,符合世界贸易组织的宗旨;同时,配额与许可证制度这种必要的外贸管理措施,对于促进我国外贸事业和民族经济的发展也具有积极的意义。

(二) 我国的进出口配额管理

对限制进口或者出口的货物实行许可证管理的同时,还实行配额制度。进出口货物配额由国务院对外贸易主管部门或者国务院有关部门在各自的职责范围内,根据申请者的进出口实绩、能力条件,按照效益、公正、公开和公平竞争的原则进行分配。

我国对商品出口实行配额制度。实行配额管理的商品主要有以下两类:

一是输往国家和地区有配额限制的货物。这类商品进口国在进口时有一定的进口配额限制,如我国向美国出口纺织品等等都订有配额协议。为避免超配额出口,充分利用出口配额,对我国商品的生产和出口进行协调,有必要对这类商品实行出口配额制度加强管理。

二是输往国家和地区市场容量有限,需要控制供应数量的商品。例如,我国对某些国家和地区出口的商品,由于这些国家和地区市场容量有限,为防止本国商品在那里出现大量的水货,避免本国企业在那里的不必要竞争,有必要实行出口配额。其目的是为了及时地、适量地、均衡地供货,稳定市场,稳定价格,做到有秩序地出口。

我国的出口配额是由国务院对外贸易主管部门统一管理的。在管理过程中主要执行两方面职责:对外方面,由国务院对外贸易主管部门代表国家同实行进口配额限制的国家举行谈判,签订有关的配额协议,经常交换配额使用情况和解决存在的问题;对内方面,国务院对外贸易主管部门在全国范围内统一负责分配和调整出口商品配额,即为避免国内各地区、各企业不必要的竞争而分配出口商品配额,并根据配额使用的情况决定增减哪些部门的出口商品配额,以统一对外。

为了加强进出口配额的管理,我国对实行进出口配额的商品同时实行进出口许可证制。前面论及的进出口许可证制度的适用范围适用于进出口配额的一切商品,以防止或避免超配额进出口。各级海关对有进出口配额限制的商品一律凭进出口许可证才能予以放行。

第四节 国际服务贸易

一、国际服务贸易概述

随着科学技术的加快发展,在世界经济结构尤其是发达国家经济结构中,第三产业获得了迅速的发展。在资本国际化和跨国公司的推动下,生产要素在国家之间加速流动,使国际服务贸易大大发展。

服务贸易的定义与范围至今尚无一致的看法,服务贸易中的"服务"应是指为政府职能而行使的服务以外的其他行业的服务。就提供服务的方式而言,国际服务的范围可分为跨境交易、境外消费、商业存在和自然人流动。① 如《服务贸易总协定》(GATS)第1条第2款对服务作了如下规定:(1)从一成员境内向其他成员境内提供服务;(2)从一成员境内向其他成员的服务消费者提供服务;(3)一成员的服务提供者通过在其他成员境内的商业机构提供服务;(4)一成员的服务提供者通过在其他成员境内的自然人提供服务。就提供服务的内容而言,一般认为国际服务贸易包括:商品销售服务贸易、运输服务贸易、房地产业服务贸易、金融服务贸易、法律服务贸易、其他诸如设计和咨询、教育和卫生、广告、旅游等服务贸易。

当代国际服务贸易迅速发展的主要原因是:

第一,服务业在各部门劳动力中所占比重上升。绝大多数国家的就业人员有从第一、第二产业部门转向第三产业部门的趋势,服务业在各部门劳动力中所占的比重均呈上升的趋势。

第二,科学技术革命的发展使各产业日益专业化,为了适应竞争,许多服务行业由制造业分离出来形成独立的服务经营行业。

第三,跨国公司的迅速发展加快了服务国际化的速度。

第四,世界商品贸易的增长和贸易自由化促进了世界服务贸易的发展,导致了如运输、保险和银行等服务的国际化发展。

第五,国际旅游业兴起,成为蓬勃发展的行业,其发展速度超过了世界经济的许多传统部门,成为国际服务贸易发展不可忽视的一种行业。

二、服务贸易的国际规则

国际服务最主要的规则是1993年各国达成的《服务贸易总协定》(GATS)。

(一)《服务贸易总协定》的适用范围

《服务贸易总协定》适用于缔约方所采取的影响服务贸易的任何措施。从各国服务贸易看,主要适用于各国普遍重视的金融、航运、电讯、旅游、建筑工程等10个部门。各国还就金融、电讯、自然人流动和空运达成了相应附件协议。

(二)《服务贸易总协定》的基本原则

1. 最惠国待遇原则

《服务贸易总协定》第2条第1款规定了最惠国待遇原则:对于本协议包括的任何措施,每一个缔约方应立即无条件地给予其他缔约方的服务和服务提供者不低于它给予任何其他缔约方的相同或类似的服务或服务提供者的待遇。考虑到目前各国服务业发展的不平衡,服务贸易自由化只能是一个渐进的过程。

---

① 石广生主编:《中国加入世界贸易组织知识读本》(一),人民出版社2001年版,第207页。

2. 市场准入原则

《服务贸易总协定》市场准入方面要求每一缔约方给予其他缔约方的服务和服务提供者的待遇,应不低于根据其承担义务计划中所同意和规定的期限、限制和条件。这表明,市场准入原则是具体承诺的义务,这些义务必须经过各缔约方之间的双边或多边谈判达成协议后才须承担。

3. 国民待遇原则

服务贸易领域的国民待遇原则,是指一缔约方对来自任何其他缔约方的服务或服务提供者的待遇,不得低于该国的服务和服务提供者享受的待遇。《服务贸易总协定》的国民待遇原则与市场准入原则一样,也是一项具体承诺的义务。同时,国民待遇并不要求适用内、外国服务和服务提供者的待遇在形式上完全相同,而只是要求不损害外国服务和服务提供者的竞争条件。

4. 透明度原则

透明度原则是世界贸易组织协议的一项重要原则。其主要内容包括:成员方管理机构负有将正式实施的与贸易有关的法律、法规、条例、司法判例、行政决定、政策、条约、政府协定等予以公布和告知的义务。各成员管理外贸过程及审理外贸案件的过程透明,并要求能对政府管理外贸过程中的决定进行独立的司法审查。管理机构应当在规定和强制执行商业、金融等经济活动信息传播机制上发挥重要作用,特别是经济和金融信息的可获得性。WTO对透明度原则也有例外,如公开会妨害公共利益,有损国家安全或损害企业正常的利益,则可以不公开。

在《服务贸易总协定》中,透明度原则是一般性义务,适用于每一个缔约方。

(三)《服务贸易总协定》的例外规定

《服务贸易总协定》例外规定包括一般例外和安全例外、最惠国待遇例外、国民待遇例外、对发展中国家的特殊例外和公平竞争例外。

(四)《服务贸易总协定》的附件协议

具体包括自然人移动附件协议、金融服务附件协议、电信服务附件协议、空运附件协议。

三、我国《对外贸易法》对国际服务贸易的规定

(一)我国国际服务贸易的基本原则

1. 促进国际服务贸易发展原则

我国《对外贸易法》第4条规定的国家实行统一的对外贸易制度,鼓励发展对外贸易,维护公平、自由的对外贸易秩序的原则,同样可以适用于国际服务贸易。例如,对国家鼓励的计算机及其相关服务、房地产服务、与农业、林业、渔业有关的服务等在市场准入方面基本上不作限制。

2. 市场准入原则

我国《对外贸易法》第 24 条规定,中华人民共和国在国际服务贸易方面根据所缔结或者参加的国际条约、协定中所作的承诺,给予其他缔约方、参加方市场准入和国民待遇。该条规定体现了我国对外贸易法关于国际服务贸易的市场准入原则和国民待遇原则。市场准入原则以中国政府的承诺为限。考虑到我国服务业尚处于发展阶段,我国服务领域开放的对外承诺是有条件的。具体而言,首先,从我国对外国服务的提供方式上,针对《服务贸易总协定》所确认的服务贸易的四种方式,即跨境支付、境外消费、商业存在和自然人流动,我国虽然都允许存在,但根据不同领域,对每种形式的准入与否,又作了分别规定。例如,对于自然人流动服务方式,我国仅允许具备一定资格的自然人在法律服务、会计、审计和簿记服务,教育、翻译等服务领域进入。其次,对一些服务领域或特定服务领域的一定服务形式禁止开放,如对于跨境支付方式,除环境咨询服务外,不作承诺。再次,对一些服务贸易领域限制开放,如法律服务、税收服务、医疗和牙医服务、广告服务、管理咨询服务、金融服务、电信服务等领域都有不同程度的限制。

3. 国民待遇原则

同市场准入原则一样,我国对国民待遇原则也以中国政府的承诺为限。针对各种不同类型的服务方式分别决定不作承诺、没有限制或作出限制。

(二) 国家限制或者禁止的国际服务贸易

国家基于下列原因,可以限制或者禁止有关的国际服务贸易:(1) 为维护国家安全、社会公共利益或者公共道德,需要限制或者禁止的;(2) 为保护人的健康或者安全,保护动物、植物的生命或者健康,保护环境,需要限制或者禁止的;(3) 为建立或者加快建立国内特定服务产业,需要限制的;(4) 为保障国家外汇收支平衡,需要限制的;(5) 依照法律、行政法规的规定,其他需要限制或者禁止的;(6) 根据我国缔结或者参加的国际条约、协定的规定,其他需要限制或者禁止的。

国家对与军事有关的国际服务贸易,以及与裂变、聚变物质或者衍生此类物质的物质有关的国际服务贸易,可以采取任何必要的措施,维护国家安全。在战时或者为维护国际和平与安全,国家在国际服务贸易方面可以采取任何必要的措施。国务院对外贸易主管部门和国务院其他有关部门,依照《对外贸易法》和其他有关法律、行政法规的规定,对国际服务贸易进行管理。国务院对外贸易主管部门会同国务院其他有关部门,可以依照《对外贸易法》的规定和其他有关法律、行政法规的规定,制定、调整并公布国际服务贸易市场准入目录。

第五节 对外贸易秩序

一、维护对外贸易秩序的意义

对外贸易秩序,是指国家运用法律措施规范对外贸易竞争行为,制止不正当竞争与不公平交易,维护本国经济利益,从而形成对外贸易井然有序的发展局面。

我国《对外贸易法》设专章规定了对外贸易秩序。其意义在于:

(一)维护国家宏观经济利益,促进对外贸易的健康发展

随着我国对外开放的进一步扩大,我国的对外贸易已形成多渠道、多层次、多形式的新格局。为了防止出现只顾局部利益不顾社会公共利益、只顾眼前利益不顾国家与民族长远利益的偏向,避免造成贸易失衡,国家必须加强对外贸易的宏观管理,确定对外贸易的行为准则,维护对外贸易的正常秩序。

(二)合理调节进出口贸易,避免对外贸易损失

对外贸易涉及国内和国际两个市场,无论是出口还是进口,都要全盘考虑国内和国际市场供需情况。过量出口不仅得不到对外贸易的经济效益,甚至还会影响我国在国际市场的竞争与声誉;不必要和无限制的进口将会冲击国内市场,影响我国经济的发展。因此,整顿对外贸易秩序,就能创造一个正当竞争、公平交易的环境,形成井然有序的对外贸易发展局面。

(三)适应国际间发展贸易关系的需要,维护国际经济贸易新秩序

维护对外贸易秩序,不仅有助于我国统一对外贸易政策和制度,打破贸易垄断,而且有利于协调和发展我国与各国的贸易。我国关于对外贸易秩序的法律规定,符合世界贸易组织的原则和规则,是保障对外贸易的公平交易以及当事人诚实守信履行协议的有效法律措施。

对外贸易秩序的法律规定,主要包括三方面的内容:对外贸易经营者的经营活动准则、国家对外贸秩序的保障以及反倾销和反补贴的规定。

二、对外贸易经营者的经营活动准则

在对外贸易经营活动中,不得违反有关反垄断的法律、行政法规的规定实施垄断行为。在对外贸易经营活动中实施垄断行为,危害市场公平竞争的,依照有关反垄断的法律、行政法规的规定处理。有上述违法行为,并危害对外贸易秩序的,国务院对外贸易主管部门可以采取必要的措施消除危害。

在对外贸易经营活动中,不得实施以不正当的低价销售商品、串通投标、发布虚假广告、进行商业贿赂等不正当竞争行为。在对外贸易经营活动中实施不

正当竞争行为的,依照有关反不正当竞争的法律、行政法规的规定处理。有上述违法行为,并危害对外贸易秩序的,国务院对外贸易主管部门可以采取禁止该经营者有关货物、技术进出口等措施消除危害。

在对外贸易活动中,不得有下列行为:一是伪造、变造进出口货物原产地标记,伪造、变造或者买卖进出口货物原产地证书、进出口许可证、进出口配额证明或者其他进出口证明文件;二是骗取出口退税;三是走私;四是逃避法律、行政法规规定的认证、检验、检疫;五是违反法律、行政法规规定的其他行为。

对外贸易经营者在对外贸易经营活动中,应当遵守国家有关外汇管理的规定。

违反对外贸易法规定,危害对外贸易秩序的,国务院对外贸易主管部门可以向社会公告。

第六节 对外贸易调查和救济

一、对外贸易调查

(一)对外贸易调查的概念和内容

对外贸易调查是国家有关主管部门为维护对外贸易秩序,对有关事项予以查证的活动。根据我国《对外贸易法》第37条的规定,国务院对外贸易主管部门可以自行或者会同国务院有关部门依照法律、行政法规的规定就下列事项进行调查:(1)货物进出口、技术进出口、国际服务贸易对国内产业及其竞争力的影响;(2)有关国家或者地区的贸易壁垒;(3)为确定是否应当依法采取反倾销、反补贴或者保障措施等对外贸易救济措施,需要调查的事项;(4)规避对外贸易救济措施的行为;(5)对外贸易中有关国家安全利益的事项;(6)为执行《对外贸易法》第7条、第29条第2款、第30条、第31条、第32条第3款、第33条第3款的规定,需要调查的事项;(7)其他影响对外贸易秩序,需要调查的事项。

(二)对外贸易调查的启动和裁决

由国务院对外贸易主管部门发布启动对外贸易调查的公告。

对外贸易调查可以采取下列方式:书面问卷调查;召开听证会调查;实地调查;委托调查等方式进行。

国务院对外贸易主管部门根据调查结果作出报告或者裁定,并发布公告。

(三)对外贸易调查当事人的权利义务

我国《对外贸易法》规定,有关单位和个人应当对对外贸易调查予以配合、协助。同时,国务院对外贸易主管部门和国务院有关部门及其工作人员进行对外贸易调查,对知悉的国家秘密和商业秘密负有保密义务。

二、对外贸易救济

(一) 反倾销

1. 倾销的概念和种类

(1) 倾销的概念

倾销一词来源于英文 dumping,原意是倾倒废物。根据《布莱克法律辞典》的解释,商业中的倾销,是指以低于国内市场的价格在海外市场大量销售商品的行为。我国法律意义上的倾销有反不正当竞争法意义上的倾销和反倾销法意义上的倾销之分。反不正当竞争法上讲的低价倾销,是指国内市场上的经营者为排挤竞争对手而低于成本价销售商品的行为。反倾销法上讲的倾销,是指产品以低于正常价值的方式进口,对已建立的国内产业造成实质损害或者产生实质损害威胁,或者对建立国内产业造成实质阻碍的行为。本节是在后一意义上使用倾销概念的。

(2) 倾销的种类

反倾销法意义上的倾销仅限于产品,不涉及服务等其他领域。按照倾销持续时间的长短,可将反倾销法意义上的倾销分为突发性倾销、间歇性倾销、持续性倾销。

突发性倾销,是指某一商品的生产商为防止商品的大量积压危及国内的价格结构,在短期内向海外市场大量地低价抛售该商品的行为。又称为短期倾销。

间歇性倾销,是指某一商品的生产商为了在某一海外市场上取得垄断地位而以低于边际成本的价格向该市场抛售商品的行为。

持续性倾销,是指某一商品的生产商一方面为了实现规模经济效益而大规模地进行生产,另一方面为了维持国内价格结构而将其中一部分商品长期地低价向海外市场销售的行为。又称为长期倾销。

2. 我国的反倾销法律制度

我国反倾销相关制度主要体现在《对外贸易法》和《反倾销条例》之中。我国是世界贸易组织正式成员方,作为一揽子协议内容之一,世界贸易组织《反倾销守则》对我国政府无疑是有约束力的。由于我国对世界贸易组织规则采用转化适用的原则,世界贸易组织《反倾销守则》的具体要求已基本体现在我国上述立法中了。

我国《对外贸易法》第41条对反倾销作出了原则性规定:"其他国家或者地区的产品以低于正常价值的倾销方式进入我国市场,对已建立的国内产业造成实质损害或者产生实质损害威胁,或者对建立国内产业造成实质阻碍的,国家可以采取反倾销措施,消除或者减轻这种损害或者损害的威胁或者阻碍。"该法第

42条还规定:"其他国家或者地区的产品以低于正常价值出口至第三国市场,对我国已建立的国内产业造成实质损害或者产生实质损害威胁,或者对我国建立国内产业造成实质阻碍的,应国内产业的申请,国务院对外贸易主管部门可以与该第三国政府进行磋商,要求其采取适当的措施。"

根据我国《对外贸易法》的有关规定制定的,我国现行的《反倾销条例》(国务院于2001年11月26日制定,2004年3月31日修改)分6章,共59条。该《条例》除总则、附则外,对"倾销与损害"、"反倾销调查"、"反倾销措施"、"反倾销税和价格承诺的期限与复审"分别作出了明确的规定。

(二) 反补贴

1. 补贴的概念和种类

(1) 补贴的概念

补贴,是指出口国(地区)政府或者其任何公共机构提供的并为接受者带来利益的财政资助以及任何形式的收入或价格支持行为。补贴和倾销都被视为"不公平的贸易做法",都会给进口国工业造成损害。但两者又有所区别:补贴是政府给予生产出口产品的企业特殊的经济上或财政上支持的一种政府行为;而倾销仅是一种企业自身的行为。

(2) 补贴的种类

根据补贴的形式,可以分为现金补贴和非现金补贴。现金补贴,是指由政府或公共机构直接给付现金给本国的出口商或生产商的一种补贴方式,又称直接补贴。非现金补贴,是指政府或公共机构通过税收优惠、提供担保、贴息贷款等非现金的补贴方式,又称间接补贴。

根据补贴的对象,可以分为一般补贴和出口补贴。一般补贴,是指一国政府给予一国生产某一产品的所有生产商的补贴。出口补贴,是指仅给予出口产品的生产商的补贴。

根据法律的不同态度,可以分为禁止性补贴、可申诉补贴和不可申诉补贴。这是世界贸易组织《补贴与反补贴协议》的分类。禁止性补贴,是指各缔约方不得授予或者不得维持的补贴。可申诉补贴,是指在一定范围内可以实施的,但如果在实施过程中对其他成员方的贸易利益产生不利影响,受到影响的成员方可以提出反对意见并申诉的补贴。不可申诉的补贴,是指成员方在实施这类补贴时一般不受其他成员方的反对或采取反补贴措施的补贴。

2. 我国的反补贴法律制度

国内法意义上的反补贴,是指进口国为了限制进口、保护本国工业,对不公平贸易的进口商品征收反补贴税的一种法律手段。我国反补贴相关制度主要体现在《对外贸易法》和《反补贴条例》之中。

我国《对外贸易法》第43条对反补贴作出了原则性规定:"进口的产品直接

或者间接地接受出口国家或者地区给予的任何形式的专向性补贴,对已建立的国内产业造成实质损害或者产生实质损害威胁,或者对建立国内产业造成实质阻碍的,国家可以采取反补贴措施,消除或者减轻这种损害或者损害的威胁或者阻碍。"

根据我国《对外贸易法》的有关规定制定的,我国现行的《反补贴条例》(国务院于2001年11月26日制定,2004年3月31日修改)分6章,共58条。该《条例》除总则、附则外,对"补贴与损害"、"反补贴调查"、"反补贴措施"、"反补贴税和承诺的期限与复审"分别作出了明确的规定。

(三) 保障措施

1. 保障措施的概念

保障措施是国际贸易协定中的一项免责条款。它是指进口国对某些产品在公平竞争情况下因进口数量猛增而采取的紧急限制措施。当进口产品数量大量增加,并对生产同类产品或者直接竞争产品的国内产业造成严重损害或者严重损害威胁时,进口国有权采取保障措施来缓解这种严重损害或威胁,以对已经造成的严重损害进行补救或避免因严重损害的威胁而可能产生的严重后果。具体措施有提高关税、采取配额制等。保障措施是关贸总协定最重要的条款之一,该条款就像一个"安全阀",使得缔约方在特殊情况下可以背离总协定一般规则,即通过免除该缔约方所承诺的义务,达到保护其国内相关产业的目的。

2. 我国的保障措施法律制度

我国保障措施法律制度主要体现在《对外贸易法》和《保障措施条例》之中。我国《对外贸易法》第44条对保障措施作了原则性的规定:"因进口产品数量增加,对生产同类产品或者与其直接竞争的产品的国内产业造成严重损害或者严重损害威胁的,国家可以采取必要的保障措施,消除或者减轻这种损害或者损害的威胁,并可以对该产业提供必要的支持。"

根据我国《对外贸易法》的有关规定制定的,我国现行的《保障措施条例》(国务院于2001年11月26日制定,2004年3月31日修改)分5章,共35条。该《条例》除总则、附则外,对"调查"、"保障措施"、"保障措施的期限与复审"分别作出了明确规定。

(四) 其他救济措施

因其他国家或者地区的服务提供者向我国提供的服务增加,对提供同类服务或者与其直接竞争的服务的国内产业造成损害或者产生损害威胁的,国家可以采取必要的救济措施,消除或者减轻这种损害或者损害的威胁。

因第三国限制进口而导致某种产品进入我国市场的数量大量增加,对已建立的国内产业造成损害或者产生损害威胁,或者对建立国内产业造成阻碍的,国家可以采取必要的救济措施,限制该产品进口。

与中华人民共和国缔结或者共同参加经济贸易条约、协定的国家或者地区,违反条约、协定的规定,使中华人民共和国根据该条约、协定享有的利益丧失或者受损,或者阻碍条约、协定目标实现的,中华人民共和国政府有权要求有关国家或者地区政府采取适当的补救措施,并可以根据有关条约、协定中止或者终止履行相关义务。

(五) 对外贸易救济措施实施的若干规定

国务院对外贸易主管部门按照我国《对外贸易法》以及有关法律的规定,进行对外贸易的双边或者多边磋商、谈判和争端的解决。

国务院对外贸易主管部门和国务院有关部门应当建立货物进出口、技术进出口和国际服务贸易的预警应急机制,应对对外贸易中的突发和异常情况,维护国家经济安全。

国家对规避我国《对外贸易法》规定的贸易救济措施的行为,可以采取必要的反规避措施。

第七节 对外贸易促进

一、促进对外贸易的意义

我国对外贸易对推动整个国民经济的发展,加速我国现代化建设的进程发挥着重大作用。因此,从战略高度认识对外贸易在我国国民经济发展中的地位,充分发挥它的作用具有重大意义。

扩展对外贸易,增加出口是关键。出口贸易要把工作重点放在改善出口商品结构和提高出口商品质量上。现在我国已初步实现了由以出口原料型初级产品为主向以出口制成品为主的转变,工业制成品出口额已占出口总额的七成以上。今后的任务是逐步实现由以粗加工制成品出口为主向以精加工制成品出口为主的转变。努力增加附加价值高的机电产品、轻纺产品和高技术商品的出口,鼓励那些在国际市场有发展前景、竞争力强的拳头产品出口,做到主要依靠提高出口商品的质量、档次和信誉来增加外汇收入。以质取胜和市场多元化是我国对外贸易出口贸易的战略。出口贸易意义重大,而且影响深远。这主要表现在以下几个方面:

第一,出口贸易是我国获取外汇的主要途径。我国第三产业不发达,服务贸易起步较晚,创汇不多,出口创汇仍占最大比例。出口创汇不仅可以满足进口物资、引进技术、偿还外债、开展国际经济技术交流以及各种国际活动的需要,而且也是积极有效地利用外资,维护我国国际信誉的保证。

第二,出口贸易是实现我国产品出口,参加国际市场竞争的主要途径。

第三,出口贸易可以促进国内技术进步,促进产业结构的调整和优化,促进和推动整个国民经济的发展。

第四,我国出口规模的不断扩大,产品的优质创新,有助于树立我国在国际上良好的形象,加强与世界各国人民的友好往来,为我国发展经济建设创造较好的国际环境。

二、国家促进对外贸易的措施

国家采取下列措施促进对外贸易的发展:(1)制定对外贸易发展战略,建立和完善对外贸易促进机制。(2)根据对外贸易发展的需要,建立和完善为对外贸易服务的金融机构,设立对外贸易发展基金、风险基金。(3)通过进出口信贷、出口信用保险、出口退税及其他促进对外贸易的方式,发展对外贸易。(4)建立对外贸易公共信息服务体系,向对外贸易经营者和其他社会公众提供信息服务。(5)鼓励对外贸易经营者开拓国际市场,采取对外投资、对外工程承包和对外劳务合作等多种形式,发展对外贸易。(6)对外贸易经营者可以依法成立和参加有关协会、商会。有关协会、商会应当遵守法律、行政法规,按照章程对其成员提供与对外贸易有关的生产、营销、信息、培训等方面的服务,发挥协调和自律作用,依法提出有关对外贸易救济措施的申请,维护成员和行业的利益,向政府有关部门反映成员有关对外贸易的建议,开展对外贸易促进活动。(7)中国国际贸易促进组织按照章程开展对外联系,举办展览,提供信息、咨询服务和其他对外贸易促进活动。(8)扶持和促进中小企业开展对外贸易。(9)扶持和促进民族自治地方和经济不发达地区发展对外贸易。

第八节 违反对外贸易法的法律责任

我国《对外贸易法》规定的法律责任从责任形式上,主要分为行政责任和刑事责任;从责任承担者看,可分为对外贸易经营者的责任和对外贸易主管部门及其工作人员的责任;从责任援引的法源看,有本法责任和他法责任。主要表现如下:

未经授权擅自进出口实行国营贸易管理的货物的,国务院对外贸易主管部门或者国务院其他有关部门可以处5万元以下罚款;情节严重的,可以自行政处罚决定生效之日起3年内,不受理违法行为人从事国营贸易管理货物进出口业务的申请,或者撤销已给予其从事其他国营贸易管理货物进出口的授权。

进出口属于禁止进出口的货物的,或者未经许可擅自进出口属于限制进出口的货物的,由海关依照有关法律、行政法规的规定处理、处罚;构成犯罪的,依法追究刑事责任。进出口属于禁止进出口的技术的,或者未经许可擅自进出口属于限制进出口的技术的,依照有关法律、行政法规的规定处理、处罚;法律、行政法规没有规定的,由国务院对外贸易主管部门责令改正,没收违法所得,并处违法所得1倍以上5倍以下罚款,没有违法所得或者违法所得不足1万元的,处1万元以上5万元以下罚款;构成犯罪的,依法追究刑事责任。自前述规定的行政处罚决定生效之日或者刑事处罚判决生效之日起,国务院对外贸易主管部门或者国务院其他有关部门可以在3年内不受理违法行为人提出的进出口配额或者许可证的申请,或者禁止违法行为人在1年以上3年以下的期限内从事有关货物或者技术的进出口经营活动。

从事属于禁止的国际服务贸易的,或者未经许可擅自从事属于限制的国际服务贸易的,依照有关法律、行政法规的规定处罚;法律、行政法规没有规定的,由国务院对外贸易主管部门责令改正,没收违法所得,并处违法所得1倍以上5倍以下罚款,没有违法所得或者违法所得不足1万元的,处1万元以上5万元以下罚款;构成犯罪的,依法追究刑事责任。国务院对外贸易主管部门可以禁止违法行为人自前款规定的行政处罚决定生效之日或者刑事处罚判决生效之日起1年以上3年以下的期限内从事有关的国际服务贸易经营活动。

在对外贸易活动中,有下列行为之一的,依照有关法律、行政法规的规定处罚;构成犯罪的,依法追究刑事责任:一是伪造、变造进出口货物原产地标记,伪造、变造或者买卖进出口货物原产地证书、进出口许可证、进出口配额证明或者其他进出口证明文件;二是骗取出口退税;三是走私;四是逃避法律、行政法规规定的认证、检验、检疫;五是违反法律、行政法规规定的其他行为。国务院对外贸易主管部门可以禁止违法行为人自前述规定的行政处罚决定生效之日或者刑事处罚判决生效之日起1年以上3年以下的期限内从事有关的对外贸易经营活动。

从事被禁止从事的有关对外贸易经营活动的,在禁止期限内,海关根据国务院对外贸易主管部门依法作出的禁止决定,对该对外贸易经营者的有关进出口货物不予办理报关验放手续,外汇管理部门或者外汇指定银行不予办理有关结汇、售汇手续。

我国《对外贸易法》第65条规定,依照该法负责对外贸易管理工作的部门的工作人员玩忽职守、徇私舞弊或者滥用职权,构成犯罪的,依法追究刑事责任;尚不构成犯罪的,依法给予行政处分。依照该法负责对外贸易管理工作的部门的工作人员利用职务上的便利,索取他人财物,或者非法收受他人财物为他人谋取利益,构成犯罪的,依法追究刑事责任;尚不构成犯罪的,依法给予行政处分。

对外贸易经营活动当事人对依法负责对外贸易管理工作的部门作出的具体行政行为不服的,可以依法申请行政复议或者向人民法院提起行政诉讼。

词条索引

保险　342
保险代理机构　352,353,358
保险公司　286,345
保险监管　286,342,343
保险监管法　65,342,343
保险经纪机构　343,352,353
保障安全权　186,189
保障措施　342,407,576,592
比例税率　531,536
并表监管　290,305,307
补偿性经济责任　122
补贴　18,39,247,252,610
捕捞权　450
不可申诉的补贴　610
不正当竞争　16,33,63,78,172
财产税　84,87,528,530
财政　18,27,29,500—502
财政的职能　501
财政法　18,33,36,44,502,503
财政法的体系　504
采矿权　449
草原法　37,438,446,447,451
产品质量　30,37,203
产品质量认证　86,210,211
产业　33,36,37,406
产业法　39,406,407
产业技术创新　417,418
产业技术法　410,417
产业结构法　408,410,411

产业政策　140,163,406,407
产业组织法　408,410,415
城市房地产　36,261,262
城市房地产管理　263
城市房地产管理法　37,261,262
惩罚性经济责任　122
持续性倾销　609
出口补贴　593,610
出口配额　140—142,595
存款准备金　88,286,554,559
诋毁商誉行为　178,179
地方税　81,528,532
电力法　37,475,480,491
电信市场监管　65,242
调控受体　69,70,74,76
调控主体　69,70,74,76
定额税率　531,536
独立税　528
对外贸易　27,30,589
对外贸易调查　608
对外贸易法　37,39,589
对外贸易法律关系　593
对外贸易法律关系的主体　593
对外贸易经营者　592,594,595
对外贸易秩序　592,597,601,605
对银行业金融机构的市场准入监管　291,292
法的理念　89,90
法的实质渊源　104

法的体系　3,40
法的形式渊源　104
法的原则　95
法定解释　39,45,49,50,58
法律解释　39,107
法学体系　1—3
反不正当竞争法　26,33,37,39,75,
　　172,173
反垄断法　37,75,78,80,82,156,157
房地产抵押　265,268,274,277
房地产抵押登记　281
房地产价格管理　274
房地产价格评估　274,279
房地产交易　262,265,274
房地产交易管理　273,274
房地产开发　261,262
房地产开发企业　263,265,267
房地产开发企业的资质管理　268
房地产权属登记管理　279
房地产中介服务　265,279
房地产转让　265,274,275
房屋所有权登记　280
房屋租赁　274,278
非法定解释　107
非经济责任　46,50,122
非经营性国有资产　422,423,425
非现场监管　291,306
非现金补贴　610
风险管理　285,289,290,296
风险准备金　368,369,373
附加税　528,529
个人独资企业　79,128,134,137
个人所得税　37,79,539,541
公法　40,41,51
公平交易权　184,187

公司的国有股权　434,435
股票　136,293,301
股票指数期货　361
关税　33,51,127,537,538
广告　75,129,134,152,176,220—241
广告代理　233,234,238
广告的基本准则　224
广告的具体准则　226
广告法　37,39,177,182,220—239,241
广告活动　220—223,225,226,231—240
广告活动的内容　235
广告监管　65,222,225,228,237,
　　238,239,241
广告审查　221—223,225,227,232,
　　238—240
广告真实性　224
广告主体　231,235
规范性文件体系　40,57
国际法　1,2,19
国际经济法　2,10—12
国际经济法的调整对象　11,19,43,
　　50
国际收支平衡　67,558,597,602
国家股　429,435,436
国家协调　3,13
国有法人股　435
国有企业　15,17,52,78
国有企业的财产　434
国有土地使用权登记　280
国有资产　39,60,70,76,135,422
国有资产产权界定　425,427,428
国有资产登记　429
国有资产管理　422,423
国有资产管理法　60,422—424
国有资产流失　276,419,424,429,

432
国债 84,87,364,365,501
国债的偿还 516
国债的发行 514
国债法 71,75,504,513
国债管理 514,516
宏观调控 16
宏观调控法 18,62,63
宏观调控关系 15,16
宏观调控权 66,83
宏观调控手段 285,319,398,451,531
横向垄断协议 158
户外广告 222,234,235,238
回扣 176
会计 17,29,35,574
会计法 33,38,459,574
货币期货 361
货币政策 80,85,286,557—561
获得尊重权 188,192
基本农田 458
集体所有制企业 428
计划 14—16,381—383
计划法 33,35,383,384
计税依据 531,533
价格 3,26,29,564
价格法 34,36,38,564,565
价格管理体制 565,566
价格垄断行为 195,567,572
价格欺诈行为 567,572
间歇性倾销 609
接受教育权 185,188
节约能源法 37,475,480
金融 33,34,85,283,553
金融法 120,294,296,413,556

金融风险 286,289,290,293,296
金融期货交易 360,368
金融体制 285,288,553
金融资产管理公司 284,285,288,290,291
金融租赁 284,285,290—292
进出口货物许可证管理 598
进口配额 602,603
禁止性补贴 610
经济法 1,9,19—23
经济法的地位 25,40,41
经济法的调整对象 10,11
经济法的基本原则 93
经济法的理念 89,90
经济法的实施 93,109,110
经济法的实质渊源 104
经济法的形式渊源 104
经济法的原则 96
经济法的制定 94,104,108
经济法的宗旨 90
经济法律关系 12
经济法律体系 57,58
经济法体系 56
经济法学 1
经济法学的产生 3,27
经济法学体系 57,60
经济法责任 121
经济法主体 5,9,20,73
经济法主体资格 77
经济法宗旨的实现途径 90,91,100
经济关系 9,11
经济结构 16,66,67
经济立法 25,36,47,56,57
经济守法 115
经济司法 43,57,61,100,103

经济运行　3,13
经济责任　46,50,100,121
经济执法　103,115
经营性国有资产　422,425
竞争　15,16,151,152
竞争法　16,32,33,153,154
竞争法的调整对象　16,153
竞争关系　16,154
决算　36,368,369,507
可申诉补贴　610
可再生能源法　37,475,480,495
矿产资源法　37,39,438,446,447
滥用行政权力排除、限制竞争　166
累进税率　531
理念　89
立法解释　107,108
利率期货　360
垄断协议　81,152,157
煤炭法　37,475,480,488
纳税地点　532
纳税时间　532
内幕交易　323,326,333
内幕信息　333
能源　33,69,70,76,474
能源持续发展观　477
能源法　39,474,475
能源法经济观　476
能源法体系　479
能源公共事业法　479,480
能源技术创新观　477,479
能源矿业法　479,480
能源利用法　479,480
能源替代法　479,480
能源政府规制观　477,478
能源资源　474,477

拍卖出让　270
判例法　39,45,49,50
配额　409,421,470,538
期货保证金　367,369
期货公司　365—367
期货监管　360,363,364
期货监管法　65,360,363,364
期货交易　60,78,82,333
期货交易所　360,361
欺诈客户行为　335,377
企业　17
企业财务会计报告　574,580
企业的设立　17,134,137
企业的终止　144—147
企业法　52,86,92,113
企业设立登记　134
企业所得税　37,84,539—541
企业章程　141,144,148,434
企业质量体系认证　210,211
强制性信息披露　305,309
倾销　39,567,592,607
取水权　450
人身责任　46,122
森林法　37,39,438,446,447
商品期货交易　360,365,372
商品税　84,87,528
商业秘密　39,80,82,171,177
商业银行的内部控制　303
商业银行法　34,38,136,284
上市公司收购　318,319,336,337
社会审计　580,586,587
社会主义市场经济法律体系　59
涉外经济法　19,71,72
涉外经济法的调整对象　19
审计　38,106,118,164,582

审计法　38,512,574,581,582
审慎监管　289
市场监管　15
市场监管法　16,17,62
市场监管法的体系　65
市场监管关系　12,15
市场监管权　75,81
市场监管行为　64,91
市场退出　129
市场退出法　65,127,130,131
市场支配地位　81,152,157
市场准入　15,17,62,65,75
市场准入法　65,128,130
双方协议出让　271
水法　37,438,446,447,450
水权　449
税法　31,33,529
税法的构成要素　531
税法的体系　529
税法主体　75,530,534,536
税款征收　542,544
税款征收基本制度　544
税款征收特别制度　544,545
税率　409,531
税目　528,531
税收　18,27,29,526,527
税收保全制度　546
税收逃避　541,543,549,550
税收体制　529,530
税务检查　542,547
司法解释　107,108,118
私法　12,41,51
所得税　33,36,84,87,148
探矿权　449
特殊广告　223,228,240

固定资产投资　390
固定资产投资法　39,390
突发性倾销　609
土地管理法　37,39,44,455
土地使用权出让　265,269
土地使用权划拨　273
土地使用权终止　272
土地用途管制　453,457
外汇　33,34,38,39,80,361,439
外商投资　37,78,134,139
外债　420,510,515,516
习惯法　39,45,49,50
现场检查　80,290,303,305
现金补贴　610
消费税　509,533,535
消费者　32,33,37,180
消费者协会　184,193,196
信用交易　333
信用卡　559
信誉责任　46,122
行为责任　46,122
行政解释　107,108
虚假宣传行为　176,222
学说　3,4
压价排挤竞争对手行为　177,178
养殖权　450
野生动物保护法　39,447,471
一般补贴　610
依法结社权　185,188,197
依法求偿权　187,188,197
银行业监管　283
银行业监管措施　305
银行业监管的原则　288
银行业监管法　65,283,284
银行业监管体制　285

营业税 528,533—535
有限责任公司 134
渔业法 33,37,446,447,450
渔业权 450,470
预算 29,31,33,505
预算的编制 505,509
预算的审批 510,520
预算法 33,37,39,122,385,505
预算管理程序 509,511
预算管理体制 507,508
预算执行 84,507,510,511
原则 11,13,31
再贴现 559,561
增值税 39,509,528
债券 80,81,293
招标出让 270
征税客体 531
证券 15,37,60,316
证券发行市场 317,327,329
证券监管 286,310,316,317
证券监管法 65,316,318
证券交易 317,318
证券交易市场 317,329
证券交易所 317,318
证券期货交易 333
证券期权交易 333
证券上市 321,329

证券市场 288,316
证券市场操纵行为 334
证券现货交易 333
证券业协会 318,319,321
政府采购 37,71,76,84,87,516—521
政府定价行为 568
知悉真情权 185,186
制定法 30,32,35
中国特色社会主义法律体系 39,40
中央税 528,532
中央银行法 34,71,75,78
转移支付 84,87,420,501,504,521
转移支付法 39,71,76,504,521
资产评估 332,339,340
资格减免责任 46,122
资源补救制度 453
资源开发利用的许可制度 452
资源利用中的补偿 453
资源利用中的禁限制度 452
资源性国有资产 423,425
资源综合利用 454
自然保护区法 446,472
自然资源 27,226,227,440
自然资源法 441,442
自主选择权 184,187
纵向垄断协议 158

第一版后记

本书是面向 21 世纪课程教材,是普通高等教育"九五"国家级重点教材,也是全国高等学校法学专业十四门核心课程教材之一。本书依据教育部高等教育司的《全国高等学校法学专业课核心课程教学基本要求》编写,可以作为高等学校法学和经济学、管理学等专业学生学习经济法的教材。不同的高等学校、不同的专业由于在办学基础、教学条件、教学要求和课程时数等方面存在着差异,因此,使用本教材要从实际情况出发。本书分为 5 编 32 章,具有较为完整的体系,全面学习是有益的,但是可以下列 22 章作为重点:第 1、2、3、5、6、7、8、9、10、11、12、13、14、15、19、20、23、24、25、27、28、29 章。

本书由杨紫烜任主编,肖乾刚、盛杰民任副主编。各章撰稿人(以撰写章节先后为序)是:

杨紫烜(北京大学):绪言,第 1、2、3、4、5 章

张士元(北方工业大学):第 6、7、19 章

徐 燕(北京大学):第 8、9、14 章

周林彬(兰州大学):第 10、15、17、18 章

盛杰民(北京大学):第 11、25、27 章

张守文(北京大学):第 12、16、22、23 章

程信和(中山大学):第 13、24、26 章

肖乾刚(郑州大学):第 20、21 章

王全兴(中南政法学院):第 28、29、30、31、32 章

书稿经全体撰稿人讨论后,由主编、副主编修改定稿。

本书由张宇霖(东北财经大学教授)、戴大奎(西南政法大学教授)、周升涛(中共中央党校教授)任审稿人,谨向他们表示诚挚的谢意。

在本书的定稿过程中,北京大学李红云、肖江平同志及责任编辑张晓秦、邹记东同志作了大量的技术性工作,付出了辛勤的劳动,在此一并表示感谢。

编 者

1999 年 9 月

第二版后记

面向 21 世纪教材《经济法》，是普通高等教育"九五"国家级重点教材，也是全国高等学校法学专业核心课程教材之一。这部教材不仅被许多高等学校法学、经济学、管理学专业作为本科生学习经济法的教材，而且被不少经济法专业硕士生、博士生培养单位选用为主要参考教材，被一些国家机关、企事业单位人员作为从事相关法律、经济工作的参考用书。本书自 1999 年 11 月出版以来，已先后印刷 17 次，总印数十多万册，在全国同类教材中发行量是最大的。它受到了广大读者的普遍肯定和高度评价，并于 2002 年荣获中华人民共和国教育部颁发的

"全国普通高等学校优秀教材一等奖"。

但是，这部教材也不是没有缺点的，其不足之处有待于克服；特别是时代在前进，学科在发展，为了进一步适应我国经济法制建设发展的需要，适应我国改革开放和社会主义现代化建设发展的需要，更好地体现国内外经济法理论研究和制度建设的最新成果，体现经济法教材编写的最新水平，我们对《经济法》教材第一版进行了较大幅度的补充修改。总的情况是，原教材分为 5 编 32 章，新教材是 4 编 32 章。新教材与原教材相比，原教材减少了 8 章，包括第二、三、四编各 1 章和第五编的 5 章[①]；新教材增加了 8 章，包括第一、二编各 1 章和第三编 6 章[②]。对原教材中的其余 24 章作了不同程度的补充修改，其中不少章节改动很大或较大。整个教材修订的比例在 50% 左右。

本教材第二版与第一版相比，在结构与内容上有以下几个显著变化：

第一，在"绪言"部分，第二版的主要变化有二：一是在谈到中国经济法学的发展时，本书指出，进入 21 世纪以来，在一些原有的经济法理论有了新的发展的同时，有些中青年经济法学者提出了一些新的经济法理论。他们与年长的经济法学者以及广大经济法理论工作者一起，共同推动着经济法学的发展。二是在谈到研究经济法的指导思想和方法时，本书进一步强调指出，辩证唯物主义和历

[①] 这次修订没有编写属于社会保障法的 5 章，除了因为对于社会保障法的部门法归属学界的观点还很不一致以外，也是由于教材的篇幅有限，如果仍保留这 5 章，其他明显应该增加的章节就难以充实到新教材之中了。

[②] 这 6 章都属于市场监管法的内容，而市场监管法显然属于经济法的重要组成部分，但在原教材中其内容不够充实，需要加强；同时，近年来国家在进一步加强市场监管法制建设，经济法教材的修订应该适应情况的变化和客观的需要。

史唯物主义是科学的世界观和方法论,是研究经济法的根本指导思想和基本方法。本书认为,研究经济法在坚持创新,勇于开拓前进的同时,要发扬严谨的治学精神,要扎扎实实做学问。

第二,在"经济法总论"部分,第二版的主要变化有六:一是对于应该由经济法调整的经济关系作了一些新的概括;论述了为什么将经济法调整的"市场管理关系"改称为"市场监管关系";论述了涉外经济关系及其法律调整。二是简要介绍了国内外经济法发展的新情况。三是进一步论述了经济法与公法、私法的关系和经济法的法域属性。四是增加了"经济法的理念和基本原则"一章,并从两个方面进行了论述:经济法理念的概念、内容、意义以及科学发展观与中国经济法的理念;经济法基本原则的概念、确认、构成和作用。五是将经济法体系结构中的"市场管理法"改称为"市场监管法",并对市场监管法的概念下了一个定义;论述了法律解释有广义、狭义之分,狭义的法律解释即法定解释,属于经济法的渊源。六是关于经济法的实施,提出并论述了坚决贯彻《人民法院组织法》关于设立经济审判庭的规定、恢复和完善经济审判庭的建议;提出并论述了制定《经济诉讼法》的建议;提出并论述了建立与完善经济法责任制度的意义以及经济法责任的概念和形式。

第三,在"经济法的主体"部分,第二版的主要变化有四:一是对于"经济法主体的一般原理"的结构作了较大调整,内容作了较大补充修改。这除了经济法主体概述以外,着重论述了经济管理主体、市场主体和社会中间层主体。二是对于国家经济管理机关的种类和职权的论述作了较大补充修改。三是取消了原教材中的"特殊企业形态"一章,将其中的部分内容合并到新教材的"企业法律制度"这一章之中。新教材与原教材相比,主要是对于企业的设立、变更与终止的法律规定以及企业组织制度的法律规定的论述,作了很多补充。四是增加了"市场中介组织法律制度"一章。这一章首先对市场中介组织法进行了概括的论述;然后,着重论述了关于行业中介组织和专业服务中介组织的法律规定。

第四,在"市场监管法"部分,第二版的主要变化有十:一是对于市场监管法的概念、地位、体系和原则的论述作了较大补充修改;增加了对市场监管法的价值和宗旨、市场监管法的主体及其权利和义务、违反市场监管法的法律责任的论述。二是对于竞争法的概念的论述作了较大补充修改;增加了对竞争法的地位、违反反不正当竞争法的责任形式与救济制度的论述;对反垄断法的论述做了大量补充。三是对于消费者权益保护法的原则的论述作了较大补充;增加了关于政府部门对消费者权益的专门保护的论述。四是根据产品质量立法的新发展和产品质量法研究的新成果,对"产品质量法律制度"这一章的有关内容进行了补充修改。五是增加了"广告法律制度"一章。该章首先论述了广告的概念以及广告法的概念和适用范围;然后,对广告准则、广告活动和广告监管进行了论述。

六是取消了原教材中的"特别交易监管法律制度"这一章,将其中的部分内容分别合并到新教材的有关章节之中。新增加的"城市房地产管理法律制度"这一章,首先对城市房地产管理法进行了概述;然后,对城市房地产的开发及其用地管理、交易管理、权属登记管理以及违反城市房地产管理法的法律责任作了论述。七是增加了"银行业监管法律制度"一章。这一章首先对银行业监管与银行业监管法进行了概述;然后,对银行业金融机构的市场准入监管、审慎监管、监管措施以及违反银行业监管法的法律责任作了论述。八是将原教材"特别交易监管法律制度"中的部分有关内容合并到新增加的"证券监管法律制度"这一章之中。该章首先对证券监管与证券监管法进行了概述;然后,对证券监管体制、对证券发行和交易的监管以及违反证券监管法的法律责任作了论述。九是增加了"保险监管法律制度"一章。该章首先对保险监管与保险监管法进行了概述;然后,对保险公司和保险中介机构的监管以及违反保险监管法的法律责任作了论述。十是将原教材"特别交易监管法律制度"中的部分有关内容合并到新增加的"期货监管法律制度"这一章之中。该章首先对期货监管与期货监管法进行了概述;然后,对期货交易所、期货经纪公司和对期货交易的监管作了论述,对违反期货监管法的法律责任作了论述。

第五,在"宏观调控法"部分,第二版的主要变化有十:一是对于宏观调控法的概念、地位、体系和原则的论述作了较大补充修改;增加了对宏观调控法的价值和宗旨、宏观调控法的主体及其权利和义务、违反宏观调控法的法律责任的论述。二是将原教材中的"计划和统计法律制度"、"投资法律制度"两章改为"计划和投资法律制度"一章。新教材与原教材相比,主要有如下变化:对于计划程序法律制度、外商投资项目的导向、外商投资的审批监管机构和程序的论述作了较大补充修改;增加了对我国投资立法与投资体制改革、WTO与我国外商投资法律制度的完善的论述;未将原教材对统计法律制度的论述列入新教材之中。三是增加了对产业与产业政策、产业政策与产业法的关系、我国产业法立法现状的论述;对产业法的基本制度的论述作了较大的补充修改。四是增加了对自然资源法体系的论述;对自然资源法基本制度的论述作了较大补充修改;对各种自然资源主要法律制度的论述作了不同程度的补充修改。五是增加了对煤炭安全生产管理制度和可再生能源法的论述;对电力管理法律制度的论述作了较大补充修改。六是增加了对我国政府采购制度基本内容和转移支付法律制度基本内容的论述。七是对税收征收制度和税务检查制度的论述作了较大补充修改。八是增加了对价格法的地位的论述;对经营者价格行为和政府定价行为作了较大补充修改。九是增加了对企业财务会计报告的要求的论述;未将原教材对注册会计师法的论述列入新教材之中。十是增加了对于对外贸易分类和对外贸易法律关系的论述;对于对外贸易立法、货物与技术进出口管理、国际服务贸易、对外贸易调查和救济、对外贸易促进以及违反对外贸易法的法律责任作了较大补充修改;未将原教材对进出口商品检验法律制度的论述列入新教材之中。

本教材第二版仍由杨紫烜任主编,肖乾刚、盛杰民任副主编。第一版的全体撰稿人均参加了第二版的编写工作。除此以外,根据教材编写的需要,我们又邀请两位年轻学者参加了本教材第二版的编写工作。各章的撰稿人(以撰写章节先后为序)是:

杨紫烜,绪言,第1、2、3、4、5、6章;王全兴,第7章;张士元,第8、9、24章;曾东红,第10、16章;肖江平,第11、21章;盛杰民,第12、30、32章;张守文,第13、19、27、28章;程信和,第14、29、31章;周林彬,第15、22、23章;徐燕,第17、18、20章;肖乾刚,第25、26章。

本教材第二版书稿由副主编对部分章节进行了修改,全书由主编修改定稿。

在本教材第二版的编写工作中,得到了出版社领导同志的大力支持。本书的责任编辑邹记东等同志做了大量工作,李红云教授为本书翻译了内容简介、作者简介和目录,他(她)们都付出了辛勤劳动。值此教材出版之际,一并表示诚挚的感谢。

杨紫烜

2005年11月

第三版后记

本教材于2002年荣获中华人民共和国教育部颁发的"全国普通高等学校优秀教材一等奖"。自从2006年1月出版第二版以来，进一步受到了广大读者的普遍肯定和高度评价。近两年来，我国的经济法制建设和经济法的理论研究又有了可喜的发展。这就要求我们及时对第二版教材进行重要的补充和修改，以反映我国经济法制建设的新进展、新经验以及我国经济法学的最新研究成果，从整体上体现经济法的理论研究与教材编写的最新水平。

本教材第三版与第二版比较，在内容上的主要变化有以下三个方面：

第一，在"经济法总论"部分，第三版的主要变化有五：一是在着重论述社会主义市场经济条件下，作为经济法调整对象的经济关系的表现形式应该包括市场监管关系和宏观调控关系的同时，认为不宜将企业组织管理关系和社会保障关系同市场监管关系、宏观调控关系并列地作为经济法的调整对象。但是，不能将原来作为企业组织管理关系和社会保障关系组成部分的经济关系一概排除于经济法的调整对象之外，而应该将企业组织管理关系和社会保障关系中属于市场监管关系、宏观调控关系范围的某些经济关系分别纳入市场监管法、宏观调控法的调整对象之中。二是对前资本主义国家、资本主义国家、社会主义国家经济法的内容，分别进行了补充，并作了一些新的概括和分析。三是在经济法的法域属性问题上，对于认为经济法兼具公法与私法的性质、属于第三法域或第三法域组成部分的观点，作了进一步评析；同时，深刻分析了为什么经济法属于公法的范围。四是在谈到科学发展观与中国经济法的理念问题时，本书作者在学习党的十六届三中全会《关于完善社会主义市场经济体制若干问题的决定》、特别是党的十七大报告关于科学发展观的论断的基础上，对科学发展观这一概念下了一个新的定义，并进行了论述。五是关于经济法的实施，补充了一些新的情况和经验。

第二，在"市场监管法"部分，第三版的主要变化有五：一是第十届全国人大常委会第二十九次会议于2007年8月31日通过了《中华人民共和国反垄断法》。本教材在"竞争法律制度"一章的第二节中，在对垄断与反垄断法进行概述之后，根据我国《反垄断法》的规定，就下列问题进行了全面系统的论述：对垄断协议的法律规制；对滥用市场支配地位的法律规制；对经营者集中的法律规制；对滥用行政权力排除、限制竞争的法律规制；反垄断法的实施。在该章第三节中，增加了对我国《反不正当竞争法》的立法宗旨和特点的论述。二是第十届全国人大常委会第二十九次会议于2007年8月30日通过了《关于修改〈中华人民共和国城市房地产管理法〉的决定》。根据上述《决定》的规定，本教材作了相应修改。三是第十届全国人大常委会第二十四次会议于2006年10月31日通过了《关于修改〈中华人民共和国银行业监督管理法〉的决定》。根据上述《决定》的规定，本教材作了相应修改；同时，对有关制定银行业监管法规、规章的新情况作了补充。四是对我国证券市场和证券监管立法发展的新情况作了补充。五是国务院于2007年3月6日发布了《期货交易管理条例》。本教材除了对期货监管与期货监管法概述作了修改以外，重新撰写了期货交易所、期货公司、期货交易监管、期货交易违法行为的法律责任。

第三，在"宏观调控法"部分，第三版的主要变化有四：一是根据党的十七大报告的有关论断，对自然资源法的调整对象和我国自然资源法的原则，进行了补充修改。二是第十届全国人大常委会第三十次会议于2007年10月28日对《中华人民共和国节约资源法》进行了修订。本教材对"能源法律制度"一章中的节约能源法进行了全面系统的修改和论述。三是第十届全国人大第五次会议于2007年3月16日通过了《中华人民共和国企业所得税法》。本教材以该法为依据，对企业所得税法进行了重新撰写，全面论述。四是第十届全国人大常委会第二十次会议于2006年2月28日通过了《关于修改〈中华人民共和国审计法〉的决定》。根据上述《决定》的规定，本教材作了重大修改。

此外，对本教材的有些章节，作了一些文字上的修改。

本教材第三版仍然由杨紫烜任主编，肖乾刚、盛杰民任副主编。第二版的全体撰稿人均按原来的分工参加了第三版的编写工作。

在本教材第三版的编写工作中，得到了出版社领导同志的大力支持。本书的责任编辑邹纪东等同志做了大量工作，李红云教授为本书翻译了内容简介、作者简介和目录。值此教材第三版出版之际，对他（她）们付出的辛勤劳动，表示诚挚的感谢！

杨紫烜
2008年1月

第四版后记

本教材自从 2008 年 1 月出版第三版以来,受到了广大读者的普遍肯定和高度评价。近两年来,我国经济法的制度建设和理论研究又有了不少新的发展。这就要求我们及时对第三版教材进行补充、修改,以反映我国经济法制度建设的新进展、新经验和经济法学研究的最新成果,并从整体上体现经济法教材编写的新水平。

本教材第四版与第三版比较,在内容上的主要变化有以下四个方面:

第一,在"绪言"部分,第四版的主要变化是,对中国经济法学的发展作了新的概括:在经济法学初步发展的阶段,主要形成了七种关于经济法的理论,即纵横经济法论、纵向经济法论、综合经济法论、学科经济法论、经济行政法论、管理—协作经济法论、经营管理经济法论;在经济法学走向成熟的阶段,中国的经济法学者进行了新的探索和研究,提出了国家协调论、需要国家干预论、纵横统一论、国民经济运行论、管理和协调论、国家调制论、国家调节论、社会公共性论等多种经济法理论。

第二,在"经济法总论"部分,第四版的主要变化有五:一是指出,要明确经济法的调整对象,必须以辩证唯物主义和历史唯物主义为指导,真正懂得衡量经济法调整对象问题上的观点正确与否的标准,只能是社会的实践;二是对资本主义国家经济法的特征和社会主义国家经济法的特征,作了进一步论述;三是对作为经济法渊源的立法解释、行政解释、司法解释这几个概念下了新的定义;四是对经济法制定的基本经验作了新的理论概括,并进行了论述;五是对经济法的实施、经济守法、经济执法、经济司法这几个概念下了新的定义。

第三,在"市场监管法"部分,第四版的主要变化有三:一是在"竞争法律制度"一章中,对于"对垄断协议的法律规制"和"对滥用市场支配地位的法律规制"中的有些问题作了进一步论述。二是第十一届全国人大常委会第七次会议于 2009 年 2 月 28 日通过了《中华人民共和国食品安全法》。本教材在"产品质量法律制度"、"广告法律制度"两章中,对该法的有关内容进行了阐述。三是第十一届全国人大常委会第七次会议于 2009 年 2 月 28 日对《中华人民共和国保险法》进行了修订。本教材以该法为依据,重新撰写了"保险监管法律制度"一章中的以下三节:"对保险公司的监管"、"对保险中介机构的监管"、"违反保险监管制度的法律责任"。

第四,在"宏观调控法"部分,第四版的主要变化有六:一是第十届全国人大常委会第三十一次会议于2007年12月29日对《中华人民共和国科学技术进步法》进行了修订。本教材以该法为依据,重新撰写了"产业法律制度"一章中的"科学技术进步法"部分。二是第十一届全国人大常委会第五次会议于2008年10月28日通过了《中华人民共和国企业国有资产法》。本教材以该法为依据,对"国有资产管理法律制度"一章的有关部分进行了重大修改。三是第十一届全国人大常委会第四次会议于2008年8月29日通过了《中华人民共和国循环经济促进法》。本教材以该法为依据,对"自然资源法律制度"一章的有关部分进行了补充、修改。与此同时,对自然资源若干法律制度的新发展进行了论述。四是第十一届全国人大常委会第十二次会议于2009年12月26日通过了《关于修改〈中华人民共和国可再生能源法〉的决定》。本教材以该《决定》为依据,对"能源法律制度"一章的有关部分进行了补充、修改。五是2008年11月5日,国务院修订了《中华人民共和国增值税暂行条例》、《中华人民共和国消费税暂行条例》和《中华人民共和国营业税暂行条例》。根据上述三个《条例》的规定,本教材重新撰写了"税收法律制度"一章中的"增值税法"、"消费税法"、"营业税法"等有关部分。六是2008年8月1日,国务院修订了《中华人民共和国外汇管理条例》。根据该《条例》的规定,本教材重新撰写了"金融法律制度"一章中的"外汇管理体制"、"外汇业务及其管理"、"违反外汇管理法的责任"等有关部分。

此外,对本教材的不少章节,作了一些文字上的修改。

本教材第四版仍然由杨紫烜任主编,肖乾刚、盛杰民任副主编。各章的撰稿人(以撰写章节先后为序)是:杨紫烜,绪言,第1、2、3、4、5、6章,后记;王全兴,第7章;张士元,第8、9、24章;曾东红,第10、16章;肖江平,第11、21章;盛杰民,第12、30、32章;张守文,第13、19、27、28章;程信和,第14、29、31章;周林彬,第15、22、23章;徐燕,第17、18、20章;肖乾刚,第25、26章。

本教材第四版的编写和出版,得到了北京大学出版社领导同志的大力支持。本书的责任编辑王晶、邹记东同志做了大量工作。李红云教授为本书翻译了内容简介、作者简介和目录。值此教材第四版出版之际,对他(她)们付出的辛勤劳动,表示诚挚的感谢!

杨紫烜

2010年1月

第五版后记

本教材自从2010年4月出版第四版以来，受到了广大读者的普遍肯定和高度评价。第四版出版以来，我国经济法的制度建设和理论研究又有了不少新的发展。这就要求我们及时对第四版教材进行补充、修改，以反映我国经济法制度建设的新进展、新经验和经济法学研究的最新成果，并从整体上体现经济法教材编写的新水平。

本教材第五版与第四版比较，关于结构和内容的变化，主要有以下五个方面：

第一，关于教材总体结构的变化，第五版没有再将"经济法主体"作为教材的第二编。这是由于经济法主体理论属于经济法基础理论重要内容，将其作为第五章列入经济法教材第一编"经济法总论"之中进行深刻的论述是必要的。如果又将"经济法主体"作为第二编列入经济法教材之中，"经济法主体"这一编的许多内容就会与"经济法总论"第五章的内容相重复；同时，还会与经济法分论中的有关内容相重复。所以，本教材第五版的总体结构除了绪言以外，分为三编：第一编"经济法总论"；第二编"市场监管法"；第三编"宏观调控法"。

第二，关于"绪言"，第五版的主要变化有三：一是对于经济法学的概念和地位作了较为详细的论述，特别是论述了经济法学在法学体系中是一门国内法学、应用法学、独立学科、新兴学科、重要学科；二是对于经济法学与经济法的关系作了较为详细的论述；三是对于研究经济法的指导思想和方法作了较为详细的论述，特别是论述了研究经济法需要采取社会调查方法、历史考察方法、阶级分析方法、经济和社会效益分析方法、博弈分析方法、系统分析方法、比较研究方法、语义分析方法。

第三，关于"经济法总论"这一编，第五版的主要变化有五：一是在论述经济法的定义时，对于什么是法，按照马克思主义法学观点，作了简要论述；二是对于近几年来制定、修改或修订的经济法的法律和今后应该制定、修改或修订的经济法的法律的阐述作了不少补充；三是"经济法的体系"原来是一节，第五版改为一章，内容更为丰富，论述得更为全面、系统和深刻；四是考虑到关于经济法主体的理论是经济法基础理论的重要组成部分，第五版将"经济法的主体"作为一章列入了"经济法总论"之中；五是关于"经济法的责任制度"，原来在"经济法的实施"这一节之中作了简要论述，第五版将"经济法的责任制度"作为一节作了详细的论述。

第四,关于"市场监管法"这一编,第五版的主要变化有五:一是由于在第五版的"经济法总论"之中列入了"经济法的体系"和"经济法的主体"这两章,并分别对市场监管法的概念、地位和体系,以及市场监管法主体的概念、体系及其权利(职权)和义务(职责)等进行了论述,要是再将"市场监管法的一般原理"作为一章列入"市场监管法"这一编之中,就会与"经济法总论"中的上述两章的相关内容造成不必要的重复,因此,没有再将"市场监管法的一般原理"列入"市场监管法"这一编之中;二是由于市场监管是法定的国家机关对市场准入与退出以及市场经营主体在其存续期间的运营进行的监督和管理,市场准入与退出法属于市场监管法的重要组成部分,因此,第五版增加了"市场准入与退出法律制度"这一章;三是第十二届全国人大常委会第五次会议于2013年10月25日对《中华人民共和国消费者权益保护法》进行了较大修改,第五版对"消费者权益保护法律制度"这一章作了相应的补充、修改;四是由于电信业是信息产业的重要组成部分,对于经济社会发展具有重作用,电信市场监管法属了市场监管法的重要组成部分,因此,第五版增加了"电信市场监管法律制度"这一章;五是国务院于2012年9月12日对《期货交易管理条例》进行了较大修改,第五版对"期货监管法律制度"这一章作了相应的补充、修改。

第五,关于"宏观调控法"这一编,第五版的主要变化有四:一是由于在第五版的"经济法总论"之中列入了"经济法的体系"和"经济法的主体"这两章,并分别对宏观调控法的概念、地位和体系,以及宏观调控法主体的概念、体系及其权利(职权)和义务(职责)等进行了论述,要是再将"宏观调控法的一般原理"作为一章列入"宏观调控法"这一编之中,就会与"经济法总论"中的上述两章的相关内容造成不必要的重复,因此,没有再将"宏观调控法的一般原理"这一章列入"宏观调控法"这一编之中;二是原来的"计划和投资法律制度"这一章中包括计划法律制度的内容,第五版将"计划法律制度"作为一章,内容更为丰富,论述得更为全面、系统和深刻;三是原来的"计划和投资法律制度"这一章中包括投资法律制度的内容,第五版将"固定投资法律制度"作为一章,内容更为丰富,论述得更为全面、系统和深刻;四是中央银行法即金融调控法,是宏观调控法的重要组成部分,除了中央银行法以外的金融法律制度中的其他内容并不属于宏观调控法的范围,因此,第五版将"宏观调控法"这一编中原来的"金融法律制度"这一章改为"中央银行法律制度",其内容比原来"金融法律制度"这一章中的"中央银行法"这一节更为丰富,论述得更为全面、系统和深刻。

此外,本教材第五版对第四版的不少章节,作了一些文字上的修改。

本教材第五版仍然由杨紫烜任主编,肖乾刚、盛杰民任副主编。教材的撰稿人(以撰写章节先后为序)是:杨紫烜,绪言,第1、2、3、4、5、6、7、8、20章,后记;王全兴,第9章;盛杰民,第10、29、31章;张守文,第11、18、26、27章;程信和,第

12、28、30 章;周林彬,第 13、22 章;肖江平,第 14 章;曾东红,第 15 章;徐燕,第 16、17、19 章;王守渝,第 21 章;张士元,第 23 章;肖乾刚,第 24、25 章。

  本教材第五版的编写和出版,得到了北京大学出版社领导同志的大力支持。本书的王晶责任编辑做了大量工作。李红云教授为本书翻译了内容简介、作者简介和目录。值此教材第五版出版之际,对他(她)们付出的辛勤劳动,表示诚挚的感谢!

杨紫烜
2014 年 1 月

全国高等学校法学专业核心课程教材

法理学(第四版)	沈宗灵主编
中国法制史(第四版)	曾宪义主编
宪法(第二版)	张千帆主编
行政法与行政诉讼法(第七版)	姜明安主编
民法(第七版)	魏振瀛主编
经济法(第五版)	杨紫烜主编
民事诉讼法学(第三版)	江　伟主编
刑法学(第九版)	高铭暄、马克昌主编
刑事诉讼法(第六版)	陈光中主编
国际法(第五版)	邵　津主编
国际私法(第五版)	李双元、欧福永主编
国际经济法(第四版)	余劲松、吴志攀主编
知识产权法(第五版)	吴汉东主编
商法(第二版)	王保树主编
环境法学(第四版)	汪　劲著